本書出版受國家"211工程"三期經費資助

第六輯 ｜ 張伯偉 編

域外漢籍研究集刊

南京大學域外漢籍研究所成立十周年紀念專號

中華書局

北京 2010

圖書在版編目(CIP)數據

域外漢籍研究集刊.第6輯/張伯偉編.－北京:中華
書局,2010.5
ISBN 978－7－101－07348－5

Ⅰ.域…　Ⅱ.張…　Ⅲ.漢學－研究－外國－叢刊
Ⅳ.K207.8－55

中國版本圖書館 CIP 數據核字(2010)第 052699 號

書　　名	域外漢籍研究集刊　第六輯
編　　者	張伯偉
責任編輯	孫文穎
出版發行	中華書局
	(北京市豐臺區太平橋西里 38 號　100073)
	http://www.zhbc.com.cn
	E－mail:zhbc@zhbc.com.cn
印　　刷	北京瑞古冠中印刷廠
版　　次	2010 年 5 月北京第 1 版
	2010 年 5 月北京第 1 次印刷
規　　格	開本/700×1000 毫米　1/16
	印張 38　插頁 2　字數 590 千字
印　　數	1－1500 册
國際書號	ISBN 978－7－101－07348－5
定　　價	88.00 元

目　次

漢籍綜合研究

域外漢籍研究集刊　第六輯
2010 年　頁 3—55

東亞文化意象的形成與變遷

——以文學和繪畫中的騎驢與騎牛爲例

張伯偉

　　在東亞地區，從漢代開始直到十九世紀中葉，以中國爲中心而逐步形成了一個漢文化圈。在長達兩千年的歷史中，東亞地區同文諸國的讀書人有着類似的道德觀念、知識結構和感受方式，形成了大同小異的文明。而在中國所形成的某些文化意象，也隨着文學和繪畫作品在東亞地區的傳播而發散到周邊國家，並且在當地產生了或大或小的變化，由此而形成了"東亞文化意象"，如桃花源、四君子（梅蘭竹菊）等。作爲詩人的騎驢或騎牛，也是東亞文化意象之一。本文擬以此爲例，從東亞的文學傳統和繪畫傳統着眼，試圖對文化意象在形塑過程中所受不同地區、不同藝術門類以及各自不同傳統的影響作出初步的說明。

一　騎驢意象在中國的起源與嬗變

　　中國詩人騎驢見於文獻記載的，以阮籍爲最早，但詩人與驢結下不解之緣，則要到唐代始然，產生了一批著名的騎驢詩人。由於眾多騎驢故事和騎驢語錄的流傳，比如孟浩然的雪中驢背尋詩，杜甫的"騎驢三十載"，賈島在驢背上推敲，李賀騎驢覓句，鄭綮"詩思在灞橋風雪中驢子上"[①]的經典語錄，在中國文學史上就逐步形成了詩人騎驢的意象。作爲該意象的核心蘊涵，主要

[①]　孫光憲《北夢瑣言》卷七，上海古籍出版社，1981 年版，頁 54。又見計有功《唐詩紀事》卷六十五引《古今詩話》。

有兩點：其一，驢是詩人特有的坐騎；其二，騎驢是詩人清高心志的象徵。作爲其身份的自覺，可以用兩位十二世紀的南北詩人之作爲例。南方的陸游在《劍門道中遇微雨》詩中有如此意味深長的一問：

　　　　此身合是詩人未？細雨騎驢入劍門。①

而北方金源詩人李純甫則在其《灞陵風雪》詩中寫道：

　　　　君不見浣花老人醉歸圖，熊兒捉轡驥子扶。又不見玉川先生一絕句，健倒莓苔三四五。寒驢馳著盡詩仙，短策長鞭似有緣。正在灞陵風雪裹，管是襄陽孟浩然。官家放歸殊不惡，寒驢大勝揚州鶴。莫愛東華門外軟紅塵，席帽烏靴老卻人。②

陸游的一問代表了詩人身份的自覺，這一身份的外在標誌就是騎驢。李純甫的感歎則更加強了這份自覺——“寒驢馳著盡詩仙”，也凸顯了騎驢詩人的典範——“管是襄陽孟浩然”，深化了騎驢意象的蘊涵——“寒驢大勝揚州鶴”。在這裹，孟浩然成爲無可爭議的代表，“管是”意即必定是，而“官家放歸殊不惡”，乃用孟浩然在唐玄宗面前吟詩的故事，所謂“北闕休上書，南山歸敝廬。不才明主棄，多病故人疏”，唐玄宗聞之不快，“因命放歸南山，終身不仕”③。此事雖出於好事者所托，於史實難徵，但卻正反映了孟浩然在大唐盛世終身不仕的事實。

　　孟浩然騎驢的故事雖然是經過蘇軾的反復吟詠而產生較大影響，但蘇詩中並未強調騎驢意象的內涵。作爲騎驢詩人的典範，孟浩然的形象是逐步形成的。李純甫用不可置疑的語氣強調了孟浩然的獨特性，而陸游所惟一援以自比的騎驢詩人也是孟浩然：一則曰“瘦似騎驢孟浩然”④，再則曰“我似騎驢孟浩然”⑤。後人更是以對比的描寫來突出孟浩然，元人真山民《陳雲岫愛騎驢》指出：

　　　　君不學少陵騎驢京華春，一生旅食長悲辛。又不學浪仙騎驢長安

---

① 錢仲聯《劍南詩稿校注》卷三，上海古籍出版社，1985 年版，第 1 册，頁 269。案：對這兩句詩，錢鍾書《宋詩選注》、趙齊平《宋詩臆說》和小川環樹《詩人の自覺》（收入《小川環樹著作集》第三卷，筑摩書房，1997 年版）都有很好的闡發，可參看。

② 元好問《中州集》卷四，中華書局上海編輯所，1959 年版，頁 222。

③ 王定保《唐摭言》卷十一“無官受黜”條，上海古籍出版社，1978 年版，頁 121。

④ 《攬鏡》，《劍南詩稿校注》卷四十六，第 6 册，頁 2839。

⑤ 《夜聞雨聲》，《劍南詩稿校注》，卷六十九，第 7 册，頁 3847。

市,凄涼落葉秋風裏。卻學雪中騎驢孟浩然,冷濕銀鐙敲吟鞭。①
這裏舉出了三個著名的騎驢詩人——杜甫、賈島和孟浩然。如果說,賈島的
詩風已落中晚唐,不免蕭瑟偪仄,所以後人不願學其"凄涼落葉秋風裏",那
麼,杜甫作爲有着"詩聖"桂冠的大詩人,人們何以不學?進而言之,作爲有着
"三十載"騎驢歷史的杜甫,何以未能成爲騎驢詩人的典範?其實,真氏詩的
首二句即櫽括了杜甫《奉贈韋左丞丈二十二韻》中"騎驢三十載,旅食京華春。
朝扣富兒門,暮隨肥馬塵。殘杯與冷炙,到處潛悲辛"②數句之意,顯然,在後
人的心目中,與孟浩然相比,杜甫欠缺之處不在詩,而在他對仕途名望的渴
求,以及由此而帶來的干謁權門的庸俗氣。反觀孟浩然,他是唐代少有的幾
個布衣詩人之一,同時代的李白稱頌他"紅顏棄軒冕"、"迷花不事君",甚至發
出"高山安可仰,徒此揖清芬"③的讚歎。後人寫到孟浩然騎驢,也每每突出其
"清"。元人張仲深《題灞橋風雪圖》云:

> 清標何似襄陽老,一片襟懷自傾倒。只因灞橋覓詩忙,非是長安被
> 花惱。豪吟往往凌鮑、謝,長才靡靡壓郊、島。④

陳旅《題畫圖》四云:

> 騎驢客子清如鶴,恐是襄陽孟浩然。⑤

而在與杜甫的對比時,孟浩然之"清"就顯得尤爲突出。宋禧《題張淑厚畫三
首》之三云:

> 騎驢恰似杜陵翁,歸向南山路不同。惟有詩人最憐汝,解吟"疏雨滴
> 梧桐"。(原注:孟浩然)⑥

孟與杜相似的是"騎驢",但踏上的路途卻"不同"。杜甫要"立登要路津"⑦,孟
浩然則是"南山歸敝廬"。雖然得不到皇帝的眷顧,卻能夠博取詩人的賞愛。
在明人高啟的筆下,這種抑揚的對比就更爲鮮明了,其《題孟浩然騎驢吟雪
圖》云:

---

① 宋公傳《元詩體要》卷三,《四庫全書》本。
② 錢謙益《錢注杜詩》卷一,上海古籍出版社,1979 年版,頁 1。
③ 《贈孟浩然》,王琦《李太白全集》卷九,中華書局,1977 年版,上册,頁 461。
④ 《子淵詩集》卷二,《四庫全書》本。
⑤ 《安雅堂集》卷一,《四庫全書》本。
⑥ 《庸庵集》卷九,《四庫全書》本。
⑦ 《奉贈韋左丞丈二十二韻》,《錢注杜詩》,頁 1。

　　　　　西風驢背倚吟魂，只到龐公舊隱村。何事能詩杜陵老，也頻騎叩富
兒門。①

東漢時的龐公是襄陽人，乃孟浩然之鄉先賢，孟在《夜題鹿門歌》中有句云：
"鹿門月照開煙樹，忽到龐公棲隱處。"②一歌"棲隱"，一叩"富門"，這在高啟的
眼裏不啻一清高，一濁下③。

　　　　如果我們留意一下，上述舉例從張仲深以下都是題畫詩，我們由此可以
知道，作爲中國騎驢詩人的典範，孟浩然的形象不僅在後世詩人的文字中，也
在很多畫家的圖畫裏。甚至可以說，騎驢意象最早是在與繪畫相關的文獻中
獲得其文化意蘊的。

　　　　元人吳師道《跋跨驢覓句圖》指出：

　　　　　驢以蹇稱，乘肥者鄙之，特於詩人宜。甫旅京華，白游華陰，島沖尹
　　　　節，浩然、鄭綮傲凡風雪中，皆畫圖物色也。④

可見詩人騎驢，是中國繪畫史上常用的題材之一。其中出現得最多的，也是
孟浩然。據文獻記載，最早是王維在畫中描寫了孟浩然的騎驢。《新唐書·
孟浩然傳》有這樣的記錄：

　　　　　王維過郢州，畫浩然像于刺史亭，因曰浩然亭。咸通中，刺史鄭誠謂
　　　　賢者名不可斥，更署曰孟亭。⑤

唐人朱景玄《唐朝名畫錄》列王維於"妙品上"，並舉其代表作云："嘗寫詩人襄
陽孟浩然《馬上吟詩圖》，見傳於世。"⑥我懷疑，畫題上的"馬"當爲"驢"字之
訛。北宋宣和年間的董逌有《書孟浩然騎驢圖》，但未及作者。南宋以下，題
詠王維此圖者越來越多，如杜範有《跋王維畫孟浩然騎驢圖》文，宋元之際的
牟巘有《王維畫孟浩然騎驢圖》詩。明代梁寅的《題王維所畫孟浩然像》詩，從

----

①　《大全集》卷十七，《四庫全書》本。

②　高棅《唐詩品彙》卷二十一，上海古籍出版社，1988 年版，頁 327。

③　難得一見的例外似乎是元人吳師道，其《跋跨驢覓句圖》羅列了杜甫、李白、賈島、
孟浩然、鄭綮等騎驢詩人，而評價如下："杜歸然詩祖，忠不忘君，不可尚已。李豪而孟質，賈
寒而鄭陋，不但其詩，人亦似之。"（《禮部集》卷十六）

④　《禮部集》卷十六，《四庫全書》本。

⑤　《新唐書》卷二百三，中華書局，1975 年版，第 18 冊，頁 5780。

⑥　《唐朝名畫錄》，溫肇桐注，四川美術出版社，1985 年版，頁 16。

內容來看,也是一幅騎驢圖①。綜上所述,《新唐書》記載的王維所畫浩然像,《唐朝名畫錄》提及的《馬(驢)上吟詩圖》,以及宋人題的《孟浩然騎驢圖》,指的可能都是同一幅畫。而此下有關孟浩然騎驢的題畫之作也更多,僅據清代《御定歷代題畫詩類》卷四十所錄,就有劉克莊的《孟浩然騎驢圖》、袁桷的《金主畫孟浩然騎驢圖》三首、王惲的《孟浩然霸橋圖》、吳師道的《孟浩然跨驢圖》二首、高啟的《孟浩然騎驢吟雪圖》和張羽的《孟襄陽雪行圖》等。而且,孟浩然之騎驢作爲清高之士的特徵,最早也是在繪畫類文獻中出現。董逌《書孟浩然騎驢圖》云:

> 孟夫子一世畸人,其不合于時,宜也。當其擁褪襯、負苓箸,陟袖跨驢,冒風雪、陟山阪,行襄陽道上時,其得句自宜挾冰霜霰雪,使人吟誦之,猶齒頰生寒。……要辭句清苦,搜冥貫幽,非深得江山秀氣,迴絕人境,又得風勁霜寒,以助其窮怨哀思,披剔奧突,則胸中落落奇處,豈易出也。鄭綮謂"詩思在灞橋風雪中驢子上,此處何以得之",綮殆見孟夫子圖而強爲此哉。不然,綮何以得知此。②

在這裏,董氏首先強調孟浩然是"畸人",即莊子所謂的"畸人者,畸於人而侔於天"③,這樣的人,與世俗的追求往往格格不入。而詩人在現實生活中的窮或不遇,正所以成就其文學。其詩句與冰霜霰雪相裹挾,無論是清寒、清苦,都得自天地江山之清氣。鄭綮身爲相國,養尊處優,故董氏懷疑他是見到《孟浩然騎驢圖》受到啟示,從而說出了那句名言。杜範《跋王維畫孟浩然騎驢圖》云:

> 孟浩然以詩稱於時,亦以詩見棄於其主。然策蹇東歸,風袂飄舉,使人想慨嘉歎,一時之棄適以重千古之稱也。④

孟浩然自己說"不才明主棄",在後人擬造的故事中,唐玄宗說的話倒像是看透了孟浩然的心思:"朕未曾棄人,自是卿不求進。"⑤這句話在《唐詩紀事》中,

---

①　詩云:"蹇驢行行欲何之,妙句直欲追大雅。飯顆山頭杜少陵,溧陽水濱孟東野。飢寒一身人共歎,聲名千載天所假。南山故廬拂袖歸,五侯七貴俱土苴。"(《石門集》卷二)
②　《廣川畫跋》卷二,《四庫全書》本。
③　《莊子·大宗師》,郭慶藩《莊子集釋》,中華書局,1961年版,第1冊,頁273。
④　《清獻集》卷十七,《四庫全書》本。
⑤　《唐摭言》卷十一,頁121。

被記作"卿不求朕,豈朕棄卿"①,意思更爲醒豁。

　　杜甫騎驢,無論是他自己陳述的"暮隨肥馬塵",還是蘇軾挖苦的"蹇驢破帽隨金鞍",都在有意無意之間將驢和馬相對而言。至於吳師道說"驢以蹇稱,乘肥者鄙之,特於詩人宜",更是明確地將兩者處於對立的位置。在將驢和馬相對的架構中,它們分別代表了不同的立場、不同的價值觀和不同的文化抉擇。詩人多爲貧寒之士,孟浩然、杜甫、李賀、賈島,無一非如此,故蹇驢破帽隨其一生。馬端臨《文獻通考·選舉考二》引江陵項氏語曰:

　　　　風俗之弊,至唐極矣。……天下之士,什什伍伍,戴破帽,騎蹇驢。②
孟郊不得意時,是"騎驢到京國"③,而一旦登科,則"春風得意馬蹄疾,一日看盡長安花"④。又王闢之《澠水燕談錄》卷七"歌詠"記載:

　　　　(劉偶)廉慎至貧,及罷官,無以爲歸計。賣所乘馬辦裝,跨驢以歸。
　　魏野以詩贈行云:"誰似甘棠劉法掾,來時乘馬去騎驢。"⑤
所以在詩人的眼中,蹇驢往往和肥馬相對,它象徵着在野與在朝、布衣與縉紳、貧困與富貴的對立。因此,這一觀念是具有政治性的。宋人方岳《次韻徐宰雪句》云:"群公豈堪立仗馬,賤子只跨尋詩驢。"⑥與騎驢相比,騎馬的特點是速度追風,與得意的心情配合,自然快意無比。但仕途險惡,陷阱密佈,故方岳又有詩云:"寧騎踏雪驢,莫驟追風馬。霜蹄失銜勒,多是快意者。"⑦真山民詩亦云:"勸君勸君但騎驢,行路穩,姑徐徐。九折畏途鞭快馬,年來曾覆幾人車。"⑧對於熱衷於功名富貴者,這樣的句子是令人警省的。在驢馬相對的架構中,這一彼此對立的觀念也成爲中國騎驢意象的文化內涵之一。

---

①　《唐詩紀事》卷二十三,上海古籍出版社,1987 年版,頁 348。

②　《文獻通考》卷二十九,中華書局,1986 年版,頁 274。

③　韓愈《孟生詩》,錢仲聯《韓昌黎詩集繫年集釋》卷一,上海古籍出版社,1984 年版,頁 12。

④　孟郊《登科後》,韓泉欣《孟郊集校注》卷三,浙江古籍出版社,1995 年版,頁 126。

⑤　《澠水燕談錄》卷七,中華書局,1981 年版,頁 88。

⑥　秦效成《秋崖詩詞校注》卷三十四,黃山書社,1998 年版,頁 583。

⑦　《以"人生五馬貴,莫受二毛侵"爲韻送胡獻叔守郢陽》,《秋崖詩詞校注》卷一,頁 10。

⑧　《陳雲岫愛騎驢》,《元詩體要》卷三,《四庫全書》本。

二　高麗、朝鮮文學中的騎驢與騎牛意象

朝鮮半島素有"小中華"之稱①，其核心即在禮義文獻，而文學也是突出的代表。崔岦（1539—1612）《李參贊見示楊天使簡帖序》云："素以小中華見稱，其爲文辭尤近。"②任叔英（1576—1623）《芝峰先生朝天錄後序》亦云："海東文獻有小中華之號。"③朴世采（1631—1695）《敬過英寧二陵》亦有"詩書小中華"之句④。因此，中國文學史和繪畫史上的騎驢意象，自高麗時代以降，在東國亦屢見不鮮。

麗、鮮文學中的騎驢意象，多數屬於用典性質，涉及到的中國詩人主要有孟浩然、李白、杜甫、賈島、李賀、鄭綮、潘閬等，而由於蘇軾的影響，雪中騎驢、高聳吟肩的孟浩然形象，被東國詩人不斷地複寫。如李穡（1328—1396）《雪》云：

　　　　詩腸冷極誰能識，重憶騎驢孟浩然。⑤

徐居正（1420—1488）《雪後有興題寄太初、德輿兩集賢》云：

　　　　君不見騎驢陌上孟生酸，破帽短鞭肩聳山，一生冷氣無由刪。⑥

蔡壽（1449—1515）《次東坡雪詩寄次韶》云：

　　　　詩人灞上歸何處？驢背吟肩聳兩尖。⑦

文敬仝（1457—1521）《雪中偶吟贈公輔令公》云：

---

①　這一稱呼首先起於中國，洪大容《乾淨衕筆談》即云："自古中國亦許之以小中華。"《湛軒書外集》卷二）至少可以上推到高麗時代。《朝鮮史略》卷六記載，北宋熙寧年間，高麗使臣朴寅亮與金覲赴宋，"其所著述，宋人稱之，至刊二公詩文，號《小華集》"。"小華"即"小中華"之意。李奎報《題華夷圖長短句》亦有"君不見華人謂我小中華，此語真堪採"之句（《東國李相國集》卷十七）以後也成爲他們的自稱，李達衷《倚風樓》云："當時自謂小中華。"（《霽亭集》卷一）崔岦《送柳西坰赴京師序》："我東素稱小中華。"（《簡易集》卷三）

②　《簡易集》卷三，《韓國文集叢刊》第49冊，景仁文化社，頁278。

③　《疎庵集》卷四，《韓國文集叢刊》第83冊，頁444。

④　《南溪集》卷三，《韓國文集叢刊》第138冊，頁75。

⑤　《牧隱稿·詩稿》卷七，《韓國文集叢刊》第4冊，頁22。

⑥　《四佳集·詩集》卷二，《韓國文集叢刊》第10冊，頁246。

⑦　《懶齋集》卷二，《韓國文集叢刊》第15冊，頁407。

　　　　驢背吟肩山共聳，傍人笑指孟浩然。①
黃㞳（1604—1656）《孟浩然像》云：
　　　　今人誰識古人顏，驢背吟肩聳玉山。②
孟浩然作爲中國騎驢詩人的典範，也被高麗、朝鮮時代的詩人所認同，陳澕有
“除卻騎驢孟浩然，箇中詩思無人知”③之句，閔思平（1295—1359）高呼“我愛
吟詩孟浩然”④，金得臣（1604—1684）自謂“騎驢十載，只學孟浩然之學詩”⑤，
李玄錫（1647—1703）亦謂“詩學騎驢孟浩然”⑥，李匡德（1690—1748）則不無
得意地說“我似詩人孟浩然，小驢雖蹇意尤憐”⑦，甚至於有人將驢直接命名爲
“孟驢”、“孟生驢”或“浩然驢”，如高敬命（1533—1592）云“孟驢寒似蛈”⑧，趙
聖期（1638—1689）云“孟驢林鶴猶嫌鬧”⑨，權好文（1532—1587）云“無詩不上
孟生驢”⑩，鄭弘溟（1582—1650）云“詩情尚倚孟生驢”⑪，金富倫（1531—
1598）感歎“無詩難上浩然驢”⑫，李珥（1536—1584）謂李純仁“出騎浩然之
驢”⑬，河溍（1597—1658）則自謂“行藏寧付浩然驢”⑭。而中國文學史上有關
驢是詩人特有的坐騎、詩興生於驢背的觀念，也爲麗、鮮兩朝詩人全盤接受，
如金馹孫（1464—1498）云“寒驢風味，詩家固不免”⑮，鄭希良（1469—1731）云

---

① 《滄溪集》卷二，《韓國文集叢刊續集》第 1 册，頁 413。
② 《漫浪集》卷一，《韓國文集叢刊》第 103 册，頁 368。
③ 《宋迪八景圖·江天暮雪》，《梅湖遺稿》，《韓國文集叢刊》第 2 册，頁 283。
④ 《次韻愚谷先生賦雪》，《及庵詩集》卷三，《韓國文集叢刊》第 3 册，頁 69。
⑤ 《醉墨堂上樑文》，《柏谷集·文集》册七，《韓國文集叢刊》第 104 册，頁 208。
⑥ 《次密州倅韻》，《游齋集》卷六，《韓國文集叢刊》第 156 册，頁 395。
⑦ 《悼驢》，《冠陽集》卷一，《韓國文集叢刊》第 209 册，頁 359。
⑧ 《息影亭四時詠·冬》，《霽峰集》卷三，《韓國文集叢刊》第 42 册，頁 55。
⑨ 《詠梅花》，《拙修齋集》卷二，《韓國文集叢刊》第 147 册，頁 186。“林鶴”乃指林和
靖之鶴。
⑩ 《雪中贈金秀卿》，《松巖集續集》卷一，《韓國文集叢刊》第 41 册，頁 202。
⑪ 《四十》，《畸庵集》卷五，《韓國文集叢刊》第 87 册，頁 56。
⑫ 《詠雪寄李文庇遠、權友章仲》，《雪月堂集》卷一，《韓國文集叢刊》第 41 册，頁 11。
⑬ 《送李春卿序》，《栗谷全書拾遺》卷三，《韓國文集叢刊》第 45 册，頁 523。
⑭ 《林居感興》，《台溪集》卷二，《韓國文集叢刊》第 101 册，頁 80。
⑮ 《頭流紀行錄》，《濯纓集》卷五，《韓國文集叢刊》第 17 册，頁 259。

"驢背爬詩瘡"①，魚得江（1470—1550）云"清詩盡出寒驢背"②，鄭士龍（1491—1570）云"佳句愛尋驢子背"③，李廷馣（1541—1600）云"驢背覓新詩"④，蔡彭胤（1669—1731）云"詩堪驢背得"⑤，南公轍（1760—1840）云"詩思驢負載"⑥。因此，作爲文人士大夫的一種清高趣味的象徵，騎驢也贏得了詩人的向往、欣賞和喜愛。例如宋浚吉（1606—1672）《答鄭景式》云："雪中騎驢，乘興遠訪，古人風致，今不可見。"⑦張混（1759—1828）《平生志》列舉文人"清供"八十種，"寒驢"即爲其中之一⑧。李圭景（1788—？）歷數文人"四時十二時清趣"，冬季日晡着"布衣皮帽裝嘶風鞽，策寒驢問寒梅消息"⑨亦赫然在目。而作爲月課的詩題，它還滲透到漢詩的普及教育之中⑩。由此可見，中國文學中的騎驢意象在高麗、朝鮮兩朝的文學中顯然得到了延續。但是需要指出的是，這種延續不是整體性、全面性的，他們有其更富於特徵的坐騎。

　　如果我們仔細吟繹上述引文，就會發現主要有三種情況：其一，用典，即使用中國騎驢詩人的故事；其二，題畫，或是中國畫，或是中國題材畫；其三，傚倣，這指的是在精神層面上對中國詩人的認同。在現實生活中，東國詩人的坐騎主要的不是驢，而是牛。可以說，牛是麗、鮮兩朝詩人的主要代步工具。趙龜命（1693—1737）《貫月帖序》指出：

　　　　我東之稱小中華，舊矣。人徒知其與中華相類也，而不知其相類之中又有不相類者存。⑪

這"相類之中又有不相類者"，正是值得我們特別關注之處。而由騎驢到騎牛

①　《雪後寄景劉》，《虛庵遺集》卷三，《韓國文集叢刊》第 18 冊，頁 40。

②　《八友屏·灞橋騎驢》，《灌圃詩集》，《韓國文集叢刊續集》第 1 冊，頁 480。

③　《戲使襄陽故事》，《湖陰雜稿》卷三，《韓國文集叢刊》第 25 冊，頁 96。

④　《雪夜凍吟》，《四留齋集》卷三，《韓國文集叢刊》第 51 冊，頁 282。

⑤　《登禮門峴》，《希庵集》卷十六，《韓國文集叢刊》第 182 冊，頁 308。

⑥　《送崔水部孟邑歸鳩林故居》，《金陵集》卷二，《韓國文集叢刊》第 272 冊，頁 36。

⑦　《同春堂集》卷十二，《韓國文集叢刊》第 107 冊，頁 34。

⑧　《而已广集》卷十四，《韓國文集叢刊》第 270 冊，頁 579。

⑨　《五洲衍文長箋散稿》卷三十六，東國文化社，1959 年版，下冊，頁 91。

⑩　如金光鉉《灞橋騎驢月課》，《水北遺稿》卷一，《韓國文集叢刊續集》第 21 冊，頁276。申混《灞橋吟詩課作》，《初庵集》卷二，《韓國文集叢刊續集》第 37 冊，頁 25。

⑪　《東谿集》卷一，《韓國文集叢刊》第 215 冊，頁 6。

的轉換,也正是其中一例。

　　據文獻記載,最早的騎牛詩人是高麗朝中期的崔讜(1135—1211)和金克己(生卒年不詳),他們的"騎牛"也成爲著名的"東國故事"。最早寫到崔讜騎牛的,是其同時代詩人李仁老(1152—1220),其《崔太尉騎牛出游》詩云:

　　　　嗜酒謫仙扶上馬,愛山潘閬倒騎驢。爭如穩着黃牛背,處處名園任所如。①

將崔氏騎牛與李白騎馬、潘閬騎驢相比,雖然都是詩人,但並未與寫詩聯繫起來。關於崔讜雪中騎牛覓句的佳話,是經過稍後詩人李齊賢(1287—1367)的歌詠,才影響及後世的,有點類似於蘇軾之寫孟浩然騎驢。鄭樞(1333—1382)在其《東國四詠》中,有一首《雙明崔太尉讜雪後騎牛游城北皺巖》,另外三題是《金侍中富軾騎騾訪江西惠素上人》、《鄭中丞敘謫居東萊每月明彈琴達曙》和《郭翰林預冒雨賞蓮有詩》,顯然,這四首詩歌詠的都是高麗朝名人奇事,崔讜騎牛覓詩即爲其中之一:

　　　　兩山松櫟雪培堆,篿水穿雲路幾回。莫說袁安高枕興,何妨牛背覓詩來。②

據此詩題下自注云:"座主益齋侍中命賦。"可知這是奉李齊賢之命所作。與李同時代的詩人閔思平亦有《東國四詠益齋韻》,既是步益齋詩韻,内容與鄭樞四詩亦同,其二《崔太尉冒雪游城北皺巖》云:

　　　　千尺雲根聳北山,古賢遺跡畫應難。自從相國題詩後,多少行人指點看。③

所謂"自從相國題詩後",指的就是李齊賢題詩歌詠之事,可惜今本《益齋集》不存此詩。但經過這些著名詩人的題詠,後人經過皺巖,就會自然聯想起崔氏騎牛作詩的故事。朝鮮時代成俔(1439—1504)《皺巖》詩云:

　　　　雙明往事渺無蹤,巖壑參差躑躅紅。牛背吟詩乘雪去,何如載酒對春風。④

雖然往事如煙,但崔氏騎牛吟詩的韻事卻傳播人口,經久不衰。

----

　　① 《東文選》卷二十,民族文化刊行會,1994 年版,頁 370。
　　② 《圓齋稿》卷上,《韓國文集叢刊》第 5 册,頁 196。
　　③ 《及庵詩集》卷二,《韓國文集叢刊》第 3 册,頁 61。
　　④ 《虛白堂集》卷五,《韓國文集叢刊》第 14 册,頁 274。

　　至於金克己騎牛覓句的故事，似乎也是由李齊賢加以歌詠而流傳開來的。麗末鮮初的詩人韓脩（1333—1384）有《奉和益齋相國東國故事四詩》，其四爲《金居士雪中騎牛游皺巖》：

　　　　線路縈紆入石間，羸牛踏雪倦躋攀。豈唯穩跨無傾覆，詩眼將窮萬玉山。①

既然是和李齊賢之作，則當有益齋原作，只是他對於自己的作品慣於“旋作旋棄”②，所以未能流傳下來。與中國詩人坐下的“蹇驢”相對，金克己所乘的也是“羸牛”。權近（1352—1409）曾經批點過韓脩的詩集，他自己也有《金居士雪中騎牛游皺巖》詩：

　　　　雪裏溪山特地奇，游觀牛背任行遲。皺巖可是非人境，長使儒仙爲賦詩。③

再後來的金時習（1435—1493）有《詠東國故事·金居士雪中騎牛游皺巖》云：

　　　　雪裏騎牛信步行，江山千里散飛瓊。袁安僵臥不干意，那及鄭公橋上情。④

末句用鄭綮“詩思在灞橋風雪中驢子上”的典故作比，不過將驢換成了牛。總之，經過李齊賢等人的題詠，詩人（無論是崔讜抑或金克己）騎牛覓句已經成爲著名的“東國故事”，他們也成爲東國騎牛詩人的典型。

　　麗末鮮初的李行（1352—1409）更是以騎牛寫詩著稱，他不僅自號“騎牛子”，而且以“騎牛”名集。因此，當時及後人也往往將他的詩與牛聯繫起來。成石璘（1338—1423）《有懷看花諸君子寄呈騎牛子》云：

　　　　花間置酒愛清香，牛背哦詩野趣長。⑤

成任（1421—1484）《題羅州碧梧軒》云：

　　　　騎牛題詠語絕塵，一洗俗累歸於真。⑥

日本僧人守允中庵甚至爲之圖繪，權近《中庵所畫李周道騎牛圖》云：

---

①　《柳巷詩集》，《韓國文集叢刊》第 5 册，頁 260。
②　李穡《益齋先生亂稿序》，《牧隱稿·文稿》卷七，《韓國文集叢刊》第 5 册，頁 52。
③　《陽村集》卷九，《韓國文集叢刊》第 7 册，頁 108。
④　《梅月堂集》卷二，《韓國文集叢刊》第 13 册，頁 113。
⑤　《獨谷集》卷上，《韓國文集叢刊》第 6 册，頁 82。
⑥　《騎牛集》卷二附錄，《韓國文集叢刊》第 7 册，頁 377。

　　　　　周道心無累，中庵畫入神。禿毫生意匠，牛背載詩人。①

以上三詩所突出的，是詩人的心無俗累，野趣悠長，這已經約略觸及騎牛的文化意蘊了。此後的例子更多，如李承召（1422—1484）《挽金乖崖守溫》稱他"騎牛於世以文鳴"②，曹偉（1454—1503）《皺巖》憶想其前輩"當年牛背覓新詩"③。至於自述牛背覓詩吟詩者亦有不少，如裴龍吉（1556—1609）之"騎牛緩緩垂鞭去，怕有新詩琢未圓"④，韓浚謙（1557—1627）《溪行偶吟》之"牛背閑吟小杜詩"⑤，沈銷（1685—1753）《訪壺山》之"牛背行吟自在閑"⑥，鄭宗魯（1738—1816）《雲山途中》之"夕陽牛背長吟"⑦，甚至當申維翰（1681—1752）回顧平生，也會發出"牛背詩書誤一生"⑧的慨歎。經過後代詩人的不斷吟詠，牛成爲了朝鮮詩人特有的坐騎。

　　中國文學傳統中的騎驢意象，有一個與騎馬相對的架構，在麗、鮮詩人的筆下，這種架構雖然也存在，但一是不普遍，二是多爲延用中國故事，三是沒有明顯的褒貶色彩，如李奎報（1168—1241）的"賈島驢恒跨，桓公馬未騎"⑨，李穡（1328—1396）的"肥馬公西仍益粟，蹇驢子美敢朝天"⑩，李荇（1478—1534）的"欲知詩思多少，高駕爭如蹇驢"⑪等。有時甚至是驢馬聯稱，元天錫（1330—?）說"走馬途中獨跨驢"⑫，讓人不知他究竟在騎馬還是騎驢；崔岦描

---

① 《陽村集》卷二，《韓國文集叢刊》第 7 册，頁 29。
② 《三灘集》卷九，《韓國文集叢刊》第 11 册，頁 464。
③ 《梅溪集》卷一，《韓國文集叢刊》第 16 册，頁 296。
④ 《訪水亭》，《琴易堂集》卷一，《韓國文集叢刊》第 62 册，頁 30。
⑤ 《柳川遺稿》，《韓國文集叢刊》第 62 册，頁 508。
⑥ 《樗村遺稿》卷十一，《韓國文集叢刊》第 207 册，頁 164。
⑦ 《立齋集》卷一，《韓國文集叢刊》第 253 册，頁 39。
⑧ 《立春夜坐次駿兒韻》，《青泉集》卷二，《韓國文集叢刊》第 200 册，頁 252。
⑨ 《次韻吳東閣世文呈誥院諸學士三百韻詩》，《東國李相國集》卷五，《韓國文集叢刊》第 1 册，頁 342。
⑩ 《有感》，《牧隱稿·詩稿》卷十四，《韓國文集叢刊》第 4 册，頁 153。
⑪ 《路上冒雪戲作六言二絕奉呈止亭相公》，《容齋集》卷一，《韓國文集叢刊》第 20 册，頁 350。
⑫ 《崔沃州卜河寄詩，次韻奉答》，《耘谷行錄》卷四，《韓國文集叢刊》第 6 册，頁 199。

述畫作"有人跨驢馬往來"，或"有驢馬之往來"①，可以相安無事；甚至有人喊出"莫問驢與馬"、"詩情本不假"②的句子。這並不是朝鮮詩人無視中國文學中驢馬相對的文化意義，事實上，真正體現騎驢文化的內涵，同時又富於東國特色的是騎牛意象，在與騎馬相對的架構中，替代了騎驢地位的也正是騎牛。在權近的《騎牛說》中，這個架構已經存在——"凡寓目於物者，疾則粗，遲則盡得其妙。馬疾牛遲，騎牛，欲其遲也"③便是其說明。鄭曄(1563—1625)詩云"擬作騎牛客，無心汗馬功"④，林象德(1683—1719)云"馬背不如牛背好"⑤，亦爲其例。朝鮮詩人還戲謔地創造了"騎牛官"一詞，用以指稱"村野態"⑥，申光洙(1712—1775)也詼諧地吟出"牛背官無一品高"⑦之句，於是騎牛成爲脫俗、悠閒、隱逸的象徵，而騎馬則代表了入世、躁進和名利場。至此，騎牛作爲東國的文化意象便徹底完成，與騎驢相比，它正是一個"相類之中又有不相類者"的意象。如果說，金時習在將金居士騎牛與鄭縈騎驢相對比的時候，還覺得"不及鄭公橋上情"的話，那麼，權好文"騎牛便是勝騎驢"⑧的判斷，已擁有了充分的文化自覺。

　　騎牛與騎馬相對的架構，較之於中國騎驢與騎馬的相對，實際上要更爲緊張和尖銳。這也在一定程度和一定側面上顯示了朝鮮文學中更加強烈的政治因素。爲了加深這種印象，我要舉出兩首有關騎牛的詩賦。金昌翕(1653—1721)《騎牛歌》云：

　　　　騎牛復騎牛，騎牛勝騎馬。騎馬易顛蹶，騎牛只樸野。青雲達官飛

---

①　出《山水屏序》及《李少尹所有古畫識》，《簡易集》卷三，《韓國文集叢刊》第 49 册，頁 280、304。

②　趙希逸《山水圖次西坰相公柳根韻贈李萬戶》，《竹陰集》卷二，《韓國文集叢刊》第 83 册，頁 120。

③　《陽村集》卷二十一，《韓國文集叢刊》第 7 册，頁 209。

④　《兵相尹季初向龍城本營》，《守夢集》卷一，《韓國文集叢刊》第 66 册，頁 459。

⑤　《十數日來無日不至湖上，至則撑小艇、酌薄酒以爲樂》，《老村集》卷一，《韓國文集叢刊》第 206 册，頁 20。

⑥　成海應《蘭室譚叢·騎牛官》云："俗稱村野態曰騎牛官。"《研經齋全集·外集》卷五十七，《韓國文集叢刊》第 278 册，頁 38。

⑦　《代人》，《石北集》卷八，《韓國文集叢刊》第 231 册，頁 365。

⑧　《朴秀才騎牛訪青城戲示》，《松巖集》卷三，《韓國文集叢刊》第 41 册，頁 152。

龍馭，鳴珂擁蓋金闕下。朝雞夕鐘爭逐隊，忙者何由羨閑者。……騎牛
之趣本自奇，雪中騎牛又如斯。……騎牛勝騎馬，焉用齊相駟馬高車。
苦韁與葛鐙，坐覺身舒舒。扣角復扣角，歌闋暮山虛。嗒然牛背歌太古，
神農以前遺民歟。①

馬與牛的對立，就是"青雲"與"樸野"或"俗"與"野"的對立。騎馬者在朝當
官，騎牛者放情山野。在詩人眼中，所謂"俗"，就是迷戀於世俗功利，熱衷於
駟馬高車的追求。而所謂"野"，就是保持灑脫自由的天性，放情於山野之中。
所以，"俗"與"野"的對立，也就是"在朝"與"在野"的對立。又金安節（1564—
1632）《山中騎牛賦》云：

> 青山之曲，碧溪之湄，岸幘騎牛，彼何人斯。厭世路拂袖歸來，美劉
> 公之高志。不嬰情於好爵，能脫身於名利。我思伊人，溫其如玉。亭亭
> 出塵，皎皎拔俗。……五馬雖榮，匪我所思。世與相違，不去何為。慕肥
> 遯之高躅，作不俟於終日。解金魚，投紫綬。戴黃冠，披野服。……樂餘
> 生於不羈，任自得於俯仰。想其山中春深，淑氣萬象。……我騎我牛，狂
> 興誰爭；山中夏涼，綠蔭滿地。……我騎我牛，隨其所之；山中秋晚，皓月
> 揚輝。……我騎我牛，陶陶其樂；山中歲暮，孤松後凋。……我騎我牛，
> 矯首長吟。身雖載於一牛，樂則同於四時。隔塵寰兮幾重，喜衡門之棲
> 遲。伊坐臥之隨意，又起居之任情。身日閑而心逸，豈慼慼於求名。縱
> 流俗之指笑，奈吾心之安適。既不知夫理亂，焉得聞於黜陟。車服不維，
> 刀鋸不加。綠水青山，其樂如何。保性命於牛背，寓逸興於狂歌。……
> 吁嗟乎！利祿之坑塹，紛幾人汨沒而無恥。蠅營狗苟之不暇，困一身於
> 樊籠。衣輕駕肥之揚揚，雖得憐於市童。終然禍網之一觸，慘牛車之誅
> 戮。偉若人脫略物累，能不為夫形役。……安得倩龍眠以作圖，警末俗
> 營營求利、醉生夢死者也。②

此賦以鋪陳的手法，將騎牛之樂描述得淋漓盡緻。在主旨上，作者綜合了嵇
康的自由、陶淵明的歸隱、歐陽修的醉翁之意，主體部分又擷取了張衡《歸田
賦》的四字句法，寫出了四時之景不同，而樂亦無窮。然而在描寫歸隱之樂的
同時，把入世之苦、仕進之慘作如此強烈的對比，這在中國文學中是較爲少見

---

① 《三淵集》卷九，《韓國文集叢刊》第 165 册，頁 199—200。
② 《洛涯遺稿》卷一，《韓國文集叢刊續集》第 13 册，頁 169。

的。宋代李公麟（龍眠居士）曾將陳舜俞、劉凝之騎牛游廬山繪爲《騎牛圖》，元人吳儆《題騎牛圖》意欲突出騎牛和騎馬的優劣，也只是用"汗血名利場，舉世循一軌。……牛背有佳處，未可語俗子"①作對比。而在朝鮮時代的文學作品中，凡是寫到牛馬的對立，往往具有強烈的褒牛而貶馬的色彩，把騎牛的樂趣、騎馬的危險盡力發揮渲染。這一立意是普遍的，足以代表朝鮮朝漢文學中政治內涵強烈的特徵。

三　朝鮮繪畫中的騎驢意象

詩與畫，或者稍作推廣曰文學與繪畫，兩者有着密切的關係。作爲空間藝術的無聲詩和時間藝術的有聲畫，繪畫與文學本屬姊妹藝術，在中國文化的傳統中向來就是如此，甚至有"詩畫一律"的主張。在素有"小中華"之稱的朝鮮半島，人們也有着同樣的認識。我們不妨聽聽他們的聲音，朴彭年（1417—1456）《題匪懈堂瀟湘八景詩卷》云：

> 新詩如畫畫如詩。②

申叔舟（1417—1475）《題匪懈堂八景圖詩卷》云：

> 詩爲有聲畫，畫是無聲詩。世間唯詩畫，狀物窮妍媸。③

成侃（1427—1456）《寄姜景愚》云：

> 詩爲有聲畫，畫乃無聲詩。古來詩畫爲一致，輕重未可分毫釐。④

李夏坤（1677—1724）《題一源所藏海岳傳神帖》云：

> 自古工詩者多善畫，蓋詩情與畫意相通。⑤

需要追問的是，作爲東亞文化意象的騎驢和騎牛，在朝鮮的詩歌與繪畫中是否也得到同樣的表現呢？如果不是這樣，那麼，是何種原因造成了這種差別呢？在東亞文化意象的嬗變中，這樣的異同又有什麼樣的意義呢？

東國歷代擅長書畫者眾多，即以吳世昌《槿域書畫徵》統計，工畫者三百

---

① 《竹洲集》卷十七，《四庫全書》本。
② 《朴先生遺稿》，《韓國文集叢刊》第 9 册，頁 458。
③ 《保閑齋集》卷十，《韓國文集叢刊》第 10 册，頁 81。
④ 《東文選》卷八，頁 152。
⑤ 《頭陀草》册十四，《韓國文集叢刊》第 191 册，頁 465。

九十二人，書畫兼工者一百四十九人，共計五百四十一人，實際人數必不止於此。高麗、朝鮮兩朝，從中國傳入的繪畫作品不在少數，給東國繪畫以切實可依的模範，產生了很大的影響①。本文擬將焦點聚集在與騎驢、騎牛意象相關的作品上，其他問題，暫不涉及。麗、鮮兩朝的繪畫作品流傳至今者不在少數，但多數收藏在韓國、日本等地的博物館、美術館或個人手中，限於時地，未能一一調查。茲據畫册和文集考察，雖難以做到精確細密，但大體趨勢當無乖謬。

劉復烈編著的《韓國繪畫大觀》②，收錄作品 760 幅，是已出版的收錄歷代畫作較多的一種，其中就有申潛（1491—1554）的《雪中騎驢圖》，金明國（1600—？）的《深山行旅圖》、《騎驢人物圖》（韓國國立中央博物館還藏有其《雪中歸驢圖》），曹世杰（1636—？）的《騎驢臨橋圖》，沈師正（1707—1769）的《灞橋尋梅圖》，姜世晃（1713—1791）的《驢背覓句圖》，白殷培（1820—1896 以後）的《江岸騎驢圖》等。這些從十五到十九世紀的畫，都屬於文人畫的傳統，故騎驢人物的身份亦即文人。反之，類似身份的"騎牛圖"卻一幅未見。

自高麗時代開始，文學中便有很多題畫作品，包括題畫軸、題畫屏、題畫帖以及畫記、畫跋等，其中往往對畫作的內容有所描寫，從中便能發現是否有騎驢或騎牛的意象。本文以《韓國文集叢刊》三百五十册及《韓國文集叢刊續編》七十册共計約一千餘種文集作爲考察範圍，得出的結論是，高麗、朝鮮兩朝有着大量文人騎驢的畫作。茲將相關資料製爲表格，列舉如下：

作者	篇名	內容	出處
李奎報	《題任君景謙寢屏六詠與尹同年等數子同賦·潘閬向三峰》	倒正騎驢何更問，詩人好事亦云夸。	《東國李相國集》卷十一

① 韓日學者此類研究論著頗多，有代表性者如高裕燮《高麗時代の繪畫の外國との交渉》，載《學海》第 1 輯，1935 年；安輝濬《高麗及び李朝初期における中國畫の流入》（藤本幸夫譯），載《大和文華》第 62 號，1977 年；吉田宏志《李朝の繪畫——その中國畫受容の一局面》，載《古美術》第 52 號，1977 年；崔炳植《中韓南宗繪畫之研究》，臺北文史哲出版社，1982 年版；古原宏伸《朝鮮山水畫における中國繪畫の受容》，載《青丘學術論集》第 16 集，2000 年。

② 《韓國繪畫大觀》，文教院，1979 年版。

續表

作者	篇名	內容	出處
洪侃	《太白醉歸圖》	三山鶴馭尋常事，故跨青驢作地仙。	《洪崖先生遺稿》
	《金尚書珣所畜山水圖達全師韻》	幽人隱見向何處，馱着寒驢江路明。	同上
李石亨	《題畫屏》	鞭驢疾驅者誰子，凌兢鈍驢隨鬢僮。	《樗軒集》卷下
申叔舟	《題韓致義山水屏》	看來橋上亭中客，棋局寒驢問醉醒。	《保閑齋集》卷五
	《題匪懈堂畫屏》	騎驢棧道客，有意尋清幽。	同上書卷十
	《題金監司出關圖》	寒驢疲僮自蕭索，匹馬超超遠游姿。	同上書卷十一
徐居正	《秋山圖爲日本闍上人作》	寒驢孤客何所之，吟鞭指點行較遲。	《四佳集·詩集》卷二
	《題安堅山水圖冬景》	憶昔探梅驢倒騎，江天欲雪未雪時。	同上書
	《盤谷圖》	寒驢破帽從人訕，殘盃冷炙潛悲酸。	同上書卷三
	《姜景愚畫十二圖，申相宅所藏·秋社醉散》	日斜酩酊皆扶醉，驢背如船穩跨回。	同上書卷五
	《題姜景愚畫八首·野客騎驢》	騎驢如艇傘如屋，未信人間行路難。	同上書卷十二
	《題山水圖二首》	寒驢忙底事，斜日半危橋。	同上書卷十三
	《風雪圖》	寒驢詩興能多少，白酒紅爐憶也無。	同上書卷二十
	《題畫屏八疊·雪行圖》	詩客雙肩聳似山，寒驢孤影雪蹣跚。	同上書卷二十八
	《題畫十二首爲權護軍作·渡橋圖》	一驢行色渡江橋，知有青山苦見招。	同上書卷三十

續表

作者	篇名	内容	出處
徐居正	《題畫》	矮驢扶傘僕攜琴，落日行穿松徑深。	同上書卷三十一
	《題雙林心上人所藏十畫·潘閬倒驢》	愛山何不山中隱，倒跨驢歸指點看。	同上書卷四十五
	《題畫十首·風雨圖》	簑笠閑翁撑艇立，蹇驢行客向誰催。	同上書
	《雪山圖》	驢背風寒禁不得，玉樓雙聳與山高。	同上書
	《題山水圖八疊》之四	客子寒驢山色外，半橋人立水聲中。	同上書卷四十六
	同上之五	長空如掃月如波，驢背高吟奈興何。	同上書
	《高中樞所藏崔涇畫山水八疊·風雨》	客子寒驢忙底事，半橋零落又西矖。	同上書卷五十二
李承召	《題永川尹定春山圖》	游子鞭驢野橋迥，漁郎操舟煙波闊。	《三灘集》卷一
	《題畫屏·山市晴嵐》	爲問騎驢橋上客，輞川風景是耶非。	同上書卷九
	《題壻李學正家藏八畫·孟浩然遊霸橋》	霸陵風雪正漫漫，驢背吟肩聳似山。	同上書
成俔	《題豐原所藏雪中騎驢圖》	短帽聳肩驢耳堅，倦僕痛矣行正苦。	《虛白堂集·補集》卷五
	《題人山水圖八首》之二	長橋驢腳苦凌兢，出定僧尋入定僧。	同上書
南孝溫	《屏風十詠·雪中騎驢》	失位孟浩然，蹉跎坐詩窮。	《秋江集》卷二
丁壽崗	《浣花醉歸圖》	長衫短帽斜陽裏，醉眼蹇驢曲岸頭。	《月軒集》卷三

續表

作者	篇名	內容	出處
鄭希良	《瀟湘八景·煙寺暮鐘》	落日驚聞獅子吼，驢背詩人首屢側。	《虛庵遺集》卷一
沈義	《浣花醉歸圖》	驥兒已壯熊兒健，驢背歸來好護持。	《大觀齋亂稿》卷三
李荇	《題山水圖二首》之一	枕江亭子好逍遙，游客乘驢又渡橋。	《容齋集》卷一
	《題畫二首》之二	騎驢亦是忘機客，野鴨相迎不自猜。	同上書
蘇世讓	《題金禔畫贈韓秀祿》	獨跨寒驢去，天風吹我衣。	《陽谷集》卷五
	《瀟湘八景·山寺暮鐘》	寒驢苔逕深，暮入煙蘿去。	同上書卷十
鄭士龍	《題畫》	不知何許吟多思，輸與騎驢忍凍還。	《湖陰雜稿》卷五
	《奉題沈右相小景短屏六絕》之六	推敲思在飢驢上，何似僧房撥芋灰。	同上書
周世鵬	《浣花醉歸圖》	落日寒驢方倒馱，回頭故國正銷魂。	《武陵雜稿·別集》卷五
李滉	《郭景靜城主求題山水畫幅五絕》	小橋驢背行吟客，肩聳如山得得歸。	《退溪集》卷三
	《題金上舍慎仲畫幅八絕·灞橋吟雪》	漠漠窮陰素雪飄，寒驢駄興度前橋。	同上書
	《題安堅所畫山水帖》	崖路策驢尋樹塢，野船撬棹指煙津。	《退溪集·續集》卷二
		不知驢背行吟客，料理清愁許我看。	同上書
嚴昕	《浣花醉歸圖》	騎驢酩酊過溪頭，白髮蕭條映綠洲。	《十省堂集》卷下

續表

作者	篇名	内容	出處
金麟厚	《杜子美醉後宗文捉轡圖》	君獨騎驢向何處，眼花落井生微狂。	《河西全集》卷四
白光勛	《走筆寄楊通判應遇求永平申使君水墨圖》	騎驢客過野橋雪，牧牛人在春塘霧。	《玉峰集》卷下
崔岦	《山水屏序》	往往有人跨驢馬往來。	《簡易集》卷三
	《李少尹所有古畫識》	有驢馬之往來。	同上書
李魯	《畫記》	吟翁策驢，獨立修橋。	《松巖集》卷三
李好閔	《題畫帖》	撚髭覓詩苦，驢背身穹窿。	《五峰集》卷一
	《題郭山畫屏示李使君綏之》	策驢莫輕渡，夜雨添新水。	同上書
	《題李仲實畫帖·李槇山客騎驢》	青山下有騎驢客，路轉山腰知幾重。	同上書卷二
李達	《詠畫》	江樹濃陰合，騎驢江上行。	《蓀谷詩集》卷五
	《題畫》	騎驢渡橋去，葉落秋山空。	同上書
車天輅	《書畫板》	斜陽石棧路，驢背獨歸心。	《五山集》卷一
李恒福	《山水圖》	驢後小兒隨，驢前風日好。	《白沙集》卷一
柳夢寅	《畫帖》	一蹇驢一琴短，撚髭口欲斷。	《於于集》卷六
金尚容	《題李澄所畫四時景八首》	騎驢暝歸客，詩興在溪橋。	《仙源遺稿》卷上
李德馨	《題禹參議家畫軸》	蹇驢要赴西齋約，花掩柴門酒滿樽。	《漢陰文稿》卷一
李春英	《題鶴林畫屏八首》	騎驢緩緩過溪阿，柳拂輕煙水起波。	《體素集》卷上
權韠	《詠畫爲宋子深淵作六首》	騎驢客入小橋去，行色但有琴相隨。	《石洲集》卷二
	《題騎驢圖爲韓瑩中作》	落日青驢背，襟懷只自知。	同上書卷六
睦大欽	《題屏間四時詞》	落木村墟古，蹇驢蹬道盤。	《竹陰集》卷一
金坽	《題畫屏·幽徑騎驢》	青驢不用催鞭去，收拾風煙在緩行。	《溪巖集》卷三

續表

作者	篇名	内容	出處
金堉	《題畫》	回身駐小橋，驢背心何在。	《潛谷遺稿》卷二
		縮頸渡溪橋，堪笑騎驢客。	同上書
崔鳴吉	《題畫》	馱駕驅牽非一狀，驢牛馳馬亦多般。	《遲川集》卷五
李敏求	《李澄畫山水十帖》	可憐驢背客，空有畏途心。	《東洲集·詩集》卷十三
	《題畫八幅》	縠橋驢失腳，不受小童催。	同上書卷十四
李景奭	《題徐使君貞履畫帖》	危橋送客驢，興入招提路。	《白軒集》卷七
李明漢	《題徐清風貞履家藏畫帖》	徑窄不容驢，雁飛山欲暮。	《白洲集》卷一
		驢背聳肩翁，吟風聲斷續。	同上書
黃㦿	《孟浩然像》	今人誰識古人顏，驢背吟肩聳玉山。	《漫浪集》卷一
金得臣	《題八疊畫屏》	吾知驢背客，應訪故人居。	《柏谷集·詩集》冊一
宋時烈	《書韓子剛騎驢圖後》	今子剛又得騎驢圖六幅而甚愛之。	《宋子大全》卷一百四十八
俞棨	《使畫師全忠孝寫李咸卿、綿城赴會圖》	騎驢何處客，指點畫欄邊。	《市南集》卷一
朴長遠	《題畫》	童子攜琴客跨驢，斷橋芳草雨晴初。	《久堂集》卷一
南龍翼	《題李家畫帖八絕》	雪裏騎驢客，誰人興不長。	《壺谷集》卷八
尹推	《瀟湘八景·江天暮雪》	時看獨釣人迴棹，更有寒驢客聳肩。	《農隱遺稿》卷一
李敏敘	《詠屏畫八景》	寒驢困積雪，載酒尋寒梅。	《西河集》卷二
申翼相	《題徐公貞履畫帖十首》	驢背尋秋客，不嫌蹬路窄。	《醒齋遺稿》冊一
		尋春驢背興，正在灞橋邊。	同上書
	《題東維畫帖十首》	驢背騷翁馱醉歸，濕雲含雨着人飛。	同上書

續表

作者	篇名	内容	出處
金昌協	《谷雲九曲圖跋》	驢行牛眠。	《農巖集》卷二十五
金昌翕	《詠金明國山水圖》	末勢逶迤山腳斷，凌流也有騎驢過。	《三淵集》卷二
	《詠畫屏》	雪裏埋香岸，騎驢任所之。	同上書卷九
	《題申翼仲鐔畫屏·浣溪醉歸》	小兒門候，大兒驢扶。	同上書卷十一
	《題李一源海嶽圖後·通川門巖》	騎驢者興亦活矣。	同上書卷二十五
林泰輔	《玉堂小屏畫華山歸隱，各賦一事爲一句》	驢背陳仙見事遲。	《定齋集》卷一
權斗經	《題安可度八幅山水圖》	橋上有騎驢客，舉鞭望空。	《蒼雪齋集》卷四
		橋上有客，披簑跨驢。	同上書
洪泰猷	《畫山水解》	騎驢而跨橋者誰也？	《耐齋集》卷四
權榘	《題畫屏·雪橋騎驢》	雪滿江湖歲暮天，寒驢橋上向那邊。	《屏谷集續集》卷一
趙泰億	《題畫》	溪橋跨驢客，詩在負囊奚。	《謙齋集》卷二
權萬	《瀟湘八景·江天暮雪》	騎驢橋上客，背後二童隨。	《江左集》卷一
趙觀彬	《題畫帖》	驢背何村客，秋風古木邊。	《悔軒集》卷三
申光洙	《崔北雪江圖歌》	斗尾月溪騎寒驢。	《石北集》卷六
丁範祖	《題畫》	騎驢入松客，明是白劉來。	《海左集》卷九
	《題畫屏·孟襄陽騎驢訪梅》	灞岸驢蹄四山雪，梅花野彴數春枝。	同上書卷十五
丁若鏞	《題畫五首》	行盡野橋逢草樹，小驢欣悅四蹄狂。	《與猶堂全書》一集卷二
	《題畫》	沙上青驢客，琴頭皁布囊。	同上書
金允植	《題靈塔四時景圖，紫泉老人所畫》	驢背倒篁冠，仰看松上雪。	《雲養集》卷四
金澤榮	《奉題月潭再從叔大梅花圖二首》	橋旁時過禿尾驢，翠禽嬌點欲飛去。	《韶濩堂集·詩集》卷一

續表

作者	篇名	内容	出處
曹兢燮	《題畫屏十詠·襄陽雪驢》	雙聳山肩兩皺眉，小橋平雪寒驢遲。	《巖棲集》卷二
李婷	《題畫》	高山流水小溪橋，過客乘驢一逕遙。	《風月亭集》卷二
魚得江	《八友屏·灞橋騎驢》	清詩盡出寒驢背，若馭堅良有此無。	《灌園詩集》
金止男	《題畫屏》	山花驢背春，尊酒舟中雨。	《龍溪遺稿》卷一
崔澱	《題金醉眠畫圖》	寒驢不能舟，日夕煙波闊。	《楊浦遺稿》
崔奇男	《題畫》	悠然驢背興，衝雪上溪橋。	《龜谷詩稿》卷二下
沈東龜	《雪中騎驢圖呼韻》	龍眠欲畫難工處，正在吟鞭聳一肩。	《晴峰集》
沈攸	《題畫》	半渡騎驢客，長橋不霽虹。	《梧灘集》卷一
		笑殺騎驢客，吟肩聳雪峰。	同上書
洪柱國	《瀟湘八景·江天暮雪》	溪頭訪友人回棹，驢背吟詩客聳肩。	《泛翁集》卷四
李瑞雨	《次山水障四景八絕韻》	停驢悵秋景，荷葦倒寒塘。	《松坡集》卷五
	《畫幅雜詠·灞橋尋梅》	衝雪驢兒欲訪誰，帽簷推盡傘枝欹。	同上書卷七
柳尚運	《無聊中見山水小屏偶題·騎驢過橋》	詩翁策驢去，稚子荷芳樽。	《約齋集》冊一
權相	《瀟湘八景·江天暮雪》	驢背尋梅人不見，扁舟繫在岸邊家。	《清臺集》卷三
金履萬	《題畫》	山橋落日寒驢遲，江浦秋風一帆駛。	《鶴皐集》卷三
金鎮商	《題畫屏》	何處漁翁何處客，孤舟不動寒驢遲。	《退漁堂遺稿》卷一

以上統計的畫作超過百幅，凡是明顯出於中國畫家的作品皆已略去，或有少數不能確定的畫出於中國畫家之手，但基本上屬於高麗、朝鮮兩朝的畫作，這

個判斷是能夠成立的。比如大量題詠在屏風上的畫作，只可能爲當地畫家所繪。這些畫作的技術水平姑且不論①，但因爲屏風參與在人們的日常起居之間，因此，其對文人學士觀念的影響也會在不知不覺中強化細化，畫中寫驢成爲理所當然、毋庸置疑的常態，以至於覺得騎驢即可入畫，如金尚容（1561—1637）《桁城水流嚴道上》云：

　　　　村村花柳媚春風，出處溪山錦繡中。安得龍眠摹此景，野橋驢背着斯翁。②

李廷龜（1564—1635）《鶴野途中》云：

　　　　茫茫長野此身孤，落日寒驢似畫圖。③

李慶全（1567—1644）《正名訪黃真寶》云：

　　　　客子光陰詩裏遣，寒驢行色畫中看。④

權韠（1569—1612）《安樂堂八詠爲外舅鄭新昌思億題·斷橋殘照》云：

　　　　古岸崩沙擁小儺，斷橋遙帶夕陽殘。此間更着騎驢客，政好傍人作畫看。⑤

李昭漢（1598—1645）《自光遠家轉往德原郊居次伯氏韻》云：

　　　　騎驢如入畫圖行。⑥

以上皆非題畫詩，但詩人認爲騎驢本身即是一幅天然好圖畫。反之，若畫上無驢，便會覺得是一種缺憾，而流露出落寞悵惘之情，如徐居正《風雪圖》云：

　　　　千村萬落景奇絶，恨無灞橋騎驢客。⑦

再“奇絶”的景致，若無“騎驢客”在畫上，總還是有幾分遜色、有些許憾恨的。

―――――――――

①　董越《朝鮮賦》有這樣的描述：“館傳壁間，盡塗以水墨不工之畫；戶牖合處，皆寫以混沌初分之圖。此則未必盡然，予但據所見而直書也。”後來申緯曾加以辨證，其《次韻篠齋夏日山居雜詠二十首》之十五寫道：“屏間水墨不工畫（原注：董越《朝鮮賦》中語），英、正年來漸入佳。”（《警修堂全稿》冊七，《韓國文集叢刊》第 291 冊，頁 155）但這已經是十八世紀以後的情形了。

②　《仙源遺稿·續稿》，《韓國文集叢刊》第 65 冊，頁 180。

③　《月沙集》卷二，《韓國文集叢刊》第 69 冊，頁 257。

④　《石樓遺稿·詩集》卷一，《韓國文集叢刊》第 73 冊，頁 319。

⑤　《石洲集》卷七，《韓國文集叢刊》第 75 冊，頁 68。

⑥　《玄洲集》卷四，《韓國文集叢刊》第 101 冊，頁 255。

⑦　《四佳集·詩集》卷五十二，《韓國文集叢刊》第 11 冊，頁 126。

至此,我們可以作一判斷如下:作爲東亞的文化意象,在麗、鮮文學中是以騎牛爲特徵,而在繪畫作品中,其代表性意象卻是騎驢,絶少文人騎牛的意象,這與高麗、朝鮮畫壇之深受中國繪畫的影響是分不開的。

高麗時代的繪畫以佛教内容爲主①,因此,我們就從朝鮮時代初期開始考察。本文涉及到的騎驢作品最早出於安堅之手,他曾經飽覽安平大君李瑢(1418—1453,號匪懈堂)收藏的中國宋元畫作,"式郭熙則爲郭熙,式李弼則爲李弼,爲劉融、爲馬遠,無不應向,而山水最其所長也"②。據申叔舟《畫記》,安平大君所收藏的畫自東晉顧愷之以下共三十五家二百二十二軸。其中郭熙的作品就達十七幅之多,如《山水圖》、《江雪圖》、《江天暮雪圖》等,尤得時人之重視。從後人的題詠中可知,郭熙畫中常入騎驢意象,如劉克莊《郭熙山水障子》云"驢鞍釣笠分毫芒"③;方回《題郭熙雪晴松石平遠圖》云"戴笠騎驢者誰子"④;王沂《題郭熙山水》云"灞橋騎驢肩聳山"⑤;劉永之《題郭熙春山》云"蹇驢烏帽歸來晚"⑥;胡助《郭熙雪林曉霽》云"灞橋策驢詩獨得"⑦。安堅等人當受此畫風影響。

曹世傑是朝鮮朝中期的著名畫家,其最爲著名的作品是《谷雲九曲圖》,這是曹氏應金壽增(1624—1701)之請,爲其所居之"谷雲九曲"作畫。金氏從子金昌翕有《谷雲九曲圖歌》云:

> 東方畫者國能死,嗚呼無人畫山水。曹生學華體,倣畫得形似。古來成虧取一長,是如江淹擬蘇李。試看《谷雲九曲圖》,我怪仿佛能如此。⑧

曹氏繪畫特徵在於"學華體",他能遍考諸家,各取所長,猶如江淹之善摹擬,

---

① 參見菊竹淳一、井手誠之輔、朴銀卿《高麗時代佛教繪畫の總合的研究》,載《青丘學術論集》第四集,1994 年。

② 《龍泉談寂記》,《大東野乘》本,頁 287。另可參見稻葉岩吉《申叔舟の畫記——安平大君の什藏並に安堅について》,載《美術研究》第 19 號,1933 年 7 月。

③ 《後村集》卷七,《四庫全書》本。

④ 《桐江續集》卷十二,《四庫全書》本。

⑤ 《伊濱集》卷四,《四庫全書》本。

⑥ 《宋元詩會》卷九十五,《四庫全書》本。

⑦ 《純白齋類稿》卷六,《四庫全書》本。

⑧ 《三淵集》卷一,《韓國文集叢刊》第 165 册,頁 19。

《谷雲九曲圖》成功秘訣即在於此。金氏的另一從子金昌協（1651—1708）《谷雲九曲圖跋》云：

> 世言好圖畫必曰逼真，畫至於逼真，極矣，雖顧、陸不容有加。……畫者乃西都曹世杰，先生（案：指金壽增）實手攜而面命，逐曲臨寫，如對鏡取影。故其重岡複峽，奇石激湍，茅茨之位置，園圃之耕鑿，雞鳴犬吠，驢行牛眠，種種備具，纖悉無遺，使人一展卷間，怳然若歷輞川之莊，問桃源之津，而渺然自遠於市朝埃壒之外。……然余聞往有一士人入山中，偶逢先生騎牛過溪上，鬚眉蕭然，冠服清古，一僮奴負杖隨後，意象甚閑暇。①

朝鮮畫史上對真景山水的強調，始於鄭歚（1676—1759）②。從這個意義上說，曹世傑的《谷雲九曲圖》可謂導夫先路者。但即便如此，曹氏還是有所改造。金氏在九曲中騎牛往來，但畫中仍然是“驢行牛眠”。我相信，這與曹氏的“學華體”是有關的。

朝鮮朝光海君年間（1609—1622），明萬曆三十一年（1603）刊行的《顧氏畫譜》傳入朝鮮③，成爲當時畫壇上的新的樣板。李好閔（1553—1634）於戊申歲（1608）曾在北京玉河館見到《顧氏畫譜》，苦於無錢購買，乃撰寫一跋，期待“將持向吾東諸老師追前人而作之”④，可能是最早接觸到此書的朝鮮人。傳入後，詩人對畫譜中的畫面也有這樣的吟歎，如洪瑞鳳（1572—1645）《題顧氏畫譜·郭熙》云：

> 興破玄冥威，詩工驢背上。⑤

又《張路》：

---

①　《農巖集》卷二十五，《韓國文集叢刊》第 162 册，頁 198—199。

②　吳世昌指出：“謙齋長於山水，尤善真景，自成一家，爲東方山水之宗，畫亦流傳甚多。”《槿域書畫徵》卷五，頁 167。

③　韓國學者李東洲編《我國之古畫》（漢城博英社，1975 年版）中認爲，《顧氏畫譜》傳入朝鮮的時間在仁祖年間（1623—1649），此說亦爲日本學者吉田宏志所接受並援引，見《李朝の繪畫——その中國畫受容の一局面》，《古美術》第 52 號，頁 87。案：此書傳入時間當在仁祖朝之前的光海君年間，因爲卒於光海君十四年（1622）的洪命元已經有了《題顧氏畫譜一百七首》。

④　《畫譜訣跋》，《五峰集》卷八，《韓國文集叢刊》第 59 册，頁 438。

⑤　《鶴谷集》卷一，《韓國文集叢刊》第 79 册，頁 446。

　　　　醉吟驢背穩，虐雪不須愁。①

洪命元（1573—1623）《題顧氏畫譜·張路》云：

　　　　書囊付僕夫，詩興生驢背。②

此外，如許穆（1595—1682）云"余嘗得《顧氏畫譜》，始見衡山筆妙"③，李玄錫（1647—1703）有《覽顧氏畫譜》詩，又自述"臨所蓄《顧氏畫譜》"④，等等，可見其書之風行一時。朝鮮繪畫中騎驢意象之層出不窮，實在是不難理解的。

四　日本文學與繪畫中的騎驢意象

　　日本也是漢文化圈中的成員，並積極學習和吸收漢文化，在早期則是通過朝鮮半島的中介而接觸漢籍。因此，日本漢文學在其成長和發展過程中，既有與中國的淵源關係，也有與朝鮮半島文人的交流和促進。那麼，日本詩人是否也有特定的坐騎？在文學和繪畫中又表現爲怎樣的文化意象呢？

　　日本漢文學的發展，大致可分爲四期，即王朝時期（701—1192）、五山時期（1192—1603）、江戶時期（1603—1868）和明治時期（1868—1912）⑤。王朝時期的風氣以齊、梁文學爲主，當時貴族最歡迎的是《文選》和白居易。五山時期的作者多爲僧人，崇拜的對象是杜甫、蘇軾和黃庭堅。江戶時期的文學開始向民間社會轉移，並經過了崇尚宋調、轉趨唐音又重回宋調的歷程。明治時期雖然還保持後勁，但隨着歐美文學勢力的擴張，時人也"變而購美人詩稿，譯英士文集矣"⑥。因此，與騎驢或騎牛相關的文化意象就是從五山文學開始的。

　　據現有的文獻考察，五山僧人與高麗文人已有較多的交往。即以李穡《牧隱稿》爲例，其中就有《萬峰爲惟一上人題，日本人也，時奉使其國》、《送日本釋有天祐》、《日本釋弘慧求詩》、《送日本釋因有所感》等作，尤其是對釋守

---

①　《鶴谷集》卷一，《韓國文集叢刊》第 79 册，頁 450。

②　《海峰集》卷一，《韓國文集叢刊》第 82 册，頁 167。

③　《衡山三絕貼跋》，《記言·別集》卷十，《韓國文集叢刊》第 99 册，頁 96。

④　《水城莊記》，《游齋集》卷十八，《韓國文集叢刊》第 156 册，頁 536。

⑤　關於日本漢文學的分期，中外學者都有過嘗試，雖然名稱不一，實則大同小異。兹不一一列舉。

⑥　黃遵憲《日本雜事詩》卷一，錢仲聯《人境廬詩草箋注》附錄一，上海古籍出版社，1981年版，頁 1123。

允中庵,李穡爲之寫了一賦一詩一贊,即《雪梅軒小賦,爲日本釋允中庵作,號息牧叟》、《遜村來過,云將與陶隱守歲靈隱寺,中庵所居也》和《息牧叟贊》。當時李行號騎牛道人,中庵曾爲之畫《騎牛圖》,權近則作《中庵所畫李周道騎牛圖》詩題詠。可見,五山時期的日本僧人對於高麗詩人的牛背覓詩是有親身體驗的,甚至爲此而畫有文人《騎牛圖》。然而在他們自身的文學作品中,出現得更多的卻是騎驢意象。

五山文學的文獻集中在上村觀光編《五山文學全集》和玉村竹二編《五山文學新集》二書,内容豐富。兹以後陽成天皇(1586—1611在位)勅旨所編《翰林五鳳集》爲主考察,此書分類編纂了自建武(1334—1338)至元和(1615—1624)時期約三百年的詩作,是一部具體而微的五山詩歌總集,頗具代表性。

五山詩僧筆下的騎驢意象,通常不外三類情形:一是用典,二是題畫,三是自我描述。我們從第三類開始看。天隱(龍澤,1422—1500)《春陰欲雪》云:

　　　　薄暮春雲合又疏,惱人天氣意何如。明朝欲出灞橋上,醉後呼童秼我驢。①

蘭坡(景茞,1417—1501)《春暮夜游京都大應院作》云:

　　　　白髮值春情不疏,爲花欲出出無驢。東風今夜吹成夢,坐到長安月落初。②

雪嶺(永瑾,? —1537)《雪徑尋梅》云:

　　　　路入寒村雪壓枝,驢前唯有暗香吹。掃來薄暮問春信,花亦袁安僵臥姿。③

在年代上更早一些的如鐵庵道生(1261—1331)《金川曉行》云:

　　　　又得羽州消息回,寒驢破曉海雲堆。④

不僅騎驢,而且還是寒驢。此山妙在(1296—1377)《長監寺之武昌省師》云:

　　　　此去漢陽曾不遠,把驢作馬縱橫騎。⑤

此詩或在中國作,值得注意的是詩中透露出的一個觀念,即驢馬可互相替換,

---

①　《翰林五鳳集》卷二"春部",《大日本佛教全書》本,佛書刊行會,1914年版,頁113。
②　同上書,卷九"春部",頁211。
③　同上書,卷二十三"冬部",頁406—407。
④　《鈍鐵集》,《五山文學全集》第1卷,思文閣,1973年版,頁373。
⑤　《若木集》,《五山文學全集》第2卷,頁1113。

而不存在對立。

　　至於用典，涉及到的中國詩人有孟浩然、李白、杜甫、賈島、鄭綮、陳圖南、潘閬、王安石等，其中涉及最多的是杜甫和鄭綮，這與中國文學和麗、鮮文學中以孟浩然爲典範是不同的。鄭綮出現頻率較高或帶有偶然性，即可能與“十雪詩”的流行有關。“十雪”之作始於元人①，基本上一人詠一首，分別爲“韓王堂雪”、“伊川門雪”、“袁安臥雪”、“李愬灌雪”、“王猷溪雪”、“李及郊雪”、“蘇武氈雪”、“鄭綮驢雪”、“孫康書雪”和“歐陽詩雪”，五山詩僧和作甚多。惟肖得岩（1360—1437）《和十雪詩序》云：

　　　　數人而賦一事，則句意必蹈襲，觀者厭之，此元人“十雪”所以作矣。
　　　　自韓王堂至歐陽禁體，其事繫於雪，而往往見於傳記小說者也。余每愛
　　　　其格新而語工以誦焉。……丙寅冬，大雪連月不止，……則取彼“十雪”
　　　　題詠伏以觀之，精爽感會，故習又萌動，亡慮十和，皆成書措壁間。②

因此，有關“鄭綮驢雪”的和詩亦甚多，西胤俊承（1358—1422）、惟肖得岩、瑞溪周鳳（1391—1473）、南江宗沅（1387—1463）等人皆有其作，結果竟至於後人講到灞橋騎驢，便只知鄭綮，而不知孟浩然③。

　　涉及杜甫較多的原因，與他是五山文學崇尚的典範之一有關④。而他們所突出的騎驢意象的內涵，往往是其“風流”的一面。仲芳（圓伊，1354—1413）《破帽》云：

　　　　蹇驢背上求詩客，最愛風流著得宜。⑤

雪嶺《贈伊藤新六》云：

---

　　①　參見孫存吾編《元風雅・後集》卷十二，《四庫全書》本。

　　②　《東海瓊華集》，《五山文學新集》，東京大學出版會，1968年版，第2卷，頁823。

　　③　參見釋慈周《葛原詩話・後編》卷三“雪中騎驢孟浩然”條，趙鍾業編《日本詩話叢編》，太學社，1992年版，第6冊，頁617—618。

　　④　吉川幸次郎《杜詩在日本》指出：“日本愛讀杜詩的風氣，大概是起於十三十四世紀，我們的足利Ashikaga時代，中國的元末明初。尤其以西京五山Gosan的和尚們爲中心。”（《吉川幸次郎全集》，筑摩書房，1968年版，第12卷，頁717）五山時期流行的文學讀物有《三體詩》和《古文真寶》，崇尚的詩人是杜甫、蘇軾和黃庭堅，他們分別取代了平安時代的《文選》和白居易的地位。

　　⑤　《翰林五鳳集》卷四十二“雜部”，頁859。

　　　　騎驢吟雪太風流，會得灞橋詩思不。①

惟忠（通恕，1349—1429）《贊孟浩然》云：

　　　　一旦坐詩歸亦好，蹇驢破帽舊風流。②

上文指出，在五山詩僧眼中，驢馬是可以互相替換的，因此，他們在突出騎驢意象的風流內涵的同時，消釋的卻是騎驢和騎馬相對的架構。無論是就象徵意義還是實際意義而言，騎馬對於寫詩皆無影響。彥龍（周興）《和德大寺府試筆韻序》云：

　　　　本朝乃東海文物之國也，左右視之，詩以鳴世、文以起家者，皆臺閣中人，表表光於國史矣。③

"臺閣中人"當然是騎官馬的人，但詩人例皆此等，這反映的正是平安時代以貴族文學爲主的特徵。五山詩人則皆方外之人，亦游離於現實政治之外。因此，文學中便缺少政治性，固然就不必有騎驢和騎馬的對立。

　　　其實，五山詩人以及後來江戶時代的許多詩人，在現實生活中的代步工具往往是馬。"騎驢"只是詩歌中的一個意象，並非寫實。所以，騎馬當然也一樣能詩。村庵（靈彥，1404—1488）《仲英上人還周州，其友翱之求詩贈別，爲賦之》云：

　　　　紀行定有幾篇詩，多是高吟駐馬時。④

又《送伯雨上人之南行》云：

　　　　伯雨詩名未覺低，貞居集裏幾新題。長吟行路馬蹄倦，日落南京六里西。⑤

琴叔（景趣）《扇面》云：

　　　　人尋春色馬蹄遲，行盡溪橋煙水涯。山寺逢僧定誇說，吟鞍馱著幾篇詩。⑥

這才是一種寫實性質的描述。

---

① 《翰林五鳳集》卷五十"扇面"，頁 994。
② 同上書，卷六十"支那人名部"，頁 1166。
③ 同上書，卷十一，頁 231。
④ 同上書，卷三十二"送行"，頁 638。
⑤ 同上書，頁 649。
⑥ 同上書，卷四十九"扇面"，頁 979。

　　五山時期文學中的騎驢意象已如上述,繪畫中的情形又如何呢?《翰林五鳳集》有三卷内容屬於"畫圖",頗有一些騎驢意象,舉例如下。村庵《讚梅花水仙楊柳椿花金錢花畫》云:

　　　　遙指煙蕪行路難,蹇驢暫欲憩吟鞍。是誰亭館春湖上,柳影梅香水拍欄。①

天隱《濃墨山水》云:

　　　　松徑通幽古寺閑,吟行興在野亭間。兩儒並轡無佗語,急莫鞭驢細看山。②

萬里(集九,1428—?)《瘦驢落雁》云:

　　　　紫翠重重漸暮時,洞庭三萬里天涯。秋風驢尾短於草,鞍上敲殘落雁詩。③

瑞岩(龍惺,1384—1460)《扇面》云:

　　　　驢背行人投宿遲,隔江青嶂月昇時。僕夫但苦擔頭重,委轡求詩亦不知。④

蘭坡《題大内府君扇》云:

　　　　遠近峰分畫不如,勸君此地只匡廬。過橋恐被梅花哎,驢瘦似詩詩似驢。⑤

以上所涉圖畫作品,我相信多出於日本人之手。即便描繪的是日本詩人,也總是與中國詩人特有的坐騎——驢聯繫在一起。這一意象的形成,當與宋元時代畫作的傳入有關。

　　我們知道,五山時期從中國元代傳入大量的繪畫作品,僅據《御物御畫目錄》統計,就有宋元時代繪畫九十種二百七十九幅。根據前人研究,當時以牧谿法常的作品最受追捧,《御物御畫目錄》著錄了一百三幅,《君臺觀左右帳

---

① 《翰林五鳳集》,卷四十五"畫圖",頁904。
② 同上書,卷四十六"畫圖",頁928。
③ 同上書,卷四十七"畫圖",頁943。
④ 同上書,卷四十九"扇面",頁974。
⑤ 同上書,頁983。

記》著錄了一百幅①，其中與騎驢相關的，就有《杜子騎驢》和《賈島馱驢》二圖②。但是，如果我們同時考察五山詩人的題畫作品，就會發現流傳日本的"騎驢圖"尚不止於此，如《孟浩然雪中騎驢圖》、《李白騎驢圖》、《少陵春游圖》、《浣花醉歸圖》、《杜甫騎驢像》、《杜甫入蜀圖》、《杜甫北征圖》、《賈島推敲圖》、《陳圖南騎驢圖》、《潘閬騎驢圖》、《荊公尋僧圖》、《陸放翁騎驢圖》、《騎驢渡水圖》、《雪中騎驢圖》等，都可以補充前人記錄之不足。五山詩人對這些騎驢圖的題詠，一方面會強化對詩人與驢關係的認識，另一方面也會興起傚倣之心，在自己的詩作中出現騎驢意象。而對於當時的畫家來說，宋元繪畫就是自己學習的樣板，在當時的文獻中不斷看到時人學畫以夏珪樣、牧谿樣、君澤樣、馬遠樣、李龍眠樣爲範本。而以牧谿爲最大的樣板。白井華陽（？—1836）《畫乘要略》卷一"宗丹"下引卓堂先生語曰："當時諸家專學牧溪畫，猶往昔諸卿之學樂天詩也。"③據上村觀光《禪僧與繪畫》一文所錄，當時學牧溪畫的就有可翁和尚、曇芳和尚、妙澤和尚、宗丹上座、子建西唐、宗淵藏主、智傳等人④。既然中國畫裏的詩人騎驢，他們自然要倣而傚之。加上十四世紀興起的詩畫軸⑤，即詩僧與畫僧雅集，在一幅山水畫上輪流題詩，多則數十人，少則三四人，詩人與畫家交互影響，"騎驢"意象就普遍出現了。

　　在江戶時代的文學和繪畫中，騎驢意象仍不少見。兹各舉一例，以概其餘。菊池桐孫（1772—1855）《五山堂詩話》卷六對當時詩壇有下列批評：

　　　　詩中鋪敘不可失實，今日作者，殆不勝其病：年齒方奢，而動有衰頹之語；不出閭閻，而便發倦游之歎；四面無山，強稱青岑；一時有雨，猶說夕陽；嘯此不傳，驢我所無，而屢言不置。凡如此類，隨手濫用，不覺自陷於欺罔矣。⑥

---

　　①　此二書俱見收於小林忠、河野元昭監修《日本繪畫論大成》第 1 卷，ぺりかん社，1996 年版。

　　②　參見鄭樑生《元明時代東傳日本的水墨畫》，文史哲出版社，1986 年版。

　　③　《日本繪畫論大成》第 10 卷，頁 130—131。

　　④　《禪僧と繪畫》，《五山文學全集》別卷，頁 1156—1171。

　　⑤　關於詩畫軸的一般介紹，參見徐小虎著、許燕貞譯《日本美術史》（南天書局，1996年版，頁 94）和劉曉路《日本美術史綱》（上海古籍出版社，2003 年版，頁 87）。上村觀光《足利時代の繪畫と禪僧》更舉出實例以說明之（參見《五山文學全集》別卷，頁 1171—1182）。

　　⑥　富士川英郎等編《詞華集日本漢詩》第 2 卷，汲古書院，1983 年版，頁 430。

從他對"驢"爲當時詩人"屢言不置"的批評中，就可以看出"騎驢"意象被"濫用"到何種程度。

繪畫中的情形大致也類似。田能村竹田（1777—1835）《自畫題語》卷四《溪村尋梅圖》云：

> 山內兄囑余畫一大絹本，邊幅頗闊，迺施以青綠，設色極深，亦開歲起手之一快事也。係以小詞：
>
> 雪後溪頭寒未薄，問新梅、幾枚開萼。殘月曉風，小橋流水，低映山村籬落。卻憶同人曾有約，擬相攜、蹈翻香玉。已理吟囊，更呼驢子，好向花前聞鶴。
>
> 詞寄明月棹孤舟，時癸巳上元日竹田生。①

詞所描繪者即圖中畫面，詩畫結合，將風雅的"騎驢"意象突顯出來。這種情形一直延續到明治時期。金允植（1835—1922）於李王隆熙二年（清光緒三十四年，日本明治四十一年，1908）出使日本，寫下《東槎漫吟》，有不少題畫詩，其中《題高島北海漁叟蜀道金牛峽圖》云：

> 羊腸曲折度崢嶸，古木寒雲石棧縈。驢背詩囊何處客，兩肩蕭瑟帶秋聲。②

可見明治時期的畫家，也還是習慣於將"驢背詩囊"入畫。

現在要作進一步追問，日本文學與繪畫中騎驢意象的特徵究竟何在？與中國和朝鮮半島相比，我認爲有兩點特徵值得注意：

其一，虛擬。上文引及《五山堂詩話》中有"驢我所無，而屢言不置"的批評，這說明日本本土是不產驢的③，即使偶有，也是從中國或朝鮮輸入的舶來

---

① 《日本繪畫論大成》第7卷，頁305—306。

② 《雲養集》卷六，《韓國文集叢刊》第328册，頁321。

③ 文獻上也有不同記錄，如《宋史·日本傳》載："雍熙元年（984），日本國僧奝然與其徒五六人浮海而至。……奝然善隸書，而不通華言，問其風土，但書以對，云國中有五經書及佛經，《白居易集》七十卷，並得自中國。……畜有水牛、驢、羊，多犀、象。"但這一回答看來比較隨意。數十年後成尋入宋，在其《參天台五臺山記》中記錄了熙寧五年（1072）神宗皇帝與他的問答："一問：本國有是何禽獸。答：本國無獅子、象、虎、羊、孔雀、鸚鵡等，餘類皆有。"（延久四年十月十五日條）兩者顯然是不一致的。森克己在《日宋交通と日宋相互認識の發展》一文中指出："《宋史》所收奝然之筆談大體是正確的，唯關於我國獸畜有水牛、驢、羊及多犀、象爲訛謬。"（《日宋文化交流の諸問題》，刀江書店，1950年版，頁42）可參看。

品。瑞溪周鳳《畫驢贊並跋》云：

> “誰教衛子到搏桑，知是舟中載大唐。鞍上曾聞天下定，山人今亦祝吾皇。”“驢兒形影解君顏，榻上庭前顧眄間。不減三峰圖裏客，高堂坐對好青山。”右細川典廄源公，近得一驢子而養之。前年遣唐使舟多載方物來，此其一也。辛卯孟春（案：即文明三年，1471），公一日命圉人牽來到北山下，蓋要令予見未見者也。①

驢作爲中國的“方物”，顯然非日本所有；“令予見未見者”，顯然是稀少之物。即便到了江戶時代，也仍然如此。西島長孫（1780—1852）《弊帚詩話附錄》云：

> 木靖恭《驢馬行》云：“服重致遠力常足，契象應更智自精。”又云：“常山相公最樂善，求利世用久經營，適從雞林致此種。”由是觀之，應水府義公之召舶來者歟？②

既然是稀見之物，就不可能在日常生活中經常使用。所以，日本文學和繪畫中的“騎驢”意象乃是虛擬之物。其實在歷史上，由於周邊國家和地區對中華文化的無限仰慕，在文學描寫中所涉及地名、官名、物名等，往往不用本國固有之稱，而改用中國之名。例如，崔滋（1188—1260）《補閑集》卷中載：

> 詩僧元湛謂予云：“今之士大夫作詩，遠托異域人物地名，以爲本朝事實，可笑。如文順公《南游》曰：‘秋霜染盡吳中樹，暮雨昏來楚外山。’雖造語清遠，吳、楚非我地也。”……予答曰：“凡詩人用事不必泥其本，但寓意而已。況復天下一家，翰墨同文，胡彼此之有間？”僧服之。③

申維翰《海游聞見雜錄》下云：

> 日本詩文中，直賦其地山水者曰秦山楚水、洛陽長安、吳越燕蜀等語，讀之而不知為日本也。彼其地名、人號皆殊怪，難以爲文，故假用中華。又如國不產鸚鵲，而寫景曰“鸚啼鵲噪”；樂不用琴瑟，而敍事曰“彈琴鼓瑟”；無冠而曰“岸幘欹巾”，無帶而曰“錦帶玉佩”。皆用虛名，而不能作稱情之詞。此則我國人亦往往犯矣。④

這種一般在遣詞造句上的“虛擬”，只是爲了追求文辭的雅馴。而作爲文化意

---

① 《臥雲稿》，《五山文學新集》第 5 卷，頁 580。
② 《日本詩話叢編》第 5 册，頁 557。
③ 趙鍾業編《韓國詩話叢編》本，太學社，1996 年版，第 1 册，頁 99。
④ 《青泉集續集》卷八，《韓國文集叢刊》第 200 册，頁 520。

象的"騎驢",這種虛擬就具有更深的內涵。它體現了一種認同,即驢是詩人特有的坐騎,是詩人窮困生活的表徵,而詩也應該是"窮而後工"的。瑞溪周鳳面對"畫驢"而寫贊作跋,便揭示了這方面的意義:

> 予謂驢之爲物也,大抵處窮者之所用,而詩人多騎焉,杜甫、賈島、鄭綮等是也。古曰:窮者而詩工也。由是觀之,詩與窮相待者乎? 窮者所用,詩人例騎,良有以也。且如陳希夷、潘逍遙,寄跡世外,亦詩人而騎驢者也。陳詩曰:"紫陌縱榮爭及睡,朱門雖貴不如貧。"潘詩曰:"長喜詩無病,不憂家更貧。"此皆不以窮爲窮,高尚可想也。故予詩中殊及二子爾。(源)公乃前典廄象賢,而今京兆同氣也,榮貴不待言可知焉。……射騎餘力,孜孜學詩,實甘淡生活、嗜窮事業者也。然則養驢無乃所以慕詩人乎? 愛其人者及其屋上烏之謂也,宜哉!①

在他看來,驢是窮者所用,而工詩者固窮,故"詩人例騎,良有以也"。源公身富貴而好學詩,也就成爲"甘淡生活、嗜窮事業者"。從中國舶來一驢而養之,即"所以慕詩人",所謂愛屋及烏。驢與詩人之緣深厚,"騎驢"就是學習徹底做一個詩人。瑞溪的這一觀念,可以代表當時人的普遍觀念,也形成了日本文學和繪畫中的傳統觀念。

其二,解構。在中國和朝鮮的"騎驢"或"騎牛"的意象中,都有一個與"騎馬"相對的架構,這一架構是富有政治性的。而在日本詩人的筆下,驢馬是可以互相替換的。這不僅是在現實層面上他們常常以馬代步,而且在觀念層面上消除了驢馬對立的象徵意義,將中國和朝鮮文學中固有的架構消解了。充分體現了這種解構意識的,可以萬里集九的《孟襄陽雪中騎驢圖》爲代表:

> 雪所以爲雪者,有梅也。梅所以爲梅者,有雪也。雪與梅同爲聖之清者歟? 三分白、一段香,其品更無高下矣。東晉之時,王導、諸葛恢亦之,二公戲論姓氏之優劣,導自負云:人言王葛,而不言葛王也。恢亦軒渠一笑云:不言馬驢而言驢馬,豈驢勝馬邪? 二公之評,有誰以一定焉? 猶如梅與雪無差別也。且又西竺之諺曰:牝驢交牡馬所產爲驢馬,牝馬交牡驢所產爲馬驢。由是觀之,馬實勝驢者非可疑? ……孟襄陽所跨者,是馬驢乎哉? 是驢馬乎哉? 難窺其彷彿也。竊扣驢而低危問之於驢,驢鬢蕭條甚禿,其餘之兩三莖,掛孟襄陽所煉之詩數聯,徒舉頭一鳴,

---

① 《畫驢贊並跋》,《臥雲稿》,《五山文學新集》第5卷,頁580—581。

不涉高下等差之餘論。吁！於梅於雪，驢哉驢哉矣。①
作者以西竺之諺引發出“不涉高下等差”之論，馬未必勝驢，而驢未必不如馬，甚至有“驢馬”和“馬驢”二名，不僅沒有對立，簡直要合二爲一了。

　　其實，西竺諺語僅僅是作者藉以妙筆生花的引子，中心在於表明驢馬之無別。我們不妨引用一段朝鮮時代李晬光（1563—1628）的說法以作對比，《芝峰類說》卷二十記載：

　　　　　驢子謂之奇畜，馬父驢母曰馲騠，驢父馬母曰騾，驢父牛母曰馬百。
　　馲騠最健，能日行千里；騾亦強有力；馬百甚小，而其狀礫砢，見之可怪。②
就所述內容而言，這與西竺諺語可謂類似，但兩人所述的重心卻截然不同。李晬光僅僅是在作博物學、知識性的描述（部分本於許慎《說文解字》），而萬里集九則是作了觀念上的發揮，消解了騎驢和騎馬的差別和對立。

　　政治意味淡薄，本來就是日本文學的特色之一。從平安時代以來的文學選本中就可以看到，雖然深受《文選》的影響，但在選集的類目上，就沒有那種含有諷諫、美刺意味的“勸勵”、“百一”等，而對於情色卻不排斥，選本中往往有“艷情”類目，如《文華秀麗集》。在繪畫中，有時會強調某一畫家擅繪“秘戲圖”之類，而絕不含有貶義③。小說中寫到某人好色，也會用“國風之癖”來形容④。這與中國文學從《詩經》、《楚辭》開始就與政治密切相關，在性質上是大相逕庭的。

---

　　①　《梅花無盡藏》卷七，《五山文學新集》第 6 卷，頁 989—990。
　　②　《芝峰類說》，乙酉文化社，1994 年版，下冊，頁 637。
　　③　如白井華陽《畫乘要略》卷一謂光起“長秘戲圖，嫣媚靡麗，人皆稱之”，卷二謂祐信“最工秘戲圖，狎昵之狀，莫不精妙”。又引梅泉語云：“頃觀祐信所畫，筆情纖勁，設色精巧，眉睫瑟瑟然欲動也。古人云：‘秘戲圖不巧則已，巧則誨淫矣。’信然。”《日本繪畫論大成》第 10 卷，頁 124—125、171—172。
　　④　如山井元行《賢乎己》初編《賊婆弄術》云：“武州某邑馬買重平有國風之癖。”（王三慶等編《日本漢文小說叢刊》第一輯，學生書局，2003 年版，第 1 冊，頁 71）更有甚者，乃以艷情小說爲炫耀，如《枕藏史》即據日本古代《枕草紙》譯成漢文，其動機在《序》中有所表白：“古《枕草紙》之著多行於世，大抵畫之，綴以淫猥之語。……原本雖倭文，古而雅，……枕史今以漢文譯之，則洩秘中之秘，以欲使西人一覽乎。秘焉秘焉！”（《日本漢文小說叢刊》第 5 冊，頁 225）所謂“西人”，即指中國人。

五　中國詩與畫的不同傳統

　　略去西方的理論不談,詩畫一律的觀念,在中國、朝鮮半島和日本的文學史、繪畫史上也是久遠而深厚的。然而我們明顯地看到,作爲東亞文化意象的騎驢與騎牛,在朝鮮的詩歌與繪畫中有着不同的精神表現,而在日本詩畫中所呈現的騎驢意象卻又桴鼓相應、協調一致。其原因究竟何在? 對於認識文化意象在東亞的嬗變又有何啟示? 在第四節中,我曾經指出朝鮮畫壇之深受中國繪畫的影響,但這種影響何以與在文學上的影響不同,這裏試圖進而作一初步的解釋。

　　郭熙《林泉高致集·畫意》提及:"更如前人言:詩是無形畫,畫是有形詩。哲人多談此言,吾人所師。"①可知,這一說法在北宋前期已經出現,至蘇軾用了"詩畫本一律"②的概括而更爲流行。因此,對於詩與畫關係的研究,前人所積累的大量成果③,主要着眼點即在論述詩、畫的一致性上。就這個意義上來看,錢鍾書《中國詩與中國畫》一文,指出中國文藝批評史上"在'正宗'、'正統'這一點上,中國舊'詩、畫'不是'一律'的"④,便十分引人矚目。把錢先生的意見引得更明確一些是這樣的:

　　　　在中國文藝批評的傳統裏,相當於南宗畫風的詩不是詩中的高品或正宗,而相當於神韻派詩風的畫卻是畫中高品或正宗。舊詩和舊畫的標準分歧是批評史裏的事實。⑤

儘管這一現象在歷史上早就存在,儘管元人黃公望也已經說過:"作山水者必

---

　　①　于安瀾《畫論叢刊》上卷,中華書局香港分局,1977 年版,頁 24。

　　②　《書鄢陵王主簿所畫折枝二首》,《蘇軾詩集》卷二十九,第 5 册,頁 1525。

　　③　例如,徐復觀《中國畫與詩的融合》(收入其《中國藝術精神》,學生書局增訂六版),饒宗頤《詩畫通義》、《詞與畫——論藝術的換位問題》(收入其《畫頍》,時報文化出版公司,1993 年版),其撰爲專書者,則有戴麗珠《詩與畫之研究》(學海出版社,1993 年版),曹愉生《唐代詩論與畫論之關係研究》(文史哲出版社,1997 年版),兹不一一列舉。

　　④　錢鍾書《七綴集》,上海古籍出版社,1985 年版,頁 14。

　　⑤　同上書,頁 24。

以董（源）爲師法，如吟詩之學杜也。”①但直到錢氏此文出才爲人注意。王維可以作爲南宗畫派之祖，但文學史上能如孔子一樣“集大成”②的“詩聖”只能是杜甫。這個意見，是啟人深思的。本文擬在此基礎上，就中國詩、畫的不同傳統繼作申論。

　　中國文學從《詩經》、《楚辭》開始，就與政治結下不解之緣。春秋時代外交場合的賦詩言志，孔門“以《詩》、《書》、禮、樂教”③，並奠定了“溫柔敦厚”的“詩教”傳統。屈原作爲“楚之同姓”④的三閭大夫，在《離騷》中表現的“三恐”（“恐年歲之不吾與”，“恐美人之遲暮”，“恐皇輿之敗績”）是其憂國憂民的憂患意識的流露。到了漢代，《詩經》“六義”中的“賦比興”被賦予了政治化的解釋，《楚辭》中的“比興”被王逸概括爲“香草美人”的譬喻，所有的文學，都與政治上的諷諭聯繫起來，成爲衡量其優劣的標準，清人程廷祚因此總結道：“漢儒言詩，不過美、刺二端。”⑤魏晉之際，五言詩大放異彩，詩歌逐漸替代了賦成爲最重要的文體，但與政治的密切關係並未改變，即便如陶淵明的歸隱，體現的也是不同時流的價值觀，其詩歌仍然“語時事則指而可想”⑥。而“連篇累牘，不出月露之形；積案盈箱，唯是風雲之狀”⑦的齊、梁文學，儘管在文學的修辭性方面有很多探索，但總是難免遭到否定。直至宋人尊杜甫爲“聖”，強調其“忠君愛國”、“一飯不忘君”，如樓鑰《答杜仲高旃書》云“忠義感慨，憂世憤激，一飯不忘君，此其所以爲詩人冠冕”⑧。因此，以儒家思想爲主導的文學的

---

　　①　《佩文齋書畫譜》卷十六“元黄公望論畫山水”條，《四庫全書》本。案：在董其昌列出的南宗畫系譜中，王維之後，即爲董源。而《圖畫見聞志》卷三評董源“善畫山水，水墨類王維”，也是把他與王維一脈相承。故“以董爲師法”亦可理解爲“以王爲師法”。

　　②　《孟子·萬章下》云：“孔子之謂集大成。”而以杜甫爲“集大成”，則在宋代一見於蘇軾（《後山詩話》引），又見於秦觀《韓愈論》，後者還將孔子和杜、韓並列：“孔子之謂集大成，嗚呼！杜氏、韓氏亦集詩文之大成者歟！”（《淮海集》卷二十二）

　　③　《史記·孔子世家》，中華書局，1959 年版，第 6 册，頁 1938。

　　④　《史記·屈原列傳》第 8 册，頁 2481。

　　⑤　《詩論十三·再論刺詩》，《青溪集》卷二，黄山書社，2004 年版，頁 38。

　　⑥　蕭統《陶淵明集序》，俞紹初《昭明太子集校注》，中州古籍出版社，2001 年版，頁 200。

　　⑦　李諤《上隋文帝書》，《隋書·李諤傳》，中華書局，1973 年版，第 5 册，頁 1544。

　　⑧　《攻媿集》卷六十六，《四庫全書》本。

政治性傾向，可以說是中國文學最重要的傳統。吉川幸次郎作爲一個日本的中國文學研究者，對中國文學中的政治性極爲敏感，認爲"不包孕政治熱情的就不是文學，是這個國家文學的傳統"①。我相信，吉川氏的這一論斷，其實是以日本文學的傳統爲參照而得出的。

唐代以前，中國繪畫的主流是人物畫，其指导思想與文學無異，也是以儒家的勸戒爲主的。王延壽《魯靈光殿賦》謂"圖畫天地，品類群生"，其歸結處即"惡以誡世，善以示後"②。曹植說"存乎鑒戒者圖畫也"③，陸機說"丹青之興，比《雅》《頌》之述作，美大業之馨香"④，直到唐代張彥遠《歷代名畫記》，也還是要堂而皇之地說上幾句類似"夫畫者，成教化，助人倫，窮神變，測幽微，與六籍同功，四時並運"⑤的套話。從王維開始，水墨山水畫興起並在宋代高度成熟後，山水一躍而居畫壇之首⑥，宗炳《畫山水序》中對"山水以形媚道"的認識，以及觀圖之樂在於"暢神而已，神之所暢，孰有先焉"⑦的體認，遂發揚光大起來。而道家藝術思想的成分，也就在繪畫傳統中佔了上風⑧。人物和山水是從繪畫的題材所

---

① 《我的留學記・中國文學的政治性》，錢婉約譯，光明日報出版社，1999 年版，頁 203。

② 《六臣注文選》卷十一，中华書局，1987 年版，頁 220。

③ 張彥遠《歷代名畫記》卷一引，于安瀾編《畫史叢書》第 1 册，上海人民美術出版社，1963 年版，頁 2。

④ 同上注。

⑤ 《歷代名畫記》卷一《敘畫之源流》，《畫史叢書》第 1 册，頁 1。案：清人方熏《山靜居畫論》卷上云："古畫圖意在勸戒，故美惡之狀畢彰，危坦之景動色也。後世惟侊珍玩，古格漸亡，然畫人物不於此用意，未得其道也。"(《畫論叢刊》下卷，頁 443)在人物畫上還是堅持這樣的傳統。

⑥ 參見陳傳席《中國山水畫史》第二卷、第三卷，江蘇美術出版社，1988 年版，頁 51—185。

⑦ 《畫論叢刊》上卷，頁 1。案：宗炳雖然見解高超，但實際繪畫水平恐難以相稱，故謝赫之《古畫品錄》列於第六品(即最末一品)，並評論道："明於六法，亡所遺善。然含毫命素，必有損益。迹非準的，意可師效。"(史岩《古畫評三種考訂》上篇《古畫品錄考訂》，金陵大學中國文化研究所，1947 年版，頁 19)張彥遠以謝赫之評"不足采"，而認爲"宗公高士也，飄然物外，情不可以俗畫傳其意旨"(《歷代名畫記》卷六，《畫史叢書》第 1 册，頁 79)，讚美的其實是其人品格調。

⑧ 關於道家思想在繪畫傳統中的主導作用，參見徐復觀《中國藝術精神》第二章，頁 45—143。

作的區分，而以畫家主體作別，則可以有畫工和文人畫之異①，前者重“技”，後者則重視“進乎技”的“道”。宋代以後，文人畫的地位迅速上升，成爲中國繪畫傳統的最高代表②。而文人畫的題材，無疑也是以山水爲主的③。

　　這裏，我想就宋代文藝評論中的關鍵詞——“道”“理”稍作比較，以見文學與繪畫傳統的分野所在。周敦頤《通書·文辭》云：“文所以載道也。”④黄裳《言意文集序》云：“道本於心，以性爲體，以情爲用。……著述之士，雖累千百萬言，反本而求之，則貫乎一而已。”⑤孫應時《與俞惠叔書》云：“學必志於道，文必根於理。”⑥這裏所說的“道”或“理”，都是儒家強調的“道德”“倫理”，依照儒家的看法，這些“道”“理”都是人心中所固有者，惟有“載道”之文，“根於理”之詩，才可能彼我“貫乎一”，亦即在根源處把握了人性的本質，故而能在個體的生命中生發出群體的感動，也因此而具有普遍性。這是文學上的傳統，繪畫批評中也強調“理”。如蘇軾《淨因院畫記》云：“余嘗論畫，以爲人禽宮室器用皆有常形，至於山石竹木、水波煙雲，雖無常形而有常理。常形之失，人皆知之；常理之不當，雖曉畫者有不知。”⑦劉道醇《宋朝名畫評序》云：“且觀之（案：指繪畫）法，先觀其氣象，後定其去就，次根其意，終求其理。此乃定畫之鈐鍵也。”⑧韓拙《山水純全集·論觀畫別識》云：“丘陵天地之間，雖事之多，有

---

　　①　將兩者相對而言，似從蘇軾始。如《王維吳道子畫》：“吳生雖妙絶，猶以畫工論。摩詰得之於象外，有如仙翩謝籠樊。吾觀二子皆神俊，又於維也歛衽無間言。”（《蘇軾詩集》卷三）又如《淨因院畫記》：“世之工人，或能曲盡其形，而至於其理，非高人逸才不能辨。與可之於竹石枯木，真可謂得其理者矣。”（《蘇軾文集》卷十一）再如《又跋漢傑畫山》之二：“觀士人畫，如閱天下馬，取其意氣所到。乃若畫工，往往只取鞭策皮毛，槽櫪芻秣，無一點俊發。”（《蘇軾文集》卷七十）
　　②　參見陳衡恪《文人畫之價值》，《畫論叢刊》下卷，頁 692—697。
　　③　唐志契《繪事微言·畫尊山水》云：“畫中惟山水最高。雖人物、花鳥、草蟲未始不可稱絶，然終不及山水之氣味風流瀟灑。”（《畫論叢刊》上卷，頁 106）雖然是明人的話，實可代表宋以後人的一般觀念。
　　④　《周敦頤集》卷二，中華書局，1990 年版，頁 34。
　　⑤　《演山集》卷十九，《四庫全書》本。
　　⑥　《燭湖集》卷六，《四庫全書》本。
　　⑦　《蘇軾文集》卷十一，中華書局，1986 年版，頁 367。
　　⑧　《四庫全書》本。

條則不紊;物之眾,有緒則不雜。蓋各有理之所寓耳。"①直到元人黄公望還是說:"作畫只是箇'理'字最緊要。"②無一不是在強調"理"的重要。關於這個"理"字的含義,徐復觀有精闢的分析:

> 他(案:指蘇軾)所說的常理,實出於《莊子‧養生主》庖丁解牛的"依乎天理"的理,乃指出於自然地生命構造,及由此自然地生命構造而來的自然地情態而言。……所以宋代對畫所提出的理字,乃與"傳神"一脈相傳。③

從思想來源看,畫論中的"理"出自於道家;從藝術追求看,畫論中的"理"旨在於傳神。這與文學評論中所說的"道""理"在字面上相同,而實質上有異。

然而差異並不代表對立,中國的儒道互補在文藝批評領域裏也有鮮明的表現。在文學批評中所追求的"真"和"正"的統一,其由"真"到"正"並且會同合一的途徑無非兩條:一是詩人之心的內斂淨化,一是詩人之心的外擴涵容,其實便代表了儒與道的互補④。決定其能夠互補的,就在於無論儒道,其所把握到的根源、其所追求的極致皆落實在人心。繪畫批評亦然,郭熙《林泉高致集‧畫意》指出:

> 世人止知吾落筆作畫,卻不知畫非易事。莊子說畫史"解衣盤礴",此真得畫家之法。人須養得胸中寬快,意思悅適,如所謂易直子諒,油然之心生,則人之笑啼情狀,物之尖斜偃側,自然布列於心中,不覺見之於筆下。……不然,則志意已抑鬱沉滯,局在一曲,如何得寫貌物情,攄發人思哉?⑤

"解衣盤礴"出於《莊子‧田子方》,是畫家精神自由解放的象徵,經過"心齋"的功夫,方能"養得胸中寬快";而"易直子諒,油然之心生"云云,則出於《禮記‧樂記》和《祭義》兩篇,所謂"致樂以治心,則易直子諒之心,油油然生矣",孔穎達對之疏解如下:"致謂深緻詳審,易謂和易,直謂正直,子謂子愛,諒謂誠信。言能深遠詳審此樂以治正其心,則和易、正直、子愛、誠信之心油油然

---

① 《畫論叢刊》上卷,頁45。
② 《寫山水訣》,陶宗儀《南村輟耕錄》卷八引,中華書局,1959年版,頁97。
③ 《中國藝術精神》,頁359—361。
④ 參見張伯偉《中國古代文學批評方法研究》,中華書局,2002年版,頁18—19。
⑤ 《畫論叢刊》上卷,頁24。

從內而生矣。言樂能感人，使善心生也。"①"正其心"、"善心生"等都是儒家的觀念，郭熙一方面藉用此說，同時又以畫家之"心"來貫串擴充，不僅對"人"，而且對"物"，由於易直子諒之心油然而生，所以能夠與描繪對象融合無間，使得外部的人情物態與畫家的精神主體不再有隔閡，不再"抑鬱沉滯"，就會順理成章地"列布於心中"、"見之於筆下"。又郭若虛《圖畫見聞誌·論氣韻非師》亦云：

> 竊觀自古奇迹，多是軒冕才賢，巖穴上士，依仁游藝，探賾鉤深，高雅之情，一寄於畫。人品既已高矣，氣韻不得不高；氣韻既已高矣，生動不得不至，所謂神之又神而能精焉。……本自心源，想成行迹，迹與心合，是之謂印。②

"依仁游藝"出於《論語·述而》，"神之又神而能精焉"出於《莊子·天地》，兩者可以有機地結合。"氣韻生動"本出於謝赫"六法"，而郭氏更以人品加諸其上，這應該是儒家的觀念。但這裏所說的"人品"之高，重心在於其有"高雅之情"，落實在"心源"，即張璪所謂"外師造化，中得心源"③，這來自於道家思想④。元稹《畫松》詩寫道："張璪畫古松，往往得神骨。……流傳畫師輩，奇態盡埋沒。……乃悟埃塵心，難狀煙霄質。"⑤人品之高來自於畫家的情致之高，而最終落實在心，還是以道家思想來貫通儒道的。一個不脫世俗名利"埃塵心"的畫家，筆下如何能出現"煙霄質"呢？所以郭氏又云："凡畫，氣韻本乎游心。"⑥真是斬釘截鐵的透徹之論。

中國詩與中國畫的不同傳統，導致了詩人眼中讀出的畫意和畫家眼中看到的詩情是有差別的。我們在第二節中引述了一些有關騎驢圖的題詩或題跋，多少總含有政治意義上的發揮。這是文學傳統的表現。當畫家利用詩歌來進行創作時，又會是怎樣的情形呢？李公麟的畫，非"世俗畫工"所能企及，其中一項原因，就是善於以詩爲畫。《宣和畫譜》卷七指出：

① 《禮記注疏》卷三十九，《十三經注疏》本，中華書局，1980 年版，頁 1543。
② 《圖畫見聞誌》卷一，《畫史叢書》第 1 冊，頁 9。
③ 《歷代名畫記》卷十引，《畫史叢書》第 1 冊，頁 121。
④ 參見《中國藝術精神》一書中相關的分析，頁 264—267。
⑤ 《元稹集》卷三，中華書局，1982 年版，頁 33。
⑥ 《圖畫見聞誌·論用筆得失》，《畫史叢書》第 1 冊，頁 9。

　　蓋深得杜甫作詩體制而移於畫。如甫作《縛雞行》，不在雞蟲之得
失，乃在於"注目寒江倚山閣"之時。公麟畫陶潛《歸去來兮圖》，不在於
田園松菊，乃在於臨清流處。甫作《茅屋爲秋風所拔歎》，雖矜破屋漏非
所恤，而欲"大庇天下寒士俱歡顏"。公麟作《陽關圖》，以離別慘恨爲人
之常情，而設釣者於水濱，忘形塊坐，哀樂不關其意。其他種種類此，唯
覽者得之。①

不僅在主題上篩除了文學中的政治因素②，而且重心在於以"作詩體制"作畫，
是藝術性的審美追求，以此來提高畫的意境。可以說，畫家從詩歌中汲取的，
不是其"載道"的因素，而是"抒情"的因素。公麟曾感歎："吾爲畫如騷人賦
詩，吟詠情性而已。"③這與元人倪瓚自謂其畫乃"寫胸中逸氣耳"，"不過逸筆
草草，不求形似，聊以自娛耳"④是一致的。

　　郭熙《林泉高致集·畫意》云：

　　　余因暇日閱晉唐古今詩什，其中佳句，有道盡人腹中之事，有裝出目
　　前之景，然不因靜居燕坐，明窗淨几，一炷爐香，萬慮消沉，則佳句好意，
　　亦看不出；幽情美趣，亦想不成。即畫之主意，亦豈易及乎？⑤

直接以古人詩句作爲繪畫的題材或主意，是以詩爲畫的另一形式。但要能看
出想成詩中的"好意""美趣"，首先需要使自己的精神純化、淨化，所謂"一炷
爐香，萬慮消沉"。郭氏父子列出了四首絶句及十二聯五七言詩，作爲"發於
佳思而可畫者"，其中也有與騎驢相關的意象：

　　　渡水寒驢雙耳直，避風羸僕一肩高。⑥

這是唐人盧延讓的《雪詩》句，可以表現出雪景的寂寞黯淡，"雙耳直"、"一肩
高"更能傳達出嚴冬凜冽之狀，這是從畫家眼中看到的雪景的典型。

---

　　① 《畫史叢書》第 2 冊，頁 74—75。
　　② 如仇兆鰲《杜詩詳注》卷十八引師厚論《縛雞行》云："天下利害，當權輕重。除寇則
勞民，愛民則養寇。與其養寇，孰若勞民。與其惜蟲，孰若存雞。此論聖人不易，天下亦無
難處之事，始知浮屠法不可治世。"陶淵明《歸去來兮辭》也是表示自己不願爲五斗米折腰。
皆含有政治意味。
　　③ 《畫史叢書》第 2 冊，頁 75。
　　④ 《佩文齋書畫譜》卷十六"元倪瓚論畫竹"、"元倪瓚自論畫"條，《四庫全書》本。
　　⑤ 《畫論叢刊》上卷，頁 24。
　　⑥ 同上，頁 25。

　　畫家眼中之詩與詩人眼中之畫,即便是同一題材,甚至是同一作品,在立意上亦往往有別。《林泉高致集》爲郭熙子郭思記錄纂集,據《宣和畫譜》所云,郭熙論畫"不特畫矣,蓋進乎道歟",而其子思"亦深於論畫"①。《四庫全書總目》則以爲此書六篇,前四篇爲郭熙作,多附郭思釋語,而後兩篇即爲思作,余紹宋《書畫書錄解題》認爲"極是"②。值得注意的是,郭思亦有論詩之著《瑶溪集》(一名《瑶池集》),據方回《瑶池集考》云:

　　　　南渡後諸家詩話,未有一人拈出此集者。予得之錢唐書肆,乃士夫家之錄本也。……自書己作一聯:"猿戲山花暖,人行塞柳青。"全無滋味。……此人無詩集傳世,屢稱先子,其父乃善畫山水人郭熙,坡、谷皆有詩稱其畫。③

從本質上來說,郭思更接近於一個畫家。《瑶溪集》雖已亡佚,但從他人引用的一些片段文字來看,實在是一個畫家的作詩論詩,故其書多不爲詩家所重。何汶《竹莊詩話》指出:

　　　　《瑶溪集》多立體式,品題諸詩,強爲分別,初無確論④,今並不取。獨所論詩之景者,爲說雖泛,然其間編類多前輩所稱美而後人所膾炙,故頗加删錄,得五十九篇。⑤

郭紹虞認爲"方回《瑶池集考》所謂'五曰詩之景'者,大率見於《竹莊詩話》中矣"⑥。所謂"詩之景",乃"觀作者之梗概"⑦,即通過作品以觀其所表達的主旨和立意。方回說"郭多主老杜"⑧,我們就以其所評杜詩爲例:

---

　　①　《宣和畫譜》卷十一,《畫史叢書》第2册,頁123。

　　②　《書畫書錄解題》卷三,浙江人民出版社據國立北平圖書館1932年版影印,1982年版,頁9b。

　　③　《桐江集》卷七,宛委別藏本。

　　④　方回《瑶池集考》謂此書"蓋詩話也,一曰詩之六義,二曰詩之諸名,三曰詩之諸體(與李淑《詩格》相類,凡八十一體,可無述),四曰詩之諸式(凡二十九式),五曰詩之諸景,以至十五曰詩之諸說"(《桐江集》卷七),可略見其繁瑣。

　　⑤　《竹莊詩話》卷十四,中華書局,1984年版,頁283。

　　⑥　《宋詩話考》下卷,中華書局,1979年版,頁194。

　　⑦　《竹莊詩話》卷十四引《瑶溪集》:"詩之景不一而足,今隨詩出之,觀作者之梗概云。"頁283。

　　⑧　《瑶池集考》,《桐江集》卷七。

《麗人行》一首，說帝都游春之盛。

《樂游園》一首，知貴游燕會之適。

《飲中八仙歌》一首，見開元太平人物之盛。

《今夕行》一首，見旅館博戲豪放之快。

《高都護驄馬行》三首，詠駿馬，見寫貌駿物可喜之狀。

《醉爲馬墜諸公攜酒相看》一首，見俊快奔突之勝。

《風雨看舟前落花戲爲新句》一首，見江上春色佳麗之致。

《古柏行》一首，見覩物懷人氣勢之大。

《茅屋爲秋風所破歌》一首，見側陋窮愁極甚之態。①

只要將宋人論杜詩的代表性意見與上述文字略作對比，就不難發現，郭思所突出的是詩中所描繪的場景、人物"之盛"、"之狀"、"之大"、"之態"等等，完全是一個畫家眼中的詩。即便原詩中有譏諷、有寄託，亦全不涉及，將詩中的政治性滌蕩殆盡。這種論述，與《林泉高致集》中所列"發於佳思而可畫者"的句子，在性質上是接近的。方回以《瑤池集》選張芸叟壻司馬朴一聯而未選《芸叟集》中詩，說"足見此人全是惡元祐者"②，恐怕求之過深。其選司馬朴"滿地煙含芳草綠，倚欄露泣海棠紅"以爲"詩之景"，純粹出自於一個畫家的眼光，並非有什麼政治方面的考量。上文提及李公麟以杜甫《茅屋爲秋風所破歌》的作詩法作畫，突出了"哀樂不關其意"，而鄭思肖《杜子美茅屋爲秋風所破歌圖》卻是以詩人的眼光改造繪畫，立意在"數間茅屋苦饒舌，說殺少陵憂國心"③，引申出的是憂國憂民的情懷。詩家眼光與畫家眼光之差異，亦由此可見。總之，中國詩與中國畫是兩個不同的傳統，其可相通處乃在藝術手法，所謂"以詩爲畫"或"以畫爲詩"④，立意則別有所在。

我們還是回到雪景與騎驢意象上來，郭若虛《圖畫見聞志·雪詩圖》云：

唐鄭谷有《雪詩》云："亂飄僧舍茶煙濕，密灑歌樓酒力微。江上晚來

① 《竹莊詩話》卷十四至十五引，頁283—290。

② 《瑤池集考》，《桐江集》卷七。

③ 陳思《兩宋名賢小集》卷三百七十一"圖詩"，《四庫全書》本。

④ 元人湯垕《畫論》云："東坡先生有詩云：'論畫以形似，見與兒童鄰。作詩必此詩，定知非詩人。'余平生不惟得看畫法於此詩，至於作詩之法，亦由此悟。"（《畫論叢刊》上卷，頁61）

堪畫處，漁人披得一簑歸。"時人多傳誦之。段贊善善畫，因採其詩意景物圖寫之，曲盡蕭灑之思。①

明人唐志契《繪事微言・雪景》指出：

> 畫雪最要得屭發栗烈意，此時雖有行旅探梅之客，未有不畏寒者，只以寂寞爲主，一有喧囂之態，便失之矣。②

清人唐岱《繪事發微・雪景》云：

> 凡畫雪景，以寂寞黯淡爲主，有元冥充寒氣象。③

以上列舉由宋人到清人的議論，但正可藉以看出中國繪畫傳統之所在。因此，畫家筆下的騎驢意象，只會是瀟散的，寂寞的，風流的，閑適的。在清代一些指導初學的畫論中可以看到，"臨清流以策蹇"④是山水畫中常有的點綴，騎驢也是"秋山行旅，雪嶺探梅，不能少此"⑤的意象。如果要追究騎驢意象在詩與畫中不同表現的根源，還是在中國詩與畫的不同傳統。

六　中國詩畫傳統在朝鮮、日本的變遷

如上所述，中國文學與中國繪畫是兩个不同的傳統，當它們東傳朝鮮、日本的時候，一方面帶去了很大的影響，另一方面，朝鮮、日本在"受容"的同時也對中國傳統作了"變容"，導致"相類之中又有不相類者存"。這裏還是結合"騎驢"與"騎牛"意象，從一個角度管窺蠡測。

從本質上來說，朝鮮完全接受了中國詩畫的不同傳統，文學關乎政治，繪畫是表現自身的閑情逸致。這也就是爲什麼在朝鮮文學中以騎牛意象爲特徵，而在繪畫中依然以騎驢意象爲主的重要原因之一。

作爲東國漢文學鼻祖的崔致遠（857—？），新羅朝入唐爲賓貢進士。而從高麗時代光宗朝開始，實行了以科舉取士的制度，雖然其科目有製述、明經、

---

① 《圖畫見聞志》卷五《故事拾遺》，《畫史叢書》第 1 冊，頁 77。
② 《畫論叢刊》上卷，頁 121。
③ 同上，頁 250。
④ 笪重光《畫筌》，《畫論叢刊》上卷，頁 169。案：也許這樣的點綴後來成爲俗套，有人也加以反對，如湯貽汾《畫筌析覽・論點綴》云："凡爲點綴，固不皆應有而有，亦當知可無則無。"其"可無者"中就列有"吟鞭袖於驢背"一目。《畫論叢刊》下卷，頁 517。
⑤ 鄭績《夢幻居畫學簡明》卷五《論獸畜》，《畫論叢刊》下卷，頁 594。

雜業等三科十一門①，但最受重視的是製述業，相當於唐人的進士科。考試科
目，尤重詩賦。而高麗朝對於官吏的考核，也十分重視其文才如何。君臣唱
和，俗尚風雅。因此，在文學創作群體中，佔主流的便是士大夫官僚階層，文
學的作用也突出表現在政治方面。徐居正《東人詩話》卷下指出：

> 高麗光、顯以後，文士輩出，詞賦四六，穠纖富麗，非後人所及。②

又云：

> 高麗光宗始設科用詞賦，睿宗喜文雅，日會文士唱和。繼而仁、明亦
> 尚儒雅，忠烈與詞臣唱酬，有《龍樓集》。由是俗尚詞賦，務爲抽對。……
> 高麗中葉以後，事兩宋、遼、金、蒙古強國，屢以文詞見稱，得紓國患。夫
> 豈詞賦而少之哉？③

進入朝鮮時代，思想上獨尊程朱性理之學，儒家思想成爲時代的統治思想，其
文學觀也滲透在朝鮮文學之中。同時，由於官僚政治本身的痼疾，從燕山君
（1494—1560 年在位）時代開始，便不斷發生士禍，如戊午士禍（1498）、甲子士
禍（1504）、己卯士禍（1519）、乙巳士禍（1545）。至宣祖八年（1575），士大夫正
式分裂爲東西兩黨，最後演變爲極其複雜而又極其漫長的朋黨政爭。即以東
人而論，先是分化出南人和北人，在北人中又分化出大北和小北，大北又分化
爲骨北、中北、肉北，小北又分化爲清小北和濁小北，推之南人和西人的情形，
亦大致類似④。由於朝鮮時代的黨爭帶有世襲的特徵，因此，它不僅十分複
雜，而且延續時間很久⑤。這也使得朝鮮朝的文學帶有更爲強烈的政治色彩。
從某種意義上說，在中、朝、日三國的文學中，以朝鮮時代文學的政治性最爲
濃厚。它不僅表現在上文已經指出的騎牛和騎馬相對立的架構中，同時，還
在其他場合下有所突顯。對杜甫騎驢圖的詠歎即爲一例。

---

　　①　據《高麗史·選舉一》記載，"光宗用雙冀言，以科舉選士，自此文風始興"。其科目
雖有先後變化，但不出製述、明經二業以及醫、卜、地理、律、書、算、三禮、三傳、何論等雜業。
參見許興植《高麗科舉制度·檢討》（《韓國史研究》第 10 號，1974 年 9 月，頁 3—65）。

　　②　《韓國詩話叢編》，第 1 册，頁 467。

　　③　同上，頁 468—469。

　　④　參見李離和《朝鮮黨爭關係資料集解題》，驪江出版社，1988 年版，第 1 册，頁 2—
27。

　　⑤　左江《略論澤堂李植的黨派關係》是一篇很好的個案分析，見其著《李植杜詩批解
研究》附錄二，中華書局，2007 年版，頁 279—320。可參看。

　　杜甫騎驢圖最晚在北宋已流傳於世，除了寒酸窮酸者外①，也有浪漫風韻者，而且流行於世的主要是後者。董逌《廣川畫跋》卷四《杜子美騎驢圖》云：

　　　　杜子美放於酒者也，……其乘驢歷市，望旗亭，逐麴車，鋪糟飲醨，欹傾頓委，其子捉彎持之，吾意其當在長安而旅食時也。②

然而多數人認爲畫中所繪乃在成都時。黃庭堅《老杜浣花谿圖引》云：

　　　　拾遺流落錦官城，故人作尹眼爲青。碧雞坊西結茅屋，百花潭水濯冠纓。……浣花酒船散車騎，野墻無主看桃李。宗文守家宗武扶，落日寒驢馱醉起。③

陳師道《和饒節詠周昉畫李白真》云：

　　　　君不見浣花老翁醉騎驢，熊兒捉彎驥子扶。金華仙伯哦七字，好事不復千金摹。④

“金華仙伯”即指黃庭堅。宋禧《浣花溪圖》云：

　　　　何人住向浣花溪，辟地無憂醉似泥。卻怪桃源回首處，落花流水路還迷。⑤

以上諸詩的重心皆在杜甫的飲酒自放，浪漫無憂。這幅畫在高麗時期已傳入東國，朝鮮初期詩人徐居正有《題雙林心上人所藏十畫》，其中就有《杜甫馱醉》詩云：

　　　　草堂幽處浣花溪，馱醉歸來山日西。遮莫傍人笑拍手，熊兒捉彎驥兒攜。⑥

其題詠的内容與上述諸詩皆相應。然而值得我們注意的是，朝鮮時代詩人在面對這樣一幅風韻的騎驢圖時，往往會發出別樣的感歎，塗上濃厚的政治色彩。略舉數例如下，周世鵬（1495—1554）《浣花醉歸圖》云：

　　　　萬里孤臣老劍村，百花潭水抱荒園。田翁溪友競邀飲，稚子老妻相

---

①　胡仔《苕溪漁隱叢話後集》卷八載：“世有碑本子美畫像，上有詩云：‘迎旦東風騎蹇驢，旋呵凍手暖髯鬚。洛陽無限丹青手，還有工夫畫我無？’子美決不肯自作，兼集中亦無之，必好事者爲之也。”其詩雖僞，其畫像流傳於世則真。從詩中内容看，其形象頗爲寒酸。

②　《四庫全書》本。

③　史容《山谷集外集詩注》卷十六，《四庫全書》本。

④　任淵注、冒廣生補箋《後山詩注補箋》卷十二，中華書局，1995年版，頁430。

⑤　《庸庵集》卷九，《四庫全書》本。

⑥　《四佳集·詩集》卷四十五，《韓國文集叢刊》第11册，頁50。

候門。落日塞驢方倒馱,回頭故國正銷魂。一生忠憤太生瘦,醉面依然帶淚痕。①

嚴昕(1508—1553)《浣花醉歸圖》云:

> 騎驢酩酊過溪頭,白髮蕭條映綠洲。病眼感時空灑淚,衰容憂國謾含愁。胡戈滿地江邊老,鳥道橫天劍外遊。莫謂寬心須酒力,醉來心思轉悠悠。②

金麟厚(1510—1560)《杜子美醉後宗文捉轡圖》云:

> 君獨騎驢向何處,眼花落井生微狂。乾坤九州幾萬國,一夕轉盡歸醉鄉。浣花溪頭幽絕處,依然數間開草堂。生平與世味相疎,時時得酒傾千觴。……回頭未解百年憂,一聲蜀魂驚藜牀。夜深月白起再拜,遙望美人天一方。病鶴悲鳴愁萬里,伏櫪老驥空騰驤。……世上空知詩興豪,誰看赫赫忠肝腸。寓情詩酒只餘迹,遠志渺與雲相羊。請君將我好東絹,特寫葵心傾太陽。孤臣百世老蓬蓽,耿耿一飯思難忘。天閽迢遞叫不聞,曲江春風淚淋浪。③

這裏的杜甫,既非寒酸,又不浪漫,與中國詩人筆下的杜甫騎驢迥然不同,完全是一副忠肝赤膽、憂國憂民、醉顏上佈滿淚痕的形象,且出之以濃墨重彩。即便醉酒,也是借酒銷愁愁更愁。從某種意義上說,實在有點殺風景。在東亞文學的騎驢意象中,這是朝鮮時代所特有的筆觸。黃庭堅筆下的杜甫騎驢,雖然有“中原未得平安報,醉裏眉攢萬國愁”④之句,但屬輕描淡寫。日本五山詩僧雖然接受了宋代性理學影響,寫杜甫騎驢也不免有政治方面的感歎,但最多即如希世靈彥的“吟得新詩拈髭斷,唐天白日欲西時”⑤,或是如景徐周麟(1440—1518)的“驢背山河忠義心,柴門老樹日西沉”⑥,“回首長安胡騎暗,夕陽驢背劍門西”⑦,寫出杜甫的不能忘情世事而已。這就是東亞文化意象的“相類之中又有不相類者”,以文學的政治性而言,朝鮮最強,日本最

---

① 《武陵雜稿別集》卷五,《韓國文集叢刊》第 27 冊,頁 137。
② 《十省堂集》卷下,《韓國文集叢刊》第 32 冊,頁 514。
③ 《河西全集》卷四,《韓國文集叢刊》第 33 冊,頁 78。
④ 《老杜浣花溪圖引》,《山谷外集詩注》卷十六,《四庫全書》本。
⑤ 《杜甫畫像》,《村庵稿》中,《五山文學新集》第 2 冊,頁 323。
⑥ 《讚杜甫》,《翰林葫蘆集》,《五山文學新集》第 4 冊,頁 108。
⑦ 《讚杜甫騎驢圖》,《五山文學新集》第 4 冊,頁 282。

弱,中國居中。

　　日本文學的"脱政治性"特徵,在鈴木修次的《中國文學與日本文學》一書中,以系列論文作出了卓越的闡發①。其主要觀點是,文學上"脱政治性"特徵的形成,首先取決於其作者的身份,與中國的第一流文學是以士大夫階層亦即"官僚知識人"爲主體不同,日本是以宫廷女性、法師、隱遁者、市民爲主流,這些人都身處政治的邊緣,因此,游戲的精神是日本文學的内核。在遣唐使時代,他們從中國帶回的不是杜甫的詩,而是白居易的閑適和感傷的詩,但略去了其諷諭詩。由於日本人是在脱政治的文學生態中養育,也就自然將文學看成是與政治無緣之物。因此,日本文學中最大的傳統主題便是"戀"與"無常",這導源於日本人心底深處對"物哀"("もののあわれ")的嗜好。何謂"物哀"? 它指的是一種無限定的、無目的的感動,這種感動充塞於日本文學中。這是一個在漢語中没有對應詞彙的概念,可以理解爲"日本的悲哀"或"日本式悲哀"。因此,這種感覺是許多中國人、歐洲人、美國人所無法明白的。

　　鈴木氏以上的見解是敏鋭而精闢的,富於啟示。在這裏,我僅僅想爲之下一轉語,即"物哀"的感覺在中國文學中雖然談不上爲眾人所追求,但也不少見。在我看來,所謂的"物哀",似指一種無端而至、觸緒紛來的感覺,在晚唐詩以及五代北宋的詞中,如"此情可待成追憶,只是當時已惘然";"細雨夢回鷄塞遠,小樓吹徹玉笙寒";"自在飛花輕似夢,無邊絲雨細如愁"等句,一旦在無端的悵惘中無端地想起時,就能唤起人們心中一種莫名的感動。只是在日本文學中,這種纖細幽玄的調子是其主旋律。雖然這一主旋律充斥於物語、和歌等文學形式,但在日本漢文學中,也依然有其底色,正如希世靈彦所說:"唐詩與和歌,但造文字有異,而用意則同矣。"②

　　在本文第五節中曾經指出,五山僧人所欲突出的騎驢意象的内涵,往往是其"風流"的一面,這裏需要作進一步論述。由於日本文學的"脱政治性"特徵,他們所理解的"風流",往往是"不風流處也風流",此語出於《碧巖録》③,這

---

① 　東京書籍,1978 年版。
② 　《奉和典厩所詠相君席上倭歌二首並序》,《翰林五鳳集》卷二十七,《大日本佛教全書》本,頁 522。
③ 　《佛果圜悟禪師碧巖録》卷七,《大藏經》第 48 册,頁 197。

是臨濟宗禪師圓悟克勤所撰，素有“宗門第一書”的美譽，五山時期亦頗爲流行。在日本漢文學史上，最喜歡使用“風流”一詞的是一休宗純（1394—1481）①。其中使用得最有特色的如“飢腸說食也風流”②，“風流寂寞一寒儒”③，“風流自愛寒儒意”④等。在日本人看來，即便窮困潦倒，但只要是遠離政治，擁有閑適之情，一樣可以風流瀟灑。至於是否真的遠離政治，有時則是出於其有意或無意的誤讀。比如鈴木修次曾舉出一例，松尾芭蕉（1644—1694）把杜甫《茅屋爲秋風所破歌》中對“屋漏”的描寫，以及蘇軾“牀牀避漏幽人屋”的描寫看成是“風流”，而實際上與杜甫、蘇軾原作的立意卻是大相徑庭的⑤。這樣一來，我們對五山詩僧將蹇驢破帽、寒雪吟詩闡釋爲“風流”就容易理解了。他們一方面接受了中國的傳統，同時又在接受中加以改造，將文學的政治內涵作了減損乃至解構。

　　在東亞文學藝術史上，中國的詩與畫是兩個不同的傳統，朝鮮分別接受了這兩種傳統，而日本的文學傳統重在游戲和閑適的“風雅”，與其繪畫傳統在精神上最爲接近⑥。

七　結語

　　本文以東亞地區的中國、朝鮮半島、日本爲範圍，兼綜文學與繪畫二門類，以詩人的騎驢或騎牛爲例，探討東亞文化意象的形成與變遷，可以得出以

---

　　①　最早指出這一點的是岡崎義惠《一休宗純と五山禪林の風流》，載《日本藝術思潮》第二卷之下，岩波書店，1947年版。鈴木修次對此許爲“卓見”，見《“風流”考》，《中國文學と日本文學》，頁192。

　　②　《虎丘雪下三等僧》，《狂雲集》上，《續群書類從》第十二輯下，續群書類從完成會，1989年訂正三版，頁552。

　　③　《自贊》，《狂雲集》下，《續群書類從》第十二輯下，頁583。

　　④　《雪》，《續狂雲詩集》，《續群書類從》第十二輯下，頁598。

　　⑤　參見《日本文學の脫政治性》的相關論述，《中國文學と日本文學》，頁47—52。

　　⑥　關於日本繪畫的精神，參見坂垣坦《日本畫の精神》，ぺりかん社，1995年版。小林忠《江戶の繪を読む》，ぺりかん社，1998年新裝版。關於日本繪畫與文學的關係，參見今橋理子《江戶繪畫と文學》，東京大學出版會，1999年版。又《江戶文學》第17號《文人畫と漢詩文Ⅰ》、《江戶文學》第18號《文人畫と漢詩文Ⅱ》，ぺりかん社，1997年版。

下初步結論：

1. 東亞文化意象的發源地在中國，無論是桃花源、四君子，抑或本文所論述的騎驢等。她既見之於詩人的吟詠，也在繪畫中有所表現。

2. 文化意象的形成是一個過程，是由普通意象、個人意象逐步發展爲集體意象，又經過文學家和藝術家的提煉和反省，從而塑造了一個典範，並且充實了其文化内涵。比如中國文學與繪畫中的孟浩然騎驢，就是這樣一個典範。而詩人騎驢與騎馬相對立的架構，也代表了在朝與在野、出與處、仕與隱相對立的不同的追求。

3. 文化意象在流傳過程中，其形式和精神也會發生變遷，從而與其本來面目出現異同。這與接受地的文化環境、藝術氛圍甚至物產風俗都有關係。如騎驢意象在高麗、朝鮮的文學中往往爲騎牛意象所取代，而在精神上卻延續了中國文學騎驢意象的傳統，其觀念中與騎馬之對立關係甚至更爲緊張和尖銳；反之，日本文學中全盤接受了中國文人騎驢的外在標誌，但卻消解了騎驢和騎馬相對立的架構。

4. 雖然在東亞地區，作爲姊妹藝術的"詩畫一律"的觀念深入人心，然而文學與繪畫仍然有其各自不同的傳統，表現在社會功能、審美追求等各個方面，由此而影響到文化意象的變遷在不同藝術門類中的差異。比如高麗、朝鮮時代的文人在文學中往往以騎牛取代騎驢，但在繪畫作品中，則仍然大量出之以文人的騎驢圖，至今也未發現文人騎牛的畫面。其根源還是在文化意象產生地的中國，文學和繪畫是兩個相通但並不相同的傳統所導致。

5. 從東亞文化意象的整體觀察中，可以比較出三個地區的不同特色：就文學的政治性而言，朝鮮半島最强，日本最淡，中國居中。就文學與繪畫的傳統而言，在中國是兩種不同的傳統，朝鮮半島的文學藝術秉受中國的影響，亦爲兩種不同的傳統，而日本由於其文學傳統中的"脱政治性"傾向，因而與其繪畫傳統最爲接近。

　　　　　　　　　　　　　二〇〇九年八月十九日初稿於百一硯齋

【附記】

本文初稿曾於 2009 年 9 月臺灣中研院歷史語言研究所主辦的"東亞文化意象之形塑——第十一至十七世紀間中日韓三地的藝文互動"國際學術討論

會上宣講，頗受與會諸先生之鼓勵。茲據原稿刪減，刊佈於此，謹向會議主辦方表示衷心感謝！

（作者單位：南京大學域外漢籍研究所）

域外漢籍研究集刊　第六輯
2010 年　頁 57—88

域外漢籍研究中的古文書和古記録

王小盾

一　問題的提出

學術進步通常有兩個標志：一是資料範圍的擴大，二是研究手段的更新。近年來興起的域外漢籍研究之所以會發生較大影響，正是因爲它在這兩點上有效地推動了中國學術。同樣，域外漢籍研究事業自身的發展，也面臨如何擴大資料範圍、更新研究手段的問題。這種情況是會不斷發生的。比如，怎樣看待常規典籍之外的域外漢文書寫？這就是一個現實的問題。

一般來說，作爲歷史資料的古代漢文書寫有三種存在方式：其一是古典籍，其二是古文書，其三是古記録。在日本學者的看法中，古代遺存的文字史料即是分爲古文書、古記録、古典籍三大類別的①。當然也可以作更細緻的分類，例如除典籍之外分之爲五：古文書、古記録、古日記、古帳簿、古系圖②；或包括典籍分之爲六：編纂類、著述類、記録類、帳簿類、謄録類、文書類③。但在

---

① 齋木一馬《古文書と古記録》，載《日本古文書學講座・總論篇》，東京雄山閣出版會社，1974 年 6 月，頁 21。

② 久米邦武《古文書の範圍は甚だ広し》，載其所著《古文書學講義》，東京早稻田大學出版部，明治三十四年(1901)十月。其内容又見《日本古文書學論集》第一輯《總論篇》，東京吉川弘文館，1986 年，頁 10。

③ 崔承熙《韓國古文書研究》，漢城知識産業社，1989 年增補版，頁 24。

實踐中，人們仍然習慣采用三分之法，亦即把日記歸入古記錄，把帳簿歸入古文書，而把圖冊歸入典籍圖書。這樣做的理由是便於從傳播方式的角度把握事物：凡用於公共事務，發生在授、受兩者之間的單篇書寫，屬文書；凡無明確接受對象，爲備遺忘而作的單篇書寫，屬記錄；凡經編纂而具有卷冊形式的著述、文書、記錄，則屬典籍。

事實上，在歐洲的古文書學（diplomatic，diplomatique，diplomatik）中，早已有相近的分類，即把史料分爲記述史料、文書史料兩類。記述史料具有明確的史學意義，包括傳記、編年代記、日記、實錄，由常規圖書館收藏；文書史料則是一度具有法律效用的歷史文獻，包括證書、契約、報告、帳簿、訴訟記錄、法令集等，由各種檔案館收藏。前者是圖書學研究的對象，後者則是古文書學研究的對象①。

以上三種書寫方式，時有交叉，但古文書和古記錄卻是並列存在的。這兩者有三個共同點：其一，它們都是古典籍之外的史料，代表了典籍未形成之時的狀態——是原始形態的典籍。其二，爲追求表達上的準確性，減少歧義，古代漢文化地區的文書和記錄往往用漢字書寫。特別是古文書，它的公文屬性或法律屬性，使它一般都具有漢文文獻的面目。其三，作爲日常書寫，它們在數量上大大超過了古典籍，業已成爲歷史學研究——特別是社會史研究——的主要史料。正是這三個特點，決定了它們的學術地位：對于域外漢籍研究來說，它們既是背景資料，也是直接的研究對象，因而是不可忽視的文獻。它們在形態上的特殊性，則對學術思路和學術手段提出了一系列新的要求。

爲此，域外漢籍研究應當關注古文書和古記錄：既關注其資源，也關注國外學者的相應研究。

二　日本的漢文古文書、古記錄

日本古文書、古記錄都有悠久的歷史。據《日本書紀》記載，早在推古天皇時期（公元 592 年至 628 年），日本人就向高麗僧侶學會了紙墨製作技術，以作公文書寫和典籍書寫。現存最早的典籍抄本，是聖德太子寫於公元 615 年

---

①　參見鵜川馨《古文書研究の歷史・西洋》，載《日本古文書學講座・總論篇》，頁 37。

的《法華經義疏》。日本公文和記録的最初製作大略與此同時。例如據《日本書紀》記載,公元 659 年有一部遣唐使日記《伊吉連博德書》,記録了當時的"奉使吳唐之路"①。而最著名的日本古記録,是入唐僧侶作於公元 9 世紀中期的《入唐求法巡禮行記》(圓仁,836—847)和《行歷抄》(圓珍,851—859)。

隨着中國文書、朝鮮半島文書的傳入,日本頗注意文書收藏,並按文書收藏處所的特點産生了寺院文書,例如著名的正倉院文書、東大寺文書。正倉院文書中現存最早的一件,是大寶二年(702)的户籍(圖 1)②。

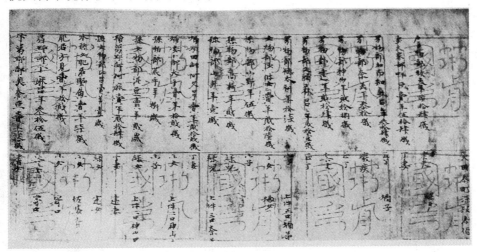

圖 1　大寶二年户籍

在接下來不到兩百年的時間内,日本出現了著名的"六國史",即公元 720 年成書的《日本書紀》、797 年成書的《續日本紀》、840 年成書的《日本後紀》、869 年成書的《續日本後紀》、879 年成書的《文德天皇實録》、901 年成書的《三代實録》。這些史籍是大規模的古文書編纂事業的結晶,其史源就是大量制度文書、法令文書和古記録。關於這類典籍的編纂方式,菅原道真在《書齋

---

① 見《日本書紀》卷二六齊明天皇五年(659)七月戊寅條,云:"《伊吉連博德書》曰:……奉使吳唐之路,以己未年七月三日發自難波三津之浦,八月十一日發自筑紫六津之浦,九月十三日行到百濟南畔之嶋島。"國史大系本,吉川弘文館昭和 32 年版,第 2 册,頁 270。
② 筑前國嶋郡川邊里大寶二年户籍斷簡,今藏奈良國立博物館。

記》一文中有所描寫,云:

> 學問之道,抄出爲宗。抄出之用,稿草爲本。余非正平之才,未免停
> 滯之筆。故此間在短札者,總是抄出之稿草也。①

這段話談到他編纂《類聚國史》的要點:本于稿草,重在抄録。《類聚國史》是
一部兩百多卷(現存六十一卷)的大書,類書體,公元 892 年成書。由以上一段
話,可以了解當時人的"學問"觀,也了解古文書("稿草")的存在狀況,以及古
文書和古典籍的基本關係。

前文說到,在公元 7 世紀,日本產生了正規意義上的古記録。可見古記録
和古文書也有同步發展的關係。同樣,在"六國史"的背景下,8 世紀末,也出
現了一部太政官署的公務日記《外記日記》。據《政事要略》卷二九和《御禊行
幸服餝部類》所引,此書最早的條文記於延曆九年(790)閏三月十五日,最晚
的條文記於仁安三年(1168)年三月十四日,記事長達 378 年。這三百多年,正
好是日本古記録的第一個高峰期。在這一時期產生了以下日記:

《宇多天皇御記》,宇多天皇當政 10 年間的日記,記事始於仁和三年
(887);

《醍醐天皇宸記》,醍醐天皇在位 33 年的日記,記事始於寬平九年(897);

《貞信公記》,公卿藤原忠平的日記,記 41 年事,現存本記事始於延喜七年
(907);

《吏部王記》,式部卿重明親王的日記,記 34 年事,現存本記事始於延喜二
十年(920);

《九曆》,右大臣藤原師輔的日記,記 30 餘年事,現存本記事始於延長八年
(930);

《小右記》,右大臣藤原實資的日記,記 63 年事,現存本記事始於天元五年
(982);

《權記》,權大納言藤原行成的日記,記 36 年事,現存本記事始於正曆二年
(991);

《御堂關白記》,著名政治家藤原道長的日記,記 23 年事,始於長德四年
(998);

《左經記》,參議左大弁源經賴的日記,記 30 年間事,始於寬弘六年

---

① 載《本朝文粹》卷十二。東京國書刊行會,1918 年排印本,頁 209 上欄。

（1009）；

　　《春記》，春宮權大夫藤原資房的日記，記 29 年間事，已知部分始於萬壽三年（1026）；

　　《水左記》，左大臣源俊房的日記，記 46 年間事，始於康平五年（1062）；

　　《帥記》，大宰權帥源經信的日記，記 23 年間事，現存本始於康平八年（1065）；

　　《江記》，權中納言大宰權帥大江匡房的日記，記 44 年間事，已知部分始於治曆元年（1065）；

　　《爲房卿記》，大藏卿藤原爲房的日記，記 50 年間事，記事約始於延久三年（1071）；

　　《時範記》，右大弁平時範的日記，記 22 年間事，已知部分始於承曆元年（1077）；

　　《後二條師通記》，內大臣藤原師通的日記，記任職內大臣 17 年間事，始於永保三年（1083）。

　　這些日記是日本史上最著名的日記。它們都産生在公元 10 至 11 世紀，屬平安時代前期和中期。其共同特點是：公務日記，但由私人記錄。

　　從文字載體方面看，日本古記錄可以分爲兩種：一是寫爲“真名”的漢文記錄，二是寫爲“假名”的日文記錄。按紀貫之《土左日記》的說法，當時漢文日記多出自男性之手，又稱“男子日記”；假名日記則出自女性之手，又稱“女子日記”——例如《醍醐天皇宸記》是漢文日記，醍醐天皇皇后藤原穩子的《太后御記》則爲假名日記。而從內容上看，公務日記一般記爲漢文，私人生活日記則一般記爲假名。後者始於公元 934 年成書的《土左日記》，其書主要記錄個人體驗，故書中有 57 首和歌。由此可見，史學意義上的日本古記錄其實就是漢文日記，假名日記則可以歸爲文學性的日記。

　　對於古文書、古記錄的保管和整理，日本也有悠久的傳統。早在隋唐法律、制度傳入日本之時，公元 7 世紀後期，日本朝廷各部門便設立了文庫，以保管公文和律令。到奈良時代（710—784），出現了貴族府第中的文庫，例如 761 年的遣唐使石上宅嗣，即曾在私邸阿閦寺建文庫，名爲“芸亭”。平安時代

(794—1185)，爲躲避戰亂和火災，貴族還發明了一種移動書庫，俗稱“文庫”①。進入院政時期(1086—1179)以後，朝廷設立記錄所，以管理莊園券契和政府文書。與此同時，各種公私文庫成爲政治、文化生活的重要事項，出現了主要由特定家族世代掌管的種種文庫，例如法界寺文庫、江家文庫、陽明文庫等。到鎌倉時代(1185—1333)，有三善康信的名越文庫、北条金澤氏的金澤文庫；江戶時代(1600—1868)，有德川家康的紅葉山文庫、加賀前田家的尊經閣文庫，以及伊勢内宮的林崎文庫、伊勢外宮的豐宮崎文庫、北野的天滿宮文庫等等。江戶以後，民間文庫發揮了越來越重要的作用，在各種民間學塾和習儒的僧侶、神官、醫師、村紳的家中，私人文庫非常普遍。

　　日本古文書的收集、保存和研究，由於兩個原因，而一直不曾中斷。其一是如上說的文庫建設，其二是史籍修纂。這兩者是相輔相成的。其間關係可以用著名的《大日本史》來說明。按《大日本史》之編纂，其史料基礎主要是水戶德川家、尾張德川家的文庫圖書。其中“御讓本”圖書，亦即尾張藩初代藩主德川義直建於名古屋的文庫藏書，在慶安三年(1650)以前爲 377 部 2839 冊。明曆三年(1657)，水戶德川家二代藩主德川光圀設史局編書；寬文十二年(1672)，史局遷至光圀府邸，定名爲“彰考館”。爲編纂史籍，彰考館在全國範圍内進行了史料調查，到元祿四年(1691)，建成了擁有 2370 部藏書 6875 冊規模的彰考館文庫。與此同時，德川光圀等人大力進行文書研究，例如命丸山可澄(1657—1731)研究花押，以便作文書鑒別。丸山可澄遂輯錄了《花押藪》、《續花押藪》二書(圖 2)。正是這些工作，支持《大日本史》的編纂事業持續到明治三十九年(1906)。而史料調查也有一個副産品——文書聚集。其中寄存在京都東寺的古文書達 100 箱，稱“東寺百合文書”。

　　日本古文書今藏於全國各地，例如東北地區青森縣有“津輕家文書”約 1萬 5 千件，京都市有東寺文書 3 萬多件，奈良縣有東大寺文書 1 萬多件；又如兵庫縣有多田神社文書，和歌縣有高野山文書。根據松島榮一所編《全國主要圖書館等所藏古文書目錄一覽表》②，僅關於古文書的館藏目錄，至 1970 年已有 160 種。這些古文書的相當部分已經刊出，例如武家文書——亦即由平

---

①　參見松薗齊《王朝權力と〈情報〉：情報裝置としての日記》，載《歷史學研究》第 729 期，1999 年。

②　載《新編古文書入門》，東京河出書房新社，昭和 46 年 11 月版，頁 410—425。

安末期至鎌倉初期源賴朝將軍及其家臣記寫的文書——載見於以下 20 種典籍：

東北地區：《岩手縣中世文書》、《宮城縣史》（資料編第七）、《福島縣史》（古代、中世史料）；

關東地區：《茨城縣史料》、《埼玉的中世文書》、《千葉縣史料》、《相州古文書》、《神奈川縣史》（資料編第一）；

中部地區：《奧山莊史料集》、《甲斐武田氏文書集》、《新編甲州古文書》、《信濃史料》、《靜崗縣史料》、《岐阜縣史》、《織田信長文書之研究》；

近畿及其他地區：《教王護國文書》、《佐賀縣史料集成》、《長崎縣史》（史料編第一）、《熊本縣史料》。

以上情況說明，日本古文書主要是依靠各地區的行政力量保存下來的。

從便利使用的角度看，日本最重要的古文書文獻是《大日本古文書》。它是由東京帝國大學（今稱"東京大學"）史料編纂所編纂發行的古文書集成之作，收載全國各地所藏重要古文書 20 萬件，並以鉛字排印。其書始編於明治三十四年（1901），先刊編年文書，即正倉院文書，含本編、追加、補遺共 25 冊，收載文書 15000 餘件；然後分類刊載家藏文書、武家文書、私人文書和幕末外國關係文書。其中家藏文書按藏地分，有高野山文書 8 冊、伊達家文書 10 冊、石清水文書 6 冊、東寺文書 14 冊、大德寺文書 14 冊、東大寺文書 19 冊、醍醐寺文書 14 冊、東福寺文書 5 冊、蜷川家文書 6 冊。武家文書和私人文書則按體裁分，前者包括詔敕、宣旨、綸旨、院宣、官符、御教書等體裁，後者包括買賣券、讓狀、願文、書狀等體裁。到 2007 年 3 月，它總共刊行了 51 冊，此外有 7 冊附錄。

圖 2 《花押藪》初版
封面和正文一頁

三　朝鮮半島的漢文古文書、古記錄

漢文典籍傳入朝鮮半島有兩千多年，早於東傳日本。公元前108年，漢武帝吞併衛氏朝鮮，設立樂浪、玄菟、真蕃、臨屯四郡，史稱“漢四郡”。其統治區覆蓋朝鮮半島中北部，包括今之首爾。此時朝鮮半島應當使用了漢字公文。小獸林王二年（372），高句麗建太學，置五經博士；近肖古王二十九年（375），百濟亦得到五經博士高興。此時之朝鮮半島，應當已流行漢文書寫。《三國史記》卷二四《百濟本紀》記近肖古王時事說：“《古記》云，百濟開國已來，未有以文字記事。至是得博士高興，始有書記。”①這說的就是儒學、博士制度同“書記”的關聯。這段文字提到的《古記》，常常被13世紀的史籍《三國遺事》、《三國史記》引用。同樣被引用的書還有《新羅古記》、《百濟古記》、《高句麗古記》、《海東古記》。韓國學者認為，所謂“古記”，一般是指《檀君古記》，又名《桓檀古記》。13世紀的高麗人李承休在《帝王韻紀》中曾提到此書，《世宗實錄》的《地理志》也曾提到此書。

朝鮮半島的編纂事業是在《三國遺事》、《三國史記》時代（即13世紀）形成規模的。不過，此前也產生了許多典籍。例如《三國史記》記載：高句麗嬰陽王十一年（600）“春正月，遣使入隋朝貢，詔大學博士李文眞約古史爲《新集》五卷，國初始用文字；時有人記事一百卷，名曰《留記》，至是刪修”②。此外，據《三國遺事》和《新編海印寺雜段目錄》，新羅高僧義湘（625—702）著有《錐洞記》（又名《華嚴錐洞記》）、《法界圖書印》並其《略疏》③。據《三國史記》，新羅文臣金長清著有《金庾信行錄》十卷，金大問（704年任漢山州都督）著有《傳記》、《高僧傳》（後稱《海東高僧傳》）、《花郎世紀》、《樂本漢山記》，崔致遠（857—？）著有《四六集》一卷、《桂苑筆耕集》二十卷④。據《高麗史》各列傳和

① 李康來校勘本，漢城：Hangilsa publishing Co.，1998年版，頁239上。以下《三國史記》均用此本。

② 《三國史記》卷二十《高句麗本紀》第八，李康來校勘本，頁201下。

③ 《三國遺事》卷四，漢城明文堂1993年排印本頁154。以下《三國遺事》均用此本。

④ 《三國史記》卷四三《金庾信傳》，頁445下；卷四六《薛聰傳》，頁469；《崔致遠傳》，頁467下。

《高麗史節要》、《朝鮮金石總覽》等書記載,高麗名將姜邯贊(948—1031)著有《樂道郊居集》、《求善集》;文臣崔沖(984—1068)著有《崔文憲公遺稿》;朴寅(?—1096)著有《古今錄》十卷,又與金覲合著《小華集》。此外,文臣金黃元(1045—1117)、李軌著有《分行集》,高僧義天(1055—1101)著有《新集圓宗文類》、《海東有本見行錄》、《新編諸宗教藏總錄》、《釋花詞林》、《成唯識論單科》、《八師經直釋》、《消災經直釋》、《圓教六即義》等書,文臣郭興(1058—1130)著有《宣宗唱和集》,學者李資玄(1061—1125)著有《禪機語錄》、《歌頌》、《南遊詩》、《心要》、《帶方紀聞》、《東人之文》、《布袋頌》等書,而左諫議大夫金富軾(1075—1151)則著有《三國史記》、《金文烈公集》①。這些書籍或爲單篇文詞、記錄,或由單篇文詞、記錄合成,表明在中古時代,朝鮮半島已經出現了一批社會文書和文化記錄。

　　不過,上述文書和記錄在數量上卻很有限,且未得到妥善保存。從《韓國上代古文書資料集成》②的著錄情況看,這一時期,朝鮮半島的古文書只有零零星星的遺存。此書收錄新羅時代 8 件文書資料,大都是景德王時代(742—765)的遺存。其中 2 件是木簡,3 件是日本正倉院所藏文書,另外幾件是《大方廣華嚴經》寫經跋文等佛教文獻。此書收錄高麗時代的文書資料,則大都是佛教文獻。例如高麗前期的文書資料 8 件,除一枚懸板以外,其他皆是佛經文獻;高麗武人政權時代文獻遺存 17 件,其中佛經、佛寺、佛圖記跋 12 件;高麗後期文獻遺存 117 件,其中 83 件是佛經、佛圖記跋和佛寺文書。這種情況和中國相似。在中國,中古時期的文書資料也沒有得到妥善保存。大宗的具社會史價值的文書往往在戰火和動亂中湮滅,敦煌文書只是一個偶然的例外。

　　朝鮮半島的歷史資料遺存,集中產生在朝鮮時期(1392—1910)。朝鮮開國之初,就實施了編纂《高麗國史》的計劃,同時也開始記錄、整理王朝實錄。1472 年,第九代朝鮮王成宗之時,梁誠之曾上疏提出“校正大典四十五事”,其中說到王朝已纂定的書籍有二十多種,其中《世宗實錄》、《文宗實錄》、《世祖實錄》、《睿宗實錄》、《魯山君日記》都屬於古記錄③。而早在朝鮮第七代王世

---

① 參見《羅麗文籍誌》,漢城大韓民國國會圖書館,1970 年版,頁 1,頁 3,頁 22—27,頁 31,頁 44—46,頁 79—84,頁 118—119,頁 194—206。

② 李基白《韓國上代古文書資料集成》,漢城一志社,1987 年出版。

③ 梁誠之《訥齋集》卷六附錄金守溫《南原君政案》。

祖(1455—1468)之時,朝鮮政府就設立了奎章閣、秘書閣、弘文館等機構掌管圖書收藏。① 當時並建立了複本分藏制度,"典校署印出書冊内,出於一時之事,不必傳久者外,例將十件,弘文館藏二件,春秋館、外三庫、典校署、文武樓、藝文館、成均館各藏一件".② 分藏書籍除《三國史記》、《東國史略》、《高麗全史》、《高麗史節要》、《高麗史全文》、《三國史節要》、《歷代實錄》、《銃筒謄錄》、《八道地理志》、《訓民正音》、《東國正韻》、《東國文鑑》、《東文選》、《三韓龜鑑》、《東國輿地勝覽》、《承文謄錄》、《經國大典》以外,有"京外軍籍、諸道田籍、貢案橫看、諸司諸邑奴婢正案、續案"等,亦即包括大量古文書。正是這些制度,保全了朝鮮時期的大批古記錄、古文書。其現存者見於以下典籍:

(一)《朝鮮王朝實錄》。這是自朝鮮王朝始祖以來二十五代王共 472 年 (1392—1863)的王朝史事記錄,編爲 1,893 卷。在亞洲地區,性質相近的文獻有中國的《明實錄》,記錄明王朝 260 年的歷史;《大清歷朝實錄》,記錄清王朝 296 年的歷史;也有越南阮王朝的《大南實錄》548 卷,記錄 143 年王朝歷史。相比之下,《朝鮮王朝實錄》跨度最大——記錄了世界上統治時間最長的單一王朝的歷史,因而是漢文化區最大的一宗古記錄。它的内容較一般的實錄更豐富,不僅記載國政,而且記錄了和鄰邦各國的外交,以及政治、社會制度、經濟、宗教、音樂、科學、軍事、運輸、藝術等方面的情況。除前三代王的實錄爲手抄本外,其餘部分皆用活字印刷。此書除紙本外,今有電子本,可以方便地檢索。

(二)《承政院日記》。承政院是朝鮮定宗(1398—1400 在位)時設立的國家機構,主管國家的一切機密事宜,後改稱承宣院、宮内部、秘書監、奎章閣。由於壬辰倭亂等原因,承政院等機構的文件一度被毀;但從仁祖元年(1623)起,則得到了妥善保存,今有 1910 年以前的記錄共 3243 冊。這些記錄包括啟稟、傳旨、請牌、請推、呈辭、上疏、宣諭、傳教等等,同《朝鮮王朝實錄》相比,是更加原始的史料,因而具有更高的價值。2001 年 9 月,這部《承政院日記》被聯合國教科文組織指定爲世界紀錄遺產。

(三)《備邊司謄錄》。備邊司是朝鮮王朝在 1541 年成立的國防機構,1592

---

① 　見《世祖實錄》卷三十,世祖九年五月戊午條;《成宗實錄》卷一四二,成宗十三年六月戊申條。

② 　《世祖實錄》卷四十,世祖十二年十一月乙酉條。

年壬辰倭亂以來，負責全國的政治、經濟、軍事和外交等事務。《備邊司謄錄》記載了當時備邊司討論、決定和處理各種事務的過程，相當於政府日誌。其現存部分始於光海君九年（1617），止於高宗二十九年（1892），共有 273 冊。被確定爲韓國第 152 號國寶。

（四）《日省錄》。這部書原是朝鮮正祖（1776—1800 在位）的日記，因繼承英祖《御製自省編》的德治理想而編寫，故稱"日省錄"。從 1785 年起，奎章閣臣僚將這份個人日記發展爲官撰記錄，使之成爲朝鮮王朝以國政和君主舉措爲中心的日記體官撰年代記的代表。其內容始於朝鮮英祖三十六年（1760），止於純宗隆熙四年（1910），共 2327 冊，被指定爲韓國第 153 號國寶，由首爾大學奎章閣圖書館收藏並刊行。它區別於王朝實錄的特點是具有即時性，而非編撰於國王逝世之後，因而更加客觀和全面。尤其關於高宗、純宗部分，它是最具價值的史料——《高宗實錄》和《純宗實錄》曾被日本政府刪改，而同一時期的《承政院日記》則有嚴重遺失。

（五）《各司謄錄》。朝鮮王朝自中央到地方各級政府機構的文書檔案。原存於吏、戶、禮、兵、刑、工六曹和各地的八道監營（府、牧、郡、縣的兵營和水營），故稱"各司"。現存最早的一宗文書是宣祖十年（1577）至光海君九年（1617）的歲船定奪謄錄，爲壬辰倭亂以前的檔案；最後的文書截止於 1910 年朝鮮王朝結束。原稿總計 813 宗、3,482 冊、395,000 頁，由大韓民國文教部（後稱"教育部"）、國史編纂委員會於 1981 年 11 月起影印發行。其第一冊收錄京畿道檔案，包括《京畿道監營狀啟謄錄》、《京畿道水營狀啟謄錄》、《京畿道水營關報牒謄錄》、《京畿道右防禦營啟牒謄錄》、《京畿道關草》、《京畿道來去案》等 5 宗文件。如此至第 55 冊，皆按地區收錄文書。自第 56 冊起收錄各府文書。最後一冊爲第 101 冊，承前爲《典客司日記》第 10 冊，收錄純祖元年（1801）至八年（1808）的日記，2006 年 12 月排印。

（六）《公車文叢書》。朝鮮英祖時期的文書。全 15 冊，由首爾大學韓國文化研究所編輯整理，亞細亞文化社 1991 年至 1992 年發行。其內容爲英祖即位年（1724）至英祖二十六年（1749）八月間諸大臣的奏疏、文劄，因全面反映了當時的政治、經濟、文化而具有重要的史料價值。

（七）《政事冊》。朝鮮英祖至高宗年間吏部關於人事行政的各種報告書和日誌。共 25 冊，由首爾大學奎章閣出版。其書輯編英祖十一年（1835）至高宗三十一年（1894）年間的吏部文書，原共 133 冊。此書反映了 18 至 19 世紀朝鮮王朝政治勢力的變遷。

（八）《古文書集成》。由韓國精神文化研究院編集發行的民間文書。其中安東光山金氏禮安派宗宅保存的古文書、全北扶安金氏門中保存的古文書，分別以《光山金氏烏川古文書》、《扶安金氏愚磧古文書》的名義於 1983 年出版；至全南海南尹氏門中保存的古文書，始以《古文書集成》的名義於 1986 年 12 月出版發行。後者爲世居海南蓮洞的尹氏族人自 13 世紀以來所保存的文書，內容包括教旨、戶籍、分財記、土地文記、奴婢文記、所志、簡札等等。

2008 年 6 月，《古文書集成》刊出第 91 冊，其內容和 1995 年發行的《古文書集成》第 26 冊《居昌鄉校篇》相同。但第 26 冊是居昌鄉校所存古文書的影印本，而第 91 冊則是整理補訂本（韓國稱“正書本”，日本稱“翻刻本”），用鉛字排印。其內容包括：官員任職記錄（“經任案”），鄉行政記錄（“鄉案”），關於養賢齋、居昌鄉校別補所等機構行政與財務的記錄，關於享祀活動的記錄，關於鄉校運營活動的記錄，等等。

（九）《古文書》。首爾大學圖書館所藏的古文書。包括國王文書、王室文書、官府文書、私人文書、結社文書、奉神佛文書、外交文書等類別，始於朝鮮太祖四年（1395），截止於 1910 年，五萬餘件。今已編定爲 33 冊，由首爾大學圖書館（後稱“首爾大學奎章閣韓國學研究院”）編輯發行。第一冊於 1986 年 2 月發行，收錄國王文書、王室文書。其中國王文書分 15 類，即玉冊文、世祖二年（1465）五功臣會盟錄、教書、批答、綸音、封書、諭書、受教、有旨、傳旨、教旨教牒差帖、祿牌、恩賜狀、致祭文、誄文；王室文書分 8 類，即箋文、令書、令旨、徽旨、曉諭、手本和啟目、圖署牌旨、祭文。第三十三冊於 2007 年 11 月發行，收錄私人文書、書院鄉校文書、結社文書。其中私人文書乃承前冊，收錄第 18 類至第 20 類，即遺書、完議和立議、立後文記；結社文書乃啟後冊，收錄第 1 類——用於祖上墓所祠宇、族譜、宗稧等事的通文。

除以上書籍以外，在《韓國史料叢書》、《奎章閣資料叢書》中，也收錄了相當多的古文書。至於韓國各地的新輯古文書，則另有以下幾種：《慶北地方古文書集成》，李樹健編，嶺南大學出版部，1981 年；《光山金氏烏川古文書》，崔承熙編，韓國精神文化研究院，1982 年；《扶安金氏愚蹯古文書》，鄭求福編，韓國精神文化研究院，1983 年；《古文書》，全南大學博物館編，1983 年至 1985 年。精神文化研究院所編兩種請參見前文第八項。

四　越南的漢文古文書、古記録

　　越南曾經是中國的一個行政區，稱"交州"，其典籍文獻擁有非常古老的淵源。早在公元前 3 世紀末，即趙佗在交州地建立南越政權之時，《詩》《書》等典籍就可能伴隨儒學教育傳入了南國。此後歷任太守均注意"建立學校，導之經義"，加上漢末中原戰亂造成的人口遷徙，交州在三國時期一度成爲儒學的重鎮。到公元 939 年吳權稱王以後，書籍進一步成爲南、北政權間政治、經濟往來的組成部分。其中比較重要的事件是：從宋代開始出現了書籍的貿易；從 1005 年起有中國政府向越南賜書之舉措；大約在 1295 年，越南採用印刷術刊印圖書，進入成批生產中國典籍的歷史階段。與此相對應，歷代越南王朝也采取了種種藏書措施。例如李太祖順天十二年（1021）、李太宗天成七年（1036）、陳英宗興隆三年（1295），均曾下令建書庫收藏大藏經。此後又出現了一系列書院，收藏四部典籍，如黎朝的蓬萊書院、西山朝光中辛亥年（1791）的崇正書院。到阮朝（1802—1907），較著名的藏書處有福江書院、聚奎書院、古學院、新書院、內閣書庫、史館書庫，以及國史館臣高春育所建的龍崗書院①。從關於這些書庫的記錄可以了解越南古籍收藏的特點：佛教典籍主要依靠國家經庫得以保存，而四部典籍則主要依靠書院、官方書庫得以保存。也就是說，宗教、教育和史學，是支持越南書籍流傳的三支重要力量。

　　同日本列島、朝鮮半島諸國相區別，越南的特點是地處北回歸線以南，屬熱帶季風氣候，高溫多雨，多蟲蟻之害。因此，其古籍難以保管，且不適合批量生產。同時由於戰爭和文化傳統方面的原因，越南的古典籍、古文書很容易遭受損害。據我們在編纂《越南漢喃文獻目錄提要》一書期間的調查，在河內、巴黎、東京各大圖書館，共保存了安南本古書約六千種。這些古書區別于中國古書的一個重要特點是：往往未作充分整理，因而保留了古文書的若干面貌，甚至在性質上接近古文書。在《越南漢喃文獻目錄提要》②中，這樣的特色文獻主要分佈於以下類目：

---

　　①　參見劉玉珺《越南漢喃古籍的文獻學研究》，中華書局 2007 年，頁 167—168。
　　②　王小盾、劉春銀、陳義主編《越南漢喃文獻目錄提要》，臺灣中研院文哲研究所 2003 年 1 月出版。

　　史部政書類"公牘"目，即越南地方政府各部門的公文。著錄圖書 39 種，如《清章衙門示》（1690 年）、《武烈社呈詞》（1735 年）、《撫輦社公文》（1790 年）。

　　史部政書類"鄉約"目，即各村社、各宗族的内部規約。著錄圖書 113 種，如《東鄂社鄉約條例》（1741 年）、《名鄉券例》（1772 年）、《華棣社鄉例》（1775 年）。

　　史部政書類"田丁簿"目，即各基層組織的財產清單、收支記錄，包括"地簿"。著錄圖書 39 種，如《武烈社事神器用簿》（1776 年）、《華鄂社古稅紙》（約 1777 年）、《農貢縣戊申年地簿》（1788 年）。

　　史部政書類"交詞"目，即各村社及其居民之間有關經濟活動的協議。著錄圖書 27 種，如《幾舍阮登魁分田詞》（1796 年）、《岐靈社順認田界單》（1808 年）、《交書》（1817 年）。

　　史部傳記類"神跡"目，即關於各村莊所祀神祇之功績的記錄，又稱"玉譜"。著錄圖書 106 種，如《高山大王神祠銅鼓》（1510 年）、《皇朝玉典》（1572 年）、《三台山靈跡》（阮逸爽編輯，編年不詳）。

　　史部傳記類"譜牒"目，即家譜和族譜。著錄圖書 265 種，如《陳族家譜》（1533 年）、《雲葛黎家玉譜》（1623 年）、《金山家譜》（1691 年）。

　　子部道教與俗信類"降筆文"目，即以神靈名義製作的倫理文獻，通常產生在扶乩或降神場合。著錄圖書 164 種，如《吉祥寶花春經》（約 1792 年）、《列聖鍼砭真經》（1802 年）、《世傳寶訓》（1864 年）。

　　子部道教與俗信類"神敕"目，即中央政府對各村莊所奉事諸神的褒封，反映了"淫祀"的合法化。著錄圖書 26 種，如《平皇券牒》（1260 年）、《武烈社抄納舊敕十二道》（1740—1786 年）、《武烈社加封神敕》（1770 年）。

　　子部道教與俗信類"其他"目，即降筆文、神敕之外的俗信書，以民間祭祀文獻爲主體，兼包若干含民間信仰因素而標榜某宗教的文獻。著錄圖書 148 種，如《香山寶卷》（1746 年以前）、《好生錄》（1785 年）、《梁皇寶懺》（1847 年）。

　　集部舉業文類，即直接服務於科舉的文學作品，大多爲學場、試場的作業、試卷。著錄圖書 314 種，如《黎朝會試庭對策文》（爲 1475 年至 1661 年檔案）、《四道場策詳注》（1683 年）、《四六文抄》（1697 年）。

　　集部"陶娘歌"類，即一種精緻的清唱，由藝妓表演，使用工尺譜，往往以漢文詩賦爲内容。著錄圖書 29 種，如《歌籌體格》、《歌籌》、《唱曲輯詩附唱曲輯編》，大都編成於 19 世紀。

　　以上文獻，均產生在 16 世紀以後，主要見於 19 世紀。這反映了越南史料在年代上的分佈。其內容則可以概略地歸納爲四個方面：社會民俗史料；神祠文獻；手抄本文學作品；手抄唱本。它們的共同特點是密切聯繫於廣大群眾的日常社會活動，具有較強的社會學意義（而非政治學意義）；從形式上看，往往是單篇文書的綴合。它們表明了域外漢文著述的一種特殊性：面向現世，面向應用，在小範圍中流通；而不像中國古代著述那樣重視形而上的意義（倫理和義理上的意義），並以傳之後世爲宗旨。這樣一來，在中國古典籍和古文書之間的那條明顯的界線，即由於對著述體例的要求而造成的明確的編纂意識，在相當數量的越南古籍中是不甚清晰的。

　　和以上情況相對應，越南人也造就了一批書冊形式的古文書。2004 年 12月，臺灣中央研究院亞太區域研究專題中心出版了一部《越南漢喃文獻目錄提要補遺》，書中所著錄的，就是這種古文書。其中包括神敕 411 冊、神跡 568冊、地簿 526 冊、俗例（各村莊的規約，又稱例簿、鄉例、古券、券簿、約詞、交約、交言、交詞等）647 冊、古紙（古字書寫的零散文書，內容包括敕令、上諭、啟、奏、丁簿、田簿、稅課、家譜、供科、覡書、修行秘訣等）21 冊。其主體是漢文文書（計 2,035 冊），只有少量雜用漢喃文（計 135 冊），僅 1 冊爲純粹的喃文書。我們知道，在古代越南，漢字是官方文字，往往用於儀式場合，具法律效用；而喃字則用於非正式的場合。因此可以說，越南漢字主體上是古文書的載體。由此去看越南漢文史料的價值，也可以說，它們是以古文書爲主體的，比較有利於作社會史角度的文學研究、藝術研究、政治經濟與文化研究，也有利於作漢文典籍形成史的研究。

　　由於自然環境和社會環境等方面的原因，在越南的漢文文獻中，另有一批資料佔有特別重要的地位。這就是古代碑銘文獻。20 世紀 20 年代以來，在法國殖民政府的支持下，建於河內的法國遠東學院曾對越南全境進行大規模的文獻搜集工作，共搜集石刻、鐘銘等銘刻資料 10,360 件，摩拓拓片 25,000件。1958 年以來，在越南政府的支持下，漢喃研究院等越南學術機構又進行了一次搜集工作，拓有 4,000 張左右碑銘，雖然其中大部分和舊拓相重複，但仍有小部分是新增加的拓片資料。1997 年，越南漢喃研究院與臺灣中正大學、法國遠東學院合作，對所搜集的金石拓片加以整理、分期並出版。於 1998年在巴黎出版了《越南漢喃銘文彙編》第一集，即北屬時期至李朝的碑銘拓片,計 27 件;2002 年又由臺北新文豐公司出版了第二集,即陳朝部分的碑銘拓片,計 44 件。後續各集亦在研究、整理之中。從《越南漢喃銘文彙編》第一集看,越南早期的金石文獻可以分爲以下類別:

(一)世俗内容的碑銘:

人物志,如《鉅越國太尉李公石碑銘》(1159 年)、《皇越太傅劉君墓誌》(1161 年)、《奉聖夫人黎氏墓誌》(1174 年);

紀功碑,如《天威徑新鑿海派碑》(870 年);

鐘銘,如《青梅社鐘銘》(798 年)、《日早古鐘銘》(948 年)。

(二)佛教内容的碑銘:

佛教經頌,如《佛頂尊勝加句靈驗陀羅尼》(10 世紀)、《阿彌陀佛頌》(1099 年);

鐘銘,如《天福寺洪鐘銘文》(1109 年);

摩崖碑,如《大朱摩山盆大光聖岩碑》(1166 年);

寺廟碑,例如《大隋九真郡寶安道場之碑文》(618 年)、《安獲山報恩寺碑記》(1100 年)、《保寧崇福寺碑》(1107 年)、《崇嚴延聖寺碑銘》(1118 年)。

在這一時期,數量最多的是寺廟碑,接近半數。而到 13 世紀以後,又出現了城碑(例如《河内城碑記》)、祠堂碑(例如《尚書宰相公祠堂碑記》)、村社亭門碑(例如《玉亭社碑》、《扶琴社后神碑記》、《獨步社神祠碑記並扁抄錄》)以及聖旨碑(例如《太上皇帝聖旨》)、詩碑(例如《登浴翠山留題》、《清虚洞碑》)等新品種。其中數量最多的是村社亭門碑。若對這些碑銘作一概括,那麼可以說,越南碑銘和中國碑銘的區別,頗類似於古文書和古典籍的區別。中國古代碑銘以墓志爲最多,也重視記錄國家政治事件;而越南碑銘則往往由古代村社實施鐫刻,常常反映小團體的而不是個體或國家的活動。例如在越南碑銘中,比例最高的類別是亭門碑銘、祠堂碑銘、寺觀碑銘。亭門是村社的標誌物(相當于中國的城隍廟),往往由致仕後的官員率領修建,其碑銘遂多記錄修建者的職銜、村社的結構和宗族的系統;在祠堂碑銘和寺觀碑銘中則可以看到契約、律例、稅收、公益等村社經濟資料和風俗資料。16 世紀以後,越南出現了一種由無子孫婦女向寺觀、亭門"伸寄後供"的現象。這一具有重要社會意義的現象也是通過碑銘反映出來,而成爲研究者的關注點的。

五　日本、韓國學者對古文書的整理與研究

　　從實踐的角度看,日本文書學是同古文書的收藏與整理相終始的;但作爲現代學科,它卻可以追溯至 17 世紀的歐洲學術。故《日本古文書學講座》、《日本古文書學論集》等書在介紹日本古文書研究歷史的時候,總是會先設一節討論"西洋"。比較明確的事實是:1888 年,東京帝國大學文科大學設國史科,開講史學方法論課程,乃按照某外籍教師的意見在其中增設了古文書學的內容。1890 年,坪井九馬三(1858—1936)從柏林大學學成歸國,建議設置古文書學,古文書學遂在 1892 年成爲日本大學的專門科目。

　　日本最早的古文書學理論也是在歐洲古文書學的影響下產生的。這可以用 1893 年久米邦武的《古文書學講義》來作說明。久米邦武(1839—1931)外語很好,其所著《古文書學講義》接受了法國學者所撰寫的《古文書新論》(Nouveau Traité de diplomatique)①的影響。後者是古文書學和古書體學的百科全書,討論到古文書在時間和空間上的擴大,其結構如下:

　　　　卷一:總論,對古文書的把握、文書所、原本及寫本,古文書的種類;

　　　　卷二:紙料、筆、墨,羅馬字之起原沿革,句讀法、略字法、數字、符簽,古文書的文體、印章、原本的形式;

　　　　卷三:書體、綴辭法,古文書的言語、稱號、姓名、書式,年月日及署名,記錄所職員;

　　　　卷四:羅馬教皇文書的特殊文書學;

　　　　卷五:僧侶及宗教團體的特殊文書學;

　　　　卷六:皇帝、王公、侯伯及武門團體的特殊文書學;

　　　　卷七:僞造古文書的歷史;

　　　　卷八:古文書學研究法。②

　　久米邦武的《古文書學講義》與此相似,重點討論了古文書的分類、各類

---

　　①　Dom René‐Prosper Tassin,Dom Charles‐François Toustain:Nouveau Traitéde diplomatique,Paris,1750—1756,6 vols.

　　②　參見坪井九馬三《西洋古文書學之由來》,載《日本古文書學論集》第一輯《總論》,東京吉川弘文館,1986 年,頁 96。

文書在書寫形式上的特點、古文書的歷史等問題。據該書 1901 年版(由早稻田大學出版部出版),此書共分 13 章,各章節的名稱是:敘言;古文書的種類;官府體之漢文;最古的文書;古代漢文和假名文;天平年間的敕書;天平年間封戶墾田的公文;古文書的時代變化;古文書的年代辨別;院政以後的文書;普通古文書的要件(上、下);原文寫本及其僞作。

以文書分類爲主要研究對象,重視古文書之文體和書式,這事實上是歐洲古文書學、日本古文書學、韓國古文書學的共同特點。其原因在於,這些地區的古文書學,都是在整理古文書的過程中建立起來的。1902 年,星野恒編寫了日本第二部古文書學講義。這份講義便是在其所編《古文書類纂》(1894 年刊,圖 3)的基礎上完成的。《古文書類纂》是一部厚達 604 頁的大書,共有三卷,以"上達下之書"(首爲天皇文書)、"下達上之書"、"相互往復之書"各爲一卷,其中天皇文書又分爲詔書(宣命)、敕書、位記、內侍宣、女房奉書、宣旨、口宣案、綸旨等 7 類,其他上達下文書另有院宣、院廳下文、令旨、太政官符、省符、國符、攝政家政所下文、長者宣、將軍家下文、寺社下文、御教書、御內書、奉書、裁許狀等 49 個類別。對於各類之分別,皆從文體和書式特徵的角度作了探討。

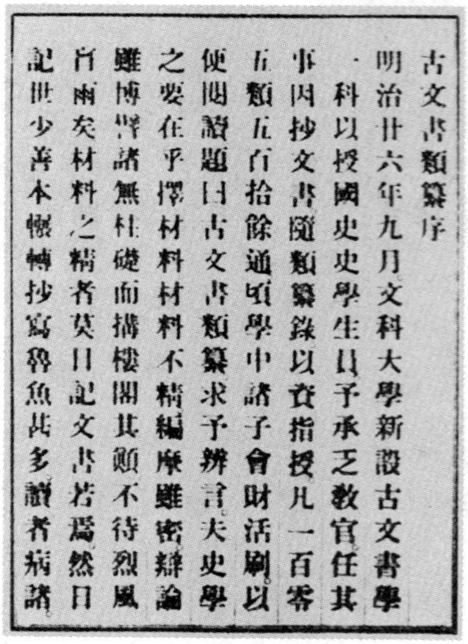
古文書類纂序
明治廿六年九月文科大學新設古文書學
一科以授國史史學生且予承乏教官任其
事因抄文書隨類纂錄以資指授凡一百零
五類五百拾餘通頃學中諸子會財活刷以
便閲讀題曰古文書類纂求予辨言夫史學
之要在乎擇材料材料不精編摩雖密辯論
雖博譬諸無柱礎而搆樓閣其顛不待烈風
自爾矣材料之精者莫日記文書若爲然日
記世少善本傳抄寫魯魚甚多讀者病諸

圖 3　《古文書類纂》書影

日本古文書學的這一實踐性特點,源於歐洲古文書學。1861 年,Don Jean Mabillon(1632—1707)所撰 De re diplomatica libri sex(《關於古文書類的六卷書》,或曰《教書論》六卷)在巴黎刊行,此書第一卷,討論的就是古文書的種類,兼及與此相關的原料和書體;此書第二卷以下,則重點討論了古文書之文體、書式及各種書體的標本。

上述特點在韓國古文書學中表現得尤爲明顯。韓國古文書學始於日本殖民政府時代(1910—1945),發端於日本學者對韓國古文書的搜集整理。現在首爾大學奎章閣韓國學研究院所藏的五萬件古文書,即是那時的傳存。前文第三節提到的《古文書》,因而可以說是韓國古文書學的最早產物。這部

《古文書》把研究對象分爲國王文書、王室文書、官府文書、私人文書、結社文書、奉神佛文書、外交文書等類別，在大類之中又下分若干小類。這種對文體和分類的強調，後來便成了韓國古文書學的傳統。1960 年代初，首爾大學文理學院東亞文化研究所開始對這批古文書進行整理，由此產生了《古文書解說》（白麟，《國會圖書館報》，4 號，1964）、《古文書論考》（金約瑟，《國會圖書館報》，1967）、《古文書集真》（金東旭，延世大學人文科學研究所，1972）、《韓國古文書研究》（崔承熙，知識產業社，有 1989 年增補版）等論文與著作。其中《韓國古文書研究》可以看作韓國古文書學的代表。此書以第四章《古文書的分類》、第五章《古文書的樣式與實際》爲主體，其內容就是對韓國古文書的分類（分爲 9 大類、40 中類、167 小類）。這種分類事實上是韓國古文書學的主要成果。在韓國國史編纂委員會於 1993 年編印的《古文書目錄》中，這一成果得到如下表述：

（一）國王文書 485 件（約佔 6.3%）：教旨 397 件、批答 19 件、傳教 24 件、教牒 21 件、敕命 15 件、其他 9 件；

（二）官府文書 1,758 件（約佔 22.8%）：關文 35 件、上疏 52 件、牒呈 8 件、帖文 13 件、解由文書 15 件、文書目錄 19 件、甘結 9 件、告目和稟告 111 件、回通和通諭 19 件、傳令 25 件、望記 33 件、朝報 318 件、完文和立案 22 件、準戶口 441 件、戶口臺帳 77 件、戶籍單子 108 件、戶口表 24 件、兵役簿和軍籍簿 25 件、牒報 27 件、都目政事 45 件、結卜 16 件、物目 46 件、差帖 28 件、分撥 14 件、納付書 19 件、成冊 10 件、祿標 9 件、公租記 36 件、科試和科榜 21 件、其他（上奏文、啟辭、咨文、勘界資料、箋文、屯田文記、地結、尺丈等）133 件；

（三）私人文書 2,931 件（約佔 38.1%）：明文（買賣契）1,342 件、所志（家族記事）446 件、等狀（旌表訴冤文）47 件、手記（備忘錄）62 件、試券（含策文）101 件、戶口單子 184 件、通文（告示等）211 件、細音（金錢關係記錄）46 件、證書（契約）73 件、祭需記 94 件、申請 18 件、記帳（含收納記）18 件、慰狀 27 件、訃告 10 件、賭租記 13 件、量案 10 件、婚書婚擇 59 件、上言 8 件、其他（分給文記、牌旨、乞糧文、典當記、訓辭等）162 件；

（四）奉神佛文書 464 件（約佔 6%）：祭文 457 件、祝文 7 件；

（五）雜書 2,060 件（約佔 26.8%）：漢詩 1,219 件、葬擇 155 件、墓誌和碑文 42 件、賦和輓詞 33 件、笏記 22 件、序跋 47 件、日記 42 件、行狀 34 件、家狀 10 件、記文 31 件、上樑文 11 件、世系 13 件、四柱 24 件、其他（地圖、詩抄、箋言、祝詞、論文、藥方等）377 件。

　　以上各項，代表了對韓國古文書的類別及各類比重的認識，但它尚不包括作爲古文書入藏的書簡類文獻11,374 件。另外值得注意的是：其中"雜書"一類，已超過了通常意義的古文書（用於公共事務，發生在授、受兩者之間的單篇書寫）的範圍；而"雜書"類中的"漢詩"、"賦和輓詞"、"序跋"、"上樑文"以及"其他"當中的詩抄、箴言、祝詞，在中國則是被當作文學作品看待的。這些情況說明，古文書和古典籍不僅有形式上的交叉，而且有內容上的交叉。

　　按照科學史的規律，任何學科都是從資料分類起步的。因爲分類不僅意味着對材料的基本認識，對學科結構的掌握，而且意味着一種內容與形式相結合的新的單元研究的開始。日本、韓國古文書學在學術深度上的代表，就是這種單元研究。比如圖 4 所展示的朝鮮時代的綸旨（憲宗作，1839），作爲一種由國王發出的對臣僚百姓加以訓諭並廣爲刊佈的文書體裁，在韓國的古文書遺存中並不多見；但它卻是日本 15 世紀後期的重要文書體裁。日本學者曾探究其原因：這一時期是日本因政權分裂而造成大動亂的時期。日本政治在

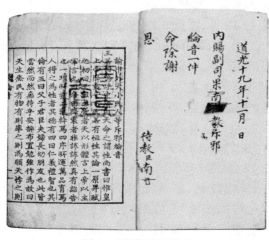

圖 4　《憲宗斥邪綸音》

這時經過了三種分裂——"院政"（太上皇執政）和"親政"（天皇執政）的分裂，皇室政權和武士政權（"幕府"）的分裂，南北兩系天皇政權的分裂——進入由足利家族爲主導的"公武二頭政治"時期。爲了平息騷亂，執政者頻繁地發出了各種綸旨。在武士政權方面，主要是以追討、治罰爲內容的綸旨，據統計，1438 年至 1491 年間約有 15 篇；在天皇方面，主要是以"安堵"（關於管轄權、處分權、裁許權、調停權）爲內容的綸旨（太上皇所發稱"院宣"），據統計，1467 年至 1492 年約有 51 篇。與此相應，另一種文書——安堵接受者或奉行人所書寫的"奉書"——在這一時期也特別多產。從內容上看，這種綸旨具有和律令相補充的性質；從形式上看，它兼有太政官

文書和女房奉書的特點。由此可以窺見文書在政治生活中的特殊作用①。

　　以上這種單元研究，或者說文書文體研究，在傳統的文獻學（日本、韓國稱"書誌學"）中是很難見到的。古文書學的其他部門，也和傳統文獻學有很大差異。比如對古文書的存在形式的研究，頗類似於傳統文獻學中的版本學，但兩者的性質卻不同。古文書研究同樣面對文獻的物質載體，但範圍更加廣闊，除紙張、布帛以外，需要考察采用羊皮、木片、竹簡、磚石、泥板的書寫。即使紙張，也要考慮因節約、生産技術、折疊方式不同而産生的種種變化，包括新舊文同紙、正反筆書寫等特殊書寫方式，也包括對麻紙、楮紙、斐紙、三椏紙、苦參紙的認識與鑒別。古文書研究同樣面對文獻的書寫材料，但它有必要爲不同時代、不同書寫者的工具習慣作出描寫，比如毛筆從筆穗看，可分出圓錐式、紡錐式、低腰式、高腰式的不同；墨從墨色看，可分出紫光、黑色、青光、白光的不同。古文書研究同樣要研究文獻上的印章，但傳統文獻學主要考察藏書印，而古文書學卻要面對各種機構的公文印、各色人等的署名印和花押，以及不同文書類型的不同捺印方式。元禄三年（1690）和寶永五年（1708），日本學者丸山可澄編輯出版了兩部《花押藪》（圖 2），前者爲正編，後者爲續編，采錄天皇以下兩千六百多人的花押。在此之後，日本又有《古押譜》、《華押譜》、《花押拾遺》、《文林花押集》、《名家押譜》等書出版。這一類書籍，豐富了古文書學的内涵。

六　古文書、古記錄對於域外漢籍研究的意義

　　對於域外漢籍研究來說，古文書和古記錄在形式上、内容上的特殊性，都具有深刻意義。事實上，域外漢籍研究的任何一個問題，都必定涉及古文書和古記錄，因爲後者是東方史研究的第一手史料，至少是古典籍的存在背景。而從發生與傳播的角度看，外交文書可以說是域外漢籍的先驅。另外，漢文化向域外的移植，主體上是依靠文學藝術手段實現的。基於以上理由，我們可以把對外關係史研究、典籍形成史研究、文學藝術傳播研究，看作域外漢籍研究的三個重要支柱，並從中了解古文書、古記錄對於域外漢籍研究的重要

---

　　①　參見富田正弘《嘉吉の變以後の院宣、綸旨：公武融合政治下の政務と傳奏》，載《中世古文書の世界》，東京吉川弘文館，1992 年。

意義。本文第七節將稍稍談到典籍形成史研究和文學藝術傳播研究，這裏擬對外交史料略作考察。

理論上說，最古老的域外漢文文書是佛經和外交文書，因爲漢籍向域外傳播的最重要的途徑，就是佛教傳播和外交。由於越南北部古爲交州，曾經列入中國版圖；而朝鮮半島與中國接壤，有很複雜的政治關係；故現存較早的漢文外交文書乃出現在中日之間。《隋書·倭國傳》所記"日出處天子致書日没處天子，無恙"云云①，是見於史籍最早的一份日本"國書"，成於大業三年（607）。到遣隋使、遣唐使時代，日本所存對外關係史料，很大一部分就是文書和記録。

史籍所見最早的遣隋使，是推古天皇十五年（607）遣小野妹子等出使隋朝。其事見於《隋書·東夷傳》和《日本書紀》卷二二。《日本書紀》不僅記載了隋使裴世清入朝時所上的國書，而且記載了次年日本天皇遣小野妹子再送裴世清回國時所攜帶的國書。由此可見，《日本書紀》對日中交流的記録，是以外交文書爲史源的。

到唐代，中日之間的外交往來更加頻繁。據記載，從公元 630 年到 894 年，日本共派出了 19 次遣唐使，同時有大批學者、僧侶隨行，例如隨第 17 次遣唐使於 804 年到達中國的僧侶空海、最澄，隨第 18 次遣唐使於 838 年到達中國的僧侶圓仁。而在遣唐使制度廢止以後，日中之間的商船往來也是逐年不斷的。搭乘者中同樣有大批學者、僧侶，例如隨唐欽良暉船於 853 年入唐的圓珍。這些日本使者積極攝取唐代的文物制度，同時留下了一批入唐關係文書、求法目録和請來目録。僅《大正新修大藏經》所載，就有最澄《傳教大師將來台州録》、《傳教大師將來越州録》，空海《御請來目録》，常曉《常曉和尚請來目録》，圓行《靈岩寺和尚請來法門道具等目録》，惠運《惠運禪師將來教法目録》、《惠運律師書目録》，圓仁《日本國承和五年入唐求法目録》、《慈覺大師在唐送進録》、《入唐新求聖教目録》，圓珍《開元寺求得經疏記等目録》、《福州溫州台州求得經律論疏記外書等目録》、《青龍寺求法目録》、《日本比丘圓珍入唐求法目録》、《智證大師請來目録》，宗睿《新書寫請來法門等目録》、《禪林寺

----

① 　《隋書》卷八一，中華書局標點本，頁 1827。日本《善鄰國寶記》引《經籍後傳記》記爲"日出處天皇致書日没處天子，無恙"。參見木宮泰彦《日中文化交流史》，北京商務印書館，1980 年版中譯本，頁 53。

宗睿僧正目錄》。除此而外,在東京堂出版的《平安遺文》卷二三,載有延曆寺貞元二十年(804)九月十二日的明州牒、貞元二十一年二月的最澄牒狀;在該書卷一零五、卷一二一,收錄了圓珍一行的公驗請狀和過所勘狀;在東京國立博物館,保存了作爲圓珍護照或通行證的太宰府牒;在京都聖護院,保存了圓珍的求法目錄。另外,在空海文集《遍照發揮性靈集》卷五,收錄了空海爲日本第16次遣唐使團大使所作的《爲大使與福州觀察使書》。這些文獻,事實上是唐代中日關係的核心史料。

除圓珍《行歷抄》以外,這一時期最重要的一份中外關係史料,是作爲古記錄的《入唐求法巡禮行記》。作者圓仁是最澄的學生。他於唐武宗滅佛時期居留於唐,儘管如此,仍然搜集到佛教典籍559卷歸國。《入唐求法巡禮行記》記載了圓仁入唐後所經各地的佛教狀況,包括寺院建築、僧侶人數、宗教儀式和會昌滅佛的始末;記載了唐代的社會生活和水陸交通,包括路經的驛館及各沿海港口:方方面面,具有很高的史料價值。特別是,此書記載了長安各大寺院中來自天竺、日本、獅子(今斯里蘭卡)等國的僧侶行貌,而且用一半篇幅記載了新羅人在唐境的社會活動。據其所記,新羅人聚集在京都長安、河北道、淮南道沿海諸地,尤其是山東半島、江淮的傍海地區和運河兩岸,或爲官,或務農,或做奴婢、水手、造船技工,或經營驛站、運輸、掘煤、煮鹽之業,以至出現了很多專屬新羅人的機構處所,如山東文登的"新羅院"(新羅寺院)、"新羅所"(新羅人辦事處),楚州的"新羅坊"(新羅人居民點)。在該書開成五年(840)三月七日條中,還記錄了登州開元寺佛殿西廊外北壁緣起畫上的願主姓名,"盡是日本國人。官位姓名:錄事正六位上建必感,錄事正六位上羽豐翔,雜使從八位下秦育,雜使從八位下白牛養,諸史從六位下秦海魚,使下從六位下行散位□□度,傔人從七位下建雄貞,傔人從八位下紀朝臣貞□"①。這顯然是一批史籍失載的日本使者。如此種種,皆可補充典籍的記錄。它說明,外交文書和外交記錄,不僅是中外交通史研究的原始資料,而且是中國社會史研究的補充資料。

在公元9世紀的文書中,還有兩宗具有特別價值。其一是日本宮內廳書陵部所藏、渤海咸和十一年(841)九月致日本太政官的《渤海國中台省牒》。牒中記載了派遣百人使團之事,通過所記錄的使節姓名與職銜,反映了渤海

---

① 《入唐求法巡禮行記校注》,花山文藝出版社,2007年,頁224—225。

國的官制、外交禮儀、外交文書格式以及渤海與日本的關係。其二是關於遣唐使廢止時期的文書，例如見於日本東大寺東南院文書的"寬平七年（895）三月十九日付太政官牒"、見於日本滋賀布施美術館所藏《外記宣旨》的"寬平九年七月二十五日付外記宣旨"。這些文書記有"遣唐副使"、"遣唐錄事"等職銜姓名，反映了遣唐使由延遲派遣至廢止的過程①。到公元 10 世紀以後，日本所遺存的古文書、古記錄更加豐富，其中亦多外交史料。例如在村上天皇（946—967 在位）時期，日本曾和吳越王互派使節，《本朝文萃》載有一系列外交信函，如卷六大江朝綱《爲清慎公報吳越王書加沙金送文》、卷七菅原文時《爲右丞相贈大唐吳越公書狀》。鎌倉時代，中日交流頻繁，其事多見於日本古記錄《小右記》、《台記》、《權記》、《百煉鈔》、《左經記》、《春記》、《玉葉》、《爲房卿記》、《師守記》、《水左記》、《成算法師記》等書。《成算法師記》記有東大寺高僧奝然（938—1016）於 983 年入宋之事。奝然和入唐八大家一樣，也著有請來目錄。雖然它已經佚失，但在京都東寺的金剛藏中今仍存有《奝然請來法文目錄》卷子的標簽。而在《朝野群載》卷二十"大宰府附異國大宋商客事"中，記有長治二年（1105）八月泉州商人李充船由筑前國博多津入港時的警固申請文；在《小右記》中，載有長元元年（1028）台州商客周文裔致右大臣藤原實資的信函和贈品清單。在這裏，古文書和古記錄成了彼此互證的資料。

　　奝然訪宋期間，著有一部《巡禮記》。此書和戒覺《渡宋記》、成尋《參天台五臺山記》並稱爲三大入宋僧日記。《巡禮記》今已散佚，但另兩部卻是完璧。《渡宋記》記天台宗延曆寺僧戒覺於 1082 年九月至 1083 年六月間往五臺山巡禮前後的見聞，包括宋商行船前的祈風習俗、在明州受到的待遇、上呈朝廷的表文、公私往來信函、與宋人唱和的漢詩、沿途見聞的自然人文景觀、巡禮五臺山的感受等等，内容豐富②。而《參天台五臺山記》則更具規模。其書八卷，記京都大雲寺寺主成尋於 1072 年率弟子七人入宋，次年委托弟子將佛像、經典以及宋神宗所贈文書、物品等送回日本之事。書中涉及宋代政治、經濟、社會、文化各方面，對旅行所見水陸交通、飲食物價、風俗習慣作了尤爲詳細的

---

　　① 參見田島公《海外との交涉》，載橋本義彦所編《古文書の語る日本史・平安》第六章，東京筑摩書房，1991 年，頁 239—318。

　　② 參見王勇、半田晴久《一部鮮爲人知的日本入宋僧巡禮記：戒覺《渡宋記》解題並校錄》，載《文獻》2004 年第 3 期。

記載。人們於是把它和《入唐求法巡禮行記》並稱,看作日本外交史料的雙璧。日本南山大學教授蔡毅並曾從《參天台五臺山記》一書中輯出《全宋詩》佚詩 36 首,其作者達 23 人①。由此可見古記錄對於東方文化交流史研究、域外漢文學研究的雙重意義。

　　13 世紀後期,日本出現了一宗特殊的史料,即關於文永八年(1271)前後高麗、日本關係的史料。包括《吉續記》當年九月二日條對"關東使隨身高麗牒狀"的記錄,《關東御教書》對"蒙古人可襲來之由"的記錄,以及這一期間中、日、蒙、高四國國書。其中的核心史料,則是奈良東大寺尊勝院保存的"文永五年高麗牒狀"、東京大學史料編纂所保存的"高麗牒狀不審條條"十二則。這些文書資料,呈現了蒙古入侵高麗之時的各國關係以及"三別抄"和日本通交的歷史真相②。而在 16 世紀末的史料中,則有以下兩宗重要的外交文書:(一)1592 年至 1598 年,豐臣秀吉出兵朝鮮,明代軍隊參戰。這一時期,三國之間多有文書往來。其中有明萬曆皇帝賜交豐臣秀吉的誥文、敕諭和冊文,原件均存於日本。(二)由於明朝海禁和豐臣秀吉侵略朝鮮,中日貿易一度中斷;至 17 世紀初期有所恢復。許多文書成爲關於這一事件的物證。如《續續群書類從》第十六冊載 1604 年的《絲割符由緒書》,記堺(大阪附近城市)、長崎、京都之間的絲品貿易;《異國日記》卷四載 1606 年薩摩人島津義久、島津家久和琉球王尚寧的往來信件,其中義久信中有云"中華與日本不通商舶者三十餘年于今矣,我將軍憂之之餘,欲使家久與貴國相談"云云,乃記德川家康政權同明政府的試探性接觸;1609 年有 10 艘明朝商船停泊於鹿兒島和坊津,《異國日記》卷一載其貨物目錄;1604 年至 1616 年間,日本幕府以朱印狀表示渡海許可,京都南禪寺金地院所保存的崇傳手寫本《異國御朱印帳》對此作了記錄③。關於鎖國體制下的日本外交文書和貿易文書,日本學者中村賀亦以

---

　　① 蔡毅《從日本漢籍看〈全宋詩〉補遺——以〈參天台五臺山記〉爲例》,《第四屆宋代文學國際研討會論文集》,2006 年 9 月。

　　② 參見石井正敏《文永八年來日の高麗使について——三別抄の日本通交史料の紹介》,載《日本古文書學論集》第五輯《中世》,東京吉川弘文館,1986 年,頁 356—371。所謂"三別抄",是左別抄、右別抄、神義軍的統稱,爲高麗時代擔任警備與戰鬥任務的特殊部隊,曾長期對抗蒙古。

　　③ 參見森岡美子《外交貿易》,載《日本古文書學講座》6《近世篇》,東京雄山閣出版會社,1979 年 7 月,頁 279—287。又參《日中文化交流史》,中譯本,頁 620—625。

專文作了論述。此文討論到德川家光政府和朝鮮國王之間的書信、長埼奉行所的文書、出島商館文書、唐船貨物帳、海舶互市新例、異國船驅逐令等等，其中相當數量的文書收藏於歐洲各大圖書館①。這說明，在充盈着典籍史料的近世東方史研究領域，古文書仍然有其特殊意義。作爲典籍史料的比較對象，它們往往可以填補空白，直達事物本原，因而代表學術前沿，進入研究的核心。

　　除日本外，韓國也保存了大批外交文書，例如朝鮮時期關於倭寇、壬辰倭亂的文書。崔承熙曾對儀式性的外交文書作過分類，其結論是：韓國對中國的文書數量最多，包括賀表、方物表、賀箋、方物箋、年貢奏本、禮物總單、謝恩表、箋、進賀表、箋、陳慰表、箋、進香祭文、祭物單子、起居表、告訃表、告訃奏本、奏請奏本、方物奏本、方物啟本、方物單子、咨文、方物咨文、申文、呈文、照會等 23 個項目；韓國與日本等交鄰國往來文書數量最少，僅有國書、書契、照會等 3 個項目；而中國對韓國的文書數量居中，有詔、敕、咨文、誥命、照會等 5 個項目。② 事實上，僅從這種粗略的文書體裁分類上，也能看到朝鮮半島的歷史地位。這種情況，對於理解域外漢籍的體裁，理解體裁分類的功能背景，無疑可以提供啟發。

七　結束語

　　對於域外漢籍研究這個新的學術領域來說，古文書是一批尚不起眼的資料：它內容零散，產生的時代相對滯後，不易查找和利用。在被古代經典陶冶過的中國眼睛看來，顯得不整飭、不典雅，很難用爲研究主體。但是，爲什麼本文要提出古文書和古記錄的問題來加以討論呢？ 其實有這樣一個緣故：對於走出國門以後所獲得的那些特殊的經驗和感受，我希望找到解釋。

　　我的第一份感受來自越南。從 1998 年到 2003 年，我曾三次前往河內，爲各大圖書館所藏的漢文古籍編寫目錄。最初，我和同伴一樣，是抱着進行比較研究的目的前往越南的，我們想尋找的是中國古籍的親緣資料。但大批和

---

① 中村賀《鎖國下の外交、貿易文書》，載《日本古文書學講座·近世篇》，頁 302—316。

② 崔承熙《韓國古文書研究》，漢城知識產業社，1989 年增補版，頁 52—53。

敦煌文書相類似的書籍卻改變了我的看法。當我爲這些書籍編製目錄、寫作提要的時候，我覺得自己仿佛在溫習劉向、劉歆父子的經驗，因爲我面對了一大批"未成形"的書籍。

首先，這些古籍往往是以手抄方式存在的。口語化程度較高，很多寫本都表現爲對某種口頭文本的記錄；同書不同版本之間差別很大，其異文像是傳播過程中不同階段的表述。這種情況衝擊了我從古典文獻學那裏得來的"定本"概念。我發現，面對這批書籍，我們將在很大程度上放棄對"古本"之真的追求，而只能致力於完整保存作品所傳承的信息。這就是說，我面臨的問題已經超出了傳統校勘學的範圍。

其次，這些書籍往往是以雜抄形式存在的，既不以作者爲單位排列，也不以文體爲單位排列；其中不同單元的聯續，像是取决于作品流傳時的功能。這種情況又衝擊了我所熟悉的古典目錄學的定名原則和分類原則。一方面，我要尊重書籍的結構並據此理解書中的題名，進而把"同作異名"理解爲同樣內容的作品在流傳過程中發生了功能變異——例如把《樂府詩集》中的《將進酒》、敦煌寫本中的《惜罇空》、越南歌籌抄本中的《進酒曲》、《將進酒賦》視爲不同類的事物，亦即理解爲采用不同的歌唱方法或吟誦方法傳述的李白作品；另一方面，我又不能固執原始文本的定名，例如不把按"首章標其目"方式命名的《漢家篇》、《洛陽篇》、《老人篇》回改爲《白頭吟》、《燕歌行》、《傷河䰤老人》，也不把按書籍本來性質認定的"吟誦作品選集"、"歌辭集"改爲"別集"和"總集"。這意味着，我將根據這些雜抄作品的功能，而不是文體，作類別判定。

再次，這些書籍往往沒有明確的作者，有時無作者名，有時托名，有時則是多名雜陳。這種情況又衝擊了傳統的作家觀念。它們類似於敦煌文獻中的《王梵志詩》——按傳統標準，它是別集；但按實際內容，它卻應該定爲總集。因爲"王梵志"並不是真實的作者名，而是一批白話詩人的共名。其中的問題又類似於琴曲《胡笳十八拍》的作者和寫作年代問題——按古之說法，《胡笳十八拍》的作者是漢末蔡琰，或盛唐董庭蘭，或中唐劉商，或五代蔡翼；但究其實際，這四者的關係卻是文學人物（蔡琰）、琴曲改編者（董庭蘭）、歌辭作者（劉商）、詞曲編定者（蔡翼）的關係①。因此，我只好采用新的方法來確認

---

① 　參見王小盾《琴曲歌辭〈胡笳十八拍〉新考》，載《慶祝王運熙教授八十華誕文集》，上海古籍出版社，2005年。

作者，而放棄常見於中國總集的"互著"方式；只好充分尊重創作集體中每一人——創作者、傳述者、表演者、總結者——的著作權，在謹慎辨別其彼此關係的前提下，參考所托之名來表述該作品的作者。

　　總之，在越南，我渡過了很多因新奇而感到困惑也感到興奮的日子。面對那些"不規範"的書籍，我總是有一種理論衝動，很想建立一個有別於傳統文獻學的"俗文本文獻學"，很想通過典籍形成史研究來實現這一目標。幾年以後，這種衝動找到了釋放的渠道，因爲我接觸到了"古文書學"的理論和實踐。這時我感到心平氣和、豁然開朗了。我知道：在越南所遇到的問題，其實是有普遍性的。一旦引入古文書學的理論和方法，我們不僅可以解決那些特殊的典籍批評問題，而且可以通過不同國度的漢籍比較，建設一個符合史料實際的域外漢籍文獻學。

　　我的第二份感受來自韓國。從 2004 年到 2007 年，我在漢城（首爾）居住了 19 個月。爲考察兩支宋代樂隊——大晟樂隊和教坊樂隊——在朝鮮半島的浮沉，我對《高麗史樂志》作了研究。這項工作可以說是域外漢文學研究，因爲《高麗史樂志》收載了一百多首文學作品，包括雅樂樂章、宋代詞作、三國俗樂歌辭和景幾體歌等高麗朝的俗樂歌辭，皆以漢字爲載體；但這些作品卻不同於通常意義上的漢文學，因爲它們不署作者名，原則上不屬於作家文學。我注意到：這種非作家的漢文學，儘管不見於各種總集、別集，容易被研究者忽視，但它卻是大批存在的。比如在韓國《古文書目錄》中，有"漢詩"部，著錄《歸家病吟等五七言二十九首》、《湖上共拈唐律韻十首賦得落花詩八首》、《悼亡妻詩三十首》等 1,219 件作品；有"賦、輓詞、輓章"部，著錄《挽知友文二首押公東功衰終》、《輓族姪五言律十首押各韻》、《屏巖遺稿輓詞三十八首》等 33 件作品。此外，有"墓誌和碑文"部，著錄 42 件作品；有"筠記"部，著錄 22 件作品；有"序跋"部，著錄 47 件作品；有"記文"部，著錄 31 件作品；有"上樑文"部，著錄 11 件作品。這些都是文學專部。而在"其他"部中，又有"簇書"、"箴言"、"祝詞"、"賀壽賦"、"戒文"等文學類別①。這就是說，域外漢文學不僅是以典籍方式存在的，而且是以文書方式存在的。

　　這時我還注意到了流行於高麗、朝鮮兩朝的《兒郎偉》。在《韓國文集叢刊》中，這種作品達到 314 首的規模。經比較研究可知：它產生於中國的北朝，

---

　　①　《古文書目錄》，韓國國史編纂委員會編纂出版，1993 年 12 月發行，頁 399—500。

到唐代增加驅儺之歌的身份，在敦煌曾用於障車、上樑儀式，13 世紀初（崔詵、李奎報時代）傳入高麗。在朝鮮半島的上樑儀式中，它綜合使用了“樂語”（朗誦駢文）、“兒郎偉”（相和而歌）兩種方式，具有較固定的歌調；但它稍稍剝離了播撒金銀麵米的民間風俗內容。這意味着，它是作爲漢文學、主體上也作爲典雅文化傳入朝鮮半島的。在傳播過程中，它經歷了由民間表演轉變爲文人摛藻之體又成爲儀式項目的過程①。所以在韓國古文書中，可以看到它作爲儀式文學的存在。例如圖 5 所示《交泰殿上樑文》，爲絹書的片斷。原用於朝鮮高宗二十五年（1888）四月十五日重建交泰殿的儀式，由金炳始撰，閔應植書寫。其中“六偉”部分云：

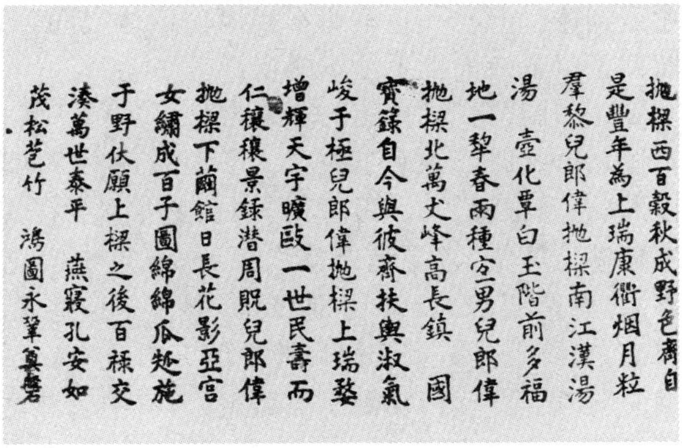

拋梁西百穀秋成野色齊自是豐年爲上瑞康衢煙月粒羣黎兒郎偉拋梁南江漢湯湯壺化罩白玉階前多福地一犁春雨種宜男兒郎偉拋梁北萬丈峰高長鎮國寶籙自今與彼齊扶輿淑氣峻于極兒郎偉拋梁上瑞姿增輝天宇曠毆一世民壽而仁穰穰景籙潛周覘兒郎偉拋梁下蘭館日長花影亞宮女繡成百子圖綿綿瓜瓞施于野伏願上樑之後百祿交湊萬世泰平燕寢孔安如茂松芝竹鴻圖永奠萎瑟

圖 5　《交泰殿上樑文》

　　兒郎偉！拋梁東，雞人報曉瑞曦紅。群生自樂發生力，盡在春風和氣中。

　　兒郎偉！拋梁西，百穀秋成野色齊。自是豐年爲上瑞，康衢煙月粒群黎。

　　兒郎偉！拋梁南，江漢湯湯壺化罩。白玉階前多福地，一犁春雨種宜男。

　　兒郎偉！拋梁北，萬丈峰高長鎮國。寶籙自今與彼齊，扶輿淑氣峻于極。

　　兒郎偉！拋梁上，瑞姿增輝天宇曠。毆一世民壽而仁，穰穰景籙潛周覘。

　　兒郎偉！拋梁下，蘭館日長花影亞。宮女繡成百子圖，綿綿瓜瓞施于野。

它使用的格式和宋代格式是一致的。這反映了儀式文學在傳播上的穩定性，

① 　參見王小盾《從朝鮮半島上樑文看敦煌兒郎偉》，載《古典文獻研究》第 11 輯，鳳凰出版社，2008 年，頁 114—141。

同時也表明了古文書對於域外研究的意義。——就完整的域外漢籍研究和域外漢文學研究而言，它自然要把同各種各樣的儀式活動相聯繫的文書史料，納入其研究視野。

　　我的第三份感受來自日本。從 2008 年 6 月到 2009 年 6 月，我用一年時間，在東京進行了《大陸音樂在日本的流傳：漢文史料敘錄》的資料工作，其中一百天是在上野學園大學日本音樂史研究所渡過的。這個研究所位於草加市松原團地，從我居住的慶應義塾大學宿舍出發，要花兩個小時、換乘四班車才能到達。但我一直樂而不疲地在兩地之間奔走，爲什麼呢？因爲研究所內儲存了以下一大批手抄本樂書：

　　（一）同“唐樂”相關的古樂書三百多種。其中有《懷竹抄》、《龍鳴抄》、《八音抄》、《木師抄》、《殘夜抄》、《孝道教訓抄》、《教訓抄》、《續教訓抄》、《體源抄》、《音樂根源鈔》、《尋問鈔》、《打物簡要鈔》、《絲竹口傳》、《舞曲口傳》、《梁塵秘抄口傳集》、《琵琶傳業次第》、《五重十操記》、《阿月問答》、《五節間郢曲事》、《舞樂要錄》、《雜秘別錄》等樂書。這些書或稱“抄”，或稱“口傳”，或稱“錄”，實際上是一批音樂口述史的資料。有《春日社舞樂音樂舊記》、《若宮祭禮記》、《御琵琶合》、《御遊部類記》、《宮中管絃之記》等奏樂記錄，這些記錄遵用日記方式，實際上是一批音樂古記錄。其中又有《神樂血脈》、《和琴血脈》、《郢曲相承次第》、《琵琶系圖》、《琵琶血脈》、《箏相承系圖》、《秦箏相承血脈》、《樂道相承系圖》、《大家笛血脈》、《興福寺延年舞式》等樂人譜系書，其性質接近家譜、族譜。其中還有器樂譜 126 種，例如《天平琵琶譜》、《五絃譜》、《南宮琵琶譜》。這些資料大多抄寫於江戶時期，但有鎌倉時期抄本 1 種、南北朝時期抄本 4 種、室町時期抄本 4 種。

　　（二）樂人家傳樂書樂譜共 1,210 件。其中包括松浦清的文庫“樂歲堂”舊藏樂書 431 件、稻葉與八的家藏樂書約 300 件、圓滿院住持舊藏樂書 92 件、窪氏舊藏樂書約 330 件、永田聽泉舊藏琴樂史料 57 件。這些藏書處所都是富於文化特色的。其中松浦清（1760—1841）是九州肥前平戶的藩主，稻葉與八是世襲的熱田神宮樂人，圓滿院是滋賀縣的天台宗寺院，窪氏是南方雅樂的篳篥世家，永田聽泉（1872—1960）則是大阪琴師。

　　（三）日本各大圖書館藏樂家所傳樂書樂譜約兩千件，複製本。其中有日本古代神樂、郢曲名門綾小路家的舊藏樂書，有四天王寺樂人林家的舊藏樂書，有雅樂世家豐氏本家的樂書，有興福寺春日大社所藏樂書，有宮內廳式部

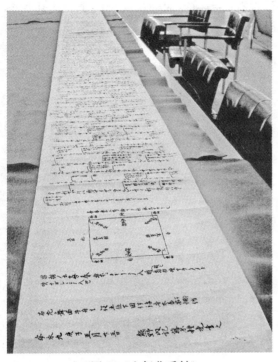

圖6　《左舞曲手付》

職樂部所藏《明治撰定譜》。我爲綾小路家舊藏樂書、《明治撰定譜》編了提要目錄，前者407件，後者72冊；其他幾宗也編了簡要目錄，但尚未準確計數。

（四）明清樂史料，主要內容是明末以來傳入日本的民歌和俗曲，其刊本、抄本近百種。

（五）佛教音樂譜本，包括《朗詠要抄》、《朗詠譜》、《四個法要》、《聲明集》等聲樂譜，其數在一千件以上。

以上音樂文獻，大都未加整理，甚至未加編纂。從“典籍”的角度看，它們都不規範，仍然應該歸入古文書或古記錄。我把這些書籍通讀過一遍，經常被它們奇異的內容或形式感動。例如在熱田神宮樂人稻葉氏家中藏有17種舞譜，其中一種是卷子本，稱《左舞曲手付》（圖6）。那天，當我慢慢展開這份舞譜長卷，記下它的高度（305mm）和長度（4,980mm）的時候，不由得激动起來。舞譜書寫於安永九年（1780），其內容是岡昌稠所傳的《春庭樂》、《裏頭樂》、《喜春樂》三支大曲，主幹爲笛譜，旁以彩墨記“手附”（即舞譜符號）。我以前研究過敦煌舞譜；相比之下，這份舞譜規模更大，符號形式更豐富，結構更加詭異，何況它同樂曲有密切配合。面對它，我不僅爲古代東方人的符號智慧而驚歎，而且覺得對於“域外漢籍研究”的實質有了新的理解。我認爲，作爲一個富於魅力的學科，“域外漢籍研究”應該研究一切以漢字爲載體的文化，以及漢字承載文化的一切方式。以前在越南，我曾經看到許多種漢字的變體，除京族之喃字以外，有岱喃、儂喃、山喃、土喃、芒喃。我一度詫異於漢字有這樣多的兄弟。現在，我又看到許多新的漢字符號了：除舞譜外，看到多種多樣的以“墨譜”、“宮商博士”、“律吕博士”爲名的聲樂譜，看到多種多樣的用簡化漢字記錄孔名的笛譜、笙譜、篳篥譜，以及用簡化漢字記錄指位的琴譜、箏譜、琵琶譜。這些記錄及其内容，事實上尚在中國學者現有視野之外，屬於一個未知世界。毫無疑問，我們應該接近這個世界，進入這個世界。而接近和進入這個未知世界的途徑，我想就是古文書。

（作者單位：四川師範大學文學院）

朝鮮——韓國漢籍研究

域外漢籍研究集刊　第六輯
2010 年　頁 91—113

禮樂與女色：明代出使朝鮮
文臣的"卻妓詩"及其影響

衣若芬

一　前言

　　據學者統計，有明一朝前後遣使朝鮮 170 多次，使節超過 200 人①。出使朝鮮的使節包括宦官、文臣以及武臣。隨着明朝與朝鮮的政治關係漸趨穩定，使節從早期以宦官爲多，至景帝以降多爲文臣。

　　銜命出使朝鮮的明代文臣，除了執行頒佈登基詔、冊立皇太子詔、敕諭、賜諡等政治任務，也展現個人文學長才，延續古來詩賦外交的傳統。出使途中的風光觀覽、民俗見聞、行旅情景，一一流露筆下。爲了附和明朝使臣的雅興，朝鮮也派出文臣爲遠接使或館伴，與之應答酬唱。

　　明朝和朝鮮文臣彼此應答酬唱的詩文，後來被朝鮮朝廷編輯成《皇華集》。"皇華"之名，出於《詩經·小雅·皇皇者華》："皇皇者華，于彼原隰。駪駪征夫，每懷靡及。"意指使臣黽勉從公，四處奔波，以光耀君命，宣道化於天下②。

　　《皇華集》收錄自 1450 年至 1633 年共 24 次、39 位明朝使臣和朝鮮文臣

---

　　①　王裕明《明代遣使朝鮮述論》，《齊魯學刊》1998 年第 2 期，頁 110—116。

　　②　程頤曰："天子遣使四方，以觀省風俗，采察善惡，訪問疾苦，宣道化於天下。"見裴普賢編著《詩經評註讀本》（臺北：三民書局，1985 年，再版），頁 12。

的作品。依其出使的年份區分，例如 1450 年歲次庚午，便將該年唱和之作訂爲《庚午皇華集》。總體觀之，《皇華集》的内容主要描述山川之美、宴集之盛、交遊之情，以及明使尊君懷鄉之思。兩國文臣禮尚往來，詩酒聯歡，呈現太平時代和樂融融的氣象。關於《皇華集》的研究，韓國學者早就關注；近年來，中文學術界也急起直追，是中韓兩國外交史和文化交流史的重要材料。

　　學者研究《皇華集》，多提及其中充滿着中韓兩國"以文會友"的蓬勃氛圍。文臣揮舞筆墨，逞才競技，固然是《皇華集》的基調，尤其對朝鮮文臣而言，等於是被明使"命題賦詩"，而且多依韻奉和——漢詩本非母語，如不嫻熟詩藝，實難達成。

　　朝鮮文臣囿於漢詩唱和的框架，明使所作之詩也不是"直抒性靈懷抱"，這是一群在社交場合，因公而寫的作者。既是因公而寫，表現的是作者的政治身份和國家立場，當兩國的國家立場認知相同，作者之間便契合投緣，形成《皇華集》的和平景況。

　　不過，我們也可以發現：當兩國儀節風俗有所差異，甚至造成衝突的時候，是"入鄉隨俗"，抑或"客從主便"，就隱含了文化權力關係的角力。本文所探討的明使《卻妓詩》即爲一例。

　　直白地說，《卻妓詩》是明使婉謝朝鮮朝廷的"性招待"，但是"卻妓"所推辭的，並非陪宿的娼妓而已。朝鮮朝廷送上的，是名爲"女樂"的伶人，也就是演奏樂器，歌舞娛賓的女子。朝鮮朝廷以"女樂"歡迎明使，明使則以不合儒家禮法的"夷風"視之，因爲明代宮廷的正式宴會採用的是"男樂"。受到明使卻妓的影響，朝鮮朝廷君臣展開了近三百年[1]"女樂存廢"的論爭，直到 1705 年，當時明朝早已滅亡，女樂才停止施用於朝廷對外的盛大宴會[2]。

　　本來，以女性表演音樂歌舞和男性表演音樂歌舞只是藝人性別的不同；爲遠來的客人提供耳目之娛以外的"特別待遇"，客人是否領情接受也是個人的決定。然而，誠如前文所云，使臣銜命出國，背負的是朝廷的政治任務，使臣的言行舉止代表的是國家的形象，推卻朝鮮的額外招待，顯示的不僅是個

---

　　① 據《朝鮮王朝實錄》，大約自 1430 年朝鮮君臣開始討論女樂存廢的問題，至 1705 年朝鮮肅宗三十一年下令外宴勿用女樂。

　　② 朝鮮肅宗朝停止於外宴用女樂，但直到朝鮮王朝末期李太王光武年間（1897—1906），做爲官妓的女樂才完全廢除。

人的喜惡和操守。因爲明使卻妓而在朝鮮宮廷掀起的軒然大波，恐怕是寫作
《卻妓詩》的作者始料未及。對朝鮮而言，明裏的演藝，闇裏的款待，都是出於
“事大”①的心意。闇裏的款待姑且不論，明裏的演藝被譏爲“蠻貊習俗”，等於
受到極大的輕蔑，豈可等閒視之？朝鮮禮儀制度一向依循中華，何以在女樂
方面不肯輕易變革？從明使卻妓到朝鮮爭論女樂存廢，其間的問題何在？這
些都是本文想要探討的重點。

　　本文構思寫作期間，正好拜讀到韓國學者申太永博士的大著，申博士的鴻
文整理分析了《皇華集》的歷史背景和作品內涵，頗富有參考價值。申博士也注
意到明使《卻妓詩》及其後續引發的回響②，但是申博士認爲：將“女樂”等同於
“娼妓”是明使的誤解。筆者以爲：“女樂”當然不全等同於“娼妓”，不過假如“女
樂”不具有“娼妓”的色彩或性質，明使何必嚴加排斥，甚且作詩明志？“女樂”倘
若只是單純的演藝人員，明使無由刻意拒絕；明使不拒絕“女樂”，朝鮮宮廷便不
會興生存廢女樂的論爭。因此，爲釐清根本，本文首先將從中韓文臣的詩作和
朝鮮的史料梳理“卻妓”的起因，繼而考察朝鮮君臣各執己見的說辭，看國家禮
樂制度與女色之防的對立，以及徘徊於“天朝”與“本國”“祖宗家法”的矛盾。

　　從韓國音樂史及音樂制度方面考察朝鮮女樂問題的論著不少③，可惜關
於明使對朝鮮廢止女樂的影響力的探討仍嫌不足。本文之寫作，庶幾有補於
中韓文化交流與禮樂制度之理解。

---

　　①　김은정《朝鮮初期事大外交와〈皇華集〉刊行에　대하여》，《研究發表大會》No. 9
(1999 年)，頁 120—141。
　　②　申太永《明나라 사신은 朝鮮을 어떻게 보았는가——〈皇華集〉研究》(서울：도서
출판 다 운샘，2005 年)，頁 222—238。
　　③　例如：張師勛《李朝의 女樂》，《亞細亞女性研究》Vol. 9(1970 年)，頁 135—155。
박재희《朝鮮時代女樂考》(Seoul：梨花女子大學校，1975 年)。
김명주《中宗朝女樂에 관한 研究：女樂의 整備와 公演活動을 중심으로》，《한국공
연예술연구논문선집》Vol. 6(2002 年)，頁 51—118。
金鍾洙《조선전기 여악연구：여악폐지론과〔朝鮮前期女樂研究：女樂廢止論及其關
聯)》，《관련하여》Vol. 6(2002 年)，頁 173—208。
김종수《朝鮮時代宮中宴享과女樂研究：봉수당진찬도(奉壽堂進饌圖)중에서》(Seoul：
민속원，2003 年)。
이애덕《조선시대 연산군의 여악제도에 관한고찰〔朝鮮時代燕山君的女樂制度相
關考察〕》，《무용학회논문집》Vol. 50(2007 年)，頁 159—177。

二　卻妓詩：公禮與私情

　　1449 年倪謙（1415—1479）爲頒景帝登基詔出使朝鮮，行至安州郡安興館，有《安興席上卻樂》詩：

　　　　安興華館盛張筵，雲鬢霓裳列管絃。姑射有神多綽約，廣寒無夢戀嬋娟。

　　　　剛風吹散陽臺雨，烈日衝開洛浦煙。休遣聲華娛耳目，此心元似廣平堅。①

　　如果只看"卻樂"的標題，不容易理解詩意，作者推拒樂工，何以寫到姑射仙人，廣寒嫦娥？又出現帶有性闇示的巫山神女"陽臺雨"、洛水女神"洛浦煙"的字眼？詩末"此心元似廣平堅"句，用的是曾封廣平郡公的唐代宋璟（663—737）典故。宋璟爲人耿介，剛正不阿，皮日休（834？—883？）讀了宋璟的《梅花賦》，作《梅花賦並序》云："余常慕宋廣平之爲相，貞姿勁質，剛態毅狀，疑其鐵腸石心，不解吐婉媚辭。然覩其文，而有《梅花賦》，清便富艷，得南朝徐庾體，殊不類其爲人也。"②倪謙云："休遣聲華娛耳目，此心元似廣平堅"，意指自己如宋璟鐵石心腸，不爲聲色之娛所動。

　　在倪謙的《朝鮮紀事》裏，有關於此次"卻樂"的詳細敘述，可見"卻樂"所卻者並非音樂，而是女色：

　　　　至安興館，王遣禮曹參判李邊來問安。設宴盛饌，女樂三十餘輩，兩行，各抱樂器，升堂，跪。邊進云："此奉王命自京攜至，以奉懽進。"辭卻之，退。③

到了開城，倪謙又婉拒了主人的殷勤，作《開城席上卻樂》詩：

　　　　朝鮮秉禮重朝廷，遠命儀賓結宴迎。五色翔鸞筵上畫，一行飛燕掌

---

　　①　鄭麟趾等編纂《皇華集》（臺北：珪庭出版社有限公司，1978 年），第一冊，《庚午皇華集》，頁 67。

　　②　［唐］皮日休《梅花賦并序》，《皮子文藪》（臺北：臺灣商務印書館，1979 年《四部叢刊正編》本），卷 1，頁 19，總頁 10。

　　③　［明］倪謙《朝鮮紀事》，收於殷夢霞、于浩選編《使朝鮮錄》（北京：北京圖書館出版社，2003 年），頁 423。

中輕。陽城下蔡那能惑，暮雨朝雲枉自行。肯惜春風花盡落，燒燈傳盞有餘清。①

倪謙理解朝鮮慎重迎賓之意，但是堅持對於"陽城""下蔡"之類的美人不爲所惑，稱"當筵曾此卻女樂，新詩尚記燈前題"②。

倪謙不是第一位辭退女樂的明使，早在 1401 年 6 月，章瑾和端木禮出使朝鮮時，便對朝鮮太宗表示只聽唐樂，請除女樂，太宗言："鄉風如是。"章瑾等人仍不願接受③。

同年 8 月，章瑾和端木禮返程途中，遇到曾經出使朝鮮的陸顒，拆穿了陸顒欺騙建文帝，稱朝鮮無女樂的謊言。陸顒蒙蔽朝廷的原因，是他在同年 2 月出使朝鮮時，在黃州接受了女樂的款待，與一位名叫"委生"的妓女互通款曲，到了京城還念念不忘，朝鮮禮曹移文召委生入京，陸顒大喜，歸國後還想再赴朝鮮，欲與委生再續前緣。《朝鮮王朝實錄》對於此事頗多記載，太宗元年 8 月23 日條曰：

> 初，顒奉使到國，密與妓委生爲奉使復來之約。及還，帝問："舊聞朝鮮之事元也，以女樂惑使臣，今亦有乎？"對曰："無之。今朝鮮禮樂，與中朝無異。"因奏："朝鮮，產馬之邦也。若以綺絹市良馬，可備戎事。"帝大悅，遣太僕寺左少卿祝孟獻，與顒賣綺絹至渤海，遇章瑾、端木禮。瑾詰顒曰："朝鮮有女樂，汝以無對，何也？予將上奏。"孟獻目瑾曰："使臣之賢否，外國論之。汝守清節，何責顒爲！"顒懼，遂得心疾。

陸顒因私行不檢被揭發，心疾佯狂，醜態畢露。9 月 2 日到達京城漢陽後，向太宗告狀，說章瑾讒人將加害於他，請求太宗保護。9 月 12 日，陸顒與委生相見，執手而泣，夜半發狂欲自縊，後被攔阻。陸顒無顏對江東父老，還請求太宗回報明朝他的死訊，想終生匿藏於朝鮮④。

---

①　倪謙《開城席上卻女樂》，鄭麟趾等編纂《皇華集》，第一冊，《庚午皇華集》，頁 74。

②　《過開城道中馬上口號》，鄭麟趾等編纂《皇華集》，第一冊，《庚午皇華集》，頁 79。

③　國史編纂委員會編《朝鮮王朝實錄》(Seoul：東國文化社，1958 年)，第 1 冊，《太宗大王實錄》，卷 1，太宗元年(1401，建文三年)6 月 12 日、13 日，頁 8，總頁 212。

④　《朝鮮王朝實錄》，第 1 冊，《太宗大王實錄》，卷 2，太宗元年(1401，建文三年)，9 月2 日，9 月 12 日，10 月 3 日。

這一齣因女樂惹出的鬧劇終於在陸顒不得不歸國後落幕①,而其"後遺症"則是明使注意提防朝鮮進獻女樂,也就是建文帝說的"(朝鮮)以女樂惑使臣",並且謹慎飲酒賦詩。1402年俞士吉(1354—1430)出使朝鮮時,便對朝鮮文臣權近云:"昔陸顒輩奉使于兹,因詩酒荒樂,中國之士,聞者皆笑之。是以吾輩初欲矢不作詩。"②

大約自朝鮮世宗十二年(1430)起,朝鮮君臣開始討論女樂的問題,文臣金宗瑞(1390—1453)啓曰:

> 禮樂,爲政之大本也,故審樂以知政。孔子亦且三月不知肉味,我朝禮樂,侔擬中華。昔王人陸顒、端木智、周倬等,奉使而來,觀禮樂之備,亦稱盡美,但以女樂之雜爲嫌。小臣意謂雅樂雖正,而未革女樂,則不可也。今昌盛等,雖無足取,然當宴時,亦云:"如此禮宴,豈可使倡優奏樂?"則不獨識者非之,中朝之人無賢愚,皆鄙女樂也。③

金宗瑞的這番話顯示明使對女樂的態度是促使朝鮮思考女樂問題的關鍵。在國家重大典禮上由倡優奏樂是否不妥? 以女樂娛賓是否合乎待客之道? 如果廢除女樂,則禮樂制度應當如何變革?《朝鮮紀事》中倪謙與李邊的對話,顯示了明朝與朝鮮樂工的不同:

> 未宴前,王先遣禮曹參判李邊來達意曰:"天使遠來,小邦無可奉,止有女樂數輩奉懽。聞一路來俱不用,今望天使容其奉侍,少盡微意。"又曰:"殿下負病,不能親待,十分惶恐,惟此樂妓,若少見容,殿下心說,病亦頓減。不然,愈加惶恐,病亦增矣。"謙峻辭卻之。又曰:"小邦差人進貢赴京,朝廷俱作樂宴待。況天使辱臨,敢不用樂?"謙曰:"朝廷所用是男樂,今是女樂,如何可用?"又曰:"朝廷用男樂,是朝廷禮;小邦用女樂,是小邦風俗。況小邦止有女樂,無男樂。"④

由這則資料可知,女樂於"公禮"上是歌舞音樂的表演者;於"私情"底則

---

①　李新峰《明前期赴朝鮮使臣叢考》,朱誠如,王天有主編《明清論叢》(北京:紫禁城出版社,2003年),第四輯,頁91—104。

②　《朝鮮王朝實錄》,第1冊,《太宗大王實錄》,卷4,太宗二年(1402,建文四年),10月26日,頁18,總頁249。

③　《朝鮮王朝實錄》,第3冊,《世宗大王實錄》,卷4,世宗十二年(1430,宣德五年)7月28日,頁8,總頁247。

④　倪謙《朝鮮紀事》,頁429—430。

可望令賓客寬心解悶。否則倘若只是欣賞，使臣似乎無嚴詞相拒之理。倪謙自安州、開城，以至漢陽，一路都不接受女樂，並且在詩篇裏表示自己不受色誘，女樂的"額外服務"他是很清楚的。

有陸顒的前車之鑑，倪謙的義正詞嚴，此後的明使直接寫作《卻妓詩》感謝主人的招待，表示自己不願享有艷福。1460年的使臣陳鑑寫了兩首《卻妓詩》：

> 公館筵開炫綺羅，遠勞萬舞送清歌。也知美玉終無玷，卻任行雲浪自多。鐵石剛腸堅已定，松筠高節耿難磨。從教風雨敲門急，魯國其如男子何。①

> 無端雲雨下陽臺，分付清風即送回。明月不知誰作伴，桃枝空自淚交腮。釐鹽滋味何曾厭，鐵石心腸詎可灰。已見名藩珍重意，從今佳宴莫教來。②

陳鑑把自己比喻爲不解風情，嚴守男女之防的魯男子，他也和倪謙一樣用了宋璟"鐵石心腸"的形容，希望主人不要再送女樂來宴席。

對於明使的拒絕態度，朝鮮文臣又作何反應呢？朴原亨次韻陳鑑的詩云：

> 紫鳳唧書下玉臺，遠人爭看首重回。關山雲白飄輕練，驛路梅黃拆嫩腮。詩酒百年須盡意，賢愚萬古等成灰。日長孤館渾無事，莫怪朝雲入夢來。③

在朝鮮這一方，欲讓明使滿意，今朝有酒今朝醉，"朝雲"美人可助同歡，明使何樂不爲？

1464年金湜與張珹出使朝鮮，依前例辭卻樂妓，張珹作《安州館席上卻妓》詩：

> 江南慚愧好風光，情重何須出艷粧。銀甲彈箏非我事，絳紗籠燭是他鄉。閑心久與梅花約，客思寧隨柳絮狂。寄語巫娥休入夢，免教宋玉賦高唐。④

"閑心久與梅花約"句，用的仍是宋璟的典故。雖然辭卻了樂妓相伴，但

---

① 《義順館卻妓詩》，鄭麟趾等編纂《皇華集》，第一冊，《丁丑皇華集》，頁141，142。
② 《卻妓》，《丁丑皇華集》，頁146。
③ 朴原亨《次韻卻妓》，《丁丑皇華集》，頁148。
④ 張珹《安州館席上卻妓》，鄭麟趾等編纂《皇華集》，第一冊，《甲申皇華集》，頁406。

不妨目光觀賞，張珹在開城作《席上閱妓》詩：

　　　　開城不是武陵津，驚見桃花幾樹春。旅舘縱當風雨夕，官袍肯染路
　岐塵。芳心已許同枯木，翠羽空勞眡醉人。薄霧輕雲容易散，青山依舊
　倚秋旻。①

與張珹同行的金湜有兩首詩和之：

　　　　二八卿卿別姓鴉，坐來平地玉生芽。自將身比宮中燕，飜笑人如井
　底蛙。舞態千般欺柳絮，芳心一點醉桃花。有時召入巫山路，錦障羅帷
　步步遮。②

　　　　公舘筵開散曉鴉，廣庭初淨草無芽。霓裳競舞雙飛蝶，歌吹平分兩
　部蛙。共說綠珠能勸酒，誰知紅拂慣簪花。醉餘偶送看山目，紈扇齊將
　粉面遮。③

明使陶醉於青春麗人的嫵媚歌舞，發乎情，止於禮義，未得一親芳澤。金湜作
了兩首閱妓詩之後，還有《擬陳翰林卻妓詩求和》云：“清風明月尋常夜，公舘
從來慣獨眠。”④強調自己欣賞歌舞，並未有逾矩行爲。明使即使有意欲接納
朝鮮女樂的私情，而且也不違反朝鮮的“公禮”，卻不符合明朝的法律。

　　宣德年間（1426—1435）開始禁止官吏狎妓宿娼，謝肇淛（1567—1624）
《五雜組》云：“今時娼妓布滿天下，其大都會之地動以千百計，其他窮州僻邑，
在在有之，終日倚門獻笑，賣淫爲活，生計至此，亦可憐矣。兩京教坊，官收其
稅，謂之脂粉錢。隸郡縣者則爲樂戶，聽使令而已。唐、宋皆以官伎佐酒，國
初猶然，至宣德初始有禁，而縉紳家居者不論也。”⑤陸容（1436—1494）《菽園
雜記》：“前代文武官，皆得用官妓，今挾妓宿娼有禁，至罷職不敘。”⑥

　　既要遵守明朝的法令，又不至於讓朝鮮朝廷難堪，張珹和金湜採取的“閱
妓”折衷做法後來在 1488 年董越（1430—1502）出使時有所仿傚。董越和王敞
爲頒孝宗即位詔前往朝鮮，朝鮮在開城府獻上女樂，董越等人以先帝三年之

------

① 　張珹《席上閱妓》，《甲申皇華集》，頁 435。
② 　金湜《和張內翰閱妓詩》，《甲申皇華集》，頁 436。
③ 　金湜《再和閱妓詩》，《甲申皇華集》，頁 436。
④ 　金湜《擬陳翰林卻妓詩求和》，《甲申皇華集》，頁 459。
⑤ 　[明]謝肇淛《五雜組》，卷八，《人部四》。
⑥ 　[明]陸容著，佚之點校《菽園雜記》（北京：中華書局，1985 年），卷二，頁 14。王書
奴《中國娼妓史》（臺北：國際圖書出版有限公司，2006 年），頁 209。

喪未滿，不可聽樂爲理由，拒絕女樂。遠接使許琮（1434—1494）指出先皇帝有"二十七日之後，毋禁音樂"遺詔，此時喪制已畢，無須辜負朝鮮成宗宣慰使臣的心意，《朝鮮王朝實錄》記載：

> 許琮曰："皇帝孝思，可謂至矣；兩大人之忠，亦可謂至矣。但喪制已畢，故殿下送樂以慰之，何卻之太甚？"天使曰："殿下所送樂，吾當見焉。"臣等令妓女入見於庭，天使曰："今既見之，速出可也。"①

董越等人只見不聽女樂之舉，得到許琮稱美其爲"正大之人"。王敞卻妓詩的詩題說明了原委："屢承賢王遣官接。宴間攜女樂遠來以盡樂賓之情。雅意曷勝，但聖天子在諒陰中，人臣遠使外藩，豈宜當此。正使董內翰已作詩卻之。予因席上口占二律用示諸君子，工拙皆不暇計也"，詩中滿懷追憶先帝之哀思，國家有喪，人臣奉命在外，豈可遊宴狎妓？

> 天上龍輿返大羅，小臣有淚正懸河。星明帝座皇恩步，詔賜東藩寵渥多。已遣判書供館伴，不勞妓女舞天魔。諒陰沉在惇惇日，忍使當筵連臂歌。

> 望斷龍輴杳莫追，傷心黎庶淚雙垂。普天又喜新須詔，嗣聖重光又繼離。舉國傳呼觀使節，當筵誰遣用歌姬。兩行粉黛須回首，謬舉由來衆見嗤。②

許琮的次韻詩表達了對明使的體貼，理解其以禮嚴防男女之慾，王敞和許琮都將男女之慾形容爲"魔"，作詩降魔固然正當正義，顯示明使的道德修養，可是使臣還有爲天子採風查俗的職責，"女樂"是朝鮮的風俗之一，強加拒絕則難得詳情：

> 公館青春宴綺羅，荒城日暮訪山河。三行破笑猶無賴，一部從伶覺謾多。以禮嚴防真警世，有詩新格可降魔。但愁歸採風謠日，東國無由載樂歌。

> 明庭玉帛早相追，歲歲長承雨露垂。虎拜千秋曾祝壽，龍飛五位又重離。觀風海上來周使，舞雪尊前卻楚姬。但使廣平腸似鐵，梅花賦後

---

① 《朝鮮王朝實錄》，第 11 冊，《成宗大王實錄》，卷 214，成宗十九年（1488，弘治元年）3 月 11 日，頁 10，總頁 317。

② 鄭麟趾等編纂《皇華集》，第二冊，《戊申皇華集》，頁 910—911。

沒人嗤。①

1476 年朝鮮詩人徐居正(1420—1488)次韻祁順的卻妓詩也提到了"女樂"是使臣"觀風採俗"之一,朝鮮依民族舊俗獻上樂妓,爲的是達到賓主盡歡:

> 鐵腸元不撓娉婷,不是都迷禮重輕。粧點姬娥猶舊習,歡娛賓主是真情。

> 觀風採俗誠能事,納汙匿瑕亦大名。莫說風光陶學士,信君心迹本雙清。②

徐居正詩中的"陶學士"指的是陶穀(903—970)。北宋初年,陶穀(903—970)出使南唐時,輕視南唐國力衰弱,對李後主出言不遜,引起南唐臣僚激憤,故意設下圈套,派宮妓秦蒻蘭扮做驛吏之女引誘陶穀。陶穀被秦蒻蘭吸引,爲她填《風光好》詞:"好姻緣,惡姻緣,奈何天。只得郵亭一夜眠,別神仙。琵琶撥盡相思調,知音少。待得鸞膠續斷弦,是何年?"後來李後主設宴款待陶穀,召秦蒻蘭歌唱助興,秦蒻蘭唱的正是陶穀所贈之詞,原本一付正人君子模樣的陶穀頓時尷尬不已。

陶穀的故事在明使和朝鮮文臣的卻妓詩中經常出現,例如前引金湜作卻妓詩求和,朝鮮文臣柳允謙(1420—?)次韻:

> 雲鬢花顏也自憐,高情不受世情牽。翩旋妙舞飛飛燕,艷冶新粧步步蓮。

> 誰導魯男持苦節,枉教越女負春妍。良緣已與瑤華阻,未許郵亭一夜眠。③

徐居正次韻張瑾的詩也說"郵眠一夜魂應斷"④。陶穀的典故在卻妓詩裏並沒有諷刺之意,而是當成使臣的風流情韻,如同晚唐詩人杜牧(803—852)在揚州贏得的薄倖名,時過境遷,只留下逸聞。相對於明使以嚴防男女分際的"魯男子"、鐵石心腸的宋璟自喻自勉;陶穀和杜牧則是朝鮮文臣嚮往的形

---

① 鄭麟趾等編纂《皇華集》,第二冊,《戊申皇華集》,頁 911—912。
② 徐居正《次宴百祥樓卻妓口號韻》,鄭麟趾等編纂《皇華集》,第二冊,《丙申皇華集》,頁 595。
③ 柳允謙《次韻(擬陳翰林卻妓詩求和)》,《甲申皇華集》,頁 459—460。
④ 徐居正《次卻妓詩韻》,《丙申皇華集》,頁 604。

象，徐居正一再詠之："牧之落魄名猶在"①、"落魄牧之亦有名"②。祁順在《宴百祥樓卻妓口號》詩直接把尤物美女比作禍水，避之惟恐不及：

綺筵何用出娉婷，禮重由來色是輕。尤物移人應速禍，淫聲亂雅太無情。

因緣舊愧風光曲，落魄空贏薄倖名。爭似昌黎文字飲，醉來歌詠有餘情。③

其後，祁順又作詩補充，由詩題可見他對女樂的心態：《宴中用女樂非所安也，途中曾有詩卻之矣，恐未見信，仍奉絕句二章》，詩云：

皇朝風化萬方瞻，男女綱常貴謹嚴。爲語紅粧早歸去，莫教還露玉纖纖。

鐵石心腸宋廣平，一生孤特最知名。幽盟只與寒梅共，不爲閑花別動情。④

同樣的，徐居正也作了和詩，其第二首云：

牧之清節負生平，贏得青樓薄倖名。多君索共梅花笑，鐵石心肝冰雪情。⑤

或許是文化差異和國情不同，在明代禁止官吏狎妓宿娼的律令之下，即使遠在異邦，明使還是不敢造次，朝鮮文臣欣賞的杜牧美名，對明使一點也不具有說服力。無論明使對朝鮮樂妓的"私情"如何，在朝廷"公禮"的層面，寧可止於詩酒聯誼，與朝鮮樂妓保持距離。

此外，我們還可以注意到，《皇華集》作爲明使與朝鮮文臣詩文交遊唱酬的紀錄，連帶地讓後來的明使得知前人的舉止言行，有示範、也有警惕的作用。陸顒對朝鮮樂妓的迷戀，是在明代嚴禁官員宿娼法規之前，他和朝鮮君臣的詩文唱和，只保存在個人文集和朝鮮的史書中。《皇華集》的編輯和出版，加速了明朝和朝鮮的資訊交流，本來可能屬於私情的樂妓歡愛，一旦有了

---

① 徐居正《次卻妓詩韻》，《丙申皇華集》，頁 604—605。
② 徐居正《次卻妓韻博笑》，《丙申皇華集》，頁 607。
③ 祁順《宴百祥樓卻妓口號》，鄭麟趾等編纂《皇華集》，第二冊，《丙申皇華集》，頁 592—593。
④ 《丙申皇華集》，頁 691。
⑤ 同上，頁 692。

公之於世的文字記載，禮教的意味便勝過一切了。

三　朝鮮宮廷"廢女樂"論爭

　　如果以女樂侍奉明使是朝鮮的待客之道，明使連連敬謝不敏的態度促使朝鮮宮廷反省本國禮數是否得宜，似乎是理所當然。朝鮮自立國以來，儀節制度無不遵循中華，既然明使不喜女樂，又有女色惑人的嫌疑，爲維持兩國友好關係，革除女樂是順勢而爲。然而，從《朝鮮王朝實錄》裏近三百年朝鮮君臣對於是否廢除女樂的爭執，我們看到確立朝鮮"自主權"和認定本國"主體性"的意念，才是左右其間的關鍵。

　　前文提過，1401 年 6 月，章瑾和端木禮出使時，便請朝鮮太宗除去女樂，當時並未造成議論。1450 年倪謙出使，寫作數首卻妓詩，朝鮮宮廷隨後便展開了回應，同年十一月，中樞院副使朴堧（1378—1458）上奏：

　　　　中國公宴，不用女樂，遵正禮也。我朝未革，因舊習也。往日太宗之時，使臣端木禮來，見女樂，深以爲非，不許一陳。此一可恥也。今年春，使臣倪謙、司馬恂等來，下馬之夕，見女樂之集曰："此夷風也。"斯亦一大辱也。夫以禮義之邦，女樂有何所益，而自取玷辱之名若是哉？太宗其時深有愧恥，乃定制曰："今後使臣宴享，毋用女樂。"世宗嗣位，深體先君之心，素知女樂之非，創會禮、養老之儀，不用女樂，隣國客人之宴，亦只用男樂之伎。此我國曠古所無之正禮，易俗移風之盛擧也。獨於使臣宴享之樂，重於更變，且無可變事機，因以未袪，遂致使臣吳良肆欲荒耽之失，一則辱使命，一則污禮俗，殿下之所親見聞也。世宗非不欲一雪其恥，而永袪其弊也，第以累代遺風，重於輕改耳。今也新皇帝登極，適丁聖主卽位之初，革舊染之污，新日進之德，惟其時矣，尚仍舊習，更用女樂，則非所宜也。況有乖於皇朝之禮樂乎？臣愚妄計如此，願聖上裁之。①

　　朴堧指出：被明使非議女樂爲"夷風"乃奇恥大辱，女樂不但無益於禮義，且招致國家格調的損失，不可不革除。過去太宗、世宗在位時，都曾經想革除

----

　　① 《朝鮮王朝實錄》，第 6 冊，《文宗大王實錄》，卷 4，文宗卽位年（1450，景泰元年）11月 22 日，頁 55，總頁 320。

女樂，一度改爲舞童和男樂，不過由於歌舞技藝的訓練難以躓成，無法完全改變舊有的陋習。於是在1441年錦衣衛指揮僉事吳良出使時，向朝鮮需索皮裘衣物財貨，又發生納妓縱淫的醜聞①。如今文宗方登基，勵精圖治，正是整頓綱紀的時機。

和朴堧持相同意見的大臣逐一諫言，反對者也起而攻之。沸沸揚揚的爭辯，正反雙方的看法可以歸納爲以下幾點：

堅持採用女樂者認爲：

一、女樂是朝鮮古來的祖宗制度，不可遽革

自1430年向世宗建議廢女樂，金宗瑞於1452年又向文宗陳辭，奏曰：“夫樂者，所以蕩滌邪穢、消融查滓，如我國女樂，豈足以滌邪穢乎？世宗深知其非，於隣國客人宴享，及本朝會禮，始不用女樂，代以男樂，獨於朝廷使臣，因循未革，實爲未便。”文宗回答：“女樂之不正，固知之矣，但代用之樂爲難耳。觀中國男樂者，或稱假面，或稱眞面，未有的論，若實知其制，庶可倣而爲之。但女樂，自祖宗以來，用之已久，當時豈不知不可乎？其必以舊習已成，未易猝變也。今欲一朝而盡革古事，予亦爲先王懼也。”②

自新羅、高麗時代起，朝中典禮、宴饗群臣和外賓皆有女樂隨侍，可謂朝鮮的“祖宗故事”③；儘管明太祖時已經頒布朝賀不用女樂④，但那是中國的“祖宗家法”，朝鮮是否有必要改變自身的“祖宗故事”以迎合中國的“祖宗家法”？茲事體大，應該從長計議。何況，中國本來也用女樂，朝鮮學習的是中國的古禮，如徐居正詩所指出：

　　　　曾聞前代樂升平，亦有梨園弟子名。自是東韓遵古禮，敢將雲雨惱

---

① 《朝鮮王朝實錄》，第3冊，《世宗大王實錄》，卷94，世宗二十三年（1441，正統六年）12月30日，頁50，總頁389。

② 《朝鮮王朝實錄》，第6冊，《文宗大王實錄》，卷12，文宗二年（1452，景泰三年）3月12日，頁30，總頁474。

③ 端宗二年（1454，景泰五年）10月5日：“太宗朝講武，則女樂隨之，世宗朝講武，還宮之日，亦用女樂。今政府、六曹進豐呈時，用女樂者，依祖宗故事耳。”《朝鮮王朝實錄》，第6冊，《瑞宗大王實錄》，卷12，頁14，總頁709。

④ 李景隆《明太祖實錄》（臺北：中研院歷史語言研究所，1966年），卷24，頁345。張廷玉：《新校本明史》（臺北：鼎文書局，1982年），卷1，頁16。

高情。①

“女樂”本來是演藝者，女樂通妓，不是制度的問題，而是人謀不臧，濫用無度的結果。

二、保存女樂，可供明使採風知俗

朝鮮國王曾經想以歌童、假面、男樂、舞童等形式代替女樂，不但訓練費時，演出的效果也不佳，原因在於女樂表演的是朝鮮鄉歌，多訴說男女之情，不適合小童和男子演唱。朝鮮文臣也是從採風知俗的觀點，希望明使能接納女樂，以了解朝鮮的風土民情。

再者，明使果真“一言九鼎”，有權動搖沿襲已久的朝鮮禮樂嗎？1474 年洪允成（1425—1475）稟報成宗：“用女樂，乃我國土風，恐無妨也。”他回憶1457 年明使陳鑑和高閏推卻女樂，當時的國王世祖說：“天使但頒詔而已，豈能改我國舊俗耶？”認爲“女樂不可廢也”②。

同樣在成宗朝，1491 年金礪石（1445—1493）等人上疏曰：

> 我國宴饗，皆用女樂，此雖本國舊俗，豈可謂正道哉！方群臣禮接之時，使聲色近於玉座，其褻慢莫甚矣。聲色，成湯所以不邇；女樂，夫子所以去國，何必用女樂，然後爲君臣相悅之樂哉？我朝凡所施爲，一遵華制，而獨女樂一事，未免國俗，豈不有累於聖治？伏望御正殿宴饗，毋用女樂。

成宗命群臣商議，尹弼商（1427—1504）、洪應（1428—1492）、李鐵堅（1435—1496）、魚世謙（1430—1500）認爲：

> 宴饗用女樂，自祖宗行之已久，凡中朝文獻之士，亟稱我國禮義之邦，未聞以用女樂爲非者也。四方列國，各有風俗，事之無害者，夫子猶不去之，鄉儺獵較之類是已。今中朝雖有官吏宿娼之禁，不能頓革，其私宴饗，則皆用之，至於朝廷宴饗，例用倡優雜戲，此何愈於女樂？此亦因循不革之驗也。今雖不革，必不爲不知禮之邦也。仍舊爲便。③

---

① 《丙申皇華集》，頁 692。

② 《朝鮮王朝實錄》，第 9 冊，《成宗大王實錄》，卷 47，成宗五年（1474，成化十年）9 月21 日，頁 9，總頁 148。

③ 《朝鮮王朝實錄》，第 12 冊，《成宗大王實錄》，卷 260，成宗二十二年（1491，弘治四年）12 月 29 日，頁 11，總頁 127。

三、明使亦有欣賞女樂者，不可一概而論

雖然大部分的明使高言辭卻女樂，入鄉隨俗者亦大有人在，可見女樂仍有娛賓的功能。前述陸顒、吳良頗好此道，1537 年龔用卿（1500—1563）和吳希孟爲頒冊立皇太子誕生詔出使，也樂於欣賞朝鮮風俗。

《朝鮮王朝實錄》記載：宴會中，將進女樂，朝鮮中宗告訴明使："宴禮用樂，自古有之，今日禮宴，宜用樂矣。女樂，本國舊俗，今請用之。"正使（龔用卿）曰："殿下敬朝廷，故欲備禮樂而行宴禮，不可不依命矣。"副使（吳希孟）云："誕生太子，天下大慶。國王欲用本國土俗，俺等何敢卻之？"①

李睟光（1563—1628）《芝峰類說》還記載龔用卿與妓女"一朵紅"調笑之事，以與祁順的卻妓詩作一對比②。

因應明使對女樂接受程度的差別，朝鮮的變通辦法有幾種：先詢問知會，然後見機行事，準備男樂、歌童等替代③。或是不陳女樂，待明使提出要求。假設沒有安排女樂，而明使需索，則稱："前此大人例皆卻妓，故不用也。"④

至於主張廢除女樂者的理由，則包括：

一、女樂乃古代一時權宜，非祖宗常例

駁斥堅持女樂者的"祖宗故事"說法，主張廢除女樂者都強調女樂只是過去一時的權宜措施，談不上故國禮制。例如孫比長對成宗"祖宗嘗用之，不可改也"的觀念不以爲然，奏啟曰："太祖、太宗皆不用，此非祖宗常例，特一時權

---

①　《朝鮮王朝實錄》，第 18 冊，《中宗大王實錄》，卷 84，中宗三十二年（1537，嘉靖十六年）3 月 10 日，頁 8，總頁 39。

②　李睟光《芝峰類說》（Seoul：太學社，1996 年），卷 12："祖宗朝天使接宴時用女樂，故祁天使順有卻妓詩曰：'聖朝風化萬方瞻，男女綱常貴謹嚴。'又曰：'幽盟只與寒梅共，不爲閑花別動情。'徐四佳次之曰：'自是東韓遵古禮，敢將雲雨惱高情。'措語太迫矣。龔用卿天使時，妓一朵紅有殊色，天使悅之，酒闌用濃筆抹其面以戲云。兩使氣象不侔矣。"

③　明宗二十二年（1567，嘉靖四十六年）6 月 25 日："禮曹啓曰：'伏見玉堂劄子，其請勿用女樂之意，甚得禮體。然自祖宗爲詔使行用之意，則不可不使詔使知之。宜令遠接使告于天使云："我國欽敬詔使，無所不用其極，故依國俗用女樂，而自前詔使，亦欲觀風採俗，故例皆許受。請依舊例爲之。"天使若峻卻，則不必强請。'"《朝鮮王朝實錄》，第 21 冊，《明宗大王實錄》，卷 34，頁 45，總頁 110。

④　《朝鮮王朝實錄》，第 14 冊，《燕山君日記》，卷 58，燕山君十一年（1505，弘治十八年）7 月 3 日，頁 117，總頁 9。

宜爾。我國自箕子以後，中國號稱禮義之邦，而殿下聖明，亦中國所知。臣恐以此女樂，虧損至德。”①

魚無跡也上疏燕山君，說女樂“特新羅、高麗之季，荒淫遊戲之資，而我祖宗列聖，制作禮樂，未遑刪去者也。”②

金宇顒（1540—1603）認爲：“中國禮義之所出，我國雖在海外，而慕向有素。比年以來，凡百文爲，動法華制，何獨於女樂一事，諉諸風俗之不侔而尚沿陋習乎？……況此女樂之用，初非祖宗之常典。世祖朝，特出於權時之事，其後因循不能改正耳。”③

二、中國不用女樂，朝鮮女樂有損國格

“女樂”在中國早有淫佚的惡名，《論語·微子》曰：“齊人歸女樂，季桓子受之，三日不朝。孔子行。”魯國大夫季桓子接受了齊國饋贈的美色女妓，荒廢朝政，於是孔子離開了魯國。

唐太宗時，新羅獻女樂，太宗謂侍臣曰：“朕聞聲色之娛，不如好德。且山川阻遠，懷土可知。近日林邑獻白鸚鵡，尚解思鄉，訴請還國。鳥猶如此，況人情乎！朕愍其遠來，必思親戚，宜付使者，聽遣還家。”④

北宋初年設置教坊，依舊曲創製新聲。徽宗政和年間（1111—1117），詔以大晟雅樂施於燕饗，新羅高麗其時並無雅樂，宋徽宗特賜高麗睿宗大晟樂。南宋高宗紹興中，“始蠲省教坊樂，凡燕禮，屏坐伎”。孝宗乾道年間（1165—1173）“明以更不用女樂，頒旨子孫守之，以爲家法。”⑤

到了元代，女樂又興，曾經遣使向高麗要求獻女樂⑥。明太祖明令廢朝賀女樂，故而倪謙等人出使朝鮮時，見朝鮮仍保留了女樂，譏之爲“夷狄之風”。

---

① 《朝鮮王朝實錄》，第9冊，《成宗大王實錄》，卷75，成宗八年（1477，成化十三年）1月21日，頁21，總頁414。

② 《朝鮮王朝實錄》，第9冊，《燕山君日記》，卷40，燕山君七年（1501，弘治十四年）7月28日，頁20，總頁447。

③ 金宇顒《東岡先生文集》（Seoul：民族文化推進會，1990年），卷七《玉堂請禮宴勿用女樂劄［再劄］》，頁289。

④ 劉昫《新校本舊唐書》（臺北：鼎文書局，1981年），卷199，頁5335。

⑤ 脫脫《新校本宋史》（臺北：鼎文書局，1983年），卷142，頁3345。

⑥ 韓國學文獻研究所編《高麗史節要》（Seoul：亞細亞文化社，1973年），卷26，恭愍王四年（1355，元至正十五年）夏四月，頁678。

明朝宮廷女樂只施行於與后妃、公主、命婦等女性有關的先蠶禮、冊封禮、朝儀和喪儀等，對於女樂的冠服也有明確的規定，不可混雜。

相對於明朝的嚴謹，朝鮮的“土俗”女樂看在明使眼裏，顯然格格不入。再加上有“性招待”的嫌疑，更是避之惟恐不及。

朝鮮文臣得知明朝的規矩，也從儒家經典教義中反思女樂之弊。1450 年朴堧向文宗建言廢女樂，便引述了孔子的事跡：

> 顏淵問爲邦，子曰：“放鄭聲。”齊人歸女樂，孔子遂行。蓋女樂之蕩人心，甚於鄭聲，歷代以來，皆不用於會禮。①

“放鄭聲”和孔子因齊人贈女樂而去魯的故事經常被援用爲支持廢女樂的指歸，明使卻女樂則是直接影響國家形象的近因。1477 年崔漢禎（1427—1486）等向成宗上疏，談到前一年祁順等人可能由於女樂而輕視朝鮮，嚴重破壞國格：

> 去春兩使之來，固卻不許，殿下請至再至三然從之，然彼人之意，必謂“朝鮮禮義之邦，凡所施爲，動遵華制，但女樂一事，實達中朝”，則豈不爲文明之累耶？又賜宴客人，亦用女樂，斯亦非先王之所爲，而行之於今日可乎？臣等伏願繼自今勿用於正殿，勿用於客人，以正觀聽，以嚴大體。臣聞朝廷之勢尊，則國勢從而尊，朝廷之勢卑，則國勢從而卑，豈不重歟？②

直到 1705 年金鎭圭（1658—1716）上疏肅宗，用的仍是孔子放鄭聲和去魯的典故③。在尊崇儒家道統的朝鮮時代，這兩則一再重複出現的典故，幾乎已經成爲朝臣建言廢女樂的尋常開場白。

三、女樂通妓，敗壞朝綱風化

女樂最爲群臣詬病者，乃由於往往“藝”與“娼”不分，前引 1477 年崔漢禎

---

① 《朝鮮王朝實錄》，第 6 冊，《文宗大王實錄》，卷 4，文宗卽位年（1450，景泰元年）11月 22 日，頁 56，總頁 320。

② 《朝鮮王朝實錄》，第 9 冊，《成宗大王實錄》，卷 75，成宗八年（1477，成化十三年）1月 13 日，頁 11—12，總頁 409。

③ 《朝鮮王朝實錄》，第 40 冊，《肅宗大王實錄》，卷 41，肅宗三十一年（1705，康熙四十四年）2 月 30 日，頁 28，總頁 143。

等向成宗上疏中，即指出"娼妓之流，混於雅音，歌舞之態，蕩人心目"①。主張
廢女樂者懷疑堅持保存女樂者是爲了滿足個人的私慾。女樂在宴會中表演，
歌舞艷媚，眾人飲酒作樂，不免乘醉踰矩，故而金宇顒力陳廢女樂"蕩滌邪淫，
以正朝儀"②。

　　1705 年朝鮮肅宗裁定不在朝宴設女樂，固然遵照了中國的制度，實則在
1592 年壬辰倭亂發生之後，朝鮮女樂早就因爲戰爭造成國勢大傷而衰頹。部
分提議重振女樂的大臣，也不敵糾舉女樂之非者的義正詞嚴。

　　1610 年司憲府啓曰："女樂，非禮也。非禮之樂，不可以爲悅，況亂後板
蕩，固非豐享豫大之時。庶務尚具未遑，女樂復立，尤非先務之急。"③

　　1623 年諫院啓曰："女樂之設，乃昇平全盛時事也。經亂以後，廢而不舉，
至于廢朝，廣集倡妓，使之出入宮掖，耽樂無度，荒亂極矣。今當更始之日，不
可不痛刮此習，用戒覆轍。"④

　　因此，與其說朝鮮女樂的改革是守禮教、遵華制派的成功，毋寧說壬辰倭
亂的打擊，讓女樂無用"舞"之地了。

四　禮樂與女色

　　以上分別從明代使臣"卻妓詩"的内容及其引發朝鮮宮廷"廢女樂"的論
爭，顯示"卻妓詩"的影響，接着，筆者想從性別與國家禮樂制度的關係，再加
探討。

　　中國宮廷音樂依目的與場合分爲"雅樂"和"燕樂"，前者用於祭祀、慶典、
朝會等活動；後者則用於宴會，女樂便是在宴會演出。楚辭《招魂》云："餚羞
未通，女樂羅些。陳鐘按鼓，造新歌些。"描述宴會中陳設佳餚與女樂的情景。
有別於莊嚴隆重的雅樂，又稱"房中樂"的燕樂雖然也有儀式化、程式化的規

①　《朝鮮王朝實錄》，第 9 冊，《成宗大王實錄》，卷 75，成宗八年(1477，成化三十年)
1 月 13 日，頁 11，總頁 409。

②　金宇顒《東岡先生文集》，卷七《玉堂請禮宴勿用女樂劄[再劄]》，頁 289。

③　《朝鮮王朝實錄》，第 26 冊，太白山本，《光海君日記》，卷 26，光海君二年(1610，萬
曆三十八年)3 月 8 日，頁 36，總頁 551。

④　《朝鮮王朝實錄》，第 33 冊，《仁祖大王實錄》，卷 1，仁祖元年(1623，天啓三年)3 月
23 日，頁 26，總頁 513。

範，至少在音樂的形制和種類方面，例如包括民間及外族音樂，歌舞較具有抒情性和娛樂性。傳統獨尊男性的官僚體系，社交時女性扮演着調和與取悅的角色，透過燕樂的抒情性和娛樂性，達到歡愉的效果，這是女樂在古代不可或缺的原因之一。

《管子》第 80 篇《輕重甲》云："昔者桀之時，女樂三萬人，端譟晨樂，聞於三衢。"《管子》第 52 篇《七臣七主》亦云："昔者桀紂是也，誅賢忠，近讒賊之士，而貴婦人，好殺而不勇，好富而忘貧，馳獵無窮，鼓樂無厭，瑤臺玉餔不足處，馳車千駟不足乘，材女樂三千人，鐘石絲竹之音不絕。"桀紂因沈迷逸樂而昏庸亡國，三萬或三千女樂是罪魁禍首之一。夏桀的事跡假使只是後人訛託，音樂史學者從出土文物①判斷，中國的女樂正式形成於商代②，換言之，在周朝制定禮樂典章制度之前，女樂基於娛悅的需求已經出現。《左傳》魯襄公十一年（公元前 562）記鄭國人贈送給晉侯的禮物，有樂器及"女樂二八"；前述《論語·微子》云齊人贈送魯國女樂之事，大約發生於魯定公十四年（公元前 496），女樂和物品一樣可以饋贈他人，作爲獲得或交換利益的手段，後世類似的例子仍層出不窮③。

女樂最爲詬病的，莫過於表演靡靡之音，即《列女傳》形容的"爛漫之樂"④，使得聽樂的男性猶如《管子》所謂"愉於淫樂而忘後患者也"，偏離了儒家認爲音樂"致中和"的形上本質，《荀子·樂論》云：

> 故樂者，天下之大齊也，中和之紀也，人情之所必不免也。……故禮樂廢而邪音起者，危削侮辱之本也。故先王貴禮樂而賤邪音。其在序官也，曰："脩憲命，審詩商，禁淫聲，以時順修，使夷俗邪音不敢亂雅，太師之事也。"……故君子耳不聽淫聲，目不視女色，口不出惡言。

①　如河南安陽殷墟大墓內有女性骨骸及樂器、銅戈等文物，推判是殉葬的女樂。詳參楊蔭瀏《中國古代音樂史稿》（北京：人民音樂出版社，2004 年），頁 21—22。蔣菁、管建華、錢茸主編《中國音樂文化大觀》（北京：北京大學出版社，2001 年），頁 226。

②　秦序編著《中國音樂史》（北京：文化藝術出版社，1998 年），頁 17。

③　曾果果、陳芳、袁淵《中國古代音樂史中"女樂"問題研究綜述》，《科教文彙》2007 年 12 月，頁 205—207。［唐］白居易《白氏六帖事類集》，中央音樂學院中國音樂研究所編《中國古代音樂史料輯要》（北京：中華書局，1962 年），第一輯，頁 100—101。

④　《列女傳》卷七《孽嬖傳·夏桀末喜》。［宋］高承輯《事物紀原類集》，中央音樂學院中國音樂研究所編《中國古代音樂史料輯要》，第一輯，頁 211。

　　“邪音”與“淫聲”勾引人性的聯想，女樂即中國早期的娼妓①，她們在宴會中服侍，利用歌舞誘惑觀衆，導致食慾與色慾的放縱，終而禍國敗家。另一方面，欣賞女樂聲色才情的大量“觀妓詩”②，則肯定了女樂依於人性自然的存在價值。儘管受到批判，許多朝代都將女樂納於禮樂制度之内，當“女樂”被窄化成“女色”或“性工具”、“性奴隸”，衛道之士便反過來指責女樂是“禮壞樂崩”的產物。

　　唐玄宗設立教坊，宋徽宗改制燕樂，都在相當程度上反映了朝廷意圖轉化女樂的傾向。值得注意的是，在中國斟酌變革女樂之際，同時期的日本和韓國卻吸收學習了中國的女樂規模，各自延續了迥異的女樂風光。在日本奈良和平安朝，主要在白馬節會、内宴和重陽節由内教坊女樂表演，不涉及性事，也不被視爲淫樂③。在韓國新羅和高麗時代，女樂指女性俳優，爲“妓生”的一種④，大樂署有妓生 260 名，管絃坊有 170 名，京市司 300 名，合計 730名。此外，地方州郡也選擇官婢中色藝佳者教以教坊歌舞⑤。

　　韓國的女樂保留了較多中國女樂的形制，故而新羅朝仿照中國先秦時，進獻女樂以爲示好之禮。元朝向高麗索求女樂，也是施展威權的象徵。可以說，朝鮮擁護保留女樂的君臣，念兹在兹的“祖宗故事”，實則移嫁自中國，比中國還“守舊”地遺存下來。朝鮮不斷然廢除或改革女樂，還有一個“人道”的考量，即尹粹所言：“古云：妓者，待軍士之無妻者，我國東南濱，北連野人，防禦之事，無歲無之，女樂豈可遽革乎？”⑥女樂有如前線將士的臨時妻子，提供身心安慰。同理，接待外國使臣也提供身心安慰，在明使“卻妓”之前，這種禮

①　齋藤茂《妓女と中國文人》（東京：東方書店，2000 年）。

②　例如梁孝元帝有《夕出通波閣下觀妓詩》云：“娥月漸成光，燕姬戲小堂。胡舞開齊閣，鈴盤出步廊。……”詳參〔唐〕徐堅等輯《初學記》，中央音樂學院中國音樂研究所編《中國古代音樂史料輯要》，第一輯，頁 77—78。

③　趙維平《日本奈良、平安時期對中國音樂的接納與變衍——試析“女樂”》，《音樂藝術上海音樂學院學報》1995 年第 3 期，頁 26—34。

④　妓生有三等：“歌舞妓生”；濟生院和内醫院“藥房妓生”；尚衣院“尚房妓生”。

⑤　李海浪編輯《韓國音樂史》（Seoul：大韓民國藝術院，1985 年）。安廓《朝鮮音樂·研究》，全鳳楚等編《韓國藝術總集音樂編Ⅱ》（Seoul：大韓民國藝術院，1988 年），頁 82—89。

⑥　《朝鮮王朝實錄》，第 3 册，《世宗大王實錄》，卷 49，世宗十二年（1430，宣德五年）7月 28 日，頁 247。

遇數度獲得認可和欣賞，甚至引起日本出使朝鮮的使者的垂涎。

1493 年成俔(1493—1504)等人奉敕編的《樂學軌範》，是朝鮮音樂史的重要典籍，成俔於序文中談到朝鮮音樂受中國的影響：

> 惟我大東，自三韓鼎峙以來，國皆有樂，然樂器未備，聲音多缺，雜於夷靺鄙俚之作，孰有釐正之者。至高麗中葉，宋帝賜太常之樂，至我朝，大明錫御府之藏，由是磬管笙竽琴瑟之器又備矣。①

並且將朝鮮的音樂分爲三類：

> 我國之樂有三：曰雅，曰唐，曰鄉。有用於祭祀者；有奏於朝會宴饗者；有習於鄉黨俚語者。②

雅樂爲宋代傳入的宗廟音樂；唐樂始於新羅朝，自唐傳入；鄉樂產生於本土。前述 1401 年章瑾和端木禮對朝鮮太宗表示只聽唐樂，便是不願接受女樂表演的朝鮮鄉樂。

《樂學軌範》編成時，朝鮮宮廷已經展開女樂存廢的論辯，但從《樂學軌範》的內容觀察，女樂的地位並未受到動搖，而是加以制度化。《樂學軌範》第二卷有"正殿禮宴女妓樂工排立"，第九卷有"女妓服飾圖說"，明確規定女妓於宴會中演出的位置、服飾、妝扮，以及人數。例如"使臣東宮宴"：女妓六十；"使臣宗親宴"：女妓四十；"使臣遊觀"：女妓二十③。倘若依明使建議，仿照中國只用男樂，朝鮮的禮儀制度和音樂形式勢必得重新訂定。

相對於明朝宮廷女樂只施行於與后妃、公主、命婦等女性有關的禮儀和宴會，朝鮮女樂的表演對象並無性別區隔。明朝的做法，是男女大防的實踐，男樂爲男性受眾服務；女樂爲女性受眾服務，彼此嚴守分際，以免越軌。進一步說，顧慮女樂的娛樂作用會減損男性社交禮儀的嚴肅成分，讓男性受眾因女樂的美色和技藝挑逗衍出非分之想。這和明代禁止官吏狎妓宿娟的法規出於近似的性觀念——非婚約關係的性行爲是敗壞社會風俗、撼動國本的罪惡淵藪，官僚公務人員尤其應該以身作則，不可踰矩。爲了斷絕誘惑，直截了當的方式就是從制度上作性別的區隔，從意識形態上排斥異性表

---

① 　《樂學軌範》，國立國樂院傳統藝術振興會編《韓國音樂學資料叢書》(Seoul：銀河出版社，1989 年)，第 26 冊，頁 241。

② 　同上。

③ 　《樂學軌範》，頁 73。

演。一旦禮樂制度有了性別區隔，因爲性別差異引發的吸引力、好奇心、娛悅感都會降低，由此評估雅正與流俗、高尚與粗鄙，滿足了明使的民族優越感和自尊心。

五　結語

談到民族優越感和自尊心，還可以舉兩個對比的例子，一是率先寫作"卻妓詩"的倪謙的堅決態度；二是朝鮮理學家李珥（1536—1584）以女樂招待日本使者的心意。

《朝鮮王朝實錄》記載倪謙和司馬恂以英宗尚覊留北方爲理由，不願意聽樂：

　　　　翰林侍講倪謙、刑科給事中司馬恂來，命首陽大君〔按即後來朝鮮世祖〕率百官迎于慕華館，結綵棚，光化門外陳雜戲。世子自移御所徑詣景福宮勤政殿庭迎詔。行茶禮罷，使臣歸太平館，首陽大君代行下馬宴，鄭麟趾、金何爲館伴。使臣謂金何曰："方今朝廷不設宴不聽樂，吾等承命而來，公然聽樂，心有所不安。"何曰："皇帝新登寶位，天下同慶。且此禮宴，用樂何妨！"使臣曰："如此則是失節，固不可也。"上命左副承旨李季甸，告使臣曰："大人卻樂之意然矣。然皇帝新登之初，我國家豈可無樂以待使臣！請抑情聽樂。"使臣曰："皇帝北征未還，朝廷不用樂，吾等聽樂宴會，是失臣節。"季甸又曰："大人於路上迎慰，去樂是矣。今日國家慶朝廷新命用樂，大人受之，亦是也，不須固拒。"謙目恂不言。恂曰："我等聽樂，則朝廷聞之，以爲何如？今若聽樂，貴國之志則成矣，於吾等臣節何？"遂不聽。[①]

儘管朝鮮文臣幾番勸說，主張新帝即位本應慶賀，奏樂聊表歡迎使臣之心，倪謙等人反駁道：聽樂是完成朝鮮的禮數，但失去本國的儀節，權衡得失，仍然不爲所動。

朝鮮用女樂招待使臣，不獨對中國，對日本亦然。1581年3月，朝鮮爲迎接日本使臣，討論不宜用女樂，正反兩端爭論不休。李珥時任諫長，裁奪革除

---

① 《朝鮮王朝實錄》，第5冊，《世宗大王實錄》，卷127，世宗三十二年（1450，景泰元年）閏1月1日，頁162。

女樂非當務之急，主張照舊行事，於是引來非議：

> 日本遣使來聘。上將接見于勤政殿，而故事當用女樂。三司交章，
> 請勿用女樂，以禮示遠人，爭之累日，諫院先止。人或尤諫長李珥，珥曰：
> "爲國有漸，必先解斯民之倒懸，然後乃可正禮樂。此非所當先也。"及宴
> 日，女樂備呈妖態，鄭澈在班列，指謂珥曰："君爲諫長，不能匡正，殊有愧
> 於古人矣。"①

1580 年代，朝鮮內有黨爭，外有日本覬覦，李珥明白日本使臣的喜好，"備
呈妖態"的女樂是否有失國體，不能只從女樂的表現判斷，所謂"色不迷人人
自迷"，是應該指責女樂，還是耽溺於女樂的人呢？

被明使批評女樂爲蠻風，朝鮮宮廷受到"卻妓詩"的刺激，爭鋒相對近三
百年，終於隨着日本入侵的壬辰倭亂，國力衰傷，逐漸讓女樂退出禮儀的舞台。

（作者單位：新加坡南洋理工大學）

---

① 《朝鮮王朝實錄》，第 25 冊，《宣祖修正實錄》，卷 15，宣祖修正十四年(1581，萬曆九
年)3 月 1 日，頁 492。

域外漢籍研究集刊　第六輯
2010 年　頁 115—156

內醫院字本《諺解痘瘡集要》及相關資料研究

姜順愛

一　序論

　　《諺解痘瘡集要》是許浚在宣祖三十四年(1601)開始編輯,宣祖四十一年(1608)在內醫院發行的上下兩冊的內醫院木活字本,是記載有關兒童痘疫的預防以及治療方法的書籍。上卷是對痘瘡的原因、預防法、症狀、解毒法及浮症的有關說明,下卷是對在發生痘瘡時所出現的各種症狀的治療法,及其對有關各種後遺症、孕婦痘瘡、癥疹等的說明。這本書雖然是對世宗時代任元濬所編輯的《瘡疹集》進行改編的諺解,但是和最近國內所發現的乙亥字本《瘡疹集》的內容相當不同。中宗十二年(1517)所刊印的木版本(一卷一冊)《瘡疹方撮要》雖然可以看作是《瘡疹集》的精粹,但是在體制、構成以及內容等方面也有很大差異。

　　痘瘡的治療很難,特別在宣祖三十六年(1603),痘疫很猖獗,不僅平民百姓的孩子,甚至連王子和公主們也有很多染瘡而死。爲了預防和治療痘疫,內醫院開始主持編輯新的醫書,爲了方便不懂漢文的平民百姓,還將漢文翻譯成諺文刊行。

　　《諺解痘瘡集要》的版本中流傳至今的原刊本收藏在加川博物館,奎章閣、藏書閣、延世大學、梨花女子大學、韓獨醫藥博物館、高麗大學博物館、韓國學中央研究院、許浚博物館等地,收藏了後代翻刻的大量版本。

　　本研究是以內醫院和醫書的刊行,許浚及《諺解痘瘡集要》的編纂刊行,加川博物館收藏的内醫院字本《諺解痘瘡集要》,《諺解痘瘡集要》相關資料及其價值爲中心進行闡述。

二　内醫院和醫書的刊行

　　内醫院是朝鮮時代爲王室製藥的機構,曾經也被稱爲内局、内藥房、藥院等。太祖元年(1392)沿襲高麗的制度,設典醫監,後來分置設立内醫院,專門擔當製作御藥①。内醫院制度方面關聯的最初記録是《朝鮮王朝實録》世宗二十五年6月15日(戊戌)條。根據其内容來看,從吏曹奏請,内藥房稱做藥方,官員因爲没有名號,所以從那時起被稱作内醫院,分16個官員,3品叫做提舉,6品以上叫做別坐,參外叫做助教②。直到這時才成爲獨立的官制。

　　内醫院雖然本來是專門擔任國王及王室成員的醫療任務,但是有時候也醫治京内各地的病人以及從外地轉送來的重病患者③。根據王命,早晚報告病人的診察結果,對於病重的病人,正午也要報告④。不只是宮中,連宗親及正2品以上高官的治療也由典醫監一起擔任⑤。世宗十二年(1466)正月戊午進行官制改革,正、僉正各1人,判官、主簿各2人,直長3人,奉仕、副奉事、參奉各2人⑥。成宗十六年(1485)隨着《經國大典》的編纂,官制得到整頓,正1名(正三品),僉正1名(從四品),判官1名(從五品),主簿1名(從六品),直長3名(從七品),奉事2名(從八品),副奉事2名(正九品),參奉1名(從九品),

①　"本朝太祖元年因麗制置典醫監,後分置内醫院掌和劑御藥……",洪奉漢等《增補文獻備考·職官考》九"内醫院"條。

②　"……吏曹啓:'内藥房關係至重,而以藥方稱號,且其官員無名號,有違古制,請稱號内醫院,置員十六人,三品則稱提舉,六品以上則稱別坐,參外則稱助教。'從之。"《朝鮮王朝實録·世宗實録》卷一百世宗二十五年六月戊戌,頁31b。

③　"……内醫院醫員因諸處病家互相入番……",《朝鮮王朝實録》世宗二十七年四月甲寅。

④　《朝鮮王朝實録》世祖五年正月戊申條。

⑤　孫弘烈《韓國中世的醫療制度研究》。首爾:修書院,1988年,頁167。

⑥　"……内醫院置正僉正各一,判官主簿各二,直長各三,奉仕副奉事參奉各二……",《朝鮮王朝實録·世祖實録》卷三十八世祖十二年正月戊午,頁4b。

定員爲 12 名①。另外，都提調（兼官，正一品），提調（兼官，從一品以下），副提調（承旨兼任）各 1 名和別坐 12 名，對內醫院的業務進行指揮和輔助。仁祖二十三年（1645）減免直長 2 人，孝宗二年（1651）增設了鍼醫，顯宗十四年（1673）增設了醫藥同參，人員沒有限制。英祖六年（1730）設置鍼醫和醫藥同參各 12 名，並設定吏屬書員 20 人，種藥書員 2 人，搗藥使令和薏苡使令各 2 人，軍士 8 名，水工 4 名，差備待令醫女 10 名，內醫女 12 名②。

作爲朝鮮王朝最後的法典《六典條例》，完成於高宗三年（1866）12 月，並於次年 5 月頒佈，其中設立正 1 名（正三品），僉正 1 名（從四品），判官 1 名（從五品），主簿 1 人（從六品），直長 3 人（從七品），奉事 2 人（從八品），副奉事 2 人（正九品），參事 2 人（從九品）的官員。此外作爲產員醫官沒有定員，設立充當衛職的堂上和堂下 12 人，衛職 2 人，鍼醫 12 人，醫藥同參 12 人，御醫 3 人；作爲吏胥設書員 23 人，種藥書員 2 人，大廳直 2 人；作爲徒隸設本廳使令 7 人，臨時使令 5 人，醫藥廳使令 2 人，寢醫廳使令 2 人，汲水使令 1 人，軍士 2 人，醫女 22 人，水女工 2 人，童便軍士 3 人，三廳軍士 18 人。內醫院在高宗二十二年（1885）稱爲典醫司，高宗三十二年（1895）稱爲太醫院，在民族抗日期間稱爲李王職典醫局。

內醫院醫書的刊行是在宣祖四十一年（1608）至光海君七年（1615）之間，另設機構令醫官編撰、校正醫書，並以木活字刊行。這些活字本，首先以許浚的奉命編撰爲中心，依據其記錄和現存版本，有從宣祖三十四年（1601）開始編撰，到宣祖四十年（1607）完成的《諺解救急方》，宣祖四十一年（1608）編撰完成的《諺解痘瘡集要》和《諺解胎產集要》。這三本醫書在內醫院用活字印刷後又直接翻刻，後來得到廣泛流傳。光海君四年（1612）許浚校正並刊印了中國高陽生編輯的《纂圖方論脈決集成》，光海君五年（1613）發行了《新纂辟瘟方》、《東醫寶鑒》、《辟疫新方》。其中《東醫寶鑒》在宣祖二十九年（1596）由儒醫鄭碏、太醫楊禮壽、金應鐸、李命源、鄭禮男等一起在內醫院的編輯局開

---

① 　《經國大典》卷一《吏典·京官職》"內醫院"條。

② 　"……仁祖二十三年減直長二員，孝宗二年增置鍼醫，顯宗十四年增置議藥同參，並無定額。英祖六年定鍼醫、議藥同參各十二員，吏屬書員二十人，種藥書員二人，搗藥使令、薏苡使令各二名，軍士八名，水工四名，差備待令醫女十名，內醫女十二名……"，洪奉漢等《增補文獻備考·職官考》九"內醫院"條。

始編輯,次年因爲丁酉再亂,醫員們逃散到全國各地,導致編輯中斷。後來宣祖再次命令許浚單獨擔任編輯事宜,考訂內藏方書500卷。許浚作爲御醫,在內醫院一邊工作一邊繼續擔任編輯工作,光海君二年(1610)8月6日完成①,第二年(1611)11月21日在內醫院設局用內醫院活字印刷並和醫官們一一校正了此書內容②。光海君五年(1613)完成,共25卷25冊。這部書總括了當時的醫學書籍,作爲臨床醫學的百科全書,由內景、外形、雜病、湯液、鍼灸等5篇構成。受正祖時所編撰的《濟眾新編》的影響,《東醫寶鑒》不僅在我國,在中國和日本也被刊印發行,一直到現在。此外,內醫院發行的醫書還有《食物本草》、《醫林撮要續集》、《簡易辟瘟方》、《新刊補注釋文黃帝內經素問》、《神應經》、《新刊補注銅人腧穴鍼灸圖經》、《臘藥症治方》等。

可是,和這些活字本相關的值得注意的問題是在《新刊補注釋文黃帝內經素問》發行的前一年,也就是光海君六年(1614)12月《四聲通解》用同一活字進行刊行這一事實。這部活字本發行的地點是訓練都監,在這個地方刊行後再送回的醫書很多。訓練都監收到並刊印了《四聲通解》,次年又因需要《素問》,再在訓練都監刊印並送回。以後所有的醫書幾乎都在訓練都監刊印,認爲應將以上事實看作是對醫書刊行的援助的主張也很多③。

不管怎麼樣,這是內醫院爲了發行醫書而新製作的、以內醫院字來作爲暫時性的標記。

三　許浚的生涯和《諺解痘瘡集要》的編撰刊行

1. 許浚的生涯

許浚是明宗元年(1546)到光海君七年(1615)之間的人物。雖然一般認爲許浚出生於明宗元年(1546)3月5日④,但其在陽川許氏野堂公派族譜裏

---

① 《朝鮮王朝實錄》光海君二年八月戊寅(6日)。
② 《朝鮮王朝實錄》光海君三年十一月丙辰(21日)。
③ 千惠鳳《韓國木活字本》。首爾:梵宇社,1993年,頁68。
④ 許津《許浚的生涯和〈東醫寶鑒〉研究》,1985年,頁2;韓大熙《許浚的生涯考察》,載《龜巖學報》第1號,頁90。

的出生年月記載爲明宗二年(1547)①,有的派譜裏沒有他的出生年月的記錄②。崔岦的《簡易集》裏有《贈送同庚大醫許陽平君還朝自義州》的詩③,可以知道崔岦和許浚同齡,如果崔昱出生於中宗三十四年(1539),那這也就成爲許浚出生於中宗三十四年(1539)的間接資料。最近發現新的資料,在晉州博物館收藏的《太平會盟圖》裏記載了許浚的出生年是中宗三十四(1539)年。這個屏風畫是壬辰倭亂結束之後的宣祖三十七年(1604),宣祖召集在壬辰倭亂時護送宣祖逃往義州的扈聖功臣時所畫④。(圖1—1~1—2)作爲現在資料中最有力的證據證實了許浚出生於中宗三十四年(1539)。許浚的祖籍是陽川,字清源,號龜岩。祖父琨是武官出身,歷任慶尚道右水師,父親碖也是武官出身,曾任龍川郡守。許浚由舅舅金時洽介紹,結識了柳希春。柳希春在宣祖二年(1569)閏六月向吏曹判書洪曇推薦許浚爲內醫員⑤。從那時起許浚作爲內醫院的一員開始活動。宣祖八年(1575)2月15日(甲申),他和安光翼一起爲王把脈⑥。宣祖十四年(1581)改編校正《纂圖脈訣》並以《纂圖方論脈決集成》的書名刊行⑦。宣祖二十年(1587)12月9日國王玉體康復,許浚和

---

① "明宗丁未(1547)生,宣祖甲戌登第,壬辰御醫,辛丑資憲同樞,丙午崇錄。"陽川許氏《野堂公派族譜》。

② 陽川許氏宗親會《陽川許氏陝川公派譜》卷一,頁45。

③ 《贈送同庚大醫許陽平君還朝自義州》:"鼎水丹成馭未攀,誰期白首謫江關。名良古不須三世,寵數今宜第一班。蘭局依然聞漏耳,玉欄廖絶常花顔。倭人徒自不忘起,千里何曾待召環。"參照崔岦《簡易集》卷八,頁76,《標點影印韓國文集叢刊》(49),頁497。首爾:民族文化推進會,1990年。

④ 《太平會盟圖》屏風爲國家寶物第688號,尺寸爲63×112cm,現保存在國立晉州博物館。此圖一端記有功臣的行跡。其中有"忠勤貞亮扈聖功臣崇政大夫陽平君許浚,清源,己亥生,本陽川"的記錄。己亥即中宗三十四年(1539)。

⑤ 參照柳希春《眉巖日記》"閏六月"條。

⑥ 《朝鮮王朝實錄》宣祖八年二月甲申。

⑦ "……教臣曰:《纂圖脈訣》文註謬誤汝宜校正,且爲小跋,以誌其後……正其一二,姓名難辨者著註以明之,詞意有紊者爲圈,以斷之湯丸之名,以陰易陽,豕亥之訛改……",《纂圖方論脈訣集成》跋文,光海君四年(1612)。

楊禮壽、安德秀、李仁祥、金允獻一起被賜予鹿皮一令①。特別在宣祖二十三年
(1590)因爲醫好了王子的病被任命爲堂上官。在宣祖二十四年(1591)的1月3
日、4日、5日、6日、7日的記録中,可知此事當時在司憲府和司諫院中引起極大
爭論。宣祖二十五年(1592)成爲護送宣祖至義州的扈聖功臣,此後作爲御醫,在
内醫院擔當君王的診治工作。宣祖三十四年(1601)許浚以内醫擔任正憲大夫、
知中樞府事。宣祖三十七年(1604)6月25日,授忠勤貞亮效節協策扈聖功臣三
等,重任醫官,與李延録一起復職並受賜熟馬一匹②。宣祖三十九年(1606)正月
許浚被加資爲陽平君正一品輔國崇祿大夫,但因爲是醫業,府君與輔國的加資
由于司憲府和司諫院不斷的奏請而不得不被保留下來③。宣祖四十年(1607)11
月,宣祖因病情嚴重,次年(1608)2月去逝,其間許浚作爲首醫和其他内醫一起
擔當了所有的診治工作。宣祖去逝後根據原來的禮儀制度,王的主治首醫負有
責任,按形式應還鄉,但由於光海君的挽留而被留了下來。光海君五年(1613)11
月,77歲的許浚逝世,被封爲扈聖功勞内醫,並被追贈宣祖時保留下來的府院君
及輔國加資。活着的時候許浚的功勞很大,逝世後有關他的生平在《陽川許氏
族譜》裏並沒有留下確切的記録,連他的墳墓也找不到了,直到1991年他的墳墓
在民統線裏找到後護送到楊平,現在他的墳墓已被建好。

　　2.《諺解痘瘡集要》的編撰刊行

　　《諺解痘瘡集要》是世祖時期任元濬編輯的以《瘡疹集》爲首的治療痘瘡的
醫書,是參照中國的幾種醫書所編輯形成的。其中《瘡疹集》是世宗命令内醫院
收集各種醫書,將與瘡疹有關的資料彙編爲一冊,刊印後在中央和地方進行頒
佈的醫書。世祖擔心此書不够完備,又命令任元濬和李克堪對這本書的内容進
行增刪,對艱深難解的章節添加注釋,後以3卷本編撰完成。李禮孫對這本書再
一次進行校正,任元濬在世祖三年(1457)添加了序文後進行刊行④。該書在世

---

　　①　“以上體平復,命嗣内醫院都提調柳、調鄭琢、副提調金應南、阿多介一坐,御醫楊
禮壽、安德秀、李仁祥、金允獻、李公沂、許浚、南應命等各鹿皮一令賜給”,《朝鮮王朝實録》
宣祖二十年十二月癸亥。

　　②　參照《朝鮮王朝實録》宣祖三十七年六月甲辰(25日)。

　　③　《朝鮮王朝實録》宣祖三十九年正月壬申(3日)—戊寅(9日)。

　　④　任元濬撰《瘡疹集》序文:“世宗大王以天縱之聖、好生之德合乎天地,嘗命内醫搜
撫諸方,凡屬瘡疹者合爲一帙,名曰《瘡疹集》,印頒中外。顧其書猶頗闕誤,我殿下特留宸
慮,清讌之間取閱此書而病其未備,遂命臣元濬及李朝參議臣李克堪,俾之刪定,遇有難會略

祖八年(1462)2月14日被選取爲醫書習讀科目的一種①，成宗二年(1471)5
月25日此書在禮曹上呈的單子中被選定爲醫員的"春等考講取才"科目②，中
宗十三年(1518)4月1日在金安國的建議下，《瘡疹集》又多次刊印頒佈③。這
本書是壬辰倭亂以前運用最多的痘瘡相關書籍，參考現在在浙江圖書館珍藏
善本中發現的明宗到宣祖初期的乙亥字本《瘡疹集》，可見其中記載了關於痘
瘡理論、預防及治療、禁忌等的內容。只對目錄進行比較也能看到《瘡疹集》
與《諺解痘瘡集要》有着很大的差異④。

　　宣祖時期因爲壬辰倭亂，《瘡疹集》並沒有流傳下來。宣祖二十三年
(1590)冬天，王子得了痘瘡，許浚進行試藥並治療。宣祖三十四年(1601)，王
子和王女再次患上痘瘡，許浚再一次用藥並治好。依據宣祖的命令，對在戰
亂後失傳的《胎產集》、《瘡疹集》、《救急集》參照、補完並諺解，後在宣祖三十
五年(1602)編撰結束。宣祖三十四年(1601)8月，許浚寫好了跋文，宣祖四十
一年(1608)在李希憲和李络監督下在內醫院裏刊行⑤。李希憲是在宣祖三十

爲附註，始自發出至於滅瘢，凡爲劑有九爲卷三。……命知中樞府事臣李禮孫就加讎校，書
成命臣序之。天順元年(1457)蒼龍丁丑四月任元濬序。"首爾：亞細亞文化社，1997年影印。

　　①　《朝鮮王朝實錄》世祖八年二月己卯(14日)。

　　②　《朝鮮王朝實錄》成宗二年五月丁酉(25日)。

　　③　《朝鮮王朝實錄》中宗十三年四月己巳(1日)。

　　④　任元濬《瘡疹集》總目：目錄卷上——諸家論(聖惠方論、和劑指南論、錢氏、小兒
藥証直訣論、直指方論、三因方論、朱氏集驗方論、無求子活人書論、張子和方論、東垣試效
方論、澹寮方論、拔萃方論、聖濟總錄論、陳氏小兒痘疹方論、省翁活幼口議論、永類鈐方論、
醫林方論、經驗良方論、施圓丹效方論、瘡疹方論、玉機微義論)；第2冊：卷中——預防之
劑、發出之劑、和解之劑、救陷之劑、消毒之劑、護眼之劑；第3冊：卷下——催乾之劑、滅瘢
之劑、通治之劑、禁忌。首爾：亞細亞文化社，1997影印。

　　⑤　《諺解痘瘡集要》卷末許浚跋文："祖宗朝雖有《瘡疹集》刊行于世，民不屑焉，殆虛
文耳。昔歲王子染痘，證勢不順而拘於俗忌未敢下藥，醫官之輩袖手盡。自上痛念非命，
悔不用藥。歲在庚寅(宣祖二十三年，1590)之冬，王子又染此疾……臣仰稟聖旨，俯索靈
丹，幾乎奄忽，三投藥而三起之……厥後王子王女染痘，俱用藥獲安，閭閻之全活者莫知其
數。往在辛丑之春，下教于臣曰：'平時有《胎產集》、《瘡疹集》、《救急方》刊行于世，亂後皆
無矣。爾宜搜撫醫方以成三書。'命祗慄凤夜靡遑，才閱世而三書告畢役。進之日，又爲下
教曰：'近歲痘疫未熄，《痘瘡集要》爲最切爾，略記其創藥之由以跋其尾。'……辛丑(宣祖三
十四年，1601)八月日許浚識，萬曆三十六年正月日內醫院開刊……李希憲李络。"

三年(1591)庚子式年及第,後參與了《諺解痘瘡集要》,《纂圖方論脈訣集成》,《新纂辟瘟方》,《東醫寶鑒》,《辟瘟新方》的編撰。李袼於宣祖四十一年(1608)正月監督印出《諺解痘瘡集要》,接着在《醫林撮要續集》發行1個月後,即是年10月因監督印書的功勞與東班的徐用、李希憲、申得一升任正職①。這本書是許浚在宣祖三十五年(1602)編輯完成的,但因爲6年後才發行,所以是書的刊行與許浚沒有直接的關係,而是在李希憲和李袼的監督下刊印發行的。

四　加川博物館所藏內醫院字本《諺解痘瘡集要》

1. 形態及內容

加川博物館所藏的《諺解痘瘡集要》是2卷2冊的完帙本,卷末的跋文有一葉缺落,已被補寫。此書版式情況是:四周雙邊,半廓25.0×17.4 cm,有界,半葉11行20字,上下內向3葉花紋魚尾,整體尺寸32.5×21.5 cm。卷首前面部分的頁下角因爲濕氣導致有些部位變色,但整體的色彩很好,是精美的初版本(圖2—1～2—5)。後面的跋文有一張是補寫的(圖2—6),是書很完整,雖然書前面部分的頁下角有因爲濕氣而變色的部位。

這本書卷上爲痘瘡源委,痘癍疹形色,解毒免痘方,預防痘瘡禁方,發熱三日,出痘三日,起脹三日,貫膿三日,收靨三日,痘瘡通治,解痘毒,辨吉凶證,辨輕重順逆,變形色善惡,辨虛實證,聲音,腰腹痛,嘔吐,泄瀉等內容。卷下是痰喘,煩渴,腹脹,自汗,瘙痛,斑爛,寒戰,咬牙,失血,溺澀,便秘,倒靨,黑陷,護眼,滅瘢,保護,飲食,禁忌,浴法,禳法,痘後雜病,痘後瞖膜,痘後癰癤,痘後下痢等內容。附錄是有關孕婦痘瘡,附癍疹等內容。

《諺解痘瘡集要》的引用書是以《醫學入門》爲首的38種醫書,漢唐以前的醫書有《內經》,《千金方》,《唐人方》,《集驗方》,《傷寒論》等5種各一回;宋元時代的醫書有13種,明朝的醫書有7種,朝鮮時代的醫書1種,其他未確認的醫書有12種。按引用次數來看,宋元時期錢仲陽的《小兒方》27回,朱彥修的《丹溪心法》26回,危亦林的《得效方》22回,陣文中的《活幼新書》16回,明朝醫書李梃的《醫學入門》132回,《古今醫鑑》61回,虞博的《醫學正傳》36回,樓

---

① 《朝鮮王朝實錄》光海君即位年十月庚辰:"醫書印出監役官李袼,東班徐用、申得一、李希憲本衙門正職除授。"

英的《醫學綱目》17 回,《萬病回春》16 回等①。

2.《諺解痘瘡集要》和《東醫寶鑒》的比較

表 1　《諺解痘瘡集要》原刻本和《東醫寶鑒》原刻本的比較

卷次目錄	諺解痘瘡集要原本(A)	卷次目錄	東醫寶鑒原本(B)	目次變化
1)卷上痘瘡源委	°醫學入門曰太古無痘疹周末秦初乃有之	卷 4 雜病篇 11 痘瘟疹三證專由胎毒	°太古無痘疹周末秦初乃有之(入門)	相同
2)痘瘡源委	°醫學正傳曰諸痛癢瘡瘍皆屬心火蓋因太毒藏於命門遇少陰少陽司天君相二火太過熱毒流行之年則發作矣	痘瘟疹三證專由胎毒	°內經曰諸痛癢瘡瘍皆屬心火蓋因太毒藏於命門遇少陰少陽司天君相二火太過熱毒流行之年則發作矣(正傳)	相同
3)痘癍疹形色	°錢仲陽曰胎在服中至六七月已成形食母腹中穢液入兒五臟食至十月卽穢液滿胃至生時兒口中猶有不潔之物啼聲一發隨吸而下入兒臟中伏而不發遇風寒邪氣相薄而成痘疹也	痘瘟疹三證專由胎毒	°至六七月已成形食母腹中穢液入兒五臟食至十月卽穢液滿胃至生時兒口中猶有不潔之物啼聲一發隨吸而下入兒臟中伏而不發遇風寒邪氣相薄而成痘疹也(錢乙)	相同
4)痘癍疹形色	°王好古曰瘡疹之狀皆五臟之液……皆大血榮於內所出不多故癍疹皆小°又曰病水疱膿疱者涕淚俱少以液從瘡出故也	痘瘟疹三證專由胎毒		B:刪除

---

① 　金重權《諺解痘瘡集要的書誌學的研究》,載全南大《社會科學研究》第 5 卷,1994年,頁 118—119。

續表

卷次目錄	諺解痘瘡集要原本(A)	卷次目錄	東醫寶鑒原本(B)	目次變化
5)		痘瘢疹三證專由胎毒	°予在母腹中……皆從足太陽傳變中來(東垣)°瘢之位病皆由子在母腹中時……君相二火所作也(海藏)	B:添加
6)解毒免痘方	°聖惠方曰痘疹乃胎毒所致人生無不患者自少至老必生一次故又名百歲瘡若欲免之亦有法	稀痘方		B:刪除
7)解毒免痘方	°千金方曰小兒初生啼聲未發急用綿裹手指頭拭去口中惡汁令盡勿嚥入腹免生痘疹	稀痘方		B:刪除
8)解毒免痘方	°得效方曰嬰兒才生不出聲時急用軟帛裹手指蘸黃連甘草汁拭去(口)中惡汁更以熟蜜少許調水飛朱砂末一字抹入口中解惡毒一生免瘡痘之患	稀痘方服朱砂法	°如米細光明朱砂水飛爲末每五分作三次煉蜜調量兒大小加減溫水送下不拘痘出未出首尾可服密者可稀稀者可無黑陷者可起痘瘫者可消但性微寒不可多服(入門)°一法蜜少許調朱砂末一字用(得效)	B:內容代替

續表

卷次目錄	諺解痘瘡集要原本（A）	卷次目錄	東醫寶鑒原本（B）	目次變化
9）解毒免痘方	°延生第一方服之終身永無痘疹及諸疾十分妙法°小兒初生臍帶脫落取置新瓦上炭火燒存性研爲末若有五分重入水飛朱砂末二分半以生地黃當歸身濃煎汁一蜆殼調和抹兒口上腭及乳母乳頭上令兒嚥下次日大便下穢惡之物是效（古今醫鑑）	稀痘方延生第一方	°小兒初生臍帶脫落後取置新瓦上用炭火四圍燒至煙將盡放土地上用瓦盞之類蓋之存性研爲末預將朱砂透明者爲極細末水飛臍過帶若有五分重朱砂用末二分五釐生地黃當歸身濃煎汁一二蜆殼調和前二味抹兒（口）上腭間及乳母乳頭上一日之內用盡次日大便遺下污穢濁垢之物終身永無瘡疹及諸疾生一兒得一子十分妙法野（醫鑑）	B：內容補正
10）解毒免痘方	°太極丸一名□紅丸服之終身不出痘疹雖出亦少°臘月八日取生□血以蕎麥麵和之少加水飛雄黃末五分作丸綠豆大初生小兒服三丸乳汁化下一歲兒服七丸三歲兒服十五丸多服無妨久服則遍身發出紅點是其徵驗兒能飲食則□血唳之尤妙或云不必八日但臘月□亦可然終不若八日佳（古今醫鑑）	卷4雜病篇11稀痘方稀痘□紅丸	°一名太極丸臘月初八日取採生□一隻取血以蕎麥麵和之少加雄黃末四五分候乾成餅凡初生小兒三日後與綠豆大者二三丸乳汁送下一歲兒五丸或七丸三歲後十五丸服久則遍身發出紅癍是其驗也有終身不出痘疹者雖出亦稀小兒已長會飲食者就以□血唳之尤妙或云不必八日但臘月□亦可用然終不若八日佳（醫鑑）	B：內容補正

續表

卷次目錄	諺解痘瘡集要原本（A）	卷次目錄	東醫寶鑒原本（B）	目次變化
11）解毒免痘方	°滌穢□痘湯洗之不出痘雖出只三五顆而已°五六月間取絲瓜小小蔓藤絲陰幹一兩半重收起至正月初一日子時父母只今一人知將前絲瓜藤煎蕩待溫洗兒全身頭面及上下以去胎毒（古今醫鑑）	卷4雜病篇11稀痘方滌穢□痘湯	°五六月間取絲瓜小小蔓藤絲陰幹約二兩半重收起至正月初一日子時父母只今一人知將前絲瓜藤煎蕩待溫洗兒全身頭面上下以去其胎毒洗後不生痘也如出亦輕只三五顆而已（醫鑑）	B：内容補正
12）解毒免痘方	°稀痘湯浴兒永不出痘°六月上伏採葫蘆嫩蔓及絲數十根陰幹遇正月初一日五更勿令人知將葫蘆蔓絲安鍋内煎蕩一盆洗浴孩兒渾身頭面上下方可此方甚神效（唐人方）	稀痘方秘傳稀痘湯	°六月上伏日採葫蘆嫩蔓數十根陰幹遇正月初一日五更勿令人知將葫蘆蔓安鍋内燒蕩一盆洗未出痘小孩兒渾身頭面上下無處不洗到方可此後卽不出痘（唐人秘傳）	B：内容補正
13）解毒免痘方	°梅花丸服之可免出痘°十二月收梅花陰幹爲末煉蜜和丸櫻桃大好酒化下一丸（種杏仙方）	稀痘方服梅花方	°服梅花可免出痘十二月收梅花不拘多少陰幹爲末煉蜜丸茨實大梅一丸好酒化下念太乙求苦天尊一百遍妙不可言（種杏）	B：内容補正
14）解毒免痘方	°油飲子°麻油一升令兒逐日飲盡則永不出痘（扁鵲方）	痘瘡豫防法油飲子	°小兒陽盛無陰以制令頭髮竪直飲食減少此伏熱之兆鄉隣有痘證取眞麻油一升逐日飲之令盡則永不出痘（正傳）	B：内容補充

續表

卷次目錄	諺解痘瘡集要原本(A)	卷次目錄	東醫寶鑒原本(B)	目次變化
15)解毒免痘方	°生地黃自然汁令兒服三蜆殼利下惡物可稀痘(肘後方)	稀痘方		B:刪除
16)解毒免痘方	°臘月□肉作醬食去小兒豌痘瘡醬卽醢也(藥性論)	稀痘方		B:刪除
17)解毒免痘方		稀痘方百壽散	°初生月內用之老無瘡疹黃連一兩朱砂一錢右水煎先拭去口中涎淨灌下少許令嚥之卻以餘藥傾盆中浴兒身令遍(海藏)	B:添加
18)豫防痘瘡禁方	°得效方曰鄉隣痘瘡盛發宜用此預防則不發	痘瘡豫防法	°每遇冬月溫煖恐春發痘預服三豆飲油飲子(入門)°天行痘疹鄉隣有此證預服之能活血解毒則不染宜獨聖丹□紅丸(二方見上)龍鳳膏(醫鑑)	B:內容代替
19)豫防痘瘡禁方	°三豆飲服過七日永不出頭赤小豆黑豆綠豆(各一升)甘草(五錢)右水入升煮令豆熟爲度逐日飲汁喫豆(得效方)	痘瘡豫防法三豆飲	°赤小豆黑豆綠豆各一升甘草五錢右水煮逐日飲汁喫豆任意已染則輕解未染者服之永不出(醫鑑)	B:內容補正
20)豫防痘瘡禁方	°龍鳳膏每歲立春日食一枚終身不出痘疹鄉隣有此證時食一二枚亦好烏鷄卵(一枚)地龍(活而細小者一發)右鷄卵開一竅納地龍以紙糊其竅飯上蒸熟去	痘瘡豫防法龍鳳膏	°烏鷄卵一箇地龍細小活者一條右鷄卵開一小竅入地龍在內皮紙糊	B:內容補正

續表

卷次目錄	諺解痘瘡集要原本（A）	卷次目錄	東醫寶鑒原本（B）	目次變化
	地龍將卵與兒食之（古今醫鑑）		其竅飯鍋上蒸熟去地龍與兒食之每歲立春日食一枚終身不出痘疹覺鄉隣有此證流行食一二枚亦效（正傳）	
21）豫防痘瘡禁方	°獨聖丹小兒服此則出痘必少或只熱蒸三兩日今不出痘絲瓜老者近叩取三寸盛砂瓶內固濟桑柴火燒存性爲末如數配入砂糖攜成餅時時與兒吃盡爲妙一方絲瓜燒灰末水飛朱砂末等分每取五分或一錢砂糖水化下可稀痘（古今醫鑑）	稀痘方獨聖丹	°絲瓜近叩取三寸連皮子納於固濟砂瓶內以桑柴火燒存性爲末以如數入砂糖搗成餅時時與兒吃盡爲佳小兒痘疹服此則少或全然只熱蒸三兩日不出者或遇作熱時卽與食之出痘必少（醫鑑）°凡痘疹初出或未出時服此藥則多者可少少者可無重者可令輕也又云人朱砂少許尤妙（正傳）	B：內容補正、添加

根據表 1 所列內容可以歸納爲下面幾點：

《諺解痘瘡集要》和《東醫寶鑒》卷 4 雜病篇 11 的痘癍疹三證專由胎毒的一部分和 21 編號的比較來看，相同處理的有 3 項、內容添加的有 2 項、內容刪除的有 5 項、內容補正的有 8 項、內容補正添加的有 1 項、內容代替的有 2 項。第一，　　內容相同處理的情況爲 1、2、3 項，卷上的痘瘡源委和痘癍疹形色，與《東醫寶鑒》卷 4 雜病篇卷 11 的“痘癍疹三證專由胎毒”相同處理。可是內容的構成卻有差異，如第 1 項的情況，在《諺解痘瘡集要》卷上痘瘡源委中以"醫學入門曰"開頭,寫的是醫書的完整書名,而《東醫寶鑒》卻在文章末尾的交待出自《入門》,使用的是縮略書名。第3項中的"錢仲陽曰胎在腹中"在《東醫寶鑒》中寫作"錢乙",錢乙是著述《小兒方》的錢仲陽的本名,仲陽爲其字。

第二, 就內容添加的來看,有第5項和第17項的情況。第5項記錄了"東垣"的內容和"海藏"的內容。東垣爲金代李杲的號,其編撰的醫書有《內外傷寒惑論》、《脾胃論》、《蘭室秘藏》等。海藏爲《湯液本草》著者王好古的號。第17項也添加了《湯液本草》的內容。

第三, 內容刪除的有5項,第4、6、7項和第15、16項。第4、6、7項中刪除了王好古、聖惠方、千金方。第15、16項中刪除了肘後方和藥性論。

第四, 內容補正的有8項,即第9、10、11、12、13、14、19、20項。第9、10、11項中補正了《古今醫鑒》的內容,第12項和13項中補正了唐人方和種杏仙方的內容,第14項扁鵲方內容中補正了《醫學正傳》的內容。第19項中得效方的內容根據《古今醫鑒》、第20項《古今醫鑒》的內容根據《醫學正傳》的內容進行了補正。

第五, 內容補正和添加同時具備的爲第21項。補正了《古今醫鑒》的內容,添加了《醫學正傳》的內容。

第六, 內容代替的爲第8、18項。得效方的內容根據《醫學入門》進行代替,第18項中得效方的內容根據《醫學入門》和《古今醫鑒》進行了代替。

根據以上內容可以看出,內容相同處理的情況很少,《東醫寶鑒》編撰時整體性內容的添加、補正、代替、刪除等的處理方式,在此醫書編輯的過程中相繼出現。

五 《諺解痘瘡集要》相關資料

《諺解痘瘡集要》相關資料現在保存在奎章閣、延世大學、梨花女大、韓獨醫藥博物館、高麗大、韓國學中央研究院、許浚博物館。下面就對這些資料進行逐一介紹。

1. 奎章閣所藏本

表 2　奎章閣所藏《諺解痘瘡集要》翻刻本

書名及卷數	編譯及注釋者	版本	刊行事項	版式	序跋	刊記	收藏處
諺解痘瘡集要下卷 1 冊	許浚（朝鮮）奉教撰	木板	宣祖四十一年（1608）印出,飜刻	四周單邊,半郭 22.7×17.0 cm。有界半葉 11 行 20 字,上下內向 1—2 葉花紋魚尾； 33.0 × 32.2 cm。			奎章閣伽藍古貴 615.135 − H4le − v. 00；MF66 − 16 − 3 − E
諺解痘瘡集要 2 卷 1 冊	許浚（朝鮮）奉教撰	木板	宣祖四十一（1608）印出,飜刻	四周單邊,半郭 23.0×17.3 cm。有界半葉 11 行 20 字,上下內向 1—2 葉花紋魚尾； 31.5 × 20.3 cm。	跋文：辛丑（1601）……許浚	萬曆三十六年正月日內醫院開刊……李希憲等	奎章閣一蓑古 615.135 − H41du − v. 1 − 2 (288009)
諺解痘瘡集要下卷 1 冊	許浚（朝鮮）奉教撰	木板	宣祖四十一年（1608）印出,飜刻後印刷	四周單邊,半郭 23.0×17.3 cm。有界半葉 11 行 20 字,上下內向 1—2 葉花紋魚尾； 31.5 × 20.3 cm。	跋文：辛丑（1601）……許浚	萬曆三十六年正月日內醫院開刊……李希憲等	奎章閣一蓑古 615.135 − H41du − c. 2 (288010)
諺解痘瘡集要下卷 1 冊	許浚（朝鮮）奉教撰	木板	宣祖四十一年（1608）印出,飜刻	四周單邊,半郭 23.0×17.3 cm。有界半葉 11 行 20 字,上下內向 1—2 葉花紋魚尾； 31.5×20.3 cm。			奎章閣一蓑古 615.135 − H41du − sc. 2 (288011)

　　奎章閣所藏《諺解痘瘡集要》有 4 種。首先伽藍古貴 615.135 − H4le − v. 00 是根據內醫活字本刊印後直接翻刻的木板本。卷末的跋文和刊印記脫落。一蓑古中的下面三種板本 615.135 − H41du − v. 1 − 2(288009),615.135 − H41du −

c. 2(28801)，615. 135－H41du－sc. 2(288011)被存放在同一檢索號裏面。可是這三種版本的刊印時期卻不相同。首先，288009 的 2 卷 1 冊爲後代翻刻，雖然是後代的木板本，但是內容很完整，後被亞細亞文化社影印，驪江出版社也將其收錄在《韓國醫學大系》第 37 冊中(圖 3—1～3—4)。288010 只保留有下卷，卷末跋文和刊記都有，但是刊行狀態不好，從紙張的品質來看是後代翻刻後的廢本。內標紙葉上有李鍾大攜帶來的墨書。288011 也只有下卷保留下來，沒有跋文和刊記，此書被確定爲和 288009 同一時期刊印的翻刻本。

　　2. 延世大所藏本

表 3　　延世大所藏《諺解痘瘡集要》翻刻本

書名及卷數	編譯及注釋者	版本	刊行事項	版式	序跋	刊記	收藏處
諺解痘瘡集要 2 卷 2 冊	許浚（朝鮮)奉教撰	木板	宣祖四十一年(1608)印出，飜刻	四周單邊，半郭 23.1×17.4 cm。有界半葉 11 行 20 字，上下內向 1—2 葉花紋魚尾；　33.0　× 32.2 cm。	跋文：辛丑(1601)……許浚	萬曆三十六年正月日內醫院開刊……李希憲等	延世大 1489（619.69/4）；複本 1 部目錄 2 卷 p. 158

　　延世大收藏本 1486(619.69/4)爲上下 2 冊，此書也爲翻刻本(圖 4)。從墨記來看原來的所藏者爲羅州朴氏。此書的上卷大部分損壞，下卷比較清楚，和首爾大學所藏的 288009 大體一致。

　　3. 梨花女大所藏本

表 4　　梨花女大所藏《諺解痘瘡集要》翻刻本

書名及卷數	編譯及注釋者	版本	刊行事項	版式	序跋	刊記	收藏處
諺解痘瘡集要 上卷 1 冊	許浚（朝鮮)奉教撰	木板	宣祖四十一年(1608)印出，飜刻	四周單邊，半郭 23.0×18.0 cm。有界半葉 11 行 20 字，上下內向 1—2 葉花紋魚尾；　33.6　× 22.1 cm。	跋文：辛丑(1601)……許浚	萬曆三十六年正月日內醫院開刊……李希憲等	梨花女大（古 619 許 817o）

　　梨花女大所藏本只保留有上卷，爲後代的翻刻本，刊印狀態並不好，一部分目錄殘缺，後半部分也有漏落張葉。現在的狀態也不能說太好（圖5）。

　　4. 韓獨醫藥博物館所藏本

表 5　韓獨醫藥博物館所藏《諺解痘瘡集要》翻刻本

書名及卷數	編譯及注釋者	版本	刊行事項	版式	序跋	刊記	收藏處
諺解痘瘡集要上卷1冊	許浚（朝鮮）奉教撰	木板	宣祖四十一年（1608）印出，飜刻	四周單邊，半郭23.1×17.2 cm。有界半葉11行20字，註雙行上下內向2葉花紋魚尾；30.5×21.9 cm。	跋文：辛丑（1601）……許浚	萬曆三十六年正月日內醫院開刊	韓獨醫藥博物館

　　韓獨醫藥博物館只保留有上卷1冊，爲後代翻刻的宣祖四十一年（1608）刊印的內醫院活字本，翻刻狀態不好，後面的一部分漏落（圖6）。

　　5. 高麗大學所藏本

表 6　高麗大學所藏《諺解痘瘡集要》翻刻本

書名及卷數	編譯及注釋者	版本	刊行事項	版式	序跋	刊記	收藏處
諺解痘瘡集要2卷1冊	許浚（朝鮮）奉教撰	木板	宣祖四十一年（1608）印出，飜刻	四周單邊，半郭23.1×17.1cm。有界，11行20字小字雙行，內向花紋魚尾；30.0×20.8cm。	跋文：辛丑（1601）……許浚	萬曆三十六年（1608）正月日內醫院開刊監校官李希憲李裕	高麗大薪菴貴404
諺解痘瘡集要2卷2冊	許浚（朝鮮）奉教撰	木板	宣祖四十一年（1608）印出，飜刻	四周單邊，半郭23.0×17.3cm。有界，11行20字小字雙行，內向1—3葉花紋魚尾；32.2×21.3cm	跋文：辛丑（1601）……許浚	萬曆三十六年（1608）正月日內醫院開刊	高麗大大學院貴－404A－1－2

　　高麗大學所藏本爲2類。薪菴貴－404爲2卷1冊,是後代的翻刻本,刊印和保存狀態不好。大學院貴－404A1－2爲2卷2冊的翻刻本,雖然爲翻刻卻是完本,表紙後面有筆寫"肯構堂傳家寶"字樣。肯構堂①爲光山金世煥(1640—1703)的號,現在此版是在這個地方流轉下來的木板本中最爲清晰的一種。(圖7—1,7—2,7—3)

　　6. 韓國學中央研究院所藏本

表7　韓國學中央研究院所藏《諺解痘瘡集要》翻刻本

書名及卷數	編譯及注釋者	版本	刊行事項	版式	序跋	刊記	收藏處
諺解痘瘡集要上卷1冊	許浚(朝鮮)奉敎撰	木板	宣祖四十一年(1608)印出,飜刻	四周單邊半郭23.7×17.2cm。11行20字,上下混入花紋魚尾;32.4×21.4cm			韓國學中央研究院C7－77귀247

　　韓國學中央研究院所藏本只有上卷,爲宣祖四十一年刊印的內醫院活字本的翻刻本,有頭注,版刻狀態和保存狀態很好(圖8)。

　　7. 許浚博物館所藏本

表8　許浚博物館所藏《諺解痘瘡集要》翻刻本

書名及卷數	編譯及注釋者	版本	刊行事項	版式	序跋	刊記	收藏處
諺解痘瘡集要2卷2冊	許浚(朝鮮)奉敎撰	木板	宣祖四十一(1608)印出,飜刻	四周單邊半郭23.4×17.8cm。11行20字,上下混入花紋魚尾;31.8×21.2cm	跋文:辛丑(1601)……許浚	萬曆三十六年(1608)正月日內醫院開刊監校官……李希憲……李裕	許浚博物館

---

　　①　指定爲2000年4月10日廣尚北道有形文化財第316號。由"口"字型的祠堂和正寢構成,總4棟。原爲永川李氏參奉公派的宗宅,其建築年代不能確定。光山金氏退村派中的惟一齋金彥璣和夫人死別後,和永川李氏再婚,其在30歲後半期入住妻家,以後在此長期居住。此宅後傳給次子金得肅(1561—1649),直到現在其後孫也在此地居住。堂號肯構堂出至金彥璣的玄孫金世煥(1640—1703)的號,原來爲99間,現在已經減少,大約在70年前又重新補修。

　　許浚博物館所藏爲 2 卷 2 冊的翻刻本。卷末保留有內醫院活字本的刊印時期和跋文。有頭注，是保存到現在的木板本中最清晰的一種（圖 9）。

六　　內醫院字本《諺解痘瘡集要》的價値

　　加川博物館所藏內醫院字本《諺解痘瘡集要》是最初發現的原刻本醫書。在奎章閣、延世大學、梨花女大、韓獨醫藥博物館、高麗大、韓國學中央研究院、許浚博物館所藏則都爲翻刻本。其中只有奎章閣的翻刻本稍微好一點，其餘的狀態都比較差。

　　許浚編撰的用內醫院字刻印的所有醫書和朝鮮初期刻印的醫書都被指定爲國家寶物，在朝鮮初期原刻本不存的情況下，翻刻本中狀態較好的也被指定爲國家寶物。這些都是醫書沒有被大量保存下來的證據，這也使許浚編輯諺解的用內醫院字刊行的《諺解痘瘡集要》相對來說更爲重要。

　　對至今爲止發現的被指定爲寶物的內醫院字本及木板本的醫書進行檢討的同時，也有必要對《諺解痘瘡集要》的特徵和價値作進一步考察。

　　首先，現在爲止發現的內醫院字本及木板本中被指定爲寶物的醫書如下：

① 《東醫寶鑒》（國立中央圖書館寶物 1085 號（1991.9.30））

　　東醫寶鑒／許浚奉教撰．－內醫院字本．－光海君 5（1613）．－

　　25 卷 25 冊（目錄上下 2 冊，本文 23 冊）；四周雙邊，半郭 26.6×16.5 ㎝，有界半葉 10 行 21 字，上下內向 3 葉花紋魚尾；36.6×22.0 ㎝。

　　序：萬曆三十九年辛亥（1611）……李廷龜

　　刊記：萬曆四十一年（1613）十一月日內醫院奉教刊行

　　監校官：通訓大夫行內醫院直長臣李希憲

　　　　　　通訓大夫行內醫院副奉仕臣尹知微

　　內賜記：萬曆四十二年二月日內賜東醫寶鑒一件五臺山上左承旨臣〔手決〕

② 《辟疫新方》（奎章閣寶物第 1086 號（1991.9.30））

　　辟疫新方／許浚奉教撰．－內醫院字本．－光海君 5（1613）．－

　　3 種 3 冊；四周雙邊，半郭 24.3×16.0 ㎝，有界半葉 10 行 19 字，上下內向 3 葉花紋魚尾；34.2×20.7 ㎝。

刊記：萬曆四十一年（1613）十二月日內醫院奉教開刊

監校官：通訓大夫行內醫院直長臣李希憲

　　　　通訓大夫行內醫院副奉仕臣尹知微

內賜記：萬曆四十二年四月日內賜辟疫新方一件太白山上左承旨臣〔手決〕

　　　　萬曆四十二年四月日內賜辟疫新方一件校書館上左承旨臣〔手決〕

　　　　萬曆四十二年四月日內賜辟疫新方一件五臺山上左承旨臣〔手決〕

③　《新纂辟瘟方》（奎章閣，寶物第 1087 號（1991.9.30））

新纂辟瘟方／許浚奉教撰．－內醫院字本．－光海君 5（1613）．－

3 種 3 冊：四周雙邊，半郭 23.0×15.8 ㎝，有界半葉 10 行 18 字，

上下內向 3 葉花紋魚尾；33.4×21.4 ㎝。

序：萬曆四十一年（1613）……李廷龜

刊記：萬曆四十一年（1613）十一月日內醫院奉教開刊

監校官：通訓大夫行內醫院直長臣李希憲

　　　　通訓大夫行內醫院副奉仕臣尹知微

內賜記：萬曆四十一年九月日內賜新纂辟瘟方一件弘文館上左承旨臣〔手決〕

　　　　萬曆四十一年九月日內賜新纂辟瘟方一件五臺山左承旨臣〔手決〕

　　　　萬曆四十一年九月日內賜新纂辟瘟方一件校書館上左承旨臣〔手決〕

④　《諺解胎產集要》（國立中央圖書館，韓獨醫藥博物館，寶物第 1088 號（1991.9.30，1991.12.16）

諺解胎產集要／許浚奉教撰．－內醫院字本．－宣祖 41（1608）．－

2 種 2 冊：四周雙邊，半郭 25.0×17.2 ㎝，有界半葉 11 行 20 字，

上下內向 3 葉花紋魚尾；33.4×21.4 ㎝。

刊記：萬曆三十六年（1608）正月日內醫院開刊

　　　監校官：通訓大夫行內醫院直長臣李希憲
　　　　　　　通訓大夫行內醫院奉仕臣李각(一部破損)
　　　內賜記：萬曆三十六年六月日內賜大司成金玏諺解胎產集要一件命除謝
　　　　　　　恩左承旨臣〔手決〕

⑤　《纂圖方論脈訣集成》(韓獨醫藥博物館，寶物第 1111 號(1991. 12. 16)
　　　纂圖方論脈訣集成/高陽生編輯；許浚校正．－內醫院字本．－光海君四
　　　年(1612)．－
　　　2 卷 2 冊(4 卷 4 冊중 1 卷，3 卷)：四周雙邊，半郭 23.0×15.8 ㎝，有界半
　　　葉 10 行 18 字，上下內向 3 葉花紋魚尾；33.2×21.0 ㎝。
　　　跋：萬曆九年(선조 14，1581)……許浚
　　　刊記：萬曆四十年(1612)閏十一月日內醫院奉敎開刊
　　　監校官：通訓大夫行內醫院僉正臣李希憲
　　　　　　　通訓大夫行內醫院直長臣尹知微

⑥　《鄉藥濟生集成方》(加川文化財團 6，寶物第 1178 號(1993. 11. 5.)；
　　　韓獨醫藥博物館卷帙 4.5 寶物第 1235 號(1996. 01. 19))
　　　鄉藥濟生集成方/金希善．－木版本．－江原監營，定宗元年(1399)序．－
　　　1 冊：四周單邊，半郭 21.2×13.6 ㎝，有界半葉 12 行 24 字，
　　　註雙行幷單行；25.8×15.2 ㎝。
　　　序：洪武三十一年(1398)蒼龍戊寅……權近

⑦　《胎產要錄》(加川文化財團，寶物第 1179 號(1993. 11. 5))
　　　胎產要錄/盧重禮奉命撰．－木板本．－密陽，世宗十六年(1434)跋．－
　　　2 卷 1 冊：四周雙邊，半郭 17.6×10.7 ㎝，有界半葉 8 行 18 字，
　　　註雙行，大黑口，上下內向黑魚尾；23.6×13.2 ㎝。
　　　序：宣德九年甲寅(1434)秋七月日……鄭麟趾
　　　跋：宣德九年甲寅(1434)十一月日……金孝貞

⑧　《神應經》(加川文化財團，寶物第 1180 號(1993. 11. 5))
　　　神應經/陳會(明)撰；劉瑾(明)重校．－木板本．－成宗五年(1474)序．－

不分卷 1 冊：四周單邊，半郭 19.2×13.2 ㎝，有界半葉 12 行 23 字，
註雙行；26.0×16.8 ㎝。
序：成化十年（成宗 5，1474）11 月……韓繼喜

⑨　《山居四要》（加川文化財團，寶物第 1207 號（1994.7.29）
山居四要／王汝懋（元）編集；陳止善（元）校正．－木板本．－中宗三十五
年（1540）．－4 卷 1 冊：四周雙邊，半郭 21.6×14.2 ㎝，有界半葉 10 行 20
字；26.7×16 ㎝。
序：至正庚子（1360）……劉仁本
識：至正庚子（1360）……汝懋
※　嘉靖三十三年甲寅（明宗九，1554），魚叔權編撰的《攷事撮要》的冊板目
錄中記有中宗三十五年（1540）在晉州牧刊印《山居四要》，依據這個記錄推斷
此書的刊印時期。

⑩　《植物本草》（加川文化財團，寶物第 1227 號（1995.7.19）
植物本草／狄沖（明）；姚文淸（明）編．－甲辰字本．－①．－2 卷 2 冊：四周
雙邊，半郭 21.8×15.1 ㎝，有界半葉 12 行 20 字，
大黑口；28.5×18.8 ㎝。
序：嘉靖丙戌（中宗二十一，1526）……姚文淸

⑪　《救急簡易方》（韓獨醫藥博物館，寶物第 1236 號，1996.01.19；許浚博物
館寶物第 1236—2 號，2006.1.17）
救急簡易方／尹壕等受命編．－木板本．－成宗二十年（1489）．－1 卷 1
冊：四周單邊，半郭 21.0×14.5．㎝，有界半葉 8 行 17 字，
註雙行，上下內向黑魚尾；30.5×18.5 ㎝。
序：弘治二年（成宗二十，1489）……許琮

⑫　《醫方類聚》（韓獨醫藥博物館寶物第 1234 號，1996.01.19）
醫方類聚／金禮蒙等受命撰．－乙亥字本．－成宗八年（1477）．－1 卷 1

---

①　中宗後期——明宗年間。

册:四周單邊,半郭 21.6×14.8. cm,有界半葉 9 行 17 字,
註雙行,上下內向黑魚尾;30.0×18.8 cm。

以上爲 12 種。①《東醫寶鑒》是彙集了韓國和中國的醫書編撰成的漢醫
學百科全書,總 25 卷 25 册。此書在光海君三年(1613)刊行,次年饋贈給五臺
山寺庫,作爲內賜本狀態良好。此書在國立中央圖書館及奎章閣、藏書閣都
有所藏。

②《辟疫新方》是有關傳染病治療的醫書,在光海君五年(1613)刊印,次
年 4 月賜給太白山寺庫、校書館、五臺山寺庫,是內賜的相同的 3 種版本,狀態
良好。

③《新纂辟瘟方》是對有關瘟疫的原因、脈理、形症、藥名、治法、辟法等的
記述。也是在光海君五年(1613)刊印,同年 9 月賜予弘文館、校書館、五臺山
寺庫,保存狀態良好。

④《諺解胎産集要》是對胎産的病勢及藥方的記述,爲宣祖四十一年
(1608)刊行。國立中央圖書館本是宣祖四十一年賜予大司乘金玏的版本,韓
獨醫藥博物館記有"宣賜之記"的內賜印,而有內賜記的一面脫落。

⑤《纂圖方論脈訣集成》爲高陽生編輯,在宣祖十四年(1581)由許浚校正
後在光海君四年(1612)刊行,此書爲散失本。

⑥《鄉藥濟生集成方》參考高麗時期鄉藥醫方並採集各種醫書而成,由再
生院在太祖七年(1398)刊印,次年(1399)金希善在江原道刊印。加川博物館
保存有 30 卷中的卷 5,韓獨藥品本保存有卷 4、5 的 2 卷 1 册,比加川文化財團
本狀態更好。

⑦《胎産要錄》是世宗時期典醫監盧重禮受王命編撰的醫書,專對胎産和
嬰兒的疾病進行了記述。有上下 2 卷,參考了聖惠方、千金方等 15 種醫書,是
現存的珍本。

⑧《神應經》爲世宗七年(1425)明陳會編撰,在成宗五年(1474)劉瑾重校
後刊印的有關針灸方面的木板本醫書。此書的序文脫落,本文也大部分破
損,但作爲初刊本其價值是不可否認的。

⑨《山居四要》是元代王汝懋根據太史令楊瑀的山居四要增補編輯的,是
對日常生活健康的四種要素分門別類進行記述的醫書。此書在明宗九年
(1554)魚叔權編撰的《攷事撮要》的册板目錄中記有中宗三十五年(1540)在

晉州刊印《四居四要》事項,可以推斷此書的刊行年代。

⑩《植物本草》是明代的狄沖等編輯,在中宗後期至明宗年間以甲辰字本刊印的醫書。此書2冊中上卷的一半中的半葉已經破損,已經保修。此書是最早被發現的醫書。

⑪《救急簡易方》爲成宗二十年尹壕等受王命編撰,以刊印的乙亥字本再次翻刻的諺解本醫書。韓獨醫藥博物館本保存有8卷中的卷6,前面5張和後面1張脫落,和這個相比,許浚博物館所藏的卷6本同爲乙亥字翻刻本,沒有脫落並且清晰保存狀態較好。卷首和卷末有雪月堂金富倫(1531—1598)的藏書印。

⑫《醫方類聚》爲世宗二十七年(1445)完成的365卷的醫學百科全書,世祖時期再次校正整理,最後編成266卷264冊,成宗八年(1477)以乙亥字本刊印30部,此書爲其中的卷201,是國內最初發現的版本。

和以上醫書不同,保存在加川博物館的《諺解痘瘡集要》上、下卷所體現的特徵及價值有下面幾點:

①作爲許浚校正編撰的諺解本,卷末雖有一部分脫落,但是板印品質很好,爲初版本中的完板,也是唯一版本。

②在內醫院編刊的醫書中,根據《諺解痘瘡集要》的跋文可以了解到《諺解救急方》及《諺解胎產集要》的編撰經緯。

③此書是關於痘瘡的治療專門醫書,作爲諺解本,對於當時的諺文研究也是不可或缺的教材。

④通過和《東醫寶鑒》的內容相比較,可以知道《東醫寶鑒》在吸收基本的醫學書籍的同時也作了大量的補正和修訂。

⑤既存的翻刻本因爲版本狀態不好,作爲影印的底本,此書是醫學界的貴重資料。

⑥內醫院活字本大部分被指定爲國家寶物,其文化方面的價值不可否認。

七　結論

內醫院字本《諺解痘瘡集要》和其相關資料的考察綜合來看有如下幾點:

1. 內醫院是朝鮮時代爲王室制藥的機構,曾經也被稱爲內局、內藥房、藥院等。太祖朝沿襲高麗的制度,設典醫監,世宗二十五年(1443)開始設立一

系列制度措施一直沿用到朝鮮末期。内醫院在宣祖四十一年(1608)開始
到光海君七年(1615)之間開始編撰、校正醫書並以木活字進行刊印，這個
時期刊印的醫書主要有《諺解救急方》、《諺解痘瘡集要》、《諺解胎産集
要》、《纂圖方論脈決集成》、《新纂辟瘟方》、《東醫寶鑒》、《辟疫新方》《食物
本草》、《醫林撮要續集》、《簡易辟瘟方》、《新刊補注譯文》、《黄帝内經素
問》、《神應經》、《新刊補註鍼人腧穴鍼灸圖經》、《臟藥證治方》等。

2. 許浚爲中宗三十四年(1539)至光海君七年(1615)的人物。柳希春在宣
　 祖二年(1569)向吏曹判書洪曇推薦許浚爲内醫員。宣祖八年(1575)二
　 月十五日他開始爲王的病把脈。宣祖十四年(1581)改編校正《纂圖脈
　 訣》並刊印了《纂圖方論脈決集成》。宣祖二十五年(1592)護送宣祖到義
　 州成爲護送功臣，直到四十一年(1608)二月宣祖崩駕，一直以御醫的身
　 份活動。宣祖去世後根據原來的禮儀制度，王的主治首醫負有責任，按
　 形式應還鄉，當時由於光海君的挽留而被留了下來。《諺解痘瘡集要》是
　 根據世祖時期任元濬編輯的以《瘡疹集》爲首的治療痘瘡的醫書，又參照
　 中國的其他幾種醫書編撰而成。從宣祖三十四年(1601)開始編撰，到宣
　 祖四十一年(1608)在内醫院刊印。

3. 加川博物館所藏的《諺解痘瘡集要》是 2 卷 2 冊的完本。四周雙邊，半廓
　 25.0×17.4 ㎝，有界，半葉 11 行 20 字，上下内向 3 葉花紋魚尾，整體尺
　 寸 32.5×21.5。書的前面部分的頁下角有因爲濕氣導致變色的部位，但
　 整體的色彩很好，下卷後面的跋文有一張脫落，但已補寫。卷上是對痘
　 疫的預防和症候；下卷是對各種症狀的治療方法。對《諺解痘瘡集要》和
　 《東醫寶鑒》的 21 項内容進行比較的結果來看，内容相同的情況很少，《東
　 醫寶鑒》編撰時整體性的對内容有添加、補正、代替、删除、補正添加等，
　 這些處理方式在此醫書編輯的過程中相繼出現。

4. 《諺解痘瘡集要》的有關版本大部分是翻刻本。奎章閣所藏《諺解痘瘡集
　 要》有 4 種。首先伽藍古貴 615.135－H4le－v.00 是根據内醫活字本刊
　 印後直接翻刻的木板本。卷末的跋文和刊印記脫落。一襄古中有三種
　 版本，其中 288009 雖爲後代翻刻，但内容完整，成爲影印的底本。其餘的
　 只剩下卷一冊。延世大所藏本爲上下 2 冊，此書的上卷大部分損壞。梨
　 花女大所藏本只保留有上卷，爲後代的翻刻本。韓獨醫藥博物館只保留
　 有上卷 1 冊，爲後代翻刻本，翻刻狀態不好。高麗大學所藏本爲 2 類。薪

菴貴－404爲2卷1冊，是後代的翻刻本，刊印和保存狀態不好。大學院貴－404A1－2爲2卷2冊的翻刻本，雖是翻刻本，但是完本，是肯構堂傳下的書籍，現在此版是在這個地方流轉下來的木板本中最爲清晰的一種。韓國學中央研究院所藏本只有上卷，爲宣祖四十一年刊印的內醫院活字本的翻刻本，有頭注，版刻狀態和保存狀態很好。許浚博物館所藏本爲2卷2冊，是翻刻本，但是完本，卷末保留有內醫院活字本的刊印時期和跋文。有頭注，是保存到現在的木板本中最清晰的一種。

5. 保存在加川博物館的《諺解痘瘡集要》上、下卷所體現的特徵及價值有下面幾點：作爲許浚奉教編撰的諺解本，卷末雖有一部分脫落，但是板印品質很好，爲初版本中的完板，也是唯一版本。在內醫院編刊的醫書中，根據《諺解痘瘡集要》的跋文可以了解到《諺解救急方》及《諺解胎產集要》的編撰經緯。此書是關於痘瘡的治療專門醫書，作爲諺解本，對於當時的韓文研究也是不可或缺的教材。通過和《東醫寶鑒》的內容相比較，可以知道《東醫寶鑒》在吸收基本的醫學書籍的同時也作了大量的補正和修訂。基本的翻刻本因爲版本狀態不好，作爲影印的底本，此書是醫學界的貴重資料。內醫院活字本大部分被指定爲國家寶物，其文化方面的價值不可否認。

（作者單位：韓國漢城大學校知識情報學部）

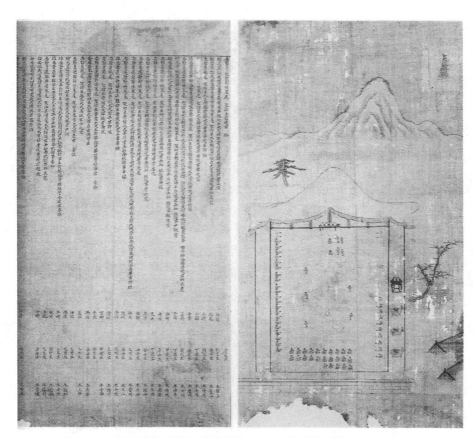

圖1—1　國立晉州博物館所藏寶物 688 號《太平會盟圖》屏風 1—2 面

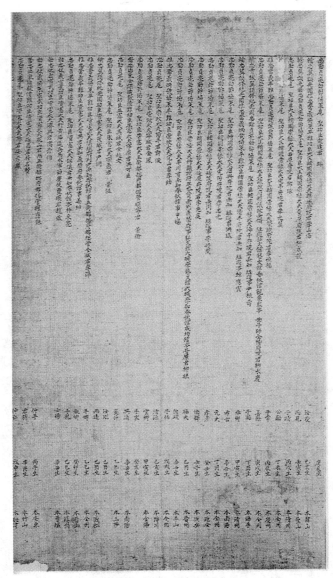

圖 1—2　國立晉州博物館所藏寶物 688 號《太平會盟圖》屏風 2 面

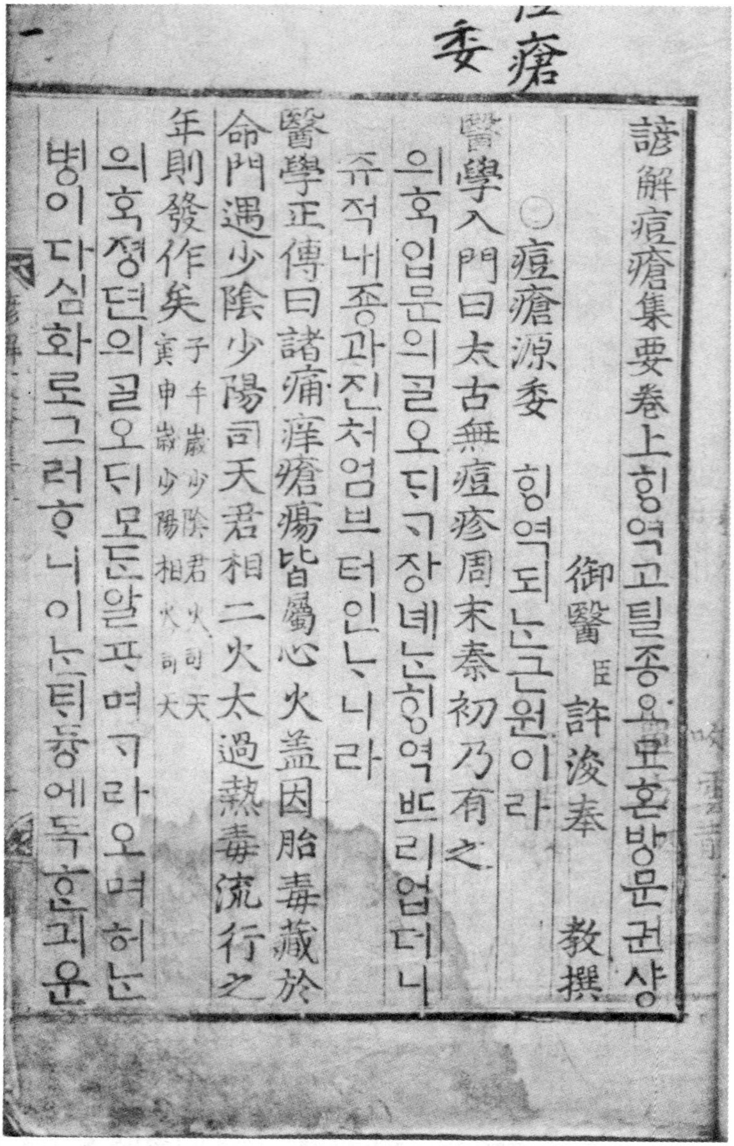

圖2—1　內醫院字本《諺解痘瘡集要》卷上前面

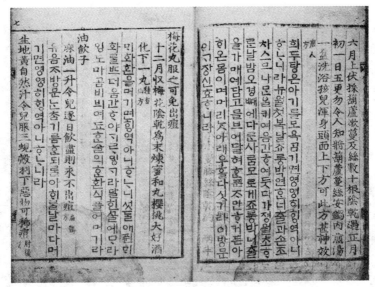

圖 2—2　內醫院字本《諺解痘瘡集要》一部分內容

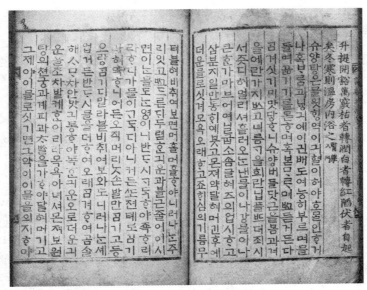

圖 2—3　內醫院字本《諺解痘瘡集要》一部分內容

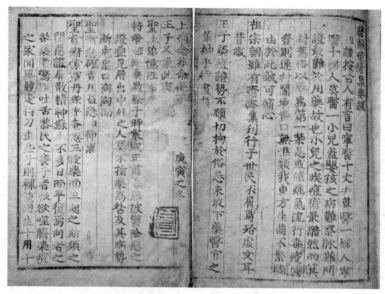

圖 2—4　內醫院字本《諺解痘瘡集要》跋文 1

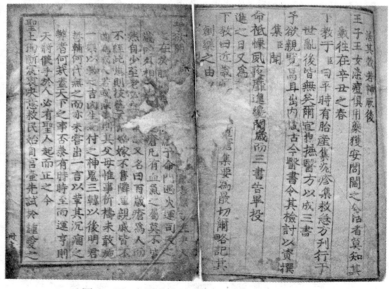

圖 2—5　內醫院字本《諺解痘瘡集要》跋文 2

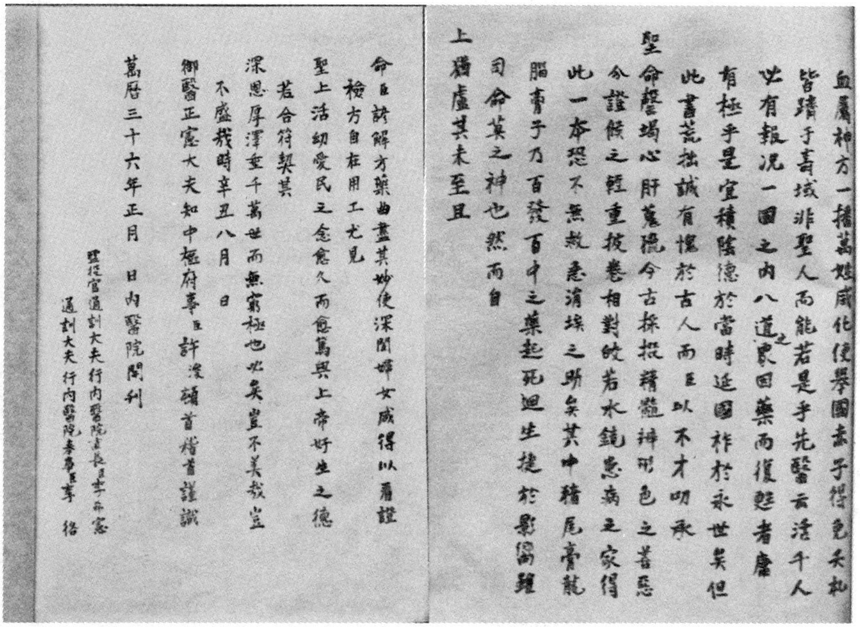
血屬神方一播萬姓咸化使舉國赤子得免夭札
皆躋于壽域非聖人而能若是乎先醫云活千人
必有報況一國之內八道之衆因藥而復甦者庸
有極乎是宜積陰德於當時延國祚於永世矣但
此書荒拙誠有愧於古人而臣以不才叨承
聖命罄竭心肝蒐獵今古採掇精蘊辨形色之善惡
分證候之輕重披卷相對皎若水鏡患病之家得
此一本恐不無救急消殃之助矣其中猪尾膏龍
腦膏子乃百發百中之藥起死迴生捷於影響雖
司命莫之神也然而自
上猶慮其未至且
命臣諺解方藥曲盡其妙使深閨婦女咸得以看證
檢方自在用工尤見
聖上活幼愛民之念愈久而愈篤與上帝好生之德
若合符契其
深恩厚澤垂千萬世而無窮極也必矣豈不美哉豈
不盛哉時辛丑八月　日
御醫正憲大夫知中樞府事臣許浚頓首稽首謹識
萬曆三十六年正月　日內醫院開刊
監校官通訓大夫行內醫院直長臣李希憲
通訓大夫行內醫院奉事臣李　佶

圖 2—6　内醫院字本《諺解痘瘡集要》跋文 3 補寫

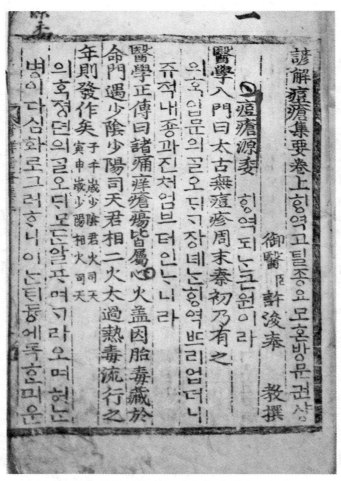

圖 3—1　奎藏閣所藏《諺解痘瘡集要》卷上（2888009）

諺解痘瘡集要跋
臣謹按古人有云寧醫十丈夫莫醫一婦人寧
醫十婦人莫醫一小兒盖嬰孩之病難察脉難問
證最難於用藥故也小兒之疾痘瘡最酷然而其
封舊俗以藥爲第一禁忌或值癘氣流行毒疫盛
發則連村闔境黃口無噍類我東方生齒不繁職
由於此誠可痛心
祖宗朝雖有瘡疹集刊行于世民不肯焉殆虛文耳
昔歲
王子染痘證勢不順而拘於俗忌未敢下藥醫官之
輩袖手待盡自
上痛念非命悔不用藥歲在庚寅之冬
王子又染此疾
聖上追憶往事
特命臣施藥救療于時寒威正勵毒熱被鬱陰惡之
證疊見層出中外之人莫不指藥爲咎及其病勢
漸危衆口洶洶而
聖斷愈確責用益急臣仰稟
聖旨俯索靈丹幾乎奄忽三投藥而三起之斯須之
間惡證屛散精神蘇爽不多日而平復焉向者之
谷藥者驚服吐舌黎民之喪子者恨欲噬臍然痘
之家閭風競走得刀圭些子則輒能迴生十用十

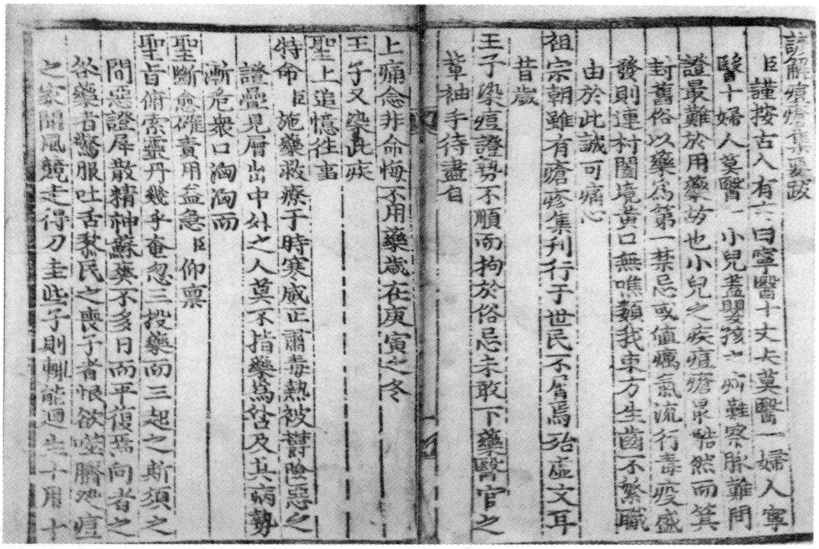

圖 3—2　奎藏閣所藏《諺解痘瘡集要》跋文 1（2888009）

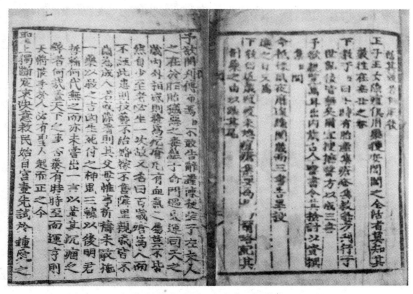

圖 3—3　奎藏閣所藏《諺解痘瘡集要》跋文 2（2888009）

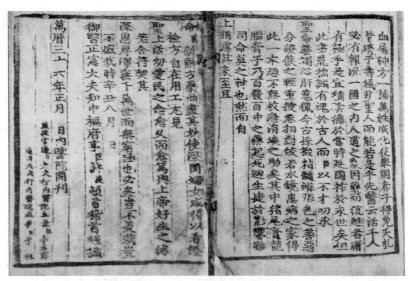

圖3—4　奎章閣所藏《諺解痘瘡集要》跋文 3（2888009）

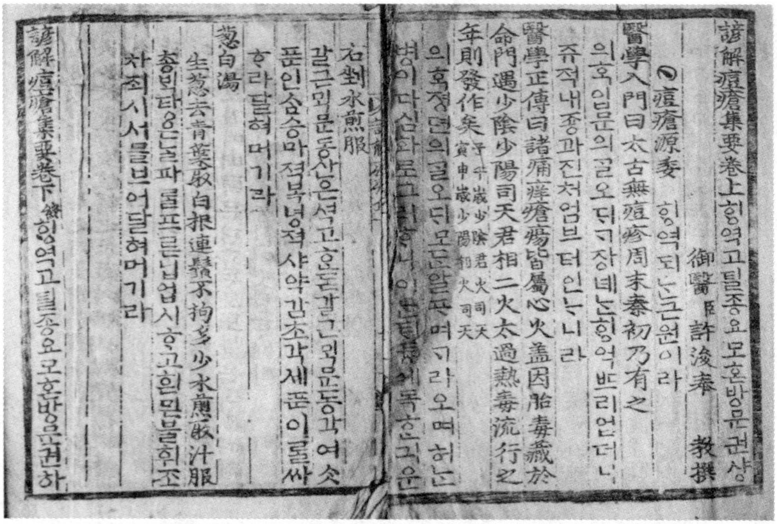

圖4　延世大學所藏《諺解痘瘡集要》卷上、下前面

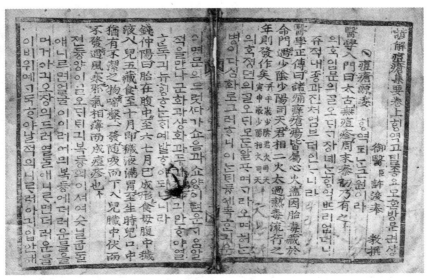

圖 5　梨花女大所藏《諺解痘瘡集要》翻刻本

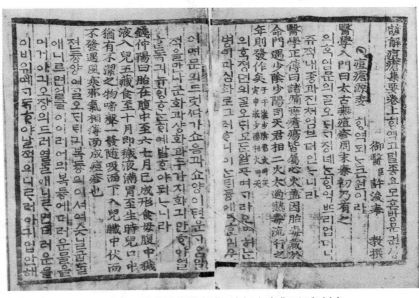

圖 6　韓獨醫藥博物館所藏《諺解痘瘡集要》翻刻本

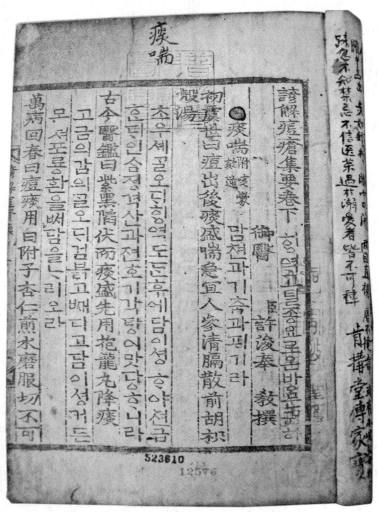

圖7—1　高麗大所藏《諺解痘瘡集要》下卷前面（大學院貴 404A2）

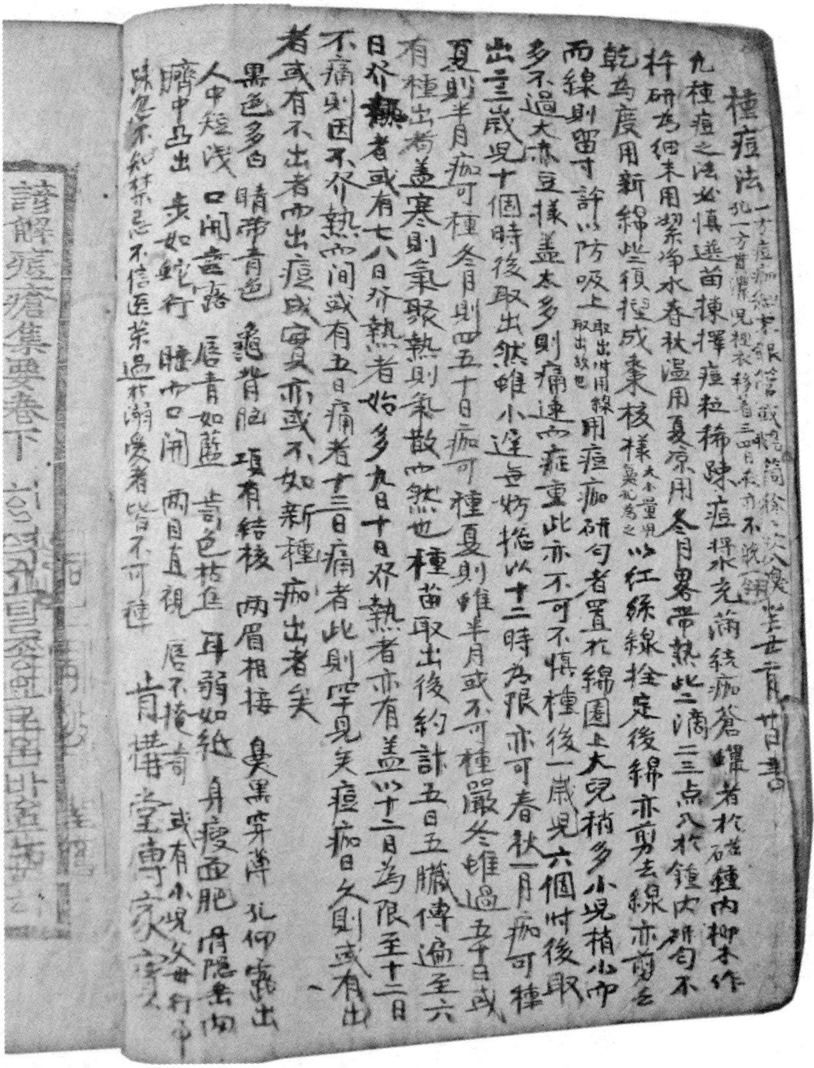

圖7—2　高麗大所藏《諺解痘瘡集要》肯構堂傳家寶筆寫部分（大學院貴 404A1）

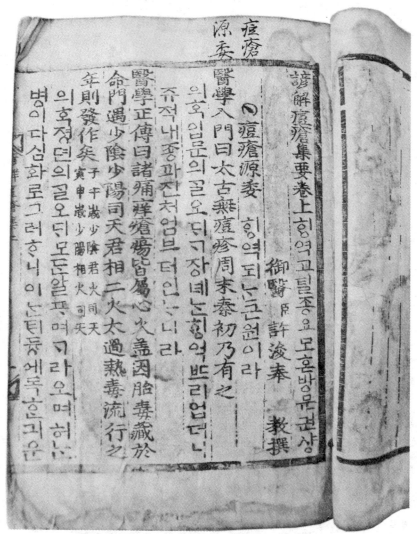

圖 7—3　高麗大所藏《諺解痘瘡集要》卷上前面（薪菴貴 404）

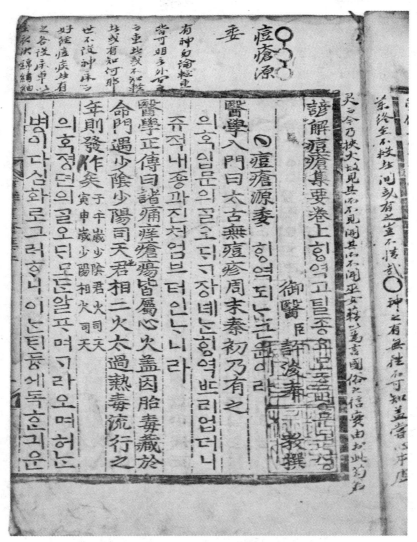

圖8　韓國中央研究院所藏《諺解痘瘡集要》卷上前面

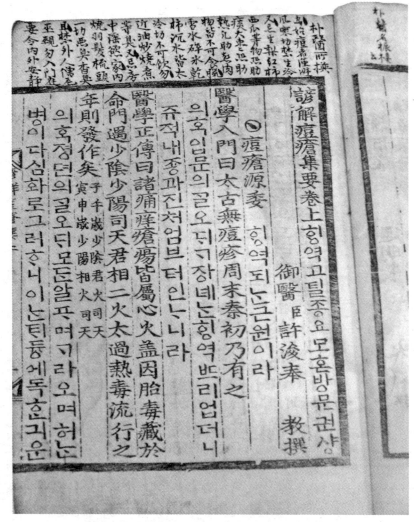

圖 9　許浚博物館所藏《諺解痘瘡集要》卷上前面

域外漢籍研究集刊　第六輯
2010 年　頁 157—176

《士昏禮》與朝鮮《家禮》學研究

——金長生《家禮輯覽》婚禮述評

盧鳴東

一　引言

　　《文公家禮》是朱熹(1130—1200)一部頗爲重要的禮學專著,此書於高麗晚年傳入朝鮮半島,對當地造成很大影響。高麗恭讓王元年(1389),大司憲趙浚(1346—1405)上時務疏曰:"吾東方家廟之法,久而廢弛,……願自今一用《朱子家禮》"①二年,鄭夢周(? —1398)"請令士庶效《朱子家禮》,立廟作主,以奉先祀。"②三年,高麗申令家廟之制,以"行禮儀式一依《文公家禮》"③可見,在李氏朝鮮(1392—1910)立國前,《家禮》已被高麗朝視爲法典使用。在朝鮮一代,《家禮》於君臣庶民間廣泛流傳,鄭述(1543—1620)謂《家禮》"家無不有,人無不講"④,綜觀《家禮》傳入朝鮮以後,相關研究如雨後春筍般大量湧現,足證此言不虛。

---

　　①　[韓]趙浚《松堂集》,載《韓國文集叢刊》(首爾:韓國文集叢刊編委會,2003 年),第6 輯,《陳時務第二疏》,頁 428。
　　②　[韓]鄭夢周《圃隱集·年譜考異》,載《韓國文集叢刊》,第5 輯,頁 609。
　　③　《高麗史》,載《四庫全書存目叢書》,第 160 冊,《禮志五》"大夫士庶人祭禮"條,卷63,頁 566。
　　④　[韓]鄭述《五先生禮說·序》,奎章閣韓國本圖書藏本,頁 2。

　　金長生(1548—1631),字希元,號沙溪,十三歲從宋龜峰"受《四子》、《近思錄》",二十歲"受業於栗谷李先生之門","自是備聞聖學之奧","尤精於禮學,節目該盡,巨細畢舉。"①《東儒學案》謂"蓋其爲學於《六經》,無不貫通,性理亦然,而專門則禮學,所著有《疑禮問解》、《家禮輯覽》、《喪禮備要》,又有《經書辨疑》、《近思錄釋疑》"②金長生禮學著述甚豐,爲朝鮮禮學關鍵人物,後學對他推崇備至。金壽恒稱他"專精禮學,講討而服行之,使天敘天秩,大明於吾東,其功益偉矣";宋明欽云:"沙翁之於禮猶晦翁之四子,皆所謂集群賢之大成。"③金長生有"東禮家之宗主"的美稱。宋稺圭在《四禮正變序》中曰:"窮念沙溪老先生實爲我東禮家之宗主,而所著《輯覽》、《問解》等書,發揮《家禮》之義,嘉惠後學,其功大矣。"④金長生在朝鮮禮學上極具代表性,而《家禮輯覽》是其最重要的禮學著作,對朝鮮《家禮》研究的發展起到指導作用⑤。

　　《家禮輯覽》寫成於1599年,總結了金長生《家禮》學研究成果,書中分爲《家禮圖》、《家禮序》、《通禮》、《冠禮》、《昏禮》、《喪禮》和《祭禮》七個部分。此書屬於疏解性質,作者隨文釋義,偶有己見,以累積、羅列材料爲主。朱熹《家禮》簡約易明,容易使人接受,而其禮古而有徵,僅以數辭片語未必能夠闡明繁細鉅瑣的古禮節文。今存《家禮》五卷本,有楊復注附於《家禮》條文之下。楊復是朱熹門人,他不滿《家禮》過於簡約,常於注文中徵引《儀禮》原文,藉此與《家禮》相互發明。宋代周復在《家禮附錄跋》中曰:

　　　　抑文公此書欲簡便而易行,故與《儀禮》或有不同,其所同者又不能無詳略之異,楊氏往往多不滿之意。復竊謂《儀禮》存乎古,《家禮》通於今,《儀禮》備其詳,《家禮》居其要,蓋並行不相悖也。⑥

　　①　[韓]金容琯等編《沙溪·慎獨齋全書》(首爾:光山金氏文元公念修齋,1978年),下冊,《年譜》,頁776—777。
　　②　[韓]權五煥等編《東儒學案》(大邱:東儒學案刊行所,1944年),卷1,頁11。
　　③　[韓]金壽恒《沙溪遺稿序》;[韓]宋明欽《退溪喪祭禮答問辨識跋》,載《沙溪·慎獨齋全書》,頁898、903。
　　④　[韓]金景游《四禮正變》,光武元年(1897)刊出,奎章閣古圖書,1325號,頁1。
　　⑤　彭林謂"在疏解《家禮》的著述中,金長生的《家禮輯覽》一書影響最大。"載《中國禮學在古代朝鮮的傳播》(北京:北京大學出版社,2005年),頁108。
　　⑥　[宋]朱熹《家禮》,載《朱子全書》(上海:上海古籍出版社;合肥:安徽教育出版社,2002年),第7冊,頁948。

在《家禮》的疏解上,《家禮輯覽》也採用《儀禮》注釋《家禮》禮儀,兼且選用材料比楊復注更多,範圍更廣。本文根據《家禮輯覽》考察金長生徵引《儀禮·士昏禮》及相關材料,揭示朝鮮初期學者研究《家禮》的三個方向:一、追溯《家禮》禮儀沿革;二、區別《家禮》注疏異同;三、揭示中、朝禮儀差異。

二　追溯《家禮》婚儀源流

(一)重整婚禮"六禮"原貌

有關《家禮》的成書,朱熹嘗言"古禮繁縟,後人於禮日益疏略",而"古禮於今實難行",故"後世苟有作者,必須酌古今之宜"①。他認爲後人重修禮書,務必折衷古制,以合今用。他在《家禮·序》中曰:"是以嘗獨究觀古今之籍,因其大體之不可變者而少加損益於其間,以爲一家之書。"②這說明《家禮》增減古今之禮成書,內容保留了古禮儀式。可是,《家禮》行文簡略,所涉及古禮儀式艱澀不明之處殊多,而楊復注多引用《溫公家儀》或僅選取《儀禮》片段,導致論述不夠全面。金堉(1580—1658)在《家禮考證·序》中曰:"顧其爲書出於聖遺經,微辭奧義有難盡識,學者病之。"③朝鮮學者認爲《家禮》源於古禮,乃窮本追源,直尋古禮以求書中儀式沿革。

在《家禮》儀式的沿革上,朝鮮學者倡議從《溫公書儀》考溯《家禮》禮儀的由來。《家禮》內容有來自司馬光(1019—1086)《溫公書儀》,沿此雖可以追溯《儀禮》原貌,說明《家禮》源流,但由於傳承多時,儀式損益不少,故於考證上難有成果。金鍾厚(朝鮮時期)在《家禮集考》中曰:

> 《儀禮》廢而代各有禮,顧無所於折衷,至朱先生制爲《家禮》,而禮在下定矣。且是書沿近乎《司馬公書儀》,由《書儀》以溯《儀禮》,而歷代因革綜其間,學者病難尋究。④

此外,有學者主張通過《儀禮》中的古禮儀式勾勒《家禮》的原始雛型。金堉在

---

① ［宋］朱熹《朱子語類》(北京:中華書局,1986 年),"論考禮綱領"條,第 6 冊,卷 84,頁 2177—2178。

② 《家禮》,載《朱子全書》,第 7 冊,頁 873。

③ ［韓］曹好益(1545—1609)《家禮考證》,奎章閣韓國本圖書藏本,頁 1。

④ ［韓］金鍾厚《家禮集考》,奎章閣韓國本圖書藏本,頁 1。

《家禮考證·序》中曰："噫！冠昏之義，喪祭之文，備載於《禮經》，而朱子集之爲《家禮》；朱子好禮之心，即先聖之心也。"①同時，尹光紹（朝鮮時期）在《家禮源流·序》中，指出先祖尹宣擧（1610—1669）撰作《家禮源流》，原因是"患禮書之廣博微奧，猝難考究，遂取《家禮》一書爲綱，而以《儀禮》、《禮記》諸經溯其源。"②簡言之，朝鮮經儒於《家禮》注釋中，致力輯引《儀禮》古禮及相關說法，補述楊復注的不足，爲時人研習《家禮》提供重要的閲讀材料。

在《家禮輯覽》中，金長生根據《儀禮·士昏禮》補述《家禮·昏禮》篇，重整古婚禮"六禮"儀式，反映出朝鮮經儒探求《家禮》沿革的情況。《昏禮》分爲"議昏"、"納采"、"納幣"、"親迎"、"婦見舅姑"、"廟見"和"婿見婦之父母"七篇，說明《家禮》於"六禮"中刪去"問名"、"納吉"和"請期"，僅保留"納采"、"納幣"、"親迎"三禮，且較少用《士昏禮》注明當中的婚禮儀式。金長生根據《士昏禮》補述"納采"："《士昏禮》：'下達，納采。……'"又補述"親迎"："《士昏禮》：'主人爵弁、纁裳、緇袘……。'"同時，他引用《士昏禮》疏解《家禮》，說明把"納徵"稱爲"納幣"的原因："《士昏禮》疏：'不言納徵者，孔子制《春秋》變周之文，從殷之質也，故指幣禮而言。周文故以義言。'"③

至於《家禮》沒有記載的"問名"、"納吉"和"請期"三禮，金長生曰："按：《丘儀》合請期一節於納幣"④，然而，他不從明代丘濬《文公家禮儀節》中把"請期"併入"納幣"的做法，而另置"附註：請期"一條，根據《士昏禮》鄭玄注補述有關婚禮內容。《家禮輯覽》載：

> 補註：問名，問女氏之名，將歸而卜其吉凶也。納吉，歸卜於廟，得吉兆，復使使者往告。納徵者，徵，成也。使使者納幣，以成昏禮也。請期者，請成昏之期也。餘見本註。⑤

由於《家禮》稱"納幣"而不用"納徵"，故金長生在"納幣"條下沒有解釋"納徵"之義，而另在"附註：請期"中，根據《士昏禮》鄭玄注把"納徵"連同其他三禮一併補述。

---

① 　［韓］曹好益《家禮考證》，奎章閣韓國本圖書藏本，頁1—2。
② 　［韓］俞棨（1607—1664）、尹宣擧《家禮源流》，奎章閣韓國本圖書藏本，頁1。
③ 　詳見《家禮輯覽》，載《沙溪·慎獨齋全書》，頁441—443。
④ 　《沙溪·慎獨齋全書》，頁443。
⑤ 　同上，頁442。

在"六禮"注解外，金長生也留意到《家禮》刪除了"婦見舅姑"的具體婚禮儀式細節。《疑禮問解·贄幣》載"宋浚吉問：'婦奠贄幣，贄幣何物耶？'金長生答曰：《禮經》諸說可考。《曲禮》：婦人之摯，榛、栗、脯脩、棗、桭。'"①因爲《家禮》沒有指出"贄幣"所爲何物，故宋浚吉向金長生請教。金長生認爲當直尋古禮補述說明。《家禮》曰："婦見於舅姑。"楊復注曰："升奠，贄幣。"②楊復沒有注明"贄幣"之義，於是《家禮輯覽》載《士昏禮》加以補述"婦執笲棗、栗"致舅，及"受笲腶脩"予姑③。在拜見舅姑的同時，婦人爲他們準備饋食之禮。《士昏禮》載："特豚，合升，側載。"④婦人用小豬作饋食禮的獻品，此與《家禮》有別。《家禮》曰："若家婦，則饋於舅姑。"楊復注曰："是日食時，婦家具盛饌、酒壺，婦從者設蔬果桌子於堂上。"⑤而金長生引丘濬謂"從者以盤盛飯或饅頭"⑥，楊、丘二人說明今禮已與古禮不同，饋食所用的不是小豬，而是蔬果、酒、飯或饅頭，因此，金長生在"附註"中補載《士昏禮》"特豚，合升，側載"一行文字，以見古今有異。經過金長生補述後，《家禮》與《儀禮》的傳承關係更見清晰。

（二）增補婚禮書式

古今禮數不同，損益各異，"六禮"簡約爲"三禮"表現了禮儀由繁至簡的一面，然而，《家禮》要求在"納采"、"納幣"儀式中增添婚禮書式，比較《士昏禮》而言，婚禮儀式變得繁複。《家禮》謂納采"主人具書，凤興，奉以告於祠堂，……出以復書授使者，遂禮之。"⑦這說明女家答允婚事後，男方家長向女家致函提親，而女家方面也以書信回覆。此外，《家禮》指出"納幣具書，遣使如女氏，女氏受書，復書"⑧；在納幣儀式舉行中，男家致函女家，而女家也要回信。可見，在"納采"和"納幣"的婚禮儀式中，《家禮》指出男女家長有致函對方的要求，不過，朱熹沒有交待婚禮書式的行文內容和應有格式。在《疑禮問

---

① 《沙溪·慎獨齋全書》，頁 620。《禮記·曲禮下》原文爲"婦人之摯，根榛、脯脩、棗栗。"載《十三經注疏》（臺北：新文豐出版社，1991 年），第 10 冊，頁 264。
② 《家禮》，載《朱子全書》，第 7 冊，頁 900。
③ 《沙溪·慎獨齋全書》，頁 447。
④ ［漢］鄭玄注、［唐］賈公彥疏《儀禮注疏》，載《十三經注疏》，第 8 冊，頁 154。
⑤ 《家禮》，載《朱子全書》，第 7 冊，頁 900。
⑥ 《沙溪·慎獨齋全書》，頁 448。
⑦ 《家禮》，載《朱子全書》，第 7 冊，頁 896。
⑧ 同上，頁 897。

解·昏禮·婚書式》中載"宋時烈問:'婚書式不著於《家禮》,今當何從?''當以《丘儀》參酌用之。'"①金長生回應門人宋時烈的疑問,指出婚禮書式當用明代丘濬《文公家禮儀節》來補述。

《家禮》曰:"納幣。"楊復注曰:"古禮有問名、納吉,今不能盡用,止用納采、納幣,以從簡便。"②金長生輯錄丘濬《文公家禮儀節》曰:

> 《丘儀》按古有六禮,《家禮》略去問名、納吉、請期,止用納采、納幣、親迎,以從簡省。今擬去問名併入納采,而以納吉、請期併入納幣,以備六禮之目,然惟於書辭之間略及其名而已,其實無所增益也。③

除了朱熹提及的"納采"和"納幣"書式外,丘濬爲了兼顧其他婚禮儀式,故名義上把"問名"併入"納采"書式,而"納吉"和"請期"併入"納幣"書式,表面上增加了被《家禮》減省的婚禮儀式,使"六禮"顯得完備,但他解釋這只是用於書辭間婚儀名稱而已。在《家禮輯覽》中,金長生分別引用丘濬"納采"、"納幣"的"具書式"和"復書式"補述《家禮》內容④。

"納采復書式"

某郡姓某啟
某郡某官(執事)(稱呼隨宜) 伏承
尊慈不棄寒陋,過聽媒氏之言,擇僕之
第幾女某(若某親之幾女某)作配令似
(或作某親弟姪隨稱),弱息憃愚,又不
能教,既辱采擇,敢不拜從。重蒙問
名,謹具所出,及其生年月日如別幅。
伏惟
尊慈俯賜
鑒念不宣
　年
　月
　日某郡姓某啟

"納采復書式"

某郡姓某啟(不稱親者方議而未成也)
某郡某官(執事)(稱呼隨宜) 伏承
尊慈不鄙寒微,曲從媒議,許以令愛貺
室僕之男某(若某親之子某),茲有先
人之禮,謹專人納采。因以問名,敢請
令愛爲誰氏出,及其所生月日,將以加
諸卜筮。伏惟
尊慈俯賜
鑒念不宣
　年
　月
　日某郡姓某啟

① 《沙溪·慎獨齋全書》,頁618。
② 《家禮》,載《朱子全書》,第7冊,頁897。
③ 《沙溪·慎獨齋全書》,頁442。
④ [明]丘濬《文公家禮儀節》的"納采復書式"、"納采具書式"、"納幣復書式"和"納幣具書式"等引文,詳見《沙溪·慎獨齋全書》,頁441。

以上"納采"書式包含"問名"內容，即上圖畫有間線部分；在"納采具書式"中，除了記載"納采"內容外，還說明男家向女家問及出嫁女的生母姓名和出生時辰，而女家在回信時，也在"納采復書式"中向男家回覆。

"納幣復書式"　　　　　　"納幣具書式"

"納幣具書式"

忝親某郡姓某啟
某郡某官尊親家尊親家（執事）（稱呼隨宜）伏承
嘉命許以令女貺室僕之子（若某親之子某）加之占卜，已吉兆。茲有先人之禮，敬遣使者行納徵禮。謹涓吉日以請，曰某日甲子，實惟昏期可否。惟命端拜以俟。伏惟
尊慈特賜
鑒念不宣
　年
　月
　日忝親某再拜

"納幣復書式"

忝親某郡姓某啟
某郡某官尊親家尊親家（執事）伏承
嘉命委禽寒宗，顧惟弱息教訓無素，切恐弗堪，卜既，吉。僕何敢辭。節減經費又蒙順先典貺以重禮，辭既不獲，敢不重拜，若夫昏期，惟命是聽，敬備以須。伏惟
尊慈特賜
鑒念不宣
　年
　月
　日忝親某再拜

在"納幣書式"中，"納吉"和"請期"的內容也一併收錄，即上圖畫有間線部分。在以上"納幣具書式"和"納幣復書式"中，除了納幣的內容外，還記載男家向女家告吉和請婚期的文字，而女家也向男家回覆。

在《家禮輯覽》中，金長生按照丘濬的做法，以"納采書式"兼"問名"，"納幣具書式"兼"納吉"和"請期"，這雖是名義上的增補，對重整"六禮"儀式作用不大。但關鍵的是，丘濬書式根據《士昏禮·記》的婚辭寫成，其內容來自古婚禮中主人與使者間的口語辭令，這無疑把"六禮"儀式透過另一種形式表達。以下把《士昏禮·記》辭令與丘濬《文公家禮儀節》書式對照，揭示二者的緊密關係①：

1."納采具書式"兼"問名"：男家致女家書信

(1)《士昏禮·記》

"納采"：昏辭曰："吾子有惠貺室某也，某有先人之禮，使某也，請納采。"

①　《士昏禮·記》的"納采"、"問名"、"納吉"、"納徵"、"請期"等引文，詳見《儀禮注疏》，載《十三經注疏》，第8冊，頁175—180。

“問名”：問名曰：“某既受命，將加諸卜，敢請女爲誰氏？”

（2）《文公家禮儀節》

尊慈不鄙寒微，曲從媒議，許以令愛既室僕之男某，茲有先人之禮，謹專人納采。因以問名，敢請令愛爲誰氏出，及其所生月日，將以加諸卜筮。

《士昏禮·記》記錄了使者於“納采”、“問名”期間向女家主人的對話，其辭令成爲《文公家禮儀節》“納采具書式”的參照内容，其中“既室”、“有先人之禮”、“將加諸卜”、“誰氏”等文辭被沿襲使用。

2. “納采復書式”兼“問名”：女家回覆男家書信

（1）《士昏禮·記》

“納采”：對曰：“某之子惷愚，又弗能教。吾子命之，某不敢辭。”致命曰：“請納采。”

“問名”：對曰：“吾子有命，且以備數而擇之。某不敢辭。”

（2）《文公家禮儀節》

尊慈不棄寒陋，過聽媒氏之言，擇僕之第幾女某作配令似，弱息惷愚，又不能教，既辱采擇，敢不拜從。重蒙問名，謹具所出，及其生年月日如別幅。

以上《士昏禮》記錄女家主人於“納采”、“問名”時回答使者的辭令，對照之下，丘濬於“納采復書式”也有相近内容，只是文句稍作更改，例如“某之子惷愚，又弗能教”寫作“弱息惷愚，又不能教”；“某不敢辭”寫成“敢不拜從”。

《士昏禮·記》與《文公家禮儀節》“納幣書式”對照：

1. “納幣具書式”兼“納吉”、“請期”：男家致女家書信

（1）《士昏禮·記》

“納吉”：“納吉”曰：“吾子有既命，某加諸卜，占曰：吉。使某也敢告。”

“納徵”：“納徵”曰：“吾子有嘉命，既室某也，某有先人之禮。儷皮束帛，使某也，請納徵。”

“請期”：“請期”曰：“吾子有賜命，某既申受命矣，惟是三族之不虞，使某也請吉日。”

（2）《文公家禮儀節》

嘉命許以令女既室僕之子加之占卜，已吉兆。茲有先人之禮，敬遣使者行納徵禮。謹涓吉日以請，曰某日甲子，實惟昏期可否。惟命端拜以俟。

在《文公家禮儀節》中，男家致函女家，其文意與《士昏禮》中使者於“納吉”、“納徵”和“請期”所用的辭令接近。

2. "納幣復書式"兼"納吉"、"請期"：女家回覆男家書信

(1)《士昏禮·記》

"納吉"：對曰："某之子不教,唯恐弗堪。子有吉,我與在,某不敢辭。"

"納徵"：致命曰："吾子順先典,貺某重禮,某不敢辭,敢于承命!"

"請期"：對曰："某既前受命矣,唯命是聽。"對曰："某敢不敬須!"

(2)《文公家禮儀節》

嘉命委禽寒宗,顧惟弱息教訓無素,切恐弗堪,卜既吉。僕何敢辭。茲又蒙順先典,貺以重禮,辭既不獲,敢不重拜,若夫昏期,惟命是聽,敬備以須。

與上述三例相同,在文辭、語句和文意上,《士昏禮·記》的辭令和丘濬"納幣復書式"的內容基本一致。

在溯源《家禮》婚儀的源流上,丘濬於書辭上增補"問名"、"納吉"、"請期"內容,旨在通過重整"六禮"名目重示古婚禮儀式,這純粹是"文獻回歸"的落實,實際意義不大。但是,由於丘濬書式一依《士昏禮》婚辭補述《家禮》內容,藉着時人奉行《家禮》中的婚儀,古婚儀便有"真實回歸"的可能,其影響不但遍及宋、明,也遠至朝鮮婚禮。事實上,金長生強調重整婚禮"六禮"的重要性,他在《家禮輯覽》中輯錄丘濬的婚禮書式,除了對補述《家禮》有貢獻外,也把中國古禮引入朝鮮婚禮儀式的舉行中。

三　對照《家禮》婚儀注疏異同

(一)漢、唐注疏與宋、明諸說互參

《四庫全書總目·經部·禮類》曰：

> 三禮並立,一從古本,無可疑也。鄭康成注、賈公彥、孔穎達疏,於名物制度數特詳。宋儒攻擊,僅摭其好引讖緯一失,至其訓詁則弗能踰越。蓋得其節文,乃可推制作之精意,不比《孝經》、《論語》可推尋文句而談。本漢唐之注疏,而佐以宋儒之義理,亦無可疑也。①

在評價漢學、宋學的得失上,《四庫全書總目》指出漢儒致力考據名物,典章制度詳備,此為宋儒不能踰越,惟其經注包含讖緯,多為人咎病,故亦不可盡信。因此,它認為漢學注疏中的名物制度,禮文考定,有助推考制禮本義,旁協宋

---

① ［清］永瑢《四庫全書總目》(北京：中華書局,1995年),上冊,頁149。

儒義理，直尋經義，乃相得益彰，不必偏廢一方。

顧名思義，金長生以“輯覽”命名其書，旨在羅列《家禮》注釋材料，詳徵博引，以便朝鮮時人參考；由於《家禮》承襲《儀禮》寫成，因此，《儀禮》及其相關注釋也被輯錄其中。在《儀禮》注疏的選用上，金長生沒有偏取漢唐注疏或宋明諸說，往往順時序先後列出《儀禮》本文，然後徵引鄭注、孔疏、宋、明經儒諸說，最後或補上朝鮮時制，而材料的排列因有明確的時代分界，諸說異同立竿見影，顯示出漢、唐注疏與宋、明諸說互參之處。

舉例來說，《家禮》曰：“議昏”楊復注曰：“以族人之長爲主。”金長生注曰：

> 《士昏禮》：“宗子無父，母命之。親皆沒，己躬命之。支子則稱其宗，弟則稱其兄。”《註》：“命之，命使者；躬，猶親也”。《疏》：“命使者，謂納采以下，至請期五者，皆命使者也。按隱二年秋九月，紀裂繻來逆女。《傳》：‘裂繻者何？紀大夫也。何以不稱使？昏禮不稱主人。’何休云：‘爲養廉遠恥也。然則曷稱？稱諸父兄師友。’休云：‘禮，有母，母當命諸父兄師友耳。母命不得達，故不得稱母，又所以遠別也。’若然，直使子之父兄師友命使者，不自親命使者。此註云：‘命之，命使者’，似母親命者。鄭略言之，其實使子父兄師友命使者也。”①

金長生根據《士昏禮》注解楊復所言，指出若宗子父母皆歿，宗子可以親自派遣使者致禮女家，而支子雙親皆亡，也可以親自派遣使者，假稱宗子名義出使。同時，他徵引漢儒何休之說，指出若宗子父亡母存，則母親可以假叔父長輩、兄長師友命令使者前往女家說親。此外，金長生徵引宋、明諸說彌補《士昏禮》未能照顧到的情況。《家禮輯覽》引用明儒魏堂《文公家禮會成》曰②：

> 《會成》：“孤而無族長者，母舅主之，無母舅者，父執、里宰皆可。”③

魏堂假設新郎是孤兒，家中又沒有族長代辦婚事，則可以由舅父處理，若還是行不通，則父親的同輩朋友或地方長官也可以充任。金長生考慮到禮有常變，在常禮不行的情況下，必須採取應變方法。

---

① 《沙溪‧慎獨齋全書》，頁440。

② 根據《景印文淵閣四庫全書‧史部‧湖廣通志》卷三十五《選舉志》記載，魏堂是明代舉人，於“嘉靖十年辛卯鄉試榜”有名，而《文公家禮會成》成書於明嘉靖三十六年，由李存中、求端蒙編，此書臺、港兩地皆缺，古本僅存於上海圖書館“古籍書目”內。

③ 《沙溪‧慎獨齋全書》，頁440。

在婚禮儀式上，宋、明諸儒雖主張變禮，但不等於否定常禮，他們遵循古禮本義，兼用漢儒解說。金長生引《朱子語類大全》曰：

> 《大全》：“李繼善問：‘議親十年，展轉牽制，尚未成畢，老母欲令今冬畢親，但先兄几筵未撤，老母乃齊衰三年之服，復有妨礙，然主昏卻是叔父，欲姑從鄉俗就親，不知可否？’……曰：‘若叔父主昏即可，娶婦無嫌禮律，皆可考也。但母在而叔父主婚，恐亦未安？可更詳也。’又問：‘禮壻將親迎，父醮而命之，今孝述繼善名父兄俱沒，上惟母在旁，專有叔父，不知往迎之時，當受母命耶？爲復受叔父之命耶？’曰：‘當受命於母，然母既有服，又似難行。記得《春秋》隱二年，《公羊傳》有命母其諸父兄，而諸父兄以命使者之說，恐可撿看，爲叔父稱母之命，以命之否？更詳之。更以上條並考之。’”①

朱熹回答李繼善的提問，指出母親雖喪服在身，卻不可以由叔父代爲主婚，反映出禮行不能有違於孝道。同一原理，若母在世，叔父不可以命使者出使女家，惟母親守喪時，可以按照何休所言，由母親命叔父派遣使者到女家說親。可見，《家禮輯覽》從宋儒主張變禮，兼且取用漢儒舊制，由此表現出漢、宋互參使用的一面。

與此同時，宋、明諸說雖認爲《士昏禮》和鄭注有不善之處，申明禮制有更張的必要，但其動機是依循制禮本義出發，旨在爲古禮作出彌補。《家禮·婦見舅姑》曰：“若冢婦，則饋於舅姑。”②眾婦之中，只有嫡婦才向舅姑行饋食之禮，而舅姑亦僅向她親行饋食。金長生曰：

> 《士昏禮》註：“饋者，婦道既成，成以孝養。”《記》：“庶婦則使人醮之，不饋。”《註》：“庶婦，庶子之婦也。使人醮之，不饗也。酒不酬酢曰醮，亦有脯醢；適婦酌之，以醴尊之。庶婦酌之，以酒卑之。其儀則同，不饋者，共義統於適。”魏氏曰：“據此則眾婦不饋矣。今王昏禮第三日，妃詣帝君前捧膳，不云冢婦、介婦也。且子婦新昏正要使之知事親敬長之禮，何冢婦、介婦之別乎？若介婦不饋，適足以長其驕慢之氣，此不可泥古，但於饋時，使弟奉於兄，介婦奉酒於冢婦，以此爲別可也。”③

---

① 《沙溪·慎獨齋全書》，頁 440。
② 《家禮》，載《朱子全書》，第 7 冊，頁 900。
③ 《沙溪·慎獨齋全書》，頁 448。

根據《士昏禮·記》指出，庶婦不必向舅姑行饋食之禮，而舅姑亦僅使人向她行醮禮，不必親行，這說明在事姑舅的禮儀上，嫡、庶不同。鄭玄解釋因嫡、庶尊卑有異，雖然她們皆要事奉舅姑，但具體儀式稍別，蓋饋食之義一由嫡婦代表。就此，魏堂認爲若庶婦不行饋禮，則事親敬長之禮盡失，無法達至"成以孝養"的制禮本義，兼且專寵嫡婦，易生驕橫，故主張嫡、庶無別，但爲了顯見尊卑之別，符合鄭玄之旨，則舅姑當使嫡子和嫡婦代己向庶婦行饋禮，以此表明重視。

(二)主宋學駁斥漢學

《家禮輯覽》以資料輯錄爲主，而作者也常註明己見。金長生云："凡添補諸說，皆引其書名與篇目，至於瞽說則以'愚'字、'按'字別之。"[1]在前人注疏中，金長生採用"愚"、"按"等字申明己見。《四庫全書總目》認爲漢、宋禮學分野在於讖緯的使用，事實上，讖緯包含了豐富的陰陽思想，漢儒每據之闡釋禮義，而爲宋儒所咎病。在《家禮輯覽》中，金長生多以宋儒之說駁斥漢儒禮義中的陰陽思想。

兩漢之世，陰陽學說大盛，自董仲舒以下，漢儒注釋儒家經典多帶有陰陽成分，他們認爲陰陽二氣相合是萬物化生的根源。《易緯乾鑿度》曰："孔子曰：泰者，天地交通，陰陽用事，長養萬物也。"[2]又曰"陰陽氣交，人生其中，故爲三才。"[3]《易傳·繫辭下》云："天地絪縕，萬物化醇，男女觀精，萬物化生。"鄭注云："覯，合也。男女以陰陽合其精氣。"[4]婚義莫重於繼嗣，凡男女嫁娶皆要合乎此義。《禮記·昏義》云："昏禮者，將合二姓之好，上以事宗廟，而下以繼後世也。"[5]鄭玄沿此闡釋婚義，認爲婚禮制作本於陰陽思想，旨在人們生育繼嗣。

例如親迎之禮所以在黃昏舉行，鄭玄認爲此是晝伏夜出之時，合乎陰陽交往之故。《疏》："案鄭《目錄》云：……謂之昏者，案鄭昏禮《目錄》云：'娶妻之禮，以昏爲期，因名焉。必以昏者，取其陰來陽往之義，日入後二刻半爲昏，

① 《沙溪·慎獨齋全書》，頁414。
② ［日］安居香山、中村璋八《緯書集成》(石家莊：河北人民出版社，1994年)，頁16。
③ 《緯書集成》，頁20。
④ ［宋］王應麟輯《周易鄭注》，《叢書集成初編》(北京：中華書局，1985年)，頁103。
⑤ ［漢］鄭玄注、［唐］孔穎達疏《禮記注疏》，載《十三經注疏》，第12冊，頁2486。

以定稱之。’”①金長生釋“昏禮”曰：

　　　　補註：“謂之昏者，以昏爲期，因名焉。必以昏者，取陽往陰來之義。”
　　世俗往往拘忌陰陽家書，選擇時辰雖昕朝晝夜，亦皆成禮，殊爲紕繆。②

“補註”首段文字抄錄自鄭玄《目錄》，後一段是金長生批評鄭說不可取，指出陰陽學說窒礙婚禮舉行。《家禮輯覽》載《士昏禮・記》：“禮，凡行事必用昏昕《註》：“用昕，使者；用昏，壻也。《疏》：……。用昏，壻也者，謂親迎時也。”金長生主宋儒之說，引用“程子曰：‘禮，雖曰初昏，然當量居之遠近。’”③這說明婚時決定於客觀因素，而男女兩家居住的遠近距離是首要考慮。

　　又如男女婚齡，《家禮》於“議昏”條曰：“男子年十六至三十，女子年十四至二十。”④金長生對照《內則》鄭玄注和宋儒陳傅良二說，倡言陰陽學說不能視爲男女婚齡的依據。《家禮輯覽》曰：

　　　　《內則》註：“嫁必止於二十，娶必止於三十，陰以少爲美，陽以壯爲強
　　故也。”……陳止齋曰：《詩序》：“以《標有梅》爲男女及時，是說也，聖人之
　　慮天下也。血氣既壯，難盡自檢，情寶既開，奚顧禮儀，故昏欲及時者，所
　　以全節行於未破之日，學欲及時者，所以全智慮於未婚之時。”⑤

《周禮・媒氏》載：“令男三十而娶，女二十而嫁。”鄭玄注曰：“二三者，天地相承覆之數也。”⑥鄭玄爲男女婚齡貫注陰陽成分，以爲男子三十，女子二十爲天地相合之數，正值生命最旺盛階段，有利生育後代。《白虎通》載：“男三十筋骨堅強，任爲人父，女二十肌膚充盈，任爲人母，合爲五十，應大衍之數，生萬物也。故《禮・內則》曰：‘男三十壯有室，女二十壯而嫁。’”⑦陳傅良雖以此說可取，但他僅從禮防着眼，不論陰陽，認爲成年男女血氣方剛，容易產生越軌行爲，避免節行受損，忤逆禮教，男女應該適時嫁娶。陳傅良此說出自《標有梅》詩論，屬於《三禮》、《家禮》領域外的研究材料，而金長生仍能多加注意，輯之與鄭說對照，足見其駁斥陰陽釋禮的用心。

────────────

①　《禮記注疏》，載《十三經注疏》，第 12 冊，頁 2485。
②　《沙溪・慎獨齋全書》，頁 439。
③　同上，頁 444。
④　《家禮》，載《朱子全書》，第 7 冊，頁 895。
⑤　《沙溪・慎獨齋全書》，頁 440。
⑥　《周禮注疏》，載《十三經注疏》，第 6 冊，頁 585—586。
⑦　［清］陳立《白虎通疏證》（北京：中華書局，1994 年），下冊，頁 453。

　　事實上，儘管《家禮》大盛於朝鮮，朱子學備受推崇，但若然《家禮》沾上些微陰陽學說色彩，金長生亦加以糾正，不會盲目遵從。《家禮·親迎》載“主人出迎，壻入奠雁。”楊復注曰：“凡贄用生雁，……取其順陰陽往來之義。程子曰：‘取其不再偶也。’”①除“納徵”外，婚禮“五禮”皆用雁，取其爲隨陽之鳥，往返南北有節度，而夫爲陽，妻爲陰，朝陽有從夫之義，表示婦人婚後不再另結新伴。金長生引《士昏禮》疏釋曰：“雁，木落南翔，冰泮北徂，夫爲陽，婦爲陰，今用雁者，亦取婦人從夫之義。”②楊復雖用陰陽注明贄用雁的原因，但事實上，朱熹是以“攝盛”之說釋之。楊復在《儀禮圖·昏禮》中曰：

　　　　朱先生曰：……是蓋大夫執雁，士執雉，而士昏下達納采用雁，如大夫乘墨車，士乘棧車，而士昏親迎乘墨車也。《注》、《疏》知乘墨車爲攝盛，而不知“下達”二字，本爲用雁而發言。自士以下至於庶人皆得用雁，亦攝盛之意也。③

古者，執贄相見，大夫用雁，士用雉；由於雁爲生，雉爲死，而婚禮用生不用死，故士人亦得通執大夫所贄之雁，此所謂“攝盛”，猶如士人於親迎時可以用大夫所乘的墨車，代替日常所用的棧車。可見，贄用雁之義有二說，就此，金長生作出取捨，乃持“攝盛”之義：

　　　　按：朱子於此既曰：“順陰陽往來之義”，又云：“雁亦攝盛之意”。蓋既許攝盛，則雖庶人不得用匹，又昏禮贄不用死，故不得不越雉而用雁也，據此，則攝盛之義似長。④

依據用生不用死的婚贄要求，庶人不得用鳴鴨，士人也不可用雉，因此，除非把所有婚禮儀式取消，否則，他們便不得不越上執雁，貫徹“攝盛”之義。雖然，金長生誤把楊復主陰陽之說看成爲朱熹的說法，但反映出即使主陰陽者確實是朱熹，不是楊復，他依然會反對。

---

①　《家禮》，載《朱子全書》，第 7 冊，頁 899。

②　《沙溪·慎獨齋全書》，頁 445。

③　［宋］楊復《儀禮圖》卷二，載《景印文淵閣四庫全書》（臺北：臺灣商務出版社，1983年），第 104 冊，頁 22。

④　《沙溪·慎獨齋全書》，頁 445—446。

四　《士昏禮》的承襲和流變

　　中國古禮在朝鮮之所以普及流傳，與民間禮儒鼓吹、競相研習不無關係，而朝鮮建國君臣的積極推動也是一個主要因素①。朝鮮開國君主李成桂（1932—1398）倡議以禮治國，即位當天向民眾頒布《教書》，奠立朝鮮國策以禮治爲方針。《教書》曰："冠婚喪祭，國之大法，仰禮曹詳究經典，參酌古今，定爲著令，以厚人倫，以正風俗。"②太祖的開國宣言爲日後《朝鮮經國典》和《國朝五禮儀》這兩部極具權威性的朝鮮國典的編制，提供了重要的指導作用。

　　《朝鮮經國典》編成於太祖三年，鄭道傳謂此書"仿成周六官之名，建朝鮮一代之典"③，這說明作爲朝鮮開國第一部治國大典，仿效了《周禮》六官，制定《治典》、《賦典》、《禮典》、《政典》、《憲典》、《工典》六部，初步建立了以禮治國的官制規模。至成宗六年，以申叔舟爲首的朝鮮大臣，根據中國古禮爲基礎編訂了《國朝五禮儀》，並於全國頒行，至此朝鮮的國家禮儀制度大致完備。朝鮮大臣姜希孟於《國朝五禮儀·序》中曰：

　　　　嗚呼！禮樂必待百年而後興，故周自后稷肇基，歷文武數百年迄于成王而大備則我朝。……是書之行當與周家《儀禮》一書並傳不朽也，無疑矣！④

姜希孟指出《國朝五禮儀》爲周代典章制度的傳承，地位與《儀禮》等同。可以說，朝鮮儒臣上溯周禮，據之媲美《儀禮》，雖屬美辭，但就其內容而言，《國朝五禮儀》中的禮節儀式多取自周代禮制和朱熹《家禮》，其中與《儀禮》關係尤甚密切。

　　金長生注解《家禮》，經常把《國朝五禮儀》與《儀禮》的禮儀制度並列起來，對照中國古禮和朝鮮時禮的區別，據此考察《國朝五禮儀》對《儀禮》的承

---

①　詳見拙文《以禮治國：朝鮮建國儒臣推行中國古禮的作用》，《湖南大學學報》（社會科學版），第 20 卷第 1 期，2006 年 1 月，頁 44—51。

②　《太祖實錄》，載《朝鮮王朝實錄》（首爾：國史編纂委員會，1986 年），卷 1，頁 43—44。

③　[韓]鄭道傳《三峰集》，《撰進朝鮮經國典箋》，載《韓國文集叢刊》，第 5 輯，頁 328。

④　[韓]李離和編《國朝五禮儀》（首爾：民昌文化社，1979 年），頁 2。

襲關係,揭示出中國古禮在傳入朝鮮後的變化。舉例來說:

　　1.《家禮》:"婿出乘馬。"楊復注:"二燭前導。"①《家禮輯覽》輯曰②:

　　　　《士昏禮》:"執燭前馬。"注:"使徒役持炬火,居前炤道。"

　　　　《五禮儀》:"二品以上,炬十柄;三品以下,炬六柄。"

　　親迎期間,侍從執火炬爲新郎馬車照明,此儀式早見於《士昏禮》。以上金長生引用的《五禮儀》出自《國朝五禮儀》中《宗親文武官一品以下昏禮儀》一篇。可見,執火炬來自《士昏禮》的親迎儀式,到了宋代,火炬的數目規定爲二柄或四柄,金長生引"程子曰:'今用燭四或二。'"③當傳入朝鮮後,火炬的數目按官階畫分爲二,二品以上十柄,三品以下六柄。

　　2.《家禮》:"納幣。"④《家禮輯覽》輯曰:

　　　　《士昏禮》:"納徵。玄纁束帛、儷皮。"

　　　　《五禮儀》:"幣用紬或布,二品以上,玄三纁二;三品以下至庶人,玄纁各一。"

　　在《士昏禮》中,納徵時所用的是黑色和淺赤色的絲織品各一束;在《宗親文武官一品以下昏禮儀》中,納徵可以沿用絲織品或由其他布料代替,數目按官階畫分爲二,二品以上,黑色的三束,淺赤色的兩束;三品以下至庶人,如《士昏禮》一般,黑色和淺赤色各一。

　　3.《家禮》:"婿盛服。"⑤《家禮輯覽》輯曰:

　　　　《士昏禮》:"主人爵弁,纁裳緇袘。"

　　　　《五禮儀》:"有職者不拘,時散公服、文武兩班子孫與及第生員,紗帽角帶;庶人,笠子絛兒。其不能備紗帽角帶者,笠子絛兒亦可,衣服皆用綿紬、木綿。"

　　《士昏禮》中的新郎是頭戴爵弁,穿上下緣鏤有黑邊的纁裳;《宗親文武官一品以下昏禮儀》不論官職高低,從一品的散公,以至兩班官員弟子或科舉生員,皆帶上黑絲做成的帽子,身纏牛角或玉石做裝飾的腰帶;庶人用竹皮或竹

　　①　《家禮》,載《朱子全書》,第7冊,頁898。
　　②　金長生所錄《士昏禮》和《五禮儀》引文,見《沙溪·慎獨齋全書》,頁442、444。
　　③　《沙溪·慎獨齋全書》,頁444。
　　④　《家禮》,載《朱子全書》,第7冊,頁897。
　　⑤　《家禮》,載《朱子全書》,第7冊,頁898。

葉編成的帽子,帽子上方有黑絹蒙覆,而腰間纏上用絲編成的繩帶。至於衣服方面,官、庶均可選用絲衣或棉衣。

　　以上可見,《國朝五禮儀》中的婚禮儀式是在中國古禮基礎下發展而成。事實上,今以《宗親文武官一品以下昏禮》全文考之,其婚禮儀式以《家禮》爲骨幹,除了不立"議昏"、"婿見婦之父母"兩條外,"納采"、"納幣"、"親迎"、"婦見舅姑"諸條完全保留,僅把"婦見祠堂"改稱爲"廟見"。若逐字對照,《家禮》楊復注和《國朝五禮儀》内容基本相同,文字也有重疊,當中,《國朝五禮儀》通過楊復注簡接輯錄《士昏禮》内容,還有些是直接採用。以下把三者略作比較:

1. 納采昏辭

(1)《儀禮・士昏禮・記》①

　　昏辭曰:"吾子有惠貺室某也,某有先人之禮,使某也,請納采。"對曰:"某之子惷愚,又弗能教。吾子命之,某不敢辭。"致命曰:"敢納采。"

(2)《家禮・昏禮》楊復注②

　　致辭曰:"吾子有惠貺室某也。某之某親某官有先人之禮,使某,請納采。"從者以書進,使者以書授主人。主人對曰:"某之子若妹姪孫惷愚,又不能教,吾子命之,某不敢辭。"

(3)《國朝五禮儀・宗親文武官一品以下昏禮・納采》③

　　致辭曰:"吾子有惠貺室某也。某之某親某官有先人之禮,使某,請納采。"從者以書進,使者以書授主人。主人對曰:"某之子若妹姪孫惷愚,又不能教,吾子命之,某不敢辭。"

在"納采"昏辭中,《國朝五禮儀》完全抄錄《家禮》楊復注的文字,二者除了多出婿父在宗族身份、授女家婚書和出嫁女身份外,其餘皆出自《儀禮・士昏禮》。

───────────

　　① 《儀禮・士昏禮・記》的"納采昏辭"、"父母戒女辭"、"婦見舅姑"等引文,詳見《儀禮注疏》,載《十三經注疏》,第 8 册,頁 175—176、182、150—152。

　　② 《家禮・昏禮》楊復注的"納采昏辭"、"父母戒女辭"、"婦見舅姑"等引文,詳見《家禮》,載《朱子全書》,第 7 册,頁 896、898、900。

　　③ 《國朝五禮儀》的"納采昏辭"、"父母戒女辭"、"婦見舅姑"等引文,詳見《宗親文武官一品以下昏禮》篇,載《國朝五禮儀》,頁 201—203。

2. 父母戒女辭

(1)《儀禮·士昏禮·記》

　　　父送女命之曰:"戒之敬之,夙夜毋違命。"母施衿結悅曰:"勉之敬之,夙夜無違宮事。"庶母及門內施鞶,申以父母之命,命之曰:"敬恭聽宗爾父母之言,夙夜無愆。"

(2)《家禮·昏禮》楊復注

　　　父起命之曰:"敬之戒之,夙夜無違爾舅姑之命。"母送至西階上,爲之整冠斂帔,命之,曰:"勉之敬之,夙夜無違爾閨門之禮。"諸母姑嫂姊送至于中門之內,爲之整裙衫,申以父母之命,曰:"謹聽爾父母之言,夙夜無愆。"

(3)《國朝五禮儀·宗親文武官一品以下昏禮·親迎》

　　　父進命之曰:"敬之戒之,夙夜無違舅姑之命。"母送之西階上,爲之整冠斂帔,命之曰:"勉之敬之,夙夜無違爾閨門之禮。"諸母姑嫂姊送至于中門之內,爲之整裙衫,申以父母之命曰:"謹聽爾父母之言,夙夜無愆。"

在送女出嫁的人選上,《家禮》楊復注、《國朝五禮儀》比《士昏禮》多出"姑嫂姊"諸人,當中除了個別用辭改變外,三者於戒女的內容上基本相同。

3. 婦見舅姑

(1)《儀禮·士昏禮·記》

　　　夙興,婦沐浴,纚、笄、宵衣以俟見。……婦執笲棗、栗,自門入,升自西階,進拜,奠于席。舅坐撫之,興,答拜。婦還,又拜。降階,受笲腶脩,升,進,北面拜,奠于席。

(2)《家禮·昏禮》楊復注

　　　婦夙興,盛服俟見,舅姑坐於堂上,東西相向,各置卓子於前。家人男女少於舅姑者,立於兩序如冠禮之叙。婦進立于阼階下,北面拜舅,升,奠贄幣於卓上。舅撫之,侍者以入。婦降,又拜畢詣西階下,北面拜姑,升,奠贄幣。

(3)《國朝五禮儀·宗親文武官一品以下昏禮·婦見舅姑》

　　　婦夙興,盛飾俟見,舅姑坐於堂上,東西相向,各置卓於前。婦進立於阼階下,北向四拜,陞,奠棗栗盤于卓上,舅撫之,侍者以入。婦降,又拜詣西階下,北向四拜,陞,奠服脩盤。

在“納采昏辭”、“父母戒女辭”兩條中，可見《國朝五禮儀》因仿傚《家禮》楊復注內容，與《士昏禮》略有不同，但這不是說《國朝五禮儀》僅簡接通過《家禮》楊復注襲用《士昏禮》；當《家禮》不同於《士昏禮》時，《國朝五禮儀》則直接取用《士昏禮》而有別於楊復注。在“婦見舅姑”一條中，《家禮》只稱婦見舅姑“奠贄幣”，沒有說明箇中所指，而《國朝五禮儀》便據《士昏禮》補述“贄幣”爲“棗栗”、“腵脩”；又刪略了楊復注中婦見舅姑時多出的人物，即“家人男女少於舅姑者”。

中國古禮從《儀禮》發展至《家禮》，於禮節儀式上無疑出現了一些改變，有不少增益刪減之處，還夾雜了時禮、俗禮和變禮等內容，但不能否認的是，它們源出一脈。《家禮》導源古禮，其中《儀禮》是其主要建構內容，因此，在《家禮》東傳的意義上，除了掀起《家禮》學研究熱潮外，朝鮮學者也因爲研究《家禮》而對《儀禮》產生濃厚興趣：在禮儀制度上，他們根據《儀禮》追溯《家禮》的由來；在政治國策上，《國朝五禮儀》反映出朝鮮王朝以《儀禮》作爲國家的禮儀制度，而當中既有承襲，也有變化。

五　結語

本文的原來構思是通過《家禮輯錄》注文中所輯錄的《士昏禮》儀式，分析中國古禮對朝鮮《家禮》學研究的價值，兼以金長生爲代表，反映朝鮮學者根據《儀禮》上溯《家禮》源流的治學途徑，及後發現《家禮輯錄》所收錄的材料，遠遠超出《士昏禮》原文，除了與其相關的漢唐注疏、宋明《家禮》注疏外，也旁及宋明經儒諸說，以及《國朝五禮儀》中的朝鮮禮儀制度。至於有些資料更是罕見，如明代舉人魏堂的《文公家禮會成》，至今此書港、台皆缺，古本僅存上海圖書館。可見，金長生選用材料既廣且僻，跨越歷代，兼合中、朝，其旨當不只以釋詞明義爲限。

在《家禮輯錄》中，金長生詳徵《士昏禮》內容，彌補了楊復注不足，發明《家禮》禮義，而其說不限於原文注釋。他在《家禮》以外增添“問名”、“納吉”、“請期”三禮內容，完備了“六禮”婚目，爲古禮鋪砌“文獻回歸”的軌路，通過襲用丘濬婚禮書式，使《士昏禮》中古婚禮辭令獲得“真實回歸”的可能，其影響遍及朝鮮，使朝鮮婚禮流露出中國古禮風貌。此外，《家禮輯錄》對漢唐注疏、宋明諸說兼容並蓄，這反映出金長生選材的客觀標準，而他反對陰陽釋禮的治學態度，亦開啟了日後朝鮮學者尚實、重考證的治學風尚。最後，《國朝五禮儀》對《儀禮》的採用和修正，除了說明朝鮮君臣仰慕中國禮儀文化外，也表現出中國古文獻在域外發展的強大生命力。

（作者單位：香港浸會大學中文系）

域外漢籍研究集刊　第六輯
2010 年　頁 177—217

許筠行實繫年簡編

左　江

　　許筠(1569—1618)，字端甫，號蛟山、惺所、白月居士，朝鮮中期著名文人、學者。行實繫年者，爲其人生行事編年也；簡編者，非全編也，重在其詩文繫年、仕履考辨及與明朝人物之交遊矣。此譜編於十年前，現修訂發表，以期有助於許筠之研究。

　　1569 年(明穆宗隆慶三年，朝鮮宣祖二年，己巳)，一歲。

　　生於十一月初三日，其時父許曄五十三歲，母金氏三十七歲。

　　《惺所覆瓿稿》卷十二《解命文並引》：“不佞生於己巳年丙子月壬申日癸卯時。”卷十八《漕官紀行》：“十一月初吉戊子(初一日)，大雪。庚寅(初三日)乃余初度，家兄大設席以慶之。”

　　1577 年(明神宗萬曆五年，朝鮮宣祖十年，丁丑)，九歲。

　　作詩文甚佳。

　　柳夢寅《於于野談》卷二：“逆賊許筠，聰明英發，生九歲能作詩甚佳，諸長者稱禮，譽之曰：此兒他日當作文章士。”

　　1580 年(明神宗萬曆八年，朝鮮宣祖十三年，庚辰)，十二歲。

　　二月初一日，父曄病逝于尚州慶尚道監司任上。

　　《宣祖實錄》卷十四宣祖十三年二月朔辛未：“同知中樞府事許曄卒。”

　　是年學文，自《通鑑》、《論語》始。

　　卷二十四《惺翁識小錄下》：“余十二始學，恥讀《史略》，先學《通鑑》及《論語》，未一年，文理該通。”

　　1582 年(明神宗萬曆十年，朝鮮宣祖十五年，壬午)，十四歲。

是年，得元楊士弘選、明顧璘評點《批點唐音》，諷詠不輟。

卷十三《批點唐音跋》：“余壬午歲得此本，時年幼不辨得失，手而諷者殆十年餘。”

1585 年（明神宗萬曆十三年，朝鮮宣祖十八年，乙酉），十七歲。

是年娶金大涉次女。

卷十五《亡妻淑夫人金氏行狀》：“夫人姓金氏，上洛大姓也。……生諱大涉……娶觀察使青松沈公銓之女，夫人即其第二女也。生隆慶辛未（1571），年十五歸吾家。”

1588 年（明神宗萬曆十六年，朝鮮宣祖二十一年，戊子），十九歲。

是年，爲舉人。

《鶴山樵談》：“有王信民者問余曰：何官？余曰：戊子舉人。”

1589 年（明神宗萬曆十七年，朝鮮宣祖二十二年，己丑），二十歲。

生員試合格。始與李爾瞻交。

《國朝榜目》、《國朝文科榜目》。

《光海君日記》卷一百二十八光海君十年五月庚寅許筠自辨疏：“自己丑年，與爾瞻得交於泮中，年雖不敵，以兄事之，三十年如一日。”

1590 年（明神宗萬曆十八年，朝鮮宣祖二十三年，庚寅），二十二歲。

是年編輯姊許蘭雪軒詩集，求序跋於柳成龍等人。

柳成龍《西厓集·別集》卷四《跋蘭雪軒集》云：“一日，美叔（許筈）弟端甫攜其亡姊所著蘭雪軒藁者見示。……”此跋文寫于“萬曆庚寅仲冬”。

案：許筠于甲辰（1604）八月致書柳成龍云：“辛卯歲，辱製亡姊詩序文以惠。”（《惺所覆瓿稿》卷二十《上西厓相》）辛卯，指 1591 年，柳文作于庚寅仲冬，許筠于辛卯方拿到，非誤記。

1591 年（明神宗萬曆十九年，朝鮮宣祖二十四年，辛卯），二十三歲。

爲國子生，冬，于京中見中國漂流人。

《鶴山樵談》：“辛卯冬，唐商二十餘人，賣砂糖漂泊於我國濟州地，刷到王京。余與友生往見之，歷問蘇杭風俗。……通事言其相語，秀才年少而通曉上國事云矣。有王信民者問余曰：何官？余曰：戊子舉人，爲國子生。”

至此時，著有《北里集》、《蟾宮酹唱錄》。

《蛟山臆記詩序》：“昇平之日，有《北里集》、《蟾宮酹唱集》，而荼毗於兵災。”

1592年（明神宗萬曆二十年，朝鮮宣祖二十五年，壬辰），二十四歲。

壬辰倭亂，攜母夫人及妻金氏避難。妻方娠，行至端川，于七月初七日生子，產後虛弱，初十日亡。子因無乳，亦夭。

卷十五《亡妻淑夫人金氏行狀》："及壬辰避賊之日，方娠困頓。之端川，七月初七日，生子。越二日，賊猝至，巡邊使李瑛退守磨天嶺。余侍母挈君，達夜逾嶺，至臨溟驛，氣乏不能語。時同姓人許玼，邀與俱避海島，不得留，強至山城院民朴論億家。初十日夕，命絕。……其子以無乳夭。"

葬金氏後，攜母東行，避難於江原道江陵蛟山愛日堂。

卷七《愛日堂記》："壬辰秋，余侍母大夫人避賊，自北方舟泊於蛟山，掃堂而居之。"

在江陵，聞梁大樸傾家財助高敬命抗倭。

卷四《清溪集序》："壬辰避兵海上，見南來人，談君（梁大樸）傾私帑，募死士，授苔軒公（高敬命）以抗倭。其忠義慷慨奮發，鼓南方之士氣而徇諸國。不佞聞之，不覺投袂起立，愈歎其節俠有國士風，不徒作區區文儒也。"

案：許筠避難江陵未參與抗倭。反之，遊興甚濃，歷覽江原勝跡。《愛日堂記》、《盤谷書院記》、《鼈淵寺古跡記》等文約作於此時。卷六《重修化鶴樓記》云："不佞少日喜事，嘗批輿地，指想本國山川之佳麗，亭觀之勝絕。……遭亂避地於東，得盡探嶺內外瑰瑋卓詭之處。"

1593年（明神宗萬曆二十一年，朝鮮宣祖二十六年，癸巳），二十五歲。

著《鶴山樵談》，又有《鑒湖集》。

《鶴山樵談》跋："今遭亂世，世念已灰，欲十年讀書而嗟亦晚矣，作《鶴山樵談》一部。今天子即位之二十一載歲在黑蛇陽月燃燈後三日蛟山子書。"

《蛟山臆記詩序》："到關東著《鑒湖集》，失于朋友傳看。"

1594年（明神宗萬曆二十二年，朝鮮宣祖二十七年，甲午），二十六歲。

三月庭試，乙科合格。

《宣祖實錄》卷四十九宣祖二十七年三月戊寅："設儒生庭試，賜朴東說等十五人及第。"

案：據《國朝榜目》：朴東說爲甲午庭試甲科，許筠爲甲午庭試乙科。

任職承文院，著《金門雜稿》。

《蛟山臆記詩序》："《金門雜稿》一卷，爲兒輩所壞。"

三月，以諾文齋進官赴遼。

卷一《丁酉朝天錄》之《登箭門嶺》小注:“甲午年,以諮文齎進官赴遼。”

案:是時朝鮮仍在倭亂中,國勢傾危。年初,明派顧養謙經略朝鮮。二月,朝鮮遣沈喜壽、許筬以遠接使前往,三月又追遣許筬以諮文齎進官赴遼。備邊司上啟,以使臣絡繹道路,恐明人生厭,建議暫緩前行。《宣祖實錄》卷五十宣祖二十七年四月庚戌(初二日)記載:“備邊司啟曰:……大概中國之人,於我國之事,節節生厭怠之心,而天朝對封貢准不准之議,又復異同,恐無以結束,欲使我國靜以待之,此乃意向之所在也。……接伴使沈喜壽、許筬等,既已專爲進去,近日許筬又去,且總督尚在遼陽,故待沈喜壽等馳啟,觀勢處之。上從之。”是以許筬行至平安道即奉命返回,未入遼矣。

五月,任遠接使尹先覺從事官。

卷一《丁酉朝天錄》之《登箭門嶺》注云:“甲午年,以諮文齎進官赴遼,回爲許給事接伴使、尹公國馨(尹先覺)從事官,留義州凡四朔。”

《宣祖實錄》卷五十一宣祖二十七年五月庚辰(初三日):“遠接使尹先覺啟曰:‘……且念從事官,自前極選才望之士。今此天使,所關尤重。聞趙庭芝,方以判校從事文書,啟請帶行。而又取才華,追請許筬。筬則年少未經事,趙庭芝亦不知近事曲折,故曾請申欽。而政院以問事郎廳啟遞。即今朝議以爲,此人久在備邊司往復中朝,大小事知之甚悉,求之名流,鮮有其比。況今獄事垂畢,請趙庭芝遞差,申欽帶去。’傳曰:‘雖非申欽,亦可爲也。’不允。先覺以禮曹正郎申光弼,啟請帶行。”

案:尹國馨以許筬年少不經事,難以勝任從事官一職;朝廷則以許筬之才華,仍任命其爲從事官。

六月二十六日,母金氏卒于原州興元倉。

《草堂先生遺稿》附《荷谷先生拾遺雜稿》之《荷谷年譜》:“考諱曄,妣貞夫人金氏籍江陵,生於癸巳九月二十一日,己酉歲歸公,甲午六月二十六日卒于原州興元倉,窆于蘆藪。”

案:從許筬三月以諮文齎進官赴遼始,至其任遠接使從事官,“留義州凡四朔”,則金氏去世時,許筬仍滯留義州,未能及時奔喪矣。

夏,有任史官之議,因丁母憂未入局。

卷二十二《惺翁識小錄上》:“甲午夏,薦史官,而守制未應講。”

1595 年(明神宗萬曆二十三年,朝鮮宣祖二十八年,乙未),二十七歲。

丁母憂。

　　案：是時，李裕甫弘老欲與許筠伯兄許筬結爲姻親，遭許筠反對，故懷恨在心，造出許筠喪中狎妓之語。此乃許筠自辯之辭，並不可確信。但據任相元記述，許筠居喪狎妓之語確由李弘老首先傳出。此後，"守制不謹"之傳言令許筠仕途坎坷，長期沉淪下僚。是以許筠視弘老爲仇讎，以其爲自己人生不幸之根源。

　　　　任相元《郊居瑣編》："許筠以翰林守制于江陵，爲土舍而居焉。筠素放佚，而與妓遊者也。李弘老爲江陵守令，筠所狎者昏詣筠焉，而久而熟習，則又誘令謁詩。既得之，遍示當路諸君子曰：此乃筠所贈其私焉者也。由是貶義暴興，筠遂擯退。"

　　　　《光海君日記》卷一百三十一光海君十年八月甲戌許筠供詞："乙未年間，弘老求婚與臣兄筬家，臣以弘老得罪東宮，不可連婚止之，弘老懷嫌構誣，做出喪中挾娼之說。臣立朝二十，不得歷敭清顯，皆弘老所爲。"

　　　　卷九《與李大中第一》書："頃因大任與李家離婚，逢彼之怒，必欲甘心，構出飛語，陷僕於不測之地。群憎唱和，遂成口實。十餘年來，所至招謗如山，屢起屢外。"又《與金甥正卿書》："僕平生爲裕甫所毀了者甚多。……裕甫曾毀我以在服不謹。"

1597 年（明神宗萬曆二十五年，朝鮮宣祖三十年，丁酉），二十九歲。

是年春，任藝文館檢閱、春秋記事官、世子侍講院說書等職。校勘壬辰以後史牒，作《東征錄》。三月二十二日，作《承政院右承旨朴公墓表》。

　　卷二十二《惺翁識小錄上》："丁酉春，始入館（藝文館）。沈重卿（沈詻）、李大中（李惟弘）輩皆以後進居上，苛刻至甚。"

　　《宣祖實錄》卷八十五宣祖三十年二月丙戌（二十五日）："上御別殿。……記事官李惟弘、許筠入侍。"

　　卷二十三《惺翁識小錄中》："丁酉歲，余忝爲史臣，悉校壬辰以後史牒。……其後上命纂集天朝出兵拯救曲折，爲《東征錄》以進。尹月汀（尹根壽）、申玄翁（申欽）爲堂上，余爲郎廳，纂修以進，今實錄廳亦取此錄而載之。"

　　卷十七《承政院右承旨朴公墓表》："丁酉三月二十二日鄉人通善郎行藝文館檢閱兼春秋記事官世子侍講院說書許筠謹書。"

四月，文武科重試，爲文科魁首，拜禮部郎。

　　《宣祖實錄》卷八十七宣祖三十年丁酉四月己巳（初九日）："文武科重試、

別試放榜。重試文科,前檢閲許筠等五人。"

卷二十二《惺翁識小録上》:"時當重試,……入試擢魁,拜禮部郎,……是日,(沈)重卿先伏于余前,致敬而出。余曰:作重試狀元,殊不快於心,今日方快也。"

是年,曾入明,有《丁酉朝天》組詩紀行。

案:許筠此行之具體時間、目的、身份,文集及史書皆無記載,謹據組詩略作推論。詩有《帝都》一首,其後爲《十五夜,使示以五言絶句七篇,用"一年明月今宵多"爲韻仍奉和》,則許筠一行當在某月之十五前抵北京。在明期間,朝鮮國内之戰況不絶於耳,組詩有《聞本國水兵統制元均及水師李億齡、崔湖淳死》、《聞南原陷,楊元走還》、《到山海關,聞楊經理直到京城,賊到稷山敗回》等數首,其中水師之戰發生於七月十四日,南原一役在八月十六日,稷山戰役在九月七日。因事件之發生與傳播有時間差,據此可推斷,許筠一行當在七月十五日前至北京,其後聞知水師戰敗消息。歸國途中,行至山海關,得知稷山戰況,此時應爲九月中下旬。據《宣祖實録》,是年五月底朝鮮曾派左贊成沈喜壽爲奏請使入明。又據金中清《朝天録》記載,許筠云:"前日沈相之使,余爲書狀。"可知許筠此行任書狀官,從沈喜壽出使明朝。

歲末,在平安道。有《幕府雜録》一組詩。

案:《幕府雜録》諸詩提及之地名如義州、定州、嘉平館(在嘉山)、蕭寧(指蕭川之蕭寧驛)、西京(即平壤)皆位於平安道,可知此爲許筠佐幕之地。《守歲》一首有"明朝已三十,衰病兩相催"句,知在是年底。

1598 年(明神宗萬曆二十六年,朝鮮宣祖三十一年,戊戌),三十歲。

年初,仍在平安道。

卷一《幕府雜録》有《嘉平館逢立春》、《蕭寧人日》、《西京穀日》等作。

夏,明會稽文人吴明濟隨援軍入朝鮮。因得筠之助,完成《朝鮮詩選》。筠有《後序》。

吴明濟《朝鮮詩選序》:"萬曆丁酉之歲,司馬公贊畫東援朝鮮,明濟以客從。……(戊戌孟夏)及抵王京,館于許氏,伯仲三人,曰篈、曰箴、曰筠,以文鳴東海。筠敏甚,能誦東詩數百篇。復得其妹氏詩二百篇,而尹判書根壽亦多搜殘編,所積盈篋。"

十月,爲兵曹佐郎。

《宣祖實録》卷一百五宣祖三十一年十月乙丑(十三日):"以……許筠爲

兵曹佐郎。"

是年秋冬季,再至平安道,作《戊戌西行錄》記行程。

卷一《戊戌西行錄》。

1599年(明神宗萬曆二十七年,朝鮮宣祖三十二年,己亥),三十一歲。

是年三月間,仍爲兵曹佐郎。

《宣祖實錄》卷一〇五宣祖三十二年三月庚辰(初一日):"以……許筠爲兵曹佐郎。"

五月,被任命爲黃海道都事。在任有《佐幕錄》。

《宣祖實錄》卷一一三宣祖三十二年五月壬申(二十五日):"許筠爲黃海都事。"

卷一《佐幕錄》。

十二月,司憲府以筠在黃海道從妓生遊等事,請罷其職,遂被罷免。

《宣祖實錄》卷一百二十宣祖三十二年十二月甲午(十九日):"司憲府啓曰:黃海都事許筠,率畜京娼,別爲設衙,又率無賴中房稱名者,與其妾,相爲表裏,姿(恣)行請托,貽弊多端,一道莫不笑侮。請命罷職。答曰:依啓。"

1600年(明神宗萬曆二十八年,朝鮮宣祖三十三年,庚子),三十二歲。

六、七月間,被重新起用,任職禮曹記注官。在任有《南宮稿》。

卷二十一《與林子升書》:"庚子七月,吾方忝南宮,而兄繼左之。"

《宣祖實錄》卷一百二十七宣祖三十三年七月丁卯(二十六日):"上御別殿,引見領議政李恒福、左議政李憲國……,記注官許筠、記事官鄭岦入侍。"

卷一《南宮稿》。

六月二十七日,王后朴氏薨。筠入長生殿護梓宮。

參見《宣祖實錄》卷一百二十六宣祖三十三年六月丁酉、戊戌、己亥。

卷九《上完城李相國(李憲國)書》:"方以梓宮着漆,來長生殿,又將終暑,茲以箋陳。"

案:是時,朝鮮黨爭激烈,宣祖三十一年戊戌(1598),北人排擠政敵,得以掌權。此後之己亥(1599年)、庚子(1600年),北人內部鬥爭趨於激化。首先,南以恭一黨與洪汝諄一黨互相論劾,南黨少壯勢力謂之小北,金藎國、柳永慶、李弘老、柳希奮、朴承宗等屬此派;洪黨謂之大北,李山海、奇自獻、李爾瞻等屬此派。己亥十二月,小北金藎國、南以恭等被削奪官職,大北黨人暫時得勢。庚子正月,大北內部李山海與洪汝諄反目,李黨謂之肉北,洪黨謂之骨北。右政議李憲國於李、洪二黨兩非之，五月，李党之李山海、李慶全、李爾瞻，及洪黨之洪汝諄皆被罷職。在此期間，許筠因友朋關係，亦被捲入黨爭。其友人尹繼善支持李黨，同情李爾瞻之遭遇，而爾瞻又爲許筠同窗好友。守護梓宮時，許筠與尹繼善論及朝廷分黨之事，二人之論爲他人所聞，且加入不實之辭密告李憲國。李憲國爲此特致書問罪，許筠覆信陳述事情原由。

> 卷九《上完城相第二書》云：“（尹繼善）談渠面摺相公之意，因言天下事有是有非，相公兩非洪、李，殊無辨別邪正之見，而爾瞻並獲罪爲可惜也。爾瞻乃筠少日同榻友生，至今交未衰，故漫應之曰：洪與李同譴，則李甚冤矣。”

十二月二十一日，懿仁王后發行，行解謝祭，將葬於裕陵。二十二日，内人房失火，延燒至靈幄殿，筠作告辭。

> 《宣祖實錄》卷一百三十二宣祖三十三年十二月辛卯（二十二日）：“令知製教許筠製告辭，即於朝奠，兼行慰安祭。”

> 卷二十三《惺翁識小錄中》：“余職知製教有年，而最急迫者凡再。庚子歲懿仁后葬日，余以長生殿郎廳陪梓宮上陵，夜半靈幄火發，僅遷内梓宮。因朝奠行慰安祭，東宮命撰祭文以進。闔中政院招余，令立製以進。窘迫倉皇，文不能諧，以其出於總率。人多贊其辭，極可愧也。”

1601年（明神宗萬曆二十九年，朝鮮宣祖三十四年，辛丑），三十三歲。

春，仍任職禮曹。以試士向湖南全羅道，是行有《南征日錄》。

> 卷一《南征日錄》。

五月，因于懿仁王后喪中奔走之勞，加資。

> 《宣祖實錄》卷一百三十七宣祖三十四年五月辛亥（十四日）：“……長生殿都提調李恒福，熟馬一匹，郎廳許筠等二、監造官申景翼，各加一資。……”

聞漕官期滿，寄書朴東亮，乞任漕官職。

> 卷一《南宮稿》之《寄朴亞判年兄乞漕官》：“銅章不到省郎家，聞道漕官已熟瓜。乞取繡衣湖海去，鳳笙臺下賞梅花。”

六月，除轉運判官，漕于三倉。從七月八日丁酉辭朝至明年正月初五辛卯回朝復命，此行有《漕官紀行》記事。

> 卷十八《漕官紀行》：“辛丑六月，余自駕部郎除轉運判官，漕于三倉。七月初八日丁酉辭朝。……（壬寅正月）庚寅入京，辛卯拜恩。”

八月十四日，行至全州，全羅道監司李弘老母卒，助治喪。

卷十八《漕官紀行》："(八月)辛未(十二日),午歇金溝縣。夕入全州,方伯來見。壬申(十三日),就鎮南軒,同方伯看陳雜戲,長竿走繩跳牀諸伎悉奏。向夕,大夫人食早柿,因噎冒扶入。初夜疾甚殆,余與亞使蔡衡、中軍李弘嗣、判官申之悌,達宵坐軒以俟。癸酉(十四日)辰時,疾不救捐世,余因留治喪。"

《宣祖實錄》卷一百四十宣祖三十四年八月乙酉(二十日):"上曰:'全羅道監司有闕,領相之意,欲以何人差之?'領事李恒福曰:'……李弘老爲監司,策應凡務,無不通暢,不幸在喪,國事極可慮。'"

案:李弘老喪中亦有不謹之行,大北黨人欲加以利用,以此攻擊弘老,打擊小北。許筠詳知弘老之失,因不願多言,反爲奇自獻等嫉恨。

卷九《與金甥正卿書》:"僕之平生,爲裕甫所毀了者甚多。頃自湖南屆全州,則裕甫適丁母憂。(中略)裕甫曾陷我以在服不謹,則其初喪,用印盜出官物,濫杖下人等事,我縱目覩,豈可掛諸口吻,有若報復者然。是以,問者百人,俱皆以不能知答之,用是致疑於僕。"

《光海君日記》卷一百二十八光海君十年五月庚寅許筠自辯疏:"辛丑年,臣以海運判官,巡到全州。弘老以監司,遭母喪,成服之前,多行不善。人以爲臣詳知,自獻欲令臣爲證。臣曰:弘老陷我以不善喪,我又以此誣之,有若報復,人誰信之,決不可從也。自獻始銜之。"

十一月,明派詔使翰林侍講顧天峻、行人崔廷建來朝鮮,遠接使李廷龜辟筠爲從事官。

《宣祖實錄》卷一百四十三宣祖三十四年十一月辛亥(十七日):"上御別殿,引見遠接使李廷龜。……廷龜曰:'前例,雖任外官,如或能文,則啟請上來,而似爲煩瀆,故未敢啟達矣。以製述官請隨後入送如何?'上曰:'誰人乎?固無妨。'廷龜曰:'年少人中,海運判官許筠,非徒能詩,性且聰敏,多識典故中朝事。楊州牧使金玄成,年雖衰,亦有詩才,且善書,欲令隨後入來矣。'上曰:'唯卿所欲。若欲率去,則何難之有?'"

卷十八《漕官紀行》:"二十三日庚戌,邸報,天子封皇長子爲太子,詔使當來矣。十二月初二日戊午,家奴自京來言,翰林侍講顧天峻、行人崔廷健出來,余以遠接使李廷龜言,遞付司直,權云卿(權韠)代之。"

爲迎接詔使,升職爲刑曹正郎。

《宣祖實錄》卷一百四十三宣祖三十四年十一月甲寅(二十日):"以李廷

龜爲議政府右參贊，……許筬爲刑曹正郎，……權縉爲海運判官。”

1602 年（明神宗萬曆三十年，朝鮮宣祖三十五年，壬寅），三十四歲。

正月初五，由漕運官回京復命。二月初六日始，以遠接使從事官西行，至四月二十八日復命還家。此行有詩《壬寅西行錄》、文《西行記》記事。

卷十八《漕運紀行》：“（壬寅正月）庚寅（初四日）入京，辛卯（初五日），拜恩。云卿（權縉）來見，悉以文書印信付之。”

又《西行紀》：“是年二月初六日，遠接使李廷龜馳啟，從事官朴東說因病落後，不得從。其代以余爲從事官，促令入送。上令都監刻日催從。十三日，辭朝。……（四月）二十八日，復命還家焉。”

閏二月初二日，得知李好閔代李廷龜爲遠接使。初八日，至義州，見李好閔。此次同僚有好友李子敏安訥、權汝章韠等。

卷十八《西行紀》：“二日，宿郭山，宣傳官持標信，以李公好閔代月沙也。……八日……夕，抵義州，見五峰。同僚李子敏、洪輝世（洪瑞鳳）及權汝章來話。……譯官表憲、朴仁儉、朴仁祥、鄭得、林峻、朴大根，吏文學官朴希賢，寫字官李海龍，槐院書員李自寬俱來見，製述官金南窗、車五山暨韓石峰來問。”

案：作爲從事官，許筬應有日記記事，其似未能恪盡職守。

《宣祖實錄》卷二百一宣祖三十九年七月己丑（二十二日）：“延陵府院君李好閔啟曰：自前遠接伴送使日記，差一行從事官一員，使之次知修正例也。壬寅年，臣忝冒遠接使時，亦差從官許筬，使之修正。而復命未久，許筬以問事郎廳，連月參鞫，無暇脫稿。伊時，臣適入侍經筵伏承遠接、伴送，當有日記之教，以次知從事官，連差問事郎廳，未及修正之意啟達，則上教以爲：‘慮卿不知，故言之。既知之則早晚何關乎？’臣謹聞命，惶恐而退，促許筬撰完，則筬于道路往來之間，一事一字，不爲修錄。至於日之陰晴，亦不課記。只取臣之所爲逐日狀啟草將爲點化，而亦不趁時爲之。臣取筬所已點化者見之，則就狀啟草只去吏讀，非但文字間斷不成倫緒，狀啟之外，亦有許多可錄之事而全然闕之。……”

閏二月，改判兵曹正郎，著《騎省稿》。

《宣祖實錄》卷一百四十七宣祖三十五年閏二月丙午（十三日）：“許筬爲兵曹正郎。”

卷一《騎省稿》。

五月，庭鞫逆賊金鏡等，當眾駁斥重臣沈喜壽，被推考。

　　《宣祖實錄》卷一百五十宣祖三十五年五月戊寅（十七日）："持平尹絧（大司憲李光庭、執義金大來、掌令洪湜、李久澄、持平李愖）來啟曰：'兵曹正郎許筠，以問事郎廳，頃日於庭鞫時，方進于大臣前起草，而判府事沈喜壽亦有所告事進于大臣前，則筠乃令喜壽退去，喜壽怒而退焉。鞫廳，朝廷大會；贊成，崇班重臣。筠以一郎官敢令退而去之，有若揮斥者然，其虧損體面甚矣。請命罷職。'（時，推鞫諸臣方會議，沈喜壽自外入諸大臣前言曰：'此賊不過狗鼠輩强竊之雄，而所引多鬼錄，無實狀。諉以逆獄而深治之，無乃有損於國體乎？'筠在房起草，謂喜壽曰：'令鑑言誤矣，令鑑退休矣。'蓋筠意逆獄嚴重，以喜壽言爲過，而自以喜壽親己附耳語也。喜壽怒而起曰：'爾何敢令我退還？'詣大臣前求退曰：'筠雖帶銀，筠年少輕妄人也。'疾言遽色，多有不平之狀。李德馨解留之。）……答曰：'依啟。許筠推考。'"

　　案：史官記載事情原委甚詳：許筠與沈喜壽於逆獄看法相左，因沈與己相親，是以附耳笑談。沈以此大怒，許筠被推考。看似許筠以郎官揮斥重臣，頗爲輕狂，實際不可簡單論之。沈喜壽與許氏兄弟交往甚密，光海君四年壬子（1612）許筬去世，沈喜壽作《祭許判書岳麓文》云："余與君交，嘉靖庚申，自始至今，余五十春。通家孔李，義分攸托。……君有賢弟，實惟美叔。弱歲嬉遊，二鳳一鷄。"其文集《一松集》中，與許筬、許篈酬贈唱和之作近二十首。許筠曾於宣祖三十年丁酉（1597）以書狀官從沈喜壽出使明朝，一路亦有詩作唱和，二人關係亦不差，是以許筠會有親密之舉、玩笑之語，此似不足爲許筠之罪狀。

　　沈喜壽發怒之真正原因似源于文人相忌，同年發生之另一事可爲旁證。是年十月初一日，宣祖召見許筠，令製顯靈關王廟碑文。製進後，沈喜壽欲以己文代替，後因未立碑而作罷。許筠雖爲後輩，但以文才著稱，此一時期之朝廷製疏多出其手，如前文提及之懿仁王后朝奠告辭，此後之冊封王妃頒敕文等。許筠亦因受宣祖器重，遭他人嫉恨。而沈喜壽其人亦非君子，"人有勢，則輒沾沾焉諂附；將失勢，則必先爲排擯語，以取時望。既已排擯，則又即還爲稱讚，似若不曾排擯者然。"（《宣祖實錄》卷一二二宣祖三十三年二月癸卯）許筬雖與其爲少時友，常以"路邊各官之老娼"譏之（《宣祖實錄》卷二百三宣祖三十九年九月丙子）。與沈喜壽構隙，如許筠所云"中豪一松（沈喜壽字）相所惡"，使其本已坎坷之仕途愈加崎嶇。

　　《宣祖實錄》卷一百三十二宣祖三十三年十二月辛卯（二十二日）：

"禮曹啟曰：……令知製教許筠製告辭，即於朝奠兼行慰安祭。"

卷十六《敕建顯靈關王廟碑》題注："製進之後，大提學沈喜壽以為官卑，將自改撰之際，上教以不必立碑，蓋恐差官因此更留也。"

卷十《奉上家兄書》："弟不幸初見斥于瑩仲，中爲一松相所惡。"

七月癸酉，上冊封王妃，受百官賀箋，頒敕文。敕文爲筠製進。

《宣祖實錄》卷一百五十二宣祖三十五年七月癸酉（十四日）："申時，上以權停例，受百官賀箋。頒赦：……（兵曹正郎許筠製進）。"

八月丙辰，爲成均館司藝。

《宣祖實錄》卷一百五十三宣祖三十五年八月丙辰（二十七日）："許筠爲成均館司藝。"

秋，爲重修兜率院彌陀殿寫碑文。

卷十六《重修兜率院彌陀殿碑》："壬寅秋，觀使人乞于余，欲詞而劖之石。（中略）遂爲文而紀之。"

案：此文爲其後崇佛之論種下禍根。

《重修兜率院彌陀殿碑》題注云："宋都憲言愼見此文，而三陟之抨（指崇佛之論）忽出也。"

十月壬辰，爲司僕寺正。在任有《太僕稿》一組詩。

《宣祖實錄》卷一百五十五宣祖三十五年十月壬辰（初四日）："許筠爲司僕寺正。"

卷一《太僕稿》。

1603 年（明神宗萬曆三十一年，朝鮮宣祖三十六年，癸卯），三十五歲。

至是年初夏，仍任司僕寺正。尹繼善常往訪筠，二人有詩唱和。

卷一《太僕稿》有《初夏省中作》。

卷一《太僕稿》之《次而述見贈韻》、《內司，次而述見贈韻》。

卷二十二《惺翁識小錄上》："近世尹斯文繼善最稱聰，余忝太僕時，訪余於內寺，適有馬籍冊，記其毛色及地名人號，凡三百餘匹。尹一見而誦之。過三日，訪其家問之，則一一能記。"

是年伯兄筬之女議嫁義昌君珖，本擬於五月行禮，因筬妻病重，提前至四月十七日成婚。

參見《宣祖實錄》卷一百六十宣祖三十六年三月甲戌，卷一百六十一同年四月辛丑、壬寅、癸卯。

五月己巳，領議政李德馨呈辭乞遞，宣祖令筠製辭挽留。

《宣祖實錄》卷一百六十二宣祖三十六年五月己巳（十四日）：“領議政李德馨呈辭乞遞，上命諭不允之意，知製教許筠製進。有曰……。”

卷二十三《惺翁識小錄中》：“癸卯春，漢陰相（李德馨）以遷窆告辭。李叔平製初度不允批答，上以爲不合，特招余至闕下，刻期製進。叔平文甚好，置之而別作，又有遷葬曲折，構辭極艱，汗流不能下筆，僅得成形手書以進，則上教曰：爲王言不能若是耶。以拙文受宸獎，亦不可知其故也。”

不久，忽被罷職。

案：罷職之由，文集、史書皆無明文記載。許筠被免職後，決意東歸，東行前寄書金正卿云：“僕之平生爲裕甫所害了者甚多，（中略）裕甫之迫問奇、宋二家，豈亦僕勸而爲之乎。見忤之端，實出於茲。厥後兄家結婚于內，賤隸數人承裕甫旨，預聞塚宰於上，造出諺書，構諸貴人，遂起紛擾之端。”可知罷職原因大致有二：其一與李弘老、奇自獻相爭有關，其二與許筬之女婚事有關。第一事，據許筠所言如下：前已言及，許筠因不道李弘老之過，爲奇自獻猜疑。弘老丁憂後還京，又以許筠揚他之惡與奇勾結，頗多怨言，是以許筠往李宅自辯。其後即有李弘老造凶書構陷士林，許筠參知之語。於是弘老、許筠及當時在場之人皆以文書辨明，奇自獻將眾人書信蠟糊塗藏，製造凶書假象，唆使臺官彈劾許筠等。第二事，是年四月十七日，許筬女與義昌君成婚，五日後，筬妻卒。但此後有許筬妻於婚事前去世，而密不發喪舉行婚禮之語。或稱此語出自奇自獻，奇自獻又以此爲許筠構陷，惱怒之餘慫恿獻納申慄彈劾許筠。二事併發，許筠遂被罷職。

以上皆出自許筠自辯之辭，事情之是非曲折實難判斷。但可確知，許筠此時已深陷黨派之爭。庚子（1600 年），其於《上完城第二書》尚能持中立態度，書云：“……爲西論者未必非，……西人之扶松江（鄭澈），亦各守渠所見，本不可盡非。至於成（渾）、李（珥）門下，滯才甚多。官爵是國家公器，而天地四時，亦有回圈，詎可專授一邊人，使賢才虛老於下耶？……相公之用西人是公心，而筠則以爲舉措至當。”許筠於甲午（1594 年）入仕，至庚子間，多任職京外，遠離權力鬥爭之中心，是以尚能游離於黨爭之外。自庚子起，其任職朝中，因友朋、家庭、利益關係，終致深陷黨爭不可自拔。

被罷職後，東遊楓嶽，有《楓嶽紀行》一組詩。

卷三《東征賦》並序：“癸卯，余自太僕落職東歸，因遊楓嶽。”

卷二十一《與許兄子賀》（癸卯）："當路阨弟黜之，不得已往關東，登鹽湖臺以望。"

遊楓嶽，經鐵原，遇一老婦人，爲作《老客婦怨》。

卷十《與柳侍御書》："癸卯歲，罷官遊楓嶽，路抵鐵原，宿于豐田北二里民家，有一老婦邀入其店。（中略）僕感其事，作《老客婦怨》一篇。"

案：壬辰歲，老婦避兵於鐵原，夫與姑俱爲賊所殺，一子亦被擄走。子長大後爲官，卻不來接老母。許筠據婦人經歷作《老客婦怨》，蓀谷李達評之云："滔滔典麗，且有古法。"而有宋公者，以此詩指斥自己，對許筠深恨之。

> 卷十《與柳侍御書》："僕感其事，作《老客婦怨》一篇。篇首有'東州城東寒日曛，寶蓋山高帶夕云'之語，看者誤以爲指斥宋公，傳播與人也。宋公之日夜切齒與僕，必欲甘心者，實以此也。"

畢遊楓嶽，歸江陵外祖家，與石洲權韠書信往還，有歸隱之意。

卷九《與石洲書》。

寓居江陵四個月，適逢柳寅吉瓜滿離任，每日宴飲不斷。柳寅吉離去時，贈明蔘三十二兩，後爲購書之資，並建閣藏書。

卷一《溟州雜著》："癸卯歲，余自楓嶽歸溟州外宅。州適大熟，而柳侯寅吉將滿瓜，民惜其去，爲之家家設宴。……絲竹聒耳，聽若部蛙；酒食薰天，看似地獄，令人應接不暇。奚暇搦翰吟詠乎。是以留連四個月，不得披見一葉紙書，而疲於奔命，殆欲託病逃之。自柳侯罷去，始有所著述，僅得四十六篇，名之曰《溟州雜著》云。"

卷六《湖墅藏書閣記》："柳侯寅吉涖此府，清嚴仁恕，民戴以爲慈母，嘗以振起文教爲己任，訓獎課勸不少懈，士子多奮起者。瓜滿回也，以明蔘三十二兩付不佞曰：此貢羨也，不欲累歸囊，子其充藥籠之用。不佞曰：不敢私也，願與邑學子公之。笥而歸都下，因朝价之行，購得六經、四子性理、左國、史記、文選、李杜韓歐文集、四六通鑑等書于燕市而來，以騾馱送於府校，校儒辭以不與議。不佞就湖上別墅，空一閣藏之。邑諸生若要借讀，就讀訖還藏之，如公擇山房故事。"

在溟州期間，作《大嶺山神贊》。

卷十四《大嶺山神贊》並序："歲癸卯夏，余在溟州，州人將以五月吉，迎大嶺神。（中略）是可紀也已。"

1604 年（明神宗萬曆三十二年，朝鮮宣祖三十七年，甲辰），三十六歲。

春，在黃海道遂安。

卷二《真珠稿》之《初到府有感》三：“憶在甲辰三月時，暫攜桃葉尋安期。煙花含賦樓臺晚，羅綺鬥嬌簫鼓悲。浮生倏忽人已去，事故糾紛吾亦衰。獨上危軒吊前事，夕陽鄰笛爲誰吹。”注：甲辰春，僕攜家小娘遊于此。

七月，再次被起用，爲成均館典籍。

《宣祖實錄》卷一百七十六宣祖三十七年七月丙子（二十七日）：“許筠爲成均館典籍。”

九月，爲遂安郡守。在任有《遼山錄》記事。

《宣祖實錄》卷一百七十八宣祖三十七年九月壬子（初六日）：“許筠爲遂安郡守。”

卷六《重修化鶴樓記》：“甲辰秋，遼倅瓜滿，不佞以末推，僥受御擢。”

卷一《遼山錄》：“甲辰秋，余乞郡得遼山，郡素稱僻，以爲當專力於經術，而兼及藻翰。待下車，則牒訴紛然如雨，耳目眩擾，不暇食息。土人又尚豪橫，治制甚艱。千卷圖書，架束不得展，況于構思立意乎？二載所得，僅三十二首。”

十月，致書韓石峰濩，邀其來遼山相聚。

卷二十《與韓石峰》甲辰十月：“今得遼山，而公亦解縣紱，故都相去不遠，倘公來枉郡齋，則池閣逍遙，可盡人間樂事矣。”

十一月，許頊爲吏曹判書，筠書信致賀，望其超越黨派，選拔人材。

《宣祖實錄》卷一八一宣祖三十八年十一月五日（辛巳）：“以許頊爲吏曹判書。”

卷九《上許吏曹頊書》：“頃接邸報，恭審晉長天官，獨枋均統，士論翕然歸重。……翁素無偏儻，衡鏡不頗，幸法了翁平舟之訓，毋爲時議所掌，拔賢揀才，俾一國盡在門下，則非徒國家受福，善類知慶，而吾門忠直之風，復振於今日，豈不盛哉。”

年底，因試士及軍務，入安岳與黃州一帶，染病。

卷一《遼山錄》之《試士回到楊山作》、《因軍務曉渡海，至黃州記事》。又《懶翁來》：“客逐東風至，令余病欲蘇。能爲謝尚舞，自是高陽徒。事業餘椽筆，生涯賦玉壺。微官亦何物，歸路在江湖。”

1605年（明神宗萬曆三十三年，朝鮮宣祖三十八年，乙巳），三十七歲。

是年初，仍在黃州、平山一帶，病未癒。

卷一《遼山錄》之《初坐軒》：“客病經三月，危冠已二毛。淹留嗟汝拙，歸去是人豪。日氣融殘雪，春寒勒小桃。東風動歸興，湖海有船舻。”又《安城館，逢釣城昆季》，安城館，在平山都護府。

在任期間，整理編輯仲兄篈《荷谷集》，至是年二月完成，付梓刊行。二、三月間，多次致書柳成龍、李德馨等人，爲《荷谷集》求序跋。

卷二十《上西厓相（柳成龍）》乙巳二月、《上漢陰相（李德馨）》乙巳三月。

夏，編《溫李豔體》一卷。

卷十三《題溫李豔體後》：“余在遼山，夏月民事稍簡，輒采二家詞（溫庭筠、李煜）合三十九首爲一帙。”

四月，再邀韓石峰訪遼山。石峰約在入夏後來會，留一月左右。韓爲篈書《般若心經》、《溫李豔體》。此後不久，石峰病逝。

卷二十《邀景洪》乙巳四月：“春期已誤，幽花爲君盡飛矣。……結網臨溪，待公爲斫鯉計。石筍沙鱉，亦可供案肴。僕平生爲口，故津津以酒食爲請，毋笑其饞。”

卷一《遼山錄》之《石峰來訪》、《酌石峰於沖天閣》、《聞石峰訃》。

卷十五《祭韓石峰文》：“一麾遼山，果踐宿諾。邀公以館，沖天之閣。以觴以詠，月檻風櫳。爲我金書，般若心經。……月再環絙，公以久辭。拜將於郊，九秋以期。曾未幾時，忽承凶問。……”

卷十三《題溫李豔體後》：“倩石峰書之，藏巾衍中。”

石峰書贈《般若心經》，李楨畫佛像繫於後，篈自作贊辭附之。

卷十四《李畫佛祖贊並引》：“余在遼山，乞石峰仿歐率更書，以金字寫般若心經爲帖。因命李楨繪三佛一菩薩二祖二居士像，繫之於後，遂成兩絕。余以贊辭附之，名曰《禪門法寶》云。”

孟秋，在治所重修化鶴樓，歷二旬完工。

卷六《重修化鶴樓記》：“此崔公滉所構，在於戊寅（1578 年），……今已二十七年。……不佞叨居郡紱，則修替復舊，乃其職也。……越明年孟秋始事，……閱二旬而工完。”

十一月，罷遼山郡紱，回京邸養病。寄書許鏷，告知罷辭原由，且以許頊用人不明，深爲憂慮。

卷一《丙午西行錄》別書：“乙巳冬，余罷郡紱，養病于京邸。”

《光海君日記》卷一百二十八光海君十年五月庚寅許筠自辯疏：“甲辰八

月上來，除遂安郡守赴任，乙巳十一月罷歸。”

案：此次亦非期滿調任，而是被罷職。據卷九《奉答家兄書》、《答許新昌書》，事由大致如下：遂安有豪民李邦憲縱橫鄉里，與鄉人兵使李鳳壽飲時，發生糾紛。一鄉人緣此蜂起，請鞫李邦憲。許筠因此對其訊問。方伯黃海監司權憘因受李家賄賂，爲李開脫，許筠怒甚，對李施以嚴刑。李因受刑過重，兩日後斃於家。由此謗言四起，以許筠“挾憤妄殺，詬及方伯”。此事當是許筠被罷職之直接原因。

卷九《奉答家兄書》：“弟近以此事，厚受辱詈，方擬決去，而渠家又呈法司，行會本道，郡吏數輩方對辯於瑞興。此事若了，弟視棄郡綬，如脫弊屣，安肯爲五斗米久折腰乎？”

卷九《答許新昌書》：“僕治無善狀，朝夕待劾。即以殺土豪事，謗言薰天，得一事可以罷去，東海舊業，已盡荒廢，切欲趁秋回駕爲料理計。詎可戀此逆旅，自撤菟裘乎？……客歲，陽陵公（指許頊）初長均統，心竊憂之，陳書以譬，則陽陵面是而內實不然，近日作事悉潰潰，又與當路者甚密，一二少年，從而眩亂之，不出數年，當見其債。……恐上辱先訓，爲吾門羞也。”

此事既令許筠罷職，亦引發此後詩板被毀案，使崔有源與之結怨。卷十《與鄭大諫書》：“今者伯進（崔有源）之恚詈，又出於意表。……樓之初構在海城（指崔滉，崔有源之父），則嗣而重修者，豈有撤其詩之理乎？記文及次韻詩，俱在鄙集中，伯進見亦不之信，以爲追作而緩其怒。……遼山郡豪之死，其諸子孫謀所以中僕者，千計萬方，凡樓題有鄙名者，悉撤去之。海城及柳參判永吉、朴黃州東說等詩，俱毀棄之，訴於三家，故伯進信先入之言，結而不解。前日花潭書院上樑文，以不佞佞佛，命去筠名，而以家兄名代書者，所以報此怨也，斯豈君子之用心耶？”信中又有“僕四十，已爲上大夫”之語，可知此信當寫於戊申（1608年）。所謂記文指《重修化鶴樓記》，次韻詩指《化鶴樓次崔海城韻》二首，詩作於文集中已刪除，據卷一《遼山錄》序云：“其二篇，乃《化鶴樓次崔海城韻》者。崔詩有‘丁公去後三千歲，太守來憑十二欄’之句，殊好。余次之曰：‘永誦司勳留傑句，長教玄度憑危欄。’自以爲得意，其冢嗣公（指崔有源）不快余，以爲追作而緩其怒也，遂刊削之，一首亦同韻，故並沒云。”

自去年冬至是年春，黃海道境內發生尹世沉、崔灌獄案。黃海道載寧郡尹世沉者，假冒壬辰亂中已死之尹暹，多聚徒黨，橫行鄉里。載寧郡守申景禧貪功圖利，製造凶書，詞連多人，造成尹世沉、崔瀶等勾結謀反之假象。是年二月辛亥，崔瀶被刑死。後奇自獻負責審訊，以此爲冤獄。三月丁丑，申景禧被罷官黜送。對此，史官云：“尹世沉之詐稱尹暹，不過欲假朝官之名，以圖得妻之計也。申景禧得聞此言，即以書馳議于李山海，又與韓彦忱、許筬輩相與密議，做作凶書，構成悖語，欲爲網打縉紳之計，一時名相並與羅織。如非自獻之聽獄無私，其得免己丑之禍乎？”案件發生之時，許筠確在黃海道境内，並因土豪事與方伯權憘有隙。欲以此案牽連方伯，亦有可能。但因無確鑿證據，許筠是否參與此事，已成一懸案。

1606 年（明神宗萬曆三十四年，朝鮮宣祖三十九年，丙午），三十八歲。

是年初，因明皇長孫誕生，特派翰林修撰朱之蕃、刑科都給事中梁有年來朝鮮頒詔，遠接使柳根辟筠爲從事官。此行有《丙午紀行》一文記事。

卷一《丙午西行錄》別書：“乙巳冬，余罷郡綬，養病于京邸。皇長孫誕生，帝遣翰林修撰朱公之蕃、刑科都給事中梁公有年頒詔本國。西坰柳贊成爲儐，舉余爲從事，敍拜禮賓正。”

《宣祖實錄》卷一百九十五宣祖三十九年正月癸酉：“遠接使柳根啟曰：近日來聞見，則人之所稱道者，洪瑞鳳、許筠、金尚憲、李民宬、趙希逸等若干人。……許筠雖在閒散之中，時留都下，請付軍職帶去。”

案：宣祖從柳根之請，正月初六日，授許筠義興衛大護軍。二十一日辭朝，六月初二日入京復命，此行有《丙午紀行》一文記事。此是許筠再次任遠接使從事官，與朱、梁二使交流密切。記錄如下：

三月二十五日，朱之蕃出《千古最盛》令製跋以進。此作品後流入許筬婿義昌君家，許筬請李澄、李瀟仿作。

　　卷十三《題千古最盛後》：“朱太史倩吳鞟川畫小景二十幅，皆取古名人詩文可入於畫者以載之，又自書文與賦若詩於其下，誠好事也。其本自内，今在義昌家。舍兄倩李澄榻之，其嫡兄李瀟書之。書雖不及朱公，而畫則優焉。”

三月二十七日，朱之蕃問許蘭雪詩，許筠進《蘭雪詩集》，朱大爲嗟賞。朱之蕃又問朝鮮山川地理情況，許筠一一書對。朱又出掌扇所作《齊山亭》詩令和，許筠口占以對。

三月二十八日，朱之蕃問許筠科第高下及履歷，云：“此子生中國，亦當久在承明之廬、金馬之門，非獲罪則何以翶翔郎署外郡也？”贈許筠《世說刪補》、

《詩雋》、《古尺牘》等書。副使梁有年亦贈許筠《衡山石刻帖》，但此後許筠記憶有誤，又以此書得之于朱之蕃。

> 卷十三《題石刻諸經後》："衡山文先生徵明，書法為國朝第一。……晚年寫陰符、黃庭、定觀、心印、清靜、胎息、洞古等諸經。……余得之于朱宮諭，愛玩不忍釋手也。"

三月二十九日，兩使就所奏樂詢問樂章，許筠書《步唐子》、《夜深詞》二詞以進。

四月初五日，許筠書本國人詩自崔致遠以下百二十四人詩八百三十篇爲四卷，粧廣作兩件，呈於兩使。副使贈《太平廣記》一部。

四月初六日，朱之蕃招許筠評朝鮮人詩。

四月初九日，朱之蕃招許筠閑話，許筠探問王世貞之事，朱道及王世貞文章工程甚詳。許筠又問及明翰閣能詩者，朱亦爲之一一說明。

四月二十日，朱之蕃贈許筠《陽川世稿序》、《蘭雪詩集引》，見李楨畫佛帖，愛之，亦題數語於末。

四月二十二日，朱之蕃招許筠求朝鮮刊古詩，許筠以外王父所藏《後山詩》六卷贈之。

四月二十七日，梁有年贈《陽川世稿序》。

四月二十九日，兩使求韓石峰書，許筠將韓書許蘭雪軒《廣寒宮白玉殿上梁文》兩件分贈之，朱之蕃稱賞云："楷法甚妙，真卿上、子敬下也，松雪、衡山似不及焉。"又求真本，許筠以《長門賦》進之。

五月初一日，朱之蕃招許筠賦別章。

五月初二日，梁有年招許筠，贈以《鑒湖詠》。

與朱之蕃交遊時，另獲贈《棲逸傳》、《臥遊錄》、《玉壺冰》。

> 《閑請錄》凡例："余在庚戌夏，抱痾謝事，杜門攝客，無以消長日，巾行中適披得數帙，及朱蘭嵎太史所贈《棲逸傳》、《玉壺冰》、《臥遊錄》三種。"

同時，許筠就朝鮮立世子事稟告，朱之蕃同意代爲呈文，但爲領議政柳永慶所阻。

> 《光海君日記》卷七光海君即位年八月乙丑：冊封奏請乃國家莫重莫大不容已之事也。……丙午詔使之來，大臣呈文，實是臣民所共願也。而身爲首相，欲爲謀避。終不得沮遏，則陰中發言之相臣，使不得安於

其位。

　　《光海君日記》卷一百二十八光海君十年五月庚寅許筠自辯疏，又見《光海君日記》卷一百三十一光海君十年八月甲戌許筠供詞："丙午年，朱天使來，與臣談及本國儲嗣，臣以'一國歸心，天朝未許為憫迫'云。則朱使言：'爾國百官，呈文以請，則俺當持歸贊成。'臣即見三公言之，永慶不應，自獻及沈喜壽皆以爲然，力爭呈文。永慶甚怒，未幾，兩相之去位，臣之三劾，人皆謂由此。"

1607年（明神宗萬曆三十五年，朝鮮宣祖四十年，丁未），三十九歲。

二月，爲尚衣院正。在任有《光祿稿》。

　　《宣祖實錄》卷二百八宣祖四十年二月己亥（初六日）："許筠爲尚衣院正。"卷二《光祿稿》。

　　案：約於此時，領議政小北柳永慶欲重用許筠，而許筠心向大北。且柳與許筬不和，如爲柳所用，則如寡婦晚年失節，徒惹人恥笑。許筠爲避是非，連寄三書於李大中（李惟弘）乞外任，尤欲往洪陽郡，惜未成。三月十七日，三陟府使李德馨卒，許筠再寄書成德甫（成俊耉），乞出任三陟。致成氏書中，乞外任之由所言甚詳。

　　《岳麓集》附錄引《荷潭日記》：宣廟西狩到平山，柳永慶爲黃海監司，永慶不得隨駕而西，而並在錄勳中。許筬爲大司諫，論大臣有不當錄者請改正。筬之意爲永慶而發也。

　　卷九《與李大中第一書》："今足下又將挽致于承明金馬著作之庭，欲令獻納論思以補聖治之萬一。……僕家竇兄老，不能決去，唯欲得一小郡，爲妻孥糊口計，兼以讀書爲暮年酬應之資。"又《與李大中第二書》："（先以寡婦作喻）僕之今日，誠懼其如鄰婦也。使僕有郭田二頃，豈肯低顏下色于諸貴之間？苟沾寸祿，爲保妻子計耶？聞洪陽有缺，幸言亞判，俾獲參擬，勿以非分相屬。"又《與李大中第三書》："昨日政席，翹等洪陽之命。德甫來言，鄙名出於檢討之擬，以參錄人有推考，書望而姑停云。僕聞之，尤甚不樂，終夜耿耿不寐也。"

　　《宣祖實錄》卷二百九宣祖四十年三月庚辰："三陟府使李德馨卒。"

　　卷十《與成德甫書》："大中之力相吹噓，情則厚矣。不能諒僕之平生，三書以叩，其聽逾邈。……方今之事，無大小，皆出於首揆。首揆之待僕，不可測也。……頃者，汾陰公（崔天健）言於僕曰：首揆奇君之才，欲置諸論思之地。僕曰：家兄素不善于首揆，而首揆擢弟于玉署金華，則人將謂背兄附勢，決不願爲。……即聞眞珠（三陟）大使有捐館云。……專決在兄之口，愼勿擾改如何。”

三月二十三日，除三陟府使。在任有《眞珠稿》記事，“眞珠”爲三陟別稱。

《宣祖實錄》卷二百九宣祖四十年三月丙戌（二十三日）：“許筠爲三陟府使。”

卷二《眞珠稿》。

在任上，作《崔公神道碑銘》。

卷十六《資憲大夫漢城府判尹兼藝文館提學同知春秋館事崔公演神道碑銘》：“丁未四月，瑢葬其父，礱石欲刊公行，乞銘於眞珠倅筠。筠鄉人也，敢以不文辭。”

到府方十三日，五月四日之六日間，司憲府以筠崇佛再三論啟請罷其職，六日被罷免。

《宣祖實錄》卷二百一十一宣祖四十年五月丙寅（初四日）：“憲府啟曰：……三陟府使許筠，以儒家之子，反其父兄所爲，崇信佛教，誦讀佛經，平居緇衣拜佛。爲守令時，設齋飯僧，眾目所見，恬不知恥。至於天使時，恣爲禪談佛語，張惶好佛之事，以眩觀風之監，極爲駭愕。請命罷職不敘，以正士習。……答曰：……許筠事，雖未知其虛的，自古喜文章者，或涉獵佛經。筠之心事，想亦不過如此。而意者傳之，或至敷衍歟？”又五月戊辰（初六日）：“憲府啟曰：……三陟府使許筠，以儒家子弟，反入異教，服緇禮佛，掛珠誦經，則托跡朝紳，而眞一僧徒也。……劄曰：允。”

卷十《與崔汾陰書》：“到州十三日，邸吏以京報及手劄致之，則審於五月初六日，以臺劾見罷。”

案：宣祖惜許筠之才，有心庇護，云：“包容置之爲宜，不必加罪。”（《宣祖實錄》卷二百一十一宣祖四十年五月丁未（初五日））但因憲府連上疏章，只能將其罷免。許筠之所以被罷職，似出於柳永慶之意。許筠於上年曾就立光海君爲世子事稟知天使，而小北黨人擬擁立宣祖嫡子永昌君，是以柳永慶侍機清除政敵，當時與許筠同議者奇自獻、沈喜壽不久相繼去位，許筠遂亦有佞佛之劾。

七月十九日，爲內資寺正。在任有《大官稿》。

《宣祖實錄》卷二百一十四宣祖四十年七月己酉（十九日）：“許筠爲內資

寺正。"

卷二《大官稿》。

九月，作《弘文館校理任公墓碣銘》。

卷十六《弘文館校理任公墓碣銘》："校理任公既葬之明年九月，其宜人金氏致命於筠曰：……其爲我紀之以示後。"

暮秋之際，作《清溪集序》，交予梁慶遇。

卷二《大官稿》之《梁子漸來訪》："歲寒霜覆地，夜久月當墀。"

卷四《清溪稿序》："皇明萬曆紀元之三十五載秋季下浣。"

在任上，又致書崔天健求外任，先辭銀州，再乞加林，最後得公州。

卷二十《與崔汾陰》丁未十月："銀州，吾先人所莅也，小子敢不樂赴耶？但小子于先大夫，勿能爲役，倘或少不稱，則辱先訓多矣。吾固不欲也。加林在海上，地僻有魚蟹之饒，切欲得之。聞與公州一時差除云，彼孔道而無蟹，且有監州，勿舉吾名如何。地位相逼，恐爲爭加林者所推之，故縷縷耳。"

是年，連魁夏秋冬月課，加賞。

卷二十三《惺翁識小錄中》："丁未年，余連魁夏秋冬等三月課，上令考法典施賞。禮曹考大典，則有弘文館月課，連三次一等，居首者加賞云。"

十二月初九日，拜忠清道公州牧使。

《宣祖實錄》卷二百一十九宣祖四十年十二月己巳（初九日）："許筠爲公州牧使。"

卷二十《與崔汾陰》丁未二月（當爲十二月之誤）："加林不入手，而反以公山麾之，此亦命也，何咎公爲。僕之仕爲貧，保妻子免饑寒，足矣。他尚何言。然亦不敢嫚遊廢事，以負公薦用也。"

是年完成《國朝詩刪》編選，並著《詩評》，當時即已在友朋間流傳。

卷二十五《惺叟詩話引》："丁未歲，刪東詩迄，又著詩評，其於東人，稍以詩見於傳記者及所嘗耳聞目見者，悉博採並羅，無不雌黃而評騭之，凡二卷。其所品藻，或乖大雅，而搜訪之殷，足備一代文獻也。"

卷二十一《與趙持世》丁未十二月："端甫好事，且無莞鑰，以詩評掛兄之眼，羞愧萬萬。"

卷二十《與尹次野》己酉十月："詩刪，想已熟覽矣，可付權生回否？"

案：許筠在世時《詩評》即佚失。《國朝詩刪》因以鄭道傳居首，亦成爲此後許筠有叛逆之心之罪證。

卷二十五《惺叟詩話引》：“丁未歲，刪東詩迄，又著詩評……書成，削其稿，只書二件，一在浪州失去，一在京邸遺佚。”

《光海君日記》卷一百二十八光海君十年五月庚寅許筠自辯疏：“臣在丁未冬，選抄本朝詩以自觀。鄭道傳、權近俱系國初人，固按此書填，自然以二人首題。此豈敢慕其人而必擅爲首哉？”

1608 年（明神宗萬曆三十六年，朝鮮宣祖四十一年，光海君即位年，戊申），**四十歲。**

年初到公州任地，勤於政事。

卷二十《與崔汾陰》戊申正月：“初來時，諫官有以僕不合劇爲言，欲投劾而未果。及到州，晨理十萬家訟，夜燃青藜杖，讀一部左氏，此自舉漢吏故典，而不廢千古盛事，訾者謂吾輩無益於世者，亦云罔矣，公必軒渠。”

案：此時朝鮮政局因立世子事動蕩不安，黨爭更趨激化。宣祖三十九年（1606），宣祖唯一嫡子永昌大君出生，大小北就立世子問題衝突升級。小北柳永慶窺破宣祖之意，公開擁立永昌君，而大北支持宣祖次子光海君。是年正月，工曹參判鄭仁弘上疏，論首揆柳永慶揮斥原任大臣，動搖王世子之位，謀危宗社等罪狀。宣祖大怒，將鄭仁弘驅逐至寧海，將唆使鄭仁弘上疏之李爾瞻遠竄甲山、李慶全遠竄江界。但至二月，形勢改變。二月初一日戊午，宣祖薨於貞陵洞行宮。二日己未，光海君於貞陵洞行宮西廳即位。十四日辛未，領議政李元翼等以宣祖長子臨海君久蓄異志，圖謀不軌爲由，請將之流放絕島。臨海君即被流放珍島，後改配喬桐。十七日甲戌，柳永慶罷職。十九日丙子，鄭仁弘、李爾瞻、李慶全疏放復爵，大北黨人把持朝政。許筠遠在公州任地，亦關注局勢變化，與友人信中論及鄭仁弘罪柳永慶、光海君即位、臨海君被逐等事。

參見《宣祖實錄》卷二百二十宣祖四十一年正月丙午、己酉、庚戌、辛亥、壬子、癸丑、甲寅、乙卯、丙辰、丁巳，《宣祖修正實錄》卷四十二宣祖四十一年正月，及《光海君日記》卷一戊申二月記載。

卷十《與任子正（任兗）書》：“伴人朴金來，得本月十七日邸報，有來巖公（鄭仁弘）請罪首揆疏。展看之際，方食，不覺噴飯起立，擊節嗟唏。天下有此士，善類足以吐氣。去年冬，兄欲爲此事，僕力止之者，誠以吾輩素無重名，一作此舉，則國家棄之如孤雛腐鼠且將不利於大事，黽勉而休。今者此公能爲吾輩所不敢爲，其忠節慷慨，豈下于古士耶！……”

又《答任子正書》：“吾東無祿，先主奄棄群臣。攀髯之痛，内外奚殊。況不佞厚辱睿獎，終始拯濟，得有今日，秋毫皆恩德者耶。……臨庶人（臨海君）自速其敗。頃日配於珍島，來往於州，且覗其所爲，殊不類人，吾輩之前歲所煎念者，乃過憂也。烏有掛孝者對人吃酒，談妓妾輿馬之事吃吃不離口，而能爲非常之事之理乎？……來巖公已抵洛下云，想兄亦往見爲人否？其議論風采，協于所聞耶？此公風節，岩岩壁立，有非濁世人所可企及。至於其徒，未必盡善，以兄之竑識，不待鄙言，而已自洞見。”

在公州任地，請工匠繪列仙像，並作贊詠之。

卷十四《列仙贊並引》：“弇州王元美所輯列仙傳，余從獻甫許謁見真本，……余既卒業，倩工揀其尤異者，移於絹素，以彩飾之，係以贊辭，時觀之以釋懷仙之念云。”

卷六《愁歇院神詠仙贊記》：“余在公山，倩工繪列仙像，作贊以繼之。”

八月二十一日，被罷職。

《光海君日記》卷七光海君即位年八月乙亥：“以忠清道暗行御史書啟，傳曰：……公州牧使許筠……並罷職。”

案：此次罷職之由亦不甚明了，據許筠文集來看，原因頗荒唐，竟似要帶寡婦逃亡。後得力于任衰、李爾瞻之助，才免於被刑。

卷十《答長任書》：“今十五年於茲，比來齒髮已衰，煙火之興頓爾減損，唯靜處看書足自樂，豈肯犯禮犯法，率喪婦為逋逃主也？洛中人言漸眾，至發於臺議。幸賴子正（任衰）、得輿（李爾瞻）力與周旋，僅得無事。”

同卷《與持世書》：“今世之言，以僕常出入不當往之地，其家固相疑我。及其跳出，適當我進香之日，故其夫黨執平日相昵之跡，煽出言根。是亦自招其謗也，何怨乎人哉？”

許筠於信中又云：“僕屢躓於世，官情灰冷，已卜居於邊山之陽。”同卷《奉上家兄書》亦云：“邊山南麓，有愚磻谷，其中瀠衍，有泉石佳致，攜二李往卜宅基。……沈兄募工伐木，已構數間於溪上。”此數封信無明確時間，但據許筠他文可推知。卷六《重修靜思庵記》云：“扶安縣海上有邊山，山之南有谷，曰愚磻。……今年罷公州，決意南歸，將卜居於所謂愚磻者。……遂與高君達夫及二李連轡往看之。”卷七《山月軒記》云：“戊申秋，解官盡室就扶寧，就所謂愚磻者，擇勝選阜，伐村（樹）而構屋數椽，爲終老計。”由此可知，《答長任書》及《與持世書》當寫於罷公州後,信中所及內容即爲罷官之由。

此事頗曲折迷離,許筠之個性放誕不羈,有"男女情欲天也"之論,多隨情適性之舉,與他人妻妾交往,乃至帶寡婦出遊頗有可能。但另一面,女性亦僅是其解悶玩樂之伴,如卷十八《漕官紀行》:"四鼓始就寢,兩妓皆留。"同卷《丙午紀行》:"令括余所盼娟老少悉出坐,殆三十餘人,其中或有非真者六人,殊可笑也。"如此之人置前程於不顧欲攜寡婦私奔,實令人難以信服。可見其罷官之由確是虛虛實實,半真半假,許筠亦云:"僕平生得謗最甚,歲復歲日復日,謗亦新奇。"(卷十《與長侄書》)

罷官後,於扶寧愚磻谷構屋隱居。扶寧縣監沈光世待之甚善。

卷十《奉上家兄書》:"到扶寧,主倅沈君安頓於城內吏家,日給肉粟,晨夕來訪,有求輒應,心安身便,唯一書史自娛,實欲界之清都。……沈兄募工伐木,已構數間於溪上。"

案:癸丑(1613 年)七庶之獄,沈光世受牽連,許筠因與沈有交遊,亦爲其謀逆之罪證。

此時讀諸子全書,並作詩志所感。

卷十三《讀》:"余在扶寧無事,適得諸子全書慣讀之。因疏所得,題於各子之後。非感自是鄙見也,聊以形吾穢也。"

不久,被招北歸,任承文院判校。

卷七《山月軒記》:"事未集,時議不容我於朝者,又不欲容諸野。群相與詆之,以爲當平世而有桃源之志,甚不可也,竟挽我北歸。"

卷十九《己酉西行紀》:"戊申,余自公山歸扶安,爲久留計。因事北行,抵洛省兄,未幾除承文院判校,因爲謝恩使書狀官。"

1609 年(明神宗萬曆三十七年,朝鮮光海君元年,己酉),四十一歲。

冊封詔使內官劉實來朝鮮,二月初一日,遠接使李尚毅辟筠爲從事官。二月十五日辭朝,至七月二十五日復命。此行有《己酉西行紀》一文記事。

卷十九《己酉西行紀》:"二月初吉日,劉太監遠接使李尚毅舉余爲從事官,上命改書狀而令從李公行。是月十五日辭朝。……(七月)二十五日早復命。"

案:此次雖不及與朱、梁二使交流頻繁,許筠仍對明朝廷及文壇狀況有更多了解:

五月初十日,因朱、梁二使將《蘭雪詩集》帶回中國,影響頗大,隨劉實而來之監生徐明特向許筠求蘭雪詩。

五月十四日,以館課連三次居魁加階。

《光海君日記》卷十六光海君元年五月甲午(十四日):"弘文館大提學啟曰:'因前日傳教,本館月課居首論賞事,既無可據文籍,又無舊事參証之人,似難容易定奪。大概經變之後,詞翰一事幾乎廢矣。獎掖之規似不可無,而係是恩典,自下未敢擅議,上裁施行。'傳曰:'加資。'(弘文館月課,舊規有科次而無賞罰。時寺正許筠連三次居魁,王欲加資以賞之,命考故事,而回啟如此。自是遂爲例矣。)"

卷十九《己酉西行紀》:"(五月)十九日,受宴,家奴自京來,余以館課三魁加階。"

五月二十六日,徐明贈許筠《白樂天集》。

六月初二日,劉實以許筠升階,特贈送禮物,包括《金剛經》一部。劉又揭帖光海君,建議給遠接使一行加賞。光海君採納此建議,李尚毅升一級爲上憲,許筠實職除授僉知中樞府事。

> 《光海君日記》卷十七光海君元年己酉六月出八日丁巳(初八日):
> "備忘記曰:李尚毅加獎,許筠實職除授,柳潚升敘,譯人表憲等四人各加一獎。"

六月二十七日,許筠與徐明等閑話,問萬曆朝宰相邪正,及翰閣文章孰爲第一。

七月二十五日早,許筠復命,致劉使御前禮物於政憲。

因升班,追封妻金氏。復命後,往江原道原州,拜奠母親及前夫人金氏之墓。作《祭亡妻文》、《亡妻淑夫人金氏行狀》。

卷十五《祭亡妻文》:"背影之單,逾十八年,夫貴升班,恩賁追封。"又《亡妻淑夫人金氏行狀》:"豈知十八年後,只以一張空誥,薦之於靈座。而享其榮者,非吾結髮之述,君若有知,亦必嗟悼。"

是行曾宿于陶山朴氏山莊,並有法泉寺之遊。

卷六《陶山朴氏山莊記》:"歲己酉,余乞暇省墓於東,宿于朴氏。"又《游原州法泉寺記》:"原州之南五十里,有山曰飛鳳,山之下有寺曰法泉,新羅古刹也。……余亡姚夫人葬于其北十里許,每年一往省焉。所謂法泉寺,尚未之遊,今年秋,乞暇而來。稍間,適有上人智觀訪余於墓庵。因言己丑歲曾往法泉一臘。遊興遂發,拉上人蓐食早行。……"

九月六日，爲刑曹參議。在任有《秋官錄》一組詩。

《光海君日記》卷二十光海君元年九月六日甲申（初六日）：“許筠爲刑曹參議。”

卷五《送趙持世赴京序》：“己酉夏，不佞以三魁館課升級，參秋官議。”

卷二《秋官錄》。

是時，作《答李生書》，論東國文壇變遷。

卷十《答李生書》：“方赴秋官獻議，當關呼促，草草奉覆。”

九月二十八日作《游原州法泉寺記》，十月初一日作《原州鄉校重建記》。

卷六《游原州法泉寺記》：“己酉秋九月二十八日記。”又《原州鄉校重建記》：“己酉夏告成，……是可記也，是歲十月初吉。”

十月，以刑曹參議兼殿試對讀官，友人趙持世緯韓及第。

卷二《秋官錄》之《喜持世中第》。

卷五《送趙持世赴京序》：“冬初，叨殿試對讀官，則持世射策中甲科，聲譽藉甚。”

卷二十一《與趙持世》己酉十月：“忝爲考官，屈兄策于第二，所謂眼迷日五色也。”

案：是年，許筠似曾參與編纂《璿源系譜》。許筠自是年秋冬起生病，一直綿延至次年春，因病辭千秋使之職，以此被罷免。在《答錦溪正（朴東亮）書》中，許筠先言其非借病逃職，後論璿源纂錄之事。如此信寫於庚戌（1610年）被罷職後，則所言璿源事約在此時。

卷九《答錦溪正書》：“僕之病非假也，自季秋中寒頗甚，肺熱挾痰，火炎心衝衝若有恐憂。……豈以一個堂上之故，厚廢國事，爲自避計耶？是不然是不然。璿源纂錄是何等事耶？當事者苟或任情低昂，是非璿派者混載而當錄者返遺，則祖宗在上之靈，以爲如何耶？”

卷二十二《惺翁識小錄上》：“余嘗忝璿源纂述官。”

1610年（明神宗萬曆三十八年，朝鮮光海君二年，庚戌），四十二歲。

春，除千秋使。稱病不參，被革職。病中，作《病聞雜述》。

卷五《送趙持世赴京序》：“今年春，不佞果除千秋使。……甫逾月，不佞得疾危苦，連疏乞解。……不佞竟以是受譴而革職。持世旋升儀制郎中，除謝恩書狀。”

《光海君日記》卷二十八光海君二年四月辛丑（二十六日）：“禮曹啟曰：

'今日當爲千秋方物封裏,而千秋使許筬諉以病重,不爲來參。節使之行不可
又退,何以爲之？敢稟。'傳曰：'許筬自初稱病不欲行,累次陳疏,殊無人臣之
義。予雖不言,實爲駭愕。今又如此,是慢朝廷也。方物封裏又退,以他人極
擇差送。'"又四月壬寅(二十七日)："司憲府啓曰：'凡爲人臣者,不避艱險,死
生以之。況赴京一事,初非可避之地,而副護軍許筬,千秋使差下之後,敢生
厭憚之心,稱病陳疏,累瀆天聽,至於方物封裏之日,偃然不進,使賀節時急之
行,終未免狼狽顛倒之患,其蔑朝廷無人臣之義大矣。請命拿鞫定罪。'答曰：
'不須拿鞫,只革職。'"

　　案：許筬病中且遭革職,心情悒鬱,與友人書信一再表明自己是真病,而
非爲逃避行役之苦裝病。《病閒雜述》懷友人之作甚多,如《病甚,憶持世、汝
章》、《前五子詩》、《後五子詩》等,並讀邊貢、謝榛、王世懋、徐中行、吳國倫等
人作品,作《讀邊華泉集》、《讀謝山人集》、《讀王奉常集》、《讀徐天目、吳甗甀
集》。

　　　　卷二十《與李芝峰(李晬光)》庚戌四月："生之疾,朴君知,止疑其爲
陰虛火動也。有身然後方有官祿,不作此行,不過爲民而止耳。"

　　　　卷二十《與李子敏(李安訥)書》庚戌四月："吾病實深,朝廷不諒,僅
免北扉,猶革其官,坐調於家,得就生路。臭腐之物,何足介念。"

**養病于五㐌家,遇一宣祖朝老宮人,與筬詳及宮内故事,因此作《宮詞》百
首。**

　　卷二《宮詞》序："庚戌夏,余以革職養屙于家,卜人言不宜在家,出寓五㐌
家,移于水標橋奴莊。莊奴之姨母,乃退宮人也。……余聽之忘倦。臣厚受
先王知獎曲全,得至今日,其於歌詠遺德,固不敢辭,只以才不副實爲可愧。
遂記其語,爲絕句百首云。"

養病期間,另有《和思穎詩》三十首及《續夢詩》四十首兩組作品。

　　卷二《和思穎詩》、《續夢詩》。

　　案：文中未明言兩組詩之寫作時間,但據文集之編撰體例可加以推斷。
《惺所覆瓿稿》爲許筬自編詩文集,卷一卷二爲詩作,且按時間順序編排,《和
思穎詩》、《續夢詩》之前爲《病閒雜述》、《宮詞》,完成於庚戌(1610 年)春夏間；
後爲《和白詩》,作于辛亥(1611 年)春,則《和思穎詩》、《續夢詩》當寫於這一時
期内。又《續夢詩》序云"四月初五日"因夢而作,則當爲庚戌四月初五日。
《和思穎詩》在《宮詞》後《續夢詩》之前,則此組詩亦寫于庚戌春夏間。《和思

穎詩》之《用齋夕韻》云："擾擾浮生未得閒，謫來才喜世情闌。"《用下直韻》云："秋來倘有金鷄赦，即命巾車向竹西。"皆與許筠此時罷職賦閑之處境相應。詩題又有《暮春日，用歲晚書事韻》、《春晦，用馬上韻》、《四月初吉，用歲暮書事韻》，明確點明寫作時間。由此可斷定《和思穎詩》三十首、《續夢詩》四十首，與《病閒雜述》、《宮詞》百首皆創作於許筠被革職前後之庚戌春夏間。

是年夏，編《閒情錄》。

卷五《閒情錄序》："……今年已四十二……近以疾移告杜門，偶閱劉、何《棲逸傳》、呂伯恭《臥遊錄》、都玄敬《玉壺冰》，其寓情蕭散，犁然有當於心，遂合四家所劄，間附以所覩記，彙爲一書，又取古人詩賦雜文詠及於閒逸者爲後集，爲編凡十，題曰《閒情錄》。"

《閒情錄凡例》："余在庚戌夏，抱屙謝事，杜門攝客。無以消長日，巾衍中適披得數帙，及朱蘭嵎太史所贈《棲逸傳》、《玉壺冰》、《臥遊錄》三種，反覆披覽，仍取三書爲四門類彙，名曰《閒情錄》。"

七月左右被重新起用。

卷二十《與洪輝世（洪瑞鳳）》庚戌七月："僕以病不克燕行，因以爲民。今方有生路，莫非聖渥也。"

九月，致書李廷龜，乞水曹職。十月，又致書申欽，乞出任羅州。雖有授羅州之議，但旋被彈劾罷議。

卷二十《與李月沙》庚戌九月："聞水曹有缺，……今適持衡，可拼就此事，令四君拍掌冥冥中，幸甚。"又《與申玄翁》庚戌十月："羅州，西南大藩也，不佞嘗親履之，以爲官止此牧，則可以已也。今適有窠，而月沙當銓，此千載一時，閣下其以薦之，欲梯此爲南返計也。"

卷二《病閒雜述》之《除羅州旋遞有感》："湖南雄鎮錦官州，願配銅章作邑侯。拔擢已知蒙睿澤，聲彈誰料出深仇。陷人帷箔非吾事，玩世緇黃實自謀。獨對山寒成一笑，蓬萊歸隱敢夷猶。"

是年十月，任殿試對讀官，以循私獲罪，十一月拿鞫入獄，十二月二十九日，流放咸悅縣。

參見《光海君日記》卷三十五、三十六光海君二年十一月、十二月記載。

《光海君日記》卷三十六光海君二年十二月庚子（二十九日）："放罪人許筠于咸悅縣。"

案：此次科試，同參考官有左議政李恒福、吏曹判書李廷龜、刑曹判書朴承宗、護軍曹倬、洪瑞鳳、李爾瞻、承旨李德泂等。十一月三日放榜時，及第者中考官之親族友人甚多，如朴自興爲朴承宗子、李爾瞻婿，曹佶爲曹倬弟，許宷爲許筠侄，朴弘道爲許筠侄女婿，李昌俊爲李爾瞻婿之父，鄭遵爲李爾瞻鄰友，是以此榜被稱作"子婿弟侄查頓榜"，婿婦之親曰查頓。此榜之不公，引起喧嘩，而唯許筠被拿鞫入獄。許筠被罪頗爲冤屈，史臣云："當時以父兄而用私情舉子弟，非但宷之叔也，以子弟而因父兄得科者，亦非但筠之侄也。而以筠之無時望，不能取重於世之故，宷獨削科，筠獨受罪，宜乎人之不服也。"許筠友人權韠作詩曰："假令科第用私情，子婿弟中侄最輕。獨使許筠當此罪，世間公道果難行。"許筠入獄四十二天後，於十二月二十九日，被流放至全羅道咸悅境。

在獄中，作《惺翁識小錄》。

卷二十二《惺翁識小錄引》："庚戌歲，余以罪下巡君獄凡四十有二日，乃決配咸山。其間許多日子不得接物，而夜且漫漫無睡，呼燈爇爐火，擁被獨坐，忽嘗記平生所聞祖宗以來，賢士大夫行跡及事可裨掌故者，暨奇聞異覩甚多，乃取薄蹄呵凍以疏之，藏於錫鱉之中。"

1611 年（明神宗萬曆三十九年，朝鮮光海君三年，辛亥），四十三歲。

正月十五日，至咸悅配所。

卷二十一《寄奇獻甫（奇允獻）》辛亥正月："今月十五日，到配所，蝦不如扶寧，蟹鱉不如碧堤，饞人饑餓死矣。"

二月十五日，夢入宣政殿，獲贈犀帶、金裙、靴、硯四物，既寤，作《夢齋四物銘》。

卷十四《夢齋四物銘並引》："辛亥二月十五日，夢入宣政殿，……"

案：咸悅雖條件艱苦，而許筠卻能暫離喧囂複雜之官場，整理、總結其文學活動，因此，此時是其文學創作之高峰期。

首先，讀白居易詩，有感而作《和白詩》。

卷二《和白詩》序曰："辛亥歲，余配咸山，無事，取篋中所藏墳典，悉閱之，見樂天集，其謫江州日，適與余同齒，戲次其初至一春之作，仿其體而命之曰《和白詩》。"

其次，整理《惺翁識小錄》，並於四月十九日作引。

卷二十二《惺翁識小錄引》："及至配所，閑無事，一日發錫鱉則所劄者在焉，悉陳之，以其弊帚不能割愛，稍次之依錄，爲其事識其小者，固曰識小也。……皇明萬曆紀元之三十九載辛亥四月十九日，蛟山題。”

又作《惺叟詩話》，並於四月二十日作引。

　　卷二十五《惺叟詩話引》：“辛亥歲，俟罪咸山，閑無事，因述所嘗談話者，著之於牘。既而看之，亦自可意，命之曰詩話。……是歲四月之念日，蛟山題。”

又因所食極差，憶平日所食各地美味佳餚，作《屠門大嚼》，並於四月二十一日作引。

　　卷二十六《屠門大嚼引》：“余罪徙海濱，糠秕不給，……每念昔日所食山珍海錯，……遂列類而錄之。……辛亥四月二十一日，惺惺居士題。”

最後整理《惺所覆瓿稿》，於四月二十三日作跋，並稱“絕筆於茲”，將不再從事著述。

　　卷一《翁四部覆瓿稿》：“辛亥歲，以譴配南州，幸無事，發橐中，有詩文稿草在焉，……故遂手書而載之牘，分詩賦文說各爲一部，文凡四百篇餘，詩凡千四百餘篇，說凡三百餘則，彙爲六十四卷，命之覆瓿稿。……文則分類，而詩則各成一稿以別焉。不佞方讀養生家言，皆深戒爲文章，雕琢心神者，尤爲傷生，故絕筆於茲，不復更有呻佔也，豈肯以無益之技，害此可愛之軀命哉？詩若文倘好，則即此亦足以不朽矣。是年四月之念三日，陽川許筠端甫氏題。”

　　卷二《和白詩》之《文集完，用閑吟韻》：“四十三年攻翰墨，千金弊帚枉勞心。詩文十卷方書了，從此惺翁不復吟。”

冬，蒙恩從謫所放還，十一月十二日入京省兄，二十四日回扶安。

《光海君日記》卷一百二十八光海君十年五月庚寅（初三日）許筠自辯疏：“辛亥冬，自謫所蒙恩，十一月十二日入京見兄，二十四日還向扶安莊舍。壬子二月初方回。”

1612年（明神宗萬曆四十年，朝鮮光海君四年，壬子），四十四歲。

春，在扶安。

《光海君日記》卷一百二十八光海君十年五月庚寅（初三日）許筠自辯疏：“（十一月）二十四日還向扶安莊舍，壬子二月初方回。”

十二月十五日，爲倭情陳奏使，十六日，因司諫院彈劾，被免職。

《光海君日記》卷六十一光海君四年十二月甲辰（十五日）：“以許筠爲陳奏使。”又十二月乙巳（十六日）：“司諫院啟曰：‘今此陳奏之行，所係關重，固非人人之可堪。使臣許筠輕儇浮妄,見棄於物議久矣。決不可付諸專對之任,致誤事機,請命遞差。銜命之任,所關非輕,雖尋常節使,所當愼擇,況此陳奏之行,事機極重,而乃以見棄物議之人,敢爲注擬,請吏曹堂上、色郎廳,竝推考。'答曰:'依啟。銓官不必推考。'"

1613 年(明神宗萬曆四十一年,朝鮮光海君五年,癸丑),四十五歲。

春,往扶安。

《光海君日記》卷一百二十八光海君十年五月庚寅(初三日)許筠自辯疏:"癸丑春,亦下扶安。"

四月間,七庶之獄起。筠亦在供詞中。

《光海君日記》卷六十七光海君五年六月甲辰(十七日):"王曰:'金悌男一邊人,只告李成祿、李幼淵兩人,而餘不直招,更問之。'應璧供云:'徐溭、許筬、許筠、金尙容往來悌男家,逐日相議矣。'王問:'李德馨、許筬、許筠、李幼淵,本非西人,何故稱引耶。'應璧曰:'東人、西人,我何知之? 不勝苦,欲速死而言矣。李德馨等以名熟故亂言,李幼淵則曾爲工曹正郎,不許防納,故懷嫌而引之矣。'王曰:'此人等,亦與知逆謀乎?'應璧供云:'無不知之矣。'"

案:朝鮮時代嫡庶差別極大,庶孽不得應舉不得爲官。朴應犀(朴淳之子)、徐羊甲(徐益之子)、沈有英(沈鉉之子)、李耕俊(李濟臣之子)、朴致仁、朴致義(朴忠侃之子),此數人雖爲名宦後代,但因爲庶出,不能用於世。於是聚驪江邊,淪爲盜賊。是年四月二十五日,朴應犀等在鳥嶺打劫銀商被捉,以李爾瞻爲首之大北派以此爲去除政敵之契機。

大北黨人雖擁立光海君即位,但光海君既非長子,又非嫡子,其王位並不穩固,是以大北黨人要利用各種機會清除威脅,鞏固一己之勢力。此時李爾瞻等引誘朴應犀招供曰:"我等非是盜賊,將舉大事,欲藉糧械,曾與七友潛通國舅金悌男,擁立永昌君爲之耳。"永昌君爲宣祖唯一嫡子,金悌男爲永昌君生母仁穆大妃之父。隨後,經刑訊逼供,金悌男被迫自殺,永昌君亦被流放江華,並於次年被鄭沆殺害。癸丑之獄,辭連多人,沈光世亦被拿入獄。許筠因與七庶、沈光世昔有交往,此事成爲其仕途中潛在之危機。

此外,朝中大臣因參加金悌男家宴,亦被一一訊問,朴東亮於供詞中將仁穆大妃於裕陵禳災事稱爲咀咒,此事成爲李爾瞻輩其後廢大妃論之藉口。

參見《光海君日記》卷六十五光海君五年四月。《燃藜室記述》卷二十二,《光海朝日記》卷一,《凝川日記》卷一。

是年曾南遊，並作《癸丑南遊草》，已佚。

《惺所覆瓿稿》李必進跋：“及甲辰滇州稿、西關行錄、癸丑南遊草、乙丙朝天錄二卷。”

十二月初一日，爲禮曹參判。隔日遞差。

《光海君日記》卷七十三光海君五年十二月甲申（初一日）：“許筠禮曹參議。”又十二月丙戌（初三日）：“司諫院啟曰：‘禮曹參議許筠，爲人輕薄，素無行檢，崇奉異端，得罪名教。請命罷職不敍。’答曰：‘遞差。’”

1614年（明神宗萬曆四十二年，朝鮮光海君六年，甲寅），四十六歲。

二月，爲戶曹參議。

《光海君日記》卷七十五光海君六年二月丁酉（十五日）：“許筠爲戶曹參議。”

三月初八日，以筠爲千秋兼謝恩正使，四月二十一日出發，七月十六日抵北京，宿玉河館，十一月初三日返程，次年正月十一日復命。

案：此次使行許筠爲正使，金中清爲書狀官。金中清有《朝天錄》，詳載使行經過，現據《朝天錄》略述許筠使行過程及與明人交流情況：

五月二十一日，在義州聚勝亭接見漂海中國人胡敬河三才、盧沖方初陽。

六月初三日，渡鴨綠江，丘遊擊坦于望江寺宴請許筠一行，並有詩作相贈。

　　案：此又據許筠《乙丙朝天錄》，《七長亭》一詩序云：“客歲過江之日，丘遊戎邀宴望江寺，賦詩相贈。”

六月十五日，行經遼陽，將許蘭雪軒詩集呈送當地官員。

六月二十二日，經大小黑山，往訪佛寺，題四言詩云：“亭亭寶塔，永鎮邊疆。佛力廣被，皇圖益昌。地獄天宮，俱爲淨土。有性無性，齊成佛道。”

六月二十七日，行經小凌河附近，據傳許筠將其姊許蘭雪軒詩集及《列仙傳》贈送盧初陽，並云：“我入山學仙道幾成，而國王招之，辭不得也。他日若做仙，可於徽州等處一瞬往來，可相見否？”初陽曰：“大人果爲仙，雖可往來吾境，凡骨豈能和接？”

七月十日，至永平府，往訪白翰林瑜，未果。白讓家人回訪，許筠贈送許蘭雪軒詩集，白翰林子白養元回贈酒饌。

八月初三日，將其詩文精書一冊讓譯官送呈禮部郎中潘潤文。

八月十日，河三才、方初陽來玉河館，河三才從侄河戀灼以《雙清堂集》二冊、《蒼霞草》二冊、詩扇一把、墨箱一坐、草書二幅、茶一器贈送金中清，亦當有禮物贈送許筠。

八月二十日,金中清偶見李贄《藏書》,此書約爲許筠所有。

八月二十八日,許筠見金中清云:"此間得數件書,有誣毁先王語,奈何?"金云:"當廣稽他書,呈文辨誣。"

九月十八日,金中清與當時齊聚北京之奏請正使朴弘耇、副使李志完、書狀吳翊商議,決定就前日所見中朝典籍向禮部呈送辨誣文字,其中涉及書籍有《經世實用編》、《弇山别集》、《吾學編》、《續文獻通考》等。十九日,金中清與奏請使及同在北京之進香使閔馨男、陳慰使吕祐吉等將辨誣文呈送禮部郎中。

九月二十二日,許筠亦向朝鮮朝廷呈文彙報此事。

《光海君日記》卷八十三光海君六年十月丁亥(初八日):"政院啟曰:'今見千秋使許筠書狀,狀内之事極爲痛駭。所當秘密馳啟,而以口不可道之語公然書達,其踈漏之密甚矣。請推考。'"又十月己丑(初十日):"政院啟曰:'許筠於中朝書籍,得我國被誣事,固當駭痛,有所陳辨。然宗系改正昭揭於《會典》,壬辰辨誣快雪於中國,明辨洞釋,皎若白日。諸家文集、不經小説,雖未盡滅,豈必取信?徐徐辨奏亦無不可,啟達之前徑先呈文,摘抉幽隱惹人視聽,其中處事,未免顯遽。閣部推諉,使之陳情,在我之道,不容少緩。但如此重事,使臣未來遽即陳訴,事屬未便,姑待使臣出來,酌議停當,從容陳奏事,令廟堂詳覈處置何如?'"

　　案:朝廷不但以許筠呈文過於疏漏,甚至其後有許筠僞撰《林居漫錄》之傳聞,且以辨誣爲其固寵之手段。《光海君日記》卷八十三光海君六年十月己丑(初十日):"許筠以無行見廢,雖附爾瞻得通清望,其黨多沮之,不得大用,恒鬱鬱不得志。遂爲節使,又與書吏玄應旻偕行,應旻姦巧多才,筠蓄爲死客。遂與潛謀,贗作中朝人伍員萃《林居漫錄》一册,其中言宣廟失德及交通倭奴等事,與丁應泰所誣略同。又言光海傳授不明,其辭極巧慘。然不能鋟板,以草本鬻之於燕市,而隨即貿出,人皆知其僞矣。又中朝雜史、《昭代典則》、《吾學編》等書中,或言國系誣枉是否,自前我國士大夫多見之,皆以爲此閭巷小説耳,非《會典》、《統紀》比,難於一二卞明矣。至是,竝以其書爲創見而貿得,先自呈文禮部,陳辨其誣,仍爲馳啟,此其辨誣之大概也。筠文才甚高,下筆數千言。然好作贗書,自《山水讖説》、《仙佛異迹》,皆自僞撰,其文勝於常時述作,人莫能辨。至於造作謗國文書，以爲自家辨說希功地，其爲計極矣。"

　　由金中清《朝天錄》來看，固寵及僞撰之說甚無根據。《吾學編》等書誣妄之處雖先由許筠提出，其後金中清、朴弘耈、李志完、吳翊等亦曾仔細翻閱通考，並有辨誣之議；其次，決定呈文辨誣之人爲金中清與奏請使一行三人，參與此事者爲當時在北京之所有朝鮮使臣，許筠即便參與此事，亦非始作俑者。再次，金中清《朝天錄》雖言及《林居漫錄》爲筆寫本，並無許筠僞撰之說。金中清與許筠關係甚差，《朝天錄》提及頗多許筠虛妄、貪賄、佞佛道之事，唯獨未言及其僞撰典籍，此應非代許筠隱瞞，而是確無其事。

　　九月二十四日，許筠與翰林學士孫汝游有詩文往還，孫詩云："昭誣抗義帝心傾，忠孝褒稱典策明。燕說眩人猶襲謬，蓋臣思雪共披誠。漸東禮教因風化，自北恩光遽死生。讀遍辨詞真痛快，中原久識狀元名。"

　　九月二十五日，次孫學士汝游及李相公應嶽寄示詩作。

　　十月初七日，金中清往國子監，歸告許筠國子監內有嘉靖帝親製《敬一箴》及親書《四勿箴》、《心箴》。許筠曰："此數箴不可不進上，若主上與東宮付諸屏簇，常置座右，以爲朝夕警飭之地；一面膽降成均，仍以御筆題跋揭于明倫堂上，豈非聖明一大盛舉也。他日詔使來見亦且有光矣。"令譯官購印以來。

　　十月二十六日，方初陽、河三才來見，以《歷代名臣奏議》百餘冊贈許筠，以《太學衍義》及補等帙贈金中清。

　　十一月初一日，許筠與翰林馮有經亦有交流，馮次孫汝游詩律云："尺疏高飛中外傾，青霄片日此時明。箕封臣子原忠孝，相國文章自悃誠。膽有雄才回廟議，羞將柔翰學經生。何當一借如椽筆，爲取縹箱記姓名。"

　　十一月初二日，李應嶽寄書許筠，並有送別之作。

　　十一月初三日回程，在崇文門外三忠祠，漂流人河三才、方初陽、顧起元、周秀、林正茂餞別使臣。

　　十一月初四日，至通州，許筠將伍袁萃《林居漫錄》出示金中清。

　　十一日十日，行至永平府，許筠以補布二端及硯、紙、扇等物送白翰林，相約次日見面。白已爲《蘭雪軒集》作序。

　　十一月十一日，往訪白翰林。

1615年（明神宗萬曆四十三年，朝鮮光海君七年，乙卯），四十七歲。

正月十一日回國復命，因呈書冊有違規例，被推考。

《光海君日記》卷八十六光海君七年正月戊辰（二十一日）："政院啟曰："千秋使許筠，令譯官來呈各件書冊，本院查考前日狀啟所錄，全件捧入。而他餘書冊，既無自己啟辭，又無該曹公事，無端捧入，有違常規，使之親自來呈。而厥後中止，未知所以，請推考，令該曹速爲捧入。'傳曰：'允。'"

二月間，上《學海》、《林居漫錄》等書。

《光海君日記》卷八十七光海君七年二月辛巳（初四日）："傳曰：許筠覓來《學海》、《林居漫錄》入之。"又二月癸未（初六日）："傳曰：許筠貿來冊四件入之。"

案：《學海》編撰者饒伸，《林居漫錄》編撰者伍袁萃，除二書外，許筠進獻朝廷之典籍尚有十種，包括馮應京《經世實用編》、王世貞《弇山別集·史乘考誤》、鄭曉《吾學編》、王圻《續文獻通考》、黃光昇《昭代典則》、雷禮《皇明大政記》、萬表《灼艾集》、李默《孤樹裒談》、葉向高《蒼霞草》、黃洪憲《碧山集》。《光海君日記》卷九十四光海君七年閏八月壬子（初八日）："進賀千秋陪臣許筠回自京師，又將各樣書冊通共一十一種啟來。"十一種包括《學海》。

二月，爲承文院副提調。

《光海君日記》卷八十七光海君七年二月辛卯（十四日）："以許筠、柳潚、李安訥爲承文院副提調，韓玉奉教，裴大維兼弼善。"

五月十五日，庭試文臣于仁政殿，筠居魁首。

《光海君日記》卷九十光海君七年五月庚申（十五日）："庭試文臣于仁政殿。讀券官三：奇自獻、李廷龜、李爾瞻；對讀官四：金尙容、宋諄、朴楗、李志完也。以仁政殿爲題，製二十韻排律，許筠爲魁。李安訥、朴鼎吉、柳潚、沈諿、金闓、鄭寅入格。"

五月二十二日，爲同副承旨。

《光海君日記》卷九十光海君七年五月丁卯（二十二日）："許筠爲同副承旨。"

六月初五日，以購進大量書籍，且帶回嘉靖帝墨寶，加資，升爲左副承旨。

《光海君日記》卷九十一光海君七年六月庚辰（初五日）："傳曰：上年千秋使許筠，非但多貿書冊，至於辨誣事，多般聞見馳啟。且世宗皇帝御製箴御筆，購印以來，此真寶墨也，加資。"又同上："都承旨李德泂、左承旨李春元、右承旨權縉、左副承旨許筠。"

閏八月初五日，因文臣庭試爲魁再次加資。

《光海君日記》卷九十四光海君七年閏八月己酉（初五日）：“傳曰：文臣庭試居首許筠加資，其次李安訥、朴鼎吉各熟馬一疋，柳潚半熟馬一疋，沈諿兒馬一疋，金閣、鄭寅各豹皮一張賜給。”

閏八月，以閔馨男爲冬至兼陳奏使，筠爲副使，就辨誣事入明。是行有《乙丙朝天錄》。

《光海君日記》卷九十四光海君七年閏八月壬子（初八日）：“引見冬至兼陳奏使閔馨男、副使許筠于宣政殿。王曰：‘卿等赴京未遠，今又遣之，極知未安。然陳奏事可盡心。’閔馨男曰：‘聖教至此，尤不知所言。節使則臣等可堪，至於陳奏則莫重莫大，今當此任決不可堪。欲爲陳劄，惶恐感激，不敢冒達。’王曰：‘卿非不堪，准請而還，惟日望之。’閔馨男、許筠等曰：‘惟恐不堪，敢不盡力？’王曰：‘王世貞所述何冊也？’許筠曰：‘《弇山集》也。’王曰：‘此集中朝盛行耶？’閔馨男曰：‘王世貞文章大家也，家家皆有之矣。’王曰：‘王世貞文集可以刊改耶？’許筠曰：‘禮部之准請與否，未可必也。’閔馨男曰：‘准請之事，事在中朝，未可從心所爲也。’王曰：‘四件書覓來。’……”

案：據許筠《乙丑朝天錄》，略述其行程及與明人交流如下：

九月初六日，渡鴨綠江。

過曹店，見演出《西廂記》者。

過永平府，再次拜見白翰林，白有詩作《灤澤行吟卷》相贈。

在通州，讀李贄《焚書》及袁宏道《酒評》，作《讀李氏焚書》、《題袁中郎酒評後》二詩。

十月十七日至北京，入寓南館。

十月二十三日，往朝天宮。

十一月，就辨誣事呈文。

《明神宗實錄》卷五百三十九萬曆四十三年十一月庚辰（初八日）：“朝鮮國王李琿差陪臣閔馨男等來賀冬至，奏稱本年買回書籍，見《吾學編》、《弇山堂別集》、《經世實用編》、《續文獻通考》四種書內有記載該國事蹟與皇朝會典乖錯殊甚，乞爲刪正。……上曰：該國世系諸事屢經辨明改正載入會典，其釜山引倭之說與野史所傳原不足據，今次奏詞著抄付史館，以俟纂修，仍賜敕與王，慰其昭雪先世之意。”

丙辰正月初一，得賣書人所贈龍遇奇著述之《聖學啟關》，作詩記之。

在北京期間，許筠以讀書爲樂，寫作大量讀後、摹擬及唱和之作。讀後詩作有:《讀無雙傳有感》、《題王司寇劍俠傳後》、《夜讀後漢逸民傳有感》、《讀王右丞詩》、《讀章本清心性說有感》、《金罍子有沉殺西施事喜而賦之》;摹擬之作有:《效薩天錫體》、《效丁鶴年體》、《效楊廉夫體》、《貫雲石體》、《黃叔暘體》、《倪雲林體》、《效樂天》;唱和之作有:《丘中有一士用樂天韻》、《用樂天達理韻》、《用康節龍門道中韻》、《用淵明東方有一士韻》、《用陳白沙夜坐韻》、《偶閱陸儼山深集,〈有人持元史至用二十陌得之〉……遂步韻和之云》。可見許筠閱讀面極廣,經史子集、性理圖書、小說家言無不涵括其中。

1616年(明神宗萬曆四十四年,朝鮮光海君八年,丙辰),四十八歲。

正月在北京,就辨誣事秘密馳啟國內。

《光海君日記》卷九十九光海君八年正月丁丑(初六日):"冬至使閔馨男、許筠,在北京以秘密馳啟,國史、野史皆有本國誣枉之語,臣等呈辨禮(曹)〔部〕云云。"

正月十五元宵,仍滯留北京,有《上元夜病臥書懷》詩,此時有《病中記懷追敘平生》組詩二十首。

二月初四日返程,三月初一日渡鴨綠江。

案:此次使行,與許筠相關之傳言有二,一是其盜竊銀兩。《光海君日記》卷九十四光海君七年閏八月壬子(初八日):"是行,王與銀一萬數千兩。閔馨男議以重貨不可付譯官,分置于兩使及書狀官三房。一夜筠言銀適被偷,以空樻示人,一行痛駭。"一是其僞撰書籍,竊取功名。《光海君日記》卷九十四光海君七年閏八月壬子(初八日):"筠所買書籍間有所自作,又有《林居漫錄》一卷草本,言嗣位不正,故王不自奏,使臣僚呈文辨正。蓋筠之隸屬玄應旻,多材能漢語,出入市井,換貿如漢人,故能以贗書混其中,華人莫能辨。"又《光海君日記》卷九十九光海君八年正月丁丑(初六日):"所謂國史,即《大明會典》,光國諸臣所已辨明者。其野史,或先已行於東國,筠家素有之書,其言有不足辨者,筠或爲眞贗,作雜其間。又有伍員萃所述《林居漫錄》草本尤可疑,筠掇拾上聞,以中王意,遂以下誣自任矣。"盜竊銀兩事,虛實難辨。僞撰書籍一說,如上所言,並無明確證據,多爲妄測之論。

回國帶回皇敕,昭雪宗系,洗宣祖爲日本內應之冤。

《光海君日記》卷一百一光海君八年二月庚午(二十九日):"禮曹啟曰:'今此冬至兼陳奏使閔馨男、許筠等齎來皇敕,昭雪宗系惡名,快辨先王被誣。天語懇懇,皇恩罔極。此實無前莫大之慶,迎敕後,告廟、陳賀等事,似當次第

舉行,敢啓。'傳曰:'議大臣以啓。'

五月十一日,以辨誣之功,升刑曹判書。二十九日,獲賜鹿皮一領。

《光海君日記》卷一百三光海君八年五月庚辰(十一日):"許筠爲刑曹判書。"又五月戊戌(二十九日):"傳曰:閔馨男、許筠命招。引見,王賜鹿皮各一領而罷。"

十月初八日,被罷職。

案:是時,李爾瞻與朴承宗、柳希奮爭權相軋。及南以恭被罪配黃海道松禾,李爾瞻欲利用此機會,除掉政敵。遂於五月使人投書黃海道海州牧使崔沂,云:南以恭與柳希奮、朴承宗蓄異謀。崔沂知此爲誣告,杖殺告密者。李惱羞成怒,反誣告崔謀反,製造"海州獄案",致崔沂被刑死。柳燦爲崔沂之婿,亦同時入獄。入獄前許筠曾致書柳燦云:"若見元情全文,則可以開好逕。"暗示柳燦應對之法。至十月,許筠因通書罪人被罷職。

　　《光海君日記》卷一百八光海君八年十月乙巳(初八日):"傳曰:許筠
　　以秩高宰臣,通書罪人,求見元情草,事極可駭,所當拿問重治,第筠萬里
　　奉敕以來,事非身犯逆謀,姑從寬典,罷職以警後日。"

十月二十五日,以陳奏辨誣事加資。

《光海君日記》卷一百〇八光海君八年十月癸亥(二十六日):"傳曰:陳奏使閔馨男加資,田三十結,外居奴婢竝五口;副使許筠加資,田二十結,外居奴婢竝四口;書狀官崔應虛加資,田十結,外居奴婢竝二口賜給。"

1617年(明神宗萬曆四十五年,朝鮮光海君九年,丁巳),四十九歲。

正月,任副司直。

《光海君實錄》卷一百一十一光海君九年正月辛巳(十五日):"副司直許筠上疏曰:……"

續補《閒情錄》,將之定稿。

《閒情錄凡例》:"甲寅、乙卯兩年,因事再赴帝都,斥家貨購得書籍,凡四千餘卷,就其中事涉閒情者以浮帖帖其提頭處,以需殺青。逮判刑部,公務浩穰,未敢下手稡選。今年春,罹謗席藁,戰悸之中無以破窮愁,遂取諸書考浮貼寫出,更分爲十六門而爲卷亦十六。噫,閒情錄到此庶爲完備,而僕之歸思亦著於是矣。"

案:許筠於上年五月任職刑曹判書,十月被罷職。是年正月,發生慶運宮投矢事件,人稱檄書爲許筠所寫,即許筠所云"謗席"。

十月，任刑曹判書。

《光海君實錄》卷一百二十光海君九年十月壬寅（十一日）：“刑曹判書許筠上疏……。”

十二月十二日，爲左參贊。

《光海君日記》卷一百二十二光海君九年十二月癸卯（十二日）：“以許筠爲左參贊。”

十二月二十四日，奇俊格秘密上疏，論筠罪跡。

《光海君日記》卷一百二十二光海君九年十二月乙卯（二十四日）：“禮曹佐郎奇俊格秘密上疏曰：伏以國家不幸，逆變繼起，其中逆賊之根柢實是許筠，而尙保軀命，臣常痛心。……伏願亟筠謀危，欲立義昌及挾？而垂簾之罪焉。”

案：癸丑七庶之獄後，要求廢永昌君生母仁穆大妃之呼聲甚熾，李爾瞻等持此議，奇自獻、朴承宗、柳希奮等反對，兩派之間鬥爭極爲慘烈。是年正月有人投矢仁穆大妃所住之慶運宮，有勒奇（奇自獻）、驅朴（朴承宗）、肋柳（柳希奮），迎大妃舉事之言。奇自獻言“何許人所爲，而許多說話”，暗指爲許筠所作。朴承宗與李爾瞻相軋，欲發許筠以及爾瞻，揭榜城門懸賞募能告者，閔仁佶稱凶書爲許筠令李再榮製述，光海君對此未加追究。十一月，廢母后之論更熾，奇自獻建議合眾臣議，結果反對廢母論者多人被流放，奇自獻亦被遠竄。

十二月，奇自獻之子奇俊格爲救父秘密上疏，論筠罪跡。奇俊格於疏中稱癸丑七庶之獄之凶檄及慶運宮凶書皆爲許筠所作，並稱許筠企圖擁立義昌君及永昌君，讓大妃垂簾聽政。其中構陷不實之辭甚多。

李廷龜《戊午聞見錄》云：“奇俊格上疏，告許筠大逆不道事三件：一則丁巳正月慶運投檄，筠之所作也；一則李耕俊癸丑年檄書，筠之所作也；一則今上在東宮時謀害東宮，與李弘老通書事也。其所手書，粘付以進。許筠亦上疏自卞。上兩不問，大臣二品以上及兩司請鞫奇、許，皆不許。”

1618年（明神宗萬曆四十六年，朝鮮光海君十年，戊午），五十歲。

八月十七日，因南大門兇榜被拿囚，二十四日，被正刑。

案：對奇自獻、奇俊格父子之攻擊，許筠上疏自辯。兩派之鬥爭沸沸揚揚，但難有定論。至是年八月十六日，發現南大門所掛凶榜，爲許筠親信玄應旻所爲,許筠再難逃罪責,被拿囚。此時李爾瞻爲義禁府判事,負責審訊事,恐刑訊許筠牽連自己,對許筠不刑訊不問一言,只舉奇俊格前後疏中之語,以謀逆之罪在八月二十四日將許筠處死。刑訊過程中,光海君欲親鞫,一再爲李爾瞻等人阻撓,認爲"徒黨皆服,別無可問"。光海君要求延期正刑,李爾瞻等齊啟曰:"今若更問,渠必出晷刻偷生之計,更發亂言,都下人民恐不得鎮靜。"光海君爲眾人所脅,不得已從之。史臣言:"是時,爾瞻、纘男輩,恐筠、闓兩賊因更鞫供實,則渠輩前後凶謀,敗露無餘,同嬰族戮。使其腹心,潛語筠、闓曰:忍過須臾,則終必脫免。且筠女方將選入後宮,保無他患。百般唆誘,而其計實欲以二賊,急速處辟,以滅口也。及入侍親鞫,王欲鉤問情狀,則爾瞻輩遑遑不知所出。與其党類,蔽伏於前,同辭脅迫,奮恚爭抗,使王不復鉤問。王不得自由,既從其請,爾瞻之輩,遽令曳出筠賊。筠被迫出,始覺之,大呼曰:欲有所言。鞫廳上下,佯若不知,王亦無可奈何,任其所爲也。"許筠不明不白被刑而亡,連政敵奇自獻聞筠死,亦稱:"自古無不刑訊不結案,直捧招就刑之罪人,他日必有異論。"

　　許筠自己丑(1589年)與李爾瞻相識,一直頗友善,許筠自稱:事之如兄,三十年如一日。其後二人因政見相近,關係更爲緊密。至戊申(1608年)許筠罷公州,李爾瞻於朝中爲之周旋,使之僅被罷職而未被刑。是以,許筠感激涕零,從此以爾瞻門生自處,戊申八月《與李觀松(李爾瞻)書》云:"兄念舊日連袂之情,力振之眾罵之中,憐才之念,至矣,古人所難而能行之,從此天下桃李,盡在公門也。"因此,李爾瞻當政期,許筠盡心盡力爲之效勞,爾瞻亦以許筠博識多才頗重用之。許筠論兩人之關係云:"臣自先朝,偏戴殿下,屢效血忱。癸丑之前,頗與儕流,憂及國家,頗有先見之明,故李爾瞻賞臣之忠。且以臣稍通經史,博識故典,去禍根之事(指廢大妃事),獨與臣議定。"在殘酷黨爭中,許筠狂熱且輕信,成爲馬前卒,雖然大北之陰謀多爲李爾瞻主使,而許筠總最先成爲被彈劾、攻擊、指責之對象。政敵攻擊許筠欲挖出其背後之人,卻令許筠最終成爲政治鬥爭之犧牲品。

(作者單位:深圳大學文學院)

域外漢籍研究集刊　第六輯
2010 年　頁 219—241

朝鮮王朝最後一任朝天使 *
——金堉使行研究

孫衛國

　　明（1368—1644）、清王朝（1644—1911）與朝鮮王朝（1392—1910）之間，交往非常密切，“使行外交”是維繫其密切關係的紐帶。儘管朝鮮王朝對明、清兩朝皆行藩國之禮，不過，在文化心態上有着絕然不同的表現，在使行名稱上，就有完全不同的說法。朝鮮出使明朝的使臣被稱爲“朝天使”，而出使清朝的使臣則是“燕行使”①。使行名稱的不同，恰恰反映了文化認同的迥然有別②。金堉是朝鮮最後一位前往明朝的朝天使，清朝入主中原以後，金堉又兩次

　　＊　本文係本人主持復旦大學文史研究院項目“清乾嘉學派與朝鮮北學派之交流與比較”階段性成果。2009 年 9 月 10 日，在臺北中研院中國文哲所廖肇亨教授主持的“東亞使節文化書寫”工作坊“四海斯文自一家”的國際學術會議上宣讀過這篇論文。

　　①　關於“朝天使”與“燕行使”名稱的辨析，參見拙作《〈朝天錄〉與〈燕行錄〉——朝鮮使臣的中國使行記錄》，《中國典籍與文化》，2002 年第 1 期，頁 74—80。有關研究，參見陳尚勝等著《朝鮮王朝對華觀的演變：〈朝天錄〉和〈燕行錄〉初探》（濟南：山東大學出版社，1999 年）。

　　②　韓國學者林基中將朝鮮使臣的使行記錄全部稱之爲“燕行錄”，其所編《燕行錄全集》（首爾：東國大學出版社，2001 年），全書一百冊，將韓國歷史上使臣前往中國朝貢的有關使行記錄全部收其中，絕大部分是朝鮮王朝出使明清王朝的資料，亦有少量高麗王朝的使行記錄，是朝鮮使行的第一手資料，對於研究明清史、明清中朝關係史、朝鮮王朝歷史都有很重要的參考價值。不過此書亦有些問題。首先，書名用“燕行錄”，不妥。因爲朝鮮王朝的使臣出使明朝，所用書名則是“朝天錄”，出使清朝的才用“燕行錄”。這二者不只是書名的差異，反映的是使臣內在文化心態的極大不同，“燕行錄”不能代替“朝天錄”。其次，此書

爲燕行使前往北京。透過他的朝天使行,可以直觀地了解明朝與朝鮮宗藩關係的一些實質内涵。更爲重要的是,通過金堉的記録,我們也能够比較真切地了解明朝君臣對於朝鮮王朝臣服清朝的看法,金堉此行對於他本人以後的兩次燕行,甚至與朝鮮後期對清朝的相關政策都有着深遠的影響。

一　金堉其人及其使行經過

金堉(1580—1658)是朝鮮王朝後期的重臣,字伯厚,號潛谷。朝鮮王朝仁祖(1623—1649)與孝宗(1649—1659)時期的政治家,是朝鮮王朝重要的實學家,同時也是中朝關係史上相當重要的使臣。

萬曆八年(1580)七月十四金堉生於漢城①。幼年就學于性理學家芝山曹好益(1545—1609),二十五歲中漢城司馬榜初試,次年爲司馬會試入格,三十三歲,中增廣別試初試;天啟四年(1624),九月上漢城參加會試,居第三,殿試爲魁。拜司諫院正言,從此入仕。天啟七年(1627)五月,辟接伴使從事,至甑山,

---

有不少重複部分,有些内容完全相同,似嫌多餘。第三,編排上亦間有問題,有些目録與内容毫不相干,顛倒謬誤者不少,乃是編排上的疏忽。第四,此書亦間有遺漏。另日本京都大學夫馬進與林基中根據日本所藏《燕行録》資料,合編了一套日本所藏燕行録,書名《燕行録全集日本所藏編》,可補充《燕行録全集》的不足。另據説林基中先生又編輯出版了《燕行録全集補編》,想必糾正了前書的一些錯誤,筆者尚未見到,不好妄談。對於《燕行録全集》的問題,左江在《〈燕行録全集〉考訂》一文中有系統的研究,參見張伯偉編《域外漢籍研究集刊》第四輯,第37—75頁。

①　《清風金氏世乘》,參見金堉《潛谷全集》(漢城:成均館大學大東文化研究院,1975年)上,第463頁。有關金堉文集,筆者見過兩種版本。一是由成均館大學大東文化社1975年刊印的《潛谷全集》,分爲九個部分,分别是《潛谷先生遺稿》、《潛谷先生别稿》、《潛谷先生遺稿補遺》、《潛谷先生續稿》、《潛谷先生筆譚》、《種德新編》、《潛谷先生年譜》、《潛谷先生家狀》、《潛谷先生世乘》。這是最爲全面系統的版本。另一版本是由韓國民族文化推進會編刊的《標點影印韓國文集叢刊》本第86册,稱《潛谷先生遺稿》,也就是前一版本的第一部分。本文所採用的材料皆來自第一個版本,個别參照第二個版本。《韓國歷代文集叢書》也收録有金堉文集。而金堉的《朝京日録》與《朝天録》詩文集也都録入林基中編的《燕行録全集》第十六册中,不過其《潛谷朝天日記》與《朝京日録》兩者内容完全相同,可能版本有别而已。而名《朝天録》者,則是金堉使行時之詩文集、狀啟以及給明朝官員、將領的書信等材料。

"時(明朝)太監胡良輔承帝命來椵島,接伴使李公弘冑辟公從事。"①這是金堉首次接觸來自明朝的使臣。此後,金堉不僅多次爲遠接使、館伴使,而且分別於丙子(1636 年)、丙戌(1649 年)、庚寅(1650 年),三度爲使臣,前往北京。在癸未(1643)年末,因爲朝鮮人質昭顯世子要回國省親,清朝要求元孫前往瀋陽,金堉作爲輔養官,陪同前往,並在瀋陽數月。甲申(1644 年)三月,金堉在瀋陽親見清兵開赴山海關,不久聞知崇禎自盡,北京淪陷,令他百感交集。儘管朝鮮王朝擔當出使明、清使臣的官員不少,但是既出使過明朝,且充當朝鮮王朝最後一任朝天使,後來又數次前往清朝,則只金堉一人而已。因此,在中朝交往史上,金堉有着非常重要的地位。

崇禎九年(丙子,1636),金堉時年五十七歲。三月,差冬至聖節千秋進賀使。這是一年之中,朝鮮王朝派往明朝最爲重要的使行,乃是冬至使、聖節使和皇太子千秋使三者合一的使行。因爲當時陸路已經斷絕,海上往來不便,於是將幾次使行合一。陸上貢道在薩爾滸戰後就斷絕了。萬曆四十七年(1619),楊鎬率明軍主力在薩爾滸敗于努爾哈赤,明軍在遼東戰事上從此轉入被動。隨後,後金軍攻佔遼陽,朝鮮與明朝陸上貢道斷絕。此後,朝鮮與明朝往來,就只能依靠海上貢道了。當時,貢道是從漢城出發,由宣川宣沙浦發船,途徑椵島、車牛島、鹿島、石城島、長山島、光鹿島、三山島、平島、皇城島、龜磯島、廟島,然後從登州登陸,經黃縣、萊州、青州、德州、任丘、涿州,一直到北京②。"丁卯胡亂"(1627)後,朝鮮被迫與後金建立"兄弟之國"的關係,當時袁崇煥爲兵部尚書兼右副都御史,督師薊遼,兼督登、萊、天津軍務。對於遼東戰略,袁崇煥提出"守爲正著,戰爲奇著,和爲旁著"的原則③,加強正面山海關以外戰線的防守,將旅順以西劃歸寧遠,旅順以東劃歸毛文龍管轄的東江鎮,並改東江餉道由登萊而出寧遠,以杜塞毛文龍之冒餉和借登萊餉道經商活動④。與此同時,原來由登州登陸的朝鮮貢道也一併改道,旅順以西,經覺

<hr>

① 　金堉《潛谷全集·清風金氏世乘》上,頁 470。
② 　對於朝鮮入明貢道的問題,可參見拙作《朝鮮入明貢道考》,北京大學韓國學中心編《韓國學論文集》第 2 輯,1994 年,頁 39—47;拙作《朝鮮入明海上貢道考》,見曲金良主編《中國海洋文化研究》(北京:海洋出版社,2008 年 12 月)第 6 卷,頁 138—151。
③ 　張廷玉《明史》(北京:中華書局,1974 年)卷 259《袁崇煥傳》,頁 6713。
④ 　參見陳生璽《關於毛文龍之死》,見氏著《明清易代史獨見》(鄭州:中州古籍出版社,1990 年),頁 210。

華島登陸，從寧遠，入山海關，而達京師。《朝鮮王朝仁祖實錄》曰："中朝改定我國貢路，由覺華島，從經略袁崇煥議也。"①因爲毛文龍駐守皮島，由朝鮮經登州的航道完全由他控制，袁崇煥更改餉道並朝鮮貢道，一方面是削弱毛文龍的影響，但更重要的是爲了遼東戰事的統一安排。但是自從改貢道後，朝鮮就沒有停止過申訴，多次要求改回從登州登陸，因爲從覺華島登陸，不僅海程延長了不少，而且更爲險惡了。

丙子金堉使行，儘管是一次例行的使行，朝鮮還是有許多目的。金堉也很期待能夠前往北京，詩文中顯露出一種嚮往的心態。他有詩曰："每恨中華跡不到，醯鷄井蛙頗相愧；何幸今年蒙主恩，謬膺選擇充貢使。滄波萬里引歸路，一帆行色隨風至；三山雙島瞥然過，涉險幸賴神明賜。……"②可見，金堉能夠充當朝天使，前往北京，內心頗爲自豪。他肩負着幾重使命，而請求改貢道，就是此行的重要使命之一。儘管並不覺得有實現的可能，朝鮮還是堅持自己的要求。同時，朝鮮請求明朝允許其購買硝黃等物，以便爲火器補充彈藥。其呈送禮部之表文曰：

> 小邦有切迫兩件事：一則貢路之危險也，一則硝黃之禁貿也。小邦之由海路達於寧遠者，無慮六千餘里。鐵山之觜，名亦可懼；覺華之洋，水勢險惡。海闊如天，浪高如山。出沒鯨濤，僅得一生於九死之餘，才到此岸，始爲人矣。人臣享上之誠，不可擇其夷險。而但此貢路初定於登萊，後因袁督帥之言，改由於覺華。覺華危險之狀，聖明何以下燭，陪臣之往往見敗者甚多。往年天朝撥貨之船，亦致敗於此路者。波濤之險，海路之遠，倍蓰於登路。候風留滯，動經旬月，而泊船過冬之處，亦有萬分之危。……天朝之不許貢路於內地，嚴禁硝黃之例貿者，出於小邦和虜之後。小邦不以貢路之危險、防禁之太嚴爲慼，而竊自悲以情外之跡，或見疑於父母之慈也。……此賊休兵過冬，東搶必矣。小邦固知有受兵之禍，禦敵之具，略已完備。而惟是火藥將乏，無以繼用。蓋由數年以來，天朝不許和貿而然也。焰硝依法煮取，或有所得。而硫黃則不是土

---

① 　韓國國史編纂委員會編印《朝鮮王朝仁祖實錄》（漢城：東國文化社，1961）卷20，仁祖七年閏四月丙子。第34冊，頁326。

② 　金堉《潛谷全集·潛谷先生遺稿補遺·詩》之《玉河館紀行書懷示書狀》，頁320—321。

產，苟非天朝之許貿，無處可得。悶迫之狀，不訴於父母之邦而將何訴乎？此賊西犯而敗，則小邦之大幸也。東搶而衂，則天朝之所喜也。天朝、小邦，父子一家。敗西衂東，均爲殺賊。借天朝之藥，除天朝之害，此豈特救小邦之急哉。①

此呈文主要表達幾重意思：一則希望明廷改變貢道，允許朝鮮使臣重新從登州登陸；二是允許朝鮮購買火藥、硫磺等物，乃是爲火器之用。從中亦透露出朝鮮君臣一種無可奈何的心態，因爲在朝鮮被迫與後金訂立兄弟之盟以後，明朝適當調整了對朝鮮的策略。以前明朝與朝鮮是親密無間的，但自從 1627 年以後，明朝也有所提防了。最初貢道的改變既是袁崇焕爲了控制毛文龍，也是對朝鮮有所提防。但是經過覺華島，"波濤之險，海路之遠，倍蓰於登路。"而硝黃禁買，直接影響了朝鮮火器的使用，不利於朝鮮的戰事。後金虎視眈眈，"休兵過冬，東搶必矣"，這表明朝鮮時時能够感受到後金的威脅。但是金堉大概想不到，就在他率領使行人員前往明朝之際，後金正在積極做出兵朝鮮的準備，以致于等到他回還之時，朝鮮王朝已經降服於清朝，由明朝的藩國變成了清朝的藩國。從這份呈文中看，金堉等人對於清朝出兵朝鮮已經有所預感。

崇禎丙子（1636 年）六月十七日，金堉一行從漢城出發。金堉爲正使，李晚榮爲書狀官。在《朝鮮王朝仁祖實錄》和金堉的《朝京日錄》中，都未提及副使姓名，似乎此行沒有副使。對於其他相關人員，金堉記載甚詳。"一行譯官堂上尹慶龍、韓瑗，上通事崔元立，次上通事李春暐，押物及雜學通事金應淵、洪貴一、玄燦、金大嶸、韓之獻、朴仁厚、朴尙直、朴而嶔、金義忠、尹弘佐、李澈、全有後、金貴仁、秦夢賢、康元吉。醫員康大立、尹信立，學官趙典，寫字官劉義立，軍官朴信生、李大仁、尹以顯、雀悌立、權悅，打角金榮，別破陣朴義龍，憲府書吏劉仁，奴語孫祥世等從行。堂上軍官柳敬友凡十次赴京，慣於水路。"②可見，作爲一個使團，相關人員非常之多，光是通事就有譯官堂上、上通事、次上通事、押物及雜學通事，另還有醫員、學官、寫字官、軍官等等，再包括員役、艄公等，"凡一百六十人"③。與前往清代的使團相比，此次使團成員並

---

① 金堉《潛谷先生遺稿》卷 6《貢路硝黃事呈禮部·丙子十二月初七日》，頁 149—150。

② 金堉《潛谷先生遺稿補遺》之《朝京日錄》，頁 291。

③ 金堉《潛谷先生遺稿補遺》之《朝京日錄》，頁 292。

不算特別多①。

　　因爲相關貢物與表文，並未完全準備好，有的甚至是派人從後面追趕而來，甚至於同行的使行人員也並非一起出發的，使行人員在朝鮮境内就走了一個月，書狀官李晚榮六月二十五日，當使團到了平壤，他才趕上的。故而他們是走走停停，並非上路之後就一直馬不停蹄地向前趕。七月十六日，使行人員到石多山，祭海神，開船。此行一共有四條船，五天之後，他們就到了皮島，拜見皮島總兵沈世魁。二十八日在長山島見到明朝監軍黃孫茂，“以硝黃轉奏許貿事，呈文於監軍。監軍批回曰：復命之後，具疏題請云。以此等事意馳啟，付監軍之行。”②因爲硝黃之事，乃是重要的大事，金堉等在路途中就先給監軍宦官稟報，由他們先行奏告朝廷，到了寧遠，他們再次將呈文交給寧遠監軍，讓他們先行奏告朝廷，這樣等到朝鮮使臣到了北京，就能够很快獲知結果，這大概也是朝鮮使行的一貫做法。

　　八月十六日，在南汛口見到總兵陳洪範，互贈禮物，詩文唱和，體現了明朝與朝鮮“詩賦外交”的特色③。一直到八月二十八日，才從覺華島棄船登陸，入寧遠。因爲路途上戰事不斷，他們行程頗受影響，十一月初五日，金堉一行才到北京。從漢城出發，到北京，路上竟然走了五個多月。在北京又待了五個多月，一直待到四月二十二日，方離京起程歸國。在北京期間，禮部尚書姜逢元責備金堉等先行開拆表文，金堉曾先後給禮部尚書和禮部主事何三省多次寫信，加以解釋。後來又與何三省書函，要求明朝允許朝鮮使行隨意購買書籍，而數度上書禮部尚書要求明朝批准他們購買硝黃等物，因爲表文上奏以後，一直沒有消息，金堉只得一而再再而三地寫信催促。禮部主事何三省

---

　　①　張存武對於清代朝鮮使團成員，有比較詳細的考訂，以爲通常有三百餘名，而出使明朝之使團則相對來說少些。參見張存武《清韓宗藩貿易》（臺北：中研院近代史研究所專刊第 39 種，1985 年），第一章之第二節。

　　②　金堉《潛谷先生遺稿補遺》之《朝京日錄》，頁 294。

　　③　明朝與朝鮮使行有詩賦唱和的傳統，明朝派遣翰林學士、給事中等文臣充當使臣前往朝鮮，朝鮮則任命朝中重要文臣陪同，自倪謙以後，就有多家《皇華集》傳世，乃是載錄朝鮮陪侍大臣與明朝使臣唱和詩文的集子，因而明朝與朝鮮的交往，也有“詩賦外交”的傳統。參見葉泉宏《明代前期中韓國交之研究》（臺北：臺灣商務印書館，1991 年）。拙作《“土木之變”與倪謙使朝》，陳尚勝主編《第三屆韓國傳統文化國際學術討論會論文集》（濟南：山東大學出版社，1999 年），頁 214—244。

解釋文書處理流程，需要很長時間，但是卻沒有結果。丁丑正月開始，金堉等就急迫想歸國，明朝則以賞賜禮物未備爲由，這樣一直拖到四月二十日，最終將朝鮮降服清朝的消息告知金堉等，兩日後朝鮮使臣才動身歸國。又經閏四月、五月兩個多月，六月初一日金堉一行才回到漢城，"詣闕復命"。此次使行，丙子（1636 年）六月出發，丁丑（1637 年）六月方歸，因爲有閏四月，前後時間竟然超過一年，這次使行也幾乎是朝鮮王朝朝天使行中最長的一次。

對於此行情況，金堉一行回到石多山，準備棄船登陸之際，作文以賽海神。其曰："一行五千餘里，幸免顛危艱苦之虞，四船二百人，皆無零落死亡之歎；干戈塞路，全性命於往來；玉帛盈庭，盡禮儀於終始，思冥佑而知感，仰盛德而何忘！"[1]表達一種慶幸之情。其子在《家狀》中，對於此行亦有一番評價，其曰："先君於是行也，沖冒波濤之險，跋涉兵戈之間，徒以忠信自勵，操文露禱，輒得順風，舟人譯輩莫不稱異。曰自開海路，未有如此行之穩者也。及聞本國被兵之奇，所遭有不可言者。天朝憐恤周護，出於尋常，天朝將士之見先君者，莫不動容敬禮，至有涕泣者，豈非至誠有以感之也。"[2]言辭之間，雖有誇大之嫌，但也在一定程度上揭示了真實的一面。此次使行時間之長固是少有，而金堉之所見所聞，以及明朝對於金堉使行的禮遇，更是令金堉以及朝鮮君臣所感動者，甚至於金堉身後，還常被人提及。

二　金堉之旅途見聞及其對明朝形勢的分析

朝鮮使行很重視記錄旅途中的見聞，大多數使行都留下了《朝天錄》或《燕行錄》，除了一般的觀光寫景外，使臣更重視風土人情、風俗習慣以及政治事件、經濟活動、文化交流等方面的記錄。更爲重要的是，使行到了某個地方，一定會發回他們所寫的狀啟，這些狀啟大多是有關政治、軍事情況的滙報。一則讓朝中了解他們的使行情況，同時，朝鮮王廷根據這些狀啟，決定採取相應的對策。使團中的書狀官，具體負責起草這些文稿，他們回國以後，還會提供一份更爲詳細的報告，國王接見回國的使臣，也會詳細詢問旅途的見聞。金堉作爲朝鮮派往明朝的最後一任朝天使行，當時正是清朝與明朝戰事

---

① 金堉《潛谷全集·潛谷先生家狀》，頁 518。
② 同上。

交鋒的敏感時期，又是朝鮮臣服清朝的階段，從使行旅途中發回的狀啟以及金堉所寫的《朝京日錄》中，我們能够感受到當時緊張的形勢，以及金堉對於明朝末年政治形勢與官場情形的直觀記錄，從而更深刻地體會明朝末年政治、社會的一些狀況。

從石多山開船五日後，抵達椵島，會見明朝總兵沈世魁，金堉遂發回狀啟。曰：

> 臣等一行，今月二十日到椵島前洋。先送報單于都督衙門，食後下陸。使差備譯官，呈名帖，都督辭以病不見。翌日，早詣衙門外，都督即爲引入。相見行禮後，坐定設茶。都督曰："近日虜中有往來之人乎？"臣答曰："敝邦與虜相絕，豈有往來之人乎！"都督曰："雖已相絕，時或送人探視情形，似或可矣。且八、九月貴國例送秋信使，何以爲之？"臣答曰："絕和之後，寧有送信使之理乎！前日相通之時，則例於六、七月入送，今已過期矣。"都督曰："頃日灣上虜騎，緣何來到？"臣曰："今年春信之行，商賈物貨之價，有未及輸給者，故爲此出來云耳。"都督曰："林總兵過江相見，此何意也。"臣曰："林慶業欲與相見，稟於元帥，元帥止之。慶業不待回報，徑先往見。蓋欲與胡將接話，探其情形耳。"都督曰："近因走胡人聞之，則虜已舉兵西向云矣。"且曰："貴國表咨，請得焰焇硫黄乎？"臣曰："表咨中則未及請也，陪臣欲呈文兵部請之矣。"都督曰："俺爲貴國已爲題本，俺請而貴國不請，則似乎相違。非但呈于兵部，路遇黄監軍，亦須呈文，使之轉奏可也。"臣曰："老爺軫念小邦如是，不勝感戴。"都督曰："俺與貴國爲脣齒之勢，賊犯貴國，俺當往救。犯島則貴國來救，俺既來此，不念貴國，將何念乎！"臣曰："當以此意啟知於寡君。"都督頗有自多欣然之色，且爲臣等請宴。臣曰："國恤期服未盡，不敢當盛禮。"再三固辭，都督亦許之。遂辭下船，將以明日待風開洋。[1]

這段史料詳述了金堉在椵島與沈世魁相見之情形，其中有幾個問題值得注意：第一，沈世魁對於朝鮮的事情瞭若指掌，椵島與朝鮮關係相當密切，是脣齒相依的關係，沈世魁一番表白曰"俺與貴國爲脣齒之勢，賊犯貴國，俺當往救。犯島則貴國來救，俺既來此，不念貴國，將何念乎！"，正是這種寫照。而朝鮮半島的一舉一動，椵島皆瞭若指掌，朝鮮派往後金的秋信使以及林慶業

---

① 金堉《潛谷先生遺稿》卷6《到椵島問答狀·丙子七月》，頁146—147。

與後金將領聯繫的有關情況,沈世魁皆知之。椵島一直是明朝與朝鮮聯繫的最前沿的陣地,彼此都非常關心。毛文龍爲椵島總兵時,曾經多次要求朝鮮供給糧餉。而朝鮮對於椵島自然也是極其重視,椵島是明朝聯繫朝鮮的重要陣地。若是椵島發揮了它應有的作用,就能有效地遏制後金的進攻。

第二,沈世魁很關心朝鮮與建州的關係,因爲朝鮮與後金建立了兄弟之國的關係,按例每年該派使臣互通資訊,也正因此,明朝對於朝鮮也不得不有所提防,所以沈世魁特別問及秋信使的問題。

第三,朝鮮向明廷請求允許購買"焰焇硫黃",是與沈世魁商量好的,而且沈世魁告訴他應該如何呈報,應該向誰呈報,不僅應該向兵部呈報,而且應該向"黃監軍"也就是監軍黃茂孫呈報,並由其轉呈。後來在寧遠等地,見到監軍太監高起潛,又再次將呈文送給他,請其轉呈。此次請求硫磺等火藥類的東西,是此次使行的重要使命,由此可見,明朝末年以後,朝鮮有所請求會與椵島總兵商量,他們互相幫助,以達到共同抵禦外敵的目的。

愈接近寧遠,感知明清戰事愈演愈烈。在《朝京日錄》中載錄,金堉一行尚在舟中,即常常聞陸上炮聲隆隆。有云:"(八月)二十六日,晴。聞關內之賊到永平府。炮聲自關內而來,連續不絕。""(九月)十八日,晴。炮聲猶不止。""(九月)二十三日,晴。……寧遠城中,炮聲亦大震。"①可見,當時戰事激烈。從覺華島登陸,進入寧遠,又再次進呈狀啟,此次主要滙報後金兵與明朝作戰之事。其曰:

> 到此(即寧遠)始聞賊報,未知多小(少)。或云萬餘騎,攻打錦州衛十餘日,不克而退。寧遠城中亦列兵戒嚴,海邊鋪子居民,竝爲撤入城中。報變之炮,連續不絕。八月二十六、七日間,賊兵遠出寧遠之後,攻打沙河所、中後所、前屯衛等處。前屯去山海關七十里。關內之賊,亦到永平府昌黎等處。關內外賊兵彌滿。自八月望後,北京消息不通,傳聞賊兵四散摽掠,環皇城數百里間,人煙斷絕。……九月初五日,賊兵來焚曹家莊,莊在寧遠西十餘里,寧遠城上懸燈徹夜。翌日,賊即回去,攻打沙河所,炮聲連續遠聞。……九月二十日。賊兵進薄寧遠城下,城中戒嚴。當日午後,祖大壽、大樂、趙宦、孟道、吳相等五總兵,領八十餘騎,自沙河所隨後而來。賊兵棄寧遠而走,總兵等皆入城中。二十三日,高太

---

① 金堉《潛谷先生遺稿補遺》之《朝京日錄》,頁296、297。

監自山海關來入城中。二十四日,祖總兵領兵向錦州。此後關內外,皆
無賊兵。……然天朝之兵,雖不能戰,而守則甚固,故自北京以東關內外
諸城,宛然依舊,人民亦恃城如登天,自以爲必保無憂,惟恐未及入城。
無私避於山谷者。[1]

對於沿途所見戰事,不厭其詳地加以敍述。在敍述戰事之時,又對照朝鮮本
國情況,並且警告朝鮮君臣,後金兵有可能隨時"東搶",其曰:

臣竊伏念此賊已得志於此,早晚似有東搶之舉,臣之日夜憂慮者此
也。然此賊志滿氣驕,輕視我國,而我國表裏山河,形勢甚好,非中國平
坦無礙,只恃一面長城之以兩西關防及各處山城,并皆堅守。無城之邑,
清野疊入。而間以奇兵,截其前後,則城可得完,民皆可保。而賊兵深
入,野無所掠,勢不能久,此賊豈是不可勝之兵乎。臣久留此處,詢問兵
馬多少。則寧遠、錦州,各有數萬兵,他餘六城,多不過三四千,皆是步兵
弱卒。而守城如此之固,蓋由火器之備。賊不敢近城,而人心之固,紀律
之嚴,亦可見矣。[2]

從中可見,金堉頗有見地。不僅提醒朝鮮應該提防後金的進攻,而且分析明
朝與後金作戰的情形,認爲明朝兵雖作戰不力,但是守城則固。守城之關鍵
乃是因爲有火器,使得城池易守難攻,明朝百姓亦以城池爲可守之基。

　　儘管對於大明王朝,金堉心存敬仰,但是對於當時的官場貪腐嚴重,則表
示了嚴厲批評的態度。在《朝京日錄》中載錄,即便是在戰事極其緊張的諸島
中,各級官吏還是大造府第,貪污成風。在戰爭最前沿的椵島,金堉如此描述
所見情形。"島中大治宮室,極其宏侈。破巖鑿崖,築墻作砌。將官等亦各治
第舍,皆役所屬軍兵。軍兵不得休息,頗有怨讟。近來人多病死,死則燒之,
煙氣不絶。而都督久不坐堂,罕接將官,軍情頗失望云。"[3]在戰爭最爲前沿的
皮島,各級官吏竟然用軍兵,大肆建造府第,士卒既得備戰,又被軍官奴役,不
得休息。而身爲總兵的沈世魁也不忠於職守,甚至很少接見將官,如此軍隊,
又會有怎樣的戰鬥力呢! 到了寧遠,他們住在一名已戰死的劉姓副總兵家,

---

① 　金堉《潛谷先生遺稿》卷6《到泊寧遠偵報賊情啓》,頁147。
② 　同上,頁148。
③ 　金堉《潛谷先生遺稿補遺》之《朝京日錄》,頁293。

"寓北門內劉副總家,副總死於大淩河之戰。家舍極其宏侈,有同官廨。"①寧
遠劉副總兵的府第也是極其奢華,府第的奢華正是官員貪污的一種反映,而
在金堉所接觸的明朝官員中,竟然有直接向他們索賄的。

　　到了北京,接觸了明朝京城官員,他們竟然直接向金堉等索賄。金堉
載曰:

　　　　禮部尚書姜逢元,瀆貨無厭。頃以誵文事,歸罪小甲于文,累次杖
之,仍爲拘繫冷堡,蓋索賄也。于文每來恐嚇云:尚書貪甚,不可不行賂,
以免我罪。譯官等書示人參三斤,于文抵地曰必三十斤乃可。余以爲雖
殺于文,於我不關,切勿給之。若生此例,則後日之患,不可勝言。三呈
文以明之,尚書不得已赦之。又以改貢路焇黃事呈文。尚書曰:此事皆
重大,雖國王奏請,猶或難成。況以陪臣一紙呈文,何以題請。以書冊事
呈文於主事。主事曰:此皆題本已定之事,決難更改。蓋皆欲賄也。②

禮部尚書姜逢元與主事皆藉故索賄,有鑒於此,金堉說:"中朝之官貪婪成風,
政以賄成,禮部尚書爲尤甚,當奏之事亦不上請。"③"近來(明朝)搢紳之間貪
風益熾,行賂者以黃金作書鎮,挾於冊中而進之,金價甚高云。"④面對國事不
堪,而各級官員只知貪污,金堉慨歎:"外有奴賊,內有流賊。天旱如此,而朝
廷大官只是愛錢,天朝之事,亦可憂也。"⑤回國後,向國王滙報時,他還提及自
己的擔心,"中朝物力雄富,故似無朝夕之急,而但朝士之貪風日甚,宦官之驕
橫莫制。內賊蜂起,雖無窟穴,而聚散無常,已爲心腹之疾。獷西數千,方向
化內附,故處之於寧遠城中,將來恐不無難處之患矣。"⑥金堉的擔心不無道
理,不數年間,明朝即傾覆於農民起義的烈焰之中。

　　儘管政治軍事局勢如此不堪,但是其表面所顯示出來的狀況,好像並沒
這麼嚴重。即便是在山海關以西附近的地區,儘管經常遭到清兵侵擾,但還
是一片繁榮的景象,令金堉感慨萬千。其描述路途所見曰:

---

①　金堉《潛谷先生遺稿補遺》之《朝京日錄》,頁 296。
②　同上,頁 304。
③　金堉《朝天錄》之《回泊石多山》,林基中編《燕行錄全集》第 16 冊,第 417 頁。
④　金堉《潛谷先生遺稿補遺》之《朝京日錄》,頁 304。
⑤　同上,頁 308。
⑥　《朝鮮王朝仁祖實錄》卷 35,仁祖十五年六月戊戌,第 34 冊,第 692 頁。

山海關以西所經州縣,賊兵皆不入。只見村落野店,或有焚掠處,而亦不多也。居民旋皆收葺,宛然如舊。永平府以東至北京,只是一野。村閭連絡,煙火相接,山無寸木,而原野則樹木蓊鬱成林。皆是楊柳、白楊、棗、栗之類,而棗、栗則列植田中,成行繩直,無尺寸荒地,而全無水田。只高麗村前有似水田者一處。路上商旅絡繹不絕,十數爲群,所騎所馱,非驢則騾。……室屋則皆以土厚覆上,又平坦而雨下不漏云。賊雖焚燒,火不易炳,且無連燒之患矣。賊兵得於內地者甚多,故急於歸穴,不顧諸城而去。然去通州只三四里,去皇城只七八里而不入,亦危甚矣哉。[①]

在此清兵時常騷擾之地,居民生活竟然未受什麼影響,"路上商旅絡繹不絕,十數爲群",還是一派欣欣向榮的景象。他對於明朝政治形勢的認識,以及朝鮮與後金形勢的估計,都相當準確,儘管他的《朝京日錄》分量並不大,但是給我們了解明朝末年的官場與社會的情況,留下了珍貴的一手材料,給我們以許多直觀的認識。在金堉的筆下,儘管明朝面臨着國內外重重矛盾,但是官員照樣貪污索賄,在最前沿的軍事陣地,軍官們也是假公濟私,奴役士卒,不思進取,於戰事有些漠不關心,這與後金軍民上下齊心協力的狀況形成鮮明對比,也因此註定了彼此的命運。

三　朝鮮降清與明朝君臣對金堉使行的優禮

天聰九年(1635 年)十二月,後金大臣勸皇太極改稱皇帝,並派英俄爾岱等前往朝鮮,要求朝鮮也派使臣前來勸進。獲知此事,朝鮮君臣反應極其強烈,洪翼漢甚至要求國王仁祖,"戮其使而取其書、函其首,奏聞於皇朝,責其背兄弟之約,僣天子之號,明言禮義之大,悉陳鄰國之道。"[②]得到朝中很多人支持。丙子(1636 年)二月,英俄爾岱爲春信使到了漢城,在漢城滯留三天,國王仁祖拒不接見,也不受滿蒙大臣的書信。而當時太學生一百三十餘人,上疏請斬使焚書。英俄爾岱聞知風聲,倉皇出逃。三月二十日,英俄爾岱回到瀋陽。三天后,朝鮮的春信使羅德憲、回答使李廓也到了瀋陽,企圖緩和事

---

①　金堉《潛谷先生遺稿補遺》之《朝京日錄》,頁 301—302。

②　《朝鮮王朝仁祖實錄》卷 32,仁祖十四年二月丙申,第 34 冊,頁 624。

態。四月十一日,後金改國號爲大清,皇太極稱皇帝。朝鮮使臣雖然參加了清朝的建國大典,但是拒絕跪拜。大典完畢,清人將朝鮮使臣驅逐到十里堡,使臣遂拆開清朝致朝鮮之國書,發現完全是國君對臣子的口吻,於是自擬一份文書,回去交差。朝鮮與清朝的關係遂陷於緊張的狀態,戰事一觸即發。丙子十月開始,清人開始東征朝鮮的準備,十二月二日,皇太極親率大軍,征討朝鮮,十日皇太極渡鴨綠江。清軍行動極爲迅速,朝鮮國王仁祖來不及備戰,倉皇逃往南漢山城,清軍先頭部隊十四日便進圍南漢山城。皇太極率大軍於十二月廿九日至南漢山城腳下,在清朝軍事進攻與和平交涉的雙重行動中,崇德二年(1637)正月二十八日,朝鮮國王仁祖放棄抵抗,無條件投降,遂訂南漢山盟約,朝鮮被迫成爲清朝藩國,並派世子等爲人質,去瀋陽。二月二日,皇太極班師回程,廿一日,方回到瀋陽①。歷時兩個多月的戰爭才告結束。

　　就在這期間,金堉率使團前往北京,儘管丙子(1636年)十一月初五日,金堉一行就到了北京,一直等到次年四月二十二日,才起程回國。他們滯留北京期間,正是清兵征伐朝鮮的時期,金堉等人對戰事卻毫無所知。因爲皮島與朝鮮近在咫尺,明朝對於清出兵朝鮮之事,瞭若指掌。明朝並沒有因爲朝鮮被征討、降服於清,而爲難金堉一行,反而加倍禮遇。丁丑正月初一日春節,"將曉,小甲來叫見朝,即顛倒衣裳而出。詣闕,參賀班如聖節儀。又參光祿寺酒飯,謝恩而出。"這實際上是一次非常特別的禮節,"自前使臣未嘗參正朝賀禮。故提督、序班等不曾言及。昨日,禮部尚書以爲當參,令光祿寺題稟,蒙允許參云。此異數也。"②當時清朝與朝鮮激戰正酣,朝鮮尚在頑強抵抗,禮部特地令金堉一行參加正朝賀禮,表示特別的優待,但是明朝並未將朝鮮與清兵的戰事告知使臣們,儘管金堉等人在北京期間,也微聞風聲,但是一直得不到確切消息。金堉在《回泊石多山》的狀啟中,提及"二月二十五日,參聖節賀班時,微聞賊兵已爲東搶,而內外語言,一切嚴禁,不能詳問。問于提督(即何三省)曰:'今日道路之間,或言奴賊已向我國,未知東江有傳報之事乎?'提督曰:'此何言也? 爾國平安無事,勿以道路之妄傳爲驚疑之慮!'翌日

　　①　對於清朝征伐朝鮮經過及相關問題,參見張存武《清韓關係:1636—1644》,見氏著《清代中韓關係論文集》(臺北:臺灣商務印書館,1987年);劉家駒《清朝初期的中韓關係》(臺北:文史哲出版社,1986年)第三章《崇德改元與再伐朝鮮》

　　②　金堉《潛谷先生遺稿補遺》之《朝京日錄》,頁305。

又問，則答之如前，牢諱不言。"①可見，明朝的保密工作十分成功，一直到四月二十日，金堉才從明朝兵部題本中獲知朝鮮已經降服於清朝。

金堉家譜載："四月，始聞本國被兵，率一行東向痛哭。臨發，禮部主事何三省出示兵部題本。始知本國被兵之奇，即出中門外率一行員役東向痛哭，即呈文禮部辨降奴之冤，又請出兵東救，提督來慰，使之安心。"②這是金堉一行獲知清出兵朝鮮的情況。在《朝京日錄》中，對此事記載更詳。四月二十日，禮部主事何三省前來頒賞，於是出示兵部題本：

> 兵部尚書楊嗣昌奏：臣因本部車駕司主事吳鼎告假四夷館，監看開市，得知朝鮮貢使將次起程。竊念彼國降奴至今已踰一月，音問寂然，未知竟作何狀。使臣之去，正好乘便偵詢。臣愚欲請天恩比常倍加賞賚，特賜敕使伴送其行。誠恐前徑海島將吏兵民，不知天朝字小之意，維係屬國之心，或稱鐵山既戕我撥，我今亦當殺之。又或利其所有，明欺闇害，便指使臣爲賊塘報捏功，乃令使臣氣不得伸，從此甘心永絶，失著不小。臣謹謬陳愚見可否。如臣所請，伏候聖裁。聖旨曰：屬國世稱忠義，力屈降奴，情殊可憫，據奏加賞伴送，用昭朝廷字小之恩。具見深慮。依議着即選廉能武官一員，導護出海。一面移會所在官司，如有侵侮欺害的，即便嚴拿究治。仍指實來參重處賞數。着禮部開列，即日具奏該部知道。③

直到此時，金堉才獲知朝鮮已經降服於清朝，"余等見此題本，即出中門，率一行東向痛哭。入見提督，言降奴之冤。提督亦言此傳報之言，不足信也，使之呈文以明之。"④從楊嗣昌的奏疏中可知：儘管朝鮮已經降服於清朝一個多月了，但是情況到底如何，並不清楚，明朝迫切需要了解朝鮮的真實情況，現將使臣送歸，可以乘機偵查，打探情況，故而上疏崇禎皇帝請求派遣官員，將其護送歸國。又爲了防備沿途官員借機加害，特敕令沿途各司善待使行，一旦有欺侮侵害者，將嚴拿究治。得到崇禎皇帝批准，厚賞使臣財物，並指派武官一名導護出海，保證使團的安全。於是，明廷指派一名傅姓參將，領兵三千從

---

① 　金堉《朝天錄》之《回泊石多山》，林基中編《燕行錄全集》第 16 冊，頁 417。
② 　金堉《潛谷全集·清風金氏世乘》上，頁 472。
③ 　金堉《潛谷先生遺稿補遺》之《朝京日錄》，頁 309—310。
④ 　同上，頁 310。

北京護送。一直護送到了寧遠，方改海路，從覺華島乘舟前行。

　　在寧遠準備船隻之時，金堉給監軍太監高起潛和遼東巡撫方一藻寫信，要求給予糧食、兵器。其曰："伏以小邦不天，逆奴東搶，兵火之慘，有不可忍言。……伏願老爺上體聖皇之至仁，下憐陪臣之危苦，特令寧遠本鎮，加給數朔之口糧，且助弓矢與火器，俾得無事過海，復命寡君。則老爺留念小邦之恩，終始曲全。而東土之人，抑將萬世頂感而不忘矣。"①接到金堉信函，方一藻盡可能滿足其要求，給一行船糧，人各一石。此行有一百六十人，這樣就贈送了一百六十石糧食。又給水手冬衣資銀八十兩，又送弓一、箭十五，"蓋請買兵器，而難於自斷，不能許，送此而示其意也。"②同時，派遣龍武營千總張成功領兵船四艘護行。可見，只要提出要求，明朝官兵都盡可能給予滿足，這也是非同尋常的。

　　五月到長山島見到總兵陳洪範、監軍黃孫茂，才聞知朝鮮國王已還都，清兵回還之事。金堉去北京時，在長山島已經與陳洪範見過面，而且有過書信往來、詩文唱和。當時金堉給陳洪範寫信，給他出謀劃策，其曰："竊念此賊可以計破，難以力鬥。今能出捐數千斤金，多募細作之人，或投棄檄文，或布散流言曰：關内之賊，已就殲滅。陳太傅部分諸將，收復沿海諸衛。而沈都督領椵島之兵，自遼東來。黃監軍帥登、萊之師，由金、復而入。太傅親統十萬大軍直擣虜穴。爾諸遼、鮮之民，必多豪傑之士，每欲歸正，日望官軍之至者久矣，此誠轉禍爲福立功報國之秋也，苟能臨機善圖，隨力效忠，則雖佟、李、孔、耿之徒，亦當轉奏朝廷，待以不死。其他建功立事之人，封侯疏爵之寵，豈可勝言哉！"③給陳洪範描繪出一幅勝利美景。陳洪範收到金堉的信函，於是回贈他幾把金扇，並在扇子上題詩曰："風帆出沒陣如魚，甲士逍遙水上居；應料三韓驚破竹，仙人海嶠授奇書。"金堉收到扇子，亦次韻一首曰："腰懸玉帶紫金魚，受鉞青冥謁帝居。爲將必先群策屈，大人須省小儒書。"④可見，在金堉赴京途中，就與陳洪範有過交往。

　　回程之際，他們第二次在長山島見面，已經是老朋友了。陳洪範告訴金

①　金堉《潛谷先生遺稿》卷 6《請船糧兵器事·呈高太監、方軍門》，頁 152—153。

②　金堉《潛谷先生遺稿補遺》之《朝京日錄》，頁 311。

③　金堉《潛谷先生遺稿》卷 7《上都督陳洪範書》，頁 156。

④　金堉《潛谷先生遺稿補遺》之《次陳都督（洪範）扇詩韻》，頁 323。

堉，“今則賊兵盡退，國王還都，勿爲憂慮。”在獲悉朝鮮國內的情況時，他們也了解到皮島已被攻陷，總兵沈世魁遇害。因而，金堉更擔心航路被清兵阻塞，難以歸國，於是請求陳洪範派兵護送，陳洪範允諾。陳洪範與副將白登庸一同會見金堉，“累累數百言，少無歸咎我國之語，惟願同心協力，陽合陰離，期於雪恥報仇之意而已”①。次日，陳洪範設宴款待金堉一行，“且出歌童，爲張樂相慰之狀”，金堉固辭，遂罷樂。席間，陳洪範“出一帖示之曰：此中之事，啟於國王，速爲回報。中有五件事”②，“帖中概言陽合陰離，同仇雪恥之意”③。乃是要求朝鮮與明軍保持暗中聯繫，儘管朝鮮已經臣服清朝，但是作爲明朝總兵陳洪範並沒有將朝鮮看成是敵對勢力，反而出謀劃策，要求暗中互相支援，互通資訊。這也成爲朝鮮王朝相當長的一段時間裏的策略，一直到1642年，洪承疇敗於松山，降於清朝，朝鮮與明朝暗通之事，才被揭發出來，此後，朝鮮才與明朝完全斷絕了往來④。陳洪範特地送給金堉一行米四十石，青布百疋，另還送玉帶、紅緞、綠緞各一匹給朝鮮國王。金堉表示感謝，“本國被兵，公私赤立，餓死者甚衆云。得此厚貺，可以歸救。當啟知國王，以達老爺之恩意。”⑤金堉在寧遠城得見陳洪範參謀官諸葛晉明，“陳都督參謀官諸葛晉明，乃瑾之二十四代孫也。住船洋中，余初欲往見，而不知船所在處，誤爲過來。晉明聞之，送幕客李爲藎邀余，遂往見之。乃年少耿介人也。能文章，有計慮。以紙筆問答說話，良久未已，爲設酒饌甚盛。”⑥與他相談甚歡。金堉離開長山島時，特地給諸葛晉明留下一函，其曰：

> 舟中傾蓋，良晤未洽，方待移船，以盡卑懷。一夜便風，飛帆出海。歸心雖愜，離恨難堪。今到長山，特蒙大老爺憐恤，周救護行之恩，迥出尋常，此豈非左右爲之先容耶！感激垂泣，圖報茫然，欲留數日，以待价舟之至。而故國聲息，聞來益慘，歸見寡君，一日爲急。茲敢開頭而去，臨風悵黯，無以爲懷。東歸之後，便信必數，時惠德音，以慰下情。行忙

---

① 金堉《朝天錄》之《回泊石多山》，頁422—423。
② 金堉《潛谷先生遺稿補遺》之《朝京日錄》，頁313。
③ 金堉《潛谷全集·潛谷先生家狀》，頁517—518。
④ 詳情參見劉家駒《清朝初期的中韓關係》第八章《朝鮮潛通明朝始末》。
⑤ 金堉《潛谷先生遺稿補遺》之《朝京日錄》，頁314。
⑥ 同上，頁311。

走草,不復一一。①

對於陳洪範所給予的優禮,信中表現出深深的感激之情。金堉回國復命之時,國王仁祖問陳洪範爲人何如,金堉曰:"溫雅人也。"②"溫雅人"三字並非一個隨便的評價,而是有相當褒揚的成分。確實,當時身處長山島的陳洪範自身困難重重,還特地贈給金堉大米四十石,青布百疋,這些都是重要的物資,而且還希望與朝鮮保持聯繫,並出五策,以給朝鮮參謀。從中體現着明朝官兵並不怨恨朝鮮,反而對朝鮮受到清兵進攻,表現出深深的同情和理解。從皇帝到朝中大臣、島上官兵,都處處照顧金堉使行人員,盡可能給予各種優待,體現出明朝作爲宗主國的氣度。

事實上,朝鮮受到清兵征伐時,明朝曾經指令陳洪範等率兵前往援救,但是明軍尚未出發,就已經傳來了仁祖無條件投降的消息,《明史·朝鮮傳》曰:

> (崇禎)十年正月,太宗文皇帝親征朝鮮,責其渝盟助明之罪,列城悉潰,朝鮮告急,命總兵陳洪範調各鎮舟師赴援。三月,洪範奏官兵出海。越數日,山東巡撫顏繼祖奏屬國失守,江華已破,世子被擒,國王出降,今大治舟艦來攻皮島、鐵山,其鋒甚銳。宜急敕沈世魁、陳洪範二鎮臣,以堅守皮島爲第一義。帝以繼祖不能協圖匡救,切責之。亡何,皮島並爲大清兵所破,朝鮮遂絕。③

朝鮮淪陷,崇禎帝並沒因此責備藩國朝鮮,反而是指責山東巡撫顏繼祖等救援不力,陳洪範正是應當前往救援的明軍將領之一,以此推論,陳洪範對於朝鮮降清之事,也可能有一些歉疚,而此時,沈世魁已經捐軀,與朝鮮聯絡的事情,只能靠他了,於是他盡可能地優禮金堉,並盡最大可能地給予幫助,希望能够彌補一些損失。

對於此次使行,備受明朝恩典,金堉本人是感激涕零的,而當時的朝鮮人讀到金堉的《朝京日錄》,也多有感慨。申翊聖(1588—1644)在《書金承旨朝天日錄後》曰:"聖天子愍我出城之舉,反加哀憐,厚賚貢使,扶護以遣之者,即我列聖畏天之效也。……聖天子所以哀憐,至厚賚貢使,扶護而遣之者。覆之以天地,照之以日月也。伯厚戴恩反命,乃修此錄,誌不諼也。噫,冠蓋結

---

① 金堉《潛谷先生遺稿》卷6《長山島留守諸葛參謀揭帖》,頁154。
② 《朝鮮王朝仁祖實錄》卷35,仁祖十五年六月戊戌,第34冊,頁692。
③ 張廷玉《明史》卷320《朝鮮列傳》,頁8306—8307。

軫于幽燕,文章被服,彬彬華制,豈期贄幣止於丙子,而使价止于伯厚已也！此東方百六之會,人之觀此錄者,寧不沘頰而釀涕也乎。"①這裏表達着一種深厚的情感。認爲明朝君臣厚待金堉使行,正是朝鮮與明朝保持多年的宗藩關係的一種寫照,表明即便從外交上朝鮮已經斷絕了與明朝的關係,但是從内在文化心態上,明朝依然是朝鮮敬仰的對象,所謂"覆之以天地,照之以日月",正是這種心態的反應。

綜上所述,獲悉朝鮮臣服清朝以後,明朝君臣不僅不爲難金堉使行,反而給予以往朝鮮使行從未有過的厚待與優禮,禮物加倍賞賜,隨行派遣官兵護送,並且敕令沿途各司,不得爲難朝鮮使行,一旦發現,將嚴懲不貸。到了寧遠以後,接到金堉的求救資訊,方一藻與陳洪範,都盡可能地滿足金堉的要求,並派官兵乘船在海上護送,且贈送大米、布匹,在當時駐守諸島上的明軍也是相當艱苦的時節,尚能如此慷慨地援助金堉,實在是難能可貴。在金堉所寫的書信與揭帖中,處處顯露出他的感激之情。這深深地表明明朝與朝鮮在歷經了七年的抗倭援朝戰爭以後,更加親密無間,彼此互相諒解和支持,即便是朝鮮被迫降服清朝,成了敵對一方的勢力,明朝還是不離不棄,表現出宗主國的豁達與理解的風範。正因爲金堉此行頗受禮遇,此行對於金堉的一生都有着深遠的影響,甚至對於朝鮮後期的尊周思明思想也起了一定程度上的促進作用。

四　金堉朝天使行的影響

丁丑(1637年)五月十二日,金堉行船到石多山,即將登岸,即刻發出一長篇狀啟,詳細報告此行的經過,末尾總結道:"天朝已知我國之與奴尋盟,而聖旨深加憫惻,少無咎責。兵部之官及邊關帥臣,若方軍門、高太監、陳都督、陳都督幕下白登庸、吳廷忠、諸葛晉明之輩,皆知我國之實情,亦諒我國之兵力,不以既往爲咎,惟望將來之效,勉勉以同仇雪恥之意,深恐我國失禮義之名,虧忠貞之實。至如高太監、吳贊畫言及我事哽咽流涕,待臣等益厚,如視一家之人,其意所在,蓋可知矣。"②六月初一,金堉回國復命,不久國王要他兼承文

---

①　金堉《潛谷先生遺稿補遺》之《書金承旨朝天日錄後》,頁316—317。
②　金堉《朝天錄》之《回泊石多山》,頁 430—431。

院副提調,他上疏乞免,因回國不久,見到朝鮮的情況完全不同於他所想像的,因而他內心相當痛苦。其中有言:"臣之在燕也,京師之人莫不惻然矜憐,相待甚款,臣亦涕泣指天,對以至誠,豈料東還之後,事乃大謬,頓然阻隔,至於此極哉! 此雖出於事勢之不得已,而臣之內愧,私痛之心,豈可勝量哉! 每覽《國風》'愾我寤歎,念彼京周'之語,未嘗不三復詠歎!"①因爲深受明朝恩德,回國以後,卻無法履行與明朝約定之事,金堉深感痛苦。在相關的詩文中,多次流露出這種情感,有詩道:

> 建元崇禎九,乘槎朝玉京。除夕在燕邸,病臥聞虜兵。滿眼憂國淚,東歸心骨驚。平黃賊已退,道路才通行。定傾乏良籌,慘矣城下盟。執銳豈無人,胡爲星散瞥。破國尚不戒,役役疲遺氓。危亡迫朝夕,誰復能力爭。成算在天朝,字小凝皇情。收淚望北極,欲哭還吞聲。開陳實有心,所畏禍羅嬰。閉戶獨長嘆,皇天照我誠。②

金堉在詩中對於此行之心境給予了恰當的描述,而詩中對於明朝恩德,亦有深刻的體悟。所謂"成算在天朝,字小凝皇情"、"閉戶獨長嘆,皇天照我誠",正是他內心真實的寫照。而對明朝的這種心態,一直左右着他的一生,從他以後幾次出使清朝的詩文中,這種情感皆有強烈的體現。此行對於金堉一生影響甚巨,不僅時時回顧使行之情況,而且對於朝鮮之被迫臣服清朝,他也處處有抵觸心態。

甲申年,金堉陪同元孫入沈館,想到明朝之事,他不禁作詩道:"朝天此路昔人遊,何必長爲去國愁。猶是大明封域內,日輪東照水西流。"③當清兵入關之際,金堉正在瀋陽。五月,金堉獲知明朝滅亡的消息,深感悲痛。特作《江南賦》,其中對於萬曆出兵抗擊豐臣秀吉之侵略,使朝鮮得以"再造"之恩,曰:"吾東土之一域,實偏蒙乎帝力。勞王師以遠救,掃七年之逋賊。國猶活而民蘇,恩欲報而罔極。"④對於明朝拯救再造之恩,感激之情,溢於言表。又作詩曰:"我是朝天舊使臣,乘槎曾渡玉河津。戈船遠送恩如海,西望燕雲淚滿

---

①　金堉《潛谷先生遺稿》卷3《辭承文副提調疏》,頁64。
②　金堉《潛谷先生遺稿》卷1《東還後有感》,頁6。
③　金堉《潛谷先生遺稿》卷2《在瀋館·次石室夢過安州韻》,頁30。
④　金堉《潛谷先生遺稿》卷8《哀江南賦·甲申三月》,頁174。

巾。"①對於明朝之顛覆，表達一種深深的悲痛之情。

　　丙戌（1646 年）二月，爲謝恩副使，庚寅（1650 年）三月爲進香使，金埔又兩次前往北京。這兩次的心態已遠遠不如丙子年了。在丙子年出使之際，他不僅寫下了《朝京日録》，還有《玉京壯遊録》、《集杜詩》等著作。而隨後的兩次使行，他沒有留下像《朝京日録》這樣的日記，丙戌年時，寫下的則是《燕行感慨録》，乃是載録他内心今不如昔的感受，詩詞之中表達出深深的懷念明朝之情，而庚寅年則幾乎沒有留下任何作品。從他是否留下了詩文，即可以說是其出使心境的一種反映。

　　丙戌二月，右議政李景奭爲謝恩正使、護軍金埔爲副使、柳淰爲書狀官前往北京。此次使行留下的材料不多，現在能見到的，只有李景奭收入其文集中的《燕行録》，乃是載録一路上所寫的詩歌三十四首，以及金埔散見於文集中的《燕行感慨録》之詩歌數首。這是金埔丙子出使十年之後，再度前往北京。但詩中處處流露出其懷念明朝、鄙視清朝的情感。其有一首詩曰《次上使白軒韻》："萬里東歸客，驅車乘月行。人心憂必樂，天道夏方亨。虎口千山遠，龍灣一水盈。翻思玉河鎖，時復夢魂驚。"②這是金埔爲副使出使清廷，即將跨過鴨緑江時所寫的詩歌，詩間流露出明顯痛恨清朝的心態。詩中將清廷比作"虎口"，歸國之時，愈行愈远，清廷漸漸遠去，鴨水則近在眼前。在歸鄉喜悦之際，但回想在京时玉河馆住所，門禁甚嚴，沒有人身自由，仍然心有餘悸。

　　而又有《次柳書狀淰連環體韻》五首詩歌，其中有曰："前來只欲朝天速，今日翻嫌近此城。"可見，兩次使行心態有着天壤之别。"今日翻嫌近此城，沿途隨事總傷情。衣冠文物歸何處，唯聽悲笳牧馬聲。"每到一地都會勾起他的回憶，所以是"沿途隨事總傷情"，可是明朝的衣冠文物到何處去尋找呢？在哀傷回憶之中，還是對於明朝滅亡的原因也有所感觸，"衰亡實自恬嬉始，三百年來不識兵。"因爲"恬嬉"而腐敗，因爲腐敗而亡國，儘管明朝不存了，而金埔等"吞聲孤憤疇吾若"，還得前往北京，"水陸舟車再度行"③。表達一種無可奈何的心態。

---

①　金埔《潛谷先生遺稿》卷 2《聞皇城失守》，頁 30。
②　金埔《潛谷先生遺稿補遺·詩》之《次上使白軒韻》，頁 322。
③　金埔《潛谷先生遺稿》卷 2《次柳書狀淰連環體韻》，頁 32。

　　不管是身在使行途中，還是在國内爲遠接使，金堉對於清朝官員與使臣，始終保持着一種不親附、不交往的態度。順治二年（1645），金堉爲遠接使前往義州迎接清使，清使譯官鄭命壽發怒曰：“此人年老性褊，不與我相親，且何不帶從事官以來耶？”原來是“堉曾以輔養官陪元孫入瀋陽，不與命壽輩驩然相接故也”①。就極力保持一種獨立性，金堉的這種態度可以説是當時朝鮮使臣的一種代表性的表現，因爲在他們心目中明朝永遠是中華，而清朝即便已經成爲中原的主宰，是朝鮮王朝的宗主國，但還是無法取代明朝，成爲中華世界的主宰。這種心態影響了相當長的一段時間，成爲清初與朝鮮交往的一大障礙。而金堉的這種表現，與一般的朝鮮大臣稍有區别，除了他們所信奉的程朱理學的影響外，也不能不説丙子朝天，給他留下了難以磨滅的記憶。

　　除了心態的影響外，還影響着金堉的思想。他在丙子旅途之中，見到明朝居民用車非常普遍，十分便利，其言：“……所騎所駄，非驢則騾。大車則駕十餘，或五六頭。小車則或牛或驢二三頭，輓輅則獨輪而一人推之，所載則一馬之駄也。載重則前有一人挽之，加重則駕以驢騾，前挽者執鞭以驅。”②他回國後提倡朝鮮國民也學習明朝用車之制。除了車制外，他還覺得明朝的錢法也是值得學習的。他自言：“崇禎九年，余奉使北京，始見中原文物，心甚喜之。欲事事慕擬而不可得，其中用車與錢，最便於民。”③甲申九月，金堉從瀋陽攜元孫回來，他結合丙子與甲申見聞，當即上疏，“請用車運糧、設店、用錢、出京衙門所儲，以補關西雇馬之價”，仁祖國王與諸臣商量，備局回啟曰：

　　　　金堉陪奉元孫，往來灣、瀋，目見西路難支之狀，有此縷縷陳疏，其爲國深憂惓惓之誠，有足可尚，西路雇馬未償之價，臣等與本兵、度支、方爲料理。行車之制、用錢之規，從前言者甚衆，而尚未能行者，必未得其要而然也。試令兩西監司，沿路設站，行車、用錢便否料理，馳啟舉行。王子、大臣外，其以下使臣，皆令乘行有屋安車，則省減馬匹無過於此。前項數件之事，臣等未知其必行與否，而金堉既與監司、守令，爛熳相議，有此陳疏，亦令兩西監司，量度便否，啟聞舉行爲當。④

---

①　《朝鮮王朝仁祖實録》卷46，仁祖二十三年元月壬子，第35册，頁206。
②　金堉《潛谷先生遺稿補遺》之《朝京日録》，頁302。
③　金堉《潛谷先生筆譚》，頁408—409。
④　《朝鮮王朝仁祖實録》卷45，仁祖二十二年九月丙戌，第35册，頁193。

得到仁祖批准,不久平安監司金世濂上奏,"因金堉之疏,遍問用車、設舖便宜於道内,則皆以爲可用,而但車輛之制,不能詳知,宜令義州府,貿得一輛於鳳凰城,依樣製作,以待使臣之行。且用錢事,則必先試用,然後可知其能行與否,請令該曹,優數輸送,以爲試用之地。"結果是錢法緩行,車制試用①。金堉認准的事情,一定要堅持到底,庚寅(1650 年),他以陳慰使前往北京,以其行資,貿來明朝舊錢十五萬文,"分置其錢於平壤、安州都會之地,先令試用,如其可行,則卽山鑄錢而繼之爲便。"②得到批准,經過金堉的不斷努力,錢法漸漸在朝鮮半島得到施行,金堉自言其錢法推行過程曰:

> 甲申秋,還自沈中,上疏請用錢,而朝廷不許。丙戌,出守松都,見市民用錢一如中華。又上疏請先行于西路,又不許。庚寅,又往北京,到平壤,以西路用錢之意啟聞而去,到北京,以行資所餘,買錢十五萬文而來。回到義州,聞朝廷許之,分置沿途各邑使用之,猶未行也。辛卯春,余自平丘再入相府,時中外之民皆用鹿布爲貨,禁而不止,余以爲用錢則此布自止,請鑄錢。且買低錢於遼東。低錢者,舊錢也,其價低,故名。萬曆錢價低於天啟,天啟之錢低於崇禎,而我國不分新舊兩通用。一年之内,西路幾於行用,而京中自壬辰始用。③

無論是學習明朝的車制,還是錢法,都是金堉在丙子使行,路途所見,留下深刻印象,回國後,即在國内提倡,後來又有幾次前往北京,更增强了這種信念,明朝滅亡了,在金堉的提倡和親身推動下,朝鮮再使用明朝的錢幣,金堉甚至用自己的資金,從北京購來明朝的舊錢,投入朝鮮半島使用,加以積極推行。這與朝鮮尊周派有異曲同工之妙④,不過,這是一種解決朝鮮國内問題的手段,與尊周派空談義理,不思現實問題,有天壤之別,這與後來的北學派有相同之點,也正因此,金堉被稱爲朝鮮後期實學派的主要人物之一。而出使開闊了他的眼界,增長了見識,從而也激發了他提倡學習明朝的思想。

英祖三十二年(1756),又是一個丙子年,十一月乙未,英祖召見冬至使臣

---

① 《朝鮮王朝仁祖實錄》卷 45,仁祖二十二年十月己巳,第 35 冊,頁 196。

② 《朝鮮王朝孝宗實錄》卷 4,孝宗元年六月丁未,第 35 冊,頁 437。

③ 金堉《潛谷先生筆譚》,頁 408—409。

④ 有關朝鮮王朝尊周思明問題的研究,參見拙著《大明旗號與小中華意識:朝鮮王朝尊周思明問題研究,1637—1800》(北京:商務印書館,2007 年)。

長溪君棟等於文政殿,諭曰:"昔年丙子,金堉之出疆也,入侍此殿,今日召見卿等於此殿,意非偶然。卿等之歸,若聞河清之報,則庶慰予心矣。"①這已是金堉出使120年以後的事情了,而英祖竟然還拿金堉出使之事打比方,這不正反映出,金堉丙子朝天在朝鮮王朝君臣心目中具有無法磨滅的印記嗎!

綜上所述,金堉丙子朝天是中朝關係史上一次相當重要的使行,儘管是歷盡艱辛,耗時一年有餘,而恰在朝鮮由明朝藩國,迫於大清的武力轉變爲清朝藩國的過程之中,明朝並沒有借此刁難使行,反而倍增賞物,一路上派重兵護送。而路途上的將領對於金堉所提的要求,也盡可能予以滿足,體現了明朝作爲宗主國的一種氣度與遠見。這次使行給我們提供了解剖明與朝鮮關係的個案,正是事大與字小關係的體現。同時,對於金堉的人生亦產生了深遠的影響,而他對於明朝末年政治與社會方方面面的記錄,也給我們了解明末歷史提供了最爲原始的材料。

（作者單位:南開大學歷史學院）

---

① 《朝鮮王朝英祖實錄》卷88,英祖三十二年十一月乙未,第43册,頁635。

域外漢籍研究集刊　第六輯

2010 年　頁 243—267

朝鮮後期抄本漢語會話書《中華正音》研究——以詞彙特徵爲主

朴在淵　　金雅瑛

一　引言

　　朝鮮王朝時期,中國與朝鮮交流極爲頻繁,故朝鮮譯學機構司譯院極爲重視漢學教育,在韻書和譯學書的編撰方面留下了不少成果,所撰書籍大體上可分爲直解類、會話類、辭典類、韻書類。其中,就會話教科書的發展而言,從高麗末期便開始使用的《老乞大》、《朴通事》爲朝鮮初期教習漢語的主要材料。崔世珍先於 1517 年便完成了《老乞大》、《朴通事》的翻譯本。後經元、明、清三個朝代,隨漢語的變化,這些書籍也幾經修改。反映明代漢語的丘濬所作《伍倫全備》①原爲戲曲,但作爲替代《直解小學》的漢語教材刊行了諺解本。高宗二十年(1883),當時的漢語教科書與中國的實際情況脱節,因此爲正確反映漢語的變化,譯官李應憲編撰了《華音啓蒙》,諺解本亦被隨即發行。朝鮮時代編撰的譯學書反映了不同時代的漢語特徵、文化以及人們的生活,因而研究價值極大,是非常珍貴的研究資料,故被多方研究。

　　除上述書籍外,還有《騎着一匹》②、《你呢貴姓·學清》③等貿易漢語會話

---

① 丘濬著、高時憲譯注、朴在淵校注(1995)《伍倫全備諺解》,學古房。

② 朴在淵、金雅瑛編(2008)《騎着一匹》,鮮文大學中韓翻譯文獻研究所。

③ 朴在淵、周發祥校注(2002)《你呢貴姓·學清》,鮮文大學中韓翻譯文獻研究所。

書的抄本。這些教科書爲個人編寫，而非司譯院正式編撰。這些資料均爲朝鮮時代後期所作。與上舉資料相同，本文要着重研究的《中華正音》①，亦爲貿易漢語會話書抄本，但在學術界還鮮爲人知。

《中華正音》未署明抄寫時間，故只能將其書寫形式及詞彙特徵，與其他資料進行比較，從而推斷其寫作時期。本文將介紹此書的文獻形態和內容，通過分析其詞彙特徵，研究此書與其他漢語會話書的區別。

二　《中華正音》的文本簡介及成書年代

《中華正音》爲抄本，現藏於韓國學中央研究院藏書閣②。全書爲一卷一冊，共三十張，大小 28.3cm×17.9cm，半葉十行二十字。版面則仿效刊本，用毛筆畫上了框郭和烏絲欄，有版心和上黑魚尾。版心寫有"正音"。與其他抄本漢語會話書不同，此書無韓語注音、助詞或詞綴，亦無韓語譯文，全書用漢語寫成，書寫體爲楷體正書。

此書的開頭部分相當於序文，用近似古文的半文半白體寫成。

（1—甲）旣讀孔聖之書，必達周公之理，自古以來果然不錯啊。通行天下孔聖之道，誰不敢曉得的嗎？從這以後，有明公才能的人，有學得明白的，有不學的通明，咳有不學明白不大多啊。才兒兼全的人、能打能算

---

① 據筆者調查，除《中華正音》外，另有 3 種標題與《中華正音》相同的的抄本。分別爲東京大學綜合圖書館阿川文庫藏本，韓國順天大學藏本，日本駒澤大學圖書館濯足文庫（金澤莊三郎舊藏）藏本。濯足文庫的藏本筆者沒有親自看過，故不知其內容。從竹越孝（2009）的《阿川文庫藏〈中華正音〉翻字（1）》中收錄的部分原文來看，阿川文庫所藏《中華正音》確爲漢語會話書，但其內容與藏書閣所藏《中華正音》不同，故阿川文庫藏本和藏書閣藏《中華正音》應僅爲標題相同而已，兩者爲不同的兩種抄本漢語會話書。順天大學藏《中華正音》並非本文着力研究的《中華正音》，而是《騎着一匹》的另一種抄本。不同漢語會話書的題目均爲"中華正音"，故有可能"中華正音"一詞在當時爲漢語會話書的通用題目。在此謹向提供順天大學藏《中華正音》資料的韓國光雲大學校曲曉雲教授表示由衷的感謝。參見遠藤光曉、伊藤英人、竹越孝、更科慎一、曲曉雲編（2008）《韓漢語言史資料研究文獻目錄》，《韓漢語言研究》，學古房，頁 687。

② 〔著者未詳〕寫本，〔寫年未詳〕，1 卷 1 冊。四周單邊，半郭 19.4cm×13.4cm，烏絲欄，半頁 10 行 20 字，上黑魚尾，28.3cm×17.9cm，線裝。印：德雨，賜號德雨，朴京鎬印，李王家圖書之章。紙質：楮紙。（《藏書閣圖書韓國版總目錄》1972，10，藏書閣，頁 613）

的人，聽一句揮[會]十句話，一二十，十二百，百二千，千二萬。這才各人
通經通音之人，人間稀少啊。人是天性人，鬼是天生鬼，不值是天生不植
[值]，好是天性好，鬼是一定之鬼。看起這個來，天不給公道，也不分天
生明白渾攙[混賬]。

　　(1—乙)廣遠好幾萬里的方圓，不以矩規不成方圓。分過好幾十國，
各國之話不是個一樣。百里不通風俗，房不連直，地不連邊，各吃零飯，
各通煙火，海外之國說話，越聽不着啊。叼蝦嗎[癩蛤蟆]不長毛兒，各種
各種。中國的人，字同音不同。天下老鴉同黑，東山氣槩，北海風流啊。
颯暢江湖的，不論甚嗎地方，一處不到一處迷啊。普天下否咧，到那兒光
一光，交得朋友，言語有信，人無信，事不成！①　(1a)

　　從這段序文中便可知作者的意圖。(1—甲)中主要寫到，人的天性與生
俱來，讀書學習，智力能力固然重要，但可通過努力彌補不足。(1—乙)中則
着重寫到，各個地區語言和風俗不同，溝通困難，故需要共同的語言方能與其
他地區的人交流。

　　下一段開頭爲一朝鮮人與中國四品官員馬氏互通姓名的對話，並以馬官
員爲中心，記錄了趕往北京的途中馬官員與他人的對話。

　　其中有兩處可推測成書時間的對話：

　　(2)乾隆三十五年上登州府作亂的時候兒，領三萬多兵，到那個地方
打爭，……趕打將一個月的工夫，賊也滅了，以後登州府十二縣，連海州
蓋平大東溝都太平了。……故此萬壽定派大人上京城裏來，重賞之下，
必有勇夫，現給他瀋陽總督。大人到來瀋京不過一年哪。(21a～22a)

　　例(2)爲說明瀋陽總督經歷的一段，其中可見"乾隆三十五年"等具體時
間。具體內容爲，乾隆三十五年(1770)，平定登州之亂，使登州恢復太平與穩
定。其功大受朝廷賞識，故被任命爲瀋陽總督，赴任至瀋陽不過一年之久。
即展開對話的時間爲 1771 年左右，故可以肯定此書的成書時間不早於
1771 年。

　　另外，在此書的前一部分有提及馬官員居住地的對話和另一處可推測成

---

　　①　本論文中引用的用例照搬原文，但標點符號爲筆者爲了便於理解而特意加上的，
[　]爲在記音字旁標注現代漢語中的通用字。

書時間的對話：

　　　　　(3)咱們初會啊。未領交[教]問，大人貴姓啊？ /好說，賤姓馬啊。 /
貴處在那兒？ /卑處在天津住啊。 (1b)

　　　　　(4)坐火輪船來的嗎，坐夾般船來的嗎？ (2b)

　　從例(3)中可以得知馬官員的居住地爲天津。例(4)中的"火輪船"一詞
係清朝後期西方文物傳入中國後出現的新生詞，最初見於 19 世紀中葉中國洋
學文獻中。禆治文所作《美理哥國志略》(1838)爲首次使用"火輪船"一詞①。
之後，該詞又見於魏源的《海國圖志》初版(1844)。其後，又在其他文獻中出
現多次。故可知 19 世紀中葉，該新生詞彙在漢語中使用頻繁②。

　　書中收錄有 1771 年左右發生的事，亦有 19 世紀 80 年代中葉發生的事。
書中前半部出現的"火輪船"一詞的出現時期和書中後半部所收錄對話的進
行時期 1771 年之間，有 70 年以上的時間差距。

　　鑒於此，可推測《中華正音》的最初寫作時間應爲 1771 年以後，但"火輪
船"一詞出現後，對《中華正音》原本內容進行了補充，最終形成了現有文本。

　　據推測，同爲漢語貿易會話書的《騎着一匹》③，其成書時間早於 1826 年。
比較《中華正音》與《騎着一匹》，可知兩者的詞彙和內容有很多相似之處，故可推
測《中華正音》的成書時間最遲爲 19 世紀中葉。對此，本論文將另作分析。

三　《中華正音》的內容、書寫及音韻

(一)《中華正音》的內容

　　書中收錄對話時，不分發話人。內容可根據對話的主題和發話人分爲八
個部分。

---

　　①　　參見馬西尼(1997)《現代漢語詞彙的形成》附錄 2"十九世紀文獻中的新詞詞表"，
漢語大詞典出版社。

　　②　　參見宋敏(1999)《漢字詞"汽船，汽車"의淵源》，《新國語生活》第 9 卷第 3 號，國立
國語研究院，頁 86。

　　③　　《騎着一匹》的封面上署明其抄寫時間爲"丙戌七月十七日"，而在原文中有"這個馬
是底根乾隆三十五年上，我們當家的鹹廠買來的니。連這一輪[趟]算起來보면，二十五遍上過
京시ĕ。如今成老啊　니라"(《騎》24a)，故可推斷其抄寫時間爲 1826 年。但成書時間不一定
就是抄寫時間，故根據上述內容，成書時間也有可能先於 1826 年，爲 1800 年前後。

1. 中國官員馬氏和一朝鮮人之間的對話〈1b～8b〉

朝鮮人詢問馬官員中國的官職制度和當年的收成，託馬官員從北京買幾樣東西，並邀請馬官員到家裏吃飯。

2. 馬官員和馬車趕車人之間的對話〈8b～11a〉

商討車錢，對破舊的馬車和拉車的老騾子能否拉着行李趕路表示擔憂。描繪坐車趕路途中所見的風景，並最終到達王氏客棧。

3. 馬官員和王氏之間的對話〈11a～13b〉

馬官員決定於王氏客棧留宿一宿，兩人談及客棧的生意情況以及王氏的老母親，馬官員點一道用雞肉做的菜。馬官員對客棧夥計買來的雞和做出來的菜不滿意，因此和夥計發生爭吵。馬官員向客棧夥計仔細說明煮雞肉的方法。

4. 馬官員和馬車趕車人之間的對話〈14a～18b〉

馬官員指責馬車趕車人起得晚，馬車趕車人向馬官員詳細地描述自己夜間所做的一個奇異的夢。

5. 馬官員和馬車趕車人之間的對話〈18b～20b〉

在坐車越過新門嶺的途中幾輛車擠在山路中，使車輛難以越過山嶺，故兩人商量對策，發生輕微的口角。

6. 馬官員和馬車趕車人之間的對話〈20b～23a〉

到達瀋陽官衙後，馬官員向馬車趕車人說明瀋陽總督的長相和着裝，自己與總督的關係，總督的身世和人品。

7. 馬官員和瀋陽總督之間的對話〈23a～27a〉

瀋陽總督詢問馬官員近況，提議馬官員多留些時日。馬官員向總督說明須盡快趕路的原因以及蘇州總督託自己帶回的物品中，高麗人參在蘇州的用途。還提及商人須恪守的原則和道理，只顧積累財富帶給子孫後代的不利影響。

8. 馬官員和瀋陽總督、人參中間商之間的對話〈27a～29b〉

經瀋陽總督介紹與人參中間商見面後，馬官員和中間商爭論人參品質，對人參的價格討價還價，瀋陽總督在中間竭力促成交易。

上述內容中，部分內容與《騎着一匹》頗爲相似。《騎着一匹》的主要內容爲朝鮮商人經瀋陽赴京做買賣的途中和中國商人見面，留宿客棧時與他人的對話。對話主要涉及買東西、秋收、馬車、吃飯、路程、馬匹等內容。《騎着一匹》中托人在北京買東西、瀋陽官員的人品、越過山嶺、買雞肉,用雞肉做菜的方法等內容與《中華正音》非常相似。另外,上面提及的"乾隆三十五年(1770)"這一時間均見於兩個資料中,故此書的寫作時期應接近於《騎着一匹》的寫作時間。

《中華正音》的特徵之一就是其內容中使用了很多俚諺①。俚諺是以最精練的語言紀錄古人對生活的理解和經驗的俗語。俚諺源自大衆的口語,無法查找最初的使用者,是一種簡練的生活常用語,在獲得周圍人的同感後,逐被廣爲傳用,最終成爲民族共同語的格言。《中華正音》作爲收錄日常口語的貿易漢語會話書,書中使用的俚諺應爲當時現實生活中被廣泛使用的用語,故可根據書中俚諺推測當時的生活習慣及文化。

(二)《中華正音》的書寫及音韻

就《中華正音》的書寫形式而言,書中使用了很多記音字(同音借用字),即用讀音相近的字替代本字。如:"攏(弄)"、"頓(燉)壺"、"莫(摸)不着"、"防(方)法"、"恒(行)市"、"作(昨)个"、"嗎(馬)上"、"叫(交)給我"、"惱(鬧)"、"尾把(巴)"、"不植(值)"、"揮(會)"、"未領交(教)問"、"官察(差)"、"吏察(差)"、"培(陪)"、"麼(抹)"、"倒(道)謝"、"調(挑)"、"陳(沉)"、"道(倒)不離"、"慟(懂)"、"縫補(舖)"、"爽夬(快)"、"罷(巴)不得"、"湯(燙)一壺酒"、

---

①　駿馬却駝痴漢走,巧婦當伴拙夫眠。(2a)瞞上瞞不下。(2a)官察[差]吏察[差],來人不差。(2b)在家千日好,出外一時難。(4a)人有當日之災,馬有疆繩之病。(4a)秀才不出門,能知天下事。(4b)賣買不欺三尺童。(4b)人不辭路,虎不辭山。(5b)一等貨二等價。(6a)疑人不托人,托人不疑人。(6b)哄不白的莊農,拉不白的魚。(6b)酒逢知己千盃小,話不偷[投]機半句多。(7a)下山的猛虎氣是惹禍的根苗。(7a)飽吃好茶飯有福氣。(7b)有緣千里來相會,無緣背面不相逢。(7b)酒肉是朋友,柴米是夫妻。(7b)路行千里不捎針。(8a)千里送鵝毛,禮輕人義重。(8a)馬有疆繩爲認報,狗有踐草的恩,簷前蹄馬贖莉莉,寒蟲叫聲音滴滴。(8b)有禮不減,無禮不增。(9a)瘦死駱駝比馬的咳大啊!(9b)順情說好話,更急討人嫌。(12a)羊羔雖美,衆口難調。(12a)人在礙橡以下不敢不低頭。(12b)大人不見小人的過。(12b)人有虧處,天有補祿[褖],人命只在天,天高聽卑言。(17a)輕身不讓一百多步,多貪多行路不是理啊。(19b)過後方知前日錯,老來才覺少時非。(20b)人過留名,羊過留牲。(22a)重賞之下,必有勇夫。(22a)强龍難壓地頭蛇。(22b)單絲不成繡,獨木不成林。(23a)貧不欺富,富不欺官。(23a)人怕出名,豬怕莊[壯]。(24a)在家靠父母,出外靠朋友。(24b)山大陰大。(25b)人貧志小,馬瘦毛長。(26a)賣買不成人意在。(28a)闇虧不如明虧好。(28a)賣魚不出村。(29b)

"話不偷（投）機半句多"、"莊（裝）假"、"槵（篷）子"、"枉（網）子"、"燥（躁）"、"烈（列）"、"啊嘟吒咈（阿彌陀佛）"、"振挪／講挪（張羅）"、"擅（膻）"、"日字（子）"、"枉宴（玩意）"、"長（常）"、"悞（捂）"、"戕炭（糟蹋）"、"見（簡）"、"代（戴）"、"偏（便）"、"賠不豈（起）"、"趕（幹）過"、"班（辦）事"、"替（體）面"、"動憚（彈）"、"箏板（盤）"、"彫（掉）下來"、"幹（趕）上"、"碟（蝶）紋"、"渾漲（混賬）"、"文馮（憑）"、"作蘭（亂）"、"出綃（鞘）"、"輂（攮）"、"塗（屠）了跑去的賊"、"猪怕莊（壯）"、"坐（做）"、"車上（廂）"、"疱疙（褒貶）"、"保貧（剝皮）"、"頗（脖）子"、"高力（麗）"等。

　　音韻方面，書中部分記音字帶有東北官話特徵，即不分舌尖前音和舌尖後音①，或混用舌尖後音和舌面音②。如："增（掙）錢、從（重）新、贈（睜）、多小（少）、淸（成）天、本成（本情）、講主（講究）、湊風（抽豐）"等。此特徵同樣見於《騎着一匹》《學淸》《你呢貴姓》等抄本漢語會話書中，這應爲受東北官話影響的結果。

　　清太宗爲使漢族和滿族和睦相處，曾多次下令強制遷移北京周圍地區及中原的漢族。其中有很多漢族從河北、山東被強制遷移至東北。康熙王朝中葉，居住北京的旗人中，部分旗人也被遷移至東北地區，並開始實行分配耕地供移居漢族耕作的政策，故京旗移居東北是在乾隆年間。這些因素必定對東北官話的形成起到了一定的影響③。

　　故可得出如下結論，當時的東北官話應爲移居民的原居住地的方言，即

---

　　①　漢語普通話中有舌尖前音聲母 z[ts]，c[ts‘]，s[s]和舌尖後音聲母 zh[tʂ]，ch[tʂ‘]，sh[ʂ]，兩者不僅讀音不同，同時也有區分語意的功能，故需區別使用。在東北官話中也有舌尖前音和舌尖後音，但其功能不明顯，故東北部分地區混用舌尖前音和舌尖後音，發音混淆嚴重。參見侯精一（2002）《現代漢語方言概論》，上海教育出版社，頁 18—20。

　　②　屬東北方言地區的遼寧省錦州的漢語發音中，舌尖後音聲母作舌面前音聲母 j[tɕ]、q[tɕ‘]、x[ɕ]又音的特徵。參見沈小喜（2006）《中國東北地區的語言特殊性研究（2）》，《中國語文學志》第 22 輯，中國文學會，頁 277。

　　③　參見沈小喜（2002）《中國東北地區語言特殊性研究（1）》，《中國語文學志》第 11 輯，中國語文學會，頁 480—490。

現在的膠遼官話、冀魯官話、中原官話的混合體①。朝鮮時期，東北地區爲商人們的經商要地，故收錄 19 世紀日常口語的漢語資料，多少會反映出這一點。遼東半島與當時的朝鮮地理相近，因此在朝鮮時代，遼東半島爲使臣或商人的必經之地，也是商人的主要聚集地。故當時的漢語教科書會受到這些地區方言的影響，也不足爲奇。

四　《中華正音》的詞彙特徵

本節中將對《中華正音》中所見現代漢語中已不再使用的，或帶有方言特色的詞與《騎着一匹》、《學清》、《你呢貴姓》中的詞進行比較，以此來探討朝鮮後期抄本漢語會話書的詞彙特徵②。

（一）名詞

□　清天／清天家

(5)清［成］天在家裏嗎？萬一走遠的地方，有山崗子、岩子，巷子裏頭黑嗎枯柊，朦朦的時候兒，伸手不見掌兒咧。(5b)

(6)聽着說高麗參成得可不離，清［成］天家我願意看貨，顱子曬，短身，踔把［巴］長，踔［浮］皮色氣不大通紅，有蘆蘆使筋兒。(27a)

(5)"清天"、(6)"清天家"意爲"一整天"，詞義與現代漢語中的"整天／成天"相同。東北方言有舌面音和舌尖後音混用的特點，故"清"當是"成"的記音字。"清天家"的"家"不代表其本義，爲無法獨立使用的語素。近代漢語中，這種"家"可記爲"價"，有時亦記作"加、假、介"。使用過程中可用其他字

---

①　東北官話區中包括内蒙古、黑龍江、吉林、遼寧等四個省。膠遼官話主要用於黑龍江、遼寧、山東等地區。最近，據羅福騰的調查，吉林省南部地區的 9 個縣也呈現出膠遼官話的特徵，故正討論將那幾個縣也納入到膠遼官話區中。另外，冀魯官話爲北京、天津、河北、山東地區的方言，而中原官話爲河北、山東、河南、安徽、江蘇地區的方言。參見侯精一(2002)《現代漢語方言概論》，上海教育出版社，頁 4、19。岳輝(2006)《〈華音啓蒙諺解〉和〈你呢貴姓〉的言語基礎》，《吉林大學社會科學學報》第 46 卷第 4 期，吉林大學，頁 154。

②　將《騎着一匹》、《學清》、《你呢貴姓》、《華音啓蒙諺解》分別記作《騎》、《學》、《你》、《華》。

替代"家"，表明此時的"家"無明顯的詞義或語法方面的功能①。除"清天家"外，書中也見"清天"。但《騎着一匹》中不見"清天"，均寫作"清天家"②。

　　□　打使夥／打使輩／底些們

　　（7）呀嗳，打使夥你這怎嗎說？（12b）

　　（8）一個打使輩有錯的否咧，那個倒咳算甚嗎呢？（12b）

　　（9）打使輩原起你不揮［會］攬［弄］菜，我全都告送你，聽明白。（13a）

　　（10）老師傅，分付底些們開個行路如何？（15a）

　　（7）"打使夥"、（8、9）"打使輩"意爲"在客棧幹活兒的夥計"，是對客棧夥計的稱謂。不見於現存的其他抄本漢語會話書中。（10）"底些們"的詞義與"打使夥""打使輩"相同。"底些"應是"底下"的語音弱化而成③，抄本資料中均寫作"底些們"。這一稱謂亦見於《騎着一匹》中④。

　　□　車上們／車戶家／生意家

　　（11）來咧車上［廂］們，在門口候省你。（8b）

　　（12）鷄叫二偏哪，車戶家快起來收拾走罷。（13b）

　　（13）連大小生意家有甚明罪，先報大人衙門。（21a）

　　（11）"車上們"意爲"馬車"，（12）"車戶家"指"趕車人"⑤，（13）"生意家"則意爲"生意人"。"車戶家"、"生意家"中的"家"爲表示"從事於某一領域的人"

---

　　①　參見［日］香坂順一著，江藍生、白維國譯（1997）《白話語彙研究》，中華書局，頁257。

　　②　（甲）不過是走着一年一輛［趟］京니고，一還本地就清天家全不管甚嗎事고（《騎》14b）；（乙）他們皮氣是本來同不得別人니，若不給他們攬［弄］來咧면，清天家心裏怪怒니，故此不得不依 지라（《騎》19b）；（丙）清天家喂不到咧니，自然是瘦여시니（《騎》24a）；（丁）王夥計，你這個爲人却到不錯고，本來重厚呢니，清天家沒有經過［깅궈］不依我們的話여고（《騎》36b）；（戊）就是給我們趕車的時候에，清天家偏要打盹［듄］ 기로，我們也好幾沒狠肚［몰흔두］過시라。（《騎》37a）

　　③　參見汪維輝、朴在淵、姚偉嘉（2009）《一種新發現的朝鮮時代漢語會話書〈騎着一匹〉》，《中國言語學的交流和疏通》，韓國中國語言學會，頁243。

　　④　所以服侍的底些們과，伺候的兵伴們이，誰不咳怕呢 라？（《騎》13a）

　　⑤　書中還見"車合家"，詞義同"車戶家"。車合家，你沒有打筭板［盤］哪？（19b）車合家，你呢先站住車，到舖子裏問一問，□督衙門在那一塊？（20b）

之意的後綴。這些詞亦見於《騎着一匹》中①。

□　燈婁

（14）雙眼通紅是比燈婁的通脈。（6a）

（14）"燈婁"其詞義與現代漢語中的"燈籠"相同，"燈婁"的"婁"應爲"簍"的通用字。《騎着一匹》中亦寫作"燈婁"②，但在《華音啓蒙諺解》中寫作"燈簍"③。

□　空茶

（15）今日到我們家來，連一碗［碗］空茶也不哈，我也心裏不大爽夬啊。（6b）

（15）"空茶"當爲"白水"之意。"空茶"之外，《騎着一匹》中④亦見"空飯"⑤，意爲"白飯"，即"沒有菜肴的飯食"。"空飯"一詞亦見於《譯語類解補》、《方言集釋》。

□　鐵匠爐/色氣

（16）到鐵匠爐去買個好強鐵，定打一把寶刀，好鐵色氣雪白雪白，不值的鐵打沒有聲，好的是銅聲銅氣的聲兒哪。（5b）

（17）我願意看貨頗［脖］子龐，短身，尾把［巴］長，踔［浮］皮色氣不大通紅，有蘧蘧使筋兒。（27a）

（16）"鐵匠爐"爲"鐵匠"和"爐"的複合詞，意爲"鐵匠的風箱"。這一詞收錄於《譯語類解》、《華語類抄》中，釋爲"대쟝의 플무"，即"鐵匠的風箱"⑥。

---

①　（甲）車上們簾子一放下來치면，咱們是惱在裏頭여，莫［摸］不着你在外頭該咳怎嗎惱여시니（《騎》37a）；（乙）我們幾個車戶家都沒有吃飯여라（《騎》28b）；（丙）咱們裏外的生意家니가，差不多點成一般不值咧이라。（《騎》1b）

②　我們管他呢치냐？四五輛大車拿個燈婁一同幷着走得，有甚嗎怕頭嗎냐？（《騎》27a）

③　"你拿燈簍往前看一看，若是找不着船時候兒，橫豎有個淺地方可以過去。"네가燈簍 가지고앏가 보아 만일 이찻지못의아모리여도엿튼 곳잇셔가히건너가리라（《華》上 19b）

④　阿哥你呢一下馬先到我們家裏來셔連一碗空茶也不哈咧고又是往那裏去려니（《騎》20a）。

⑤　我們沒有攬［弄］別的好茶飯여시니就是空飯바긔［罷子］라도敬你一頓就면筭是阿哥給我們的臉로다（《騎》20a）。

⑥　鐵匠爐［텨쟝루］대쟝의 플무（《譯語類解·屋宅》上 19b）［텨쟝루］쟝의 풀무（《華語類抄·屋宅》7a）。

“플무”即“風箱”爲鐵匠鋪裏鍛燒鐵坯,用鐵水錭露時使用的工具。(16、17)
“色氣”意爲“色彩”、“光”。

□　火鄰

(18)火鄰裏有辦事否咧,當中沒有人難事不成,給他們兩頭好好班
[辦]事。(17b)

(18)“火鄰”的詞義和用法與“鄰居”相同。“火”爲“伙”的通用字。

(二)代詞

以下按人稱代詞、指示代詞、疑問代詞的順序分析。

□　各人

(19)這才各人通經通音之人,人間稀少啊。(1a)

(20)店裏規矩關咧門,各人少[小]心衣帽,自看鞍馬。(4a)

(21)各人不知各人的命啊,咱們大家活不着一百二百的,人間七十
古來稀。(4b)

(22)東西南北要飯喫,各人斷不了各人的命,活也活不了。(26b)

(23)他也不講理氣,寡各人打算各人的心音兒。(29b)

(24)他牲口哄動一聲兒,各人害怕,往前走不敢走,往後退退不了。
(6a)

(25)裁了衣裳餘剩的,各人拿回來往下該用啊。(5b)

(26)你並不是不知道。各人粗惱不慟嗎? 來回五十八兩銀子,一定
的,添不得,小[少]不得。(8b)

(27)你呢各人左想右量罷。是不是那嗎箇理嗎? 少[小]心必得勝
啊!(4b)

(28)臉面值千金,你呢各人想着罷,將酒敬人並不惡意啊。(6b)

(29)老師傅一聽這句話,終不敢放響,也不答應,端正坐着念經的工
夫,我各人躕蜘不敢進去。(15a)

在現代漢語中“各人”意爲“各個人、每個人”,但在近代漢語中用作“自
己”之意。這種用法亦見於冀魯、中原官話中。這一詞在《中華正音》和《騎着
一匹》中使用較多,《中》見32處,《騎》則見24處。

在《你呢貴姓》中，"各人"有兩處用例，释義为有"这邊人、自己"之意的"인역"①④，或"이편"②。

根據"各人"一詞在文中的含義和使用形式，上舉用例可分爲如下幾類。(19—26)用作"本人、自己"之意③；(27—29)用作"人稱代詞＋各人"格式，以強調前面的人稱④。

□　那嗎/那麼/那嗎箇/那嗎箇(個)兒

（30）要不是那嗎，就那能活了人嗎？（25a）

（31）想怎嗎想那麼，全不管甚嗎事，管多候兒好餓了。（26b）

（32）你呢別那嗎囑咐囑咐我啊。（6a）

（33）那嗎，一路上保重罷。（10a）

"那嗎"相當於現代漢語中的"那麼"。書中"那麼"只見一處，其他地方均爲"那嗎"，"那嗎"的用例明顯多於"那麼"。其用法與現代漢語當中的用法相同，主要用作指示代詞和連詞。（30—32）用作指示代詞，（33）用作連詞。《騎着一匹》《你呢貴姓》《學清》中不見"那麼"，均寫作"那嗎"。

（34）是不是那嗎箇理嗎？少[小]心必得勝啊！（4b）

（35）我想不到那嗎個兒意思，有話說不出來。（8b）

----

①　"各人看到甚嗎成色，講到甚嗎價錢，這個是自古以來遵行的舊例，難得說是你咳不慟得嗎？"인역이무셩　을 보면무 갑슬 놀난하고이것슨자고이　로준　하넌 네규러니 말하기 슬타너상긔모르너냐（《你》17b）

②　《學》中譯作"이젼/이편"，"이젼"为"이편"的誤記。

③　(甲)故此各人知道各人的力量니，寧可小增[挣]幾個錢是得되，像那嗎大膽子的事情是輕以不敢作니。（《騎》3b）(乙)啊哥，敢明個一走就띤橫竪各人必明白着리니，咳用問嗎랴？（《騎》4b）(丙)房掌櫃的一看這個光景더니，替他心裏燋急져，各人盡力兒給他活動些어도，越發更沒有信더니。（《騎》6b）(丁)你們咳不知道다，各人的命，各人斷不了니。（《騎》38a）(戊)各人看到甚嗎成色，講到甚嗎價錢，這個是自古以來遵行的舊例，難得說是你咳不慟得嗎？（《你》17b）(己)各人看到甚嗎成色，講到甚嗎價錢，這個是自古以來遵行的舊例，難得說是你咳不慟得嗎？（《學》11b）

④　(甲)你呢各人使想着보야라，不是那嗎的嗎냐？（《騎》31a）(乙)那嗎，咱們走路吃不慣店飯여시니，飯却是咱們各人做고。吃哈使用的是都是你們的呢거시니。（《騎》40a）(丙)客人們，東村子小子們니，外頭搙鶏來쪠시니，你們各人買去罷거라。（《騎》43a）(丁)橫竪你呢各人必明白就是咧，咳用我講到這裏提到那裏。（《你》17b）(戊)橫竪你呢各人必明白就是咧，咳用我講到這裏提到那裏嗎？（《學》12a）

（36）呀噯，作那嗎箇兒大夢。（18b）

（34）"那嗎個"（35、36）"那嗎（個）兒"，意爲"那樣的"。書中以"那嗎＋個（兒）"的形式修飾名詞，但在其他現有抄本漢語會話書中不見其用例。

□　多候兒／多站

（37）那嗎大人多候兒回皇城啊？（4b）

（38）那個也倒罷了，你從家裏起身，趕多候兒來到啊？（23a）

（39）太爺們多站起身到來着？（11a）

例（37、38）中的"多候兒"、（39）中的"多站"均爲"什麼時候"之意。"多候兒"的"候兒"亦用作"這候兒／那候兒／一候兒"，分別意爲"這會兒／那會兒／一會兒"。《騎着一匹》中見一處"多候"，"多候"應爲"多會（兒）"語音弱化而成的詞①。書中有些字舌尖前音和舌尖後音混用，如"小—少"、"增—掙"、"從—重"等②，故可推測（39）中的"多站"本爲"多咱"。但《譯語類解補》、《老乞大新釋諺解》等③不少文獻中亦見其用例。《騎着一匹》中見一處用例④。

（三）量詞

□　沒兒

（40）一出管兒那地方扯賊的時候兒，也不怕生死，用力打將，千想萬量想出防[方]法兒來，打一沒兒生一沒兒。（2a）

（41）我在那兒好幾沒兒嘹呼，他們聽不着，車磨也磨不開，走也走不了，動也不敢動憚[彈]。（19a）

（42）一年兩沒兒莊稼，趕冬天沒有穿過綿衣裳，冬天穿夾衣，夏天穿細細兒的夏布。（24b）

（40—42）中用作動量詞，書中見6回，類似於現代漢語中的"次、回"。冀魯、膠遼官話中的"末兒"一詞同樣具有動量詞的功能。故可推測"沒兒"爲

---

①　你割腹些的稱四斤나。不用切絲，薄些切片에，給我們炒着，別交香油고，多一候煉着，敢多候好，敢多候盛出來여，輪[均]三盤盛아，給我們던[端]過來고。（《騎》26a）参見汪維輝、朴在淵、姚伟嘉（2009），同上，頁243。

②　你算來回多小[少]銀子才句呢？（9a）我不圖增[掙]錢，也不賠錢就是咧。（9a）三條騾子蹄掛鏽平磨兒哪。怎嗎節兒咳沒有從[重]新掛？（9b）

③　多站，어 날，或몃날，＝幾日[기]（《譯語類解補·時令》3b）多站在王京起新來着네 언제王京에서 난다（《老乞大新釋諺解》11a）

④　敢多站好敢多站討出來罷여라，越爛越好吃啊니라。（《騎》46a）

“末兒”的記音。《騎着一匹》中亦有用作“次、回”之意的用例。《騎着一匹》中用韓文注音，記作[ㅁ乙]，並在旁寫上“沒”，故可推斷[ㅁ乙]代表“沒兒”。“乙”爲表示兒化韻的記音，書中見多處①。

□　塘

（43）我不是經過一半年的，年年塘塘[趟趟]，雇小車都有恒[行]定着四十八兩銀子，有禮不減，無禮不增，養活小車。（9a）

（44）又走十來多里，有一塘[趟]河水流好突，不見底兒，直流如雨。（18a）

“塘”一詞在現代漢語中的詞義與其漢字原意相同，爲“堤壩、水池、小坑”之意，只用作名詞，但是在近代漢語中可充當其他字的記音字，用作量詞。根據上下文語意分析，（43）中應爲“每年去一趟”之意，其中的“塘塘”爲帶有“往返”之意的動量詞“趟”的重疊用法。（44）中的“塘”爲“河水流”的量詞，其功能同“條”。雖然“趟”用同“條”這一用法極爲特殊，不見於如今“趟”的用法中，但在東北、冀魯、膠遼官話中，“趟”具有與“條、行、排”等名量詞相同的意義，故可推斷“塘”確爲“趟”的記音字。亦見於《騎着一匹》②。

（四）動詞

□　打着

（45）原起打着天京坐火輪船到來咧。（2b）

（45）的“打着”在膠遼官話中有“想着”、“打算”之意，書中見 1 處用

---

①　（甲）你呢別□小斯們고，親手摘鞍子고，解[　]繮繩，教他打滾[군]，打滾[군]幾ㅁ乙[沒]거든，回來綳得槽子上고，（《騎》28a）（乙）就是給我們赶車的時候에，清天家偏要打盹[둔]기로，我們也好幾ㅁ乙흔두[沒狠肚]過시라。（《騎》37a）

②　（甲）上塘[趟]辦去的雜貨是니都發得瀋陽셔，咳在那裏堆着　더。（《騎》5b）（乙）有一個初塘輴[趟]的伙伴　니，騎着你們這裏的大馬來시니，他不會喂馬고，也不知道甚嗎行子고，眞不慚樣兒的니。（《騎》27b）（甲）中的“上塘[趟]”意爲現代漢語中的“上次”，（乙）中的“初塘”爲現代漢語中的“初次”之意。可見兩個文獻中的“塘”，其功能同動量詞“趟/次”和名量詞“條”。（乙）中的“輴”爲作者在“塘”旁邊加上的，爲可替代的字。“塘/輴/趟”讀音相同。

例，用作此意。《騎着一匹》中見 5 回①。

□　惱

　　（46）走路的客一惱病，店裏不讓他存下，這不兩難事嗎？（4a）

　　（47）兄弟哥哥們哪，過年三月回來再惱罷。（10a）

　　（48）各人惱的怨誰啊？（12b）

　　（49）你不能打算車上值錢東西，萬一惱出緣故咧，你卻是賠不豈
［起］我啊。（13b）

　　例（46）中的“惱”爲“得病、生病”之意，爲“鬧”的記音字。例（47）中用作
“說”、“討論”之意②，（48、49）中則爲“惹事、挑起事端”之意，《騎着一匹》中亦
用作此意③。《華音啓蒙諺解》將“惱”釋作“말　　－/져즐ㄴ－/고이히 보－”，
與《中華正音》中的詞義相似④。

□　存/住

　　（50）走路的客一惱病，店裏不讓他存下，這不兩難事嗎？（4a）

　　（51）到天京的時候兒，半路住箇店，也不知白夜裏，不覺作夢，於今
到天界仙路，喫罪不輕，只靠老神仙不謙小人可憐的命。（15a）

　　“存”在現代漢語中用作“保留、保管”之意，但在近代漢語中亦用作“住”
即“居住、停留”之意。《東北方言詞典》中將“存”釋爲“住”，故可知這一用法
具有東北方言色彩。書中表示“居住、停留”之意時既用（50）中的“存”，也用

---

　　①　（甲）起根各人打着發賣存貨이，倒等現艮子，飯人家的票려　　기로。（《騎《5b）
（乙）所以他們打着把永長號的皮貨가萬一別人買下咧면，敢明個開盤的時候가셔，只怕砍他
們的鍋　니（《騎》12a）（丙）噯呀，我打着你們大邦［幫］來到這裏來呢구나。（《騎》25a）
　　②　《你呢貴姓》·《學清》也見用例。這個是再不能惱下來的老實價錢哪。
이거슨 다시　　리지 안니할 노실한 갑시니（《你》12b,《學》5a）
　　③　（甲）騎着一匹飛［뮈］快大馬고，一上道立刻就到門上去셔，先找盛德號셔，在那裏惱
半天的口乙다가。（《騎》1a）（乙）一來怕這一點意思고，二來一遭大風就며必惱大難子으러，
（《騎》3b）（丙）萬般事情一惱敎悔不及니，小心必得生여　니라。（《騎》37b）
　　④　“好說回來再惱罷。”죠흔 말이여 도라와 다시 말　　다（《華》上 5b）“這都是
我惱的不對咧。”이 다 가　일을　잘못　엿 노라（《華》上 16a）“惱出一場大事咧。”一場
大事 져즐너　　　줄　앗시리오（《華》上 34b）“恐怕他怪惱我們。”저푸건 제 우리
고이히 볼가　여（《華》下 22a）

(51)中的"住"。《騎着一匹》中也見相同的用法①。

　　□　講主/講究

　　(52)有錢能變天下,沒有錢才步難行啊。那裏講主公道嗎?(2b)

　　(53)他們哄不了人,若有錯的否咧,裏外講主管帶來回,賣買不欺三尺啊,言無二價。(5a)

　　(54)價錢先不用講主,只怕上他們的儅啊。(6a)

　　(55)車戶家,你來講主車腳錢罷。(8b)

　　(56)我聽你講主的話,不過是一輩子終沒有出門的人,不是好漢子的心音兒。(26b)

　　(57)要二不上卻有講主頭兒,滿天要價,歸地裏還錢哪。(28b)

　　(58)那嗎,招一個經紀們拿來官參樣子,混他們好講究講究罷。(27a)

　　(52—58)中的"講主"譯爲"討論"、"商量"。《騎着一匹》中有多處相似用例②。《你呢貴姓》、《學清》中亦將"講主"釋作"놀난하－"即"商量"③,故可知"講主"一詞在這些資料中的詞義相同。例(58)中直接使用"講究",這一用法書中僅見這一處。"講主"中的"主"應爲"究"的記音字④。在現代漢語中"講究"意爲"注重",但在東北官話中,用作名詞時,意爲"規矩",用作動詞時,意爲"談論、議論"。抄本漢語會話書中的"講主"一詞爲多義詞,其詞義既包括

---

　　①　(甲)早晚到常興店存去야,明個好進城리라。(《騎》36b)(乙)那候南京的四五個客商們드리也在一個店裏셔,合他們一同住下。(《騎》7a)

　　②　(甲)價[錢]是由着他們單　고,ᄅᆞᆫ子卻講主是飯得三票。(《騎》11b)(乙)一替三年是一定的規矩이니。講主是三年才爲滿니라。(《騎》12b)(丙)講主通花鏡이,一期十年이니,一個是五十歲的方盒子이요,一個是四十歲的圓盒子이니。(《騎》17b)(丁)咱們哥兒相好裏頭에,熟不講禮呢다　여　니。初會的朋友們跟前才講主這個理來啊지。(《騎》21a)(戊)若有錯處否咧면,管他誰也一點不講主　고,只照罪過重輕立刻治罪너니,故此旗莊民莊的白姓家에,終不敢惱事連累　니。(《騎》13a)(甲、乙)中爲"講定/說好"之意,(丙)中意爲"討論",(丁、戊)中意爲"重視"。

　　③　"明個我出去先瞧你那個牛皮,回來咱們講主講主罷。"　일　　나가 만져 네긔 우피을 보고 도라와 우리 놀난하자(《你》11b)"你那個雜貨價錢是咱們到底怎嗎個講主法哪?"네긔 잡물건갑돈은 우리 필경의 엇더커 놀난하자너니(《你》20a)"明個我的出去先瞧你那個牛皮,回來咱們講主罷。"일　가　첨 네 우피를 보고 도라와 논란(《學》4a)

　　④　若不信我的話　거든,今個往前走到那裏黑면,卻就筭到那裏來치고,咱們先不用講主[究]罷쟈。(《騎》34b)"講主"的"主"旁加上了"究",應爲作者在旁加上了可替代的字。

現代漢語中的詞義，也包括方言詞義。

□　哈

　　（59）到店打火兒，吃也吃不飽，哈也哈不醉，人辛苦馬受罪。（4a）

例（59）中"哈"意爲"喝"，亦見於《騎着一匹》和《你呢貴姓》①。另外，亦見於《譯語類解補》、《老乞大新釋諺解》、《華音啓蒙》的刊本中。在冀魯、膠遼官話中用作"喝"之意。

（五）形容詞

□　黑嗎枯柊

　　（60）萬一走遠的地方，有山崗子、岩子，巷子裏頭黑嗎枯柊，朦朦的時候兒，伸手不見掌兒咧。（5b）

（60）中的"黑嗎枯柊"意爲"黑漆漆"，《騎着一匹》中寫作"黑嗎구둥"，在韓文注音旁寫着"古董"②。中原官話中將其寫作"黑麻咕咚"。

□　爽當

　　（61）我看着沒有正個兒的，都有保貧［剝皮］兒，那能叫爽當的貨嗎？（27a）

例（61）中的"爽當"意爲"暢銷、賣得好"，亦見於《騎着一匹》③。

□　不離／不蘺

　　（62）不過是三分年成，就是關東地方卻倒不離。（3a）

　　（63）徃西走沿道上，春天却道［倒］不離。（3a）

　　（64）只管伺候太爺們太平無事來回就不離。（9a）

　　（65）聽着說高麗參成得可不蘺。（27a）

例（62—64）中的"不離"和（65）中的"不蘺"在東北、北京、膠遼官話中有"好"、"不壞"、"過得去"之意，在詞典的用例中用作謂語。《騎着一匹》中也見相同用法④。

□　規面

---

①　（甲）你呢一下馬先到我們家裏來셔，連一碗空茶也不哈咧고，又是往那裏去려 니？（《騎》20a）（乙）你這嗎強勸我，我勉強哈一種。（《你》31b）

②　你們恒是黑着走不着 리라，這個山道黑嗎구둥［古董］的。（《騎》27a）

③　他們這一等雜貨是은，原是不像我們本地的大路貨爽當 니。（《騎》7b）

④　今年個你們這裏海菜項事不離 □□，也不出勢 니라。（《騎》16a）

（66）混惱的人交不得規面些兒的朋友。（26a）

例（66）中的"規面"未見於其他抄本會話書。其詞義可釋作"體面"。

□　宴惱

（67）走到聽着說是北京宴惱［熱鬧］的地方，我要光景走不了，望你大人回貴府的時候兒領我去光一光如何？（3b）

（68）許多的男子來燒香，燒紙錢化成灰，樂鼓喧天響噅，五色丹青發眼紅，越看宴惱［熱鬧］沒有盡兒。（10b）

（69）海路大小船颯來颯去，有打張風的，有下胃的，正是宴惱［熱鬧］。（16b）

例（67—69）中的"宴惱"意爲"熱鬧"。"宴［熱］"應爲日母字讀如零聲母現象①。《騎着一匹》中見1回②。

（六）副詞

□　咳/還

（70）你咳不知道文武是不得一樣嗎？（1b）

（71）你呢咳用說嗎？（3b）

（72）比方說，我還你這怎嗎不受送禮的東西，你也心裏過得去嗎？（8a）

（73）要二不上卻有講主頭兒，滿天要價，歸地裏還錢哪。（28b）

《中華正音》一書中用作"仍然"、"又"之意時用"咳"，如例（70、71）。而用作"歸還"、"退還（錢）"之意的動詞時則用"還"，如例（72、73）。可知書中根據其語法功能區別使用。《騎着一匹》、《你呢貴姓》中也有用作副詞③和動詞④時區別

---

①　可見於東北官話的通溪小片（遼寧省：鳳城、遼陽、瀋陽、鞍山、海城），北方官話區的黃樂·陽壽小片（河北省：滄州，任嶽，河間，黔縣，交河，阜城/山東省：平原，昌樂，濰坊）以及膠遼官話區的大部分地區的音韻現象。參見蔡瑛純（1998）《朝鮮朝의對譯漢音과中國官話方言의關係》，《中語中文學》第23輯，韓國中語中文學會，頁30—37。

②　咱們行路喜喜歡歡的，走得宴惱［熱鬧］믜，何必想家呢 리요？（《騎》47a）

③　（甲）啊哥，你咳不明白這一層理兒 다（《騎》2b）（乙）他們後邦［幫］車都沒有到齊시니，也有攪［弄］多的，咳有攪［弄］小的시니。（《騎》12b）（丙）弟兄們四個都在一塊過日子，咳沒有分家咧。（《你》9a）

④　（甲）賣倒現艮子아，要還人家的賬러을，打發［經紀］們滿到處商量去더니（《騎》6b）（乙）滿天要價，舊比裏還錢다 여 니。（《騎》9b）（丙）我給你寫一個回單子，趕下塘［趟］還你銀子，是得是不得？（《你》13b）

使用的用例。

　　□　原起

　　　　(74)原起打着天京坐火輪船到來咧。(2b)

　　　　(75)這箇牲口原起急性跑的快。(9b)

　　　　(76)打使輩,原起你不揮[會]攪[弄菜],我全都告送你,聽明白。(13a)

　　　　(77)你原起從那兒來的嗎?(15b)

　　　　(78)關貨是原起北邊外裁的,又出東邊外的。(25b)

　　　　(79)原起門上有清官,文官,咳有稅官,混高力[麗]人講妥了,以後按
斤頭都有上稅。(28b)

　　例(74—79)中的"原起"暫未見於其他抄本漢語會話書。根據上下文的意
思,應釋爲"原先"、"起先",東北官話中也有此用法,故可知這一詞爲受到了東北
官話影響的詞彙。

　　□　歸起

　　　　(80)眞的是,對眼看日頭不燒,這樣眼鏡趕歸起賤不了。(6a)

　　　　(81)大人們聽着我到關東山,招我托三種東西,相好意思,避不了他,
趕歸起一齊都買收早早送得。(24a)

　　例(80、81)中的"歸起"爲"結果、終究、終於"之意。東北、北京、冀魯官話中
有"歸齊"一詞。"歸起"的"起"爲"齊"的記音字。《騎着一匹》中,"歸"寫作"皈",
"皈"爲韓國的漢字俗字①。《華音啓蒙諺解》、《你呢貴姓》、《學清》等書中譯作
"필경/죵[終究]"②,可知詞義相同。

　　□　寡

　　　　(82)你卻是寡呼呼睡覺也。(13b)

　　　　(83)寡增[掙]多少銀子,顧不得各人的名姓。(26a)

　　　　(84)他也不講理氣,寡各人打筭各人的心音兒。(29b)

　　例(82—84)中的"寡"用同現代漢語中的"光、只"。"寡"爲東北官話,見於

---

　　①　若一攔攔到皈起,差不多點兒惱臭[腐]咧나라。《騎》2a)

　　②　"歸起到甚麼地方來着?"필경 무삼地方의 갓더뇨《華》下33b)"到皈起按人家的
價錢,筭筭一筆賬是,却不完咧嗎。"필경의 니르러 남의 갑　로 한몽 이장을 셈하면
굿지 아니랴《你》20b)"到歸起按人家的價錢,筭筭一筆賬是,却不完咧嗎。"죵 남의 갑　로
한　장식　혐하면　그만《學》15b)

《騎着一匹》①。《你呢貴姓》、《學清》等資料的翻譯文中，亦釋義爲"－만[只]"②。

　　□　一邦/一都兒

　　　　(85)他們車上[廂]們裏頭，也有一邦[幫]來的，也有各子來的，都在一都兒開不道的緣故。(19a)

　　　　(86)把那個後院套牲口遞他套一都兒幫幫，才過得嶺。(19b)

　　例(85)中的"一邦"以及例(86)中的"一都兒"均爲"一起"之意。"邦"爲"幫"的記音字。暫未見於其他抄本漢語會話書。

　　□　本成

　　　　(87)大人到來瀋京不過一年哪，他本成[情]急性的人。(22a)

　　例(87)中的"本成"用同"本來"。無法從詞典中查找"本成"一詞的詞義，但書中"本成"的詞義同東北官話中的"本情"，故可推測"本成"和"本情"的關係與"清天家"和"成天家"相同，爲混用舌面音和舌尖後音的結果，"成"爲"情"的記音字。這一詞亦體現出東北官話的音韻特徵③。《你呢貴姓》、《學清》中釋作"근본[根本]/본　[本來]"④。亦見於《騎着一匹》⑤。

---

①　(甲)不但說是寡省車腳錢，却是管包大見光리라。(《騎》3a)(乙)各人想不出防[方]法來니，寡丟人罷了라。(《騎》6a)(丙)才過王保臺來，寡生一道太子河시나，咳沒有過咧엇다。(《騎》35b)

②　"你那嗎寡想便宜咧，別說是我啊，管他誰也更不肯依你作。"네그러케니함만각하여셔은 나은 니르지 말고 져 뉘든지 다시 질레 네　로 하지 안니하리라 (《你》15a) 네게 니로만　각　룡구나 날과은 다른 말노 나졔원 뉘라도 즐계 네　로 안니리 (《學》8b)

③　何亞南・蘇恩希(2007)《試論〈你呢貴姓(學清)〉的語料價值》中當作"完全、根本"之意，但若釋作"完全、根本"，則《中》、《騎》中的用例很難說得通，而釋作"本來"則文從字順。

④　我的本成現銀子不帶來呢，怎嗎買你的貨呢? 가 근본니 직은을 가져오지 안나시니 엇지 네 물건을 사 가너니(《你》11a)我那個牛皮是本成並沒有使不着的，不怕隨你調[挑]，爲甚嗎不教調[挑]呢? 그 우피가 본　진실노 쓰지 못할 거슨 업스니 네 마음　로 고르는 거슨 져 주지 안고 무어슬 위　여 야곰 고로지 못　고(《學》12b)

⑤　(甲)他們是本成大藏的生意기로，自然是銀錢都병의便宜[倂一]些디라。(《騎》7a)(乙)你咳不知道다，這個馬本成急性的馬라，萬一拿鞭子打他身子咧면，獠子惱怪幫子　니，正녀려려怪古東西시라。(《騎》24b)(丙)這個酒雖然[얀]是你們嫌不好나，本成也可以哈得過리라。(《騎》42b)

(七)介詞

□　望/往

(88)一出山門外,擡頭望東看蓬萊方丈,瀛洲三神山如在眼前,崑崙山五百里方圓,只在近前排攦[弄]。(16b)

(89)望西看一看,西蜀名山在前邊兒。(16b)

(90)人那嗎托你甚嗎貨,只管望我說罷。(24a)

(91)往回走的時候兒,我懇求的東西能不能悄來啊? (4b)

(92)他牲口哄動一聲兒,各人害怕,往前走不敢走,往後退退不了。(6a)

(93)往東一條路是太陽山,往南一條路是遮噉山,往西走一條路是本到來的,多小[少]走就卻以到那箇地方。(15b)

"望"的介詞用法源於動詞"望",從唐代開始見其介詞用法,用法同"往"。"望/往"在方位詞、處所詞前的用法相同,但置於人物前時,則用"望"。例(88、89)爲使用"望"的用例,(91—93)爲使用"往"的用例,而(90)爲"望"用於人物前的用法①。

(八)助詞

□　咧/了

助詞"咧"的功能與動態助詞了₁和語氣助詞了₂相似,且常見於抄本漢語會話書。《漢語方言大辭典》中,稱"咧"爲冀魯、中原官話,功能同"了、啦、哩、呢",爲語氣助詞。《中華正音》中使用的"咧"亦有相同的功能。與"咧"一同使用的還有"了"。

下面對《中華正音》中"咧"和"了"這兩個詞的使用情況進行分類並做一比較:

---

①　(甲—1)價錢是再不必望他們問一問라。(《騎》18a)(甲—2)王夥計니,你有是作出甚嗎主意來呢　니只管望我們說라。(《騎》48b)(乙—1)原是趕到夏天下缸的時候,各處皮哺裏起頭裏往皮行家開盤子　라。(《騎》11b)(乙—2)你呢給我們驪個存下地方고,回來再往你頑[완]笑쟈。(《騎》38b)

	了₁	了₂	了₁+了₂	了(liǎo)	呢	吧，啊
咧	18回①	31回②	5回③		10回④	2回⑤
了	39回	7回	2回	30回		

　　如上所示，“了₁”、“了₂”中既有“了”，也有“咧”的用例，但“了₁”中“了”的用例較多，而“了₂”中“咧”的用例占多數。另外，“咧”多次用作“呢”。動詞“了(liǎo)”則全部使用“了”，類似的現象亦出現於其他抄本漢語會話書。

　　□　否咧

　　（94）我給你開一個單子，到那有空閑的日子否咧，照這個單買好省欄下，臨走的時候兒，別忘罷。那個倒別忘罷。（5a）

　　（95）皇城裏當朝廷宰相們，連大小當官們都太平否咧？（2b）

　　（96）家有老父母否咧？（11b）

　　“否咧”爲語氣助詞的特殊形式，常見於抄本漢語會話書，多數用於文章末尾，表示假設或正反之意。例（94）中用作“如果”之意，即表示假設。而在例（95、96）中具有正反疑問句的功能。《騎着一匹》中常用作“否咧/不咧”，多與“若”同時使用，表示假設⑥。

---

　　①　店裏規矩關咧門，各人少［小］心衣帽，自看鞍馬。（4a）到咧瀋陽王家車舖去，每種每種現買，費不了事。（9b）

　　②　朦朦的時候兒，伸手不見掌兒咧。（5b）只管放心回走就是咧。（16b）

　　③　一到夏天下雨，老平等礆地，連山坭地溠大水都衝去咧。（3a）酒却是哈住咧，寔在再不敢哈哪。（7a）

　　④　若是帶我去咧，你那個恩典是我一輩子忘不了，人熟爲報啊。（3b）我才醒兒咧。（14a）

　　⑤　到那兒黑到那兒存，看風使船走咧。（10a）是咧，錯不了。（13b）

　　⑥　（甲—1）普天下不拘甚嗎地方否咧　고，再沒有賣不出去的고，終不費力　고，個個兒如意더니。（《騎》2a）（甲—2）若把你們那裏的大紙，海帶莊［裝］船送得南京不咧양이면，不但說是寡省車腳錢，却是管包大見光리라。（《騎》3a）（乙—1）若有便飯不咧양이면，只管吃，咳講甚嗎　라？（《騎》20a）（乙—2）咱們裏頭不咧여，不拘怎嗎都是得니，咱們酒却是從邊哈쟈。（《騎》21a）（乙—3）若有好酒不咧양이면，捨不得給我們哈罷라，却所以呢로다。（《騎》43a）

五　結語

上述内容可整理如下：

第一，《中華正音》爲一本作者未詳的漢語會話書抄本，現藏於韓國學中央研究院，未署明抄寫時期。書中發話者雖提及了"乾隆三十五年（1770）"這一具體時間，但書中出現新生詞彙"火輪船"，故成書時間應爲"火輪船"一詞出現之後。尤其是據推斷成書時間應早於1826年的《騎着一匹》的内容與詞彙，和《中華正音》頗爲相似，故可推測《中華正音》的成書時間最遲爲19世紀中葉。

第二，《中華正音》收錄了中國馬官員經瀋陽趕往北京的途中與一朝鮮人、趕車人、客棧主人王氏、瀋陽總督、人參交易中間人等人物之間的對話。内容涉及秋收、托人購買物品、馬車、吃飯、雞肉菜、瀋陽總督的人品、購買人參等。其中托人購買物品、雞肉菜、瀋陽總督的人品、馬車等内容與《騎着一匹》極爲相似。

第三，《中華正音》書寫形式特點爲記音字的用例較多。其中"增[掙]錢、從[重]新、贈[睜]、多小[少]、清[成]天、本成[情]、講主[究]"等記音字的使用帶有東北官話的特徵，即不分舌尖前音、舌尖後音，舌面音和舌尖後音混用，故可知此書受到了東北官話的影響。

第四，《中華正音》中有不少獨有詞彙和帶有方言特點的詞彙。"打使夥/打使輩[底下人]、火鄰[鄰居]、規面[體面]、一邦/一都兒[一起]"等詞彙在其他現有傳抄本漢語會話書中無一處用例。書中使用的東北官話詞彙有"塘[趟]、存[住]、講主[講究]、原起[原先·起先]、歸起[結果·終究·終於]、不離[好·不壞]、寡[光·只]、本成[本來]、起[從]"等。此外，書中"各人[自己]、打着[想着·打算]、沒兒[末兒]、哈[喝]、黑嗎枯柊[黑麻咕咚]、咧[了]"等詞彙如今被歸類爲膠遼官話、冀魯官話、中原官話。筆者認爲，目前被歸類爲各方官話的方言詞彙見於同一本書，這與東北官話的形成過程息息相關。由於朝鮮和中國地理相近，故東北地區應爲來往於兩國的使臣和商人的必經之地以及商人的主要聚集地，故學習漢語時必定會受到東北方言的影響。

參考文獻

《中華正音》1 冊,藏於韓國學中央研究院藏書閣。

李在弘、金瑛校注(2002)《華音啓蒙諺解》,鮮文大學校中韓翻譯文獻研究所。

朴在淵、周發祥校注(2002)《你呢貴姓·學清》,鮮文大學校中韓翻譯文獻研究所。

_____、金雅瑛編(2008)《騎着一匹》,鮮文大學校中韓翻譯文獻研究所。

_____(2002)《中朝大辭典》(全 9 卷),鮮文大學校出版部。

_____(2007)《筆寫本古語大辭典》試稿本(共 4 卷),鮮文大學校中韓翻譯文獻研究所。

馬思周、姜光輝(1991)《東北方言詞典》,吉林文史出版社。

許寶華、宮田一郎主編(1999)《漢語方言大詞典》,中華書局。

香坂順一著,江藍生、白維國譯(1997)《白話語彙研究》,中華書局。

馮春田(1999)《近代漢語語法研究》,山東教育出版社。

俞光中、植田均(2000)《近代漢語語法研究》,學林出版社。

羅竹風主編(2001)《漢語大詞典》,漢語大詞典出版社。

侯精一(2002)《現代漢語方言概論》,上海教育出版社。

蔣紹愚、曹廣順(2005)《近代漢語語法史研究綜述》,商務印書館。

孫常敘(2006)《漢語詞彙》,商務印書館。

遠藤光曉、嚴翼相編(2005)《韓國的中國語言學資料研究》,學古房。

_____(2008)《韓漢語言研究》,學古房。

朴在淵(1995)《〈型世言〉研究》,《中國學論叢》第 4 輯,忠清中國學會。

蔡瑛純(1998)《朝鮮朝의對譯漢音과中國官話方言의關係》,《中語中文學》第 23 輯,韓國中語中文學會。

_____(2005)《朝鮮對音을 통한近代漢語官話共同語의基礎方言연구》,《中國言語研究》第 20 輯,韓國中語中文學會。

王清棟(2001)《〈華音啓蒙諺解〉의語彙적特徵》,《中國言語研究》第 13 輯,韓國中國語言學會。

沈小喜(2002)《中國東北地區의語言特殊性研究》,《中國語文學志》第 11 輯,中國語文學會。

_____(2006)《中國東北地區의語言特殊性研究 2》,《中國語文學志》第

22 輯,中國語言學會。

　　汪維輝(2002)《朝鮮時代漢語教科書與近代漢語研究》,《人文科學》第 84 輯,延世大學校人文科學研究所。

　　＿＿＿＿、朴在淵、姚偉嘉(2009)《一種新發見的朝鮮時代漢語會話書——〈騎着一匹〉》,《中國言語學의交流와疏通》,2009 年韓國中國語言學會學術大會發表集。

　　文盛哉(2003)《近代漢語의家/價研究》,《中國語文論叢》第 25 輯,中國語文研究會。

　　徐美靈(2005)《中國語普通話와東北官話의音聲對應規則》,《中國語文學論集》第 35 號,中國語文學研究會。

　　岳輝(2006)《〈華音啓蒙諺解〉和〈你呢貴姓〉的言語基礎》,《吉林大學社會科學學報》第 46 卷第 4 期,吉林大學。

　　何亞南、蘇恩希(2007)《試論〈你呢貴姓(學清)〉的語料價值》,《南京師大學報》,南京師範大學。

　　竹越孝(2009)《阿川文庫藏〈中華正音〉翻字(1)》,《KOTONOHA》第 74 號,古代文字資料館。

（作者單位:韓國鮮文大學中文系、鮮文大學中韓翻譯文獻研究所）

域外漢籍研究集刊　第六輯
2010 年　頁 269—287

艮齋文學思想及其與朱子的關係

徐興無

一　學養與志趣

朱子集理學之大成,然于文學亦爲大家。錢賓四先生曰[1]:

> 北宋自廬陵歐陽氏,臨川王氏,涑水司馬氏,南豐曾氏,眉山蘇氏父子兄弟,一時並峙,而經史文章之學,震鑠千古。自諸氏相繼沒世,獨洛陽二程以性理之學傳授門徒,四方向附,奉爲宗主。而經史文章之學,遂爾熸熄,更無嗣響。南渡以後,迄于朱子之興,上溯徽欽,下逮高宗之中葉,中間相距逾五十年,乃始復有經史文章之重興,以與二程性理之學縮合融會,成爲一體。蓋朱子不僅集有宋性理學之大成,即有宋經史文章之學,亦所兼備,而集其大成焉。

朱子雖集道德與文章兩端於一身,但不視二者爲兩事。其《讀唐志》曰[2]:

> 歐陽子曰:三代而上,治出於一,而禮樂達於天下。三代而下,治出於二,而禮樂爲虛名。此古今不易之至論也。然知政事禮樂之不可不出於一,而未知道德文章之尤不可使出於二也。古之聖賢,初豈有意學爲如是文哉!有實於中,則必有是文於外。如天有是氣,則必有日月星辰之光耀;地有是形,則必有山川草木之行列;聖賢之心,既有是精明純粹之實,以旁

---

① 　錢穆《朱子新學案》第五冊(臺北,三民書局,1971),頁 151。

② 　《朱文公文集》卷七十,四部叢刊本。下簡稱"《文集》"。

　　薄充塞乎其内，則其著見於外者，亦必自然條理分明，光濯發越。

　　文章與道德爲一體，道德是文章的内在本質，文章是道德的自然流露，除此則非真誠之文，如孔子所言“有德者必有言，有言者不必有德”①、“文猶質也，質猶文也”②。朱子于唐宋文人，常常責其爲文害道，不察性理，往往並非鄙薄其文章，而是鄙薄其文道相離。更何況朱子于詩文創作實踐也極爲致力，斐然成章，爲宋代文學大家之一。

　　朝鮮王朝正統性理學家田愚（1841—1922），號艮齋。被目爲艮齋學派的創立者。1876 年的《江華島條約》使朝鮮王朝被迫向西方開放，繼而 1905 年的“乙巳勒約”又將朝鮮王朝淪爲日本保護國，而韓國儒學中的保守主義者以“尊華攘夷”的政治立場和推尊程朱的學術立場反對變革，抵抗日本，艮齋作爲其中的一員，採取了隱居自靖，著書論學的生活方式，反抗亡國變亂的現實，以朝鮮王國和華夏文化的“故國遺民”自居③正如孟子所言，“獨孤臣孽子，其操心也危，其慮患也深”④。在堅守氣節，躬行道德之際，艮齋于朱子思想有深入的創發並通過大量的書信和詩文抒發胸臆、闡論性理、履踐道德、挽救士風。“志於道，據於德，依於仁，游於藝”⑤是儒家一貫的君子修養綱目。艮齋與朱子雖然相距數百年，但華夏文化傳統和教育制度是他們共同的成長背景，道德修養和經史文章是他們共同的修養與學習内涵。朱子之父韋齋既伏膺理學，“日誦《大學》、《中庸》之書，以用力於致知、誠意之地”，又“放意爲詩文”，詩則天然秀發，文則汪洋放肆⑥。朱子自稱“某舊時亦要無所不學，禪、道、文章、《楚辭》、詩、兵法，事事要學。”⑦儘管他後來專心學做聖賢，但一生都喜吟哦，賦詩作文，考注編選文籍，評論歷代作家。他亦教子弟習文，稱“人要會作文章，須取一本西漢文與韓文、歐

---

①　《論語·憲問第十四》。

②　《論語·顔淵第十二》。

③　艮齋《答李陽來》（道復戊午）自稱：“愚故國遺民，苟活可恥。”《艮齋先生全集》上册，保景文化社，1984，下簡稱“《全集》”，頁 127。

④　《孟子·盡心上》。

⑤　《論語·述而第七》。

⑥　參見朱子《皇考左承議郎守尚書吏部員外郎兼史館校勘累贈通議大夫朱公行狀》，《文集》卷九十七。

⑦　朱子《朱子語類》一〇四，北京，中華書局，1994，頁 2620，下簡稱“《語類》”。

陽文、南豐文"①;"韓、歐、曾、蘇之文,滂沛明白者,揀數十篇,令寫出,反復成誦,尤善"②。艮齋自幼聰慧,其家學風氣中亦有道德性理與經史文章兩方面的感召,他在《先考家狀》中寫道③:

> 先君中夜誦《孟子》"觳觫"、"養氣"、"許行"諸章、韓文《原道》、《平淮西碑》、朱書、方集一二篇,不錯一字。平生極愛薛文清《讀書錄》,手寫一本,時時看閱。每謂不肖曰:"學者不可一日無此書。"專看《伊洛淵源》及諸文集中碑誌行狀,其意蓋曰精力已衰,博觀無益,無寧專力於此,以資吾日用也。

其嗣孫鎰孝所撰《家狀》述其祖、父事蹟曰④:

> 考諱在聖,號聽天翁,豈弟廉潔,喜讀《朱書節要》,方正學文,全翁極稱其賢……(府君)七歲始就學,不煩長者教督,自能准課,而才性超倫,文理日就。識者知其必遠到也。九歲聽天公指盆梅盛開,呼韻"香"字。府君應聲曰:"聽雪鼓弦琴韻冷,看梅題句墨痕香。"聽天公大奇之。十四歲隨聽天公移家漢城,遍讀經傳。聞讀書不搖身法,即凝坐伊吾,已有求仁爲己之志。記性絕人,過眼成誦,書十數行俱下,而用遵晦翁以敏底才用鈍底功。筆法精妙,喜臨王右軍帖,幾乎奪化入神,而弱冠前已名振京師。承聽天公命,兼習舉業。

儘管艮齋在詩文、書法等才藝方面頗具天賦,不過他後來有一種自覺,於己於人,皆刻意強調以道德修養爲本,以事功和藝文爲末,更多地將志趣專注於道學。其《與金建植》(丙辰)曰⑤:

> 梅山先生嘗舉王介甫《論韓文絕句》(紛紛易盡百年身,舉世何人識道真。力去陳言誇末俗,可憐無補費精神),而曰:"正好諷詠終身,攻文者讀此,庶知其枉用心矣!"余自少不曾學作文,蓋有見於此也。

述其師全齋教授之法曰⑥:

---

① 《語類》一三九。
② 《答蔡季通》,《文集》卷四四。
③ 《全集》上冊,頁915。
④ 《全集》下冊,頁746。
⑤ 同上,頁139。
⑥ 《全集》上冊,頁385。

恪守朱宋法門，不敢創出己見……教授學者，則以忠信爲本，識見爲先，而《小學》、《家禮》爲法。每言《四書》爲儒學之基，諸經群史以之輔佐可也。至於雜書不令看，時文不令習。我國學統以靜、退、栗、沙、尤五先生爲正，而農岩之精密，寒泉之峻正，老洲之明透，又後學之津筏也。此其大綱，終身受用。

其教子弟之《勿戒》曰①：

勿先留心於文章，宜務要識正心公，不然如東坡兄弟，其文章誰敢與抗？東坡忠義亦罕其比，但惡夫千聖相傳之“敬”字而必欲打破之，至於嗾人逐伊川。以余觀於東坡，其如是而爲儒門之敵，豈若與程、張諸賢講貫，以爲道學、文章兩備之大賢乎？

《家規》曰②：

至於小詩短律，不宜致力。

又其《答陸致信》（在瑞，乙亥）曰③：

所需《蘭谷記》恐不須作。蓋君子之學，務足乎己，不願乎外，何必爲此無用之文，標揭於牆壁之間，而切切然惟恐人之不己知也，況今所取之義，正以蘭在深山茂林之中，終日薰香，而不自以爲香，有似乎君子爲己之道，故取以爲號，則尤當韜光潛彩，闇然自修，不當復炫耀於外也。朱先生詩云：“竟歲無人采，含薰只自知。”旨哉言乎！人之爲學，顧不當若是耶？昔范文叔請先生記《春風堂》，先生以爲此等空言無益於實，僅同戲劇，區區裝點，是亦徒爲玩物喪志而已。若論爲己切實工夫，豈此等所能助？而爲仁由己，亦何待他人之助耶？先生此言，極爲警惕，爲一誦之三復之餘，計應犁然有當於心矣。愚昔年有《催菊詩》④，今漫錄去，其於不求人知之義，亦須有相發處也。

---

① 《全集》下冊，頁221。按，艮齋於朱子所撰理學教科書《小學集注》至爲推崇。《集注》引述程顥（明道先生）之言曰：“憂子弟之輕駿者，只教以經學，念書，不得令作文字。子弟凡百玩好皆奪志。至於書劄，於儒者事最近，然一向好著，亦自喪志。”（《小學集注》卷五“嘉言”，文淵閣《四庫全書》本）。

② 《全集》下冊，頁219。

③ 同上，頁47。

④ 《催菊》（壬申）曰：“弱枝花未綻，使我空嗟歎。晚節誠高致，重陽奈厚顏。直須連夜發，深欲舉杯看。庭際回徨久，裳衣不任寒。”《全集》上冊，頁922。

此文以蘭爲譬，巧論君子自修之道與"不作無用之文"之理，而所稱朱子之詩、范仲黼之事和艮齋自作詩，皆極具理趣，互相發明。

艮齋之書法造詣亦高，但以之爲末技。其遺墨行書《赤壁賦》後，有鶴山題跋云①：

> 此吾少友田愚子明甫十四歲時所書，此亦可見其夙就之一端也。既學道，欲扯沒之。問其故，曰："所臨松雪也。"其意甚好，然晦翁亦嘗學曹操帖，何傷乎？

艮齋雖筆法精妙，但以自己所臨乃趙孟頫行書東坡《赤壁賦》，因趙氏氣節有虧，且字風妍媚，故有悔意。其教子弟之《家規》，於書學亦有明戒：

> 寫字只要依韻書本形，毋得添減點畫，變成別字。至於法帖，只取謹嚴典重者以爲法，若其妍美纖巧者不可學。

《與朴振基》(己未)亦曰②：

> 比見弟子門人上書父師，且用行草，此不敬之大者。雖劄記抄寫，荒率潦草亦不可。《小學》"寫字敬而必楷正"，此最可法。

總之，艮齋之教，以道德爲本，文章爲末，不主張學習詩文書法等藝文小道，不主張讀雜書，爲時文。其學術氣象不及朱子廣大渾厚，但其學術涇渭似較之朱子分明。與朱子相較，艮齋性理之學的志趣與持守更爲專一，其成就遠過其文學成就。艮齋的詩文創作與文學批評的活動不及朱子豐富，且其詩文作品大多是載道之作；藝術成就亦不及朱子，但正由於他專注於性理之學的鑽研與履踐，所以雖然鄙薄藝文，卻大力推崇符合朱子理學思想的文章，從而豐富了朱子的文學思想。

二 文道觀

艮齋於理學最有創發處在於發揮朱子性即理，心屬氣之論，拈出"性師心弟"和"性尊心卑"兩題，屢屢闡發，並與心學家們往復辯難。概言之，性是人所稟賦的天理，也是心之本體，爲師爲尊，是第一義的；心爲氣之發用，爲弟爲卑，是第二義的。他進一步運用這樣的邏輯拓展了朱子的文道觀，明確了朱子文學思想

---

① 《全集》下冊，頁904。
② 同上，頁132。

的形而上學。

　　其《書贈劉永溁、朱秉禮》(庚申)曰①：

　　　　古人言文與道不相離，文顯而道薄耳。又言心學盛而性隱。余嘗以爲
　　善言。或疑聖門諸子記四教而文爲首，龜山稱《孟子》一部，千變萬化只說
　　從心上來。余曰四教之文是道德禮樂之文，非著述之文，故曰"文，莫吾猶
　　人也。躬行君子，則吾未之有得。"孟子言心，究其指則無不以性理為準，非
　　空空提唱靈明活化、能知覺思慮者以爲歸宿處。故稱堯舜，不曰"心之"，而
　　曰"性之"，孔顏之心，又皆以矩仁爲究極矣！況龜山上下文皆立"正心"兩
　　字為的，而究竟於心得其正，然後知性之善。而曰堯舜所以爲過氧乙萬世
　　法，只是率性循天理而已，其指意尤可見矣！余觀古來文人，鮮有不惡道學
　　之士，心宗一派，亦未有不憚性道規繩之嚴者。以近日士習推之，可以信吾
　　言之不誣矣。

　　這段話的主旨並不在論文，而在排斥心學，乃針對當時的社會思潮而發。
艮齋在另一則文字中談及陸九淵與蘇軾，亦以心學與文學對舉②：

　　　　明清以來崇尚陸氏，幾百年之後，今又推尊東坡而盛行於世。此無它，
　　程、朱謹嚴而蘇、陸放肆故耳。

　　由於艮齋將二事對舉互文，故可推知其視文道關係一如心性關係：正如"正
心"才是符合性理的心，而非所謂"靈明活化能知覺思慮"之心一樣，"道德禮樂之
文"才是與道不相離的文，而非"著述之文"。由此可以推斷，艮齋認爲：作家身
上，心能否師其性而得其正，決定了其文章能否不離於道。

　　朱子強調文道爲一體之本末，以爲"道者，文之根本。文者，道之枝葉。惟
其根本乎道，所以發之於文，皆道也。三代聖賢文章，皆從此心寫出，文便是
道"③。其文亦不局限於著述之文而推廣至六經禮樂，如言"不必托於言語，著於
簡冊，而後謂之文。《易》之卦畫，《詩》之詠歌，《書》之記言，《春秋》之述事，與夫
禮之威儀、樂之節奏，皆已列爲六經，而垂萬世。其文之盛，後世固莫能及"④，此
廣義的文章觀實爲儒家關於文章的原始定義，亦爲艮齋所繼承。而朱子於文人

---

　　①　《全集》下冊，頁 181。
　　②　《與人》(丙申)，《全集》上冊，頁 599。
　　③　《語類》一三九。
　　④　《讀唐志》，《文集》卷七十。

著述之文,亦往往責其與道分離,其曰韓愈爲文"蓋未免裂道與文以爲兩物,而於其輕重緩急本末賓主之分,又未免於倒懸而逆置之也"①,"他只是要做得言語似六經,便以爲傳道。至其每日工夫,只是做詩博弈,酣飲取樂而已";"不曾向裏面省察,不曾就身上細密做工夫。立朝議論風采,亦有可觀,卻不是從裏面流出"②。又曰"今東坡之言曰:'吾所謂文,必與道俱。'則是文自文而道自道,待作文時,旋去討個道來放入裏面,此是他大病處"③。朱子也察覺了文人著述中文道分離的原因,即"每日功夫"做得不對,只知外求不知内察。

　　然文道之離合是否出於心性之離合,朱子並未細加討論。朱子稱"三代聖賢文章,皆從此心寫出,文便是道",則聖賢之心即可謂之道;又稱《詩》者,人心之感物而形於言之餘也,心之所感有邪正,故言之所形有是非,惟聖人在上,則其所感者無不正,而其言皆足以爲教……凡《詩》之所謂風者,多出於里巷歌謠之作,男女相與歌詠,各言其情也。惟《周南》、《召南》親被文王之化以成德,而人皆有以得正其性情之正,故其發於言者,樂而不過於淫,哀而不及於傷,是以二篇獨爲風詩之正經。自邶而下,則其國之治亂不同,人之賢否亦異,其所感而發者,有邪正是非之不齊,而所謂先王之風者,於此焉變矣"④。據此,則常人之心、性、情不一致,其詩文或正或邪或是或非,故於道有離有合。按理說,朱子所言常人之心、性,當指氣質之心、性,屬於形而下的範疇,所謂"心有善惡,性無不善。若論氣質之性,亦有不善"⑤。如此,則文章歌詩可以籠統地視爲出乎心性,發乎性情;文道之離只能籠統歸之於心性之失或性情不正。

　　艮齋之論,則緊扣朱子"心以性爲體"爲說⑥,在其心性論中,只有朱子所說的"天理之性",而朱子所謂的"氣質之性",則被他分別爲五種,認爲"君子恭敬奉持之性"只是第一種:"理在氣中,曰本然之性,而亦曰氣質之性……自被命受生之初,以至未發之前,已發之後,皆有之",其實這正是天理所賦予的性,是"天理之氣"的別解。而其他四種"氣質之性"指"理爲氣囿"、"氣質之稟"、"形氣之欲"

①　《讀唐志》,《文集》卷七十。
②　《語類》一三九。
③　同上。
④　朱子《詩集傳·序》,上海,上海古籍出版社,1980。
⑤　《語類》五。
⑥　同上。

或"單指軀命",這些皆在已發之後,是"君子弗性之性"①。所以,心性關係被直截了當地闡釋爲本末、體用關係,性即是道和天理,所失者只能是心。心欲不失,唯有師性,其曰:"學者何所學? 學夫性也。誰學之? 心學之也……學道、學禮、學仁義,皆學性也。"②如此,性即是道,即是禮樂文章,則心性之離合,即文道之離合。故艮齋斷言③:

> 聖人見道於心而體諸身,載道於身而教諸世。使人慮心思繹而得其所以言之理,竭力踐履而學其所以體之道也。人之所以爲學,心與性而已矣! 心非性無所自明而自誠,故當奉性以爲師。六經千言萬語,無非此義也。

又曰④:

> 身心者,性命之苞苴也;文章者,性命之裝飾也。要充身心之欲,求文章之美,而不顧性命之牿喪,此特一空苞苴、虛裝飾也。

又曰⑤:

> 今學者閉門靜坐,讀書作文,亦可謂心不外馳。然讀書要資談論,作文要取聲譽,此即是外馳之甚,非惟留心於殖貨營産者爲外馳也。故呂新吾言:"心放不放,要在邪正上說,不在出入上說。"

又曰⑥:

> 或疑世之士子多向言論文章事功上去,何也? 余謂只爲它不能就身心倫理處求得當然之則。

又曰⑦:

> 學者第一怕志得不切,第二怕見得不真,第三怕工夫間斷。若志在超凡入聖,自與人倫天性相關涉。今世聰明之士,只去雜駮處費心,或多聞博識,或文章技藝,遂至擔閣一生,無所成就而死,豈不可惜? 此是老拙常與諸生談及者。

---

① 《氣質之性》,《全集》上册,頁 720。
② 《答吳信泳》(甲寅),《全集》上册,頁 260。
③ 《與金聲煜》(丙辰),《全集》上册,頁 342。
④ 《海上散筆》,《全集》上册,頁 829。
⑤ 《答朴來維》,《全集》上册,頁 337。
⑥ 《答魚命徹》(辛酉),《全集》上册,頁 581。
⑦ 《答高景洙》(戊午),《全集》上册,頁 558。

又曰①：

夫學有本有末，有先有後……以志尚則要做聖人而不止做賢人；以進修則必本性善而不宜本心靈……以作文則要理勝辭達，而明道論政以發揮之。

其於德行深厚且文字樸實者多有褒揚。《松梧田公遺稿序》曰②：

公雖未有奇偉之文，透悟之識以大神世教，而其內行淳篤，足使觀者有以銷其粗厲猛暴之氣，而興起其善良之天。則視世之不以躬行爲先，而以文華是尚者，賢不肖不相懸哉！

又《申後松文稿後序》曰③：

亡友申稚安天資少辯給才力，而深沈謹質有餘。其爲學亦近本務實，而繩尺有守。其詩文又多樸茂，絕華麗奇險之態，而要皆味之可以不畔於學，用之可以有裨於時。其視葩藻雕刻，僅供俗玩之辭，迥乎其相懸矣！

至此可見艮齋於文道觀上之創發，將文道關係落實至心性關係和修養功夫之上，學問、文章、技藝，皆須直接從"身心倫理"上做功夫。可以說，朱子於理氣心性以及文道關係，往往叩其兩端爲說，讓人中觀而得其旨，而艮齋則清晰明了，剖判深刻，供人方便履踐。

三　批評與鑒賞

朱子於歷代文學和作家多有評鑒，莫礪鋒師指出："他一生中對古今典籍發表了大量的評論，其中固然以商榷義理者爲多，但也有許多言論是從'文'的角度着眼的。對文理的揣摩，對文風的體味常常使他在精研義理乃至甄別真僞時獨得聖解。"④

與朱子相較，艮齋於詩文極少從"文"的角度作出評鑒，而是專注於從中商榷義理，闡明道學。而這才是道學家的當行本色。朱子論讀《詩經》之法曰⑤：

---

①　《答吳震泳》，《全集》上冊，頁 320—321。

②　《全集》下冊，頁 229。

③　同上。

④　莫礪鋒《朱熹文學研究》，南京，南京大學出版社，2000，頁 134。

⑤　《詩集傳序》。

　　　於是乎章句以綱之，訓詁以紀之，諷詠以昌之，涵濡以體之。察之情性隱微之間，審之言行機樞之始，則修身及家，平均天下之道，其亦不待他求而得之於此矣。

即便是被他視爲輕薄如東坡之類的文士之文，也要從中看出道理①：

　　　然既取其文，則文之所述有邪有正，有是有非，是亦皆有道焉，固求道者之所不可不講也。

艮齋對文學的閱讀，即沿此原則精進深入。其論詩多玩味其中理趣。《答鄭寅鉉》曰②：

　　　先師全翁詩云："花發先天色，水流太古心。如何最靈者，獨不保真襟（夢作，而末聯覺而足之）。"其胸懷之瀅澈無纖塵可想見也。來喻觀物之真而悟己之偏者，苟非隨處發省，惡能與此？

《示李重佶、林秉一》（庚申）曰：

　　　余喜誦河西先生《上元小詩》云："高低隨地勢，早晚自天時。人言何足恤，明月本無私。"上聯喻隨時隨處無不當理，下聯喻自信無私而不顧人言也。時先生生才五歲，其精識已如此，此非天生聰明之德而能然乎？今我後生其用功宜自窮經明理始，而究竟於立心以直，處事以正。

《怵言》曰③：

　　　"碧潭風定影涵虛，神物中藏岸不枯。一夜四郊春雨足，卻來閑臥養明珠。"此歐公《河龍潭絶句》，意思涵泳，可以玩味。

《答任公熺》（丙辰）曰④：

　　　王厚齋曰："詩言志。'秀幹終成棟，精鋼不作鉤'，包孝肅之志也。'人心正畏暑，水面獨搖風'，豐清敏之志也。"愚亦曰："花發先天色，水流太古心"，任先生之志也。

朱子論歷代詩歌，於陶淵明之詩多有推尊，如曰⑤：

　　　陶元亮自以晉世宰輔子孫，恥復屈身後代。自劉裕篡奪勢成，遂不肯

①　朱子《與汪尚書》，《文集》卷三○。
②　《全集》上冊，頁295。
③　同上，頁774。
④　《全集》下冊，頁51。
⑤　《向薌林文集後序》，《文集》卷七六。

仕。雖其功名事業不少概見，而其高情逸想，播於聲詩者，後世能言之士，皆自以爲莫能及也。

又曰①：

> 淵明詩平淡，出於自然。後人學他平淡，便相去遠矣。

> 陶淵明詩人皆說是平淡，據某看，他自豪放，但豪放得來不覺耳。其露出本相者是《詠荆軻》一篇，平淡底人如何說得這樣言語來！

艮齋於陶淵明的詩和品節亦十分追慕，《李道汝(炳老)送雲朵二盆》曰②：

> 海雲孤臥病殘身，誰遣盆花慰故人。舊日星田承賜重，今年華疇感懷新。滿意西風終一色，抱香高節獨千春。把酒聊吟陶令句，南山佳氣首回頻。

不過，艮齋之隱與陶淵明之隱旨趣不一，故其對陶淵明的理解頗具時代色彩。其《和陶》六首③，皆爲自勵自修與憂患家國之情，了無陶淵明詩中之高情逸志與田園之樂，如其三曰：

> 讀書學古人，最要辨華實。躬行爲急務，餘事在文筆。聖人何當師，君子能好匹。矢函豈異性，嗟哉慎其術。徒尚口耳者，四不能美七。心事務光明，氣象要溫栗。汝苟能如此，何須記憂物(時教兒輩以陶公《責子詩》，因步其韻以示之)？

又其六曰：

> 倭使時往來，叵測難究情。覘國最可怕，奚恃續好名。廟算知何在，漏船載蒼生。疆土時見侵，聞之夢亦驚。求賢以保民，庶幾王道成。

艮齋專推陶淵明的氣節，與朱子的崇陶頗相徑庭。艮齋又以陶淵明和陸游並稱，表達出氣節與經世並重的情懷，《慕陶陸》曰④：

> 歸休西晉陶元亮，歎息南朝陸務觀。夢遇兩公相與話，世緣無復到靈關。

故艮齋又喜以諸葛亮與陶淵明並推，其《答林奭榮》(丙辰)曰⑤：

---

① 《語類》一四〇。

② 《全集》下冊，頁332。

③ 《全集》上冊，頁923。

④ 同上，頁924。

⑤ 《全集》下冊，頁55。

　　由范梅菊之夢,誠可異也。其題畫是賢所命云,然則何不令畫武侯高臥草廬,而梅鶴則佈置於窗外耶(須用雪景乃佳)? 如此則可與靖節松菊正作對也。然陶公九月九日無酒,出宅邊菊叢中坐久之,逢江州刺史王弘送酒至,即便就酌,醉而後歸。今畫陶公之菊,必以此爲主乃佳。欲煩都君更作兩幅,以為三疊小屏(兩疊各畫葛、陶二公。其一欲寫權石洲柴桑物色似隆中之詩。陶公則兼施秋景乃佳。二公巾服必得如漢晉間衣冠乃善)。

其《孔節書堂記》評論陶淵明之語承自朱子,但其中義理完全不同於朱子之論。曰①:

　　諸葛孔明當漢末,以經濟之才高臥隆中,恬然若將終身焉。及昭烈三顧而後,幡然而起,仗義討賊。鞠躬盡瘁,死而後已。其志如青天月日,大有補於天下後世矣。若陶靖節自以晉室宰輔子孫,恥復屈身後代。自劉裕篡奪勢成,遂不肯仕。雖其功名事業不少概見,而其於君臣之義則無所慊矣! 百歲之下聞其風者,莫不想像而歎息焉……因念孔明天分高明,靖節胸懷沖淡,余之駑陋,尤宜師法。抑二公之所以爲後世景仰者,非適以資質之美,實以淡泊明志,寧靜致遠之學,與夫脂車策驥,期至於千里之志爲本焉爾。

艮齋論文,往往於其中闡論道學精義,發明程朱之說至爲深刻。《怀言》曰②:

　　昌黎作《羑里操》云:“臣罪當誅兮,天王聖明。”此語愚甚愛之。必如此方可謂之盡君臣之性。程子謂之“道得文王心出來,此文王至德處”(《遺書》)。朱子亦嘗答愛君之心何以不如愛父(愚按:此語極害理)之問,因舉此云:“退之此語,如何道是好? 文王豈不知紂之無道? 卻如此說,蓋臣子無說君父不是底道理,只得說如此。”(見《孟子·離婁下》“君之視臣章”小注)愚按:程子以心言,朱子以理言。合二說,其義乃盡。近見輔潛庵論《凱風》“母氏聖善”之語,云:“此唯子可以施之於母,臣而事君如此則未安。韓文《羑里操》,先生嘗云:看得文王之心不解如此。(朱子語止此)豈有紂如是無道而乃強以爲聖明者哉!”輔氏所引朱子說及其所論於義如何,愚竊以爲就事而論則有是有非,原心而論則無不是。羅先生言天下無不是底父

---

①　《全集》上冊,頁875。
②　同上,頁775。

母。陳潛室亦嘗言臣子當知天下無不是底君父。此皆原心之論，正好體悉盡。體悉盡，有味也。愚意恐當以程書及孟注爲正。

爲艮齋激賞的韓愈《羑里操》所寫文王之歎，是文學家對歷史人物心情的想像。而道學家程子、羅從彥、朱子及朱子門人輔廣、陳埴等都從中看到了在君臣之道出現危機時的心性之理，因而有不同的主張。艮齋綜論諸家，以爲程子說出了韓愈文中表現出的文王符合性理的用心，朱子則說出了文王心中包含的性理。艮齋接着指出，如果就事情上立論，父母君父皆會有是非，但所謂“天下無不是底父母”、“天下無不是底君父”，是就內在的天理心性而言，即父母有錯如《凱風》，君父有過如紂王，臣子唯有自責而非怨恨才是不離本性的心氣與真情的流露。進而他認爲，如就心性上立論，不應區別對待父母與君父的用心，不能如輔廣所說“此唯子可以施之於母，臣而事君如此則未安”。由此可見艮齋在根本上立論，至爲明快，深化了程朱的思想。事實上，如果僅從事物上判斷是非，儒家於父母君父皆可以怨。孟子論《凱風》與《小弁》，曰：“親之過大而不怨，是愈疏遠也；親之過小而怨，是不可磯也。”[1]又認爲“臣之視君如土芥，則臣視君如寇讎”[2]。朱子也在另外的場合說：“韓退之《拘幽操》云：‘臣罪當誅兮，天王聖明。’伊川以爲此說出文王意中事。嘗疑這個說得來太過。據當日事勢觀之，恐不如此。若文王終守臣節，何故伐崇。只是後人因孔子以服事殷一句，遂委曲回護個文王說教好看，殊不知孔子只是說文王不伐紂耳。”[3]“若紂之惡極，文王未死，也只得征伐救民。”[4]

本着道學家的立場，艮齋也批評韓愈的思想。如《忾言》曰[5]：

退之《讀荀子》一篇極駁雜。荀氏言性者天之就也，禮義者，聖人之所生也，聖人化性起僞，僞起而生禮義，禮義生而制法度。此徒知禮法之作在乎聖人，而不知禮法之生因於天性。使其見用於時，則將使一世之人認得習氣情欲爲性爲真，而先王禮樂掃地殆盡，安在其大醇乎？退之謂吾讀孟某書然後知孔子之道尊；又曰荀氏書要其歸與孔子異者鮮矣。信斯言也，

[1]　《孟子·告子下》。
[2]　《孟子·離婁下》。
[3]　《語類》七九。
[4]　《語類》三五。
[5]　《全集》上冊，頁 751。

荀氏之於孟子,宜其異世而神交矣,何乃以孟子、子思爲仲尼之罪人,使其同朝則戲而去之必矣! 而退之之言乃如彼,可謂矛盾之大者矣! 嗚呼! 讀書論世,良亦非易事也。

又批評蘇軾曰①:

蘇子瞻論孔子誅少正卯云:"此叟自知頭方命薄,不得久在相位,故汲汲及其未去發之前。"前輩有以文人口習譏之。然余謂正緣無精義之功,而發此無識之言也。

艮齋雖爲純粹的理學,其文學修養亦深,故其文道合一的思想非僅局限於形而上學的闡論。朱子於唐宋諸家之文,往往分別對待,他站在理學的立場則可以許韓、歐而排斥蘇軾,但站在文學的立場又可以並許三家,如曰②:

韓退之、歐陽永叔,所謂扶持正道,不雜釋老者。然到要緊處,更處置不行,更說不去,便說得來也拙,不分曉。緣他不曾去窮理,只是學作文,所以如此。東坡則雜以佛老,到急處,便添入佛老相和湏瞞人。如裝鬼戲放煙火相似,且遮人眼。

文章到歐曾蘇,道理到二程,方是暢。荆公文暗。

東坡文字明快,老蘇文雄渾,盡有好處。如歐公、曾南豐、韓昌黎之文,豈可不看。柳文雖不全好,亦當擇。

艮齋作詩,亦有和蘇軾之韻者③,但他比較鄙薄蘇軾,特別痛恨蘇軾詆毀伊川之事④,前文引艮齋《勿戒》,恨東坡不成"道學、文章兩備之大賢",故而他更推崇韓愈和歐陽修之文。如其評濯纓先生之文,曰⑤:

先生謨猷宏闊,言論正大,真宰相材也。謂疏章劄子,汪洋如長江大海,議論國事,是非人物,如青天白日,朋友中第一人也。謂文章節行,冠冕一時,真宇宙閒閒氣也,謂韓歐文章,洛閩淵源也。

以韓歐文章與洛閩理學對舉,則艮齋的文學理想乃是對朱子文章觀和理學

---

① 《文人無識》,《全集》上册,頁 852。

② 《語類》一三七。

③ 《乙亥中夏見金永胄收斂說次東坡韻》,《全集》下册,頁 329。

④ 見前文引艮齋《勿戒》,又見艮齋《華島漫錄》"伊川象山"、"伊川待東坡"等,《全集》上册,頁 846。

⑤ 《永慕齋記》,《全集》上册,頁 874。

觀的摶合，而於具體的文學作品或作家，又能標舉典範。又其評龜峰之文學，曰①：

> 先生間世人豪，絕代儒匠……盛唐清調，堯夫自得，詩詞之高妙；而西漢筆力，宋儒義理，文章之純正也。

故其論詩，以盛唐詩風與邵雍理趣之融合爲高妙，論文以西漢文章與宋儒義理之融合爲純正，則其"道學、文章兩備"之論，非僅於心性關係上闡論，亦具文學鑒賞之境界。故艮齋亦以道德氣節崇高者，於文章亦可有所成就，其《答尹明甫》(奉周·丁巳)曰②：

> 靖節、疊山，國亡後皆有詩文，文山亦然。今世之士有小著作，恐亦無害。

又《華谷洪公文集序》曰③：

> 蓋觀公之孝友至性，經史邃學，自有其本，而詞賦文章又皆優優有餘，最其雜識所述，尤可以見公造詣之精深矣……後之讀者，皆足以知公非一節之士矣。

四　詩文創作

文學創作是文學思想、修養和趣味的具體表現。朱子一生著述豐富，撰有大量的經注和學術專著，關於文學的專著就有《詩集傳》、《楚辭集注》和《韓文考異》等，就《朱文公文集》100 卷而言，其中詩詞賦 11 卷、書信 41 卷、雜著 10 卷、其他封事、奏劄、講義、奏狀、申請、辭免、序、記、跋、銘、箴、贊、表、疏、啟、婚書、上樑文、祭文、碑、墓表、墓誌銘、行狀、公移等約 34 卷。總之，朱子可謂各體兼備，蔚爲大觀，故清人洪亮吉至以朱子與陸游爲南宋散文與詩歌兩大家④。

而艮齋除了《大學記疑》、《中庸記疑》、《朱子大全標疑》、《艮齋禮說》等專著之外，所撰之文大多爲書信，《全集》所載達 36 卷之多；其次爲雜著，達 15 卷左右；而記、序、題跋、銘、頌、贊、字辭、告祝、祭文、神道碑銘、墓表、墓誌、行狀、傳

---

① 《敬題龜峰先生重刊文集後》，《全集》上冊，頁 892。
② 《全集》下冊，頁 19。
③ 同上，頁 226。
④ 《北江詩話》卷三。

記、語錄、詩歌之類的文學體裁合計約在 9 卷左右,《艮齋私稿》、《續編》中的詩歌各不足一卷。艮齋與朱子相較,作品數量及體裁總類雖少,特別是最能體現文學才華的詩、詞、賦,艮齋所作極少。但正如程明道所言"至於書劄,於儒者事最近"①,艮齋與朱子一樣,一生撰寫了大量的書信和雜著,說明他更爲專一地繼承發揚了理學家常用與擅長的議論文體。艮齋對朱子的文章理解至深,並有着自覺的追摹意識,因而對自己書寫行爲的意義極爲明了,其《艮齋私稿自序》曰:

> 私稿者,潭陽田子明父所述也。夫不敢公諸世之謂私,不認爲定本之謂稿也。竊觀朱子之文,始也發其意而揆諸道矣,既而寫其心之所得而開後學門庭,終之發聖人之蘊,以輔相天地之造化矣。至於其辭,則未嘗有意為文,而氣自昌,理自至,此所謂不文之文也。今此私稿止於記其疑晦而已,其曰"答某人",曰"論某事",曰"辨某說"者,總之爲講質問難之辭,非所謂寫其心得,而可以裨補世程者也。蓋其資性鈍劣,自知非文章才,其志亦有所向而不暇及雕琢。自少僻見,又頗認古文家言非關道術晦明,故昔某子欲教以作文之法,而亦不肯學,於是其所述者,皆邐言淺辭而不足觀,是以自名為未定草,而不敢以示諸人也。若爲其後者,但自藏棄,而有以見父師之心事,則是吾志也。

艮齋自覺地與古文家的創作觀念相區別,他所謂的"私稿",是儒家"爲己之學"的記錄,其內容有關於道術之晦明;所謂的"不文之文"是不刻意文飾,不求自顯或要世取資的文字,其中貫穿的是"理"和"氣"。理者天理、大道,氣者當是他所說的"至清至粹"、"本清本美"的氣質本體②。本着這種純粹的道學家文學觀,艮齋論作文力主誠敬真實,闡發"修辭立其誠"之理。其曰③:

> 示喻碑誌敍事之難,及古之碑誌自有法度,猶工師規矩之不可畔,皆善矣! 儒先記述,一味推尊,殆欲峻極於天,愚亦深病之。蓋季世道氣寢薄,虛華日盛,以爲不如是不足以尊其人。然天地之誠,聖賢之公,固自在也。故有志敬天紹聖之君子,乃獨兢兢焉耳。愚每謂爲人作志狀,未可率爾。以魏公家狀之失,及伊川不作之意觀之,固已可戒,而蔡邕之媿詞,昌黎之諛金,尤可畏也。

---

① 見《小學集注》卷五"嘉言"引。
② 《氣質體清》,《全集》上冊,頁 719。
③ 《答林亹榮》,《全集》上冊,頁 241。

又繼朱子之言曰①：

“記序之作，或不免俯徇俗情，誠如來喻。然其間亦不敢甚遠其實，異時善讀者當自得也。”(朱子答滕德粹第十《書》)志碣之作，或不免勉副人求，誠如伯棠之言。然其立文命辭，亦不敢全爽其實，異時觀者當有以識其意也。

然艮齋雖主張以理氣貫穿文章，不假修飾，但他決非刻板虛僞之道學先生，其詩文亦能抒發性情，描寫景物，偶一爲之，便臻佳境。如《答柳稺程》開篇寫道②：

大雪封山，四望皓然，如睹唐虞昭朗，氣象彌懷，高士之臥，令人神馳。乃服手詮，長箋短幅，幾盈一掬，映雪月而讀之，喚醒人心目。

又《念修堂記》③：

玉流洞在豐沛府南僅三百弓，而溪山秀麗，茂林修篁，池塘泉石，幽邃清澈，覺與塵囂隔絕。

其詩有和朱子之韻者，如《哭晚柏公(理禹)用朱子聞呂伯恭訃後所賦韻》④，亦有接繼朱子詩句者，如《慎獨》⑤：

半畝方塘一鑒開，俄然忽有微風來。不於此處明開眼，九法三綱次第隤。

其詩作雖多直陳性理，但亦有情理相得者，頗得朱子詩歌之一體。有抒發孤寂情懷者如《秋夜》⑥：

高林寒露滴，皓月滿空山。曠然散煩懊，未須怯夜寒。超忽無與晤，臨風一浩歎。

又如《楊柳》⑦：

青青楊柳樹，風流頗可愛。時有遊客至，杯酌閑相對。村斧一經過，生意復焉在？殘枝自搖落，何年更蔓蕛。故人棄如遺，自顧無怨懟。東風似

---

① 　《海上散筆》，《全集》上冊，頁824。
② 　《全集》上冊，頁72。
③ 　同上，頁877。
④ 　《全集》下冊，頁327。
⑤ 　同上，頁329。
⑥ 　《全集》上冊，頁922。
⑦ 　同上，頁923。

有情,曉暮吹不息。低回懷未已,感歎情何極?

又如《得健中二孫步晦翁歲寒心事韻,意致皆佳,以是勗之》①:

　　淒淒風雨晦暝時,曠野行人看見稀。吾欲汝曹深閉戶,鶉衣蠹簡願
無違。

又如《呈道成丈》②

　　嶺松古高節,園花時世妝。方其同茂日,人咸惜春光。春光不可恃,轉
眄已履霜。榮華未成存,使我心悲傷。大冬雪滿壑,寒松獨蒼蒼。所以千
歲鶴,不宿春林香。

有觀物察時,識知理趣者如《長谷寺》③:

　　山靜禽相語(靜中有動),花開水與明(體立用行)。今來識此理,盡覺
愜幽情。

又如《雪中》④:

　　數枝殘菊已經霜,忽見疏籬雪腳長。枕邊賴有寒梅樹,剩作山家一
線陽。

又如《次李山雲韻》⑤:

　　啄木盡啄木,古木潰心腹。未催已飛雲,何患無渠屋。

又如《夜坐》⑥:

　　飛蛾個個眼迷塵,錯認燈焰作日輪。往者既焚來者進,爭先竟只自
焚身。

總之,艮齋之於文學創作實踐亦自覺貫徹其文道觀,其詩文立意高遠,不爲
理障,頗具藝術個性。如果對其詩文作一全面之評價,不妨抄錄其《梅山金先生
(在范)文集序》之言作結本文,可視作艮齋之"夫子自道":

　　至其詩文往復,雜著諸篇,又皆陶寫性情,講論經旨,憂患世道之意,而
聲調之清越,格局之謹嚴,議論之公平,則讀者自有神領心契之妙矣!

---

① 　《全集》下冊,頁 330。

② 　同上,頁 329。

③ 　《全集》上冊,頁 923。

④ 　同上,頁 924。

⑤ 　《全集》下冊,頁 330。

⑥ 　同上,頁 332。

　　修訂後記：是稿初撰於 2008 年 10 月。蒙韓國中央大學梁承武教授不棄，惠賜本文題目及《艮齋先生全集》等諸多寶貴資料。11 月受邀至首爾，宣讀於艮齋學國際學術會議。又蒙高麗大學金彥鍾教授翻譯、講評，多所是正，謹致深謝！

2009 年元月 20 日

（作者單位：南京大學文學院）

日本漢籍研究

域外漢籍研究集刊　第六輯
2010 年　頁 291—320

山上憶良的著述與敦煌願文

王小林

一　前言

　　所謂願文,是指信眾在佛像前祈禱時所唱誦的文章。在對願文眾多的定義之中,日本學者渡邊秀夫的解釋較爲全面,茲引錄如下:

　　　　在各種佛教法會的場合中,主辦人(發願者,施主)將其意願書寫成文,內容大多是祈願自己或死者能前往極樂世界,修成正果,並且祈求國泰民安、五穀豐登(祈雨);或者祈望自己消災解難、親人延年益壽。總之,現世的各種利益,均可作爲願文祈禱的內容,而其功能及表現形式亦多種多樣。①

願文起源於古代中國,並傳至日本。典型的願文散見於敦煌文獻之中,若要進行全面徹底的調查,便存在一定的難度。直至中國學者在十多年前整理出版了

---

　　①　關於願文的定義,山本真吾的《平安鐮倉時代における表白・願文の文體の研究》(東京:汲古書院,2006 年)羅列了各種說法。渡邊秀夫的解釋引自《願文——平安朝の追善願文を中心に》,《佛教文學講座第八卷:唱導の文學》(東京:勉誠社,1995 年)。此外,黃征的《敦煌願文考論》,《香港敦煌吐魯番研究中心叢刊》,6 輯《敦煌語文叢書》(臺北:新文豐出版公司,1997 年),及饒宗頤的《談佛教的發願文》,《香港敦煌吐魯番研究》,第 4 卷(臺北:新文豐出版公司,1999 年)都提出對願文定義的相關意見,值得參看。

《敦煌願文集》,才爲系統研究願文提供了極大的便利①。自是之後,學者們開始關注願文與古代日本文學的關係。而《萬葉集》作爲日本最早的詩集,其與願文之間的關係自然也受到了注視。

在《萬葉集》作家中,山上憶良(660—773?)留下了大量的漢文及和歌作品,其中典故的廣泛運用和艱澀的表現手法,至今仍然引起各種不同的解釋。儒、道、佛是憶良作品中恒常出現的思想,尤以佛教思想最爲明顯,這亦是研究者花費心力最多的部分。儘管如此,有關憶良作品中的具體用詞以及行文特點,學者們仍各持己見,莫衷一是。這亦是歷來對憶良的研究中,解釋繁多、廣存異說之原因所在。近年來,王曉平的一系列論文指出了願文對山上憶良作品的影響,具有一定的開創性②。然而,王氏之研究只停留在願文對奈良、平安時期的文學作品的影響,尤其是集中討論了在文體與表現形式上的類似。至於憶良作品如何具體接受願文的影響,特別是這些作品在《萬葉集》中的獨特意義,王氏則未有顧及。有鑒於此,本文擬從憶良的三篇作品着手,從語句用典與作品意義等方面,重新考察其與敦煌願文之間的關係,以期爲探索山上憶良乃至整個奈良時期文學與願文之間的關係,提供新的視點和資料。

二 《無題漢詩序》與"臨壙文"

願文的形式和題目多種多樣。作爲佛前祈禱祝願的文字,除了"願文"、"呪願文"、"當家平安願文"等稱呼之外,尚有"燃燈文"、"臨壙文"、"行城文"、"布薩文"、"印沙佛文"、"追福文"、"亡文"、"驅儺文"等諸多名稱,多與其具體用途相關。其中,名爲"臨壙文"的願文,主要是在埋葬死者之際誦讀。饒有意味的是,

---

① 參見黄征、吳偉編校《敦煌願文集》(長沙:岳麓書社,1995 年)。最早注意到願文與《萬葉集》關係的研究可參芳賀紀雄《願文・書儀の受容——海東と西域の問題》,《萬葉集における中國文學の受容》(東京:塙書房,2003 年)。

② 王曉平在其著作《遠傳的衣鉢——日本傳衍的敦煌佛教文學》(銀川:寧夏人民出版社,2005 年)中,提出了自正倉院文書開始,《萬葉集》和《源氏物語》等古典作品備受願文影響的見解。除此之外,王氏的相關研究還有:《東亞願文考》,《敦煌研究》,2002 年第 5 期(總 75 期),頁 95—100;《晉唐願文與日本奈良時代的佛教文學》,《東北亞論壇》,2003 年第 2 期,頁 88—92;《敦煌書儀與〈萬葉集〉書狀的比較研究》,《敦煌研究》,2004 年第 8 期(總 88 期),頁 76—80。

這種願文與山上憶良的《無題漢詩序》(《萬葉集》卷五)頗有相似之處。以下就二者的關係,分別按原文、例文、語句用典比較等順序進行探討。

1.《無題漢詩序》原文

《萬葉集》卷五之開首部分,錄有大伴旅人爲悼念亡妻大伴郎女所作的《報凶問歌》,其後續有山上憶良所獻的一段漢詩文,俗稱《無題漢詩序》,其内容如下:

《無題漢詩序》

蓋聞四生起滅,方夢皆空;三界漂流,喻環不息。所以維摩大士在於方丈,有懷染疾之患;釋迦能仁坐於雙林,<u>無免泥洹之苦</u>。故知二聖至極,不能拂力負之尋至;三千世界,誰能逃黑闇之搜來? <u>二鼠競走,而度目之鳥旦飛</u>;四蛇爭侵,而過隙之駒夕走。嗟乎痛哉! <u>紅顏共三從長逝</u>,素質與四德永滅。何圖偕老違於要期,獨飛生於半路。蘭室屏風徒張,斷腸之哀彌痛;枕頭明鏡空懸,染筠之淚逾落。<u>泉門一掩,無由再見</u>。嗚呼哀哉!

愛河波浪已先滅,
苦海煩惱亦無結。
從來厭離此穢土,
本願託生彼淨刹。

（底線爲筆者所加,下同）

小島憲之從出典論的角度,指出梁代王巾《頭陀寺碑文》序文中(收入《文選》卷五九)有"蓋聞"、"能仁"、"雙樹"、"大千"、"三界"等用語,與上例用詞多有一致①。中西進則認爲這些語詞在漢籍中較爲常見,難以判定出典②。芳賀紀雄對將此文視作受誄文和哀策文的影響一說提出質疑,認爲文體之間差異太大。同時他注意到願文中的佛教用語與對死者的設齋文和供養願文間的類似現象,因此推測此文乃供養死者及追善之時所作,稱其爲"設齋願文的一種變形"③。

①　小島憲之《山上憶良の述作》,《上代日本文學と中國文學》,中冊(東京:塙書房,1964 年),頁 980—983。

②　中西進《山上憶良》(東京:河出書房新社,1973 年)。

③　芳賀紀雄《萬葉集における中國文學の受容》(東京:塙書房,2003 年)。後文所引芳賀有關研究,除注明外,均依據此書。

　　芳賀同時指出,正倉院藏聖武天皇宸翰之《雜集》裏抄録有唐越州僧靈實的《鏡中釋靈實集》,其中便包含了這類文章。以此爲線索,佐藤美知子着手對《無題漢詩序》的用語進行調查,進而提出了山上憶良向聖武呈送了《無題漢詩序》的假說①。最終,有關此文的來由,井村哲夫考證是山上憶良在其友人大宰帥大伴旅人之妻大伴郎女於神龜五年七月二十一日死後,作爲百日供養所獻之文②。現諸家皆沿用此說。

　　但是,比較《敦煌願文集》所收"臨壙文"與《無題漢詩序》的内容,二者之間自文體至用語有諸多相似之處,可推知二者有相當密切的關係。以下就實例進行考證。本文所引用的"臨壙文",本自黄征、吳偉校注的《敦煌願文集》,文獻末尾的代號所指如下:S = Stein 藏書(Stein Márk Aurél);P ＝ Pelliot 藏書(Paul Pelliot);北圖＝北京圖書館藏敦煌文獻。《敦煌願文集》録文中的記號所指如下:1. 脱字以[　　]表示;2. 假借字和省文以(　　)表示;3. 錯字以(　　)表示;4. 殘缺文字以□表示。

　　2."臨壙文"例

　　"臨壙文"又稱"歎壙文",是"亡文"——送給死者的願文的一種,主要用於死者的葬禮之上,以下是三篇敦煌"臨壙文":

　　例 1

　　　　是以受形三界,若電影之難留;人之百齡,以(似)隙光而非久。是知生死之道,熟(孰)能免之? 縱使紅顔千載,終歸[□]上之塵;財積丘山,會化黄泉之土。是日,輀車颭颭,送玉質於荒郊;素蓋翩翩,餞凶儀而亘道。至孝等對孤墳而躄踴,淚下數行;扣棺槨以號咷,心推(摧)一寸。泉門永閉,再睹無期;地戶長關,更開何日? 無以奉酬罔極,仗諸佛光之威光。孝等止哀停悲,大衆爲稱十念,

　　　　南無大慈大悲西方極樂世界阿彌陀佛三遍

　　　　南無大慈大悲西方極樂世界觀世音菩薩三遍

　　　　南無大慈大悲西方極樂世界大勢至菩薩三遍

　　　　南無大慈大悲地藏菩薩三遍

---

　　①　佐藤美知子《萬葉集と中國文學受容の世界》(東京:塙書房,2002 年)。

　　②　井村哲夫《萬葉集全注》卷第五(東京:有斐閣,1984 年)。後文所引井村有關研究,除注明外,均依據此書。

向來稱揚十念功德，滋益亡靈神生淨土，惟願花臺花蓋，空裏來迎；寶座金床，承空接引。摩尼殿上，聽説苦、空。八解泥（池）中，蕩除無名之垢。觀音、勢至，引到□方，彌勒尊前，分明聽説。現存睠（眷）屬，福樂百年；過往亡靈，神生淨土。孝子等再拜奉辭，和南聖衆。

（《迴向發願範本等・歎壙》，S4474）

例 2

蓋聞受形三界，若雷影而庭流；稟性閻浮，似電光之速轉。然則寶山掩（奄）碎，玉樹俄摧；落桂質於長墳，埋花容於壙（曠）野。臨棺取別，哽喧斷腸；舍離恩慈，永作黃泉之客。啟音烏之兆（旐），禮俗九原；崇白薦之熒（塋），嘶聲駟馬。魂驚素柳，招泉路以飄颻；風起白雲，振松局而蕭索。厥今請僧徒於郊外，捨施利於輤前；懇志哀悲，陳斯願者，奉爲亡靈臨壙追福之嘉會也。惟亡公乃志同崐玉，意並寒松；懷文抱擲地之才，韜武有猿啼之略。將謂長延世上，永處人間。豈期天壽潛移，訃臨微切。遂所（使）威力解骨，被二鼠之侵年；毒火熒（縈）軀，爲四蛇[之]促命。俄辭自（白）日，將入玄泉（下殘）。

（《亡文範本等・臨壙》，S5639）

例 3

厥今所申意□（者），奉爲亡妻某七追念之加（嘉）會也。惟妻乃彩輝桂壁，秀掩□蘭；四海之譽獨彰，千姿之禮早正。柔襟[雪]影，婦禮播於六姻；淑質霜明，女範[弘]於九族。將謂久居人代，偕老齊亡。何圖一已變傾，半身老苦。豈謂金俄（娥）魂散，璧月光沉；霜（傷）□鏡於粧臺，貴（遺）凰釵於綺帳。魂歸冥路，恒母子之□□□□之燈前，望還形而再感。但以情心彌切，無路尋蹤。唯□□教之猷，福門控告。故於是日，以建齋筵，邀屈聖凡，□□□□蘆開玉相，廣豎□（珍）綺；轉念焚香，且榮□□□□崇善，並用莊嚴亡□（妻）神識：惟願彌（下殘缺）

（《願文範本等・亡妻文》，S4992）

3. 語句之出典

上引"臨壙文"例凡三，其中用語如"蓋聞"、"紅顏"、"三界"、"二鼠"、"四蛇"等，均與《無題漢詩序》中所見語詞一致。爲了證實這種現象非屬偶然，以下就與其相關的語句進行比較和分析。

　　a. 釋迦能仁坐於雙林，無免泥洹之苦。

　　"雙林"（即沙羅樹之林）、"泥洹"（即涅槃，Nirvana），都是常見的佛教用語。《無題漢詩序》中"無免泥洹之苦"之意就常見於《臨壙文》及其他願文之中：

　　　　○是知生死之道，熟（孰）能免之？（例 1）

　　　　○但以情（清）歲摧人，白駒過隙；未免三途之苦，常輝四瀑之流。

　　　　　　　　　　　　　　　　　　　　　　　　　（《燃燈文》，P2854）

　　如果將此例與（b）項所列舉的例文相互參照，可知憶良作品受願文影響難以否定。

　　b. 二鼠競走，而度目之鳥旦飛；四蛇爭侵，而過隙之駒夕走。

　　契沖的《萬葉代匠記》（精撰本）指出，《賓頭盧突羅闍爲優陀延王說法經》可能是上引兩句的出典。而芳賀紀雄則認爲寶龜十年的《大般若波羅蜜多經卷百七十六奧書》（收入《古經題跋隨見錄》）中如下内容可能是其出典：

　　　　豈是謂四蛇侵命，二鼠催年。報運既窮，奄然去世。

此外，芳賀認爲空海的《遍照發揮性靈集》卷四如下内容亦應有所關聯：

　　　　四蛇，相鬪身府；兩鼠，爭伐命藤。

但此類文句在願文中極爲常見，幾爲套語：

　　　　○惟患者乃遂為寒暑注後（匡候），攝養乖方；染流疾於五情，抱煩疴
　　　　　於六府；力微動止，怯二鼠之侵騰（藤）；氣悗晨霄（宵），懼四蛇之
　　　　　毀愜（篋）。

　　　　　　　　　　　　　　（《二月八日文等範文·患文》，S1441＋P3825）

　　　　○惟患者乃英靈俊傑，文武雙［全］……力微動止，怯二鼠之侵騰
　　　　　（藤）；氣悗（輟）晨霄（宵），懼四蛇之毀怯（篋）。

　　　　　　　　　　　　　　　　　　　　　（《俗丈夫患文》，S5561）

　　　　○是以兩鼠催年，恒思嚙葛；四蛇捉（促）命，本自難留。

　　　　　　　　　　　　　　　（《亡文等句段集抄·願亡人》，P2313）

　　　　○夫四山逼命，千古未免其禍；二鼠催年，百代同追其福。

　　　　　　　　　　　　　　　（《亡文等句段集抄·願亡人》，P2313）

　　　　○然今施主知四蛇而同篋，悟三界之無常；造二鼠之侵騰，識六塵之
　　　　　非救（久）。

　　　　　　　　　　　　　　　　　　　　　　　（《佛文》，P2341）

○蓋聞無餘涅槃，金棺永寂；有為生死，火宅恒然。但世界無常，曆（歷）二時如（而）運轉；光陰遷易，馳四想（相）以奔流。

（《臨壙文》，S6417）

○蓋聞無餘（涅槃），金棺永寂；有為生死，火宅恒然。但世界無常，光陰遷（千）變。故有二儀運轉，四相奔流，明闇交遷，辰（晨）昏遞謝。

（《臨壙文》，P2341）

○無餘涅槃，金棺永謝；有為生死，火宅恒然。但世界無常，曆（歷）二時而運轉；光陰遷亦（易），除四相以奔流。

（《臨壙文》，北圖7133）

此外，"四蛇爭侵，而過隙之駒夕走"一語，在願文中也有與其相似的語句：

○人之百齡，以（似）隙光而非久。（例1）

○但以情（清）歲催人，白駒過隙。

（《燃燈文》，P2854）

故此，在考查《無題漢詩序》的出典時，似乎更應優先考慮其與"臨壙文"的關係。

c. 何圖偕老違於要期，獨飛生於半路。

契沖《萬葉代匠記》認為上引兩句出自"雙鳧俱北飛，一鳧獨南翔"（《漢書·李陵與蘇武詩》）及"棲棲失群鳥，日暮猶獨飛"（陶淵明《飲酒》詩）。芳賀紀雄則以空海《遍照金剛發揮性靈集》卷七所收願文、達嚫文為其出典。

○誰圖降年不遠，片鳧忽飛。

（前清·丹州《為亡妻達嚫》）

○豈圖生離哭千里，偕老喪一期。

（大夫笠左衛佐《為亡室造大日楨像願文》）

而筆者以為願文中的以下例子似乎更為接近：

○奉為亡妻某七追念之加（嘉）會也。……將謂久居人代，偕老齊亡。何圖一已變傾，半身老苦。（例3）

○本冀外光台粗（祖？筆者注），內益家風。將素首以同歡，去泉臺而共往。何期雙鸞一鴦，雨（兩）劍單沈。齊眉之禮奚申，跪膝之儀孰要？

（《亡文範本等·亡夫》，S5639）

○庭前悄悄，望圓月以增悲；帳［中］寮寮，對孤燈而更切。闈念以孤鸞獨處，林（臨）鏡而增悲；別鶴分飛，睹琴聲而氣盡。

（《願文等範本・夫亡》，S2832）

○嗟一鳳之長辭，痛雙鸞之失侶。

（《願文範本・天王》，P2044）

○何奈鴛衾半卷，鳳枕孤遺。

（《亡文範本等・夫人》，S5639）

以上例子中，不僅"偕老"一詞相同，相對於"獨飛生於半路"，"半身老苦"、"雙鸞一壽"、"孤鸞獨處"、"別鶴分飛"等句均以飛鳥突然離去比喻死者，以取其殘餘孤寡一人、孤獨終老之意，在表現手法上也格外相近。

　　d. 泉門一掩，無由再見。

　　關於此句的出典，眾說紛紜。迄今影響最大的觀點，當屬芳賀紀雄所持與中國古代墓誌銘相關一說。

　　○雖非舞鶴，即掩泉門。

（《庾子山集》卷十五）

　　○泉門一閉，白日淪光。

（北魏《元仙墓誌》，收入《漢魏南北朝墓誌集釋》，圖版 84）

　　○泉門既掩，寶鏡自塵。

（北魏《王夫人寧陵公主墓誌》，同上，圖版 190）

　　○泉門鎮掩，誰迎夢齡。

（隋《張業暨妻路氏墓誌》，同上，圖版 462・2）

　　○泉門一閉，去矣攸攸。

（北魏《蘇屯墓誌》，同上，圖版 258）

　　○泉門一閉，陵谷代遷。

（北魏《渤海太守王偃墓誌》，《八瓊室金石補正》，卷十八）

　　墓誌銘之外，芳賀還指出此句與唐駱賓王《傷祝阿王明府》之詩的關連：

　　○煙晦泉門閉，日盡夜台空。

（《駱臨海集》卷二）

　　上述諸例中雖都有"泉門"一詞，但其下句幾乎都是"從此時間永遠停止"之意，與"無由再見——永遠不能再會面了"的意思明顯不同。相比之下，晉潘岳《悼亡詩三首》中的詩句似乎更爲接近：

　　○之子歸窮泉，重壤永幽隔。

　　若將目光轉向敦煌願文，則會發現與"泉門一掩，無由再見"相似的用例，如上引願文例1：

　　　　泉門永閉，再睹無期。

　　　　還有一例可供參考：

　　　　慈顏一去，再睹無期。

（《願文範本等·說服文》，P2237）

e. 愛河波浪已先滅，苦海煩惱亦無結。從來厭離此穢土，本願託生彼淨刹。

　　在以往的研究中，一般都將這首漢詩與前面的文章分開對待。其中井村哲夫認爲："憶良在文章之後附上這首七言詩，目的是爲了祈願將此後的人生與死者一起寄託於淨刹，相當於願文中表示總結的那部分内容。"同時，他亦就此詩的意義作了如下評論：

　　　　在《萬葉集》中，很難見到有關極樂世界的表達，山上憶良的漢詩"愛河波浪已先滅，苦海煩惱亦無結。從來厭離此穢土，本願託生彼淨刹"，末句的"淨刹"正是敘述本願託生的願望，使人想起阿彌陀之第十八願（念佛往生願）。此詩抑或是對西方極樂世界的想像。寫經願文的下列例子可供參考：

　　　　各隨本願，往生上天，頂禮彌陀，遊戲淨域，面奉彌陀。

（《長屋王發願大般若波羅蜜多經奧跋願文》）

　　　　這首漢詩是大伴旅人之妻大伴郎女不幸離世後的百日供養之時，憶良爲旅人所作，本身便帶有供養願文意義。雖然"厭離穢土"、"本願託生"之類的語句有些落套，但卻顯示出憶良在當時已經接觸到了較爲先進的淨土宗思想。我認爲這一點對憶良之思想的形成和作品的創作均有重要的影響。①

　　關於這點，值得注意的是例1中的"孝等止哀停悲，大眾爲稱十念"，其目的旨在通過唱誦"十念功德"，祈求"過往亡靈，神生淨土"。《無題漢詩序》文末的漢詩，從内容來看具有相似的功能。換言之，這首漢詩或許代替了本來

------

①　井村哲夫《萬葉びとの祈り──現世安穩·後生善處》，《憶良·虫麻呂と天平歌壇》（東京：翰林書房，1997年）。

的"十念功德"的内容。與之相類似，在願文的末尾，常常可見如下的修飾：

　　　　○惟願出沉淪之苦海，乘解脫之舟船。離穢濁之閻浮，生極樂之國土。

（《發願文範本》，北圖8672）

　　　　○其僧徒〔以〕濟濟，樂法侶以詵詵。棄煩惱之愛河，澄涅槃之彼岸。

（《發願文範本》，北圖8454）

　　　　○惟願神生淨土，識坐蓮臺。常辭五濁之中，永出六天之外。

（《二月八日文等範本・亡父母文》，甲卷S1441＋乙卷P3825）

　　　　○惟願識託西方，魂遊淨國。

（《亡男文》，P2341）

　　　　○惟願遨遊淨土，舞身業於七池；消散蓮臺，戲心花於八水。

（《迴向發願等範本・亡》，S4081）

　　　　○承七花之淨國，遊八解之天宮；向十地之無窮，登一生之補處。

（《迴向發願等範本・亡》，S4081）

以上所舉諸多範例特別是《發願文範本》，不僅在用語上與《無題漢詩序》有相同之處，且均以駢儷文和韻文的形式祈願死者之亡靈能往生淨土。雖然很難否定憶良的作品反映了先進的淨土宗思想的說法，但結合上述例子來看，至少有必要重新審視《無題漢詩序》後的漢詩的意義與功能。

　　4.《無題漢詩序》在《萬葉集》中的意義

　　以上就《無題漢詩序》與敦煌願文——"臨壙文"的類似之處做了分析。這裏需要重新思考的是，《無題漢詩序》一文於《萬葉集》有何意義。歷來的研究者均認爲，日本的願文，最早可上溯到奈良時期，而正式的創作則始於空海。例如，芳賀紀雄在《憶良之挽歌詩》中說：

　　　　眾所周知，現存的願文是奈良時期作爲寫經的跋語所附加的內容。由空海創立基礎，爾後開始盛行，而更早的中國願文應爲其先例。在唐代，願文不僅與四十九日供養儀式有關，也與"卒哭"、"小祥"、"大祥"等佛事緊密結合在一起。故而願文的使用應相當頻繁。遺憾的是這些願文大都沒有留存下來。上述推論並非臆測的依據，是天平三年（731）聖武天皇所撰《聖武天皇宸翰雜集》（正倉院藏）中所收錄靈實的相關作品。即《鏡中釋靈實集》所收《爲人父忌設齋文》、《爲人母祥文》、《爲人妻祥設齋文》等作品。《日本國見在書目錄》（別家集）中所收錄的《釋靈實集十卷》，雖已亡佚不存，但我們仍然可以確信這類文章傳到日本時，存在於憶良的周圍，並成爲空海願文的淵源。

芳賀推測，山上憶良已經接觸到了由中國舶來的願文。雖然今天我們已經無法看到《釋靈實集十卷》，難以確認二者的關係。但通過以上對語句出典的分析，可以看到在《無題漢詩序》中，山上憶良對願文範本和願文作品都有所吸收借鑑，甚至在體裁上有模仿"臨壙文"的傾向。因此，對於這篇被稱爲《無題漢詩序》的文章，從名稱到内容都值得我們去再度檢討。筆者認爲，較之芳賀將此文稱作"設齋願文的一種變形"，這篇文章或許更應該作爲古代日本願文創作的濫觴來看待。

三　《沈痾自哀文》與"患文"

對於山上憶良之著述與願文關係的考察，還可以從《無題漢詩序》與"患文"的關係切入。《敦煌願文集》就"患文"的意義做了如下解釋：

> "患"即患疾病之意。"患文"是在親人得病以後，其眷屬施捨財物於寺廟、祈求神靈的助護時誦讀的文章，與常見的《亡文》、《患難月文》、《臨壙文》等文章大同小異，是敦煌地區廣泛流行的一種願文。

《敦煌願文集》共收錄了二十二篇"患文"，在文體、語句、結構等諸方面，每篇患文均與《沈痾自哀文》有類似之處。在進行比較之前，先列出《沈痾自哀文》的原文。

1.《沈痾自哀文》原文

沈痾自哀文

　　竊以朝夕佃食山野者，猶無災害而得度世；^{謂常執弓箭，不避六齋，所值禽獸，不論大小、孕及不孕，並皆煞食，以此爲業者也。}晝夜釣漁河海者，尚有慶福而全經俗。^{謂漁夫潛女各有所動，男者手把竹竿能釣波浪之上，女者腰帶鏧籠潛探深潭之底者也。}況乎我從胎生迄於今日，自有修善之志、曾無作惡之心。^{謂聞諸惡莫作，諸善奉行之教也。}所以禮拜三寶，無日不勤，^{每日誦經，變敬慚悔也。}變敬重百神，鮮夜有闕。^{謂敬拜天地諸神等也。}嗟乎愧哉！我犯何罪，遭此重疾？^{謂未知過去所造之罪，若是現前所犯之過，無犯罪過何獲此病乎？}

　　初沈痾已來，年月稍多。謂經十餘年也。是時年七十有四，鬢髮斑白，筋力尫羸。不但年老，復加斯病。諺曰："痛瘡灌鹽，短材截端。"此之謂也。四支不動，百節皆疼，身體太重，猶負鈞石。^{廿四銖爲一兩，十六兩爲一斤；卅斤爲一鈞，四鈞爲一石，合一百廿斤也。}懸布欲立，如折翼之鳥；倚杖且步，比跛足之驢。

　　吾以身已穿俗，心亦累塵。欲知禍之所伏、祟之所隱，龜卜之門、巫祝之室，無不往問。若實若妄，隨其所教，奉幣帛，無不祈禱。然而彌有增苦，曾無減差。吾聞前代多有良醫，救療蒼生病患。至若榆柎、扁鵲，華佗，秦和、緩，葛稚川，陶隱居，張仲景等，皆是在世良醫，無不除愈也。

扁鵲
姓秦，字越人，勃海郡人也。割胸、探心易而置之，投以神藥，即瘥如平也。華佗字元化，沛國譙人也。若有病結積沈重在内者，刳腸取病，縫復摩膏，四五日差之。

追望伴醫，非敢所及。若逢聖醫神藥者，仰願割剥五藏，抄探百病，尋達膏肓之隩處。

肓，鬲也。心下爲膏，攻之不可，達之不及，藥不至焉。

欲顯二豎之逃匿，

謂晉景公疾，秦醫緩視而還者，可謂鬼所煞也。

命根既盡，終其天年尚爲哀。

聖人賢者一切含靈，誰免此道乎？

何況生録未半，爲鬼枉殺；顏色壯年，爲病橫困者乎？在世大患，孰其於此？

《志怪記》云：“廣平前大守北海徐玄方之女，年十八歲而死。其靈謂馮馬子曰：‘案我生録，當壽八十餘歲。今爲妖鬼所枉煞，已經四年。此遇馮馬子，乃得更活。’”是也。《内教》云：“臨浮州人壽百二十歲，譙秦：此歟非，必不得過此，故《壽延經》云：‘有此丘，名曰釐迮。臨命終時，譜佛請壽，則延十八年。但善爲者天地相畢，其壽天者業報所招，隨其脩短而爲半也。”未盈斯竿而死去，故曰未半也。任徵君曰：“病從口入，故君子節其飲食，”由斯言之，人遇疾病不必妖鬼。夫醫方諸家之廣説，飲食禁忌之厚訓，知易行難之愆情，三者盈目滿耳，由來久矣。《抱朴子》曰：“人但不知其當死之日，故不憂耳。若誠知羽翮可得延期者，必將爲之，”以此而觀，乃知我病蓋斯飲食所招，而不能自治者乎？

　　《帛公略説》曰：“伏思自勵，以斯長生。生可貪也，死可畏也，天地之大德曰生，故死人不及生鼠。雖爲王侯，一日絶氣，積金如山，誰爲富哉？威勢如海，誰爲貴哉？”《遊仙窟》曰：“九泉下人，一錢不值。”孔子曰：“受之於天，不可變易者形也；受之於命，不可請益者壽也。”見鬼谷先生《相人書》故知生之極貴，命之至重。欲言言窮，何以言之；欲慮慮絶，何由慮之？

　　惟以人無賢愚，世無古今，咸悉嗟歎，歲月競流，晝夜不息。

曾子曰：“往而不反者年也。”宣尼臨川之歎亦是矣也。

老疾相催，朝夕侵動。一代歡樂未盡席前，

魏文《惜時賢》詩曰：“未盡西苑夜，劇作北邙塵也。”

千年愁苦更繼坐後。

《古詩》云“人生不滿百，何懷千年憂”矣。

若夫群生品類，莫不皆以有盡之身，並求無窮之命。所以道人方士，自負丹經入於名山而合藥者，養性怡神，以求長生。《抱朴子》曰：“神農云：‘百病不愈，安得長生？’”帛公又曰：“生，好物也；死，惡物也。若不幸而不得長生者，猶以生涯無病患者爲福大哉！”今吾爲病見惱，不得臥坐。向東向西莫知所爲。無福至甚，摠集於我。人願天從，如有實者，仰願：頓除此病，頼得如平。以鼠爲喻，豈不愧乎！

已見上也。

　　此文除了自注部分外凡約千餘字，是《萬葉集》中最長的一篇。對其創作背景，歷來有諸多推測，大都認爲是憶良在身患重病之時，感歎自己身世而作。但若與《敦煌願文集》中所收“患文”相比較，圍繞《沈痾自哀文》一文的各種解釋似乎均需重新思考。

2."患文"例

例1

　　夫佛爲醫王，有疾咸救；法爲良藥，無苦不治。是以應念消矢（失）、所求必遂者，則我佛、法之用也。然今即有坐前施主，跪爐捨施所申意者，奉爲某公染患經今數旬，藥餌果（累）醫，不蒙抽減。謹將微斯（尠），投杖三尊。伏乞慈悲，希垂懺念諸家（之嘉）會也。惟患者乃四大假合，□（疾）瘴纏身；百節酸疼，六情恍惚。須（雖）服人間藥餌，奇聖神方，種種療治，不蒙痊癒。伏聞三寶，是出世醫王；諸佛如來，爲四生福田之慈父。所以危中告佛，厄乃求僧；仰拓（託）三尊，乞祈加護。以斯捨施念誦功德，迴向福因，先用莊嚴患者即體。惟願四百四病，藉此雲消；五蓋十纏，因慈（茲）斷滅。藥王、藥上，受（授）與神方；觀音、妙音，施其妙藥。醍醐灌頂，得受不死之方；賢聖證知，垂惠長生之味。又持勝福，次用莊嚴持爐施主及内外親姻等；惟願身如藥樹，萬病不侵；體若金剛，常堅常固。今世後世，莫絶善緣；此劫來生，道芽轉盛。然後先亡遠代，承念誦往生西方；見在宗枝，保禎祥而延年益受（壽）。摩訶般若，利樂無邊；大眾虔誠，一切普誦。

（《患文》，甲卷 P2058 + 乙卷 P3566）

例2

　　夫慈悲普化，遍滿閻浮；大覺雄威，度群迷於六趣。故使維摩現疾，應品類之根機；馬麥金鏘（鎗），表眾生之本業。然今施主某公祈妙福、捨所珍意者，爲病患之所建也。公乃四大假合，痛惱纏身；百節酸疼，六情恍惚。雖服人間藥餌，世上醫王，種種療治，未蒙痊損。復聞三寶，是出世間之法王；諸佛如來，爲四生之慈父。恒用伽陀之妙藥，濟六道之沉疴；以自在之神通，拔人、天之重病。所以危中告佛，厄裏求僧。仰托三尊，乞祈加護。惟願以慈（茲）捨施功德，念誦勝因，先用莊嚴患者即體：惟願神湯灌口，痛惱雲除；妙藥茲（滋）身，災殃霧卷。飲雪山之甘露，惠（慧）命退長；餌功德之香餐，色身堅固。又持是福，次用莊嚴施主合門居眷、内外親姻等：惟願諸佛備體，龍天護持；災障不侵，功德圓滿。然後散霑法界，普及有情。賴此勝因，咸登樂果；摩訶般若，利樂無邊。大眾虔誠，一切普誦。

（《患文》，P2854）

例 3

慈悲普化，遍滿［於］閻浮；大覺雄威，度群生於六道。故所（使）維摩
現疾，托在毗耶；諸賢問疾之徒，往於方丈之室。菩薩現病，<u>應品類之根</u>
<u>機</u>；馬麥金（鎗），表眾生之本業。然今意者，病患之也。唯公乃四大假
合，尪疾纏身，<u>百節酸疼，六情恍惚</u>。雖復（服）人間藥餌，世上醫王，諸佛
如來爲種種療治，未蒙詮損。<u>復問（聞）三保（寶）之力，是出世法王</u>；諸佛
如來，爲死（四）生之慈父。所以危中告佛，厄乃求僧。仰託三尊，請求蒙
護：<u>唯願恒用加他之妙藥，濟六道之沉疴</u>；自在神通，拔天、人之重病。故
知請（諸）佛聖力，不可思儀（議），所有投成（誠），皆蒙利益。以此功德，
先用莊嚴患者即體：唯願觀音放月灑芳，亦以濟足大聖垂花，扇香風而湯
（蕩）慮。然則六塵八苦，<u>延惠（慧）命於</u>（下殘）。

（《患文》，北圖 6854）

3. 語句之出典

a. 沈痾

小島憲之在《文館詞林》（卷 152，西晉潘岳《贈王肯》）中發現"沈此舊痾，
不敢屢辭"一語，以此爲其出典。但此處"沈"字，是出現於四言的親屬答謝詩
中，所以他指出"這種用法或許純屬俗語，所以例子也不多見"①。井村哲夫則
認爲《晉書・樂廣傳》中"客豁然意解，沈痾頓癒"一語更似其出典。其實，"沈
痾"一詞在梁簡文帝詩作中項即可看到：

<u>沈痾類弩影</u>，積弊似河魚。

（梁簡文帝《臥疾詩》，《藝文類聚》卷七十五引）

此外還可看到名爲《歲晚沈痾詩》的詩作（梁代朱超道作）。可見"沈痾"
一詞已被廣泛使用，特定其出典殊非易事。不過，《患文》中也有"沉痾"的用
法，如上文所引的《患文》中便有"恒用伽陀之妙藥，濟六道之沉痾"一例。又
如，敦煌願文《亡文等句段抄》中有句云：

<u>沈頓之痾</u>，彈指之間霧歇。

（《亡文等句段集抄・願亡人》，P2313）

將這些例子與小島所舉的"沈此舊痾"相比較，似乎與《沈痾自哀文》更爲接
近。再看一例：

---

①　小島憲之《上代の文學》（有斐閣選書《日本文學史 1》）（東京：有斐閣，1976 年）。

　　　慈雲布而熱惱清涼，惠（慧）影臨而沈痾頓息。

　　　　　　　　　　　　　（《亡文範本等・疾愈意》，S5639＋S5640）

　b. 況乎我從胎生迄於今日，自有修善之志、曾無作惡之心。所以禮拜三寶、無日不勤。……敬重百神、鮮夜有闕。嗟乎愧哉！我犯何罪，遭此重疾？

　　在這一段裏，作者以自問的形式，表達"我自胎生至今，都是一位虔誠的信徒，究竟什麼樣的罪過讓我遭到如此重病"的不滿之情。值得注意的，是其具體表達方式與願文之間的類似。在《敦煌願文集》所收《願文範文等》中，可以看到寫作"患文"的方法和範文。例如，明確指示發願者要根據身份使用相應的自稱。僧侶發願時要用"僧云"，尼姑發願時要用"尼女云"。而當所謂"俗人"即普通百姓發願時，則稱"俗人云"：

　　　俗人云：乃深信因果，非乃今生。慕道情殷、誠惟曩劫。

　　　　　　　　　　　　　　　　　（《願文範文等》，S343＋P2255）

　　文中"曩劫"一詞，在梁武帝蕭衍爲了皇后郗氏往生，請誌公禪師等高僧所作的《慈悲道場懺法》（一名《梁皇寶懺》）中亦可看到：

　　　珍奇妙供，普奉諸佛聖賢。稱禮洪名寶號，稽顙皈依，發露投誠。切念求懺某等，遠從曩劫，直至今生。迷五蘊之去來，隨五濁之流轉。

將"我從胎生迄於今日"與上文中的"遠從曩劫，直至今生"相對照，可以看出二者的意思大致相同。"胎生"是"曩劫"的同義詞，均表示"自很久以前"之意，以示虔誠之心非一般人所可比擬。據此可以推測，山上憶良作爲"俗人"來撰寫此文，一方面與自身的身體狀況有關，而同時願文範文的內容或許也曾浮現於其腦海之中。

　c. 初沈痾已來，年月稍多……四支不動、百節皆疼……若逢聖醫神藥者云云。

　　自"初沈痾已來"到祈禱疾病痊癒"欲顯二竪之逃匿"一句，這段文字共三百五十字。與前引三例"患文"中的如下表達有相通之處：

　　　○百節酸疼、六情恍惚。（例1、2、3）
　　　○惟願……藥王、藥上、受（授）與神方。觀音、妙音、施其妙藥。（例1）
　　　○復聞三寶、是出世間之法王；諸佛如來、為四生之慈父。恒用伽陀之妙藥，濟六道之沈痾；以自在之神通，拔人、天之重病。（例2,3）

此外，願文中還有如下內容可參考：

○不逢編（扁）鵲，寄託金人。願得痊和，清齋是賽。

（《願文等範本》，S2832）

此句與"至若榆枋，扁鵲，華佗，秦和、緩，葛稚川，陶隱居，張仲景等，皆是在世良醫"意思甚爲接近。而山上憶良的這一段文字，與願文簡潔的筆法相比，除了"四支不動、百節皆疼"之外，更以"鬢髮斑白、筋力尫羸"、"痛瘡灌鹽、短材截端"、"鈞石"、"折翼之鳥"、"跛足之驢"等生動的筆觸描述疾病的痛苦與老體的艱難。這似乎也表明，山上雖然熟悉願文體裁，但又不願僅僅去生硬地模仿範文的形式，而是在文章中更多融入了自己的感情。抑或僅僅是一種文筆修辭。雖然難以定論，但通過這段文字，可以看出其與願文之間的密切關係。

　　d. 以此而觀，乃知我病蓋斯飲食所招，而不能自治者乎。

　　這段文字呼應前文"我犯何罪，遭此重疾"，就自身的病因作各種推測，最終認爲"蓋斯飲食所招而"。這種表達方式與以下願文中所描寫的因節制飲食失敗而招致疾病的現象，有異曲同工之處。

　　○攝養乖方。

（《二月八日文等範本・患文》，甲卷 S1441 + 乙卷 S5548）

　　○爲（唯）患者乃攝養乖違，如（而）"嬰"沉疾。

（《患文》，P2058）

　　○捨施意者，頃自攝卷（養）乖方、忽瘦（嬰）疹疾。屢投藥石、未沐（沐）瘳除。所恐露命難留、風燈易滅。

（《願文範本等・願文》，S343 + P2255）

　　○攝養乖方。

（《俗丈夫患文》，S5561）

　　○攝養乖方。

（《患文》，甲卷 S1441 + 乙卷 S5548）

　　○攝養乖方。

（《丈夫患文》，S5561）

"攝養乖方"即"飲食生活不節制"之意。山上憶良引用道教文獻《帛公略説》來說明長生術及養生的重要性。然而，文末的"我病蓋斯飲食所招而"一句，似乎更類似於佛教思想中懺悔性的表述。在願文中可以看到向神佛起誓，控制口腹之欲的内容。

又願從今以去，至乎道場，生生世世，<u>不復噉食衆生；乃至夢中不飲乳蜜，無論現前</u>。……又願在在生處，若未有識知，未得本心，或以乳，或以蜜，或以魚，或以肉，凡諸生類以相逼飲者，願使弟子蕭衍口即噤即閉。若苦相逼強，舌卷入喉，終不可開，令彼慚愧，起慈悲心。噉食生類，畢竟永逝。若有人云"以水飲、以果來"，心生歡喜，口即開受，皆成甘露，微妙上藥。人甘口涼，身心慧净，氣力充溢，慈心普遍。一切四生，受無畏施，俱得鮑(飽)滿無渴想。<u>水陸空行一切四生不相噉食，皆以慈心相向</u>。

(梁蕭衍《東都發願文》，P2189)

上文表達爲了身體的健康與來世的平安，從今以後除素食以外，不食用任何生物的意願。與此文相比較，山上憶良的思想，不僅是站在道教攝生、養生立場的表述，在潛意識裏也應該有佛教因果報應思想的作用。

　　e. 咸悉嗟歎。歲月競流、晝夜不息。

　　在自注中，山上憶良以"宣尼臨川之歎亦是矣也"來解釋其意。本自《論語》子罕第九：

子在川上曰："逝者如斯夫、不舍晝夜。"

然而，若從出典的角度解釋，在願文中有眾多類似套句亦可參考：

○是以元興大患之嗟，仲尼有逝川之嘆。

(《願文等範本·因産亡事》，S2832)

○悲風樹之易慟(動)、追誓(逝)水之難留。

(《願文範本等·亡僧号》，S343＋P2915)

○怨逝水之東浪(流)。

(《二月八日文等範本·亡文》，S1441＋P3825)

○恭聞浮生有濟(際)，莊舟(周)起嘆於西池；幻質無常，魯火(父)軫思於東水。

(《亡文範本等·願文號頭》，S5639)

○何圖業運已逼，東波之浪難迴。

(《亡考妣文範本等·憂婆夷》，S5637)

○蓋聞泡幻不停，閱孔川而莫駐；刹那相謝，歷莊鄣而何追。

(《先聖皇帝遠忌文》，P2854)

○恍惚幽夜泉扃，空望[於]逝川；哽咽靈儀闤尸，徒追於落日。

(《爲亡兄太保追福文》，P1104)

　　由此來看《沈痾自哀文》中的這段文字，不難想像山上憶良在創作此文之時，除了《論語》，更有可能參考了願文的體裁和内容。

　　f. 聖人賢者一切含靈，誰免此道乎……老疾相催，朝夕侵動。

　　以上兩句雖然於"患文"中見不到類似表述，但與前引"臨壙文"中的以下文字極爲類似：

　　　　○是知生死之道，熟（孰）能免之？　　　　　　　　　（《臨壙文》例1）

　　　　○二鼠之侵年。　　　　　　　　　　　　　　　　　　（《臨壙文》例2）

　　　　○但以情（清）歲摧人、白駒過隙；未免三途之苦、常輝四瀑之流。

　　　　　　　　　　　　　　　　　　　　　　　　　　　（《燃燈文》，P2854）

故而，同爲山上憶良的文章，卻可在與願文的對比中認識和思考其形成的背景。

　　4.《沈痾自哀文》的創作意圖

　　土屋文明在《萬葉集私注》中指出："哀是哀悼文的一類。……雖然尚未辭世，但因爲久病不愈，聊作哀悼文以示自祭之情。"而村山出則認爲陶淵明的《自祭文》是《沈痾自哀文》模仿的原型①。中西進則以盧照鄰《釋疾文》爲例，在指出二者關聯的基礎上，進而認爲"或許作者以《釋疾文》爲範，在完成寫作之後的絕望中，給文章取了帶有某些自虐性意味的《自哀文》這個題目。然而其内容卻是'祈願生命之文'，與'哀文'之類相去甚遠"②。井村哲夫則提出："我願意將其理解爲'自我哀悼之文'。其内容在於論述生命的珍貴，主張群生品類祈求息災長生的道理，並同時向上天告發。在此，'自哀'文亦是'自愛'文及其論説"③。小學館日本文學全集《萬葉集》的注釋，將此文的意思解釋爲"預言死亡的自悼文"④。

　　各家的解釋似乎都有其理，然如前文所考察，如果將此文的結構及用詞與"患文"進行比較的話，其意義與創作意圖則有重新思考的必要。

---

　　①　村山出《山上憶良の研究》（東京：櫻楓社，1976年）。

　　②　中西進《山上憶良》（東京：河出書房新社，1973年）。

　　③　井村哲夫《沈痾自哀文》，《セミナ——萬葉の歌人と作品》第五卷（大阪：和泉書院，2000年）頁197—208。

　　④　小島憲之、木下正俊、東野治之校注《日本古典文學全集·萬葉集》（東京：小學館，1994年）。

例如，“自哀”向來被解釋爲“自我哀悼之文”。然而，在漢語中，“哀”除了“悲哀、哀痛”之意，還有伴隨言語而表達“同情”的意思，如馬敍倫《說文解字六書疏證》卷三云：“哀訓唁也，哭泣之事。但嗟歎以言，故謂之唁。今所謂表同情也。”“哀”所組成的辭彙“哀願”，與“悲願”、“歎願”、“呪願”、“哭願”一起，經常出現在佛教故事中，均指伴隨了言語的祈禱行爲①。《日本靈異記》卷下也可以看到如下的故事：

> 近江國坂田郡遠江里，有一富人，姓名未詳也。將寫瑜伽論發願，未寫而淹歷年。家財漸衰，生活無便。離家捨妻子，修道求祐。猶睎願果，常愁于懷。帝姬阿陪天皇御世，天平神護二年丙午秋九月，至一山寺。累日止住，其山寺内，生立一柴。其柴枝皮上，忽然化生彌勒菩薩像時彼行者，見之仰瞻、巡柴哀願。諸人傳聞，來見彼像。或獻俵稻、或獻錢衣。及以供上一切財物、奉繕寫瑜伽論百卷，因設齋會，既而其像奄然不現，誠知彌勒之高有兜率天上，應願所示。願主下在苦縛凡地，深信招祐，何更疑之也。（《彌勒菩薩應於所願示奇形緣第八》）②

文中的“哀願”，無疑是指伴隨了語言的祈禱行爲。“見之仰瞻、巡柴哀願”“仰瞻—哀願”又是願文中頻繁出現的“仰願”的詞源。《敦煌願文集》中所見眾多的以“歎願文”、“呪願文”爲題的願文，也是與“哀願”同樣基於佛教思想形成的表達方式。所以說，《自哀文》或許是山上憶良一面模仿“自悼文”、“自祭文”的形式，一面又摒棄了這類“自悼”、“自祭”文章所表達的古代中國士人的不遇之情和人生無常等消極情緒，以類似“願文”、“呪願文”的形式，爲臥病不起的自身祈求健康而作的、積極向上的作品。正如前文所引中西進所言，是“祈願生命”的“患文”。

另外，如前所述，敦煌願文的寫作，主要用於發願者、施主在神佛之前的誦讀，故在願文中時常出現相關場景的描寫：

〇然今即有坐前施主跪爐捨施所申意者。（例1）

---

① 《敦煌願文集》的編者黃征在《敦煌願文續雜考》一文中就願文題目常見的“呪”、“咒”、“祝”等文字意義與佛教祈禱方式的關係做了詳細的考察。該文對考察《自哀文》的意義具有參考價值。《敦煌語言文字學研究》（《敦煌學研究叢書》，甘肅教育出版社，2002年），頁203—211。

② 出雲路修校注《日本靈異記》（《新日本古典文學大系》，東京：岩波書店，1996年）。

○然今施主某公祈妙福、捨所珍意者、為病患之所建也。（例2）
○惟願發神足、運悲心、降臨道場……。

（《丈夫患文》，S5561）

○伏願去定花臺、降斯法會。

（《僧患文》，S5561）

○惟願發神足、運悲心、降臨道場……。

（《俗丈夫患文》，S5561）

○今投道場、虛（希）求濟拔諸（之）所見（建）也。……願今日今時、賴此道場、證明功德、即日轉生。

（《丈夫患文》，S5561）

　　願文盛行於古代中國敦煌地區，中國學者余欣的研究表明，其用途主要體現在"道場施捨"、"設齋啓願"和"燃燈供養"三種場合。余欣指出，願文主要是在這些場合用來誦讀①。而古代日本是否存在類似的祈禱活動？以何種形式進行？目前尚不得而知。但可以推測的是，《沈痾自哀文》的寫作，應該與法会、道場有所關連。這一點，也是今後需要考察的課題。

　　以上兩點之外，《沈痾自哀文》結尾處的表達方式也值得注意：

　　　　○仰願頓除此病，賴得如平。

　　將這一句的内容，與其他願文中的如下套句做比較的話，會發現形式極爲類似。

　　　　○惟願千殃頓絕、萬福來臻。

（《二月八日文等範本》，P3825）

　　　　○伏願……身病心病、即目（日）消除。臥安覺安、起居輕利。

（《患文》，S4537）

　　　　○願……於（放）捨患如（兒）、還復而（如）故。

（《丈夫患文》，S5561）

據此推測，《沈痾自哀文》一文作爲患文的可能性似乎難以排除。總之，圍繞《沈痾自哀文》的成因眾說紛紜的狀況，某種程度也顯示出這篇長文本身性質的複雜性。本文僅以上述推論，爲該文的解釋增加一個新的假說。

---

　　①　余欣《思遠道──爲行人祈福的各種方式》，《神道人心──唐宋之際敦煌民生宗教社会史研究》（北京：中華書局，2006），頁346—354。

四　《戀男子名古日歌》與"亡文"

願文的影響，似乎並未僅僅停留在對山上憶良漢詩文著述方面。憶良的日文長歌、收於《萬葉集》卷五最後的《戀男子名古日歌》，也有可能是受了願文中的一種——"亡文"（追善、追悼逝者之文）的影響。長歌原文如下：

1.《戀男子名古日歌》原文

戀男子名古日歌三首^{長一首}^{短二首}

　　　世人之貴慕七種之寶毛我波何爲和我中能産禮出有白玉之吾子古日者明星之開朝者敷多倍乃登許能邊佐良受立禮杼毛居禮杼毛登母尔戲禮夕星乃由布弊尔奈禮婆（伊）射襧餘登手乎多豆佐波里父母毛表者奈佐我利三枝之中尔乎襧牟登愛久志我可多良倍婆何時可毛比等等奈理伊豆天安志家口毛與家久母見武登大船乃於毛比多能無尔於毛波奴尔横風乃尔布敷可尔覆來禮婆世武須便乃多杼伎乎之良尔志路多倍乃多須吉乎可氣麻蘇鏡豆尔登利毛知豆天神阿布藝許比乃美地祇布之豆額拜可加良受毛可賀利毛神乃末尔麻尔等立阿射裏我例乞能米登須臾毛餘家久波奈之尔漸漸可多知久都保裏朝朝伊布許等夜美靈剋伊乃知多延奴禮立乎杼利足須裏佐家婢伏仰武襧宇知奈氣吉手尔持流安我古登婆之都世間之道

反歌

和可家禮婆道行之良士末比波世武之多敷乃使於比豆登保良世
佈施於吉豆吾波許比能武阿射無加受多太尔率去豆阿麻治思良之米

譯文

世人願所貴，金銀七種寶，
問我何所為，我愛吾兒好，
兒女如白玉，古日取名早，
明星曉在天，兒不離床邊，
或立抑或坐，遊戲與並肩，
晚星晚在空，攜手一同眠，
不離父母側，抱寢令人憐，

愛之聽其語，望之成聖賢，

不論吉與凶，倚之如大船，

忽然暴風來，覆舟如拉朽，

我不知爲何，兩袖懸兩肘，

手持真明鏡，向神明叩首，

天地各神祇，伏額祈長壽，

禍福兩難知，神意總遵守，

立此我彷徨，祈求不離口，

誠無須臾歡，漸漸容貌醜，

朝朝默無言，此命能保否，

立時如跳躍，頓足而叫吼，

伏仰捶胸歎，吾兒本在手，

吾兒飛去乎，世路何處有。

反歌

吾兒仍幼稚，道路尚難明，

獻幣黄泉使，負兒路上行。

此地佈施在，祈求我不欺，

請將兒率去，天路告兒知。①

這首長歌向來被視作挽歌作品，契沖、中西進氏等持代作之説，也有學者持反對意見，兩説至今未達一致②。其中芳賀紀雄從長歌的内容出發，提出"哀悼亡兒"的觀點，認爲該長歌在挽歌中創立了非傳統性的、無可比擬的主題。同時他又認爲，其形成與中國文學中"哀"的文體以及哀傷孩子的詩賦之影響有關。另外還進一步指出，長歌由前半部的明亮描述向後半部的悲慘傾訴發展，則是與《文心雕龍》的"誄碑"所謂"傳體頌文，始榮終哀"的哀誄的結構互爲一體。

　　然而，如果將這首長歌的結構和内容與願文中的"亡文"加以比較的話，則會發現二者之間有許多共同之處，而上述論斷自然亦需要重新修正。

---

①　楊列譯《萬葉集》（長沙：湖南人民出版社，1982 年），頁 199—200。

②　各家有關這首長歌的意見，可參看村山出《男子名は古日に恋ふる歌》，《セミナ──萬葉の歌人と作品》第五卷（大阪：和泉書院，2000 年），頁 236—244。

2."亡文"例

例 1

　　每聞朝花一落，終無反樹之期；細雨辭天，豈有歸雲之路。……惟孩子鳳鶴俊骨，天降異靈。<u>弄影巡床、多般語笑</u>。解行而三步五步，解父母之愁容；學語而一言兩白，別尊卑之顏色。將爲（謂）成人長大、侍奉尊親；何期逝水無情、去留有恨。<u>朝風忽起，吹落庭梅；玉碎荊山，珠沉逝水</u>。父念切切，垂血淚以無休；母憶惶惶，<u>但哀號而難止</u>。東西室內，不聞喚父之聲；南北階前，空是（見）聚□（塵）之處。親因（姻）念想，再睹何期？內外含酸，慘傷無盡。<u>惟孩子將齋僧功德，用資魂路</u>。

（《亡文範本等·願文號頭》，S5639）

例 2

　　曾聞<u>荊山有玉，大海明珠</u>；骨秀神清，紅顏紺白。似笑似語，解父母之愁容；或坐或行，遺傍人之愛美。<u>掌擎來（未）足，憐念偏深；弄抱懷中，喜愛（之）無盡</u>。或是西方化生之子、或從六欲天來。暫時影現、限滿還歸淨土。何期花開值雪、吐藥逢霜。<u>我遄（俄爾）之間，掩（奄）從風燭</u>。東西室內，不聞呼母之聲；南北堂前，空見聚塵之跡。懸情永隔，再會難期；玉貌榮榮，託坐何路？則有齋主敬爲亡孩子某七齋有是設也。惟孩子化生玉殿、遊戲金臺。不歷三塗、無爲八難。捨閻浮之短壽，睹淨土已（以）長生；捨有漏之形軀，證菩提之妙果。

（《亡文範本等·願文號頭》，S5639）

例 3

　　昔者素王所歎苗而者於不秀，只有項茲早亡；秀而者於不實，只歎顏回之少夭。已祐方今，然不殊善者，<u>孩子之肌明片玉、目淨瓊珠</u>。頰桃李之花開，眉彎彎海月初曲。能行三步五步，起坐未分；學語一言兩言，尊比（姒）未辯（辨）。豈謂鳳鶵無託，先凋五色之花；龍駒未便，先懂（摧）千里之是（足）。<u>慈母日悲，沉掌上之珍。嚴霜，失帳中之玉。飾展薰修，用薦孩子冥路</u>。

（《願文等範本·夫亡》，S2832）

　　* 這篇亡文收錄於《願文等範本》"夫亡"條，前半部分是獻給亡夫之文，後半部分則是獻給亡子之文。可能是抄錄過程中的誤寫。（筆者注）

例 4

　　惟孩子稟乾坤而爲質、承山嶽已（以）作靈。惠和也，而（如）春花秀
林；聰敏也，則秋霜並操。將謂宗枝永茂、冠蓋重榮。豈期珠欲圓而忽
碎、花正芳而□（凌）霜。致使聚沙之處，命伴無聲；桃李園中，招花絶影。
或者池邊救蟻、或者林下聚沙。遊戲尋常，不逾咫尺。豈謂春芳花果，橫
被霜霰之凋；掌上明珠、忽碎虎□之口。嗟孩子八歲之容華，變作九泉之
灰；艷比紅蓮白玉，化作荒交（郊）之土。

（《願文等範本・妹三（亡）日》，S2832）

3. 語句之出典

a. 白玉之吾子古日者明星之開朝者數多倍乃登許能邊佐良受立禮杼毛
居禮杼毛登母爾戲禮夕星乃由布弊爾奈禮婆

> 明星曉在天，兒不離床邊，
> 或立抑或坐，遊戲與並肩，
> 晚星晚在空，攜手一同眠，
> 不離父母側，抱寢令人憐。

　　在《萬葉集》中，有“朝……、夕……”句式的和歌爲數眾多，但“明星……
晚星……”連用的句式則僅此一例。“明星”在《萬葉集》亦僅此一例，“夕星”
包括此例總共有三例。這種並用法非同尋常。井村哲夫亦注意到這個現象，
並給予“象徵漾溢親子之情日月的枕詞”、“拂曉的明星與夜晚的明星，分別是
充滿愛與幸福的日月的象徵”等解釋。而筆者注意到，在《敦煌願文集》中，慶
賀孩子滿月時所誦願文中有以下內容：

　　　其孩子乃色奪紅蓮、面開圓鏡；眉寫殘月、日（目）帶初星。容貌分
暉、敢映瓊瑤之色。

（《願文範本・孩子》，P2044）

文中的“眉寫殘月、日（目）帶初星”，是描述映在父母眼中的愛子的容貌。而
長歌中的“明星”“夕星”之併用，或許是模仿願文的這類表達，將“朝夕”作爲
“容貌”的枕詞。雖然“殘月”與“夕星”沒有與長歌完全對應，但“初星”與“明
星”均爲毛詩中的“啓明”之星。

　　另外，願文例 1 與例 4 中描述孩子與父母親近的兩段文字也值得注意：

　　　○弄影巡床。
　　　○遊戲尋常，不逾咫尺。

願文中的這兩句描述與長歌以下內容幾乎完全相同：

> 兒不離床邊，……或立抑或坐，遊戲與並肩。

從這種具體對比來看，我們很難想像長歌的形成沒有受到願文的影響。

　　b. 大船乃於毛比多能無爾於毛波奴爾橫風乃爾布敷可爾覆來禮婆

> 不論吉與凶，倚之如大船，
>
> 忽然暴風來，覆舟如拉朽。

　　芳賀紀雄認爲，"橫風"之典出自佛典"橫風"（《佛説七處三觀經》）、"邪風"（《續高僧傳》卷十五《僧弁傳》）、"無常風"（《付法藏因緣傳》卷二）。但願文中的如下文字似乎也可作爲參考：

　　○朝風忽起，吹落庭梅。（例1）

　　○我邇（俄爾）之間，掩（奄）從風燭。（例2）

　　○何期忽翻浪以傾舟，俄庭風而滅燭。

　　　　　　　　　　　　　　　　　（《亡文範本等・亡考妣意》，S5639）

上述三例分別借"風"爲喻，表達愛子或慈母被突然降臨的災難奪走生命的無奈之情。而類似的表達在願文中尚有許多：

　　○豈期業韻（運）難停、忽奄（掩）風燭。

　　　　　　　　　　　　　　　　（《亡妣文》，甲卷 S343＋乙卷 P2915）

　　○奄從風燭。

　　　　　　　　　　　　　　　　　　　（《武言亡男女文》，S343）

　　○何期大夜忽臨、掩（奄）從風燭。

　　　　　　　　　　　　　　　　　　　（《亡文範本等》，S5639）

　　○何圖玉樹先彫（凋）、金枝早折。奄從風燭、某七今臨。

　　　　　　　　　　　　　　　　　（《亡男》，S1441＋P3825）

　　○豈期風燭難留、掩（奄）歸大夜。

　　　　　　　　　　　　　　　　（《願文範本等・亡文》，S343＋P3259）

　　○何期風燭不停、奄經某七。

　　　　　　　　　　　　　　　　　　　（《發願文範本》，P2058）

長歌中的"忽然暴風來，覆舟如拉朽"，與上例中的"何期忽翻浪以傾舟、俄庭風而滅燭"意思完全相同。

　　c. 立乎杼利足須裏佐家婢伏仰武禰宇知奈氣吉

　　　　　　立時如跳躍，頓足而叫吼，

　　　　　　伏仰捶胸歎，吾兒本在手。

　　對於這段描寫，契沖《萬葉代匠記》認爲“立乎杼利”（立時如跳躍）、“武禰宇知奈氣吉”（捶胸歎）等句與《孝經·喪親章》有關：

　　　　《孝經》云：“哭泣擗踊，哀以送。”注曰：“搥心曰擗，跳曰踊，所以泄哀。男踊女擗以送之。”

江戸學者岸本由豆流的《萬葉集考證》亦就其與《禮記·檀弓下》的關係強調如下：

　　　　辟踊，哀之至也。

芳賀紀雄也指出，長歌的上述内容與經書中的“成踊”（《儀禮·士喪禮·既夕禮》）、“哭踊”（《禮記·檀弓上·問喪》）等“踊”字有關。最新出版的岩波書店《新日本古典文學大系·萬葉集》也采用此說[1]。但是，如果翻開《敦煌願文集》，在“臨壙文”中隨處可見如下内容：

　　　　○至孝等對孤墳而躄踊，淚下數行。扣棺槨以號咷。

　　　　　　　　　　　　　　　　　　　（《迴向發願範本等·嘆壙》，S4474）

　　　　○至孝攀號辟勇（踊），五内分崩。

　　　　　　　　　　　　　　　　　　　　　　　（《臨壙文》，S6417）

　　　　○遂乃攀號僻（辟）踊，五内分崩。

　　　　　　　　　　　　　　　　　　　　　　　（《臨壙文》，S6417）

　　　　○至孝等攀號辟踊，……悲叫號咷。

　　　　　　　　　　　　　　　　　　　　（《臨壙文》，北圖 7133）

　　　　○遂乃攀號辟踊，……悲叫號咷。

　　　　　　　　　　　　　　　　　　　　　　　（《臨壙文》，S5957）

與長歌相比，很容易看出二者的距離似乎比經書更加接近。唯一的問題是，“臨壙文”本來用于祭祀雙親，很少用在祭祀愛子的“亡文”之中。爲何出現在山上憶良祭奠愛子的長歌中，這一點尚不明了。或許只是一種純粹的借用。但無論如何，長歌的表達與願文的關係顯然是難以否認的。

　　　d. 白玉之吾子古日者……手尓持流安我古登婆之都世間之道

　　　　　　兒女如白玉，古日取名早，

_____

　　① 佐竹昭廣等校注《萬葉集》（《新日本古典文學大系》），東京：岩波書店，1999 年）。

……吾兒本在手。

吾兒飛去乎，世路何處有。

芳賀紀雄認爲上述文字的出典與“痛掌珠愛子”（江淹《傷愛子賦》，《廣弘明集》）以及“掌中珠碎”（庾信《傷心賦》，《藝文類聚》）等漢籍關係密切。而《敦煌願文集》中也有許多獻給夭折子女的願文，以下試舉其例：

〇玉碎荊山、珠沉逝水。（例 1）

〇荊山有玉、大海明珠。（例 2）

〇<u>掌擎來（未）足</u>、憐念偏深。（例 2）

〇<u>慈母日悲，沉掌上之珍</u>。（例 3）

〇豈期珠欲圓而忽碎。（例 4）

〇掌上明珠，忽碎虎□之口。（例 4）

〇每泣蟾光之影，<u>猶掌失珠</u>。

　　　　　　　《二月八日文範本·亡男》，甲卷 S1441、乙卷 P3825）

〇<u>膝下亡珠，掌中碎寶</u>。

　　　　　　　　　　　　　　　　　　　　　（《亡男文》，P2341）

〇豈謂庭摧玉樹、<u>掌碎明珠</u>。

　　　　　　　　　　　　　（《亡考妣文範本等·孩子歎》，S5637）

〇豈謂庭摧玉樹、<u>掌碎明珠</u>。

　　　　　　　　　　　　　（《願文範本等·□□子》，S4992）

〇豈期風摧澤葉，霜折芳苗；<u>碎掌內之明珠</u>，失窈窕之美色。

　　　　　　　　　　　　（《亡考妣文範本等·女孩子》，S5637）

〇<u>片玉掌上</u>、月淨驪珠。

　　　　　　　　　　　　　　　　　（《願文範本·女》，P2044）

〇母泣斷而無追，<u>痛失掌中之寶</u>。

　　　　　　　　　　　　　　　　（《願文範本·孩子》，P2044）

上述文例中，將愛子比喻爲“掌”中之“珠”、“玉”，與長歌中的“兒女如白玉”、“吾兒（從手中）飛去乎”的表達極爲接近。故而上述願文的文例，似乎更應該作爲長歌的出典來考慮。

e. 何時可毛比等奈理伊弖天安志家口毛與家久母見武登

愛之聽其語，望之成聖賢，

不論吉與凶，倚之如大船。

這一句的意思，與前引"亡文"例 1 中所見：

將爲（謂）或人長大、侍奉尊親。

二者内容基本一致。均描述了父母對愛子長大成人後的期待。唯獨"亡文"的内容含有"侍奉尊親"這樣類似於儒教孝行思想。而長歌的部分，則僅只表達希望愛子健康成長的願望。這一點，究竟是日本式的轉變，抑或另有原因已不得而知。

f. 和可家禮婆道行之良士末比波世武之多敝乃使於比弓登保良世

吾兒仍幼稚，道路尚難明，

獻幣黃泉使，負兒路上行。

這首反歌中所說的"道路"，是指前往來世的中有之路及其旅程。在四十九天之間，須一面接受閻羅王以及其他冥府之王的審判，一面繼續旅程。而這裏的"幣"，是爲了追善供養死者所獻的三寶佈施，以祈願愛子平安往生。在前引《敦煌願文集》的亡文例的末尾，可以看到如下文字：

○惟孩子將齋僧功德，用資魂路。（例 1）

○則有齋主敬為亡孩子某七齋有是設也。（例 2）

○飾展薰修，用薦孩子冥路。（例 3）

作爲結句的"用資魂路"、"薦孩子冥路"，與長歌的反歌在功能上極爲相似，這也使得長歌與敦煌願文更爲相像。

4."亡文長歌"出現的意義——長歌形成的一個側面

以上就《戀男子名古日歌》與"亡文"的關聯做了具體分析。一個是漢文作品，一個則是由萬葉假名書寫的日本長歌，二者在形態上看起來毫無相關，但實質上卻經過山上憶良的轉譯和加工而被結合在一起。這種文化現象本身已經足够引起我們的興趣。這裏需要探討的是，這種受"亡文"影響而形成的長歌在《萬葉集》乃至日本文學史上的意義。例如，井村哲夫曾經在論述這首長歌時指出：

與其他和歌相比較，默讀或者閱讀山上憶良的作品時，總給人以相當別扭的感覺。但如果隨着作者起伏的情感而朗誦其作品的話，會立刻感受到其緩急、強弱、抑揚錯落有致。不僅文筆流暢，而且具有内在的韻律。①

————————————

①　井村哲夫《萬葉集全注》卷第五，頁 261。

井村哲夫所說的"別扭的感覺"，與山上憶良的長歌使用大量的漢語訓讀語（將漢語詞匯翻譯爲日文）有關。正如在前面的章節中所討論的，山上憶良不僅熟知四六駢儷文，其行文也多模仿此類文章。而基本是以四六駢儷文形式寫成的願文，似乎也是山上憶良熟讀的對象。職是之故，才使其長歌具備了井村哲夫所說的"文筆流暢，而且具有内在的韻律"的效果。

　　饒有意味的是，這種在願文影響下產生的"亡文長歌"，也爲我們思考日本古代和歌，特別是長歌的淵源提供了新的線索。

　　已故日本京都大學教授，先師日野龍夫先生曾經在《新體詩的一個源流——漢詩日譯的成果》一文中，就日本近代新體詩的產生做過論述。認爲在新體詩的形成過程中，日本漢學家對中國詩歌的翻譯，是推動這場文學運動的主要因素。日野先生的這番論述，推翻了以往的成說，引起學界的關注和討論。在尋求新體詩的源流時，日野先生注意到與謝蕪村的長詩《悼北壽老仙》，認爲此詩在"形式、内容各個方面都抒發出近代人的情感，完全可以收入島崎藤村的《若菜集》中"。而《若菜集》正是近代日本新體詩的經典之作。日野先生否定了穎原退藏有關此詩的形成與俳諧界所傳長歌相關的說法，提出此詩是"意圖將漢詩的悼亡詩用日文進行嘗試的產物"的觀點：

　　　　在日本，悼亡詩歌自《古今和歌集》以來，歌集中就有傳設哀傷部的習慣，並且基本固定。自古以來，也產生了無數的悼亡詩歌。然而，登高悼亡的詩歌，或者說爲悼亡而登高的設定，卻是在日本的哀傷歌傳統中看不到先例的。……"君を思うて岡のべに行きつ遊ぶ　おかのべ何ぞかくかなしき"（思君山邊行且游，緣何高山令我愁）這一聯所表達的，正是將漢詩悼亡詩裏常見的登高感傷之情用日文表達了出來。在這一聯之後的敘述，是登高所見野草、山雞的鳴叫以及思緒的翻湧。《悼北壽老仙》全篇所展示的，是登高的感傷之情迭然有序的鋪陳手法。

在做了以上論述之後，日野先生得出了"漢詩日譯，填補了日本文學的空缺"的結論①。

　　結合日野先生的觀點，我們重新來看《戀男子名古日歌》，會發現其形成過程在本質上與《悼北壽老仙》歌是相同的。"亡文"這種願文文體的獨特結

———————

　　①　日野龍夫《新體詩の一源流——漢詩和譯のもたらしたもの》（《國語國文》第73卷第3期，2003年3月）頁952—979。

構，描述了對死者生前及死後所寄托的"起伏的情感"，經由山上憶良的加工和改造，成爲了古代日本詩歌中獨一無二的，具備了"迭然有序的鋪陳手法"與"内在的韻律"的"哀悼亡兒"長歌。

大凡新的文體與新的詩歌理念的產生，最不可缺乏的，就是因應時代氣息而動的文學家的熱情。在日本文學的發展史上，"翻譯"與"轉譯"總是作爲時代的先驅，開風氣之先，創潮流之始，這似乎已成爲日本文學的一個特點。如同新體詩是建立在漢詩日譯的基礎之上，爲後來全面接受西方文學打下了基礎一樣，《戀男子名古日歌》這樣的"亡文長歌"，其形成背後，也與敦煌願文類漢詩文的"翻譯"與"轉譯"有着不可忽視的關係。本章節以上的論考，就是爲了證明這一點。

五　結語

以上就山上憶良的三篇作品與敦煌願文的關係做了初步的考察。據《敦煌願文集》的編者介紹，該文集所收的願文，只是其總量的一半。換言之，對願文真正的研究，現在才剛剛起步。盡管如此，通過拙稿的考察，我們不僅可以窺探到山上憶良豐富的文筆活動與著述環境，同時也能看出願文對於研究《萬葉集》的重要性，這些都是以往的研究未能涉及的方面。

《敦煌願文集》的續篇何時問世不得而知，而無論如何，研究其與《萬葉集》之間的關係，將會成爲日後《萬葉集》研究新的方向。從語句出典到文字訓詁，從思想影響到本土轉化，均可成爲研究者集中解決的課題。而筆者最爲關心的問題，在於形式如此多樣的願文的寫作及"翻譯"與"轉譯"爲何多集中在山上憶良身上？願文在古代日本的流佈與利用狀況究竟如何？信仰形態怎樣？等等問題，都有待逐步進行考察。

附記：本文是拙稿《憶良の述作と敦煌願文》的譯文。爲了方便中文讀者，譯稿在原文的基礎上有所增刪。另外，香港城市大學中文系訪問博士生（南京大學博士生）蔡德龍先生對譯稿的文字及内容提出了許多寶貴的意見，令原本生硬的譯文變得流暢，在此謹表謝忱。

（作者單位：香港城市大學人文社會科學學院）

域外漢籍研究集刊　第六輯
2010 年　頁 321—343

三善爲康撰《經史歷》之文獻價值敘略[*]

——兼論唐末五代大規模刻書之可能性

陳　翀

　　中國印刷術究竟始於何時，現在學界有爭論。但至少到晚唐五代，雕版印刷術的應用已不只局限於佛經、日曆等一些民間需求量比較大的通俗書類，逐漸普及到經史文集韻書的出版上，卻是一個不爭的事實。早在咸通六年（日本貞觀七年·865），入唐僧宗叡從長期滯唐的日僧圓載處獲得的雜書類中，就有“西川印子《唐韻》一部五卷、同印子《玉篇》一部三十卷”。可以看出，9 世紀中後期，以四川爲首的某些地區已經開始印刷一些需求量比較大的韻書了。這些書籍不但傳入長安，還立即引起了在京的國外文人僧侶的關注。圓載在托宗叡帶回國的佛典之外，唯獨添上這兩本刻本韻書，很顯然是特意爲平安京的貴族們準備的一份厚禮。由知當時刻本乃貴重之物，亦知其流行伊始即引起了海外矚目與競相收藏①。

　　迨至五代，雕版印刷術又有了進一步的發展。可是對這一時期的刻本情

　　* 本文屬於日本文部科學省《東アジアにおける白居易受容の諸相と日中獨自文化の形成に關する研究》（平成二十一年度—二十三年度科學研究費補助金）研究成果的一部分。另外，本文在成稿之際，得到了南京大學武秀成教授的許多寶貴教示，學恩浩重，謹表謝意。

　　① 《大正大藏經》第 55 冊所收《新書寫請來法門等目錄》卷末跋語：“右雜書等雖非法門世者所要也。大唐咸通六年從六月迄於十月，於長安城右街西明寺日本留學僧圓載法師院求寫雜法門等目錄具如右也。日本貞觀七年十一月十二日卻來。”另外，除了《玉篇》與《唐韻》以外，这份書目中還包括了三冊摺本佛經。

況的考證，自從上世紀初王國維先生《五代北宋監本考》發表以來①，就一直没有突破性的發展。雖然此後不乏有各類中國印刷史或者目録學史的專著問世，但均僅將此一時期視爲出版史上的過渡期，對其相關的論述也大多仍只局限於重復王國維先生所搜集的史料，可謂是巧婦難爲無米之炊。

然而，筆者最近在日本文獻中撿得一份標注爲"唐摺本"的書目——《二中歷·經史歷》。在這份經史目録中記録了多達103部（其中《老子》與《莊子》重出，或爲不同版本）書籍的書目與卷次，且根據其注語可推測出這些書籍極有可能都是現在未知的唐末五代刻本。由於篇幅之局限，本文不能對這份資料進行全文考證。此處只擬結合平安中晚期學術史背景，將考證的重心集中在《經史歷》所載"書史卷數"這一單項的內容上，一來確定"書史卷數"所標明的"唐摺本"所指的時代範圍極有可能就是唐末五代時期；二是明確這份書目的文獻價值，爲今後對這份書目的進一步深入研究奠定一個基礎。同時也試着對唐末五代時期是否存在着大規模刻書的可能性提出一些淺見，以期拋磚引玉，聲應氣求，望海內外專家多加指正。

一 《二中歷·經史歷》的成書 時間及其作者三善爲康

無論是中國還是日本的研究學者，很少有人會注意到《二中歷》這部書的存在，因爲這部書在日本國文學研究中也只是被分在了古辭書類，其內容幾乎没有被詳細地考證過。

此書之原卷現藏日本尊經閣文庫，爲鐮倉（1192—1333）末期寫本，乃天下孤本，現行世諸本據考均爲此本之轉鈔本。前田育德財團曾在1937年將其影印出版（玻璃板，尊經閣叢刊丁丑歲配本，非賣品）②，另外，近藤瓶城編《史籍集覽·新加纂録類》第十九冊亦收有其翻字本。日本學者金澤莊三郎先生曾在1952年《東方學》第三期發表過《二中歷の研究》一文，對這本書的來龍去脈進行過比較簡單的梳理。此後，川瀨一馬先生在其大著《古辭書の研究》中對其成書經緯與版本流傳進行了更細緻、更全面的考證，可惜的是對其所記

① 王國維《五代北宋監本考》，《海寧王靜安先生遺書》所收，商務印書館，1940年。

② 此書之影印本其後又被收入尊經閣善本影印集成14—16卷中，八木書店，1997—1998年。本文所用之底本爲九州大學附屬圖書館藏1937年尊經閣叢刊丁丑歲配本。

內容卻基本上沒有予以關注。

　　據川瀨先生所述,《二中歷》是鎌倉初期的文人根據平安中後期著名學者三善爲康(1049—1139)撰《掌中歷》及其養子三善行康所著《懷中歷》二書合抄而成。《掌中歷》和《懷中歷》的單行本現俱已失傳,所幸的是其重要章節都基本上被保留在了《二中歷》之中。本文所提及的《二中歷》卷十一之《經史歷》就正是轉抄自三善爲康的《掌中歷》①。

　　三善爲康的傳記見藤宗友撰《本朝新修往生傳》②。三善爲康原出身於日本越中國射水郡射水一族。治曆二年(宋治平三年·1067)上洛入三善爲長門下學習算道。因聰慧過人而被三善爲長收爲養子。可是三善爲康一直不甘局囿於旁門算道,其後又兼修大學寮主流之紀傳道,希望能通過儒學進入平安的學術政治中心。但因爲其出身旁門,最終還是沒有能够通過科考擠入大學寮主流。

　　三善爲康直到堀河天皇時才被提拔爲算博士兼諸陵頭,隨即成爲堀河天皇的肱股之臣。永久四年(宋政和六年·1116),三善爲康完成了其著名的《朝野群載》,從此奠定了他在平安學術史上的地位。三善爲康晚年深信阿彌陀佛,還曾仿照大江匡房《拾遺往生傳》撰寫了一部《續拾遺往生傳》。《懷中歷》則是其於日本保安三年(宋宣和四年·1122)七十四歲時,模仿平安中期著名文人源爲憲所著《口遊》之體例,爲當時貴族子弟學習所編撰的一部具有百科全書性質的教科書。由此我們可以據此斷定《經史歷》中所敍書籍目錄,至少都是1122年以前保存於平安最高學術機關大學寮中的漢文典籍。

　　在《經史歷》中,三善爲康先敍錄了大學寮中所傳"十三經""三史""三國志""三輔""八代史"等書目口訣,再在各目下加以按語,對各個時期的書目調整進行闡述。緊接着在其後"書史卷數"一欄中,羅列了當時大學寮所藏的各種經史書目及其注本所用底本,並且在各書名下另加注對其卷數予以說明

---

　　①　《經史歷》與《倭書歷》同被收入於卷十一。詳細的考證可參照川瀨一馬《增訂古辭書の研究》第一篇第三章第十四節《掌中歷》,頁 202—209;第十五節《懷中歷》,頁 209—213;以及同書第二篇第二章第一節《二中歷》,頁 379—390,雄松堂出版,1986 年。

　　②　本文所用底本爲《改訂史籍集覽·新加通記類》第十九冊所收本,近藤活版所,1901 年。

（參照下表，文中俗字均從原文，書名之後的小字爲原文注語，〔　〕內文字爲原文旁注，"亻"字符號爲"另本作"之意）。最後對《孝經》《周易》《尚書》《毛詩》《周禮》《儀禮》《春秋左氏傳》《春秋公羊傳》《春秋穀梁傳》《論語》《老子》《莊子》《孟子》《爾雅》《史記》《漢書》《後漢書》《文選》等一些重要經典集注本的篇目、內容以及所用的箋注底本作了詳細的說明。

書史卷數

1孝經一卷十八章　2論語十卷廿篇　3周易十卷　4尚書十三卷五十八篇　5毛詩二十卷三百五篇　6禮記二十卷卌九篇　7春秋三十卷左傳　8左氏傳公羊十二卷　9穀梁十二卷　10周礼十二卷　11儀禮十七卷〔篇亻〕　12爾雅三卷十九篇　13老子二卷　14庄子二十卷　15史記八十卷　16前漢書百廿卷　17後漢書百廿卷　18吳志二十卷　19蜀志十五卷　20魏志三十卷　21後魏志百卅卷　22晉書百卅卷　23宋書百卷　24周書四十二卷　25齊書六十卷　26北齊書五十卷　27梁書五十五卷　28陳書卅六卷　29隋書八十五卷　30北史五十一卷　31南史八十卷　32高祖實錄廿卷　33太宗實錄四十卷　34趙書十卷　35燕書廿卷　36老子二卷　37莊子卅十卷〔卅三卅二亻〕①　38列子八卷　39墨子十五卷　40孟子十四卷　41劉子三卷　42尸子十二卷　43文子十二卷　44荀卿子十二卷　45抱朴子十卷　46鬼谷子三卷　47鶡冠子三卷　48淮南子廿卷　49魯連子五卷　50尹文子二卷　51孔子家語十卷　52顏氏家訓七卷　53楊子法言十卷　54大玄經十卷　55大〔太亻〕白陰〔儞亻〕經十卷　56山海經廿卷　57神仙傳十卷　58義士傳十五卷　59文士傳五十卷　60先賢傳五卷　61高僧傳十四卷　62列女傳十五卷　63韓詩外傳十卷　64晉阳春秋五十四卷　65呂氏春秋廿六卷　66吳越春秋十卷　67楚後春秋九卷　68齊人要術十卷　69內典博〔傅亻〕要卅卷　70法華連璧卅卷　71會稽典錄廿四卷　72三輔決錄七卷　73戰國策卅卷　74三略三卷　75七略七卷　76世本三卷　77物理論十六卷　78博物志十卷　79古今注一卷　80說文十五卷　81字林七卷　82搜神記卅卷　83洞冥錄四卷　84唐韻五卷　85玉篇卅卷　86文選三十卷　87翰苑卅卷　88初學記卅卷　89六帖三十卷　90白虎通六卷　91鹽鐵論十卷　92通曆十五卷　93帝代曆五卷　94類林十卷　95說苑十卷　96經典釋文三十〔亻无〕卷　97筆語類對十卷　98文場秀句一卷　99文心雕龍十卷　100蒙求　101系蒙求十卷　102千字文一卷　103文館詞林千卷

已上唐搨本注之

在這裏特別要引起我們注意的是三善爲康在"書史卷數"一欄書目最後所附"已上唐搨本注之"一語。從《經史歷》的體例來看，"已上唐搨本"可以理解爲"書史卷數"所列書目皆爲"唐搨本"，"注之"則是指當時流傳於大學寮的

---

①　此處本文作"莊子廿十卷"，廿十之旁用濃墨筆將其訂正爲"卅三"，又在"卅三"旁注"一本作卅二"，由此可見此本與前面的二十卷本乃不同之版本。

各種經史注本均是以這些"唐摺本"爲底本再加注而成的轉抄本。在日本古漢文中，"摺本"就是"刻本"之意，也就是說，當時大學寮裏已經藏有大批來自中國的刻本。這篇書目較晁公武《郡齋讀書志》要早將近三十年，更是遠早於成書南宋的尤袤《遂初堂書目》。是迄今發現的最早敍錄公家所藏版本書目，而且考慮到其爲教科書這一性質，基本上可以排除此中有杜撰的可能性。僅此一點，這份《經史歷》的史料價值，就已經是無法估量了。

如果單從字面上來看，"唐摺本"可以直接解釋爲"唐末五代刻本"。也許有人會對這一解讀產生懷疑，因爲三善爲康撰寫《掌中歷》時畢竟已經是北宋末期的宣和四年了。如果從其成立之年代來看，將這些書籍視爲北宋刻本會不會更爲合理一些呢？換而言之，注語中的"唐摺本"不應該被狹義地理解爲"唐末五代的刻本"，而應該像"唐人""唐船"等用語一樣，泛指中國大陸，即指宋宣和四年以前的刻本。

但是，筆者在對平安史料所收錄的漢文典籍相關資料調查中發現，在平安貴族們的記錄中均將僅見的幾部宋刻本統稱爲"摺本"，並無"唐摺本"之專稱①。更爲重要的是，從這些史料可以看出，兩宋時期傳入日本的書籍本身就極爲罕見，幾乎沒有如此大批量宋刻本傳入日本且被公家機構所收藏的可能性。基於此，本文將在下章列舉一些目前筆者所收集到的平安中後期貴族文人與宋刻本的相關史料，同時也對兩宋刻本東漸大貌作一些必要考證，以證明三善爲康的按語中的"唐摺本"，極有可能就是我們所熟悉的"唐本（唐鈔本）"一樣，其"唐"字乃是特指北宋之前的唐五代時期。

---

①　平安貴族之中對漢籍的稱呼與中土有所不同，存在着許多專用名詞，所指十分明確。如稱"文集"則是指慧萼傳來的南禪院七十卷本《白氏文集》，稱"白氏文集"則是專指北宋刻本《白氏文集》，稱"白氏長慶集"則是指南宋刻本，稱"唱和"則是專指元白唱和集或者劉白唱和集。松下見林《異稱日本傳》中曾對此稍有考證："慧萼本題曰文集，白居易乃此本流布於世，故我朝古之人引《白氏長慶集》唯稱文集，《源氏物語》、《江吏部集》等具曰文集是也。其後，中國印本文集渡於我朝，題曰白氏文集，爾來亦僉稱白氏文集，詠歌大概曰白氏文集是也，各知其存由矣。"另外，據筆者對東大史料編輯所編撰的《大日本史料》的綜合調查結果顯示，平安貴族一般稱唐抄卷子本爲"唐本"，如《小右記》寬弘八年八月十一日條："獻僧（贈）物。野劍、御笥、一合唐本、一合日本本（小野）道風。（按：原文"野劍"至"道風"爲雙行注，（　）內文字爲旁注）。"亦由此可以推測出在古日本書籍用語中的"唐"乃指"唐五代"。

二　兩宋刻本鮮入日本考

　　一般認爲，兩宋時期是中國印刷史上的第一個黃金時期。但北宋書籍的出版主要還是以政府機構爲主導，私人刻書之商業出版行爲還遠未能形成氣候。這些官刊本（北宋監本）一方面校勘嚴謹、刻印精美，另一方面由於印刷部數有限，價格極爲昂貴。因此直至北宋中葉的真宗、神宗時期，即使是在北宋本土，除了一部分高級官僚以外，大部分文人之間的書籍傳播主要還是以手抄爲主。

　　而對於遠隔重洋的日本來說，則更是難以買到北宋的官刻本。綜覽這一時期的日本古文獻，我們僅能從這一時期最爲顯赫的貴族的日記中找到一些零碎記錄。究其原因，一是遣唐使廢除之后，日本沒有和新興的大宋政權建立起國家間的外交關係，平安中後期的中日外交主要靠一些入宋僧來維持。更重要的是，當時維繫日中貿易的宋商人，均不願意將書籍作爲貿易商品[1]。後文還要談到，這個時代流入日本的北宋刊本往往是宋商用來賄賂權貴的高級禮品，而不是用來交易的商品。

　　考平安史料即可知當時的平安顯貴們，即使是一人之下、萬人之上的藤原道長（966—1027）也很難得到價值不菲的宋刻本。翻撿藤原道長的親筆日記《御堂關白記》，可發現藤原道長僅曾兩度得到過從大陸傳來的刻本。第一次是寬弘三年（北宋景德三年·1005），宋商人曾令文爲了報答此前藤原道長對其多次違法行爲的庇護之恩[2]，將摺本《白氏文集》以及摺本《五臣注文選》闇中帶入日本。道長見此欣喜若狂，立即通過女兒中宮（皇后）彰子將其獻給了一條天皇。一條天皇在喬遷新居時，還特地爲這兩本書的轉移舉行了隆重

---

① 這也可能與兩宋王朝之禁書出境之政策有一些關聯。兩宋禁書之相關考證可參考張秀民《中國印刷史》（韓琦校訂本）第一章之《宋代（960—1279）雕版印刷的黃金時代·書禁與版權》，頁 136—143，浙江古籍出版社，2006 年。森克己《日宋文化交流の諸問題》第八章第六節《宋朝の禁書方針と史書の流出》，頁 183—187，刀江書院，1950 年。

② 曾令文在此之前曾多次依仗藤原道長的庇護與大宰府官員發生衝突，並且違反禁令私自進入平安京，甚至還無視年限擅自到日本行商，這些劣跡在藤原行成的日記《權記》以及藤原實資的日記《小右記》均有記載。另外，有關日宋貿易的具體情況，可參考森克己《日宋貿易之研究》，森克己著作選集第 1—3 卷，國書刊行會，1975 年。

的喬遷儀式。對於此，道長在日記中寫道①：

　　　　寬弘七年十一月二十八日，卯，雨降，參內。行右大臣行幸。（中略）
次御送物：摺本（五臣）注文選、同文集，入蒔繪箱一雙，袋象眼包，五葉
枝。事了御入。

　　第二次則是長和二年（北宋大中祥符六年，1013）。這次則是入宋僧寂照
（962—1034）的隨從念救在歸朝之際，受天台山住持常智之托帶來了一部摺
本《白氏文集》。常智之所以千里迢迢送來這部珍貴的摺本《白氏文集》，是希
望當時正在重建的天台山大慈寺能夠得到藤原道長的經濟援助。長和四年
（北宋大中祥符八年，1015）念救再次入宋之際，藤原道長照單命他送去了常
智所索的錢財器物，還另外送給常智一條貂皮大衣，並特意在回信中註明這
是作爲摺本《白氏文集》的回禮，以示不勝感激之情②。

　　如果說權傾天下的藤原道長尚如願能得到心儀已久的宋刻本《白氏文
集》及《文選》，而另外一些皇家貴族們則是很難有目睹北宋刻本的機會。寬
弘五年（北宋大中祥符元年·1008），當時的治部卿源俊賢（960—1027）在給
寂照的信中寫到：“所咨唐曆以後史籍，及其他內外經書爲來者，因寄便風爲
望。商人重利，唯載輕貨而來，上國之風，絕而無聞，學者之恨，在此一事！”③

---

　　①　《御堂關白記》寬弘七年十一月二十八日條。本文所使用平安公家日記諸如《御堂
關白記》《小右記》等底本均爲東大史料編撰所《大日本古記錄》所收本，並適當地參考了各
種寫本影印再重新加以標點。如無重要的文字異同，此下不再一一注明。

　　②　見《御堂關白記》長和四年十五日條。

　　③　寂照原名大江定基，亦曾出任帝師。1003 年入宋，被宋真宗敕封爲“圓通大師”。
此信被收入了成尋《參天台五臺山記》，又見《事實類苑》卷四十五引《楊文公談苑》之《日本
僧》條。正如源俊賢信中所言，其實無論是唐人還是宋人來日本來進行貿易時，都沒有將書
籍當作過商品。三善爲康所輯《朝野群載》卷第二十《大宰府附異國大宋商客事》中曾錄有
宋商人主要商品目錄：“象眼肆十疋、生絹拾疋、白綾貳拾疋、瓷碗貳佰床、瓷碟壹佰床。”其
實，書籍本非適合海運之物，一旦進水，則立即失去商品價值。因此，即使是在沒有禁書出
國的日唐貿易中，書籍也幾乎沒有被用來當做商品買賣過。如《續日本記》神護景雲三年
（唐大曆四年·769）十月甲辰條中有如下之記載：“大宰府言，此府人物殷繁，天下之一都會
也。子弟之徒，學者稍多，而府庫但蓄五經，未有三史正本。涉獵之人，其道不廣。伏乞列
代諸史，各給一本，傳習管內，以興學。詔賜《史記》《漢書》《後漢書》《三國志》《晉書》各一
部。”連當時唯一管理與中國貿易的大宰府都得不到像《史記》《漢書》一類的普通史書，尚需
要從圖書寮轉抄。由此可推知日唐貿易中書籍鮮有被交易之實情。

希望能够借助寂照的人緣關係購入一批宋代書籍，但此事其後就没有了下文。"上國之風，絕而無聞"一語，正道出了北宋書籍罕入平安之實情。

另外，從較藤原道長、源俊賢稍後的平安後期大儒藤原賴長（1120—1156）的日記《台記》中也可看出，即使晚至南北宋之交，平安的貴族們仍鮮有一覽宋刻本的機會。藤原賴長在其日記中詳細地記錄了每天所閲漢籍的卷次内容，並在每年除夕將其一年所讀的書目詳記於日記正文之後。在《台記》中，藤原賴長曾提到自己在康治二年（南宋紹興十三年·1143）從皇太后宫處借得大進泰兼進納的摺本《禮記正義》一部七十卷，他欣喜若狂，寫下"勝得萬户侯"一語，並花費了很長的時間逐字逐句進行校讀（卷三·康治二年十一月三日—卷四天養元年十二月十日條）。同時，又從平信俊處借得一部摺本《周易正義》，在日記中寫道："余心悦，甚於千金"（卷三·康治二年十一月二十四日條）。宋商劉文忠知道藤原賴長酷愛宋本，爲了行商方便，於仁平元年（南宋紹興二十一年，1151）送給賴長《東坡先生指掌圖》二帖、《五代史記》十帖、《唐書》九帖作爲賄賂，爲此賴長返送給了劉文忠沙金三十兩，並開了一份書目请劉文忠回大陸購書。但此後《台記》中再也没有了有關劉文忠的記錄，可知藤原賴長的購書計畫最終也和源俊賢一樣成爲了鏡花水月[1]。

藤原明衡（989—1066）所編撰的《雲州往來》中還收入了這麼一則十分有趣的信件，信是某鎮守都督寫給宋商人鄭十四的，其正文如下[2]：

　　　　所贈綾錦已動心機，就中能言鸚鵡可謂珍禽，丹穴之鳳何以如之。仰旅舶之間，定乏資糧，烏米紅稻，贈於客館。至便撿領，莫嫌輕微。良吏所求書籍，篇目雖多，聖朝盛崇文章之道，家國絕經典之文哉。不羅縷，可在後信。春暖，加攝理者。以狀。

這位鎮守都督寫信給宋商人鄭十四，一方面感謝其送來的綾錦與鸚鵡，同時作爲回禮送給鄭十四旅途必需的上好的糧食。有趣的是，在此後文中，他竟委婉地提出希望下次送禮不要再送這些華而不實的東西，最好能够送來一些平安没有的"聖朝"書籍。

如上，翻撿平安中後期的幾位代表的公家日記以及相關史料典籍，即可知宋刻本傳入日本的記錄之相關記載可以説是少之又少，屈指可數。從上述

---

① 《台記》，增補史料大成第 23—25 卷，臨川書店，1965 年。

② 《雲州往來二種》所收寬文十九年刊本，勉誠社，1981 年。

材料可知，這些好不容易傳入日本的宋刻本幾乎都是商人僧侶爲了達到某種特殊目的而所使用的一種賄賂手段，並不是公開的商品。這些宋刻本一旦被傳入了某位貴族的手中，被立即變成了賞翫的"秘藏本"，只在小範圍予以傳播。如果大學寮藏有諸多的宋刻本的話，權傾朝野的藤原賴長也就不會因爲見到一部刻本《禮記正義》，就發出"勝得萬户侯"的感想，鎮守都督也就不會發出"聖朝（大宋）盛崇文章之道，家國（日本）絕經典之文哉"之悲嘆了！

　　另外，在這裏還要特別指出的是，當時的平安貴族並不是單對刻本這一新的書籍形態感興趣。正如上舉源俊賢寫給寂照的信中所言一樣，這些平安的最高權貴們希望得到的是唐代以後編輯的新書籍，以便迅速掌握大陸宋王朝的最新學術動態。這從《台記》中所記的藤原賴長對宋刻本《禮記正義》和《周易正義》校閱也可以看出這一點。川口久雄在其大著《平安朝日本漢文學史の研究》中已經明確地指出，藤原賴長對宋舶來品之鍾愛乃是源於其對北宋新文化的心儀，希望借助北宋新儒學來重新構建日趨沒落的平安儒學①。其時由於沒有直接的國交，北宋文化很難直接傳入日本，譬如《台記》卷三康治二年三月四日條還記有這麽一則軼事：

　　　　詣新院，御談合。次勅曰，熊野那智有一僧，自稱宋朝人，生年二十九，十一歲渡日本國。所習《論語》、《孝經》而已在宋國時習之，唐聲誦之。在宋國時在橘洲，勅令注進自在宋國時至今之事。余請見之，上皇許之，書寫退出，其文甚鄙陋云云。

這位十一歲來日本的僧人，僅因自稱在宋時習過《論語》《孝經》，就倍受太上皇之寵愛。但據藤原賴長之"其文甚鄙陋"之語，可見其文化素養其實很低。從這則日記亦可看出平安貴族對兩宋文化之陌生與憧憬。

　　藤原賴長希望借助北宋儒學思想重建日趨沒落的平安儒學，因此才不惜餘力的搜集來自大陸的刻本經史書籍②。他在仔細的校點了這兩部刻本之後，在日記中寫道："《周易正義》一部十四卷，今日見畢。本經引合，不落一

---

　　①　川口久雄《三訂平安朝日本漢文學史の研究》下篇《王朝漢文學の斜陽》第二十三章第四節《藤原賴長と經史の研究》，頁 919—929，明治書院，1975 年。

　　②　藤原賴長如此渴望得到宋代出版的最新書籍，或許與北宋疑經改經亦有關聯。對於平安的貴族學者來説，了解"上國"對傳統經典的改纂，無疑事關重要。有關宋代疑經改經的研究，可參考楊新勛《宋代疑經研究》，中華書局，2007 年。

字。見畢正義，首附點本，與正義讀說相違之所，用正義。”（卷四·康治三年六月二十二日條）。但其借助宋刻本來改正大學寮傳統儒學思想的嘗試最終還是沒有爲平安貴族們所接受。平安中後期文學思想基本上沒有受到北宋思潮影響這一史實，正是北宋書籍未有大量傳入日本的最好證明①。

眾所周知，日本的許多藏書機構都收藏有不少的宋刻本，而這些書又是何時傳入日本的呢？其實，這在日本的古文獻中也可以找到明確的記載。日本學者結城陸郎先生在研究金澤文庫教育史時，曾在建長寺第 164 世玉隱英璵所編撰的《關東禪林詩文等抄錄》中發現過這麼一則記錄：“昔金澤大夫君，遣使於支那國，航萬里鯨波，運載群書，以爲我本朝之寶。”根據結城先生的考證，金澤大夫君指的就是鎌倉幕府的重鎮，金澤文庫的創建者北條實時（1224—1276）。北條實時在 13 世紀中葉、也就是宋末元初時，不是依靠商人，而是專門派船到大陸購入了整船的兩宋刻本，北條一族滅亡之後，這些書籍被幕府所沒收，隨後成爲了日本各學術機構的主要藏書②。也正是因爲這一大批書籍流入鎌倉，宋代雖已經滅亡，其儒學文學思想卻在日本扎下了根枝，得到了開花傳承。

另一方面，三善爲康在《經史歷》中所記的唐末五代刻本現今決無蹤影，也是事出有因的。這些書籍極有可能被毀於 12 世紀中葉的一連串災害之中。首先在日本仁平四年（南宋紹興二十四年·1154），大學寮所在建築物全部倒塌，之後就沒有再予以重建，而是將其搬到了明經道院。隨後，著名的安元三年（南宋淳熙四年·1177）大火將京都的主要政府機構以及權貴們的庭院燒爲灰燼。大學寮在這場浩劫之中不但失去了其全部藏書與僅有的一點設施，也終結了其歷史使命，從此永遠地退出了歷史的舞臺。

---

①　晚至鎌倉的五山時期兩宋學術思想才逐漸對日本產生影響。相關考證可參考足利衍述《鎌倉室町時代之儒教》，日本古典全集刊行會，1932 年。

②　此處引文轉引自結城陸郎《金澤文庫の教育史的研究》第一章第一節《文庫本の統計的研究》，吉川弘文館，1962 年，頁 21。以及同氏《金澤文庫と足利學校》，鎌倉印刷株式會社，1959 年。另據結城陸郎之統計，現今可以確認的金澤文庫本中所藏北宋版漢籍刻本共有 36 部 2995 卷 476 冊 4 葉，南宋版漢籍刻本共有 9 部 82 卷 59 冊 0.5 葉，《金澤文庫の教育史的研究》第一章第一節《文庫本の統計的研究》，頁 23。另外，有關北條派船至大陸買刻本經史佛典一事，澤庵宗彭《鎌倉順禮記》中亦有記載，其文云：“昔船つかはして、一切經をも異國よりとりし渡し、云云。”續群書類叢三十三下所收，續群書類叢完成會，1958 年。

從上述考證可以看出,《經史歷》中所記錄的大學寮中屬於公開教科書性質的一百多部"唐摺本",基本上沒有是北宋時期所購入的宋刊本的可能性。而且,考慮到唐代中後期還沒有出版如此數目的刻本的社會環境與技術能力,這些摺本大量傳入日本只有一個時期比較有所可能,即日本與五代南方諸國、尤其是吳越保持着良好關係的五代時期。日本一直將吳越稱爲"大唐吳越國",與其建立了密切的外交關係,承認其傳承了大唐王朝的正統地位,而且還互相交流所無的經史佛典①。現階段雖然還沒有證明日本通過吳越等南方諸國買入大量刻本書籍的直接史料,但從現存的一些零散記載來看,這一推測應該具有一定的合理性②。

三 《經史歷》與《日本國見在書目》及北宋監本之比較

我們在研究日本古抄本時,經常會使用藤原佐世於平安寬平年間(唐昭宗時期,889 — 897)所撰寫的《日本國見在書目錄》。這部書目是平安時期日本所藏唐抄本的一部總目,可以說基本上囊括了當時日本全境所藏的漢文書籍③。但《經史歷》中收有許多《日本國見在書目錄》未載書目,由此亦可推知這些書籍都是寬平年間以後傳入日本的,這與本文所將其注語中的"唐摺本"之"唐"定位爲"唐末五代"時期也恰好基本吻合。

另外,如果我們將《經史歷》與《日本國見在書目錄》以及王國維先生所考

---

① 有關日本與吳越交往的考證,可參考森克己《續日宋貿易之研究》第十三章第二節,頁 224—227,森克己著作選集第二卷。

② 譬如《太宰府神社文書》中就留下了日本天德元年(957)入唐僧日延從吳越國帶回"外書《春秋要覽》《周易會釋》各二十卷等"諸多書籍的記載。竹內理三編《大宰府·太宰府天滿宮史料》卷四,1964 年。

③ 有關《日本國見在書目錄》的成書年代及其作者的相關考證,可參考狩野直喜《日本國見在書目考》,《支那學文藪》所收,みすず書房,1972 年。長澤規矩也、阿部隆一《日本書目大成》第一卷《解題·日本國見在書目錄》,汲古書院,1979 年。另外,本文所用底本爲名著刊行會所影印的宮內廳書陵部所藏室生寺本,1996 年。同時參考了狩谷掖齋《日本見在書目證注稿》,《狩谷掖齋全集》第七卷,日本古典全集刊行會,1928 年;小長谷惠吉《日本國見在書目錄解說稿》,小宮山書店,1956 年;矢島玄亮《日本國見在書目錄——集證與研究》,汲古書院,1984 年。

證出來的北宋監本目錄做一個比較的話,則可進一步清楚地看出,《經史歷》中不但包含了大批《日本國見在書目錄》以及北宋監本目錄中没有的書籍,即使是相同的書籍,其書名與卷數也存在着很多不同之處,不可能是同一系統的本子。而且,根據《經史歷·書史卷數》後所附的注語來看,平安大學寮的博士們在用這些刻本爲底本編纂集注本所參考的各類箋注底本,卻基本上與《日本國見在書目錄》所載的唐抄諸本是一致的①。現謹將三份書目的對照表附録於下面以供參考。

日本國見在書目(唐抄本)	經史歷(唐末五代刻本)	北宋監本
○孝經一卷唐玄宗皇帝注	(1)孝經一卷十八章(玄宗皇帝注,號御注,元行冲疏三卷,即用此序。)	○孝經一卷御製序並注
○論語十卷鄭玄注○論語十卷何晏集解	(2)論語十卷二十篇	○論語十卷何晏集解
○周易十卷魏尚書郎王弼注六十四卦六卷,韓康伯注繫辭以下三卷,王弼又撰易略例一卷。	(3)周易十卷(王弼字輔嗣注。魏代人也。有三名,周禮大卜、一曰連山、二曰歸藏、三曰周易)	○周易九卷略例一卷王弼注
○古文尚書十三卷漢臨淮太守孔安國注	(4)尚書十三卷(尚書篇名,孔安國傳,漢代人也)	○尚書十三卷孔氏傳
○毛詩二十卷漢河間太傅毛萇傳鄭氏箋○毛詩正義四十卷孔穎達撰○毛詩述義三十卷劉炫撰	(5)毛詩二十卷三百五篇(毛詩篇名,三百一十一篇。毛公注,鄭玄箋,子貢序,正義四十卷孔穎達,述義三十卷劉炫)	○毛詩二十卷鄭氏箋
○禮記二十卷漢九江太守戴聖撰鄭玄注○禮記正義七十卷孔穎達撰○禮記子本義疏百卷梁國子監助教皇侃撰	(6)禮記二十卷四十九篇(鄭氏注,正義七十卷,疏百卷)	○禮記二十卷鄭氏注

①　本欄( )中的注文爲"書史卷數"後半部分對一些重要典籍的卷數章節內容所作敍録時附於書目下的注語,爲了方便對照,此處轉記於該書名之後。另外,本表在調查北宋監本書目時,還參考了《宋版書考録》書末所附《書名筆畫索引》,北京圖書館出版社,2003年。

續表

日本國見在書目（唐抄本）	經史歷（唐末五代刻本）	北宋監本
○春秋左氏傳集解三十卷晉杜預注	(7)春秋三十卷左傳左氏傳（晉人杜預注）	○春秋經傳集解三十卷杜氏
○春秋公羊集詁十二卷漢諫議大夫何休學	(8)公羊十二卷（何休注）	○春秋公羊經傳解詁十二卷何休學 ◆春秋公羊傳疏三十卷
●春秋穀梁傳十一卷范甯集解	(9)穀梁傳十二卷（范甯注，後漢人）	○春秋穀梁傳十二卷范甯集解
○周官禮十二卷鄭玄注	(10)周禮十二卷（六宮，三百六十職，三鄭，一杜注，周禮職名鄭氏注）	○周禮十二卷鄭氏注
○儀禮十七卷鄭玄注○儀禮疏五十卷唐賈公彦撰	(11)儀禮十七卷（鄭氏玄注，疏五十卷）	○儀禮十七卷鄭氏注
○爾雅三卷郭璞注	(12)爾雅三卷十九篇（郭璞注）	○爾雅三卷郭璞注
●老子一卷王弼注	(13)老子二卷（王輔嗣注）	◆道德經二卷
●莊子二十三卷郭象注	(14)莊子二十卷（二十三卷晉人郭象注） (15)莊子三十三卷	◆南華真經十卷
○史記八十卷漢中書令司馬遷，宋南中郎外兵參軍裴駰集解。	(16)史記八十卷（本百三十篇，復爲八帙八十（一作三）卷，太史公撰，裴駰集解。）	◆史記一百三十卷
●漢書百二十卷唐秘書監顏師古注○漢書音義十二卷隋國子監博士蕭該撰○漢書古今集義二十卷顧胤撰	(17)前漢書百二十卷（十二帝紀八表十志七十列傳，分成百十五卷，顏師古注） （○漢書訓纂三十卷姚察撰○舊儀二十卷顧胤撰○音義蕭該）	○漢書一百二十卷
●後漢書九十二卷宋太子詹事范曄撰庶本○後漢書百三十卷范曄本，唐臣賢太子但志三十卷，梁剡令劉昭泫補）	(18)後漢書百二十卷（後漢書一百卷范曄撰，皇太子臣賢注）	◆後漢書九十卷

續表

日本國見在書目（唐抄本）	經史歷（唐末五代刻本）	北宋監本
○三國志六十五卷晉太子中庶子陳壽撰，宋中大夫裴松之注	（19）吳志二十卷 （20）蜀志十五卷 （21）魏志三十卷	○三國志六十五卷
●後魏書百卷隋著作郎魏彦撰	（22）後魏志百三十卷	
○晉書百三十卷唐太宗文皇製	（23）晉書百三十卷	○晉書一百三十卷
○宋書百卷梁尚書僕射沈約撰	（24）宋書百卷	○宋書一百卷
●周書五十卷唐秘書丞令狐德棻等撰	（25）周書四十二卷	◆後周書五十卷
●齊書二十卷沈約撰	（26）齊書六十卷	◆南齊書五十九卷
●齊書五十卷唐中書令李百藥撰	（27）北齊書五十卷	○北齊書五十卷
	（28）梁書五十五卷	◆梁書五十六卷
○陳書三十六卷唐姚思廉魏徵撰	（29）陳書三十六卷	○陳書三十六卷
○隋書八十五卷顏師古撰	（30）隋書八十五卷	○隋書八十五卷
	（31）北史五十一卷	◆北史一百卷
	（32）南史八十卷	○南史八十卷
	（33）高祖實錄二十卷	
	（34）太宗實錄四十卷	
○趙書十卷僞燕太傅田融撰	（35）趙書十卷	
	（36）燕書二十卷	
○列子八鄭之隱人列圄寇撰，東晉光祿勳張湛注	（37）列子八卷	◆冲虛至德真經八卷

日本國見在書目(唐抄本)	經史歷(唐末五代刻本)	北宋監本
	(38)墨子十五卷	
○孟子十四卷齊卿孟軻撰,趙岐注	(39)孟子十四卷	◆孟子十四卷音義一卷
●劉子十●劉子五○劉子三	(40)劉子三卷	
	(41)尸子十二卷	
○文子十二	(42)文子十二卷	
●孫卿子十楚蘭陵令荀淑傳曰荀淑者荀卿十一代孫也。荀況撰,號荀卿子,避宣帝諱改曰孫	(43)荀卿子十二卷	◆荀子十二卷
●抱朴子内篇二十一卷葛洪撰●抱朴子外篇五十卷葛洪撰	(44)抱朴子十卷	
○鬼谷子三卷鬼谷子周世隱於鬼谷,皇甫謐注	(45)鬼谷子三卷	
○鶡冠子三卷楚之隱人	(46)鶡冠子三卷	
●淮南子三十一漢淮南王劉安撰,高誘注○淮南子二十一許慎注	(47)淮南子二十卷	
	(48)魯連子五卷	
	(49)尹文子二卷	
●孔子家語二十一卷王肅解	(50)孔子家語十卷	
○顏氏家訓七	(51)顏氏家訓七卷	
●揚雄法言十三卷宋衷注	(52)揚子法言十卷	◆揚子法言十三卷音義一卷
●揚子大玄經十三卷同注	(53)(揚子)大玄經十卷	

續表

日本國見在書目（唐抄本）	經史歷（唐末五代刻本）	北宋監本
	(54)大白陰經十卷	
●山海經二十一卷郭璞注見十八卷	(55)山海經二十卷	
●神仙傳二十卷葛洪撰	(56)神仙傳十卷	
	(57)義士傳十五卷	
	(58)文士傳五十卷	
	(59)先賢傳五卷	
○高僧傳十四卷釋僧佑撰	(60)高僧傳十四卷	
○列女傳十五卷劉向撰曹大家注	(61)列女傳十五卷	
○韓詩外傳十卷韓嬰撰	(62)韓詩外傳十卷	○韓詩外傳十卷韓嬰撰
●晉陽秋三十卷訖哀帝孫盛撰◎續晉陽秋三十卷宋永嘉太守檀道鸞撰	(63)晉陽春秋五十四卷	
○呂氏春秋二十六呂不韋撰，高誘注。	(64)呂氏春秋二十六卷	
●吳越春秋七卷	(65)吳越春秋十卷	
	(66)楚後春秋九卷	
●齊民要術十卷丹陽賈鰓思（按：思勰）撰	(67)齊人要術十卷	◆齊民要術十卷
○內典博要三十卷	(68)內典博要三十卷	
	(69)法華連璧三十卷	
	(70)會稽典錄二十四卷	
○三輔決錄七卷漢太尉趙岐撰摯虞注	(71)三輔決錄七卷	

日本國見在書目(唐抄本)	經史歷(唐末五代刻本)	北宋監本
●戰國策三十三卷劉向撰高誘注	(72)戰國策七卷	
	(73)三略三卷	
	(74)七略七卷	
	(75)世本三卷	
	(76)物理論十六卷	
○博物志十張華撰	(77)博物志十卷	
●古今注三崔豹注	(78)古今注一卷	
●說文解字十六卷許慎撰	(79)說文十五卷	○說文解字十五卷
●字林二卷呂枕撰	(80)字林七卷	
○搜神記三十卷干寶撰	(81)搜神記三十卷	
●漢武洞冥記四卷鄭子橫撰	(82)洞冥錄四卷	
●唐韻正義五卷	(83)唐韻五卷	
●玉篇三十一卷陳左將軍顧野王撰	(84)玉篇三十卷	○大廣益會玉篇三十卷
○文選三十卷昭明太子撰●文選六十卷李善注	(85)文選三十卷	◆文選六十卷
○翰苑三十卷張楚金撰	(86)翰苑三十卷	
○初學記三徐堅撰	(87)初學記三十卷	○初學記三十卷
	(88)六帖三十卷	○六帖(按:卷帙不明)
●白虎通十五卷班固等撰	(89)白虎通六卷	
○鹽鐵論十漢盧江府丞桓寬撰	(90)鹽鐵論十卷	
●通曆十卷馬總撰	(91)通曆十五卷	

續表

日本國見在書目（唐抄本）	經史歷（唐末五代刻本）	北宋監本
	(92)帝代曆五卷	
●類林五	(93)類林十卷	
●說苑二十劉向撰	(94)說苑十卷	
○經典尺（釋）文三十卷陸德明撰	(95)經典釋文三十卷	○經典釋文三十卷
	(96)筆語類對十卷	
○文場秀句一卷	(97)文場秀句一卷	
○文心雕龍十劉勰，在雜家。	(98)文心雕龍十卷	
	(99)蒙求十卷	
	(100)系蒙求十卷	
○千字文一卷周興嗣次韻撰○千字文一卷李暹注○千字文一卷梁國子監祭酒蕭子雲撰	(101)千字文一卷	
○文館詞林千○文館詞林千金輪萬歲集五十一，一卷目錄。	(102)文館詞林千卷	

　　由此可以看出，三善爲康書目中的書籍卷數有很多都明顯與《日本國見在書目錄》中所記的唐抄本以及北宋監本不同①。可能是底本不同，也有可能是在刻印之時對其中卷數作了調整。如果進一步與中國方面的相關史料進行對證的話，我們還也可以找出更多的證明這份書目所述圖書當是唐末五代刻本的內證，現分條縷述於下。

一，　與現已知唐末五代刻本書目對證。如五代監本《九經》《易經》《書經》
　　《詩經》《三禮》（《周禮》《儀禮》《禮記》）《三傳》（《左傳》《公羊》《穀梁》）

―――――――――

　　①　另外，據《百宋一廛書錄》，《經史歷》所著錄的書錄中《淮南子》《列子》《顏氏家训》《列女傳》《戰國策》等書籍亦有宋刊本存世。但無法判斷其是否爲北宋監本。本文所用《百宋一廛書錄》爲《宋版書考錄》所收本。

《孝經》《論語》《爾雅》、顯德印本《經典釋文》；毋昭裔刻《白氏六帖》《文選》；《老子》《莊子》《顏氏家訓》以及前文所提到的由宗叡帶回國的《唐韻》與《玉篇》等。這些資料顯示了三善爲康的書目具有很高的眞實性。

二，　與宋人筆記中有關五代刻本的一些記載互證。如宋王明清《揮麈錄》記毋昭裔刻"諸史"一說，過去一直認爲不可全信。但在《經史歷》中記錄了八十卷本《史記》、百二十卷本《前漢書》、百二十卷本《後漢書》、二十卷本《吳志》、十五卷本《蜀志》、三十卷本《魏志》、百三十卷本《後魏志》、百三十卷本《晉書》、百卷本《宋書》、四十卷本《周書》、六十卷本《齊書》、五十卷本《北齊書》、五十五卷本《梁書》、三十六卷本《陳書》、八十五卷本《隋書》、五十一卷本《北史》、八十卷本《南史》等大量的史書，可證明《揮麈錄》所記並非狂言虛構。

三，　書目中含有許多北宋已經散佚了的書籍。如百三十卷本《後魏志》。此書北宋初期就已經散佚。據《高麗史》卷十《宣宗記》八所載，宋太宗曾派使者到高麗尋訪此書。因知此書亦爲唐末五代刻本。

四，　書名不一致以及與宋監本卷數不同。一是書名不一致，如宋監本題爲《北齊書》《南齊書》，而《經史歷》均載爲《齊書》。宋監本題爲《南華眞經》，而《經史歷》載爲《莊子》。宋監本題爲《說文解字》，而《經史歷》載爲《說文》。平安文人對書之名稱非常重視，一般都會保留其傳入時的原名，而不會妄改書名，如有異名，一般會用旁注標明。二是與宋監本卷數不同。如宋監本《北史》爲一百卷，《經史歷》錄爲五十一卷。又如宋監本《南齊書》爲五十九卷，《經史歷》錄爲《齊書》六十卷。宋監本《南華眞經》爲十卷，《經史歷》錄爲《莊子》二十卷及三十三卷兩種。此類例子甚多，具體可參照上表。

當然，對於本文的這一推論也不是沒有存疑之處。其中最大的問題就是《經史歷》所記千卷本《文館詞林》的刊刻。按照現有的史料來看，這種大規模的刊刻，不僅是在唐末五代，即使在北宋都是難以置信的。其實，換一個角度來考慮的話，正可以看出《經史歷》所載書目爲唐末五代刻本而非北宋刻本的解釋符合歷史走向。因爲如果這套書是在北宋刊刻的，就不可能在浩瀚的兩宋文獻中沒有留下蛛絲馬跡。但如果是在唐末五代的話，由於經歷了改朝換代，沒有留下記錄反而是情有可原的。

那麼，五代時期又是否具有出版如此規模大型叢書的技術能力呢？從五

代對各種佛教經典的出版情況來看這也是有可能的。此外,宋太祖開寶四年
(971)差人到成都開雕《大藏經》更是最好的證明。這部被後人稱爲《開寶藏》
的《佛藏》凡十三萬版,五千四十八卷,所利用的完全就是後蜀所留下來的工
人技術。由知只要有充足的財力,五代時期之南方諸地區要完成大規模的刻
書工作是完全有可能的①。

　　另外,這部由許敬宗所主編的《文館詞林》,在成書之伊就是爲諸外國千
方百計所想購入的一部重要大型類書。但時至北宋世上已很難見到全書,
《通志》卷六十五及卷七十記其有一千卷,又敍曰:"文館詞林彈事四卷,許敬
宗集晉宋梁以來者,舊有千卷。文館詞林策二十卷,崔元暐注。"由知《經史
歷》中提到的以《文館詞林》爲底本再加入箋注也並非誑人之語②。

　　由於文字篇幅所限,本文不能對《經史歷》所載書目進行逐一詳細考證,
還有待今後作進一步的考證。但即使如此,通過上文簡單的內外證明,也可
以得出三善爲康的這份《經史書目》極有可能就是一份保留在平安中後期大
學寮的"唐摺本"——唐末五代刻本書目。雖然我們現在很難找到唐末五代
刻本實物來證明本文的推論,但考慮到《經史歷》爲教科書之一特性,三善爲
康的"已上唐摺本注之"七字注語,極有可能就是一把爲重新評價五代出版
事業,甚至五代的文化政策的一把重要的鑰匙,希望今後能發現更多的新
史料。

---

　　①　相關考證可參考張秀民《中國印刷史》(韓琦校訂本)第一章之《五代(907—960)監
本及蜀國、吳越的印刷》,頁29—39。同章《宋代(960—1279)雕版印刷的黃金時代·刻本內
容·佛藏》,頁110。另外,五代時期的南方諸國均對文化事業予以高度重視,譬如齊己就曾
進行過了一系列大規模的書籍編撰保存工作。詳細考證可參考拙論《唐末五代における
〈白氏文集〉の傳承——詩僧齊己の活動を中心に》,《中國文學論集》第三十七號,九州大學
中國文學會,2008年。

　　②　有關《文館詞林》,日本還保存其弘仁寫本中的一部分,其卷數如下:152、156、157、
158、160、346、347、348、414、452、453、455、457、459、507、613、662、664、665、666、667、668、
669、670、691、695、699,卷帙未詳殘卷3葉斷簡。有關這些卷帙的詳細考察,可參考《影弘
仁本文館詞林》(後附阿部隆一《文館詞林考》),古典研究會,1969年。

四　《經史歷》之文獻價值述略

如果熟悉平安學術史的話，就可知三善爲康所言大學寮博士“已上唐摺本注之”的漢籍整理工作基本上開展於大力中興儒學的藤原道長時代。當時，以大江匡衡、源爲憲爲首的學者們曾總彙宮中所藏各種箋注編撰了大批集注本。其時執掌大學寮的大江匡衡（953—1012）在其文集《江吏部集》中反復提到他奉一條天皇及藤原道長之御命校書集注，譬如《述懷古調詩一百韻》詩云①：

> 執卷授明主，從容冕旒裳。尚書十三卷，老子亦五千。文選六十卷，毛詩三百篇。加以孫羅注，加以鄭子箋。搜史記滯疑，追謝司馬遷。叩文集疑關，仰懜白樂天。

在這首詩中，大江匡衡具體談到了他用公孫羅《文選音決》《文選鈔》爲主編纂了一部集注文選，這部集注文選就是現存《文選集注》殘本之祖本②。另外，他還提到了自己首次用鄭玄箋編撰了一部《毛詩集注》。大江匡衡的這些書籍大致編成於十一世紀初葉。從平安的這一整理漢文經典的時期亦可推知，此時所采用的底本之“唐摺本”只有一個可能，即在此前的唐末五代時期由大陸傳來的刻本。

如果本文考證沒有太大的謬誤的話，則可知唐末五代、特別是五代時期的印刷出版，遠非只是我們現在所定位的過渡期，而或應該將其稱爲東亞印刷出版史上的第一个黃金期。而且，如果千卷《文館詞林》等大型書籍的雕刻真有其事的話，其刻書出版之規模甚至還在一定程度上超過了北宋。兩宋出版業的繁榮其實只是五代出版活動的繼續和延伸。

另一方面，通過這份書目與其他平安文獻資料的對照，我們還可以澄清許多學界的疑案以及錯誤的認識，現玆舉數例於下。

第一，我們可以根據《經史歷》中對各種重要經典史籍的卷數以及具體的

---

① 九州大學附屬圖書館所藏松平文庫照片複製本。此書之翻字本亦被收入塙保己一編《群書類叢》第九輯之中。

② 有關大江匡衡編撰《集注文選》一事，可參考本輯所刊拙作《文選集注之編撰者及其成書年代考》。

篇目内容的敘録,來還原這些書籍的五代刻本以及唐抄本的本來面目,解決一些文學史上的重要懸案。比如,《文選》的分類問題,這一問題一直是文選研究學界乃至整個古典文獻界所關注的一个重要問題。現在一般認爲蕭統在編撰《文選》時將其分爲三十八目或者三十九類,但《經史歷》明確告訴我們,至少到唐末五代,《文選》還只有三十三類。並且一直到日本鎌倉時期,日本學者參考各種《文選》注本雖然也對《文選》的類目進行了一些相關調整,但在總數上還是保留了唐代《文選》三十三目的基本形態①。

　　第二,根據本文對《經史歷》的考證,揭示了一個現今未爲日中學界所知的史實,即平安中期以後宮中大學寮所藏的各種集注經史典籍,極有可能大都是平安的大學博士們用唐末五代刻本爲底本,加入各種唐抄本的箋注所編撰而成的集注本。這就要求我們對過去簡單地(諸如筆法、俗字、避諱等)判定爲唐抄本的各種日本古抄本的性質進行重考,不能盲目相信前人。譬如,上文所提到的《集注文選》,就是大江匡衡彙集各種唐抄本的注語編撰而成的卷子本。另外,現藏於東洋文庫被定爲唐初抄本的《毛詩》卷十殘卷(日本國寶),也極有可能就是大江匡衡用五代刻本《毛詩》爲底本彙集鄭玄箋所編撰而成的《毛詩詁訓傳》轉抄殘卷。不能單據其筆法就斷定其爲唐初抄本,還需

---

　　①　三善爲康在《書史卷數・文選篇目》提到大學寮所用三十卷《文選》之底本爲三十三類,但與現存《文選》篇目體例都有較大出入,其後對歷代《文選》篇目的變遷都有敘録。此處兹舉其文末寫入的鎌倉時期所添附的注語:"今私以本書撿考時,自周至梁八代,撰集人一百三十人,撰者篇數七百三十人(注:賦五十六,詩四百二十,騷一等),其體有三十三:賦、詩、騷、七、詔、策、令、教、表、書、啟、彈、牋、奏(屬表)、移、檄、難、設論、辭、序、頌、贊、符命、史論、連珠、箴、銘、誄、哀、碑、志、行狀、弔、祭。"由此可以推測出,晚至鎌倉時期的文人所見到的《文選》仍是保存著三十三類目的舊體例,只是在類目上有一些調整。對於此,筆者將另作《蕭統所編三十卷〈文選〉之原貌考》一文予以詳述。

要作進一步研究①。

　　第三，重新思考中日學術史的流變。這份書目的發現，可以糾正過去在東亞學界普遍存在的一个根深蒂固的錯誤觀念，即日本一直延續着以閱讀唐抄本系統爲主的習慣，而中國到兩宋以後基本上是以閱讀刊本爲主。其實在日本同樣經歷了一場書籍形態的大變革。通過本文的考證可知，早在平安中期，也就是北宋初期，日本平安大學寮的博士們就已經大量采用了唐末五代刻本對大學寮所藏各種書籍進行了再整編。只是由於書籍使用者人數相對有限，雕版印刷這一技術本身無須普及而已。毫無疑問，對於這個問題的更深一層次的研究，將直接影響到今後我們如何來重新構建交錯連動的中日兩國、乃至整個東亞地區文學史的基本思路。它提醒我們，已經到了整合東亞地區漢文獻史料、構建東亞文獻史學之大框架，突破一國一史觀的束縛，以東亞學術史的觀點對許多傳統問題進行綜合思考和重新判斷的時候了。

　　總而言之，這份《經史歷》的文獻價值遠遠超過了一份普通的刻本書目，希望其今後能引起中日學界更大的關注。

（作者工作單位：日本九州大學人文科學研究院）

---

　　①　有關這一殘卷，可以參考《東洋文庫之名品》所載圖版，東洋文庫，2007年。書中對這一殘卷的介紹如下："1（國寶）毛詩，卷第6殘卷，鄭氏箋，鈔本，1卷1軸，唐初寫，紙背，兩部儀軌斷簡。（前略）本書記載了地方歌謠之國風中第十唐之《蟋蟀》到《鴇羽》的八篇。卷首題下注之鄭氏箋，指的是後漢建武八年（32）鄭玄所作注，一般稱之爲鄭箋。其筆法精緻，具有很高的書法價值，被判定爲唐初書體。本文用朱筆所加入的乎古止點、反切，以及偶見之假名都是平安時代所加入的，紙背寫有《兩部儀軌斷簡》，卷末識語爲'治安元年十二月五日''奉讀'等等。爲洛西常樂院之舊藏本。"（原文日語，筆者譯）但根據大江匡衡《述懷古調詩一百韻》詩，可知平安將鄭玄箋編入《毛詩》之中作爲教科書的始於大江匡衡，而此時已經是北宋初年了。因此，這份殘卷亦有可能是大江匡衡所撰集注本之轉抄本，過去單根據筆法來斷定唐初抄本的判斷顯然是不可靠的。另外，文中所記的乎古止點、反切、假名，以及紙背"治安元年（1021）十二月五日"之記載，或都可以作爲此卷爲平安中晚期所轉抄之內證。關於這一殘卷的成立年代，今後還有待於進一步考證。

域外漢籍研究集刊　第六輯
2010 年　頁 345—380

天隱龍澤《錦繡段》文獻問題之考訂 *

卞東波

一　《錦繡段》之選詩

　　日本五山時期，流行着許多漢詩選本，有的詩選是中國士人所編而流傳到日本的，也有一些由五山詩僧編選的詩選。本文所探討的《錦繡段》即爲一部廣選中國唐、五代、宋、金、元、明諸朝詩人的通代漢詩選本①，由五山時期詩僧天隱龍澤（1422—1500）②編纂。天隱龍澤此書是在五山時期另外兩位禪師所編的漢詩選集基礎上編纂而成的。天隱龍澤在《錦繡段》跋中說：

　　　　近有新編、新選二集而出自中唐至元季，每篇千餘首。童蒙者往往倦背誦。余暇日采摭，爲三百二十八首。

所謂“新編集”乃慕哲龍攀、瑞岩龍惺（1384—1460）共編，“新選集”乃江西龍派（1375—1446）所編。這兩部詩選皆爲當時學習漢詩的入門書，但由於部帙過大，所以流傳不廣，天隱龍澤在此兩書的基礎從中精選拔萃，選擇 328 首（實際流傳本有 331 首），加以分類編排而成《錦繡段》一書。

---

　　* 本文係國家社科基金青年項目“域外漢籍與宋代文學研究”（08CZW018）成果之一。

　　① 玉村竹二先生認爲此書爲中國與日本詩人的選集，似不準確。見氏著《日本禪宗史論集》下之一《典籍篇·禪の典籍》，京都：思文閣，1976—1981 年，頁 142。

　　② 天隱龍澤的生平參見玉村竹二《五山禪僧傳記集成》，東京：講談社，1983 年，頁 476—478。以及仁枝忠《錦繡段講義》前言《錦繡段について》，東京：櫻楓社，1984 年。

《錦繡段》編成後，在日本非常流行，一是很快就出現了續書，即由月舟壽桂（1460—1533）編纂的《續錦繡段》；二是在日本出現大量注釋《錦繡段》的著作，如宇都宮由的（遯庵）所著的《錦繡段鈔》、苗村丈伯（1674—1748）所著的《錦繡段熟字訓解》，另外筆者在哈佛燕京圖書館讀到一部寬永九年版的《錦繡段鈔》①，此書與上面兩部注本內容並不相同。三是日本的許多漢詩選本受到了《錦繡段》的影響，譬如如月壽印（？—1533）所著的《中華若木詩抄》在選詩上就受到《錦繡段》的影響②。《錦繡段》在日本的性質有點與《千家詩》在中國情況類似，兩者選詩不多，所選皆爲七言絕句，皆爲分類編排，編選目的在於童習，同時在民間皆非常流行，不過在文獻上都有不少問題。

天隱龍澤爲日本臨濟宗一山派禪僧，長期爲建仁寺住持，除編有《錦繡段》外，其漢詩創作成就亦很可觀，著有《默雲稿》、《默雲文集》、《默雲集》等。但他最有影響的著作還是這部漢詩選《錦繡段》。全書分爲天文、地理、節序、懷古（附題詠）、人品、簡寄、訪尋（附會合）、送別、旅行、遊覽、閨情、哀傷、器用、食服、草木、鳥獸、畫圖、雜賦等 18 類，每類錄詩不等，尤以畫圖類收詩最多，共 34 首；節序類次之，凡 31 首。《錦繡段》所收畫圖類詩其實就是題畫詩。如果參之天隱龍澤本人的詩集《默雲稿》亦會發現類似的現象，其本人創作中，也有大量的題畫詩，如《默雲稿》中就有《孟郊看花圖》、《淵明醒酒石圖》、《李衛公行雨圖》、《裴度宴綠野堂圖》、《陳平佐刺圖》、《明皇廣陵觀燈圖》、《虞邵庵戴笠圖》、《張良歸山圖》、《范蠡泛湖圖》、《東坡泛赤壁圖》、《司馬溫公花庵圖》等詩，據筆者統計有 20 多首，與“畫圖類”詩在《錦繡段》所佔比例差不多。《錦繡段》與《默雲稿》中的題畫詩大多是以歷史與文學典故爲題材的，可能因爲日本禪僧並不是都有機會來中國，所以希望通過這些歷史題材的題畫詩來溫習中國歷史與文學。至於將天文、地理類放在卷首，完全與中國古代的類書相同，符合古代中國人認識世界的思維方式；下又次之以“人品”，則符

---

①　索書號爲 TJ5237　0300，但著錄爲“天隱叟龍澤撰評”，不確，其注並非天隱龍澤所爲。筆者檢索日本京都大學人文科學研究所編制的收有日本 35 所科研機構漢籍目錄的“日本所藏中文古籍數據庫”，未檢得該書在日本這些機構有收藏，其著者也不得而知。玉村竹二先生認爲此書乃月舟壽桂所作，見《日本禪宗史論集》下之一，頁 190。

②　參見大塚光信、尾崎雄二郎、朝倉尚校注《中華若木詩抄・湯山聯句抄》，東京：岩波書店，1995 年。朝倉尚《抄物の世界と禪林の文學：中華若木詩抄・湯山聯句鈔の基礎的研究》，大阪：清文堂，1996 年。

合古人"三才天地人"的觀念。又選"草木"、"鳥獸"之類的詩，則是依據孔子所持的詩可以"多識於草木鳥獸之名"①理念。

《錦繡段》選宋代詩人最多，金代詩人次之，唐代、元代詩又次之，最少的是明代詩人，也僅局限於明初。選詩最多的是宋代詩人陸游，共 17 首；其次是明初詩僧季潭宗泐，共 6 首。其他選詩較多的還有顧祿、李商隱、白居易、杜牧、范德機、元好問等人。之所以選陸游最多，可能與天隱龍澤對陸游的喜愛有關，其《默雲稿》有詩贊陸游云：

> 詩到茶山續者難，劍門細雨褰驢寒。
>
> 吟身何啻爲梅花，又作蓮華博士官。②

此書雖然選唐宋元明詩人之詩，但很多大詩人的作品一首都沒有選，如杜甫、李白、蘇軾、黃庭堅的詩，卻以選小詩人爲主，甚至是名不見經傳的詩人。同時，這本書也選了很多詩僧的作品，正與天隱龍澤有意提高僧詩的地位有關。

《錦繡段》全書所選詩歌皆爲七言絕句，這是其在選詩上的主要特點③。這與絕句的體式特徵以及此書的編纂目的有關。舊題元楊載的《詩法家數》中說："絕句之法，要婉曲迴環，刪蕪就簡，句絕而意不絕。"④可見絕句的特質在於"句絕而意不絕"，七絕尤其重此。黃叔燦《唐詩箋注》說："七言絕句，亦稱小律，即唐樂府也。揚音抗節，可倚聲而歌，能使聽者低徊不倦。"⑤沈德潛《唐詩別裁》說："七言絕句，貴言微旨遠，語淺情深，如清廟之瑟，一唱而三歎，有餘音者矣。"⑥可見七言絕句這種詩歌體式最有詩味，最能體現詩的餘韻。《錦繡段》的編纂目的，天隱龍澤在序跋中說得很清楚，就是爲了詩學教育："或自書以付小兒輩，以止其啼。""又自書以與二三子令誦之，庶幾知鳥獸草木之名云。"可見這是一本以教習兒童爲目的的書，如果選擇篇幅較長的律詩或古詩，孩童不能理解和接受，反而達不到"止其啼"的目的，所以就選擇了七

---

①　《論語·陽貨》。實際上，天隱龍澤在《錦繡段》跋中也提到這一點。

②　《默雲稿》，玉村竹二編《五山文學新集》第五卷，東京：東京大學出版社會，1967—1972 年，頁 1097。

③　與此相關的是，天隱龍澤個人創作的詩歌也全部是七言絕句，見其《默雲稿》。

④　張健《元代詩法校考》，北京：北京大學出版社，2001 年，頁 23。

⑤　轉引自富壽蓀選注、劉拜山，富壽蓀評解《千首唐人絕句》，上海：上海古籍出版社，1985 年，頁 959。

⑥　沈德潛《唐詩別裁》，北京：中華書局影印本，1975 年，頁 4。

言絕句這種短小的詩體。除了習童,此書之編纂恐怕還是爲了方便禪僧學習寫作漢詩,而從學習的角度來說,掌握了絕句的寫法對學習其他詩體也有好處。日本慶應義塾大學圖書館所藏日本文安元年(1444)寫本《聯珠詩格》前有江應元之序云:"詩莫難於唐律,而尤難於絕句,以其語簡,而字面句法之難工也。"①如果在學習寫詩的過程中首先掌握了七言絕句的寫作,則其他詩體也就應付裕如了。

　　七言絕句的特點就在於最有餘韻,句絕而意不絕,所以《錦繡段》選詩也選擇了很多有餘韻、有餘味的詩,這些詩基本不用任何典故,讀完卻給人餘味無窮的感覺,如"人品類"中選葉元素《漁父》一詩云:"網裏無魚無酒錢,酒家門外口流涎。幾回欲解蓑衣當,又恐明朝是雨天。"此詩寥寥數句,一個愛酒卻又囊中羞澀的漁父形象就躍然紙上。這些有餘韻的詩與天隱龍澤本人的詩歌創作有點接近,如其《花時典衣》一詩云:"白髮逢花惜老年,春來好與緣樽眠。脫衣欲典杏村酒,百結懸鶉不直錢。"②結句與葉元素之詩有異曲同工之妙。詩人不事渲染,卻寫活了一個嗜酒而貧窮的老者形象。此外《錦繡段》還選擇了不少翻案詩。所謂翻案詩,就是對前人詩作的立意、評價、結論加以否定的詩,並且這種翻案大多是有意爲之,造成的閱讀效果就是給人以耳目一新的感覺。《錦繡段》中此類之詩非常多,如"天文類"選宋自遜《夜雪》一詩云:"雪眼羞明夜轉飛,梅花未覺竹先知。一爐柴火三杯酒,誰記山陰有戴逵。"這是對《世說新語・任誕篇》中王子猷夜雪訪戴逵故事的翻案。"懷古類"選陳潤《明妃曲》云:"驪山舉燧因褒姒,蜀道蒙塵爲太真。能遣明妃嫁夷狄,畫工元是漢忠臣。"此爲昭君故事中的毛延壽翻案之詩。"懷古類"選張方平《歌風臺》云:"落魄劉郎作帝歸,樽前一曲大風詞。才如信越猶葅醢,安用思他猛士爲?"這是對漢高祖《大風歌》"安得猛士兮歸故鄉"的翻案。

二　《錦繡段》之諸本

　　據天隱龍澤《錦繡段》序,《錦繡段》脫稿於康正二年(1456),但刊行於文

---

　　①　參見住吉朋彥《舊刊〈聯珠詩格〉版本考》,載《斯道文庫論集》第四十三輯,2009 年,頁 219。此文承住吉朋彥先生見贈,特此感謝。

　　②　《默雲稿》,《五山文學新集》第五卷,頁 1088。

明十五年(1483)。筆者檢索"日本所藏中文古籍數據庫",檢得多種《錦繡段》的刻本,如實踐女子大學所藏寬永十八年(1641)刻本、萬治二年(1659)瀧莊三郎刻本、正德五年(1715)京都丸屋市兵衛刻本以及數種江戶初期的抄本及刻本。該校還藏有元祿五年(1692)京都川勝五郎右衛門所刻的闕名注本,寬文四年(1664)、貞享元年(1684)江戶野田彌兵衛所刻宇都宮由的(遯庵)的注本、元祿十五年(1702)江戶野田彌兵衛與野田太兵衛同刻遯庵的注本。另外天保三年(1832)所刻的《唐賢絕句三體詩法》也附刻了《錦繡段》,可見此書在日本翻刻之多及其流行程度。目前筆者見到寫本有兩種,刻本四種,其中三種爲有注本。

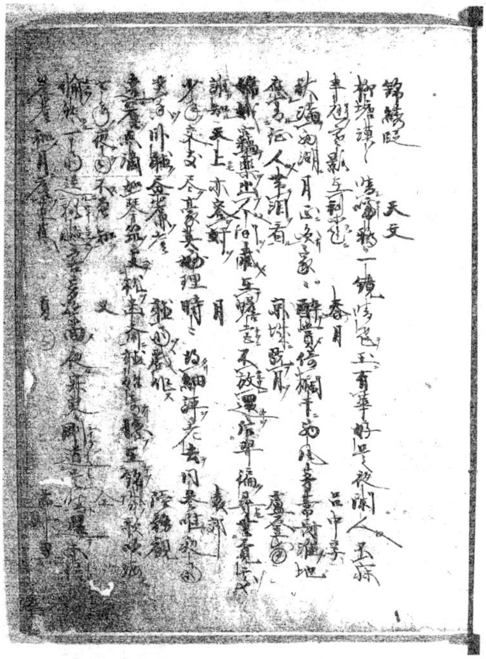

書影一　天隱龍澤自筆本

兩種寫本①,一種東洋文庫岩崎文庫著錄爲康正二年天隱龍澤的自筆本(下簡稱自筆本,見書影一)。此本是目前最早的《錦繡段》本子。但此書前無天隱龍澤之序,而有引自《本朝高僧傳》中的天隱龍澤之傳。正文部分,書名未另作一行,而與第一類並排,標作"錦繡段　　天文"。漢文旁有日本假名。末有天隱龍澤之跋。跋後一頁,有四行文字,引用《新唐書》來解釋書中所選趙仁甫《天陰》一詩中"摸稜"的典故。可能是收藏此書者所書,與正文部分筆跡完全不同。下一頁有一段跋文:"此《錦繡段》一冊,天隱和尚真跡也。寔而爲希世珍。囗隨摸稜手。真珠庵首夏下旬宗玄證等。"最後一頁又有跋語云:"《錦繡段》,南禪寺天

① 日本國立國會圖書館(鶚軒文庫)、東洋文庫(岩崎文庫)、慶應大學、東京大學、龍谷大學、成簣堂文庫皆藏有《錦繡段》的寫本,見仁枝忠《錦繡段講義》前言。筆者所見爲東洋文庫(岩崎文庫)所藏兩種寫本。

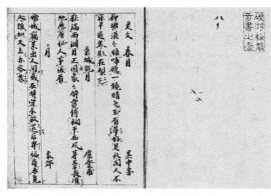

書影二　元龜二年寫本

隱和尚正筆。"又云："自明治十九距康正二年四百三十一年。"可見跋於明治十九年(1876)。此本文字抄寫非常精簡，第二首詩的詩名與署名並未另作一行，而是直接抄在第一首結束後的空白部分。抄寫書法非楷非草，近於行草。此書還有一些塗改之處，可能並非原抄者所爲，但改動後的文字反而是錯誤的，如"行旅類"《曉行》一詩，原抄作"晁叔用"詩，改爲"李膺"詩，則誤。當然原書在抄寫過程中也留下不少錯誤。如將"蕭千岩"誤作"蕭子岩"，"鄭獬"誤作"鄭解"，"蕭澥"誤作"蕭獬"，"僧皎然"誤作"僧皓然"，"崔融道"作"崔道融"，"戴復古"誤作"載復古"。有些訛誤一直沿繼到後來的版本。自筆本還使用了一些日本的漢字，"龍"、"龜"便寫作日本漢字"竜"、"亀"，如"張子龍"作"張子竜"，"陸龜蒙"作"陸亀蒙"。

另一種寫本爲岩崎文庫所藏元龜二年(1571)寫本(下簡稱元龜本，見書影二)。此書亦是《錦繡段》現存較早的傳本之一，封面上用墨筆書"元龜二年四月寫"字樣。是書前無序，扉頁上鈐有"硯湖秘藏奇書之壹"之印。漢文旁亦有少量日文假名，正文末有天隱龍澤之跋，跋後有一行文字云："時元龜二年辛未四月筆者書之。"書末有收藏者跋語云："近世唐明之詩體，學之《錦繡段》，不讀。自元龜二辛未至寬政二庚戌二百十年。古本故除置。"又有一行漢字與假名混合之跋語。此本抄寫年代較早，但抄寫未精，誤字頗多，特別是作者的姓名，多有錯誤，如"呂中孚"誤作"吳中孚"，"錢昭度"誤作"錢照

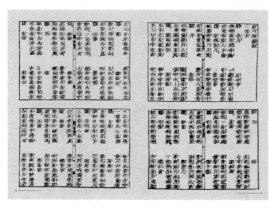

書影三　天和二年本

度"，"蕭千岩"誤作"蕭子岩"，"孫明復"誤作"孤明復"，"何得之"誤作"何德之"，"鄭獬"誤作"鄭解"，"蕭灙"誤作"蕭獬"，"僧皎然"誤作"僧皓然"，"劉潛夫"誤作"劉替夫"，"崔道融"誤作"崔融道"，"李商隱"誤作"李商陰"，"李岫"誤作"李油"，"公道庭"誤作"公道庵"，"晁叔用"誤作"晁射甫"。即使如此，此本對於了解《錦繡段》早期的流行仍具重大意義。

　　久富哲雄先生編並解題的影印《錦繡段》本中收錄了天和二年（1682，下簡稱天和本，見書影三）及元祿五年（1692，下簡稱元祿本，見書影四）所刊的兩種《錦繡段》刻本①。天和本，前有天隱龍澤之序，序前題"錦繡段"，下有小注"新編新撰拔萃"。所謂"拔萃"意指此書是從慕哲龍攀、瑞岩龍惺共編之"新編集"及江西龍派所編之"新選集"精選而來。正文則題作"新刊錦繡段"。此本僅錄選詩，詩旁有假名注音，每首皆注明此詩所屬平水韻之韻部。正文最後有天隱龍澤之跋，文末書"天和二歲壬戌夷則吉旦梓行"字樣。

　　元祿本前亦有天隱龍澤序，正文亦題作"新刊錦繡段"。正文不但錄有詩選，而且還有假名翻譯，每首詩之上有簡單的和文注

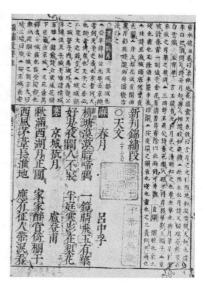

書影四　元祿五年本

釋，亦標明此詩所屬韻部，詩題或作者下亦有簡單注釋。此本末有題記云："元祿五年壬申臘月之吉苗村丈伯三徑考（寺町通三條甫）書林津田宗智梓。"據久富哲雄先生解題，此書注者爲苗村丈伯（1674—1748），近江八幡之醫者，曾從伊藤仁齋學習儒學。他有著作數種，如《古曆便覽備考》、《世話用文章》。所著《錦繡段》之注，又稱爲《錦繡段熟字訓解》。此書之注較爲簡略，明顯參考了宇都宮由的的注釋。

　　元祿本並非最早之注本。筆者於哈佛燕京圖書館善本部閱讀到寬永九

---

　　①　久富哲雄先生編並解題《影印仮名つき錦繡段・三體詩・古文真寶》，東京：クレス出版，1992年。

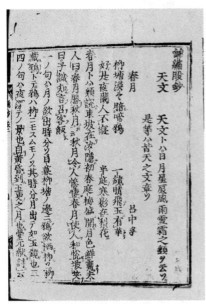

書影五　寬永九年本

年（1632，下簡稱寬永本，見書影五）的注本《錦繡段鈔》，似爲目前最早《錦繡段》之注本。寬永本凡五冊五卷，前有天隱龍澤序，序後有"私曰"一段漢文序，似爲注者之序，之後有和文之序，題作"新編新選拔萃錦繡段"。正文題"錦繡段鈔"，下錄正文，交夾用漢文與假名對正文進行注釋與解題。注釋先是對詩題進行詳細解釋，然後對詩中的典故字句一一解釋，並串講詩意。不但援引資料對其中的事典詳加解釋，而且對其語典也詳考出處。注者也以"私云"、"私曰"、"愚謂"的形式發表自己的意見。注者在序中宣稱，其效仿的對象是李善《文選》注。但與李注不同的是，此詩不但釋事也釋意，可能考慮到日本讀者的需要。不過此書之注爲假名之注，對中國讀者使用略有不便。寬永本的注釋中還多次引到"或抄"，也就是《錦繡段》的其他注本。可見在此注之前，《錦繡段》在日本另有其他的注本，可惜今天似乎已經不可見了。寬永本底本可能是元龜本，因爲很多文字只有兩本相同，如"天文類"中《清明雨》一詩的作者，其他諸本皆作"頃庚老"，而只有這兩本作"項庚老"。寬永本自身也有不少誤署的情況，如"地理類"，《吳興》一詩作者，寬永本署"林中子"，按：此詩爲林希之詩，希，字子中。此詩原始出處《方輿勝覽》亦作林子中，當以林子中爲正。"行旅類"，《去滁用醉翁韻》一詩作者，寬永本署"唐飲叟"，按：此詩乃唐恪之詩。恪，字欽叟。"飲"乃"欽"之形誤。此外，寬永本還有一些其他的錯誤，比如把《中州集》誤作"中洲集"，把《寰宇記》誤作"襄宇記"。可見，寬永本雖然時代比較早，但在文字上還有諸多未善之處。

　　影響最大的注本爲宇都宮由的（遯庵）的注本（下簡稱遯庵本，見書影六），筆者所見本爲早稻田大學圖書館所藏的元祿十五年（1702）江戶野田彌兵衛與野田太兵衛同刻本。此本刻印精美，字畫清楚，全書不分卷凡三冊。書前有天隱龍澤序，序下亦標"新編新撰拔萃"。正文卷首鈐有"千葉胤英藏"

之印。千葉胤英(1819—1883)，乃江戶末期至明治時期著名的和算家。末有天隱龍澤之跋，以及遜庵之跋。每首詩標題前皆注明此詩所屬之韻部。正文部分文字旁有紅筆假名之注，似非原本所有，而爲收藏者所施。注文爲漢文，不但對正文的字句詳加注釋，甚至對序跋、書名，一字一句無所不注，即使在中國人看來是常識、沒有必要注的詞彙，遜庵也不吝筆墨加以詳注，如"序"、"詩"的意思，注者就引經據典予以詳細闡明。值得注意的是，此書引用很多文獻資料對詩中的典故加以抉發，特別是對一些生平不詳詩人的考證，使此書具有較高的文獻與學術價值。

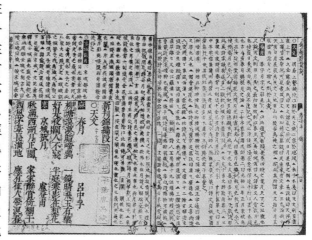

書影六　宇都宮由的(遜庵)注本

以上諸本，除自寫本選詩 328 首外，其他各本皆選詩 331 首。諸本在作者署名上也各有異同，如"懷古類"，錄《明妃曲》多首，第二首作者，元龜本、寬永本作"游希卿"，而其他各本作"許忱甫"(許棐)。"人品類"，《仙興》作者，寬永本作"蕭介石"，而其他各本作"葉介老"。"閨情類"，《惆悵詞》作者，自筆本、寬永本作"王之漁"，元龜本作"王之渙"，而其他各本作"王煥"，遜庵本特別注云："異作王之漁者誤。"

三　《錦繡段》入選詩歌的中國來源

《錦繡段》是在慕哲龍攀、瑞岩龍惺共編"新編集"及江西龍派所編"新選集"基礎上編選而成的。雖然《錦繡段》的選詩從二書中來，但上面兩部書的原始資料亦來自中國的文獻，而且斑斑可考，從一個側面看出中國詩歌總集與別集在五山禪林中的流傳。經過筆者考察發現，這些詩歌的原始資料來源主要是五個方面，即總集、別集、詩話筆記語錄、類書及方志。

(一)總集

1.《萬首唐人絕句》

宋洪邁(1123—1202)所編的《萬首唐人絕句》全書凡一百卷,而七言絕句占七十五卷,由於《錦繡段》所選之詩全部爲七言絕句,基本上可以斷定這些七言絕句都來自《萬首唐人絕句》。由於來自《萬首唐人絕句》中的詩太多,沒有必要一一列舉,可以說所以此書中所選唐人之詩,基本上都可以在《萬首唐人絕句》中找到出處。

2.《宋文鑒》

宋呂祖謙(1137—1181)編《宋文鑒》一百五十卷,共分 61 大類,此書不但"前輩名人之文,搜羅殆盡"①,而且"稀名短句,以幽遠見收"②,一些沒有專集的宋代詩人的作品也收錄其中。《錦繡段》所選張公庠《春日作》一詩就明顯出於《宋文鑒》。此詩首聯爲:"一年春事又成空,擁鼻微吟半醉中。"《侯鯖錄》卷六最早引用此詩,"又成空"作"已成空","半醉中"作"半不中",而《宋文鑒》錄文完全同《錦繡段》。

3.《聲畫集》

宋孫紹遠所編《聲畫集》是中國第一部題畫詩總集,彙集了唐宋時代眾多題畫詩,而且其詩也是按類編排,其中亦有"草木"、"竹"、"梅"之類,與《錦繡段》相似。《四庫全書總目》"聲畫集"提要認爲,宋代一些小詩人的作品,如曹緯之詩皆賴《聲畫集》以傳③,《錦繡段》"草木類"所選曹元象(曹緯)《梅影》就僅見於《聲畫集》卷五。

4.《江湖集》

臨安書商陳起設書籍鋪於臨安睦親坊,曾先後彙刻當朝詩人之集爲《江湖集》、《江湖前集》、《江湖後集》、《江湖續集》、《中興江湖集》及《中興群公吟稿》等。《錦繡段》收錄了不少江湖詩人的作品,其中蕭澥《讀秦記》僅見於《江湖後集》卷十五。

5.《詩林萬選》

《詩林萬選》,宋末何新之編,原爲十八卷,現全書已經亡佚,然《宋詩紀

---

① 李心傳《建炎以來朝野雜記》乙集卷五,北京:中華書局,2000 年,頁 597。
② 葉適《習學記言序目》卷四十七,北京:中華書局,1977 年,頁 695。
③ 《四庫全書總目》卷一百八十七,北京:中華書局,1965 年影印本,頁 1697。

事》還錄其詩 80 首。但在天隱龍澤的時代,可能此書仍存於世,因爲晚於天隱龍澤的明代目錄學家黃虞稷(1629—1691)就著錄過此書①,而此書也可能流傳到日本。左緯《送別》,《庚溪詩話》卷下作無名氏詩,而所錄文本與《錦繡段》也頗異,而《詩林萬選》所載文本(《宋詩紀事》卷四十引)與《錦繡段》的完全相同,且作者明確署左緯。韓準《九月梨花》亦僅見《詩林萬選》(《宋詩紀事》卷七十引)中。

6.《分門纂類唐宋時賢千家詩選》

舊題劉克莊所編的《分門纂類唐宋時賢千家詩選》在東亞漢語文化圈影響很大,在日本存有多種古本和翻刻本。而且此書按類編排,全書分爲時令、節候、氣候、晝夜、百花、竹林、天文、地理、宮室、器用、音樂、禽獸、昆蟲、人品 14 門,《錦繡段》中所列天文、節序、地理、人品、器用、草木、鳥獸諸門與《千家詩選》所列幾乎一致。《錦繡段》所選的一些晚宋時期小詩人的作品僅見於《千家詩選》中,如潘紫岩《晴》見《千家詩選》卷五、邵清甫《壓書石魚》見卷十七、鄭碩《梅》見卷七、宋自遜《五月菊》見卷十、李劉《蟬》見卷二十等等。

7.《唐宋千家聯珠詩格》

于濟、蔡正孫編集的《唐宋千家聯珠詩格》在日本極爲流行,特別是在五山禪僧中閱讀面特別廣,是當時學習漢詩的最流行的教材,各種版本也非常多②。《錦繡段》對《聯珠詩格》的參考非常明顯,《錦繡段》所選之詩很多僅見於《聯珠詩格》中,如成齊堂《子陵釣台》僅見《聯珠詩格》卷四、葉苔磯《閨怨》僅見卷六、來子儀《訪戴圖》僅見卷七、李雲岩《過吳江》僅見卷八、蕭冰崖《花上金鈴》僅見卷十、張子龍《中秋雨》僅見卷十四(《聯珠詩格》作者作“張至龍”,《錦繡段》應是傳抄之誤)。遯庵本在注中也詳細揭示了《錦繡段》與《聯珠詩格》的關係,如果所選詩歌出自《聯珠詩格》,遯庵不但注明此書亦見於《聯珠詩格》,而且在注中也會引用蔡正孫對此詩的評注以及徐居正等人的《增注》。

8.《中州集》

---

①　參見黃虞稷《千頃堂書目》卷三十一,並參考筆者《南宋詩選與宋代詩學考論》第六章,北京:中華書局,2008 年。

②　參見前揭住吉朋彥《舊刊〈聯珠詩格〉版本考》。並參見筆者《南宋詩選與宋代詩學考論》“導論”部分。

　　元好問抱着"借傳以存史"理想編纂了這部保存金源一代文學的總集，也是古代最全面的金代詩人總集。《錦繡段》所選的金代詩人沒有專集，其作品基本上皆見於《中州集》，如吕中孚《春月》見《中州集》卷七、王子端《野堂》見卷五、王敏夫《李氏友雲樓》見卷九、馬定國《冬日書事》見卷一、劉從益《過武丁廟》見卷六、蔡松年《讀史》見卷一、王子端《韓陵道中》見卷三、劉之昂《柳》見卷四、高子文《楊花》見卷一、劉仲尹《墨梅》見卷三、馮叔獻《習池醉歸圖》、《明皇擊梧桐圖》見卷六。

　　9.《元風雅》

　　《元風雅》原名《皇元風雅》，凡二十四卷，前集十二卷，由傅習採集時人之詩編集而成，而由孫存吾加以編類，後集十二卷則全部由孫存吾編成。《錦繡段》原始來源中很多詩也來自此書，如所選伯顏《度梅關》、《鞭》俱見前集卷一、貫酸齋《題陳此山扇》見前集卷一、滕玉霄《謫會昌》見前集卷三、龍麟洲《春日作》、《赤壁》俱見《元風雅》前集卷四、歐陽元功《寄諸弟》見前集卷五、申屠致遠《無弦琴》見前集卷八、甘東溪《歸舟》見前集卷十、黃子肅《友人見訪不遇》見前集卷十一、陳野雲《筍》見後集卷十一。這些詩人並沒有文集存世，其詩歌也僅見於《元風雅》中。

　　10.《元文類》

　　《元文類》，原名《國朝文類》，由元人蘇天爵（1294—1352）編輯，原書凡七十卷。此書共收窩闊台時期至元仁宗愛育黎拔力八達延祐時期約八十年間名家詩文八百餘篇，按文體分作43類。其中一些元代詩人的文集早已不存，賴《元文類》保存下來。《錦繡段》所選元代詩人之詩有的僅見於《元文類》中，如李岫《過故縣》、周馳《和郭安道治書韻》、孟攀鱗《春浦歸帆圖》俱僅見該書卷八。

　　11.《大雅集》

　　《大雅集》八卷，元賴良所編，所選皆元末詩人之詩，選詩約三百首，又曾經楊維楨加以校訂，還保留了楊維楨部分批點。《錦繡段》所選唐溫如《過洞庭》、孫元實《楓橋夜泊》皆見該書卷八。

　　12.《天下同文集》

　　《天下同文集》五十卷，元周南瑞編。四庫館臣譏其蕪雜，然亦保存一些諸集未收之詩①。《錦繡段》所選劉靜修《銅雀瓦》見該書卷四十二。

13.《元音》

《元音》十二卷，編者不詳，所錄自劉因至龍雲從凡176人。詳於元末，而略於元初。《錦繡段》所選袁伯長《葛仙翁移居圖》、《宮女度曲圖》二詩皆僅見於該書卷三。

14.《元詩體要》

《元詩體要》十四卷，明初宋緒編。此書集錄元一代之詩，分體爲三十六類，四庫館臣贊此書“去取頗有鑒裁”②。《錦繡段》所選李孝光《寄達兼善》③、周景遠《懷郭安道》、陳思濟《惜花》皆見該書卷十四，蓋卷十四所輯全爲七言絕句。

15.《雅頌正音》

《雅頌正音》五卷，明初劉仔肩編，此書所選乃明初詩人之詩，每位詩人僅選數首。《錦繡段》所選詹同文《桃花馬圖》僅見該書卷一。

從上可見，《錦繡段》選詩原始資料中唐人、金人、元人及明初人的詩歌基本上來源於存世的一些總集，一些沒有專集的小詩人的作品也一般來自總集。這與總集的功能相符合，《四庫全書總目》“總集類”小序云：“一則網羅放佚，使零章殘什，並有所歸；一則刪汰繁蕪，使莠稗咸除，菁華畢出。”④總集不但輯集了一些沒有專集作家的作品，同時又能對現存的作品加以篩選，選擇比較出色的作品。而《錦繡段》的性質則是在總集已經選擇的基礎上再加以選擇，則可以說精中選精了。

（二）別集

宋金元明有專集的比較有名的作家，《錦繡段》中其作品則來自其別集。《錦繡段》利用的別集也很多，如宋代王禹偁的《小畜集》、鄭獬的《鄖溪集》、韓駒的《陵陽集》、陳與義的《簡齋集》、陸游的《劍南詩稿》、楊萬里的《誠齋集》、范成大的《石湖詩集》、洪咨夔的《平齋文集》、方岳的《秋崖集》、戴復古的《石屏詩集》、許棐的《梅屋集》、王邁的《臞軒集》、謝枋得的《疊山集》、周權的《此

---

①　《四庫全書總目》卷一百八十八，頁1708。

②　《四庫全書總目》卷一百八十九，頁1714。

③　李孝光《五峰集》也收錄此詩，但題作《懷薩使君》，而《元詩體要》與《錦繡段》同。

④　《四庫全書總目》卷一百八十六，頁1685。

山詩集》、白玉蟾的《海瓊玉蟾先生文集》、文天祥的《文山集》、釋道燦的《柳塘外集》、釋善珍的《藏叟摘稿》、釋寶曇的《橘洲文集》、釋元肇的《淮海挐音》。金代趙秉文的《滏水集》、元好問的《遺山集》。元人釋圓至的《牧潛集》、釋實存的《白雲集》、范德機的《范德機詩集》、袁桷的《清容居士集》、程鉅夫的《雪樓集》、黃溍的《文獻集》、劉因的《靜修集》、虞集的《道園學古錄》、楊仲弘的《楊仲弘詩集》。明初季潭宗泐的《全室外集》。

　　值得注意的是，一些宋僧的文集在中國已經失傳，而在日本則有完整的傳本，如釋善珍《藏叟摘稿》二卷有日本五山版，還有日本內閣文庫所藏的日本寬文十二年(1672)藤田六兵衛刊本；釋寶曇《橘洲文集》十卷，有內閣文庫所藏元祿十一年(1698)織田重兵衛仿宋刻本；釋元肇《淮海挐音》二卷有元祿乙亥年(1695)仿宋刊本。可以肯定的是，《錦繡段》的原始資料來源充分利用了保存在日本的宋僧文獻。

(三)詩話、筆記與語錄

　　《錦繡段》的原始資料來源還包括一部分詩話和筆記，主要是因爲一些詩作因詩話的評論而膾炙人口，但又不見於任何總集或別集。這些詩主要集中在宋詩部分，如趙晟之母《惜別》一詩，亦見於《竹莊詩話》與《歷代吟譜》(《宋詩紀事》卷八十七引)中，但文字與《錦繡段》所錄頗有差異；而《詩話總龜》前集卷十所引文本與《錦繡段》完全相同，故可以推斷《錦繡段》的原始資料來自《詩話總龜》。又如陳執中《柳》一詩僅見於《苕溪漁隱叢話》前集卷二十五，危積《楊妃齒痛圖》僅見《後村詩話》卷三。還有一些宋人的詩作保存在宋代筆記中，如張方平《歌風台》、錢昆《淮陰廟》僅見於《宋朝事實類苑》前集卷三十九。無名氏《子陵釣台》僅見於《鶴林玉露》卷十。《錦繡段》選了不少詩僧的作品，所以不少作品就從禪師的語錄中錄得。如《錦繡段》選了兩首元代詩僧樵隱悟逸的詩，皆見於《樵隱悟逸禪師語錄》。

(四)類書

　　《錦繡段》的原始來源主要參考兩部宋人所編的類書，即《古今事文類聚》與《全芳備祖》，因爲這兩部類書保存了不少宋人的散佚的詩歌，以及一些小詩人的作品，如孫復《八月十四夜》僅見《古今事文類聚》前集卷十一。寇準《春日作》第二句"起來幽興有新詩"，寇氏《忠湣集》卷中作"起來幽興有誰知"，而《錦繡段》文本與《古今事文類聚》前集卷六同，可見《錦繡段》利用了《古今事文類聚》。又趙福元《茉莉》僅見於《全芳備祖》前集卷二十五、蕭德藻

《虞美人草》僅見於《全芳備祖》後集卷十一。

(五)方志

　　方志中保存了不少與地域有關的詩文,大部分這些詩文不見於任何總集或別集之中,寫作這些作品的作者也僅見於方志中。而宋代的一些方志,兼有文學總集與類書的性質,比如《錦繡段》原始來源主要利用的《方輿勝覽》一書。此書雖名爲方志,但在有關名勝古跡之下臚列了大量詩文作品,以供時人在寫作時參考引用,所以四庫館臣說:"蓋爲登臨題詠而設,不爲考證而設。名爲地記,實則類書也。然采摭頗當,雖無裨於掌故,而有益於文章。"①《錦繡段》所選林希《吳興》僅見於《方輿勝覽》卷四、周雲叟《江郎山》僅見於卷七。

　　從上可見,《錦繡段》以及其編纂的基礎文本"新編集"、"新選集"參考了大量的中國典籍,從而也可以看出在天隱龍澤生活的室町時代中國文學典籍在日本已經有了很廣泛的流布和閱讀面。甚至在當時中國都不甚有名詩人的作品,在日本都有流傳。比如元末明初詩僧宗泐(字季潭),其詩基本見於《四庫全書》本《全室外集》,但《錦繡段》選其詩 6 首,其中有 3 首今本《全室外集》未收。據查日本所藏漢籍資料庫,得知東洋文庫藏有南北朝時代所刊五山版《全室外集》1 冊,最接近於季潭宗泐文集刊行的年代,可能保存了一些《四庫》本《全室外集》未收的詩歌②。再如元末明初詩人、書畫家顧祿(字謹中)之集,《文淵閣書目》卷二載有"《顧祿詩》一部一冊"。《千頃堂書目》卷十七著錄:"顧祿《經進集》二十卷。"但他的集子在中國已經亡佚,僅存數首詩見於《詩詩綜》與《御選明詩》中,而《錦繡段》卻選錄其詩數首,全部不見於中國典籍,可能在當時的日本還存在着顧氏的完整文集。再如徐似道《自笑》一詩,中國傳世典籍僅見於明成化、弘治年間蔡璞所編的《東甌詩集》(《全宋詩》據此以錄)中,但在日本可能流傳比《東甌詩集》更早的本子,而且文字與中國的傳本並不相同。又《錦繡段》選宋伯仁《漁舟》一詩,《全宋詩》據《詩淵》收入,但作者署作"雪岩",置於生平不可考的作者中。《全宋詩》此處有誤,"雪岩"乃江湖詩人宋伯仁之號,應該納入宋伯仁詩中,而《錦繡段》這首詩非常明確地署作"宋器之"(宋伯仁,字器之,號雪岩)。這首詩在日本中流傳的本子

---

① 《四庫全書總目》卷六十八,頁 596。

② 季潭宗泐的《全室外集》在五山時代有比較廣的閱讀面,參見芳賀幸四郎《中世禪林の學問および文學に關する研究》,東京:日本學術振興會,1956 年,頁 258。

署名比較準確，而此詩在《江湖小集》及中國比較常見的選本中佚失。

四　《錦繡段》的文獻價值

　　《錦繡段》成書於 15 世紀下半葉，編者所見的歷代文獻應比今人所見要多，而且還可以利用流傳到日本的中國文獻加以編選，所以此書雖然部帙不大，僅選詩 331 首，但頗保存了眾多唐宋金元詩人的佚詩，所以此書最大的文獻價值即在於其輯佚價值。

　　首先，此書有資於唐詩補輯。如此書選元端本《讀秦記》云：

　　　　海上空求五色芝，鮑魚風起竟堪悲。

　　　　桃源自有長生路，卻是秦皇不得知。

　　按：此詩《全唐詩》失收，後半聯見《全芳備祖》前集卷八（《全唐詩續拾》卷十三據此以錄），作者作元次山。可見此處"元端本"蓋"元次山"之誤，而且此詩前半聯亦可藉《錦繡段》補全。《全唐詩續拾》擬題作《桃花》，可見不確，當從《錦繡段》作《讀秦記》。

　　其次，《錦繡段》保存了 32 位宋代詩人 35 首佚詩，其中有 10 位詩人《全宋詩》未收，可增加 10 位新詩人。以下對這些佚詩及詩人生平略作輯考：

　　1. 盧登甫　京城玩月

　　　　秋滿西湖月正明，家家醉賞倚欄干。

　　　　西風茅葦長淮地，應有征人帶淚看。

　　按：遜齋《錦繡段鈔》引《文章集》云："盧登甫者，宋朝之逸人也。三十歲而得京洛之美譽。"仁枝忠《錦繡段講義》云"傳未詳"。方逢辰《蛟峰文集》卷五《天邊風露樓記》云："乙卯之冬十月既望，余自館職，言事不合以歸，友人盧登父上春官就坐，囑余記山樓巔末。"方逢辰（1221—1291），原名夢魁，學者稱蛟峰先生，淳安（今屬浙江）人。理宗淳祐十年（1250）進士第一。"乙卯"乃寶祐三年（1255），"言事不合以歸"指該年方逢辰在校書郎任以言事罷。盧登甫與方逢辰同時，可見亦活躍於晚宋至元初之際。《全宋詩》未收其人，可據此補入。

　　2. 宋壺山　夜雪

　　　　雪眼羞明夜轉飛，梅花未覺竹先知。

　　　　一爐柴火三杯酒，誰記山陰有戴逵。

按：宋自遜，字謙父，號壺山，金華（今屬浙江）人，居南昌（今屬江西）。《全宋詩》冊 62 錄其詩 27 首，此詩未收。

3. 釋贊寧　秋雨

　　　點點潭心細影微，冷侵虛閣透單衣。

　　　破除殘暑昏蒙去，勾引輕寒淡薄歸。

按：釋贊寧（919—1001），俗姓高，吳興德清（今屬浙江）人。《全宋詩》冊 1 錄其詩 8 首，此詩失收。

4. 劉聲伯　春曉

　　　黃鸝鳴斷雨濛濛，生意晴光暖靄中。

　　　一草不花春有恨，曉來籬落盡東風。

按：劉黻（1217—1276），字聲伯（一作升伯），號質翁，學者稱蒙川先生，樂清（今屬浙江）人。景定三年（1262）進士，著有《蒙川先生遺稿》四卷。《全宋詩》冊 65 載其詩，此詩未收。

5. 劉無競　中秋

　　　夜夜池邊待月生，卻悲此夜易天明。

　　　憑誰引取秋江水，添入銅壺報曉更。

按：劉克遜（1189—1246），字無競，莆田（今屬福建）人。劉克莊弟。《全宋詩》冊 59 錄其詩 7 首，此詩失收。

6. 李南金　晚秋

　　　籬菊有英工冷淡，老梅無葉試敧斜。

　　　化工不隔銅瓶水，一夜芙蓉三四花。

按：李南金，字晉卿，自號三溪冰雪翁，樂平（今屬江西）人。理宗寶慶二年（1226）進士。《全宋詩》冊 60 錄其詩 3 首，此詩失收。

7. 釋祖可　新秋

　　　雨歇籧篨秋暗生，高林涼葉未知驚。

　　　炎蒸惡客元無用，新月故人雙眼明。

釋祖可　贈別

　　　成陰桃李綠無波，奈此春殘客去何。

　　　別後歸心知有處，渡江楊柳晚風多。

按：釋祖可，字正平，俗名蘇序，丹陽（今屬江蘇）人。少以病癩，人目爲癩可。工詩，詩入江西詩派。著有《東溪集》，已佚。《全宋詩》冊 22 錄其詩 28

首,此兩詩失收。

　　8. 許忱甫　明妃曲

　　　　馬背東風去路賒,幾多幽意寄琵琶。

　　　　妾身若是能傾國,盡捲胡沙入漢家。

　　按:許棐,字忱夫,號梅屋,海鹽(今屬浙江)人。《全宋詩》冊 59 收其詩,此
詩失收。此詩天和本、元禄本《錦繡段》皆作許棐詩,而《錦繡段鈔》作"游希
卿"詩。游少遊,字希卿,南豐(今屬江西)人。孝宗隆興元年(1163)進士。
《全宋詩》冊 46 錄其詩 7 首,此詩亦未收。

　　9. 杜晦之　張季鷹

　　　　千里懷歸便自歸,蒓鱸聊以寄吾思。

　　　　洛中戰鼓轟天地,正是松江獨釣時。

　　按:杜束,字晦之,號月渚,邵武(今屬福建)人。《全宋詩》冊 57 錄其詩 3
首,此詩失收。

　　10. 黃子耕　謝靈運墓

　　　　心雜難爲蓮社友,翻經肯與俗流通。

　　　　可憐一對登山屐,埋在池塘芳草中。

　　按:黃嚳(1150—1212),字子耕,號復齋,分寧(今江西修水)人。孝宗淳
熙進士,著有《復齋集》,已佚。《全宋詩》冊 50 錄其詩 3 首,此詩失收。

　　11. 趙漢宗　華清宮風流陣

　　　　玉殿晴暉颺彩旌,承平天子亦知兵。

　　　　嬌兒慣識風流孟,傳到漁陽藝始精。

　　按:趙崇嶓(一作旛、又作礏)(1198—1255),字漢宗,號白雲,居南豐(今
屬江西)。《全宋詩》冊 60 錄其詩,此詩失收。

　　12. 張芸叟　長安覽古

　　　　黃鵠高飛去不還,百年世事弈棋間。

　　　　沈香亭畔千株石,散與人家作假山。

　　按:張舜民,字芸叟,自號浮休居士,長安(今陝西西安)人。英宗治平二
年(1065)進士。著有《畫墁集》,已佚。《全宋詩》冊 14 錄其詩 6 卷,此詩失收。

　　13. 僧藏叟　李白

　　　　脫鞾殿上醉陽狂,觸撥春風睡海棠。

　　　　放逐一身窮不恨,三郎入蜀更郎當。

按：釋善珍（1194—1277），字藏叟，泉州南安（今福建南安東）人，俗姓呂。著有《藏叟摘稿》二卷。《全宋詩》冊60錄其詩，此詩失收。

14. 王希聲　李陵

撮髮男兒重主恩，兵疲矢竭死無門。

秋高若遇南來雁，休說劉家李廣孫。

按：王希聲，金華（今屬浙江）人，寶慶二年（1226）王會龍榜進士。《全宋詩》未收其人，可補其人與此詩。

15. 何宗範　茂陵

金掌仙人曉露空，茂陵桂樹起秋風。

人間自有長生藥，不到真珠甲帳中。

按：何宗範，青城（今四川灌縣東南）人。《全宋詩》冊18錄其殘句兩聯，此詩失收。

16. 唐欽叟　去滁用醉翁韻

三年同醉眼偏明，不擬重爲行路行。

從此五更高枕夢，只尋山色與泉聲。

按：唐恪（？—1127），字欽叟，餘杭（今屬浙江）人。《全宋詩》冊22錄其詩1首，此詩失收。

17. 胡伯雨　望淮

江月荒荒江水腥，江頭燐火似秋螢。

春風何處無生意，白骨城邊草自青。

按：胡伯雨，晚宋時人，與歐陽守道、劉子才等人有交遊。《全宋詩》未收其人，可據此以補。

18. 蔡堅老　雪溪

練練寒光月一溪，波深凍徹碧琉璃。

滿船載得山陰雪，如此空歸亦一奇。

按：蔡柟（？—1170），字堅老，自號雲壑道人，南豐人。《全宋詩》冊36錄其詩8首，此詩未收。

19. 姚雪篷　春行寄興

老爲春晴動賞心，枯藜緩步柳邊吟。

平生性癖耽閑淡，不愛繁花愛綠陰。

按：姚鏞（1191—？），字希聲，一字敬庵，號雪篷，剡溪（今浙江嵊州）人。

南宋江湖詩派詩人之一。《全宋詩》册 59 錄其詩，此詩未收。

20. 嚴仁　寄衣曲
　　　　君戍交河春復多，寒衣到日看親封。
　　　　莫嫌襟上班班色，是妾燈前滴淚縫。

嚴仁　寄衣曲
　　　　遠戍忽河遇便稀，回文織就久停機。
　　　　家書到日寒應盡，不寄寒衣寄暑衣。

按：嚴仁，字次山，號樵溪，邵武（今屬福建）人。著有《清江欸乃集》，已佚。《全宋詩》册 59 錄其詩 4 首，此兩詩未收。

21. 羅永年　筆陣
　　　　鼓舞先聲自管城，細聽鏖戰了無聲。
　　　　看來亦異常蚍勢，掃退詞場萬馬兵。

按：羅椿，字永年，自號就齋，永豐（今江西廣豐）人。《全宋詩》錄其詩 2 首，殘句二聯，此詩失收。

22. 蕭冰崖　花上金鈴
　　　　搖曳金鈴日幾回，不教紅紫委蒼苔。
　　　　誰知烏鵲驚飛去，別有含花野鹿來。

按：此詩又見《唐宋千家聯珠詩格》卷十。蕭立之（1203—？），原名立等，字斯立，號冰崖，寧都（今屬江西）人。《全宋詩》册 62 錄其詩，此詩失收。

23. 范叔範　醉道士聽琴
　　　　道士琴邊酒一壺，壺中酒盡黃琴沽。
　　　　醉來高出淵明上，不特無弦琴亦無。

按：范模，字叔範，豐城（今屬江西）人。著有《竹林類稿》，已佚。《全宋詩》册 72 錄其詩 2 首，此詩未收。

24. 徐山玉　蟬
　　　　夕陽枯木亂蟬鳴，野露充餐一腹清。
　　　　若近柏梁臺上宿，羽蟲部裏合長生。

按：徐瑞（1255—1325），字山玉，鄱陽（今江西鄱陽）人。《全宋詩》册 71 錄其詩，此詩失收。

25. 李膚仲　睡覺
　　　　窗間寂寂曉燈昏，睡覺無聊宿酒醺。

　　　　仿佛畫簷春雨落，只應猶是夢中雲。

　　按：李脣仲，生平不詳，《全宋詩》冊 20 錄其詩 1 首，此詩失收。

26. 胡德昭　　籬梅

　　　　甘處荒寒寂寞濱，此兄元自不嫌貧。

　　　　竹籬茅舍詩人屋，正與玉堂同此春。

　　按：胡德昭與文天祥同時，俱爲晚宋時人。《全宋詩》未收胡德昭其人其詩，可據此補入。

27. 劉廷世　　翡翠

　　　　避人忽起鳴衣桁，掠水飛來立釣磯。

　　　　靜處欲留看不足，翠光點破夕陽歸。

　　按：《江湖小集》卷五釋紹嵩《江浙紀行集句詩·振策》第二句引劉廷世詩“清吟竹影東”。《江浙紀行集句詩》所引之詩皆爲唐宋詩人之詩，而《全唐詩》及傳世唐代文獻中未見劉廷世之名，則劉氏可能爲宋人。《全宋詩》未錄劉廷世其人，可據此補入。

28. 開仲見　　春日作

　　　　無名野草依人綠，有種山花稱意紅。

　　　　春到人間無棄物，人心安得似東風。

　　按：遯庵《錦繡段鈔》云：“開靖，字中見，元祐中，詩文章名，始爲著作郎，見於《宋史》。”《全宋詩》未收其人其詩，可據此補入。

29. 呂仲見　　范蠡

　　　　一戰功成早掣身，釣竿輕動五湖雲。

　　　　宮中拾得蛾眉斧，不獻吾君是愛君。

　　按：呂仲見與宋人汪晫同時。汪晫（1162—1227）生活在南宋中晚期，則呂仲見亦當爲南宋中晚期時人。《全宋詩》未收呂仲見其人，可據此補入。

30. 陳仲猷　　李斯

　　　　八荒同軌托雄圖，是古非今盡劃除。

　　　　可惜當時猶漏網，不焚圯上老人書。

陳仲猷　　讀天寶遺事

　　　　蜀山渺渺蜀江長，玉骨幽沈草木黃。

　　　　萬苦皆從甜處得，長生殿裏荔支香。

　　按：元祿本《錦繡段》作者下小注云，陳仲猷別號皈庵，鄞人。又王應麟

《困學紀聞》卷七曾引其語，可見其爲晚宋時人。《全宋詩》未收其人，可補其人其詩。

　　31. 蕭則陽　江霧

　　　　紛紛一氣裹長空，絕與鴻毛未判同。

　　　　無數過船看不見，人聲卻在櫓聲中。

　　按：蕭則陽，生平不詳，《全宋詩》亦未收其人。仁枝忠《錦繡段講義》僅云其爲“宋人”。

　　32. 黄濟　敗荷

　　　　紅錦機空水國窮，轉頭千蓋偃秋風。

　　　　鴛鴦一段榮枯事，都在沙鷗冷眼中。

　　按：元祿本《錦繡段》作者下小注云：“宋人。”仁枝忠《錦繡段講義》認爲，“濟”乃“齊”之誤。黄濟乃宋人黄齊，而宋代有兩黄齊。此處不知其爲誰，姑俟考。《全宋詩》未收其人，可據補。

　　再次，一些元明詩人的集外之詩或佚詩也可以在此書中尋到蹤跡。《元詩選》編選了有元一代數千位詩人的詩作，可視爲有元一代的詩歌總集，但《錦繡段》保存的一些元代詩人的詩歌就未見於《元詩選》。如女真詩人夾谷之奇，字士常，元初詩人，《元詩選》癸集癸之乙載其詩1首，《錦繡段》載其《子陵釣台》一詩，《元詩選》未見。又宋元之際的詩人趙復，《元詩選》癸集癸之甲錄其詩6首，《錦繡段》錄其《天陰》一首，《元詩選》亦未見。

　　明初詩僧季潭宗泐（1318—1391）有《全室外集》九卷，《續集》一卷（有《四庫全書》本）。《錦繡段》選其詩6首，其中有3首詩未見於《全室外集》：

　　1. 春雪

　　　　欲積高深自不成，霏霏連日尚縱橫。

　　　　隨風強學楊花舞，便向簷間作雨聲。

　　2. 明妃曲

　　　　玉貌風沙勝畫圖，琵琶難寫舊恩疏。

　　　　宮中咫尺如千里，況復如今萬里餘。

　　3. 竹圖

　　　　美人獨立甚清修，翠袖翩翩薄暮愁。

　　　　帝子不來湘水闊，九疑雲盡碧天秋。

　　元末明初詩人與書畫家顧祿（字謹中，松江華亭人），著有《顧祿詩》與《進經集》，已佚，其詩散見於中國文獻，但《錦繡段》所載 5 首詩皆不見於中國傳世文獻：

　1. 廬山瀑布

　　　天女殷勤織得成，龍綃千尺脫機輕。

　　　剛風吹落廬山頂，錯被人呼瀑布名。

　2. 讀四皓定惠帝一事

　　　西漢儲皇羽翼成，商山歸去紫芝榮。

　　　後來莽卓欺孤日，可惜斯人不再生。

　3. 文與可墨竹

　　　襪材未許逸坡翁，健筆縱橫老更工。

　　　海上何人收鐵綱，珊瑚擎起翠濤中。

　4. 趙子昂並蒂芙蓉圖

　　　春入毫端散彩霞，無邊生意繞穠華。

　　　院鈴不動文書靜，貌得芙蓉並蒂花。

　5. 江叟吹笛圖

　　　千歲神蛟化作翁，月明吹笛向珠宮。

　　　曲聲不許人間聽，捲入重湖半夜風。

　　最後，此書還有不少入選詩人生平不詳，他們也幾乎未見於中國傳世的典籍，故不能判斷他們所屬的時代，但他們爲中國古代詩人則無疑。現輯錄這些詩人及其佚作的詩名：孟叔異①《夏雨》，項庚老《清明雨》，陳元信《松棚》、《春日作》，張景安《中秋》，陳澗《明妃曲》，蕭服之《王導》、《梁武帝》、《遊仙枕》，曾朝伯《醉杜甫像》，鄭之德《讀黃太史詩》，元唐卿《雪夜訪僧》，張萬里《送魯子元江西省宣使》，黃處約《入石》，鄭大東子②《梅》，丁直卿③《雪後開窗看梅》、《老去》，蔡俊伯《二月看梅》，彭復雅《南海食蜆》、《寇後過田家》，僧以仁《螢》，沈彌年《題明皇按舞圖》，葉介老《和靖索句圖》，僧一初《墨菊》、《題太

---

　　①　遯庵《錦繡段鈔》引《詩說》云，孟氏“少好學，達詩文，久在異鄉，不任官也。”然亦不詳其年代。

　　②　戴復古《石屏詩集》卷六有《次韻谷口鄭東子見寄》，不知此鄭東子即鄭大東子。

　　③　遯庵《錦繡段鈔》引《西清雜記》云：“丁直卿不好仕官，公召不來，後至而爲節度使數年，老而逃世事。”然未言丁氏爲何時代之人。

白像》、《題東坡墨竹》①，虞繼之《客東湖》②，劉元甫《世事》，李潤甫③《僧舍晚歸》。以上共有 22 位詩人生平未能詳考，但他們作品在日本的流傳也從側面反映了中國文學在日本流傳之廣。

最後，略談一下《錦繡段》的校勘價值。其一，《錦繡段》所錄的文本較傳本更接近原本。如季潭宗泐《宋徽宗雪江獨棹圖》第二句，《四庫》本《全室外集》作"沙塵吹滿袞龍衣"，而《錦繡段》作"胡塵吹滿袞龍衣"；且《全室外集》詩題中無"宋"字，以此可見，《四庫》本《全室外集》明顯經過了竄改。

其二，《錦繡段》保存的異文與傳本相差較大，以此可以窺見版本的不同。如白玉蟾《霧》末一句，《海瓊玉蟾先生文集》卷五作"恍似簾中見畫屏"，《錦繡段》作"驚失林間一小亭"。許棐《明妃曲》末一句，《梅屋集》作"豔粧顏色上麒麟"，《錦繡段》作"淡粧濃抹上麒麟"。葉元素《漁父》，此詩《西湖遊覽志餘》作蜀僧詩，首聯《西湖遊覽志餘》作"籃裏無魚欠酒錢，酒家門外繫漁船"，《錦繡段》作"綱裏無魚無酒錢，酒家門外口流涎"。《西湖瀏覽志餘》，明田汝成（1503—1557）所撰，時代晚於天隱龍澤。天隱龍澤將此詩署作葉元素必有所據，可以補中國資料之不足。

其三，《錦繡段》還保存了與入選詩歌中國傳本不同的大量異文，皆有資於校勘，如趙秉文《雪望》第三句，《滏水集》作"船移忽破璃瑤影"，《錦繡段》作"船移忽碎瓊瑤影"。蕭德藻《立春》第二句，《詩人玉屑》卷十九原作"浮漸把斷東風路"，"東風"《錦繡段》作"春風"。方岳《春日作》第二句，《秋崖集》作"草滿地塘夢已闌"，"闌"《錦繡段》作"殘"；第四句，《秋崖集》作"一簾新雨杏花殘"，"殘"《錦繡段》作"寒"。陳與義《晚秋》，《簡齋集》作"中庭淡月照三更，白露洗空河漢明。莫遣西風吹葉盡，卻愁無處着秋聲"。"洗空"《錦繡段》作"橫空"，"莫遣"《錦繡段》作"莫教"，"卻悲"《錦繡段》作"莫愁"。黃子肅《友人見訪不遇》末句，《元風雅》作"無人收拾萬松聲"，"收拾"《錦繡段》作"取拾"。

---

① 《墨菊》一詩，又見《石倉歷代詩選》卷三百六十六，作釋大圭詩，而釋大圭本集《夢觀集》未收此詩。釋大圭（1304—1362），俗姓廖，字恒白，元代晉江人，號夢觀，泉州開元寺僧。《元詩選》二集卷二十六選其詩，以上數詩未見。

② 遯庵《錦繡段鈔》引《隨筆》云："虞仲，字繼之。無官名，絕朋友交，而生涯爲旅客。"亦未詳虞氏之時代。

③ 遯庵《錦繡段鈔》引《文章集》云："李容，字潤甫。潔清明白，而好直道，忘世事。"亦未言李氏之時代。

劉因《米元章雲煙疊嶂圖》首句，《靜修集》卷五丁亥集五作“筆勢或傳是阿章”，“或”《錦繡段》作“咸”。以上的異文，基本上可以作爲參證資料，供校勘之用。還有一些異文，《錦繡段》錄文似乎略勝，如蕭德藻《虞美人草》首聯，《全芳備祖》後集卷十一作“魯公葬後一壞荒，誰與竿頭薦一觴”，《錦繡段》文本作“魯公葬後一抔荒，誰與笙歌薦一觴”。“一壞荒”顯然是“一抔荒”之誤。

五　《錦繡段》之疏誤

不可否認，天隱龍澤在編纂過程中也留下或承襲一些錯訛，主要是入選詩歌作者的張冠李戴的問題。這些錯誤自此書編成後，就無人加以指正，就是現代的日本整理者對此也沒有發現，遂有以訛傳訛之勢。

1.“地理類”選顧謹中《汴梁土人家有小石峰，玲瓏可愛，相傳宋宣和內府物也》一詩。

按：據《汴京遺蹟志》卷二十四此詩乃元代詩人元明善之詩。

2.“節序類”選僧聖徒《寒食野望》一詩。

按：此詩乃唐代詩人熊孺登之詩，見《全唐詩》卷四在七十六。又宋代李龏所作集句詩《寒食》首句引此詩第二句，作者亦作熊孺登，可見此詩宋代以來一直作熊孺登詩。

3.“節序類”選僧法振《春日作》一詩。

按：此詩乃宋代詩人李處權之詩，見李處權《崧庵集》卷八。

4.“懷古類”選洪舜愈《陳後主祠》一詩。

按：此詩乃曾極《金陵百詠》之一。

5.“懷古類”選李岫《過故縣》一詩。

按：此詩乃李旭詩，見《元文類》卷八。

6.“懷古類”選曾茶山《鍾山》一詩。

按：此詩乃曾極《金陵百詠》之一，又見《方輿勝覽》卷十四引。

7.“懷古類”選公道庭《讀公孫弘傳》一詩，同類又選公道庭《題三蘇帖》一詩。

按：前詩乃李過庭詩，見《中州集》卷八。後詩乃趙秉文詩，見《滏水集》卷九。

8.“人品類”選薛能《鬻婦》一詩。

按：此詩乃來鵠詩，見《萬首唐人絕句》卷四十九、《全唐詩》卷二百四十二。

9. "人品類"選葉介老《仙興》一詩。

按：此詩乃葉紹翁之詩，見《江湖小集》卷十。

10. "行旅類"選張繼《再到楓橋》一詩。

按：此詩乃宋人孫覿之詩，見《鴻慶居士集》卷四及《山堂肆考》卷一百七十四。

11. "哀傷類"選楊仲弘《吊邊人》一詩。

按：此詩乃五代人沈彬詩，見《萬首唐人絕句》卷七十三、《全唐詩》卷七百四十三。

12. "食服類"選林和靖《酒》一詩。

按：此詩乃陸游之詩，見《劍南詩稿》卷十一。

13. "草木類"選李益《青梅》一詩。

按：此詩乃宋人白玉蟾之詩，見《海瓊玉蟾先生文集》卷五。

14. "草木類"選王軒《海棠》一詩。

按：此詩乃王邁之詩，見《臞軒集》卷十六。邁，字臞軒，此詩題署脫"臞"字。《錦繡段鈔》此詩作者正作"王臞軒"。

15. "草木類"選史景陽《哭花》一詩。

按：此詩乃韓偓之詩，見《萬首唐人絕句》卷五十、《全唐詩》卷六百八十三。

16. "鳥獸類"選馬伯庸《桃花馬》一詩。

按：此詩乃陳濟淵之詩，見《元風雅》前集卷四。

17. "鳥獸類"選虞伯生《聞鶯》一詩。

按：此詩乃宋人楊萬里之詩，見《誠齋集》卷十三。

18. "鳥獸類"選李公渡《麝香》一詩。

按：此詩乃金人秦略之詩，見《中州集》卷七。

19. "雜賦類"選秦少游《宮詞》一詩。

按：此詩乃劉攽之詩，見《宋文鑒》卷二十八、《彭城集》卷十八。

20. "雜賦類"選趙紫芝《吟窗》一詩。

按：此詩非趙詩，《全宋詩》引《詩淵》作邵棠詩。

21. "雜賦類"選劉岩老《夢斷》一詩。

按：此詩乃邊元鼎之詩，見《中州集》卷二。

從上可見，《錦繡段》所選之詩至少有 22 首詩發生了誤署的情況。或者把唐代詩人作品誤作宋人，或者宋人作品之間發生了訛誤，等等。這種現象是文學選本一個比較普遍的現象，特別是以實用爲目的，主要用於童習的詩選，經常出現這種作品誤署的現象。這種錯誤的造成，主要是編者的問題。一者與編者的編纂態度有關，天隱龍澤在此書序言即說："或自書以付小兒輩，以止其啼。"可見，作者編此書最初的目的就在於童蒙教育，所以態度也不是很嚴謹。二者與編者讀書的態度有關，比如把孫覿的《再到楓橋》署爲張繼，完全編者因爲編者印象中已有張繼《楓橋夜泊》一詩，而看到類似的詩題，卻直接署作"張繼"，而沒有仔細核查。三者也可能與作者使用的材料有關，《錦繡段》依賴的"新編集"、"新選集"本身在利用原始材料時就出現了問題，而又沒有得到天隱龍澤應有注意，所以才出現此類錯誤。

　　此外，還有一些文字上的訛誤。如"簡寄類"，白居易《早入皇城贈王留守僕射》第二句，《錦繡段》作"風露淒涼禁暑深"，"禁暑"，《白氏長慶集》卷三十五、《萬首唐人絕句》卷十六、《全唐詩》卷四百五十八皆作"禁署"。"禁暑"實爲不詞，當以"禁署"爲正。

六　遯庵《錦繡段鈔》及仁枝忠《錦繡段講義》匡補

　　天隱龍澤編成此書後，在日本有多種注釋本，如宇都宮由的（遯庵）所作的《錦繡段鈔》（下簡稱《鈔》）、菊地耕齋著《錦繡段講義》，以及致庵元格著《錦繡段講義》，尤以遯庵《鈔》最爲出名，也流傳最廣，當代學者的研究以仁枝忠《錦繡段講義》（下簡稱《講義》）最爲方便閱讀，此書以《錦繡段》元和二年刊本爲底本，參考遯庵《鈔》而成。但不可否認的是，無論是遯庵之《鈔》還是《講義》書末所附"作家略傳"都存在着眾多未完善之處，特別是書中關於作者生平考證的部分，多有訛誤，甚至於以訛傳訛，需要加以重新訂正匡補，今依詩人在《錦繡段》出現的順序，略作匡正如下：

　　呂中孚，《鈔》言其爲"冀州南昌人"，《講義》云其爲"冀州南呂人"。按：《金史》卷一百二十六《呂中孚傳》、《中州集》卷七呂氏小傳，皆言呂爲"冀州南宮人"。可見作"南昌"、"南呂"乃誤。

　　潘紫岩，《講義》言潘氏"宋人，傳未詳"。按：潘氏《宋史》卷四百二十五有傳。潘紫岩（1204—1246），名牥，字庭堅，號紫岩，閩縣（今福建福州）人。理宗端平二年（1235）進士。歷浙西提舉常平司幹官，遷太學正，通判潭州。有

《紫巖集》，已佚。

錢昭度，《鈔》云：“事跡不詳。”按：錢昭度，字九齡，吳越忠懿王俶從弟偓之子。仕至西頭供奉官。事見《宋史·錢昱傳》。

王敏夫，《鈔》云：“無考。”《講義》言：“傳未詳。”按：王氏生平略見於《中州集》卷九：“王敏夫，五臺人，作詩工於賦物，甚爲趙宜之所稱。”

僧聖徒，《鈔》云：“首座晞顏，字聖徒，號雪溪。四明奉化人。”《講義》同此。按：此傳誤。《錦繡段》所選僧聖徒詩見於釋元肇（1189—？）《淮海挐音》卷下。元肇，字聖徒，號淮海，通州靜海（今江蘇南通）人，俗姓潘。浙翁琰弟子。著有《淮海挐音》二卷。又《講義》頁277，云僧聖徒“傳未詳”，不知何以前後矛盾如此。

張公庠，《講義》傳僅云：“宋人，見於胡仔《苕溪漁隱叢話》。”《抄》引《叢話》前集卷五十六全文云云，未考其生平。按：張公庠，字元善。仁宗皇祐元年（1049）進士。曾爲秘書省著作佐郎，又曾知晉州、知蘇州、知邛州。晚年提舉南京鴻慶宮。著有《張公庠宮詞》、《張泗州集》。

陳藏一，《鈔》與《講義》並言其爲“元人”。大誤。按：陳郁（1184—1275），字仲文，號藏一，崇仁（今屬江西）人。理宗時充緝熙殿應制。景定間爲東宮講堂掌書兼撰述。著有《藏一話腴》。其爲晚宋時人，未嘗入元。

宋季任，《鈔》言：“事跡不詳。”《講義》言：“傳未詳。”按：宋季任，元人。清姚之駰編《元明事類鈔》卷四十“蛛網春”條載：“元宋季任詩：‘蛛絲似怕春深去，網住桃花不許飛。’”此詩正爲《錦繡段》所選。元人趙文《青山集》卷一《郭氏詩話序》載：“吾來文山，日從宋季任、郭友仁言詩。季任集諸家之説，友仁增廣而編次之，凡《漁隱》諸書之所已陳者，一語不録。”趙文曾在宋末入文天祥幕，後入元庭出仕。宋季任與趙文交遊，可知爲宋元之際時人。又元人柳貫《待制集》卷四有《贈別宋季任赴甘肅提舉二十韻》，可見宋季任曾爲甘肅提舉。《元詩選》癸集癸之乙載其詩二首，《錦繡段》所選亦載其中。

何得之，《鈔》言：“事跡不詳。”《講義》言：“傳未詳。”按：何失，字得之，《元詩選》二集卷九有其傳甚詳：“失字得之，昌平人，負才氣，與高尚書彥敬、鮮于太常伯機同學。爲詩，家善織紗縠，日出買紗，騎驢歌吟道中，指意良遠。嘗有詩云：‘一井當門凍，寒光照四鄰。’又云：‘我住東街北，鐘樓在屋西。’其景象可知也。至正間，名公交薦，以親老不就，年八十而終。得之詩集散亡，京兆杜伯原稍憶其所口授者，敍而傳之。蜀郡虞伯生爲記其後，東平王繼學曰：

'余識京師耆老多矣，所敬者惟張子正及何得之。得之最能爲詩，充然有得，如宋陸務觀，可傳也。'豫章揭曼碩嘗過其故居，作詩有云：'心事巢由以上，文章陶阮之間。'"

周衡之，《鈔》無考，《講義》言："傳未詳。"按：周權，元初之人，字衡之，號此山，處州人。嘗游京師，以詩贄翰林學士袁桷。桷深重之，薦爲館職，竟報罷。趙孟頫《贈權詩》亦有"青青雲外山，炯炯松下石。顧此山中人，風神照松色"之句，且親寫"此山"二字爲額以贈。《錦繡段》所選之詩見周權《此山詩集》卷十。

蕭讟，《鈔》無考，《講義》言："傳未詳。"按："蕭讟"當作"蕭澥"，蕭氏爲南宋江湖詩派詩人之一。《錦繡段》所選之詩亦見《江湖後集》卷十五，《江湖後集》"蕭澥"小傳云："澥字汎之，自號金精山民，有《竹外蛩吟稿》。按，金精山在贛州寧都縣，《道書》三十五福地也，澥蓋贛之隱者。"元吴澄《吴文正集》卷十八《澹軒康氏詩稿序》稱"芸莊蕭澥"，則蕭澥號"芸莊"。《江湖後集》按語後之詞多有不確。《江西通志》卷五十一淳祐六年丙午解試、淳祐七年丁未張淵微榜特奏名、景定五年甲子解試下皆有蕭澥，俱言其爲"吉水人"。《江湖後集》卷十二載胡仲弓《柬蕭芸莊》云："近聞吟思苦，半爲宦情分。"可見蕭澥曾中科舉，亦曾出仕，能爲"宦情"所苦，故非"贛之隱者"。

許忱甫，《鈔》無考，《講義》言："傳未詳。"按：許忱甫，即南宋江湖詩派詩人許棐。許棐，字忱夫，海鹽（今屬浙江）人。理宗嘉熙間隱居秦溪，於水南種梅數十樹，構屋讀書，因自號梅屋，著有《梅屋詩稿》等。《錦繡段》所選之詩見《梅屋集》卷一、《江湖小集》卷七十五。

沈庸齋，《鈔》無考，《講義》言："傳未詳。"按：沈說，字惟肖，號庸齋，龍泉（今屬浙江）人，南宋江湖詩派詩人之一。著有《庸齋小集》。

杜晦之，《鈔》無考，《講義》言："傳未詳。"按：杜晦之，即杜東。據《詩家鼎臠》卷上載，杜東，字晦之，號月渚，邵武（今屬福建）人。寧宗嘉定七年（1214）進士。

趙漢宗，《鈔》無考，《講義》言："傳未詳。"按：趙漢宗，即南宋江湖詩派詩人趙崇嶓。趙崇嶓（一作嶓、又作礏）（1198—1255），字漢宗，號白雲，居南豐（今屬江西）。太宗九世孫。寧宗嘉定十六年（1223）進士，調金溪主簿。歷知石城縣、淳安縣，官至大宗丞。著有《白雲小稿》，已佚。

僧藏叟，《講義》言其爲元泉州安南人云云，《鈔》云《續傳燈錄》二有杭州徑山藏叟善珍禪師之傳。按：《鈔》是，而《講義》非。釋善珍（1194—1277），字藏叟，泉州南安（今福建南安東）人。端宗景炎二年五月示寂，年八十四，則其未嘗入元明矣。

林寬，《鈔》無考，《講義》言：“傳未詳。”按：林寬，唐侯官人，約唐懿宗咸通末前後在世，與許棠、李頻同時。《全唐詩》卷六百六錄其詩。

王希聲，《鈔》無考，《講義》言：“傳未詳。”按：《寶慶四明志》卷十、《延祐四明志》卷六載寶慶二年王會龍榜進士有王希聲，傳云：“内舍明發之孫，埜之兄。”王埜，字子文，號潛齋，金華（今屬浙江）人。寶章閣待制王介子。寧宗嘉定十三年（1220）進士。曾任兩浙轉運判官，知建寧府、隆興府、鎮江府，拜禮部尚書，沿江制置使、江東安撫使，簽書樞密院事等職。《宋史》卷四百二十有傳。由此可知，王希聲爲金華人，活躍於理宗年間。

何宗範，《鈔》無考，《講義》言：“傳未詳。”按：何宗範，青城（今四川灌縣東南）人。神宗元豐元年（1078），爲江安令。歷巴川令、眉州教授、江西提刑。事見《續資治通鑑長編》卷二百九十五、《摛文堂集》卷四《江西提刑何宗範可戶部員外郎制》、《淨德集》卷二五《光祿寺丞致仕何君墓誌銘》、《奉議郎何君墓誌》。

葉唐卿，葉苔磯，《鈔》皆無傳，《講義》皆言：“傳未詳。”實兩者爲一人。按：據《詩家鼎臠》卷上，葉元素，字唐卿，號苔磯，理宗時人。善寫照，陳郁題其寫照圖卷，稱其寫照入神。亦善畫山水，嘗作《西湖下景圖》。

藤子載，《鈔》引古鈔云：“藤子載爲日本藤氏，大唐久居住也，除草作滕（元祿本《錦繡段》正作“滕”）。”按：《錦繡段》選藤子載詩爲《寄季潭》。釋季潭，即明初中天竺寺高僧季潭宗泐，可見藤氏生活在明初。

李五峰，《鈔》無考，《講義》言：“傳未詳。”按：李五峰，即元代詩人李孝光。李孝光（1285—1350，一說 1296—1348），字季和，號五峰，溫州樂清（今屬浙江）人。以長期在雁蕩五峰山下雲霞洞讀書，故自號五峰。篤志好古，頗有文名，四方從學者甚。至正四年（1344）應召爲秘書監著作郎，至正七年擢升秘書監丞。至正十年辭職南歸，途中病逝同州（陝西大荔），年六十六。《錦繡段》所選之詩《寄達兼選》，見於李孝光文集《五峰集》卷八。《鈔》引《文章集》云，達兼選“南宋人也”云云。此亦誤，李孝光生年已入元，則達兼選不可能爲南宋人。

黃子蕭，《鈔》無考，《講義》言：“傳未詳。”按：“黃子蕭”實爲“黃子肅”之誤。黃清老（1290—1348），字子肅，學者稱爲樵水先生，邵武人。泰定三年（1326），爲浙江鄉舉第一，明年登李黼榜進士。曹尚書元用、馬學士祖常請留館閣，授翰林典籍。尋塈簡閱，遷應奉翰林文字、同知制誥、兼國史院編修官。出爲湖廣行省儒學提舉，至正八年卒於鄂。著有《樵水集》、《春秋經旨》、《四書一貫》等。

僧實存，《鈔》無考，《講義》言：“元人，傳未詳。”按：釋英，字存實，錢塘人，唐詩人屬元之後。早喜爲詩，歷遊閩海、江淮、燕汴間。著有《白雲集》三卷，卷首有牟巘、趙孟頫、胡長孺、林昉等時人之序。

李雲岩，《鈔》認爲“李雲岩”乃“李雪岩”之誤。按：此詩又見《聯珠詩格》卷八，正作李雲岩，作此不誤。李雲岩爲劉辰翁友人，生於宋寧宗開禧三年（1207），入元爲遺民，隱居不出①。

張君量，《鈔》無考，《講義》言：“傳未詳。”按：張釜，字君量，號隨齋，金壇（今屬江蘇）人。曾任主管江東安撫司機宜文字，通判饒州。孝宗淳熙五年（1178）進士，歷知興國軍、池州、湖南提舉、廣西運判、知廣州。寧宗慶元四年（1198），擢殿中侍御史，遷兵、禮、吏三部尚書兼侍讀，終端明殿學士簽書樞密院事。事見《南宋館閣續錄》卷九、《京口耆舊傳》卷七。

胡伯雨，《鈔》無考，《講義》言：“傳未詳。”按：歐陽守道（1208—1273）《題懷芳小草後》云：“予友胡伯雨懷芳園亭之勝，當不減滄浪，而歌詩妙語天出，比之子美有其奇偉而無其傷怨……然二君皆不滿中壽……伯雨之子蒙亨亟壽此於石……予爲伯雨求墓銘於荆溪吳先生，先生從之。”從上可見胡伯雨與歐陽守道有交遊，英年早逝，其子名蒙亨。吳子良（1198—1257?）爲之撰墓誌銘。吳子良卒於13世紀中後期，則胡伯雨亦當卒於此之前。又劉子才有《蘭陵王》（賦胡伯雨別業），可見又與劉子才有交遊。

唐溫如，《鈔》無考，《講義》言：“傳未詳。”按：元人賴良所編《大雅集》卷八載：“唐珙，字溫如，會稽人。”（《錦繡段》所選之詩正見《大雅集》卷八）《珊瑚網》、《書畫題跋記續跋記》、《式古堂書畫彙考》載唐珙題跋，自署爲“雷門（又作雲門）唐珙溫如”。似以“雲門”爲勝，蓋浙江會稽有千年古刹雲門寺。又

---

① 　詳見筆者《以〈唐宋千家聯珠詩格〉補宋詩人小傳》，載《文獻》2006年第1期，又見《唐宋千家聯珠詩格校證》附錄二《〈唐宋千家聯珠詩格〉所載宋代詩人叢考》，鳳凰出版社，2007年。

《古今說海》卷一百十五記宋末義士會稽唐珏在元初楊璉眞伽真破壞宋帝陵寢後，收拾諸帝遺骨重新埋葬之事，又云唐珙乃唐珏之子。

孫元實，《鈔》引《萬姓統譜》云，"孫子秀，字元實，餘姚人。"云云。按：此傳大誤。孫氏乃元人。據《大雅集》卷八，孫華，字元實。《錦繡段》所選之詩正見《大雅集》卷八。

蔡堅老，《鈔》無考，《講義》言："傳未詳。"按：《江西通志》卷一百六十引《建昌府志》云："蔡柟（？—1170），字堅老，南豐人。負才氣，有詩名。"云云。《別號錄》卷一載，蔡柟號"雲壑"。又據《輿地紀勝》卷三十五《江南西路·建昌軍》載，蔡柟自號雲壑道人。《郡齋讀書志》卷五下云其"嘗爲宜春別駕"。蔡氏與曾紆、呂本中多唱和，詩著於江西詩派。著有《雲壑隱居集》三卷、《浩歌集》一卷，已佚。

趙周臣，《講義》言："傳未詳。"按：趙周臣，即趙秉文。頁271，趙閑閑，已詳著錄趙秉文，字周臣，號閑閑老人。此處卻言"傳未詳"，實在未知何以前後矛盾若此。

蕭冰崖，《鈔》無考，《講義》言："傳未詳。"按：蕭立之（1203—?），原名立等，字斯立，號冰崖，寧都（今屬江西）人。理宗淳祐十年（1250）進士。歷知南城縣，南昌推官，通判辰州。宋亡歸隱。著有《冰崖詩集》二十六卷。

宋器之，《鈔》無考，《講義》言："傳未詳。"按：宋伯仁（1199—?），字器之，小字忘機，號雪岩，湖州（今屬浙江）人。曾舉宏詞科。理宗紹定六年（1233），監泰州拼桑醃場。嘉熙元年（1237），寓居臨安，北遊維揚，復卜居臨安之西馬塍。其爲人愛梅成癖，著有《梅花喜神譜》，後繫以詩，圖形百種。著有《雪岩吟草》等。

范叔範，《鈔》無考，《講義》言："傳未詳。"按：范模，字叔範，豐城（今屬江西）人。與劉克莊有交遊，《後村集》卷八有《答范叔範》。著有《竹林類稿》，已佚。

鄭碩，《鈔》無考，《講義》言："傳未詳。"按：鄭碩，字膚叟，閩縣（今福建福州）人。乾隆《福建通志》卷三十五載其爲寧宗慶元五年（1199）曾從龍榜進士。明嘉靖《贛州府志》卷七載嘉定十年（1217）其爲雩都縣丞。

胡德昭，《鈔》無考，《講義》言："傳未詳。"按：文天祥《文山集》卷二有《山中再次胡德昭韻》，可見胡氏與文天祥同時，俱爲晚宋時人。

韓準，《鈔》無考，《講義》言準元人，字公衡，沛人云云。按：實誤。韓準，乃宋人。《宋詩紀事》卷七十引《詩林萬選》“九月梨花”一詩，此詩正爲《錦繡段》所選。小傳云：“準號鶴山。”則此韓準與元人韓準無關，實乃宋人。

李誠之，《鈔》云其爲宋東陽人，從呂祖謙受業，歷任饒州教授、蘄州長官，後在宋金戰爭中戰死云云。《講義》同此。按：《錦繡段》所選李誠之詩亦見《聯珠詩格》卷十六，作者亦作李誠之，小注其名爲“師中”，亦見羅大經《鶴林玉露》甲編卷五。可見此李誠之，乃李師中。李師中（1013—1078），字誠之，楚丘（今山東曹縣東南）人。曾在神宗熙寧初，擢天章閣待制、河東都轉運使。後改秦鳳路經略安撫使、知秦州，後降知舒州，徙知洪、登、齊、瀛州。又因上書言事忤執政，貶和州團練副使，稍徙單州。復右司郎中，分司南京。元豐元年卒。

陳野雲，《鈔》引《氏族大全》云：“陳至道，字元和，號野雲，崇高節，至孝，養親不仕。”又《講義》言其爲宋人，名至道，字元和，號野雲云云。按：《錦繡段》所選之詩正見於《元風雅》後集卷十一陳野雲名下，又見《元詩選補遺》之陳氏《野雲集》中，則野雲爲元人明矣。

李億，《鈔》無考，《講義》言：“晚唐之人。傳未詳。”按：此詩見《全宋詩》冊72，出《詩淵》冊二頁一一三三，作者作“李靜獨”，則知李億，字靜獨。又《全宋詩》冊72錄李億《柳》一詩，與《錦繡段》所收李億《柳》詩同題而內容不同，故疑此兩李億爲同一人。

曹元象，《鈔》無考，《講義》言：“傳未詳。”按：《名賢氏族言行類稿》卷十九云：“曹緯，字元象，潁昌人。元符三年擢進士第，與劉燾元言、瞿執柔、劉正夫，乾德初在太學號‘四俊’。性豪邁，作字行楷有法……有詩文號《秋浦集》。”曹緯之弟爲北宋末年詞人曹組。

王軒，《鈔》作“王曜軒”。按：誤。此詩乃南宋詩人王邁之詩。王邁（1184—1248），字實之，一作貫之，號臞軒，仙遊（今屬福建）人。寧宗嘉定十年（1217）進士，嘗爲潭州觀察推官，西安撫司幹官，秘書省正字，漳州通判等職。著有《臞軒集》二十卷，《錦繡段》所選之詩正見《臞軒集》卷十六中。可見“王軒”中奪一“臞”字。

陳秋岡，《鈔》無考，《講義》言：“傳未詳。”按《元詩選》二集卷七云：“陳思濟，字濟民，號秋岡，柘城人。以才器見稱於時輩。世祖在潛邸，聞其名，召備顧問。即位始建省部，俾掌敷奏。姚樞、許衡皆器重之，除右司都事。從中書廉希憲行省山東，未幾召還，遷同知高唐州。入拜監察御史，出知沁州，遷同知紹興路總管,轉同知兩浙都轉運司,調陝西漢中道按察副使。丁母憂去官,服除,授同知浙東道宣慰司事。歷兩淮都轉運使,擢嶺北湖南道廉訪,改池州總管。累遷中議大夫,僉河南江北等處行中書省事。大德五年卒,年七十,贈正議大夫、吏部尚書、上輕車都尉,追封潁川郡侯,謚文蕭。有詩集若干卷,虞伯生爲之序曰:‘秋岡先生平生文章之出,沛如泉原之發揮,而波瀾之無津,譬如風雲之變化而舒卷之無跡。’孫廣東廉訪使允文手自校,儲梓而藏之。”

　　徐山玉,《鈔》無考,《講義》言:“傳未詳。”按:徐瑞(1255—1325),字山玉,鄱陽(今江西鄱陽)人。度宗咸淳間應進士舉,不第。元仁宗延祐四年(1317)以經明行修推爲本邑書院山長。未幾歸隱於家,巢居松下,自號松巢。《鄱陽五家集》中存有《松巢漫稿》三卷。

　　李梅亭,《鈔》無考,《講義》言:“傳未詳。”按:李劉,字公甫,號梅亭,崇仁(今屬江西)人。寧宗嘉定元年(1208)進士。爲寧鄉主簿,入曹彥約幕府。董居誼帥蜀,辟爲屬官。秩滿,南還爲兩浙運幹,復通判武岡軍,歷知榮州、眉州,除成都運判,帥成都,守本路提點刑獄、都大茶馬。召除中書舍人、崇政殿說書、起居舍人。卒年七十一。著有《四六標準》四十卷。

　　李古溪,《鈔》認爲“古溪”乃“姑溪”,故“李古溪”即“李之儀”。按:此傳大誤。《錦繡段》所選之詩見《元風雅》前集卷十,作者署作李古淡,可見其爲元人,非宋人李之儀。“溪”乃“淡”之訛。

　　來子儀,《鈔》據《世說補》云:“來子義,宋朝淳化中人。”按:此傳大誤。來梓,字子儀,號南州(《詩家鼎臠》卷上)。與周必大有交遊。事見《四朝聞見錄》卷三“來子儀”條。

　　另外,《錦繡段講義》在錄文上也有點錯誤,如頁188,僧無文《過桃花寺懷東叟》第二句錄作“丹竈重重鎖薜蘿”,“薜”實爲“薜”之誤。頁252,顧謹中《趙子昂並蒂芙蓉圖》首句“春人毫端散彩霞”,“人”當爲“入”之誤。

七　結語

　　以上本文對五山時代禪僧天隱龍澤所編的中國中唐至明初的詩選《錦繡段》做了文獻上的疏理,基本上可以看出:《錦繡段》的原始資料來源於中國的總集、別集、詩話筆記語錄、類書與方志。《錦繡段》還充分利用了流傳到日本的中國典籍,所以其中保存了不少宋元明時代詩人的佚詩,其注本還保存了一些詩人的生平資料。《錦繡段》在編纂過程中也出現了作者張冠李戴的錯誤,本文根據現存資料做了最大程度的廓清。

在談到中國文學對域外漢文學影響之途徑時,有一個現象值得重視,即文學選本對中國文學的傳播,以及域外人士對中國文學的接受起着相當重要的作用。這些文學選本對塑造中國文學的經典地位,確定文學口味,推動中國文學在域外的傳播,以及域外人士對漢文學的學習,甚至與域外漢文學發展趨向都有不可分割的聯繫。翻開朝鮮、日本兩國的漢文學發展史,往往與數部中國文學選本的流傳關係密切,如周弼所編的《唐賢三體詩法》、舊題黃堅所編的《古文真寶》①、于濟、蔡正孫所編的《唐宋千家聯珠詩格》、李攀龍所編的《唐詩選》②都對兩國的詩學走向、詩歌發展起到了深遠的影響。與以上文學選本不同的是,《錦繡段》是由日本禪僧編選的中國漢詩選,但同樣在日本非常流行,成爲學習漢詩的教本之一。可見,選本這種文學載體具有很大的播散性與示範性。

通過對《錦繡段》的研究,值得我們思考的是,中國文學在日本流傳的廣度與範圍。從《錦繡段》這一個案中,我們可以看出:仍有很多我們從前所未知的文學典籍在日本流傳並發生影響,還有很多我們從來不知道的中國詩人的作品在日本典籍中存在。《錦繡段》爲什麼會選擇這麼多在中國文學史幾乎沒有留下任何痕跡小詩人的作品?爲什麼一些在中國幾乎默默無聞的詩人,卻在日本獲得了較大的關注③,他們在漢文學接受史上的不同命運,說明

---

①　參見熊禮匯《〈古文真寶〉的編者、版本演變及其在韓國、日本的傳播》,載武漢大學傳統文化研究中心編《人文論叢》2007 年卷,北京:中國社會科學出版社,2008 年。

②　參見蔣寅《舊題李攀龍〈唐詩選〉在日本流傳和影響》,載《國學研究》第 12 卷,2003 年。

③　這裏還可以補充一則個案。天隱龍澤《天隱和尚文集》載《寄笠澤老人書》云:"笠澤老人足下:前日所借取者,大明臨川黎之大《未齋稿》,謹以反璧……至其句讀難分,義理難辨,累冊葉而抹過,不必尋行數墨也。逢會心處,則摘一句兩句以玩味久之。大明詩文,余平生所閱者,宋濂《文粹》、《皇明詩選》等外,無多見,今得此稿,竊知明朝詩文體裁,實可喜也……黎氏臨川一書生,猶以古近詩膾炙人口……"(《五山文學新集》第五卷,頁 991)此文還摘抄了黎之大的詩多首。黎之大此人在中國文獻中沒有記載,但其集卻通過某種渠道東傳到日本,並得到日本人士的欣賞評論,這也是東亞文學交流史一樁有意思的個案。相信類似的例子還有不少,這不得不觸發我們對文學史的思考。

了什麽? 似乎值得我們進一步思考。

　　附記：本文寫作過程中利用了哈佛燕京圖書館的館藏資料，得到了館長鄭炯文先生、善本部主任沈津先生、流通部主任楊麗暄女士的幫助，特致謝忱。

（作者單位：南京大學域外漢籍研究所）

域外漢籍研究集刊　第六輯
2010 年　頁 381—397

日本漢文小說及讀本對回目的編譯與翻改

李小龍

　　日本小說巨擘曲亭馬琴(1767—1848)曾說"漢土有《齊諧》、《異苑》二書；我朝有《浦島子傳》與《續浦島子傳》。皆可謂和漢小說之鼻祖而戲墨之濫觴也。茲後益踵事增華，有《宇津保物語》、《源氏物語》之作，如五色春花，絢麗多彩"①。嚴紹璗先生曾詳密考察了《遊仙窟》與《續齊諧記》中"劉晨阮肇"故事對《浦島子傳》的影響，亦指出，"從古代小說的形成來說，這是最早可以稱得上是'小說'的文學創作"②。所以，從日本小說發生學層面來看，漢文小說都曾起到了舉足輕重的作用。而回目作爲中國古典小說中最爲顯著的文體特徵，亦對日本的小說文體產生了深刻的影響。

一　日本漢文小說中使用回目作品的界定

　　日本漢文學很發達，對漢文學的研究也很充分，但是，漢文小說卻一直"是學術界間的一個盲點"。臺灣成功大學王三慶教授窮數年之力，終於搜集到了三十餘種作品，還附錄了四十餘種"待收或疑似"者，一起揭載於《域外漢

---

　　①　[日]曲亭馬琴著，李樹果譯《南總里見八犬傳》第四冊，南開大學出版社 1993 年版，頁 195 之"作者總自評"。按：中文本誤印"異"爲"導"。
　　②　參見嚴紹璗《中日古代文學關係史稿》，湖南文藝出版社 1987 年版，頁 135—152。

文小說論究》一書中①，並於十四年後，出版了由王三慶、莊雅州、陳慶浩、內山知也主編的《日本漢文小說叢刊》（第一輯，以下簡稱王三慶編本）②。此輯所收已不少，然亦容有遺漏。據陳慶浩先生云，已與上海師範大學達成新的編輯合作意向，"今年完成越南漢文小說，明年完成朝鮮漢文小說，後年完成日本漢文小說"，"交上海古籍出版社出版"，其中的日本部分預計有二百餘萬字③。王三慶編本實近二百萬字，可見遺漏似不多。這樣，日本漢文小說有了大體的輪廓，我們的探討即以此爲基礎。

在爲《日本漢文小說叢刊》所作的序中，王三慶把這些作品分爲三類，第一類的"章回體小說"共九種，具有回目的僅六種。它們是岡島冠山④（1674—1728）的《太平記演義》（1719）、鵬齋老人《忠臣庫》（1794）、岩垣月洲（1808—1873）的《西征快心編》、三木貞一（1861—1933）《新橋八景佳話》（1883）、田中從吾軒《警醒鐵鞭》（1886）、枕史氏《枕藏史》（1921?）。

日本漢文小說的界定不像朝鮮漢文小說那樣困難，同時在數量上也沒有朝鮮那麼多，比越南還要少些。這也許與他們本民族文字創製較早有關：所以日本漢文小說多具有日本民族的特點，較易與中國作品分開。但也有個別作品的歸屬存在問題，不過這樣的例子很少。

比如已收入王三慶編本的《忠臣庫》。魯迅先生在《關於小說目錄兩件》一文中云"日本之《忠臣藏》，在百餘年前（文化十二年，即 1815 年）中國人已曾翻譯，曰《海外奇譚》"⑤；後來嚴紹璗先生亦持此論⑥。然此實非中國人所譯，

---

① 王三慶《日本漢文小說研究初稿》，引自中國古典文學研究會主編《域外漢文小說論究》，臺灣學生書局 1989 年版，頁 2—19。

② 王三慶、莊雅州、陳慶浩、內山知也主編《日本漢文小說叢刊》第一輯，臺灣學生書局 2003 年版。

③ 參閱劉倩《漢文化整體研究——陳慶浩訪談錄》，載《文學遺產》，2007 年第 3 期。此外，陳慶浩 2008 年 1 月 11 日于北京師範大學文學院勵耘報告廳所作《中國域外古本漢文小說的整理和研究》的報告中亦提及此項計畫。

④ 此人之名，王三慶編本錄爲"岡鳴冠山"，而其他資料（見後文）所引均爲"岡島冠山"，王三慶編本附錄《太平記演義》書影中亦可見爲"島"字，故改從。

⑤ 魯迅《關於小說目錄兩件》，引自《魯迅全集》，人民文學出版社 2005 年版，第八卷《集外集拾遺補編》頁 210。

⑥ 參見嚴紹璗《中日古代文學關係史稿》，頁 319—321。

而是日本人的僞託，朱眉叔先生已有詳論，可參看①。再如《春夢瑣言》，此書王三慶編本未收，不知原因爲何。關於此書，有人曾誤以爲是明人之作②，也可見其面貌之肖。

二 日本漢文小說回目的發展歷程

日本現存的漢文小說中，最早的演義類作品爲岡島冠山的《太平記演義》，其書乃對成書於十四世紀後期的日本軍記物語《太平記》編譯而成。據目前的資料來看，它也是日本最早具有回目的作品。

岡島冠山的"通家門人"守山祐弘在爲此書所作的序中說："抑中華演義起於貫中，而貫中爲之鼻祖；吾邦演義，起于先生，而先生爲之鼻祖也。竊惟即凡天下之事，苟爲鼻祖者，非其才弗能也。故有見識者，必知斯書之嚴整；等閒之不可及焉者，不知者何足與談；設有能及焉者，請試譯數紙以比之。令知者公論，則自知其端的矣。"③他認爲岡島冠山此書爲日本演義作品之鼻祖，且對此論斷頗爲自信。不過，守山祐弘也並非信口開河，他對演義小說的文體還是有相當了解的，在此序的開始，他說："夫演義者，其初起于元羅貫中，而距今猶盛行也。蓋貫中者，當時賢才，白眉於眾，而功名不如，故其心不平，遂私著《三國志演義》與《忠義水滸傳》……厥後明清英才輩，學貫中文法，悉

---

① 朱眉叔《從〈忠臣庫〉談中國通俗小說對日本的影響》，引自春風文藝出版社編《明清小說論叢》第三輯，春風文藝出版社 1985 年版，頁 94—97。按：楊彬《中國古代小說在日本的流播與日本古代漢文小說的考察研究》（上海師範大學 2005 年博士後工作報告）仍以此爲中國小說，並責王三慶爲誤錄（頁 113），或恐失察。

② 陳大康《明代小說史》（上海文藝出版社 2000 年版）即云此書"稍後於《如意君傳》"，書末附《明代小說編年史》亦列之（頁 465—466、719、798）。陳慶浩編《思無邪匯寶》第二十四冊收此書，其出版說明已判日人僞託，主要是因爲造句"常有不合習慣生澀者"。其實，尚可補一證，即其書沃焦山人序提及了《遊仙窟》，甚至縮寫了原文的句子，事實上"《遊仙窟》中土久佚，絕不見於記載。清末楊守敬《日本訪書錄》卷八始有著錄"（參見李劍國《唐五代志怪傳奇敘錄》，南開大學出版社 1998 年版，頁 132），而其在日本卻承傳有序，影響亦夥，故知爲僞託無疑。

③ 王三慶、莊雅州、陳慶浩、內山知也主編《日本漢文小說叢刊》（第一輯第四冊），頁 218。

改諸史爲演義,雖果不能比,亦其體而足以觀矣。"

　　岡島冠山也的確具備爲日本開演義作品先河的條件。嚴紹璗先生曾說他是"日本江戶文壇上從事中國白話文學翻譯和介紹的第一位先覺者"——因爲他一生翻譯中國白話小說及撰著日人學習漢語用教科書共約二十種——並稱之爲"把中國明清白話小說,從一般'唐通事'的範圍內,引渡到學術界和文學界的一艘'渡船'"①。日本學者大塚秀高亦有相同的看法,並高度評價了他率先把《水滸傳》譯爲日文的功績②——正是通過他的譯本,《水滸傳》成爲對江戶文學甚至整個日本古代文學最有影響的中國古典小說。

　　因此,可以確定,岡島冠山的《太平記演義》是日本文學史上第一部演義類作品,也是第一部章回體小說,回目正是通過這部作品第一次登上日本文壇。其回目首先應當仿效了《三國志演義》與《水滸傳》。同樣在前引守山祐弘的序文中,還提到岡島冠山"於貫中二書,通念曉析,無所不解",且引冠山自己的話說"吾朦朧之際,年將老矣。今若不效貫中意思,以畢平生微志,則恐必無復有日也"。的確如此,但細察其回目,卻還可發現新的淵源。

　　其書共五卷三十回(尚未完篇),"書的上半頁用漢文撰寫,附有譯讀符號和假名,下半頁是他的日文譯文"(參上引大塚秀高文),回目爲單句,五字到九字不等,如"第一回　天子立后入弘徽殿",除措辭稍拙外,從體制上看,與中國小說無異。可以推測,他的這種回目體制中,"第×回"體制當來自《水滸傳》,如果他看到的《三國志演義》爲李贄評本或毛宗崗評本的話,也可能來自《三國志演義》;但其單句回目則定當仿效自《三國志演義》——《水滸傳》沒有過單句回目的版本——且很可能恰非李評本或毛評本,因此二本回目體制都已脫離單目階段了(雖然李評本內外不一)。《太平記演義》的回目不僅是單目,還有另一個特點,即無論對仗與否(日本漢文小說回目的對仗多並不嚴格,較之朝鮮的回目製作還要粗糙一些),其奇、偶相鄰兩回的回目字數總是相同的(其三十回中每兩回的字數分別爲 8、7、6、8、5、6、6、5、7、6、7、6、9、6、5),顯然是有意調整的結果。這實際上正是"三言型標目"的特點。

_____

　　①　嚴紹璗《中日古代文學關係史稿》,頁 351。
　　②　大塚秀高《中國通俗小說在日本江戶時代(1603—1867)》,引自[法]蘇爾夢編著,顏保等譯《中國傳統小說在亞洲》,國際文化出版公司 1989 年版,頁 76—79。

　　然據大塚秀高云,"三言二拍"與《今古奇觀》均直到 1720 年方傳入日本①,此時《太平記演義》已經出版一年。這有兩種可能:一是受"三言型標目"影響的別種單句對仗回目的小說(如《一片情》、《無聲戲》乃至《玉嬌梨》之類)先於"三言二拍"等傳入日本,並被飽讀中國通俗小說的岡島冠山看到了②;另一種可能則是"三言二拍"的東傳或許較現存文獻可徵者更早。就目前所見資料來看,後者的可能性是有的。岡島冠山曾編有《續俗文音譯》一書七卷,是"把中國古代白話小說的詞句和故事,作爲其教學內容"的漢語養成教科書,據嚴紹璗先生介紹,"卷四和卷五'長短話'中的標題小故事,以及卷六的'與人說故事',其內容更幾乎全是從中國明代'三言'小說中改編和縮寫的"③。由此可知岡島冠山是看到過"三言"的。不過,從有明文記載的"三言"等作品傳入日本到冠山去世還有八年時間,這部書也可能恰恰寫於這一時期。但我們還有另外的證據與此相援,即岡島冠山於享保二年(1717)所撰的《唐話纂要》,此書卷六包括了兩篇話本性質的作品,這也是日本漢文小說中僅見的話本:一篇名爲《孫八救人得福》,一篇名爲《德容行善有報》,兩則標目隱然相對(當然仍是日本式並不嚴格的對仗)。這種標目自然也當受到"三言"的影響;而且,他會想到創作這樣的作品,閱讀視野中最可能出現的也就是"三言"。因此,他在 1717 年之前便看到過"三言"的可能性很大。

　　此外,岡島冠山還寫過一部演義小說《太閤記》。嚴紹璗先生在介紹岡島冠山時曾提到"他以中國演義小說的形式又寫了一部日本小說《太閤記》",但已佚,"僅文獻中保留書名"④。然此說或有可商,《太閤記》本爲小瀬甫庵所著軍記物語,約出版於寬永十一年(1634),主要記載了以豐臣秀吉(1536—1598)爲主的戰爭故事⑤。所以,我懷疑岡島冠山《太閤記》或非日文小說,而

---

　　①　大塚秀高《中國通俗小說在日本江戶時代(1603—1867)》,引自[法]蘇爾夢編著,顏保等譯《中國傳統小說在亞洲》,國際文化出版公司 1989 年版,頁 79。

　　②　江戶時代幕府將軍的儒官室鳩巢說岡島冠山"讀小說過六百部",參見嚴紹璗《中日古代文學關係史稿》,頁 352。

　　③　同上,頁 327—328。按:此處提及作者名誤爲"岡島冠三",證之後文所列岡島冠山之著述編譯目錄(頁 360),可知當即此人。

　　④　同上,頁 356、360。

　　⑤　詳參北京日本學研究中心文學研究室著《日本古典文學大辭典》,人民文學出版社 2005 年版,頁 581—582。

仍如《太平記演義》一樣，是以漢文衍義日本前代物語之作①。因爲"以中國演義小說的形式"來寫"日本小說"的現象，當在岡島冠山譯《水滸傳》全部出版以後才漸漸興起（參見下文）。

　　日本第一部有回目的作品與朝鮮互有同異。鄭泰齊寫出《天君演義》的時候，中國傳統的回目體制建立不過半個世紀左右，其時，仍不乏並不規範的回目，但鄭氏卻已製作出幾乎全爲七言的單回目，確爲快捷；日本則不然，《太平記演義》的出版，不要說比中國小說，就是比鄭氏之作，也要晚八十年左右，這自然有社會經濟、本民族文學傳統及對漢文學之接受的各種因素。二者的相同點在於它們均有本民族的創作藍本；而其不同則在於，朝鮮仍托爲中國，日本已全述本國之事了——這也是日本與朝鮮漢文小說一個顯著的不同。

　　接下來具有回目的漢文小說仍是"譯成漢文的日本文學作品"（大塚秀高語），即《忠臣庫》，此書十回，回目已成爲雙句對仗回目了，而且，全書回目有二回爲八言，餘皆爲七言，頗爲整齊，可見江戶後期中國章回小說回目體制影響力的進一步加深。此書編譯自寬延元年（1748）竹田出雲、三好松洛、並木千柳合寫的淨琉璃《假名手本忠臣藏》，淨琉璃是日本戲劇的一種舞臺表演形式②，書前鵬齋老人序云"雜劇家演爲十一出"，頗有中國明清傳奇標目的意味；此後他又說"某學生嘗假稗史言、再翻譯之，仿《水滸》、《女仙》二史之例，改出爲解"③。這裏的"改出爲解"稍不可解，然因前云"仿《水滸》、《女仙》二史之例"，自當有改爲"回"之意。若其出於中國人的翻譯，我們只能說中國人在翻譯過程中受到了傳統章回小說文體強大的慣性影響；但實爲日人假託之作，由此可見當時章回小說的流行程度以及日本文人對章回小說文體的熟悉。

　　此後，成書于安政四年（1857）的《西征快心編》在文體上出現了新的特點，比如，全書開始前引了賈島與唐伯虎的兩首詩作爲入話，對二詩發揮了一番論說才進入正文——這恰恰是清初才子書的一種傾向。至於其回目，則爲整齊的雙句對仗七言目，也正是中國傳統回目中最常使用的一種。再看回目

---

　　①　後世亦有類似的作品，據王向遠《中國題材日本文學史》載，吉川英治不但有《私本太平記》八卷，還有《新書太閤記》十一卷（寧夏人民出版社 2007 年版，頁 135）。

　　②　參見北京日本學研究中心文學研究室著《日本古典文學大辭典》，頁 491—492。

　　③　朱眉叔《從〈忠臣庫〉談中國通俗小說對日本的影響》，引自《明清小說論叢》第三輯，頁 91。

內容,如第一回云"燕雀安知鴻鵠志　鯤鵬飛出蜻蜓洲"、第二回云"波浪蹴天三萬里　勇威吞敵八千人"、第四回云"迅雷不及掩雙耳　寸鐵誰知勝萬軍"等,都頗爲符合回目的要求(除概括敍事的功能稍弱以外)。

《東都仙洞餘譚》一書所附《新橋八景佳話》也值得注意。《東都仙洞餘譚》是一部內容駁雜的筆記著作,書末附錄作者戲著之《新橋八景佳話》則爲八回的章回體作品。正文前一頁在頁面正中印有約佔頁面八分之一面積的豎長框,框內連排七行文字,云"新橋八景佳話題目第一回……",實爲全書目錄。回目爲單句,但卻全部整齊爲十言,並且兩兩相對,如前二回分別爲"翡翠樓春月仙女舞霓裳"、"合歡亭夜雨鶯兒濕金衣"。這種整齊的單言對句長回目在中國小說中也僅有一例,即康熙四十一年(1702)刊刻的《集詠樓》,其前二回之目分別爲"山樓題句種良緣才郎害病"、"臥榻聞言流苦淚小妹知心"。不過,日本秋水園主人《小說字彙》徵引的一百六十種小說名目中未見此書①,亦未見於今日本公私所藏②。此外,單句八言目的作品倒有一些,但產生在《新橋八景佳話》之前者大多爲話本集,唯有署煙霞主人的兩部才子書式作品《幻中游》與《躋雲樓》爲章回小說,今日本亦有存本,未知《新橋八景佳話》作者三木貞一曾取資與否。另外,三木貞一在此書的版權頁上署爲"千葉縣平民",據王三慶等編的中文出版說明云,他"字愛花,號愛花情仙、愛花情史、有髮僧愛花居士、紅夢樓主人",可見他對《紅樓夢》應該相當熟悉甚至喜愛(此作正文內署名即爲"紅夢樓主人")。而他竟是"平民"——江戶時期將國民劃爲士農工商四等,後三種即通常所說的平民——以此身份創作出了漢文章回小說,可見當時中國章回小說浸潤日本民眾之深。

當然,這位"千葉縣平民"也並非憑空便可結撰章回小說,他是有師承的,同上的出版說明中也指出,他曾"隨江戶名儒田中從吾軒習漢學",而這位田中從吾軒則在《新橋八景佳話》刊行三年後,也出版了章回小說《警醒鐵鞭》。這部作品前三回爲《天堂記》,後二回爲《地獄記》,雖有"第×回"字樣,但無回目。

六種作品中,《枕藏史》是最晚出的。這是枕史氏"戲譯"日本古代《枕草

---

①　參閱嚴紹璗《中日古代文學關係史稿》頁 358—359 引。

②　[日]大塚秀高《增補中國通俗小說書目》(汲古書院 1989 年版)亦僅著錄藏於中國社會科學院的一種版本(頁 74)。

紙》的漢文作品。其書的標目體制表現出向日本傳統方式的復歸，因爲全書標目雖均爲四言單目，看上去像簡樸的中國回目，但序數卻用“帖”字，這正是日本的習慣用法。

以上所論，若與朝鮮漢文小說對比，亦深有趣味。二者最早的漢文小說多先有本國語文本，在漢譯過程中，爲了與漢語相協調，從而使用了章回體，並產生了回目：如《謝氏南征記》與《太平記演義》。不過，總體來看，朝鮮的通例卻是先有漢文原作，再產生朝文譯本；日本則堅持了早期的模式，幾乎沒有相反的例證。從這一過程的順逆亦可看出兩個民族的不同：朝鮮漢化極深，幾以漢文化當作自己固有之文化，然堅持民族文化積累者亦不絕如縷；日本民族文化樹立甚固，又善於吸收外來文化的優長，爲己所用。

三　日本早期和文小說的分節與標目

眾所周知，日本的敍事文學發軔較早，11 世紀初就產生了世界文學史上第一部長篇小說《源氏物語》。此書共分五十四個單元，劃分單元的名稱在譯爲漢語時卻並不統一：有譯爲“卷”的，也有譯爲“帖”的①，豐子愷先生（1898—1975）的譯本則使用了“回”字，此後，中國學者在研究時即多以“回”指稱②。事實上，豐氏自己也偶爾以“帖”稱之，如《譯後記》中曾提到“宇治十帖”，但在葉渭渠先生爲豐譯本所作的序中便稱爲“宇治十回”了③。其實，以“回”稱之是中國傳統章回小說體制作用于譯者思維的結果——因爲，在《源氏物語》產生的時候，中國尚未形成章回小說的體制，雖然當時的講史說書藝術已當出

①　前者如佩珊譯日人西鄉信綱等著《日本文學史——日本文學的傳統和創造》（人民文學出版社 1978 年版，頁 70）；北京日本學研究中心文學研究室著《日本古典文學大辭典》，頁 294。後者如臺灣林文月譯本即譯爲“帖”，參見何元建《關於中譯本〈源氏物語〉》一文，引自北京日本學研究中心文學研究室編《世界語境中的〈源氏物語〉》（人民文學出版社 2004年版），頁 113—114；王向遠《東方文學史通論》（上海文藝出版社 1997 年版）介紹此書時在“卷”後亦括注“帖”字（頁 112）。

②　如葉渭渠、唐月梅《日本文學史·古代卷》，昆侖出版社 2004 年版，頁 440；張哲俊《東亞比較文學導論》，北京大學出版社 2004 年版，頁 304。

③　參見［日］紫式部著，豐子愷譯《源氏物語》，人民文學出版社 1980—1983 年版，頁 1289 及序言頁 5。

現了"回"①,但它應該還沒有案頭化,遑論影響及《源氏物語》了。所以,"回"實爲譯者歸化②翻譯策略下的產物。

當然,由於中日古代文學關係的密切,這種選擇歸化的策略也理直氣壯,相似的例子也不少。比如被譽爲"日本的《一千零一夜》"的《今昔物語集》,全書分爲三部分三十一卷,每卷又分爲若干則,關於這些"則",其原文是先有一個敍事性的標題,標題尾碼以"第×"的字樣,如卷二十二第一則爲"大織冠、始めて藤原の姓を賜れる語、第一"③,這仍是中國先秦典籍"堯典第一"式的編排方式。北京編譯社譯、周作人(1885—1967)校的譯本中,把全書統一譯爲"第×篇"④,劉振瀛(1915—1990)則譯爲"第×話"⑤。葉渭渠、唐月梅在介紹此書體制時說"全書每一說話,都以'今昔'二字始,'下回另述'結尾"⑥,似有以"回"指稱之傾向。但葉氏此說似有誤,《今昔物語集》全書均以"語り伝へたるとや"結尾,西郷信綱等著的《日本文學史》中,署名佩珊的譯者譯爲"就是這麼傳說的",張龍妹譯爲"據傳(故事就是這樣的)";而王曉平譯爲"人皆傳言之也",王向遠先生譯爲"傳說如是"⑦,最爲雅馴。可見原文並無以"回"分節的意思。日本學者小峰和明《有關〈今昔物語集〉的翻譯》一文更需尋味,此文本欲對幾種《今昔物語集》的譯本進行研究,並進而探討翻譯之可

---

① 蘇軾的卒年大致是《源氏物語》開始創作的時間,他在《東坡志林》中曾提及"王彭嘗云:塗巷中小兒薄劣,其家所厭苦,輒與錢,令聚坐,聽說古話。至說三國事,聞劉玄德敗,顰蹙有出涕者;聞曹操敗,即喜唱快"(蘇軾撰,華東師範大學古籍研究所點校注釋《東坡志林》,華東師範大學出版社1983年版,頁15—16),知在此前即已有三國故事的講說藝術了,這種形式也必然要分回講述。

② 歸化指在翻譯中"以目的語文化爲歸宿"的文化立場。參見王向遠《翻譯文學導論》,寧夏人民出版社2007年版,頁315。

③ 參見[日]阪倉篤義、本田義憲、川端善明校注《今昔物語集·本朝世俗部》,新潮社1978年版,目錄頁1。

④ 北京編譯社譯、周作人校《今昔物語》,新星出版社2006年版目錄。

⑤ 劉振瀛《日本文學史話》,商務印書館1995年版,頁52。

⑥ 葉渭渠、唐月梅《日本文學史·古代卷》,頁584。

⑦ 分別參見西郷信綱等著,佩珊譯《日本文學史——日本文學的傳統和創造》,頁104;北京編譯社譯,張龍妹校注《今昔物語集》,人民文學出版社2008年版前言頁5及全書正文;王曉平《佛典·志怪·物語》,江西人民出版社1990年版,頁201;王向遠《中國題材日本文學史》,頁10。

能與限度，故中譯者也很謹慎，對有些辭匯並不譯出，附注云"因如何翻譯爲全文焦點，且尚無定論，按作者建議直接引用"，然而，在作者提到作品具體篇目時，譯者卻將之譯爲"回"①——譯者或許以爲"回"字當是"定論"吧，這其實仍來自章回小說體制的慣性。

　　不過，日本敍事文學傳統中，本來就有類似於回目的敍事性標目，比如《今昔物語集》，像"平維衡平致賴交戰獲罪"、"左衛門尉平致經護送明尊僧正"的標目，其概括敍事的意圖是很明顯的，這也與中國早期講史話本《五代史平話》等很相像。當然，就日文的原文而言，還不是這麼簡單，《今昔物語集》的標目之末均會綴一"語"字，這當是日本"說話"藝術在標目方面的反映——王向遠先生引及此中段落時，於譯名之末加"的故事"三字②，當即此。

　　《太平記演義》實亦有相類的現象。其書的刊刻格式是兩欄並置，上欄爲漢文，下欄爲日文，那麼，回目在下欄是如何變爲日文的便頗可探究。王三慶等編本在每部作品前所附的書影爲研究提供了便利，通過對比可以發現，此書下欄的回目亦完全使用上欄漢文回目的文字，但二者在體制上卻小有不同：一是漢文回目前爲"第×回"體制，日文則全部改爲"第×段"；二是就回目文字而言，主體部分二者相同，但日文又在每則回目之末綴一"事"字。前一特點或當是早期模仿章回小說體制時的日本化表現，因爲這個"回"字在章回小說發生之時是有意義的，正如"話說"、"看官"之類口聲，但對於從文本到文本的日本模仿之作而言便沒有意義，因此，"段"之代"回"也屬正常；後一特點則與《今昔物語集》標目末之"語"一樣，是日本說話藝術的遺留，仿佛中國明清傳奇題目之末大多會綴一"記"字。

　　總的來說，早期的和文小說本身都並沒有受到回目的影響，雖然我們偶爾會看到它們呈現出回目的形態來，但那並非事實，而是回目體制深入人心，讀者觀察事物的眼睛裏已預先放好了一聯回目。若要說真正接受了回目體制的日本小說，無疑是江戶時代的讀本。

---

①　小峰和明《有關〈今昔物語集〉的翻譯》，引自《世界語境中的〈源氏物語〉》頁222—235。

②　參見王向遠《中國題材日本文學史》，頁9—14。

四　日本讀本小說對回目的接受

日本對中國小說的翻改很多，這主要體現在江戶時代的讀本小說上，回目對於日文小說的影響在這一小說類型中也更爲明顯。

1603 年成立了德川幕府，新興的町人（即商人）走上歷史舞臺，從此，庶民性與娛樂性的文學作品便應運而生，這一時期小說的長足發展即以此爲背景。據李樹果先生的研究①，其時的小說類型頗爲繁多，但讀本類小說是主流。讀本小說的產生大致分爲三個時期，恰爲分別模仿中國的三種作品形成。首先是《剪燈新話》傳入日本，引起日本作家的仿效，最有代表性的便是假名草子“第一人”淺井了意（1612—1691）的《伽婢子》（1666），其將《剪燈新話》二十篇作品翻改了十八篇，餘則來自《剪燈餘話》與《古今說海》等書。這種改頭換面的翻改方法在“三言”傳入日本後得到了進一步的應用，產生了都賀庭鐘（1718—1794 後）《古今奇談英草紙》（1749）、上田秋成（1734—1809）《古今怪談雨月物語》（1768）等初期讀本。隨着岡島冠山《通俗忠義水滸傳》譯本的出版（1757），日本掀起了《水滸》熱，出現了山東京傳（1761—1816）與曲亭馬琴等後期讀本的代表作家，讀本小說也達到極盛。

以上是讀本小說發展的大致歷程，可以看出，確如日本讀本小說研究專家山口剛所說，讀本小說的第一要素“是以某種形式模仿中國的小說”②，這種模仿自然包括回目。

首先來看被稱爲“讀本之祖”的都賀庭鐘，他一生共出版了四部以“古今奇談”爲名的讀本小說集，即《英草紙》、《繁野話》（1766）、《莠句集》（1786）、《垣根草》（1793），這四種作品集共收作品四十篇，有十五篇爲翻改自“三言二拍”者，其中，《英草紙》共九篇，便有八篇爲翻改之作。下面按照李樹果先生的考論，列表如下：

---

① 詳參李樹果《日本讀本小說與明清小說——中日文化交流史的透視》，天津人民出版社 1998 年版。

② 山口剛爲《日本名著全集》中的《讀本集》所作解說，轉引自李樹果《日本讀本小說與明清小說》，頁 57。

都賀庭鐘翻改之作標目	"三言二拍"原作標目
英 1：後醍醐帝三挫藤房諫	警 3：王安石三難蘇學士
英 2：馬場求馬沉妻成樋口婿	喻 27：金玉奴棒打薄情郎
英 3：豐原兼秋聽音知國之興衰	警 1：俞伯牙摔琴謝知音
英 4：黑川源太主入山得道	警 2：莊子休鼓盆成大道
英 5：紀任重陰司斷滯獄	喻 31：鬧陰司司馬貌斷獄
英 6：三妓女異趣各成名	醒 2：三孝廉讓產立高名
英 8：漁翁賣卦直言示奇	警 13：三現身包龍圖報冤
英 9：高武藏守做媒嫁婢	喻 9：裴晉公義還原配
繁 5：白菊夫人猿掛岸勇射怪骨	喻 20：陳從善梅嶺失渾家
繁 8：江口俠妓憤薄情怒沉珠寶	警 32：杜十娘怒沉百寶箱
莠 4：玉林道人雜談挫回頭 莠 8：猥瑣道人辨水品知五官之音	警 3：王安石三難蘇學士
垣 5—3：阿環激人見春澄使之興家	醒 19：白玉娘忍苦成夫
垣 3—1：韌晴宗夫婦結再生緣	拍 27：顧阿秀喜舍檀那物　崔俊臣巧會芙蓉屏
垣 4—2：山村子孫九世同堂守忍字	拍 11：惡船家計賺假屍銀　狠僕人誤投真命狀

　　對於這些翻改之作，暫且不論其與原作的關係①，僅看其標目。一般而論，它們在標目上總會有原作標目的痕跡，如《英草紙》第一篇的"三挫"實爲原本"三難"的變形，第四篇之"得道"亦即原本的"成大道"；《三妓女異趣各成名》與《三孝廉讓產立高名》雖然主角已換，卻極爲相似，而《紀任重陰司斷滯獄》與《鬧陰司司馬貌斷獄》更是如出一轍。由此可見，都賀庭鐘的讀本不但從內容上對原本進行或大或小的翻改，就是標目體制上也有所蹈襲。

　　然與《今昔物語集》及《太平記演義》一樣，據李樹果先生引錄作品的日文原標目可知，其原目之後也同樣存在日本特有的尾碼，如《英·繁》均綴一"話"字，餘二種則均綴一"事"字②，正與前論相應。李樹果先生在譯文中並未

---

①　關於此，李樹果《日本讀本小說與明清小說》，頁 63—103 有詳細的論述，可參看。
②　同上，頁 132—133 所制《"三言二拍"的翻改書目》表。

體現出這一點①，嚴紹璗先生曾將《英草紙》與中國原典列表對比，所譯每則標目之後均加"之話"二字。

　　上田秋成被認爲是初期讀本創作成就最高的作家，然而，由於複雜的原因，比如他曾拜加藤宇萬伎爲師學習日本國學，從而在思想意識方面發生了巨大變化，所以，他的小說"在改編和重新創作過程中更加注意結合日本實際，致力於其日本化"②。這一點甚至從作品標目中也可以見出，《雨月物語》有三篇有《喻世明言》與《警世通言》中的出典，但標目已經遠離了回目，反更近于中國古代文言小說的傳統標目，簡潔而富於暗示，如"菊花之約"、"蛇性之淫"等。頗有意味的是，閻小妹翻譯《雨月物語》時每篇都會用到"再說"、"卻說"、"話說"、"且說"之類章回小說的常用語③，周以量《從讀本小說的表現手法看江戶小說的漢譯》一文經過與原文對比，指出這種套語"是譯者加上的"，不過他認爲這"不但不覺突兀，而且使人聯想到可能與中國古代小說的關聯"④。這自然可以見仁見智，但若從上田秋成的創作傾向來看，似乎仍以不增譯爲當。

　　初期讀本因爲主要是短篇小說，回目的滲透便不顯著，直到以《水滸》爲淵藪的後期讀本出現，才掀起了日文小說製作回目的高潮。

　　建部綾足（1719—1774）《本朝水滸傳》（1774）向被認爲是模仿《水滸傳》的開端⑤，讀本小說大家曲亭馬琴也曾給予積極肯定："綾足在寶曆、明和之間，寫出如此長篇的草紙物語，是吾輩之先驅。"⑥據李樹果先生的介紹，此書

---

　　①　包括此後他翻譯出版的《日本讀本小說名著選》（天津人民出版社2005年版）亦如此。

　　②　參見北京日本學研究中心文學研究室著《日本古典文學大辭典》，頁73—75。

　　③　參見［日］上田秋成著，閻小妹譯《雨月物語》，人民文學出版社1990年版，頁23、27、35、41、46、56、62、81、86。此外，李樹果譯《日本讀本小說名著選》亦偶有使用，參見頁123、130、142。

　　④　周以量《從讀本小說的表現手法看江戶小說的漢譯》，引自北京日本學研究中心文學研究室編《世界語境中的〈源氏物語〉》，頁176。

　　⑤　雖然後來發現《湘中八雄傳》（1768）要更早，但就開後期讀本之仿《水滸傳》風氣而論，仍當承認此作的價值，參見李樹果《日本讀本小說與明清小說》，頁213—219。

　　⑥　曲亭馬琴《讀本朝水滸傳及其評論》，轉引自李樹果《日本讀本小說與明清小說》，頁223。

“只出版了前編的五十回，和後編第五十一至七十回的目錄”，並在書中附錄了第四十二回“藤原清河攜楊貴妃悄悄歸築紫”，可見其書確爲章回體制，用“第×回”格式，有單句回目。後來伊丹椿園的《女水滸傳》(1780)八回、振鷺亭《伊呂波醉故傳》(1794)等亦均如此。

　　此後便是山東京傳與曲亭馬琴兩位後期讀本大家之間的角逐了。

　　京傳於 1789 年出版了《通氣粹語傳》，分六篇十二“則”，每“則”前無任何分節標誌，有單句標目，如“向島武藏屋武松與藝妓劃虎拳”、“林沖花和尚向河岸射箭書”等。幾年後，馬琴出版了他翻改《水滸傳》的處女作《高尾船字文》(1796)，其書五冊 12 回，據李樹果的引錄，其標目形式如下所示(第一冊第一回)：

回目	副題形式		
○洪氏誤開實方廟	副題：	彼是小說《水滸傳》 此是戲曲《千秋萩》	其發端是靈魂雀

　　由此可以看出，馬琴在翻改過程中，標目已較之京傳前作更靠近回目了。然而，京傳受到馬琴此書把淨琉璃與《水滸傳》捏合在一起的啟示，迅速出版了他翻改《水滸傳》的代表作品《忠臣水滸傳》(1799—1801)。此書是將淨琉璃作品《假名手本忠臣藏》與《水滸傳》捏合在一起寫成的，共十卷十一回，書前有京傳用漢文寫的序，其中提到《忠臣藏》，云其“以爲十一回”，由此語亦可見章回體制對作者的影響。全書的雙對回目很是工整，一如《水滸傳》，多爲八言，如第一回爲“夢窗國師祈禳天災　高階師直誤走眾星”、第二回爲“妍娘子羞謎襲衣篇　鹽廷尉誤入白虎堂”，確實可以明顯感受到《水滸傳》的影子，再如“鹽冶龍馬三鞭千里　寺岡神行一腳百步”之對仗亦非偶然所能至。

　　其實，就在《忠臣水滸傳》發表五年前，有人僞託中國人刊印了漢文小說《忠臣庫》，後者中，作者擬定了工整的十回回目；而數年後，京傳以日文來撰寫章回小說，並再以此淨琉璃爲本，演爲十一回。從《忠臣藏》故事系統中便可見，中國傳統的回目體制在日本怎樣先以中國人作漢文小說的假像出現，以消除文化不適，然後方一步步地走進和文小說。

　　不過，京傳的這一成果卻沒有得到鞏固。他接下來刊行的《櫻姬全傳曙草子》(1805)與《本朝醉菩提》(1809)十六回雖然也都使用了“第×回”形式，但前者已退回《本朝水滸傳》的單句敍事標目形態中去了，後者則出現了新的現象：其"以《法華品》的品目作標題"，如第一回爲"善惡因果序品"，第二回爲"得失譬喻品"等，這倒與丁耀亢《續金瓶梅》的一級回目相類，未知是否有淵源關係。

馬琴在此後也開始了大規模翻改《水滸傳》的創作活動，如《椿說弓張月》（1807—1811）六十八回，自序云"其談系仿效唐山之演義小說"①；《傾城水滸傳》（1825—1835）五十七回，將原本中的男子全改爲女子，也開了此後顛倒性別改編《水滸》的先例；《開卷驚奇俠客傳》（1831—1835）不只緊跟《水滸傳》，還轉以《女仙外史》爲藍本。但是，比起他被譽爲"江戶小說之冠"的《南總里見八犬傳》（1814—1842），這些就都不重要了。此書非但是馬琴翻改小說的集大成之作，也是日本文學史上規模最大的作品，從我們的論題來看，它同時也是日本和文小說回目製作的巔峰之作。

《八犬傳》共九輯九十八卷一百零六冊一百八十回（因有個別回分了上下乃至於上中下，故實有一百九十回），譯爲中文約一百六十餘萬字，確稱長篇巨制。全書回目均爲雙對目，在敍事概括上縝密允當，就文字而言，也頗工緻。李樹果先生曾說其回目"使用漢文"②，但是，周以量《從讀本小說的表現手法看江戶小說的漢譯》一文引用了前五回原目，實非如此。周以量文"爲了更好地說明問題"，撰文時的參考文本即爲李氏譯本的底本"明治四十二年（1909）國民文庫版"③。所以，李氏此語或當是"主要使用漢字，另加日文之助詞"的意思。我們將周以量所引五回原目與李樹果的譯目列表對比如下：

《南總里見八犬傳》前五回原回目	李樹果譯本回目
季基訓を遺して節に死す　白竜雲を挾みて南に歸く	季基遺訓死節　白龍挾雲歸南
一箭を飛して俠者白馬を誤　兩郡を奪ふて賊臣朱門に倚	飛一箭俠者誤白馬　奪兩郡賊臣倚朱門

---

① 　關於此書，王曉平曾於《近代中日文學交流史稿》（湖南文藝出版社 1987 年版）一書中摘引過其第四回的回目"老猴登塔辱主病鶴出箱答恩"（頁 62）。

② 　李樹果《日本讀本小說與明清小說》，頁 267。

③ 　周以量《從讀本小說的表現手法看江戶小說的漢譯》，引自北京日本學研究中心文學研究室編《世界語境中的〈源氏物語〉》，頁 177—178。

續表

《南總里見八犬傳》前五回原回目	李樹果譯本回目
景連信時暗に義実を狙む　氏元貞行厄に館山に從ふ	景連信時暗狙義實　氏元貞行厄從館山
小湊も義実を聚む　笆内に孝吉仇を逐ふ	小湊義實聚義　笆内孝吉逐仇
良將策を退て眾兵仁を知る　靈鴒書を賊て逆賊を贈る	良將退策眾兵知仁　靈鴒傳書逆賊授首

　　從表中可以看出，馬琴原回目其實是以漢字爲中心擬定的，只是加了一些表示語序的日文助詞（因此我懷疑第五回下句中的第一個"賊"或當爲"伝"字之誤），翻譯過來的回目也不過把語序再調整回來，文字上是一字不差的。從上舉有限的回目中能夠感受到，作者當是在漢字的思維中擬定的。

　　此外，馬琴在儘量模仿中國章回小說的過程中也由於種種原因必須做出些許變更。他在第九輯卷四十六前有附言云：

　　　　此編之標題在前版卷四十五之總目錄下早已刊出，是想使看官知道結局內容。那六回只是大致舉出當日之腹稿。及至後來擬定此編時，不得不較預想者爲之延長。然而每卷之頁數皆有定數，作者不能隨意改動，因此不得已而將一回分做上下、或下中下，實將其分做二回、三回以合其數。將一回分做二回、三回，在唐山之稗史小說中無此例。只在《源氏物語》中有"新菜"上下之分。然而本傳並非仿效《源語》，而是按照唐山之稗史撰寫。由於文溪堂性急，完半冊稿便奪去，發至抄寫人與刻工之手，是以出現此不妥之事。爲急於將先刻之五卷發售，故於本卷首略記此事，以塞其責而已。①

　　因《八犬傳》結構宏大、情節複雜，創作時間亦極長，又是隨寫隨刊，沒有時間進行全面的調配與潤色；出版商必以每五卷爲單位刊刻發行，也爲作者設置了束縛，使其無法自由揮寫。這都造成了作者原擬計畫與創作進展的衝突。尤其是作品非常暢銷，讀者的閱讀緊跟在創作與出版之後，一些人（甚至作者的至親好友）還沒有看到結局就逝世了，再加上廣而告之的考慮，馬琴總會提前將還未成文的部分回目宣佈，這從某種程度上也成爲了創作的桎梏。爲了調和舊計與新思間的矛盾（馬琴是一個新思如泉的作家，從《八犬傳》一

_____

　　①　［日］曲亭馬琴著，李樹果譯《南總里見八犬傳》第四冊，頁445。

輯長於一輯、尤其是第九輯竟比前八輯之和還長的特點即可知），他不得不把原已公佈的某回分爲上下或上中下，有時這還不夠，仍需再附補充回目①。這樣算是可以“塞責”了，但對中國古典小說很熟悉的馬琴卻明白，“唐山之稗史小說中無此例”，雖然日本第一部長篇小說《源氏物語》第三十四卷分爲“新菜上”和“新菜下”（亦有譯爲“新菜”及“新菜續”者②），馬琴卻坦承“本傳並非仿效《源語》，而是按照唐山之稗史撰寫”，故亦不能以《源氏物語》爲藉口。不過，從我們的角度來看，馬琴雖說“本傳並非仿效《源語》”，然面對難題想到這樣突破“唐山之稗史小說”慣例的體制，原其初心，恐怕與《源氏物語》的示範在前也不無關係。

　　《八犬傳》是馬琴以後半生的心血澆灌而成的，也是他自許甚高的傳世之作。但是，這部小說攀上江戶讀本的巔峰之時，也是日本章回小說終絕之日：就在它全部出版前不久，與日本隔海相望的中國便已傳來了鴉片戰爭的喧囂——西方殖民者的槍炮把古老的中國帶進了屈辱的近代，同時也驚醒了一衣帶水的緊鄰：日本開始進入近代啟蒙時期，從而結束了中世紀文學的歷程，打開了近代文學的大門。

（作者單位：北京師範大學文學院）

---

　　①　這一點頗與中國小說《姑妄言》的回目體制相類，不過彼書每回均有一個“附目”，故筆者疑其本爲雙重回目，而此在全書中僅有寥寥數例，且據李樹果譯本注，其底本“國民文庫版已將附回目分別納入各該回中”（第四冊頁531），故李譯本僅有一例予以保留，即第一百八十勝回上之下的補充回目。

　　②　張龍妹分別爲《世界語境中的〈源氏物語〉》（頁312—313）及《日本古典文學大辭典》（頁299）所撰故事梗概中即使用了兩種譯法。此外，豐子愷譯本各標爲“第三十四回（上）新菜”和“第三十四回（下）新菜續”。

越南漢籍研究

域外漢籍研究集刊　第六輯
2010 年　頁 401—421

越南經學典籍考述

劉玉珺

　　經學是中國學術最重要的門類之一,六經與禮樂文明不僅是中華文明淵藪之所在,也同樣極大地影響了屬於漢文化圈的越南。遠古時代的越南北部地區被稱之爲“交趾”,《墨子·節用》曰:“古者堯治天下,南撫交趾,北降幽都,東西至日所出入,莫不賓服。”[①]此類記載還見於《尚書大傳》、《淮南子》、《吕氏春秋》、《史記》、《大越史記全書》、《欽定越史通鑒綱目》等中越典籍。從秦始皇公元前 214 年平定嶺南,設象郡,至公元 968 年丁部領建立大瞿越國,北部越南一直作爲中國的一個行政區域而存在;開寶八年(975),宋太祖封丁部領爲交趾郡王,從此越南歷代都對中國封建王朝“修臣行禮”,中越兩國建立了長達近千年的宗藩關係。深厚的歷史淵源和密切的政治關係,爲經學在越南的傳播奠定了社會基礎。歷史文化上的同源關係使得越南經學實際上已成爲中國經學的一個分支。對此,朱雲影《中國經學對日韓越的影響》、王小盾師《越南所存的漢文經學古籍》等文已經作了開拓性的研究工作[②]。本文擬在上述研究成果的基礎上,以中越文化交流爲背景,對包括喃文古籍在内的越南經學典籍再作進一步的探討。

---

　　①　本文爲國家社科基金青年項目“16 至 20 世紀越南漢籍與中越文學交流”(項目號:08CZW010)階段性成果。
　　孫詒讓《墨子閒詁》卷六,《諸子集成》四,上海書店,1986 年版,頁 102。
　　②　朱文見《中國文化對日韓越的影響》第一編第二節,臺灣黎明文化事業公司,1981年版;王文載《經學研究論叢》第 7 辑,臺灣學生書局,1999 年版。

一　經學典籍在越南流傳的文化背景

　　經學典籍在越南流傳的文化背景，其實質就是經學在越南的傳播。從總體上看，有兩點最值得關注：

　　第一，形成了以官方統治者爲推行主體的傳播形式和以傳播先進文化、教化民衆爲主要目的的教育傳統。

　　秦末，南海郡尉趙佗吞併桂林、象郡，自立爲王，建立了南越割據政權。從此地方政府開始在越南北部推行儒學教育。黎嵩《越鑑通考總論》記載趙佗："武功攝乎蠻叢，文教振乎象郡。以詩書而化訓國俗，以仁義而固結人心。"①《詩》與《書》等儒學典籍在當時有可能已傳入了越南，並且從傳入之初就具有了"化訓國俗"的經世意義。漢元鼎五年（前 112），武帝滅南越，把原南越所轄之地劃爲九郡，其中包括今屬越南領土的交阯、日南、九真三郡。儒學教育與禮樂文化在這三個郡縣通過官方推行得以繼續深入，典籍多有記載：

　　　　初，平帝時，漢中錫光爲交阯太守，教導民夷，漸以禮義，化聲侔於延。（《後漢書·任延傳》）②

　　　　錫光爲交阯，任延爲九真太守，乃教其耕犁，使之冠履；爲設媒官，始知聘娶；建立學校，導之經義。由此已降，四百餘年，頗有似類。（《吳書·薛綜傳》）③

通過"建立學校，導之經義"，儒學的傳播面得到了擴大，但真正使儒學在越南初步奠定社會基礎的是三國時代的士燮。其父賜曾任日南太守，父喪後，士燮舉茂才而遷交阯太守。他本人富有深厚的經學學養，"玩習書傳，《春秋左氏傳》尤簡練精微，……又《尚書》兼通古今，大義詳備。聞京師古今之學，是非忿爭，今欲條《左氏》、《尚書》長義上之"④。明人嚴從簡《殊域周咨錄》說他"取中夏經傳，翻譯音義，教本國人，始知習學之業"⑤。士燮傳播儒學，使禮樂

---

　　①　［越］吳士連《大越史記全書》卷首，越南內閣官板正和十八年（1697）重刻本。

　　②　［宋］范曄撰，［唐］李賢等注《後漢書》卷七十六，中華書局，1965 年版，頁 2462。

　　③　［晉］陳壽撰，［宋］裴松之注《三國志》卷五十三，中華書局，1982 年版，頁 1251。

　　④　《三國志》卷四十九，頁 1191—1192。

　　⑤　［明］嚴從簡撰，余思黎點校《殊域周咨錄》卷六，中華書局，1993 年版，頁 236。

文明真正浸潤到了越南社會的深處,爲交州徹底擺脱落後的原始氏族階段奠定了基礎,儒家經典也由此成爲越南文化之淵藪。越南史學家吴士連對士燮的功德作了高度的評價:"我國通詩書,習禮樂,爲文獻之邦,自士王始,其功德豈特施於當時,而有以遠及於後代,豈不盛矣哉!"①

這種以地方官吏爲主體的儒學傳播方式,在越南作爲中國行政區域的一千多年裏,未曾間斷過,並受到了越人的擁護。唐代以王福疇和馬揔最爲著名,"唐王福時爲交趾令,大興文教,士民德之。至今祀之,號王夫子祠"②;"元和中,以虔州刺史遷安南都護,廉清不撓,用儒術教其俗,政事嘉美,獠夷安之"③。在越南獨立以前,歷代地方官吏已形成了以儒術教民的傳統。這個傳統逐漸形成的過程,也就是孕育經學發展的社會環境的過程,爲經學在越南的深入傳播提供了易於生長的文化土壤。由此,安南人文蔚起,精於儒家之經典的愛州姜公輔、姜公復兄弟、交州廖有方都相繼通過舉進士,進入到唐代中央政府爲官。

在越南獨立以後,歷代統治者也秉承了這一傳統,並直接向中央政府請求頒賜經書。黎龍鋌應天十四年(1007),"遣弟明昶與掌書記黃成雅獻白犀于宋,表乞九經及大藏經文"④。這是作爲藩屬國的地方統治者主動要求學習中央政府先進文化的一種表現。

第二,越南經學教育在推行方式、講經機構及人員設置等方面均仿照中國之制。

越南獨立以後,李朝(1010—1225)開始獨立實施科舉,選試明經博學。《大越史記全書》李紀曰:"太寧四年(1075)春二月,詔選明經博學及試儒學三場,黎文盛中選,進侍帝學。"⑤陳朝(1225—1400)統治者則開始設立專門的機構講四書五經,並專門搜羅專擅於經學之人。如:"元豐三年(1253)六月,立國學院,塑孔子周公亞聖,畫七十二賢像奉事。……九月,詔天下儒士入國學

---

① 《大越史記全書》外紀卷三士王紀。
② [清]徐延旭輯《越南輯略》卷二名宦,光緒三年(1877)刻本。
③ [宋]歐陽修、宋祁《新唐書》卷一六三《馬揔傳》,中華書局,1975 年版,頁 5033。
④ [越]潘清簡等纂《欽定越史通鑑綱目》正編卷一,越南建福元年(1884)刻本。
⑤ 《大越史記全書》本紀卷三李仁宗紀。

院,講四書五經"①;"紹隆十五年(1272)冬十月,詔求賢良明經者爲國子監司業,能講諭四書五經之義,入侍經幄。"②經過統治者的大力提倡,程朱之學在越南士大夫階層傳播開來,出現了一批理學家,張漢超、朱安、杜子平最爲有名。越南亦依照中國的傳統,對儒學發展有突出貢獻的人,賜予從祀文廟。《朱文公事狀》云:"紹慶元年(1370)冬十二月,載國子監司業朱安卒,贈文貞公,賜從祀文廟",而朱安專於經學,"明宗徵拜司業,授太子經"③。

　　在越南也形成過穩定的維護儒家學說、鑽研經學的群體。陳朝末年,權臣黎季犛陰謀篡位,作明道十四篇,"以韓愈爲盜儒,謂周茂叔、程顥、程頤、楊時、羅仲素、李延平、朱子之徒,學博而才疎,不切事情,而務爲剽竊。"④越四年,又作國語詩義之序,"序中多出己意,不從朱子集傳",黎朝史臣吳士連痛論其非,並肯定了朱熹等人的成就:

　　　　自孟氏沒,師各專其門,士各私其學,源分而流支,差之毫釐,謬以千里,或流而爲他岐,或倒戈相攻,莫能歸一,其可稱者,雖曰大醇,未免小疵,未有克醇乎其醇者也。朱子生於宋末,承漢唐諸儒箋疏六經之後,泝流求源,得聖人之心於遺經,明聖人之道於訓解,研精殫思,理與心融,其說也詳,其指也遠,所謂集諸儒之大成,而爲後學之秩式者也。⑤

　　黎朝(1428—1527)獨尊儒家,黎聖宗對經學的發展非常重視,首次在越南設立五經博士。"光順八年(1467)三月,初置五經博士,時監生治《詩》、《書》者多,習《禮記》、《周易》、《春秋》者少,故置五經博士,專治一經,以授諸生"⑥。目的是要改變監生偏重於詩書,而輕視其他經書的狀況。

　　阮朝(1802—1907)是越南的最後一個封建王朝,定都於富春(今順化),從而改變了經學傳播的中心。由於經學擁有牢固的正統文化的身份,所以政權地理位置的改變勢必會導致傳播中心的轉移。據《大南列傳前編》記載,當時中圻與南圻出現了不少精通經學之人,如廣平人武廷芳"博覽經籍,頗通兵

① 《大越史記全書》本紀卷五陳太宗紀。
② 《大越史記全書》本紀卷五陳聖宗紀。
③ 《朱文公事狀及詩文》,自藏越南手抄複印本。
④ 《大越史記全書》本紀卷八陳紀順宗光泰五年(1392)。
⑤ 《大越史記全書》本紀卷八陳紀順宗光泰九年(1396)。
⑥ 《大越史記全書》本紀實錄卷十二黎聖宗紀。

書";廣平人武春濃"經學深微,文章蘊籍,常與士夫談說經書奧義,樂不知疲";廣南人范有敬"武春濃常器重之,一日與濃談及經義疑處,相與辨析,敬堅執己見不屈";天香人阮登壇:"讀書過目成誦,以理學名。"①

阮朝統治者從世祖阮福映(1802—1819)開始,就繼承了前代注重經學教育的傳統,他曾"派侍講二,翰林侍學八,國學侍學六,日以朝夕會督學官集太學堂,講說經史,凡東宮言動,侍學悉書之,月一進覽,以觀德業進益"②。皇子是未來的國家統治者,儒家經典不僅用於教化廣大普通百姓,它同時也是皇子文化教育的一個重要組成部分。聖祖阮福晅繼位以後,對皇子的經學教育尤爲關注,《大南實錄》記錄了大臣吳廷价等人關於皇子講學之所規程的奏請:

> 王公之學與經生異,爲學之方,簡編具在。臣等就職以來,日搜故典,或摘取清文散句,或參以自家意見,隨宜立則用端蒙養初基。若夫成德之全,經學昭垂,不能盡述,今請定爲講學規程,凡十一條:一曰,講學經籍。(謹按清高宗《御製樂善堂全集序》云:余先九歲始讀書,十有四歲學屬文,今年二十矣。其間朝夕從事者,《四書五經》、《性理》、《綱目》、《大學衍義》、《古文淵鑑》,此則高宗當爲皇子自表其所學然也。且諸書所載聖賢蘊奧,歷代政事備焉。學堂中應以進講。)二曰,經史摘要。三曰,講誦次序。四曰,日講限例。(單日講書或經,則先講白文意義,次及本註,以發明之。雙日講史,須析明意義。)③

"講學經籍"被列爲講學規程的第一條,足見經學教育是阮朝皇子啓蒙教育最爲重要的一個方面,並且完全的照搬中國的教育模式。

二 流傳至越南的中國經學典籍

毫無疑問,在上述文化背景下,從中國流傳至越南的經學典籍,是越南經學典籍發展之源,亦是其最重要的組成部分之一。根據記載,儒家經典很早就隨着自然流動的人口在越南流傳。漢末,中原備受戰亂的困擾,唯有交州地區社會安定,遂士人紛紛避亂至此。經學典籍亦隨着這些飽讀詩書的學者

---

① 《大南列傳前編》卷五、卷六,《大南實錄》一,日本慶應義塾大學言語文化研究所,1961年影印本,頁263、264、265、282。

② 《大南實錄正編第一紀》卷六,《大南實錄》二,1963年影印本,頁388。

③ 《大南實錄正編第二紀》卷二十一,《大南實錄》五,1971年影印本,頁1698。括號中的內容爲原文小注,下同。

們流傳至南越。史籍多有記載：

　　　　是時靈帝崩後，天下擾亂，獨交州差安。北方異人，咸來在焉，多爲
　　神仙辟穀長生之術。時人多有學者。牟子常以五經難之，道家術士，莫
　　敢對焉，比之於孟軻距楊朱、墨翟。（《理惑論》）①

　　　　許慈字仁篤，南陽人也。師事劉熙，善鄭氏學，治《易》、《尚書》、《三
　　禮》、《毛詩》、《論語》。建安中，與許靖等俱自交州入蜀。（《蜀書·許慈
　　傳》）②

　　　　程秉字德樞，汝南南頓人也。逮事鄭玄，後避亂交州，與劉熙考論大
　　義，遂博通五經。士燮命爲長史。權聞其名儒，以禮徵；秉既到，拜太子
　　太傅。（《吳書·程秉傳》）③

可見，西漢武帝時期所尊奉的五經，以及到宋代才被尊爲經典的《論語》，在漢
末均已傳播到了越南。並且這種傳播並不局限於個別人之間的狹小範圍，已
具有一定的流通面。梁代慧皎《高僧傳》記載三國時，釋康僧會家居交趾，在
當地即能“明解三藏，博覽六經，天文圖緯，多所綜涉”④。

　　自宋代越南獨立以後，中央政府開始向越南頒賜書籍，經書則是所賜書
籍的重要組成部分。《宋史·真宗紀》記載景德四年（1007）秋七月乙亥：“交
州來貢，賜黎龍廷九經及佛氏書。”⑤明清時期，中央政府所賜書籍的種類開始
增多。明代賜書仍以儒書爲主。《大越史記全書》云黎太祖“己亥（1419）春二
月，明遣監生唐義頒賜五經、四書、《性理大全》、《爲善陰騭》、《孝順事實》等書
於府州縣儒學，俾僧學傳佛經於僧道司”⑥。《明太宗實錄》記載永樂二十年
（1422）五月，“交阯宣化、太原、鎮蠻、奉化、清化、新安等府及所隸州縣學師生
貢方物詣闕，謝賜五經、四書、《性理大全》、《爲善陰騭》等書。皇太子令禮部
賜賚之”⑦。顯然，四書五經是明代最重要的賜書。而據清史記載，清代所賜
的經部典籍有欽定字書《康熙字典》。徐延旭《越南世系沿革略》云：“黎維祜

---

　　①　《弘明集》卷一，上海古籍出版社 1991 年影印《影印宋磧砂版大藏經》本，頁 1。

　　②　《三國志》卷四十二，頁 1022—1023。

　　③　《三國志》卷五十三，頁 1248。

　　④　［梁］釋慧皎撰，湯用彤校注《高僧傳》卷一，中華書局，1992 年版，頁 15。

　　⑤　［元］脫脫等《宋史》卷七，中華書局，1977 年版，頁 134。

　　⑥　《大越史記全書》本紀卷十黎太祖紀。

　　⑦　《明太宗實錄》卷一二二，臺灣中研院歷史語言研究所，1962 年影印本。

子孫逃居老撾深山中時，思聚眾復國，即今所謂黎王後也。……自鄙其國文教之陋，奏請頒發《康熙字典》，許之。"①

　　除了因人口的自然流動與中央政府賜書以外，越南使臣也是促進經學典籍向越南傳播的重要群體。《明英宗實錄》記載天順元年（1457）六月，安南使臣黎文老曾向明政府上奏曰："詩書所以淑人心，藥石所以壽人命，本國自古以來每資中國書籍、藥材以明道理，以躋壽域。今乞循舊習，以帶來土產香味等物易其所無，回國資用。"②在"以明道理"的書籍中，應當包括經學典籍。《殊域周咨錄》則有明確的記載："及其黎氏諸王，自奉天朝正朔，本國遞年差使臣往來，常有文學之人則往習學藝，編買經傳諸書。"③阮朝大臣汝伯仕於明命癸巳年（1823）出使中國，曾在廣東訪書庸二十餘家，"間經數月揀購"官書，其中購買筠清行的書最多④。他的北使詩集《粵行雜草》卷末附有當時筠清行經營的書籍目錄。在這份書目中，包括《尚書說》、《中庸輯略》、《讀易管見》、《四書質言》、《四書日錄》、《易翼述信》、《周易辨畫》、《禹貢圖說》、《左傳快評》、《論語古訓》、《四書古本》、《禮記義纂》、《四書古今訓》、《周易宗義》、《爾雅》、《春秋直解》、《周易補疑》、《陳註禮記》、《周易九鼎》、《周易索訓》、《論語義府》、《四書譯義》、《周易折衷》、《毛詩名物圖》、《周易箋傳》、《四書說統》、《毛詩日箋》、《四書箋義》、《爾雅疏義》、《四書溫故錄》、《四書考異》、《四書自課錄》、《四書淵源》、《四書反切錄》、《尚書通考》、《禹貢錐指》、《周易通論》、《明板尚書傳》、《周易口義》等四十餘經書。

　　由於儒學一直在越南官方正統文化中佔據主導地位，因此許多經書是由中央教育機構的推行而獲得流傳的。如前文提到《大南實錄》記載大臣吳廷价爲皇子教育制定了十一條講學規程，其中第二條經史摘要小字注云：

　　　　四書五經至宋而下，既經真儒表章之後，而講釋之卷帙，多至汗牛，間亦純駁互出，史則溫公《資治通鑑》、朱子《綱目》之外，摘選之集，無慮其數，而去取不同，褒貶亦異，非深造者莫能究其指歸，而合一其說。故

---

①　［清］王錫祺輯《小方壺齋輿地叢鈔》第九帙，杭州古籍書店，1985 年影印上海著易堂光緒十七年（1891）鉛印本。

②　《明英宗實錄》卷二七九，臺灣中研院歷史語言研究所，1962 年影印本。

③　《殊域周咨錄》卷六，頁 238。

④　《粵行雜草・書目》，越南河內漢喃研究院所藏 VHv.1792/2 號抄本。

大清諸帝節次，簡命儒臣會同裁纂，為一代成書，曰欽定，曰御定，曰御纂，曰御批。諸書均以衆智成編，而取正于上，意義定一，有所適從。今學堂講帙，請以《日講四書解義》、《日講書經解義》、《日講禮記解義》、《日講春秋解義》、《日講易經解義》、《御纂詩義折中》、《御定孝經集註》、《孝經御批》、《歷代通鑑輯覽》，定為講論之書，頒賜諸位閱習。其《御纂周易折中》、《欽定詩書春秋傳說彙纂》、《欽定三禮義疏》、《御批資治通鑑綱目》、《御纂春秋直解》、《御纂周易述習各品》、五經四書及諸《綱鑑少微》之書，均出一家私集，各別主意，請實之備考，不登講帙。

在當時，不僅四書五經已經成爲了皇室教育的必備書籍，並且唐文宗開成年間，得以與九經並列的《孝經》，亦同樣在越南官學中得到了肯定和彰顯。

我們對位於河内的越南國家人文社會科學中心漢喃研究院、越南國家圖書館等作過實地調查，目前在河内共查訪到了 39 種中國經學典籍，茲列表如下：

表　一

易	大易經、周易、易經、周易折中、易春精義、易經精義略、周易備旨能解、易經備旨、易經短篇、易經體註大全
書	書經、書經體註
詩	詩經、詩經體註
禮	儀禮、禮記集說、禮記體註大全合參、禮記體註大全、禮記短篇
春秋	春秋、春秋體註大全
五經總義	五經大全、五經欽定、五經捷解
四書	大學演義、大學正文、論語新選、四書節要、四書人物備考、四書引解、四書大全、四書體註
孝經	忠經集註、忠經孝經節要、孝經譯說闡義、孝經集註
小學	詩韻輯要、翻切字韻法、周子小學略編

根據反映越南官方機構藏書的《史館書目》、《史館守冊》、《內閣書目》、《內閣守冊》、《新書院守冊》、《聚奎書院總目冊》、《古學院書籍守冊》七種古代書目，我們可以了解到，曾經在越南政府及官學中流傳的經學典籍的數量和種類更加豐富。這七種書目均成書於阮朝後期，所收錄的書籍在知識結構和種類方面也頗爲相似。我們現在選擇其中較具代表性的《聚奎書院總目冊》作詳細的探討。此目錄乃阮朝聚奎書院的藏書總目錄。據《大南實錄正編第

四紀》卷十四的記載,聚奎書院建成於嗣德九年(1856)。是年,嗣德帝:

> 命署禮部郎中阮璠署掌印,范懿、機密院員外郎潘文述均充內閣撿
> 書,頒給欽派關防行用。璠等嗣奉撿貯于新構書院,乃彙修總目冊進呈,
> 因命扁書院曰:聚奎書院。總冊亦顏爲《聚奎書院總冊》(冊倣《四庫全書》分爲
> 經史子集四類,據名按類登著,與何書、何年買納,及有蠹朽欠失,一一註明。迨嗣德七年十月日
> 以後進納諸書各行總彙,閏如叢書、類書諸部,亦各查部內彙號小註,開列詳悉。)①

現今,聚奎書院的書籍目錄共存寫本三種,我們所經眼的河內漢喃院所藏441
頁本,內容最爲詳備,未署編者。全書共分爲經、史、子、集、西洋書五個部分,
僅有經部著錄日本漢籍一種、史部著錄朝鮮漢籍一種,集部著錄日本漢籍兩
種,其餘所錄均爲中國典籍。由於此目錄完全仿照《四庫全書總目》進行分
類,並且二者性質相同——分別爲兩國官方所編撰的綜合性書籍目錄,因而
我們可以將二者所收的經學典籍列表作對比,如下:

表　二②

屬　目		聚奎書院總書目冊	四庫全書總目	經部內所佔比重%	
易		41	475	13.9	27.0
書		21	134	7.1	7.6
詩		28	146	9.5	8.3
禮	周禮	10	59	16.0	12.5
	儀禮	11	31		
	禮記	19	61		
	三禮總義	3	26		
	通禮	2	10		
	雜禮書	2	22		
春秋		33	232	11.2	13.2
孝經		3	29	1.0	1.7
五經總義		24	74	8.2	4.2

---

①　《大南實錄》十五,1979年影印本,頁5991。
②　此表據浙本《四庫全書總目》統計,中華書局,1965年版。

續表

屬　目		聚奎書院總書目冊	四庫全書總目	經部內所佔比重%	
四書		43	163	14.6	9.3
樂		1	64	0.3	3.6
小學	訓詁	11	30	18.0	13.0
	字書	20	104		
	韻書	22	94		

　　據上表，流傳至越南阮朝的經學典籍所包含的知識結構，與中國經學典籍是完全一致的，這意味着越南對中國經學的各個門類進行了全面的吸收。不過，各個屬類在目錄經部之中所佔的比重卻又有所差別。比重相差較大的依次有易、四書、小學和五經總義。聯繫前文經學典籍在越南流傳的文化背景，可以作如下分析解釋：一是，前文所述表明，越南經學傳統的形成，從一開始就具有化訓國俗的文化功能，因而作爲倫常之教的四書五經更受到阮朝官方書院的重視和推行，與之相應，它們的比重均要高出《四庫全書總目》中的同類典籍，而學術性較強的易類典籍所佔比重就顯得勢弱。嘉隆二年（1803）十一月，嘉定留鎮臣阮文仁等上奏請求免除一批“有德行文學者”的徭役，讓他們有條件教授社邑子弟學習包括小學、《孝經》、《忠經》、四書五經在內的各類經書。其理由便是“爲國必本于人才，行政莫先於教化”①。二是，越南與中國的語言環境完全不同，要能熟練閱讀用漢字撰寫的經書，那麼進行文學音韻的基礎教育顯得更爲重要，因而小學類書籍的比重也要高於中國。《大南實錄》曾記曰：

　　　　諸皇子入學，初讀小學，既竟帙，繼之以四書，而又竟帙，則以次講五
　　經。閒之以史，凡經書講到某篇，須要背講本文熟悉，使涵泳聖賢言語。②
顯然，阮朝皇子們學習經籍，亦把小學類書籍作爲首要的研習對象，四書五經次之。史書的相關記載均可印證我們以上所論。

────────────

　①　《大南實錄正編第一紀》卷二十二，《大南實錄》二，頁 636。
　②　《大南實錄正編第二紀》卷二十一，《大南實錄》五，頁 1698。

三 越南經學典籍的文化形態

越南經學典籍除了從中國傳入之外，本土也進行大量刻印。官方經書的開板首推黎太宗紹平二年（1435）刊《四書大全》①。《大越史記全書》則記載聖宗光順八年（1467）："夏四月，頒五經官板于國子監，從秘書監學士武永禎之言也。"②後黎朝統治者也很重視本國經書的刊印和銷售，《欽定越史通鑑綱目》云："龍德三年（1734），春正月，頒《五經大全》于各處學官。先是遣官校閱五經北板，刊刻書成頒佈，令學者傳授，禁買北書。又令阮儆、范謙益等分刻四書、諸史、詩林、字彙諸本刊行。"③刊刻的一個直接目的就是禁止學人購買中國書，越南經學典籍從物質形態就開始本土化了。

從現存的越南經學古籍來看，印本書籍的種類要少於抄本，刊印者可以確定的書籍共有 29 種。結合現存古籍實物和史書所載可知，越南經學典籍的刊刻有三個系統：一是民間坊刻本，此類刻本最爲豐富。現存有多文堂、有文堂、作新堂、聚文堂、柳文堂、長文堂、盛文堂、觀文堂、郁文堂、錦文堂、福文堂、味文堂、福壽堂、富文堂、集文堂、昭文堂、文山堂、同文齋等近二十家書坊刊印的經書。也就是說，經書的刊刻以民間書坊爲主體。二是寺廟刻本，這一類刻本的現存數量次之，現存有河内玉山祠分別於成泰十九年（1907）和啓定三年（1918）刊刻的《孝經譯說闡義》和《孝經譯義》；興福寺成泰七年（1895）刊刻的《檢字》；國恩寺明命十五年（1834）據乾隆十年（1745）刻本重刊的《翻切字韻法》。三是官方刻本，此類刻本的現存數量最爲稀少。

越南流傳至今的經學典籍以民間坊刻本居多，說明經學作爲一種知識與文化存在，曾經在越南民間獲得了普遍流傳。其刊刻能夠充分展現這種普遍的程度：

（一）從中國輸入的經學典籍已遠遠不能滿足社會的實際需求，本土書坊獲得了大量翻刻的商機，因而才有眾多書坊加入到經書的刊刻行列。

（二）社會需求刺激了同一家書坊刻印經銷多種經學著作。例如，河内多

---

① 《大越史記全書》本紀實錄卷十一黎太宗紀。
② 《大越史記全書》本紀實錄卷十二黎聖宗紀。
③ 《欽定越史通鑑綱目》正編卷三十七。

文堂就曾相繼刊刻了《詩經演義》、《五經節要演義》、《書經節要》、《五經節要》等多種經書。

（三）不同的時間、不同的地點，多家書坊在持續刻印同一種廣泛傳播的經學典籍。據《越南漢喃文獻目錄提要》（下文簡稱《漢喃提要》）所載①，僅《日用常談》一種小學類書籍就有觀文堂、有文堂、聚文堂及同文齋印行於嗣德四年（1851）至啓定壬戌年（1922）間的八種版本。此書還傳入了中國，北京大學圖書館曾藏有錦文齋嗣德十年（1857）和有文堂嗣德三十四年（1881）刻本。另外，富文堂亦於明命辛卯年（1831）、丹安集文堂於嗣德癸酉年（1873）、昭文堂於同慶丙戌年（1886）刊印了《三千字解音》；多文堂、聚文堂和美文堂也分別在不同時期刊印過《五經節要》。

（四）即使是同一家書坊也曾因書籍暢銷而多次翻刻同一種經學典籍。如多文堂分別於明命十七年（1836）與明命十八年（1837）刊行了《詩經演義》；柳文堂則分別於維新己酉年（1909）和維新乙卯年（1915）刊行了《三千字解譯國語》。這些書籍印刷之繁盛，直接反映出經學在民間流傳的廣度。

越南坊刻本與中國坊刻本一樣，爲了投時所好，以贏利爲目的，存在着刻印技術不精、紙墨粗劣，校勘水平低下等缺點。單從版本的角度來認識越南的經學古籍，會得出一種認識：越南經學典籍的價值並不高。當我們把它作爲一種文化遺存而加以審視時，卻發現正是這些應民衆需求而生的民間印本，反映了越南經學典籍的特殊形態。我們仍以比較的方式來探討越南經學典籍在官方與民間的不同形態特點。試看以下兩表：

① 王小盾師等主編的《越南漢喃文獻目錄提要》，收錄越南河内漢喃研究院及法國遠東學院所藏的越南境内遺存的漢喃文獻 5027 種，並按四部分類編輯。下文表三、表四均依據此書經部製成。臺灣中研院中國文哲研究所，2002 版。

表　三

比較項目	中國經學典籍(種)											越南經學典籍(種)				
	漢	魏	晉	唐	宋	元	遼	明	清	其他①	合計	後黎	西山	阮	闕	合計
越南漢喃文獻目錄提要·經部				1	3	1		3	10	7	25	11	2	45	64	122
古學院書籍守冊·經庫守冊	7	1	5	6	50	10	1	35	176	16	306	無				

表　四

比較項目	抄本(種)			印本(種)											漢文書	喃文書
				越南印本					中國印本							
	阮	不詳	合計	後黎	西山	阮朝	不詳	合計	宋	元	明	清	闕	合計		
越南漢喃文獻目錄提要·經部	23	68	91	1	1	42	12	56							108	39
古學院書籍守冊·經庫		9	9			3		3	1	3	10	228	52	294	306	無

　　《古學院書籍守冊》由阮朝光祿寺卿佐理學部事務兼古學院纂修阮伯卓、侍讀學士領古學院一項編修阮進榮、學部派員司務臣黎允升等於啓定十年(1925)編寫,分爲《經庫守冊》、《史庫守冊》、《子庫守冊》、《集庫守冊》及《國朝守冊》五部分,記錄阮朝古學院所藏的歷代積累的各類書籍②。《漢喃提要》所收書籍的主體部分是河內漢喃研究院和法國巴黎等機構館藏的、拉丁越南文成爲法定文字之前所遺存的各種越南古籍。從時間上來看,這兩種目錄收錄的是同一區域、同一時間段上並存的書籍,二者之間存在着較強的可比性。從比較的結果來看,二者有很大的差別,試分析如下:

---

　　①　《越南漢喃文獻目錄提要》經部其他一項包括諸經原著三部,年代不詳四部;《古學院書籍守冊·經庫》其他一項包括日本著作一部,泰西金著作一部,朝代不詳一部,闕名13部,均爲中國刻本,因此計入此欄。

　　②　《古學院書籍守冊》,河內漢喃研究院所藏 A.2601/1—11 號抄本。

　　表三顯示,古學院《經庫守册》没有收録任何越南本土的著作,《聚奎書院總目册》、《内閣書目》、《新書院守册》的情況也相同。這意味着越南官方正統文化中經學還僅僅局限於作中國學術的代名詞。這種觀念在《國朝守册》中亦有體現。《國朝守册》專以越南書籍爲著録對象,此書目打破經史子集的四部分類觀念,將全部書籍分爲御制書、法學科、國史科、地學科、文章科等十六目。第十二目爲北經學科,收録的卻完全是越南學者編撰或喃譯的經學著作,其中還不乏越南著名學者黎貴惇、阮朝皇子綿寯等學術名流之作。"北"在越南的概念中指代"中國",中國史被稱爲"北史",越南史則稱爲"南史",但越南的經學著作卻依然被冠之以"北"。而事實上越南民間自然遺存的古籍所體現的經學概念要更爲寬泛。如《漢喃提要》經部收録有數目可觀的越南本土的著作,並且種類也接近於所收中國經學典籍的五倍之多。

　　兩種目録所收書籍的形式差别還體現了士大夫經學與庶民經學的文化差異。從書籍形態上看,古學院《經庫守册》收録的經學典籍絶大多數爲刻本,時代最早的是宋淳祐年間(1241—1252)刊刻的《朱文公易說》。此外,在不著録越南本土經學作品的前提下,收録了從漢代至清代中國的各類重要經學典籍,甚至還包括日本、泰西金等外邦人士在中國刊刻的書籍。相反,《漢喃提要》收録的刻本較少,抄本卻高達三分之二,並有四分之一強最具越南本土特色的喃文著作。它們具有明顯的俗文化特點:

　　(一)往往不署抄手名,抄寫不拘於格式,有的雜抄成書。例如河内漢喃研究院藏有黎貴惇《易膚叢說》的四種抄本,每種均雜抄有不同的内容:238頁本雜抄《律吕本源》和《應溪先生修集》,内容爲對《易經》的評論;142頁本附載《易義存疑》,即關於《易經》義理的疑難問題;236頁本雜抄喃文《河洛圖說略文》,以問答的形式略述河圖、洛書和《易經》義理;132頁本雜抄《易經》的若干序文①。

　　(二)使用喃文。喃字是一種以漢字字形拼寫越南語音的俗文字,使用於非官方場合。喃字進入典籍意味着口語、俗語向經學作品的滲透。喃文與漢文通常並用,有如下結合方式:一是漢喃文間用合抄,如《河圖洛書問答》;二是漢喃文分兩欄抄寫或刊刻,一欄爲漢文經學原作或註文,一欄爲喃文譯作、

---

　　①　《易膚叢說》,河内漢喃研究院所藏,四種抄本典藏編號分别爲 A.2474、AC.189、VHv.2016、VHv.2652。

譯註,如《周易歌訣》;三是正文爲喃文,序文爲漢文,如《經傳演歌》等①。與形式差異緊密聯繫的是書籍內容的區別,具體表現爲:古學院《經庫守冊》收錄的書籍側重於闡發經義的學術性專著,而《漢喃提要》經部收錄的書籍多爲應用於舉業應試與蒙學教育的實用性普及讀本。

越南現存經學典籍手抄本所佔比重大、喃文經籍與漢文經籍並存等形態上的特點,與前文談到的坊刻本居多相策應,突出了越南庶民經學的通俗化特徵。相反,在越南本土經學典籍極爲普及的情況下,官方的經學目錄卻只收錄了三種本國翻刻的典籍。從文化傳播的角度來看,越南經學在不同階層的鮮明特徵正好提醒我們,經學研究也應當重視對民間自然遺存的書籍加以文化觀照。長久以來,我們的經學研究主要圍繞三種書籍展開:一是依照版本價值的高低,經過收藏家剔選的著作;二是作爲以官方正統文化的名義加以推行的著作;三是文人學者視野中的著作。這樣,使得一大批屬於普通民衆的經學典籍被人爲地排擠出了研究視野,研究者只能局限於社會精英文化的範疇來討論經學的方方面面。王重民先生在余氏雙桂堂所刊的《周易傳義大全》提要中指出:"是書爲明代功令書,學子們所必讀,除《五經大全》本外,坊間翻刻必多,乃諸家絕少著錄。或因坊刻差訛,見棄大方;今則有志搜訪者,已不易矣。"②這兩句話從目錄與版本的角度指出,在中國目前所存的經學典籍中,大量缺失對應庶民文化的作品。而越南現存的書籍,正好能彌補這一缺憾。

四 越南經學典籍的主要特點

前文我們在中越文化交流的背景下對經學典籍在越南的傳播、生產及其文化形態進行了探討,由此可以逐漸明晰越南經學典籍的一些主要特點。

(一)教化是越南經學典籍最主要的功能。相較於中國經學典籍來說,越

---

① 《河圖洛書問答》與《周易歌訣》爲河內國家圖書館所藏抄本,典藏號分別爲 R. 996、R. 1722。《經傳演歌》爲越南成泰二年(1890)印本,題"河內按察范臺付梓,柳莊九品匠目阮恭鐫",河內漢喃研究院所藏 VNv. 144 號本。

② 轉引自肖東發《中國圖書出版印刷史論》系統篇,北京大學出版社,2001 年版,頁168。

南經學典籍輕義理而重應用的特點尤爲突出。上文已談過教化功能在普通民衆中的表現，此處不贅述。這一功能反映在統治者階層即爲應用經典教訓現實政治。例如，以經學起家登進士第的姜公輔，曾在《對直言極諫策》中引《詩經·大雅》"靡不有初，鮮克有終"句向皇帝諫言，希望唐德宗慎終如始。阮碧珠是陳睿宗（1373—1377）的妃子，她作有著名的《雞鳴十策》向睿宗進諫，"雞鳴"則取自《詩經·齊風》。《越史略》亦記有這類事例，李高宗天資寶佑元年（1202）條曰：

> 王幸海清行宫，每夜則命樂工彈婆魯，唱調擬占城曲，其聲清怨哀切，左右聞之皆泣下。僧副阮常曰："吾見詩序云：'亂國之音怨以怒，其政乖，亡國之音哀以思，其民困。'今主上巡遊無度，政教乖離，下民愁困，至此愈甚，而日聞哀怨之音，無乃亂亡之兆乎！"①

又同書天資寶祐二年（1203）條曰：

> 初，敬天閣成，有鵲巢其上而産雛。群臣因之諫曰："昔魏明帝始在構凌霄閣，有鵲巢焉。高堂隆曰：'詩云：維鵲有巢，維鳩居之，今宮室初成，而鵲巢之，臣愚以爲有異姓居之。'臣願陛下遠鑒高堂隆之言，先務克己修德，後乃興其工役可也。"②

教化功能使得用於倫常之教的經學典籍數量增大，甚至還成爲統治者刊行經學典籍的一個主要目的，《大南實錄》正編曰：

> 嘉隆八年（1809）六月，北城總鎮阮文誠進《大學衍義》書表略曰："……第其爲書，卷帙繁多，清商帶來者少，從來學者罕得而見，仰今聖上以武功定意，輒以其書付梓，工竣，印成一本，欽遞進覽，伏願頒許印行。俾天下之人知聖所以表章之意，將家傳而入誦之，于化民成俗之方，諒非小補"云。③

與此相應的是，具有化訓國俗功用的越南經籍，也因推動國家機器運轉的精神力量和實現儒家社會價值功能的弱化，在一些古典目錄中喪失了群書之首的地位，或者其分類被簡化。例如，《黎朝通史·藝文志》、《歷朝憲章類

---

①　［越］佚名《越史略》卷三，《守山閣叢書》史部，金山錢氏清道光二十四年（1844）刻本。

②　《越史略》卷三，同上注。

③　《大南實錄正編第一紀》卷三十八，《大南實錄》三，1968 年影印本。

志·文籍志》居群書之首的是以"憲章類"之名著錄的史部政書。而在《古學院書籍守册·經部守册》中，傳統的"易"、"書"、"詩"、"禮"等十目也籠統的被"諸經"、"經傳"、"經傳類典"三目所取代。

（二）依托於科舉應試而獲得發展。在日本和朝鮮半島，科舉均是只有部分特定人群才能參加的制度。而越南卻繼承了中國科舉制度的政治精神，任何身份的平民百姓，都有可能通過科舉走向仕途。尤其是陳黎兩朝科舉制度的大力實施，加深了普通民衆對經學的關注。當穩定的科舉制度成爲了越南庶民走向上層社會的唯一途徑時，它也成爲了越南經學在民間傳播的強大助力。越南科舉制度完全仿照中國，試題以四書五經爲主。《大越史記全書》記載："洪德六年（1475）三月，會試天下舉人，時應舉三千二百人，取高煚等四十三人。是科試法：第一場，《四書》論三題，《孟》四題，《中庸》一題，總八題，士人自擇四題，作文不可缺。五經每經各三題，獨《春秋》二題。"①此類記載，不勝枚舉。而越南現存經籍以應用型經書爲大宗，即是這類記載的現實反映與折射。《漢喃提要》經部共收錄了 83 種漢文典籍，有 36 種是以"策略"、"精義"、"略問"、"節要"等詞爲書名的舉業用書。同時集部還收有一批科舉範文集，其中包括相當數量的經議之文。

在越南國家圖書館，我們曾逐一查看了四十多種《會庭文選》、《鄉試文選》。如《會庭文選·嗣德九年丙辰科》第一場試題爲經議"王用三驅失前禽人不誠"、"安汝止"、"夜如何其季子來歸"、"其次致曲必也狂狷乎"②；《會庭文選·成泰四年壬辰科》經議試題依次爲"有親則可久"（出自《周易》）、"冬高子來盟"（出自《五禮通考》）、"百姓足君孰與不足"（出自《周易》）③。即使是詩賦的考試，有時也會涉及經學的相關領域，如《會庭文選·嗣德十八年乙丑科》會試詩賦題爲"河洛圖書賦"④。因此，實現服務於舉業的功能，也是越南民間經學書籍刊刻的另一主要原因。越南所翻刻的《大學撮要》書前附有一篇《四書節要序》，云："節約也，要亦約也，何約乎？便於決科而已矣。夫科舉之學與義理之學不同，義理之學必自博而之約，科舉之學則主於約，故取經傳之全

---

① 《大越史記全書》本紀實錄卷十三黎朝聖宗紀。
② 《會庭文選·嗣德九年丙辰科》，印本堂號不詳，典藏號 R.1837。
③ 《會庭文選·成泰四年壬辰科》，越南同文堂印本，典藏號 R.2061。
④ 《會庭文選·嗣德十八年乙丑科》，越南柳文堂印本，典藏號 R.1994。

而節之。就中裴氏私本較諸家爲善。前既取其五經而梓之，今乃及於四書其間。訓釋援引一依原本，而皆顏之曰節要云。"①

（三）學術含量淡薄、通俗色彩濃厚。經學傳入越南後，沒有像日本經學一樣朝學術的方向發展，卻促進了儒家教化深入民間，從士人之學轉變爲平民之學。這表現在三個方面，一是前文已論及的口語、俗語向經學典籍的滲透；二是經學著作不以闡發經義、訓解經註爲主要內容，取而代之的是產生了一批與民間說唱韻誦文體相結合的六八體喃譯經學作品；三是用於倫理與蒙學教育的著作增多。

六八體是一種富於越南本土特色的韻文體裁，它以六言八言相間爲主要句式，講究格律，平仄聲更換，有"六八六八"與"七七六八"兩種句式。《琵琶國音新傳》叫能靜序曰："北人以文字求聲音，文字便成腔調；南人以聲音求文字，聲音別具體裁。故永嘉第七才子之書，足登唇吻；而東床六八演音之傳，容惜齒牙。"②"以聲音求文字"的表現方式和"容惜齒牙"的特性，說明六八體是一種適合於口頭傳播的文體樣式。用六八體喃譯經學典籍，則表明越南經學內容出現了由書面傳播轉變爲口頭傳誦的趨向。《漢喃提要》經部是四部中使用六八體比例最高的一部，收有《書經大全節要演義》、《毛詩吟詠實錄附書經》、《詩經書經國語歌》、《論語釋義歌》、《中庸演歌》等近 20 種六八體著作。

前文表二表明傳至越南的經學典籍中，四書、五經總義、小學三類所佔比重均明顯高於《四庫全書總目》，如果說四書五經的比重偏高還在於這兩類典籍兼有服務於科舉的功能，那麼小學類書籍的增多則完全出於啓蒙教育的需要。小學類書籍刊刻量很大，在民間的普及程度極高。河內漢喃研究院所藏的《三千字解釋國語》與《三千字解音》各存印本五種，《欽定輯韻摘要》存印本八種，前文提到的《日用常談》所存印本竟高達十種。

（四）與同期中國經學典籍相比，在士大夫階層的發展相對貧弱。《四庫全書總目》經部書籍在四部中所佔比重爲 17.7%，而越南現存經學典籍這一比重僅爲 2.9%。我們以爲，導致這種現象的原因在於越南士大夫經學發展滯後。經學在下層民眾中的流傳，服務於倫理教育和科舉的實用目的過於強烈，在功利性的目的之下難以產生具有較高學術品質的著作。因此，學術性

① 《大學撮要》，越南盛美堂成泰七年(1895)印本，編號 R.380。
② 喬瑩懋《琵琶國音新傳》，越南河內行桃街盆軒維新壬子年(1912)印本。

而非應用性的新經學著作的產生只能主要依靠於上層知識分子,但相關的記載表明越南知識分子在這方面的學術貢獻很小。史志目錄潘輝注《歷朝憲章類誌‧文籍誌》著錄的經學典籍包括已亡佚的在內也只有陳朝朱安《四書說約》十卷、黎朝驪州宜春鄧泰芳《周易國音解義》二卷、榜眼黎貴惇《易經膚說》六卷、《書經演義》三卷,永盛進士阮儔《策學提綱註》十卷、阮朝探花阮輝瑩《性理纂要》二卷、《四書五經纂要》十五卷、青威進士吳時任《春秋管見》十二卷、石洞進士范阮攸所輯的《朱訓彙纂》五卷九部著作①。古學院《國書守冊》北經學科收錄的同類作品也僅有 22 部,茲按原文列表如下:

表　五

書名並部數 全或欠	內容	撰者	原書數	現釘數	刻或寫並來歷
第一部　全 易經演義	從易經節要本演成國音	黎黎貴惇	四卷	一卷	刻本朝明命十八年新書院留守
第二部　全 書經演義	從書經節要本演國音	黎黎貴惇	六卷	一卷	刻 來歷全上
第三部　全 詩經演義	從詩經節要本演國音	黎黎貴惇	四卷	一卷	刻 來歷全上
第四部　全 禮經演義	從記經節要本演國音	黎黎貴惇	四卷	一卷	刻 來歷全上
第五部　全 春秋演義	從春秋節要本演國音	黎黎貴惇	六卷	一卷	刻 來歷全上
第六部　全 讀蕉氏易林	解易中之義凡一百五十句	焦廷壽原本	一卷	一卷	寫 來歷全上
第七部　全 義波易訓	解易中諸疑義	本朝吳高朗	一卷	一卷	寫 來歷全上
第八部　全 書經衍義	衍書經之義	黎黎貴惇	三卷	一卷	刻黎景興十三年新書院留守
第九部　全 詩經朱註演義	從詩經朱註本演國音		二十卷	五卷	寫 來歷全上

---

① 《歷朝憲章類誌》卷四十二經史類,越南影印日本東洋文庫所藏抄本。

續表

書名並部數 全或欠	内容	撰者	原書數	現釘數	刻或寫並來歷
第十部　全 詩經分韻	取詩經正文從平昃韻依次分纂		二卷	一卷	寫 來歷全上
第十一部　全 詩經類編	以諸經正文分天地人物事器通用語詞疊字等類		四卷	一卷	寫 來歷全上
第十二部　全 春秋管見	釋春秋經中之義	黎吳希尹	目及書 七卷	三卷	寫 來歷全上
第十三部　全 五經節要	節刊五經大全彙輯成書	黎裴輝璧	目及書 十九卷	九卷	刻 來歷全上
第十四部　全 孝經立本	釋孝經本文之義	本朝皇子綿寯	一卷	一卷	刻本朝嗣德年間新書院留守
第十五部　全 三經新約	取裴輝璧節要諸書禮原本刊約	本朝學部	目及書 五卷	一卷	刻本朝維新九年 來歷全上
第十六部　全 四書約解	從四書節要本演國音	黎黎貴惇	目及書 十九卷	二卷	刻本朝明命二十年 來歷全上
第十七部　全 四書節要	取四書大全刊節彙輯成編	黎裴輝璧	目及書 八卷	三卷	刻本朝成泰二年 來歷全上
第十八部　全 三傳新約	取裴輝璧節要論語孟子大學原本刊約	本朝學部	目及書 三卷	一卷	刻本朝維新九年 來歷全上
第十九部　全 論語菁花	炤論語節要本刊省	本朝膺脛	一卷	一卷	刻本朝維新八年 來歷全上
第二十部　全 鄒書摘錄	炤孟子節要本刊省	本朝胡得愷	一卷	一卷	刻本朝維新九年 來歷全上
第二十一部　全 大學要旨	炤大學節要本刊省	本朝膺脛	一卷	一卷	刻本朝啟定元年 來歷全上
第二十二部　欠 五經四書大全纂要	取五經四書約解成書	黎阮輝僅	目及書 十五卷	三卷	刻 來歷全上

　　上表顯示，越南經學典籍主要通過喃譯、摘錄、節要中國書籍的方式產生，鮮有闡發義理、思想的學術著作，它們只是作爲中國經學著作的附庸而存

在。阮朝聚奎書院、古學院、新書院等學術教育機構所研習的經學對象全部爲中國典籍，可資明證。在越南士人的觀念中經學未能超出"北學"的範疇，這一觀念勢必使其無法像史學一樣擁有真正體現本民族學術水準的著述。若以日朝經學參比，越南不僅沒有形成任何的經學學術流派，甚至都找不出幾部具有較高水平的守成之作。

最後，我們認爲，越南經學實際上表現了漢文化傳統在越南的一種積澱。從文化傳播的角度來看，越南經學無疑可以視作中國經學發展的一個區域現象。儘管越南經學典籍的功能、著述體裁、典籍流傳均異於中國，但它們卻從另一個側面真實地反映了中國經學區域發展的某種歷史風貌。尤其是越南經學作爲中國經學的學術背影和文化回應，通過越南民間遺存的經學典籍，可以考察被主流精英文化所拋棄的通俗經學世界。

（作者單位：西南交通大學藝術與傳播學院中文系）

漢籍交流研究

域外漢籍研究集刊　第六輯
2010 年　頁 425—444

魏《毌丘儉紀功碑》考論

——兼論東征之路線

馮翠兒

一　《毌丘儉紀功碑》①的出土地點和時間

　　碑的殘石於清朝光緒三十年（西元 1904）七月，在奉天省（今遼寧）輯安縣（今集安）板石嶺西岔（小板岔），被修路的鄉民發現。按修於民國十九年（1930）之《輯安縣志》②“小板岔”載：“在城（輯安縣城）西北四十里，爲西北樞紐，群峭摩天絕壑裂地，不惟車馬難通，人過其地亦須魚貫而行。據險設伏，寡可敵眾。”③而鄉民所修之路是由縣城過麻線溝，至小板岔，越同和嶺至螞蟻河，與通通縣（疑爲通化縣）道相會的二等鄉道，全長九十五里④。縣志對當地地勢之險要描述，正與毌丘儉“懸車束馬登丸都山”的境況相符。（請參附圖一）

---

　　①　王國維稱之爲“魏毌邱儉丸都山紀功石刻”，因他曾爲其寫跋，名爲《魏毌邱儉丸都山紀功石刻跋》，收於《觀堂集林》。

　　②　首序是當時的新任縣長蘇顯揚寫於民國十九年十二月，内云：今歲十月奉令宰輯檢閲前卷，有奉令修志之舉。及詢以修志事則已脱稿，計編四卷，哀然成秩。

　　③　《輯安縣志》，臺灣：成文出版社，1974 年版，頁 138。

　　④　同上，頁 374。《志》云：由一區麻線溝門西北行二十里至小板岔溝門，又西北十五里至小板岔嶺，越嶺爲五區小梨樹溝，西北行二十里至雙岔河，與一等鄉道相會。至慶嶺北行五里至大荒溝，又五里至小荒溝，又北行十里至束葫蘆，過嶺爲七區，二十里至螞蟻河，與通通縣（疑爲通化縣）道相會，計長九十五里。

　　至於碑的出土時間，各研究者均有不同的記載，金毓黻《東北通史》稱：
"光緒三十年(1904)奉天輯安縣設治員吳光國，因開闢同和嶺板石嶺西岔，地
高六百餘丈，於其地得斷碑。"①日人池內宏《通溝》云："碑石的斷片，於光緒三
十一年(明治三十八年)六月，在當時奉天省東邊道輯安縣轄區的板石嶺(板
岔嶺)發現。"②王國維《觀堂集林》③記爲："魏毌邱儉丸都山紀功殘石，光緒丙
午，署奉天輯安縣事吳大令光國於縣西北九十里之板石嶺開道得之。""光緒
丙午"即清朝光緒三十二年(1906)。高占一、杜于撰有《毌丘儉紀功碑發現始
末》④，但其中言及《奉天縣志》之載大有繆處，且訪後人憑記憶之言亦不能盡
信。茲將《奉天縣志·金石二》所載錄如下：

　　　　右錄共七行四十八字，外有二字泐不辨。清光緒三十年，輯安縣設
　　治委員吳光國得於縣境板石嶺西岔。(按：板石嶺即丸都所在)此石見存
　　奉天博物館，吳氏有跋，附錄於後。

　　　　清光緒三十年七月，光國任奉天輯安縣設治事。縣境臨鴨綠江，山
　　路險阻，緝盜維艱，因開闢同和嶺，板石嶺西岔，嶺高六百六十丈。甫闢
　　其地，得斷碑，存四十八字。按《三國·魏志》：正始三年，毌丘儉討高句
　　驪，懸車束馬，卒屠其城。碑所紀者即其事也。民國五年四月，武進吳光
　　國謹跋。⑤

上爲發現殘碑所在地之知縣吳光國的親筆記錄，再查《奉天縣志·職官》⑥所
載：(清·德宗朝)吳光國，字清華，江蘇武進人，監生。二十八年(1902)九月
試辦臨安縣知縣，三十年(1904)三月接辦輯安縣知縣，三十三年調補安東。
《跋》及《職官表》所載甚吻合。吳是三十年(1904)三月到任，因"山路險阻，緝

　　①　金毓黻著；國立東北大學東北史地經濟研究室編《東北通史》上編(樂天人文叢書
22)，臺北：樂天，1971 年版，頁 180。
　　②　池內宏《通溝》京都：日滿文化協會刊，1938—1940 年版，上卷第四章，頁 30。此書
由於不能外借，得閱的部分章節，有賴香港教育學院及香港大學圖書館館際互借組的協助，
輾轉多次掃瞄並電郵予我，對其服務之熱忱，特此致謝。
　　③　載於《民國叢書》第四編，上海書店，1992 年版，93 冊，頁 13—16。
　　④　載於《博物館研究》1986 年第 3 期。
　　⑤　王樹楠、吳廷燮、金毓黻纂《奉天通志》，瀋陽：東北文史叢書編纂委員會，1983 年
版，卷 254。
　　⑥　同上，卷 136。

盜維艱”，故“開闢同和嶺，板石嶺西岔”，“甫闢其地，得斷碑”，剛開始工程就掘得殘碑，在時間上推敲，可說合情合理。《輯安縣志》“同和嶺”條亦載：“在城西北六十里，形勢聳立高插雲霄。光緒三十年知縣吳公督民修治，可通爬犁，爲由城赴螞蟻河之路。”①

反觀王國維之說，並沒交代所據；至於池內宏則在《通溝》第四章第一節《通溝城——丸都城址》的開始便說所記乃根據“鳥居博士的實地調查，通溝地方的遺跡在置縣之後不久的明治三十八年（光緒三十一年），博士對於通溝城的記載。”由此可見鳥居博士是光緒三十一年，輯安縣置縣不久後前往通溝進行實地考察，斷碑之出土並非鳥居博士親睹②。經斟酌後，擬將碑之出土年月定爲清光緒三十年（1904）七月。

二　《毌丘儉紀功碑》的現狀及釋讀

殘碑現存於遼寧省博物館，揭本則藏國家圖書館。碑之石質爲赭紅色含石英粒岩石，只殘餘全碑之左上角，石表光潔，曾作打磨，碑陰亦作修琢。出土部分殘長 39 厘米、寬 30 厘米、厚 8.5 厘米。漢字陰刻，可釋讀 7 行 49 字（碑陰及《奉天縣志》則云四十八字），書體爲隸書，字徑約 2.7 厘米。按碑上所刻的“六年五月旋”來推算，此碑石的刻鑿年代應是魏正始六年，高句驪東川王十九年，公元 245 年。

最早對此碑進行釋讀研究的是王國維，撰有《魏毌邱儉丸都山紀功石刻跋》一文，繼而日人葛城末治在《朝鮮金石攷》③亦作過簡單的研究。朝鮮總督府編《朝鮮金石總覽》、齋藤忠編《古代朝鮮·日本金石文資料集成》④、許興植編《韓國金石全文·古代》⑤及張忠植編《韓國金石總目》⑥均有著錄此碑。近數十年，國內歷史及考古學者因研究高句驪王陵、山城及《好大王碑》的關係，

---

① 《輯安縣志》，臺灣：成文出版社，1974 年版，頁 57。

② 可參《南滿洲調查報告》，明治四年刊，頁 155—156。

③ 葛城末治《朝鮮金石攷》亞細亞文化社，1978 年版。

④ 齋藤忠編《古代朝鮮·日本金石文資料集成》吉川弘文館，昭和五十八年（1983）版。

⑤ 許興植編《韓國金石全文》亞細亞文化社，1984 年版。

⑥ 張忠植編《韓國金石總目》東國大學校，1985 年版。

亦開始注意到對毌碑的研究。

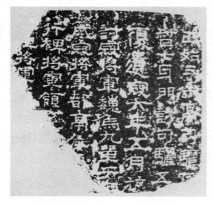

正始三年高句驪反
督七牙門討句驪五
復遺寇六年五月旋
討寇將軍魏烏丸單于
威寇將軍都亭侯
行裨將軍領玄
□裨將軍

圖版攝自《朝鮮金石攷》

按王國維《魏毌邱儉丸都山紀功石刻跋》云：

　　石存左方一角五十字，隸書，其文曰：正始三年，高句驪反（下闕），督七牙門討句驪五（下闕），復遺寇。六年五月旋（下闕），討寇將軍魏烏丸單于（下闕）、威寇將軍都亭侯（下闕）、行裨將軍領玄（下闕）、裨將軍（下闕），云云。

其實王所釋亦只得四十九而非五十字。若依王之推論補遺，碑文應爲：

　　正始三年，高句驪反，（毌邱儉銜名）

　　督七牙門討句驪五（年），（無）

　　復遺寇，六年五月旋（師）

　　討寇將軍魏烏丸單于（寇婁敦）

　　威寇將軍都亭侯（不知何許人）①

　　行裨將軍領玄（莬太守王頎）

　　（行）裨將軍②（樂浪太守劉茂、帶方太守弓遵，亦與是役，或有其銜

_____

① 劉承幹《希古堂金石萃編》卷八："疑即儉，惟《志》稱儉於定遼東時以功封安邑侯，此云都亭侯不合，殆因三年討句驪功進封亭侯而《志》失載耶？"若以文意推斷，王國維先生之說較合理，儉之銜名應在"督七牙門"之前。

② 劉承幹則推測是王頎之將。出處同上。

名）①

　　葉國良《王國維先生石刻題跋校讀記·魏毌邱儉丸都山紀功石跋》則認爲王之釋讀只得“七牙門”中的四個（即討寇將軍魏烏丸單于寇妻敦、行裨將軍玄菟太守王頎、□裨將軍樂浪太守劉茂及帶方太守弓遵），還缺其三，爲其補上“鮮卑慕容木延”。他所據者爲《魏書·徒何慕容廆傳》、《三國志·烏丸鮮卑東夷列傳》注引《魏略》、《三國志·魏志·明帝紀》“景初元年秋七月”條，及《三國志·魏志·少帝紀》“正始五年九月”條，推知：

　　　　正始年間毌丘儉征高句麗時，烏丸單于與鮮卑慕容木延皆自遼東隨征，後烏丸內徙，而慕容鮮卑則留居遼東，然則毌丘儉七軍，鮮卑慕容木延亦居其一可知矣。②

葉之推論就爲七牙門多添了慕容木延所領之鮮卑軍，餘之二則仍待探究。按金毓黻《東北通史》卷二釋云：“牙門者牙門將也，置於魏文帝黃初中，以胡烈爲之，而吳蜀二國亦有是官。”《魏志·牽招傳》云：

　　　　招與刺史畢軌議曰：“胡虜遷徙無常。若勞師遠追，則遲速不相及。若欲潛襲，則山溪艱險，資糧轉運，難以密辦。可使守新興、雁門二牙門，出屯陘北，外以鎮撫，內令兵田，儲畜資糧，秋冬馬肥，州郡兵合，乘釁征討，計必全克。”

從此段記載可知毌丘儉所督之牙門兵是駐守邊疆，在當地平日屯田，有戰事時出征之地方兵，而非從中原遠道調派而來的軍隊，亦即上文提到的烏丸、鮮卑、樂浪、玄菟、帶方等邊地的兵將。故王、葉二位先生所釋甚確。

三　紀功碑究有多少

　　此役至最後是“刻石紀功，刊丸都之山，銘不耐之城”作結，於是引出了紀功碑有一方、兩方，甚至三方的說法。認爲有三者是王國維，其在《魏毌邱儉丸都山紀功石刻跋》云：

　　　　毌邱儉刻石凡三處，一肅慎南界，二不耐城，三丸都山也。

---

① 釋文頗長，不盡錄，請參《魏毌邱儉丸都山紀功石刻跋》一文。

② 請參葉國良《石學續探》，臺灣：大安出版社，1999 年版，頁 65—66。有關章節，是張師伯偉攝影後電郵給我參考，謹表謝意。

認爲二方者之說較多，如金毓黻《東北通史》載：

　　　　蓋《魏志》"刻石紀功"四字，不與上文"至肅慎氏南界"一語連讀。實冠"刊丸都之山，銘不耐城"二語而總括之。蓋北路之軍討句驪，刻石紀功於丸都之山；南路之軍討附句驪之濊貊，刻石紀功於不耐城。細玩其語意甚明。今丸都之刻石猶可考見，而不耐之刻石則渺不可覩矣。

　　王健群的見解跟金毓黻同，但他認爲在東西兩地刻石是取"以示全面勝利"之義，所言很有道理：

　　　　所謂"刊丸都之山，銘不耐之城"，丸都與不耐正是高句麗佔領地區的西、東兩界，或者說是前後兩個王都（即第二次和第三次所建的兩個都城）所在，刻石紀功，以示全面勝利。①

　　認爲刻石只有一方的是范犁，他在《毌丘儉征高句麗的幾個問題》②中對此有獨到的見解：

　　　　"刊丸都之山，銘不耐之城"本是很有文采的句子。說是兩個立碑地點，實在是失之籠統。真不如說是修飾"紀功刻石"的一對頗工整的駢體句式。魏晉之際，文章多排比駢麗之句……毌丘儉紀功碑出土的小板岔嶺，與丸都城所在的丸都山，同屬長白山系老嶺山脈。兩處相距十七公里左右。小板岔嶺立碑，只可談"刊丸都之山"了。至於"銘不耐之城"，則頗費思索。唐張楚金《翰苑》"王頎逐北，銘勳不耐之城。燕鼮長驅，表績丸都之嶠。"這種對仗工整的句子又將不耐與丸都聯在一起。且引《高麗記》曰："不耐城，今名國內城，在國東北六百七十里。本漢不宜縣也。"要之，則國內即不而，不耐，音韻相轉。與毌丘儉立碑處相距亦十七里左右。立一石可謂"刊丸都之山，銘不耐之城"了。

　　細味《三國史記》載："到丸都山銘不耐城而歸"，很顯然不耐城在丸都山，與范說同，不過《三國史記》也認爲有二刻，只是另一刻在肅慎南界而已。

　　三者所言，唯三方碑之說最不宜取，其餘二說則各有道理。原因是一次戰役而刻二石以紀功之先例已鮮有，三碑更史無前例，加之此役在曹操下"禁

---

　　①　王健群《玄菟郡的西遷和高句麗的發展》載《社會科學戰綫》1987 年第二期，頁199—202。

　　②　載於耿鐵華、孫仁傑編《高句麗研究文集》，延邊大學出版社，1993 年版，頁 263—277。

碑令"之後,《宋書·禮志二》載:

> 漢以後,天下送死奢靡,多作石室石獸碑銘等物。建安十年,魏武帝以天下雕弊,下令不得厚葬,又禁立碑。魏高貴鄉公甘露二年,大將軍參軍太原王倫卒,倫兄俊作《表德論》,以述倫遺美,云"祇畏王典,不得爲銘,乃撰錄行事,就刊於墓之陰云爾"。此則碑禁尚嚴也,此後復弛替。晉武帝咸寧四年,又詔曰:"此石獸碑表,既私褒美,興長虛僞,傷財害人,莫大於此;一禁斷之。其犯者雖會赦令,皆當毀壞。"

可見自建安十年曹操下禁碑令後,已成爲魏晉時期的通行政令,至晉武帝時更重申禁令。故毌丘儉東征之役所刻碑,雖爲紀功而不在所禁之列,但推想在禁厚葬立碑的風氣下,也不宜刻至三塊之多。

至於二碑之說,從文獻記載而言,可說最爲合理,況且高句驪軍民在魏軍撤走後,定會親眼目睹刻石之所在,甚至有將其搗碎的可能,故《三國史記》謂另有刻石在肅慎南界,應有其可信處。若從現見的《毌丘儉紀功碑》殘石款式來推敲,只見有行無列,與常見的魏碑相比,明顯較草率,極有臨時修改文字的可能。這可推知當時撰文及刻石的時間十分倉卒。近在玄菟郡的丸都刻石尚且如此簡拙,據此推論,遠在千里以外的肅慎或不耐城便不應有更完善的刻碑紀功之舉了。至於肅慎南界又或不耐城的刻石,現今尚未得見,會否因戰旅在外,時間逼迫,有可能採"高句麗故城壁刻字"①之形式。當然上論只是揣測之詞,現期待有更多的地下材料的出土,才能釐定此歷史懸案。

四　毌丘儉東征之路綫考察

載記東征戰役的漢方史籍不少,現摘錄數則較具原始意義的文獻記錄如下:

《三國志·魏書·三少帝紀》云:

> (齊王芳)七年春二月,幽州刺史毌丘儉討高句驪,夏五月,討濊貊,

---

① 吳慶錫《三韓金石錄》,漢城:亞細亞文化社,1981年版。"高句麗故城壁刻字二種"條云:"此刻今在平壤府治西十里烏難江涯。余於咸豐乙卯作燕臺之行,路出箕城謁殷師墓,歷覽井田故址。因沿江而至閑似亭,訪得此刻於故城潰缺處,蓋高句麗築城時所刻也。"其一刻:"己丑年　三月廿一日　自此下向　東十二里　物苟小兄　俳頃百頭　作郎矣。"

皆破之。韓那奚等數十國各率種落降。

《三國志·魏書·毌丘儉傳》①載：

正始中，儉以高句驪數侵叛，督諸軍步騎萬人出玄菟，從諸道討之。句驪王宮將步騎二萬人，進軍沸流水上，大戰梁口，宮連破走。儉遂束馬懸車，以登丸都，屠句驪所都，斬獲首虜以千數……宮單將妻子逃竄。儉引軍還。六年，復征之，宮遂奔買溝。儉遣玄菟太守王頎追之，過沃沮千有餘里，至肅慎氏南界，刻石紀功，刊丸都之山，銘不耐之城。

《三國志·魏書·高句驪傳》載：

正始三年，宮寇西安平，其五年，爲幽州刺史毌丘儉所破。語在儉傳。

這便補充了"儉傳"所謂之"正始中"當是正始五年。

《北史·高麗列傳》：

正始三年，位宮寇遼西安平。五年，幽州刺史毌丘儉將萬人出玄菟討位宮，大戰于沸流。敗走，儉追至覶峴②，懸車束馬登丸都山，屠其所都。位宮單將妻息遠竄。六年，儉復討之，位宮輕將諸加奔沃沮。儉使將軍王頎追之，絕沃沮千餘里，到肅慎南，刻石紀功。又刊丸都山、銘不耐城而還。

《資治通鑑·魏紀七》：

幽州刺史毌丘儉以高句驪王位宮數爲侵叛，督諸軍討之；位宮敗走，儉遂屠丸都，斬獲首虜以千數。句驪之臣得來數諫位宮，位宮不從，得來歎曰："立見此地將生蓬蒿。"遂不食而死。儉令諸軍不壞其墓，不伐其樹，得其妻子皆放遣之。位宮單將妻子逃竄，儉引軍還。未幾，復擊之，位宮遂奔買溝。儉遣玄菟太守王頎追之，過沃沮千有餘里，至肅慎氏南界，刻石紀功而還，所誅、納八千餘口。論功受賞，侯者百餘人。

以上數則所記年月與詳略均有差異，王國維判云：

---

① 卷二十八：王毌丘諸葛鄧鍾傳。

② 王國維《魏毌邱儉丸都山紀功石刻跋》云："魏玄菟郡治(治高句驪縣)在今鐵嶺左右。自是而東南，有小遼水(今渾河)，蓋即《魏志》之沸流水。又東南則有大梁水(今太子河)，即《魏志》之梁口。又東則至今輯安縣境，吳氏(光國)以輯安西北之板石嶺爲丸都，以此刻爲丸都之銘，其說近是。而《北史》以儉懸車處爲覶峴者，蓋丸都爲輯安以東諸山之大名，而覶峴則其支嶺也。

據此，則儉伐句驪，實以四年會師，五年出兵，六年旋師，而無復遺寇之文繫於五年。則《魏志·高句驪傳》所紀獨得其實；《少帝紀》繫之正始七年二月，《儉傳》及《北史》以爲六年復伐，皆失之。

王國維所斷是以碑證史，實在很有見地。現擬結合殘碑及諸文獻推論當年東征之路綫：（爲讓讀者能較清晰地理解，文章後附有三國魏正始年間東北簡圖，請參閱附圖二）

在魏齊王正始三年（西元 242）高句麗東川王遣將襲破遼東西安平①，這就是碑上所謂"正始三年高句驪反"之東征原因。於是魏派幽州刺史毌丘儉督七牙門兵萬人自玄菟（三國魏正始年間的"玄菟城"，因爲高句驪的侵逼，已第三次內遷至今遼寧省審陽東之上佰官屯古城）②，約在遼東郡以北二百里，分諸道東征高句驪。所謂分諸道，就只是南北兩道③。葉國良《王國維先生石刻題跋校讀記·魏毌邱儉丸都山紀功石跋》釋云：

> 《通鑑》所謂"高句麗有二道，其北道平闊，南道險狹。"胡三省注云："北道從北置而進，南道從南陝入木底城。"按：此注據《晉書·載記·慕容廆傳》爲說，據此，知入高句麗首都丸都城之路徑。④

出兵之年按碑記應是正始五年⑤，魏軍沿渾江而下，位宮將步騎二萬人與

---

① 漢魏時遼東郡東部重鎮，在今鴨綠江下游右岸的丹東市靉河尖古城。

② 王綿厚《高句麗古城研究》，文物出版社，2002 年版，頁 227。

③ 王健群《玄菟郡的西遷和高句麗的發展》則云：其實毌丘儉爲幽州刺史，玄菟太守王頎、樂浪太守劉茂、帶方太守弓遵都在其制約之下，而且也參加了討高句麗的戰鬥……"諸道"二字是特別值得注意的，它包括樂浪、帶方軍隊從東部進攻在內，並不是單從西部進攻。（載《社會科學戰綫》1987 年第二期）當然在追擊高句驪王位宮之時是分西、南（從樂浪、帶方出發）兩路兵的，但毌丘儉在正始五年首次出兵時，很有可能獨從西出發，西出後分胡三省所注的南北兩道進攻。

④ 葉國良《石學續探》，臺灣：大安出版社，1999 年版，頁 67—68。

⑤ 《三國史記》則誤記爲東川王二十年（西元 246，正始七年）八月。按紀功碑的記載，在此前一年已旋師；另一輔證是《新羅本紀》第二載："（助賁王）十六年（245，正始六年）冬十月高句麗侵北邊，于老將兵出擊之，不克……沾解王二年（248）二月，遣使高句麗結和。"如戰事發生於東川王二十年（246，正始七年）秋八月的話，冬十月正是毌丘儉攻陷丸都城屠城之時，高句驪理應無力侵新羅的。

魏兵首戰於沸流水①（渾江支流富爾江一帶），再戰於梁貊之谷（即《魏書》稱之
梁口，應在今遼寧省新賓縣下尖河鄉葦子峪和平頂山一綫太子河谷地②（約在
沸流水以西五十里）。毌丘儉領之魏軍大破高句驪兵，並於冬十月攻陷丸都③
兼屠城。高句驪王位宮逃奔東沃沮，毌丘儉派玄菟太守王頎追擊，除追擊的
一路軍外，毌丘儉另派樂浪太守劉茂、帶方太守弓遵從南出兵攻濊貊、沃沮等
與高句驪有關係的邦國，以期完全消滅高句驪的勢力和協助。《三國志·濊
傳》載：

> 濊南與辰韓，北與高句驪、沃沮接，東窮大海，今朝鮮之東皆其地也
> ……正始六年，樂浪太守劉茂、帶方太守弓遵以領東濊屬句驪，興師伐
> 之，不耐侯等舉邑降。

又《百濟本紀》第二載：

> （古爾王）十三年（246），夏大旱，無麥。秋八月，魏幽州刺史毌丘儉
> 與樂浪太守劉茂、帶方太守王（應是“弓”）遵伐高句驪。王乘虛，遣左將
> 真忠襲取樂浪邊民，茂聞之怒，王恐見侵討，還其民口。

百濟位於濊貊之東南及樂浪與帶方的南方，剌亂攻樂浪與帶方邊境是極有可

---

　　①　《輯安縣志》“沸流水”：在（輯安縣）城北三十五里，小青溝裏有水如沸，古碑所謂於
沸流谷西城山上而建都焉，即此谷。水中有石高丈餘，水來直下，激水如沸。又城北三里
許，萬寶汀以上，河水流經石上磯起如沸，上下里餘，沸騰之聲不絕於耳，可稱奇觀。（按丸
都城距輯安城僅八九里，無三十餘里，所引古碑於沸流谷西城山上而建都，斷非小青溝經之
沸流水也。若以萬寶汀上之河水而當之，蓋庶幾焉。）志內亦謂：佟家江……俗名渾江，一說
即古之沸流水（見辭源）；又說：通溝河即沸流水。

　　②　王綿厚《高句麗古城研究》，文物出版社，2002 年版，頁 227。

　　③　丸都山城修建在今吉林省集安北面的丸都山上，與國內城相距 2.5 公里，是高句
驪早、中期的著名城址之一。丸都山城與國內城相互依附，互為都城。這裏地勢起伏險峻，
海拔最高處為 676 米，外臨陡峭的絕壁，內抱較為平緩的坡地，北高南低。整個山城的周長
為 6951 米，至今大部分還保存著。全城有城門五處，東北二牆各有二門，南牆有一甕門。
為了軍事上的需要，當時在山城的西北隅峰頂外還築有一座直徑約 8 米的瞭望台。城內有
點將臺、飲馬灣等遺址。山城防禦堅固，城內卻又寬敞自如，環境優美，使建築、軍事、生活、
生產與自然環境渾然一體。丸都山城首創了與自然環境完美結合的“簸箕”型山城的建築
模式，這種因地制宜的創造具有濃鬱的民族特色。公元 342 年，高句驪第十六代王故國原
王重修丸都城，並移都於此。不久，燕王慕容率軍攻陷高句驪，焚毀丸都城宮殿而去。故國
原王以為難能修復，再遷回平原城。從此，丸都城便衰落下去。

能之事。正在此時，劉茂及弓遵正出兵攻百濟旁的濊貊，故百濟才懼而立刻
"還其民口"。不耐就在濊貊以北之沃沮境內，緊貼濊貊，即今天北朝鮮咸鏡
道的咸興，亦即漢武帝置玄菟郡時的故府，東漢建武六年時以沃沮爲縣侯①，
故有"不耐侯等舉邑降"之說。

位宮在西及南均有追兵的情況下，唯有向東北逃至北沃沮。《三國志·
東沃沮傳》載：

> 東沃沮在高句驪蓋馬大山之東，濱大海而居。其地形東北狹，西南
> 長，可千里，北與挹婁、夫餘，南與濊貊接……毌丘儉討句驪，句驪王宮奔
> 沃沮，遂進師擊之。沃沮邑落皆破之，斬獲首虜三千餘級，宮奔北沃沮。
> 北沃沮一名置溝婁，去南沃沮八百餘里。其俗南北皆同，與挹婁接……
> 王頎別遣追討宮，盡其東界。

《大東地志》對沃沮的界限描述得更清楚：

> 漢武帝元封四年置玄菟郡(今咸興，後爲夷貊所侵，徙郡句驪西北)，
> 後爲沃沮國也。(沃沮在蓋馬大山之東。東沃沮界曰咸興、定平、洪原，
> 而狼林山以東，黃草、赴戰兩嶺以南也。北沃沮界曰北青、利原、瑞川，而
> 限以長白山。南沃沮界曰永興、高原、文川、德源、安邊，而限以鐵嶺西。
> 其則釼山連亘大幹。東南北沃沮非別有三國，以地界而言之。)高句麗太
> 祖王四年(漢光武建武丙辰)伐東沃沮，取其城邑，拓境東至滄海。②

再北逃至肅慎南界，即挹婁之境。《三國志·挹婁傳》載：

> 在夫餘東北千餘里，濱大海，南與北沃沮接，未知其北所極……古之
> 肅慎氏之國也。

從其名"古肅慎氏之國"(《三國志》雖在本傳中稱挹婁，但在記載其他史事，常
轉稱"肅慎"；《晉書》、《南史》更全以"肅慎"稱挹婁)，地理位置則其南邊界"與
北沃沮接"，便可確定"絕沃沮千餘里，到肅慎南"所指的"肅慎"就是"挹婁"。
至於《三國志·魏書·毌丘儉傳》云"六年，復征之，宮遂奔買溝"那應是《三國
志·東沃沮傳》所謂之"北沃沮一名置溝婁"。《資治通鑑》胡三省注則云：

> 《後漢書·東夷傳》：買溝婁北沃沮之地，去南沃沮八百餘里，句驪名

---

① 請參古山子編《大東地志》，韓國首爾大學奎章閣所藏綫裝本，卷十九"咸興"條。
② 古山子編《大東地志》，韓國首爾大學奎章閣所藏綫裝本，卷十九"咸鏡道號關北"
條。

城爲溝婁。杜佑曰：北沃沮一名買溝婁，又曰：高句麗居紇升骨城，漢爲
縣，屬莵郡，賜以衣幘、朝服、鼓吹，常從郡受之。後稍驕恣，不復詣郡，但
於東界築小城以受之，遂名此城爲幘溝婁。溝婁者，高麗名城也。建安
中，其王伊夷模更作新國，都於丸都山下，在沸流水西。魏正始中，毌丘
儉屠丸都，銘不耐城而還。又曰：東沃沮在蓋馬大山之東，北沃沮一名買
溝婁，去南沃沮八百餘里，與挹婁接。

《大東地志》述說得更簡潔："咸鏡道，號關北，本肅慎國也（唐虞三代曰肅
慎，漢晉曰挹婁，北朝曰勿吉，隋唐曰靺鞨、渤海，宋元曰女真）。"[1]

《東北通史》對此役有一簡潔的敘述，可作參考：

> 肅慎南界，即今吉林延吉琿春一帶之地而言。蓋當日魏軍攻破丸都
> 之後，句驪王東竄領東濱海之地，儉遂分軍二路：一由南路之樂浪、帶方
> 進軍，由劉茂、弓遵統之，及達嶺東之地，不耐侯遂降，因以銘不耐之城；
> 一由北路之丸都進軍，由王頎統之，以達肅慎南部。

位宮逃至肅慎（《三國史記》則說是"竹嶺"，而且"依山谷聚散卒自衞"）已
"軍士分散殆盡"，唯有使出紐由詐降而刺魏將之計才得脫險。從"魏軍遂亂，
王分軍爲三道急擊之"可見位宮招聚散兵之能力不低。在魏軍從樂浪南退
後，位宮回國，感丸都不可復都而另築平壤城[2]，相信亦需時一兩年吧。故《三
國史記》續載：

> （東川王）二十一年（魏齊王正始八年，西元 247 年）春二月，王以丸都
> 城經亂不可復都，築平壤城，移民及廟社。平壤者，本仙人王儉之宅也，
> 或云王之都王險。

另一組可供參考的文獻是《新羅本紀》第二：

> 助賁王十一年（西元 240 年），百濟侵西邊……十六年（245 年）冬十
> 月高句麗侵北邊，于老將兵出擊之，不克……沾解王二年（西元 248 年）二
> 月，遣使高句麗結和。

---

① 　古山子編《大東地志》，韓國首爾大學奎章閣所藏綫裝本，卷十九"咸鏡道號關北"
條。

② 　平壤城並非今天的平壤，究竟平壤位於何處，請參張福友《高句麗第一個平壤城在
集安良民即國之東北大鎮——新城》，載於張福友、孫仁傑《高句麗王陵通考》，香港亞洲出
版社，2007 年版，頁 218—225。

《高句麗本紀》亦云：

　　　　二十二年（魏齊王正始九年，西元 248 年）春二月，新羅遣使結和。

從“十六年（245）冬十月高句麗侵北邊”一語推知，245 年是魏正始六年，故證《毌丘儉紀功碑》所載“魏兵於六年五月旋師”之確，可正定各史籍之誤。若說正始七年高句麗仍跟魏作戰，那就應無暇去侵新羅了。另一方面，高句麗可在冬十月發兵侵新羅北邊，又能迅速另築新城，可見其元氣恢復得相當快。

五　新發現與新討論

　　上節的推論，全由今天可見的歷史典籍和近人研究的結果來作重點。所謂新發現並非甚麼新資料，只是在古朝鮮的文獻上有載而一直未被注意和引用的材料而已。若考察古朝鮮的輿地典籍，再結合《三國史記》①的記載，將會

---

①　一向以來，學者對《三國史記》的評價較低，如曾撰《三國史節要》和《東國通鑒》的徐居正就對其批評道：“我國自箕子受周封，興八條之教，行井田法。當其時，豈無史官，而載籍不傳。新羅、高句麗、百濟三國鼎峙，亦無史可傳。金富軾作《三國史》，掇拾《通鑑》、《三國志》、《南北史》、《隋》、《唐》書爲傳記、表、志之書，已非傳信之書。至於記事，每引所出之書，尤非作史之體。又如侵伐會盟等事，以一事而疊書於三國紀，文不稍變亦不足取。”又如安鼎福（1712—1791）亦評其“諸志所錄皆不詳悉”和“文獻無徵”。然而，高麗時代的李奎報（1169—1241）在其撰的《李相國集》內有《東明王篇並序》一文，很有啟發意味：“世多說東明王神異之事，雖愚夫騃婦，亦頗能說其事，僕嘗聞之。笑曰‘先師仲尼不語怪力亂神，此實屬荒唐奇詭之事，非吾曹所說。’及讀《魏書》《通典》，亦載其事，然略而未詳，豈詳內略外之意耶？越癸丑四月，得《舊三國記》，見《東明王本紀》，其神異之跡，踰世之所說者，然亦不能信之，意以爲鬼幻。及三復耽味，漸涉其源，非幻也，乃聖也；非鬼也，乃神也。況國史直筆之書，豈妄傳之哉？金公富軾重撰國史，頗略其事。意者公以爲國史矯世之書，不可以大異之事爲示於後世而略之耶？”從李奎報的文章中，我們可以得知，在《三國史記》以前還有一本《舊三國史記》，作者是誰，內容如何，現已不可得知。金烋《海東文獻總錄·史紀類一》所錄的第一本史籍《留記》，釋云：“高句麗初始用文字時，有人記事一百卷，名曰《留記》，至嬰陽王，詔太學博士李文真約古史爲《新集》，五卷。”嬰陽王（590—617），是高句驪的第二十六任王，他詔李文真約古史而撰成的《新集》，推測李奎報言者就是《留記》或《新集》。由此可見金富軾重撰《三國史記》是有所本，絕不是“文獻無徵”；況且從李奎報“意者公以爲國史矯世之書，不可以大異之事爲示於後世而略之耶？”一語可推知金撰史的態度是相當嚴謹的。

出現另一個場景。綜觀《三國史記》記事甚簡潔，但對毌丘儉東征這段歷史，相較漢籍來說卻記得更爲詳細，現將其錄出，《高句麗本紀》①第五載：

十六年王遣將襲破遼東西安平……二十年（魏齊王正始七年，西元246年）秋八月，魏遣幽州刺史毌丘儉將萬人出玄菟來侵。王將步騎二萬人逆戰於沸流水上，敗之，斬首三千餘級。又引兵再戰于梁貊之谷，又敗之，斬獲三千餘人。王謂諸將曰："魏之大兵，反不如我之小兵。毌丘儉者，魏之名將，今日命在我掌握之中乎？"乃領鐵騎五千，進而擊之。儉爲方陣，決死而戰，我軍大潰，死者一萬八千餘人。王以一千餘騎奔鴨淥原。冬十月，儉攻陷丸都城，屠之。乃遣將軍王頎追王，王奔南沃沮至於竹嶺。軍士分散殆盡，唯東部密友獨在側，謂王曰：今追兵甚迫，勢不可脫，臣請決死而禦之，王可遯矣。遂募死士與之赴敵，力戰。王間行脫而去，依山谷聚散卒自衛……王間行轉輾至南沃沮，魏軍追不止。王計窮勢屈，不知所爲。東部人紐由進曰：勢甚危迫，不可徒死，臣有愚計，請以飲食往犒魏軍，因伺隙刺殺彼將。若臣計得成，則王可奮擊決勝矣。王曰：諾。紐由入魏軍詐降，曰：寡君獲罪於大國，逃至海濱，措躬無地，將以請降於陣前歸死。司寇先遣小臣致不腆之物爲從者羞，魏將聞之，將受其降。紐由隱刀食器，進前拔刀刺魏將胸，與之俱死。魏軍遂亂，王分軍爲三道急擊之。魏軍擾亂不能陳，遂自樂浪而退。王復國……是役也，魏將到肅慎南界刻石紀功，又到丸都山銘不耐城而歸。"

下圖是李氏朝鮮·李荇（等）撰成於明嘉靖九年（1530）八月，嘉靖十年由朝鮮官方刊行的《新增東國輿地勝覽》②第一冊〈八道總圖〉的東部三道圖。圖中可見：

"白頭山"（長白山南端）在其最北面，"沸流水"在咸鏡道與江原道之間，"竹嶺"則在江原道與慶尚道間，是在鴨綠江的南面。據《三國史記》所載，高句驪王位宮先"奔鴨淥原"③，再"奔南沃沮至於竹嶺"，從此路綫可見高句驪王

①　所據爲韓國首爾大學奎章閣所藏線裝本，下同。

②　韓國首爾大學奎章閣所藏綫裝本，第一冊，頁30。

③　《資治通鑑》卷七十五，"丸都"一詞下，胡三省注云：高句驪都於丸都之下，多大山深谷。《毌丘儉傳》謂懸車束馬以上丸都可知矣。《唐志》：自鴨淥江口舟行百餘里乃小舫，泝流東北行凡五百三十里而至丸都城。可確定"奔鴨淥原"是往南的方向。

的逃亡路綫是往東南而非往東北。又從"魏軍遂亂,王分軍爲三道急擊之。魏軍擾亂不能陳,遂自樂浪而退"一語可推知當時魏兵就在南沃沮,若在八百里外的北沃沮或更遠的肅慎南界,總不會取迂迴之道,向南回師之理。再看"是役也,魏將到肅慎南界刻石紀功,又到丸都山銘不耐城而歸",只說是"到"而非"追至"。要到"肅慎南界刻石紀功",很有可能是高句驪當時的勢力,南至濊貊,北伸至沃沮,爲了顯示完全戰勝了高句驪,雖然戰事未達肅慎之南,爲誇張戰功,派軍往肅慎南界刻石,亦不是沒有可能之事。

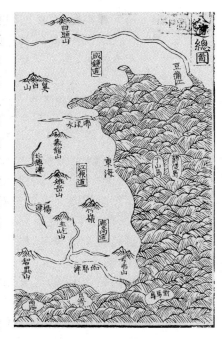

高句驪王戰敗的逃亡路綫和當地的山川地名,當以朝鮮人的記錄較爲準確。雖然《新增東國輿地勝覽》成書於明朝世宗年間,已與所涉之史實相去千多年,但山川之名和所在,應不會相去太遠。故當年高句驪王南逃而非北奔,有可能才是史實。現提出此點,期望專家學者予以研究賜正。

六　餘論

王國維先生在《魏毌丘儉丸都山紀功石刻跋》云:

> 《魏志·高句驪傳》謂高句驪都於丸都之下,蓋謂山之東麓,儉傳及《北史·高句麗傳》所紀甚明。而丸都之山,句驪之都,胥待此刻始得知之,可謂人間瑰寶矣。

雖然《毌丘儉紀功碑》只是一塊僅餘左上角的殘石,但它的出土,能證明"丸都之山"和"句驪之都"的位置,因此而被譽爲"人間瑰寶"。然則,毌碑是否只具正定歷史和地理位置的價值呢? 當我們把探究的目光放遠,應可發掘和體會到此碑更多的價值和啟示。

(一)高句驪與魏的關係在東川王十六年(西元242)之前是很好的,且看

《三國史記·高句麗本紀》有幾則記載：

　　　　"(東川王)八年(魏明帝青龍二年，西元 234 年)魏遣使和親。"

　　　　"十年春二月，吳王孫權遣使者胡衛通和，王留其使至秋七月斬之，傳首於魏。"

　　　　"十一年遣使如魏賀改年號，是景初元年也。"

　　　　"十二年魏太傅司馬宣王率眾討公孫淵，王遣主簿大加將兵千人助之。"

魏明帝青龍二年至魏明帝景初二年(234—238)，魏與高句麗的關係非常良好。如魏遣使和親；東川王爲表對魏之忠誠，甚至斬了孫權派來的通使，傳首於魏；魏景初元年高句麗又遣使往魏朝廷賀改年號；甚至在翌年派兵助魏討伐公宣淵。在景初二年至正始三年間，魏麗間究竟發生了甚麼事而令關係交惡，還是高句麗趁魏新帝登基，權力未固之時乘機擴張勢力？這是很值得我們作進一步考察的。

　　(二)《毌丘儉紀功碑》的出土，誠如王氏所言，既能證明"丸都之山"和"句麗之都"的位置，又能糾正史書之訛誤。因史書所用的材料一般是傳抄的間接材料，疏漏在所難免，碑石則是當事人和事，除了爲歌功頌德或避諱而有所誇張外，時、地、人的資料理應不會錯誤。畢竟毌碑上的時、地、人和事都記得較簡略，加上爲殘碑，故需賴歷史文獻的幫助才能大致解讀史實。就毌丘儉東征這一史事爲例，若結合《三國史記》、《大東地志》、《東國輿地勝覽》等古朝鮮文獻來參讀，可得出更豐富的歷史場景和印證較明確的城、地、山、川位置，也擴展了讀史者的思維空間。這實在是陳寅恪先生在《王靜安先生遺書序》中歸納王國維先生的治學三途："一曰取地下之實物與紙上的遺文互相釋正；二曰取異族之故書與吾國之舊籍互相補正；三曰取外來的觀念於固有之材料互相參證。"

　　(三)就《毌丘儉紀功碑》的書法而言，絕對是東漢末年，曹魏至西晉時代的標準隸書模式，亦即是《熹平石經》、《正始石經》的字樣。這可帶出一個信息，漢魏時代，公文書所用的應是當世的流行標準字體。若將毌碑作爲橋樑，往漢代追溯，可與《黏蟬縣神祠碑》的字體、款式作比較，這便更能確定黏碑是西漢的遺物①；放眼兩晉，則有助更正確地評論《好大王碑》的書法。時至今日的韓國書法史，對古朝鮮統一新羅時代以前的視野，尚處於模糊的階段，若再結合《冬壽墓誌》、《鎮墓北壁墨書》、《冉牟（牟頭婁）墓誌》、《高句麗拓境碑》、《新羅赤城碑》等書法作分析、比較，相信不難譜出一個"古朝鮮三國時代的書史圖譜"。這也正是筆者將要努力的方向。

（作者單位：南京大學域外漢籍研究所）

---

① 請參拙作《漢〈黏蟬縣神祠碑〉綜合考論》，載於《域外漢籍研究集刊》第五輯，中華書局，2009 年版，頁 373—389。

附圖一:輯安縣全圖,影印自《輯安縣志》,有圈的兩處就是輯安縣城(亦即丸都城的所在)和小板岔。

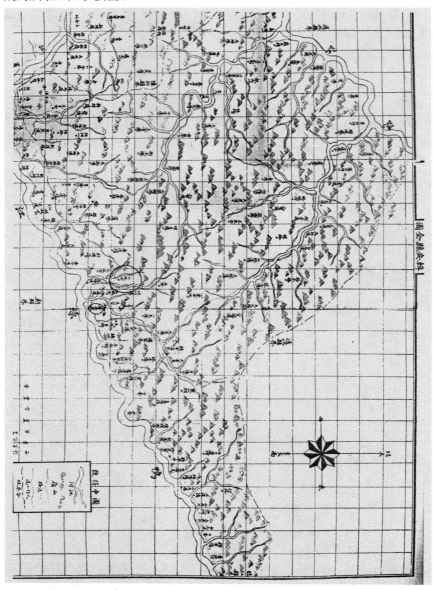

附圖二: 此乃參考王樹楠、吳廷燮、金毓黻纂《奉天通志》第二卷之手繪"三國時代東北圖"及譚其驤主編《中國歷史地圖集·三國、西晉時期》①"幽州地圖"手繪而成。

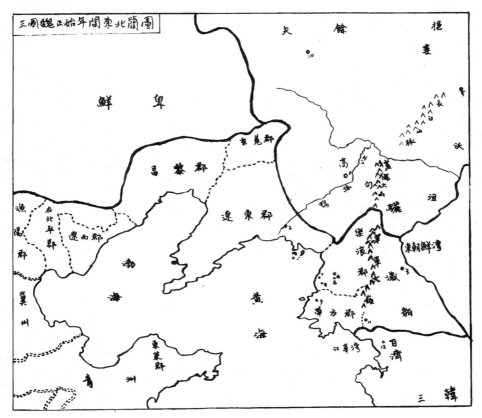

圖中城市說明:

1. 丸都
2. 西安平
3. 不耐

---

① 譚其驤主編《中國歷史地圖集》,北京:中國地圖出版社,1982年版,第3冊,三國·西晉時期,頁13—14。

4. 今天的平壤

5. 今天的延吉市（肅慎南界）

6. 樂浪郡治所在

7. 遂城

8. 占蟬

9. 列口

10. 今天的長春市

11. 今天的開城

12. 今天的首爾

域外漢籍研究集刊　第六輯
2010 年　頁 445—491

六朝時代古類書《琱玉集》殘卷考 *

童　嶺

一　文獻學上所見之《琱玉集》

《琱玉集》之書名，不見於唐以前中國目錄學記載。目前可考之最早著錄，當爲《日本國見在書目錄》，此書中“雜傳家”條有云：“琱玉十五卷。”據日本江戶時代漢學家狩谷棭齋《日本現在書目錄證注稿》考證，“琱玉”二字當作“琱玉集”三字①。《日本國見在書目錄》的成書時間，介於《隋書經籍志》和《舊唐書經籍志》之間。此後北宋《崇文總目》②和南宋《通志藝文略》“類書部”③有“琱玉集二十卷”的著錄，但皆不屬撰者姓名。南宋以後的公私書目均無《琱玉集》之記載，初步推測，此書可能同許多宋代的書籍一樣，亡佚於蒙古滅金平江南以及元末的社會大浩劫中④。

《琱玉集》雖然在中國亡佚了，但是卻有兩卷以鈔本形式至今還保存在日

---

　　*　本文在業師張伯偉教授的指導下完成。初稿得到了胡曉明、張寅彭、程傑、程章燦、曹虹等諸位教授的誨正，謹此致謝。

　　①　狩谷棭齋《日本現在書目錄證注稿》，日本古典全集刊行會，1928 年版，頁 123。

　　②　王堯臣等編次、錢東垣等輯釋《崇文總目》（叢書集成初編），商務印書館，1937 年版，頁 182。

　　③　鄭樵著、王樹民點校《通志二十略》下册，中華書局，1995 年版，頁 1734。

　　④　陳登原《古今典籍聚散考》之“元初兵燹”及“元末兵燹中之收藏家”兩條可參。《古今典籍聚散考》，上海書店，1983 年版，頁 217—219。

本,即卷十二及卷十四,現藏於名古屋真福寺寶生院。明治三十八年(1905年)被指定爲國寶。森立之《經籍訪古志》卷五“子部·類書類”有解題云:

　　珊玉集零本二卷　　舊鈔卷子本　　尾張真福寺藏

　　原十五卷,現存十二、十四兩卷。每卷首題“珊玉集卷第幾”,次行列書篇目。界長七寸一分,幅六分弱。十四卷末記云:“用紙一十六張,天平十九年歲在丁亥三月寫。”文字遒勁似唐初人筆蹟,真罕覯之寶笈也。但此書未詳撰人名氏,其目僅見《現在書目》及《通志·藝文略》,知其佚已久。所引各書如《蔡琰别傳》、《語林》、《史記》、《晉書抄》、王智深《宋書》、《帝王世記》,近多不傳,亦得藉此以存其梗概。雖斷簡殘篇,豈可不貴重哉。①

森立之的描述大致勾勒出《珊玉集》殘存兩卷的文本情況。此外,這兩卷鈔本的紙背原爲平安時代書寫的《代宗朝贈司空大人辨正廣智三藏和上表制集》第二和第三。由此來看,《珊玉集》和其他殘存日本的漢籍鈔本一樣②,是作爲紙背文書而留傳下來。《珊玉集》原本是以卷子型式出現,末段附有木軸。卷頭有“尾張國大須寶生院經藏圖書寺社官點檢之印”的方形陽文朱印,然而《古逸叢書》影印本中没有這一朱印。

　　考“珊玉”一詞,典出揚雄《法言·寡見篇》:

　　　　或曰:“良玉不彫,美言不文,何謂也?”曰:“玉不彫,璵璠③不作器;言不文,典謨不作經。”④

　　揚雄所謂“美言不文”,汪榮寶指出即《淮南子·說林訓》“至言不文”之意⑤。然而汪榮寶對於“良玉不彫”卻無疏證。考“彫”字,《說文》云:“彫,琢文也。從彡周聲。”又《珊玉集》本字之“珊”,《說文》云:“珊,治玉也。一曰石似玉。從玉周聲。”清儒音韻訓詁之學極博,對於“彫”、“珊”二字有精湛之考證。

────────────

①　森立之《經籍訪古志》卷第五,國書刊行會“解題叢書”本,1916年版,頁79—80。

②　如奈良興福寺藏《講周易疏論家義記殘卷》,其紙背是《四種相違義斷略記》一部分和《因明纂要略記》全文。

③　考“璵璠”一詞,許氏《說文解字·玉部》云:“璵璠,魯之寶玉,從玉番聲。孔子曰:美哉璵璠。遠而望之,奐若也;近而視之,瑟若也。一則理勝,二則孚勝。”

④　汪榮寶《法言義疏》,中華書局,1987年版,頁221。

⑤　上揭本《法言義疏》,頁221。又,《淮南子》“至言不文”句的校釋見張雙棣《淮南子校釋》,北京大學出版社,1997年版,頁1734—1736。

如桂馥《說文解字義證》和朱駿聲《說文通訓定聲》均以"瑂"爲本字，以"彫"爲段借字①。後起的"雕"、"彫"二字混淆了本字"瑂"。席世昌《席氏讀說文記》直接說道："瑂，治玉也。今作彫非。"②段玉裁《說文解字注》也以爲："《毛傳》字當作瑂。凡瑂琢之成文曰彫，故字從彡。今則彫、雕行而瑂廢矣。"③此外，"瑂"在金文中有不從玉者，如縣妃簋；有上玉下周者，如瑂伐父簋。這些在容庚《金文編》中均有著錄④。由此可知，不能將《瑂玉集》輕易簡寫成"《雕玉集》"或"《彫玉集》"。

《瑂玉集》卷十二的目次是"聰慧"、"壯力"、"鑒識"、"感應"四篇。卷十四的目次是"美人"、"醜人"、"肥人"、"瘦人"、"嗜酒"、"別味"、"祥瑞"、"恠異"八篇。每篇下各屬子類標題若干，這些子類標題皆是四六駢體型式。先將《瑂玉集》卷十二的細目羅列如下：（鈔本中出現的俗寫、異體字原則上一律存真不改；下同）

聰慧篇第一：昔。張安三篋、應奉五行。蔡琰二絃、楊脩八字。顏回十悟、子貢兩知。方朔万言、他人一覽。王充寄目、仲宣背碑。黃琬月初、晉明日近。師曠通樂、季札智音。路婦隨機、鄒忌響應。陸續強記、禰衡不思。趙峻紙飛、元瑜筆□⑤。

壯力篇第二：昔。共工崩山折柱、殷紂索鐵舒鉤。典韋持戟百斤、石番負沙千斤。朱亥逆捶猛虎、許褚倒曳大牛。項藉叱吒僻軍、秦武力能扛鼎。羿彎強弩射日、昇乃陸地牽舟。五丁拔蟒山崩、穎考挾輈出走。

鑒識篇第三：昔。顏回生別、孔子重憂。管輅四危、趙軼三逐。師曠駮馬、劉向石人。董仲老狸、張華童子。

感應篇第四：昔。漢武河浮寶鼎、夏禹天賜玄珪。曹娥沒水獲公翁、苟倫投牋得弟。王霸應機冰結、鄒衍盛夏霜垂。劉昆叩頭除風、梁輔

---

　　①　桂馥《說文解字義證》卷二，齊魯書社，1987年影印本，頁36；朱駿聲《說文通訓定聲》孚部第六，中華書局影印本，1984年版，頁257。

　　②　席世昌《席氏讀說文記》卷一，中華書局《叢書集成初編》本，1985年影印版，頁26。

　　③　段玉裁《說文解字注》九篇上"彡部"，上海古籍出版社，1981年版，頁424。

　　④　容庚《金文編》卷一，中華書局，1985年版，頁25。

　　⑤　案，此缺字據駢文目次及《瑂玉集》此條的具體描述，推測爲"速"字（承程章燦老師惠示，謹表謝忱）。

焚身得澤。耿恭枯泉重出、齊人落日再中。病已朽木更花、
田真死荆還茂。王況蝗蟲出堺、宋均暴虎渡河。孟常珠乃
還淵、韓稜雷便離境。士衡雙鵠來吊、李善兩乳存孤。信陵
鷦伏罪愆、蘇武雁通文字。伯夷乳生鹿腹、燕丹角出馬頭。
杞良妻泣崩城、江叟鷯悲墳塚。敬伯感靈亡女、盧充鬼婦貽
兒。歐默三女浮珠、周肇夫妻獲寶。

《珚玉集》卷十二的四篇細目如上所舉，除了缺筆的"元瑜筆□"以及"曹娥沒
水獲公翁"（疑"公翁"二字當有一衍）兩處外，其餘爲四字句、六字句的形式。
此外，從目次上也可以看出，作爲六朝隋唐的舊鈔本，《珚玉集》用字不是很嚴
謹。即使同一字在同一篇的目次中也有兩種用法，如"燕"，一作燕，另一作
鷰。考《集韻》卷八"燕鷰"下有云："或從鳥，亦書作鷰。"①人名上也有不少錯
誤，如將晉人"荀倫"寫成"苟倫"等等。

　　上述乃《珚玉集》卷十二之細目，現再繼續羅列卷十四細目如下：
美人篇第一：昔。妹嬉滅夏、妲己喪殷。褒姒覆邦、夏姬亂國。黃公謙女、陰
　　　　　　后感夫。西施絕倫、王昭越眾。冀妻齟齒、飛鷰纖腰。馮貴
　　　　　　應靈、李夫見影。江充獨麗、潘岳雙珠。衛玠璧人、太初玉
　　　　　　樹。何晏疑粉、韓壽驚香。叔夜寶山、杜弘點漆。
醜人篇第二：昔。嫫母鎚頭顐齵、無鹽戾股亞胸。梁冀犲目鳶肩、周蠻枭頭鳥
　　　　　　噣。孟陽頻遇嫗瓦、阮女急捉夫衣。賈卿善射逢歡、酅薆能
　　　　　　言遇寵。蔡澤唐公不相、田文趙眾俱嗤。敦洽皂拙得怜、左
　　　　　　思容龐被唾。
肥人篇第三：昔則。劉倉腰帶三丈、孟業身重千斤。滿舊遍體膏流、趙伯肶臍
　　　　　　藏李。董卓脂然數日、趙女嫁易兩夫。陳群馬不能勝、庾
　　　　　　嵩大車才受。
瘦人篇第四：昔則。要離逆風便傴、蔡義人扶始行。張良每任乘車、孔安不勝
　　　　　　重服。
嗜酒篇第五：昔則。陶潛脫巾眷友、陳遵拔轄留賓。阮籍乞作步兵、鄭泉求埋
　　　　　　窯側。馬融一石講議、伯倫五斗解醒。阮宣杖掛百錢、劉

---

①　丁度等編《集韻》卷八，上海古籍出版社據述古堂影宋鈔本影印，1985年版，頁
569。

表爵爲三雅。山蘭興便茗芋、管輅醮乃清泠。子返以酒
身殂、楊雄因醨①易就。孔群美談糟宍、畢卓願拍酒池。
王忱飲即累旬、康成梧便三百。謝尚著緶趍會、周顗軄帶
連酣。張季不慕後名、嵇康玉山任倒。

別味篇第六：昔則。易牙飲淄知淡、師曠食飯別薪。張華噛鮓識龍、符朗飡鵝
達色。

祥瑞篇第七：昔則。皇帝星垂半月、虞舜天出景雲。堯主屈軼生庭、武王赤烏
銜表。劉季紫雲縈頂、秦獻金雨櫟陽。漢宣鳳集藪郊、武
帝麟遊好時。穆公雀書感霸、呂堅魚璜應榮。鄭弘鹿俠
乘車、楊震鱣垂講屋。

恠異篇第八：昔則。夏桀大號河盡、殷紂鬼哭山鳴。周幽江山逆流、秦始神遺
舊璧。靈王穀洛相鬭、昭帝京兆社移。漢景角出狗頭、梁
孝足生牛背。石勒旋風下石、齊王產婦截劑。任喬二女
連胸、晉懷雙鵝出陷。鄭伯車飄落濟、王莽日墜埋光。霍
禹群鼠舞庭、武帝死牛能語。

爲了四六駢語之流暢，不惜傷害詞意，把原本三字的人名改割爲二字。如“李
夫（人）”、“王昭（君）”等等。日人柳瀨喜代志、矢作武以爲《琱玉集》卷十二第
一則“張安”是“《琱玉集》編者之誤。”②此說不公，考《漢書·張湯傳》明言：
“（張）安世，字子孺。”《琱玉集》編者斷不至於無識至此，應當是爲了駢體而簡
省辭句之舉。此外，篇題中誤寫之處亦不在少數，如“周蠻”似當爲東漢人“周
燮”③、“滿奮”似當爲西晉冀州刺史“滿奮”之誤。“鹿俠乘車”似應爲“鹿挾乘
車”；“産婦截劑”似應爲“産婦截臍”等等。

　　卷十二篇題前有“昔”字，卷十四篇題前則有“昔”、“昔則”。原本篇題人

　　①　《五音集韻》云：“觴，醨，酒器俗作醨。”見韓道昭著、寧忌浮校訂《校訂五音集韻》，
中華書局，1992 年版，頁 66。
　　②　柳瀨喜代志、矢作武著《琱玉集注釋》，汲古書院，1985 年版，頁 4。
　　③　《後漢書·周燮傳》：“周燮，字彥祖。汝南安城人，決曹掾燕之後也。燮生而欽頤
折頞，醜狀駭人。其母欲棄之，其父不聽，曰：吾聞賢聖多有異貌，興我宗者乃此兒也。”王先
謙《後漢書集解》卷四十三，中華書局，1984 年版，頁 609。這裏周燮醜態的描述與《琱玉集》
“梟頭鳥嘴”吻合。而“周蠻”未見於前四史之記載。

名後大都施以朱點，《古逸叢書》影印本中則略去。除朱點之外，也有朱字
批注①。

清朝公使黎庶昌以及副官楊守敬訪得上述日藏舊鈔本《琱玉集》兩殘卷，
將其刊刻入《古逸叢書》中。然而《古逸叢書》尚存在一些問題，第一，"絃"（康
熙帝諱）、"琰"（嘉慶帝諱）、"淳"（同治帝諱）等字皆缺筆；第二，日本原藏舊鈔
本上的朱筆假名、轉倒鉤乙等全都被省略。雖然《古逸叢書》並不是一個理想
的研究底本，然而爲了便於讀者討論質疑，下文所引《琱玉集》原文皆標示出
《古逸叢書》②的頁碼，並在需要校勘處注明真福寺原樣影印的古典保存會
本③及今人柳瀨喜代志《琱玉集注釋》④本頁碼，讀者審焉。山田孝雄曾經說：
"本書（《琱玉集》）在和、漢文學史上占有樞要之地位，學者倘若鑽研之，必有
所得。因此，雖云零卷，然極其貴重。國家很早就將之定爲國寶而保護之，良
有以也。"⑤山田孝雄所謂《琱玉集》定爲國寶一事，當在明治三十八年（1905）
四月。下文將首先從此殘卷的成書時間進行考論。

二　成書時間考

漢籍舊鈔本的成書時間斷定，是一項基礎的研究，正如法國學者蘇遠鳴
（par Michel Soymié）所謂："爲寫本斷代本身並不是目的，但它依然是在所有
領域中從事研究的最佳基礎。"⑥關於《琱玉集》的成書時間，從清朝至今，中日
兩國學界有數種說法。然而綜合起來考察，不外"六朝說"與"唐代說"兩種。

---

①　如卷十二《感應篇第四》韓稜條"邳"字左下有"レ"符、右下有"ヒ"符。通篇杞良條
"匹"字右有"卜"符。然考其筆蹟，與原本不符，度爲後之學人所施。總之，這些符號有待深
入研究。

②　黎庶昌輯《古逸叢書》，江蘇古籍出版社，2002 年影印版。案，商務印書館"叢書集
成初編"（0173）所收《琱玉集》即是用黎庶昌的底本影印。

③　《琱玉集·第十二卷》，古典保存會，1933 年影印版；《琱玉集·第十四卷》，古典保
存會，1933 年影印版。

④　上揭本柳瀨喜代志、矢作武著《琱玉集注釋》。

⑤　山田孝雄《典籍說稿》，西東書房，1934 年版，頁 315—316。

⑥　蘇遠鳴（Michel Soymié）著、耿昇譯《敦煌漢文寫本的斷代》，文載《法國學者敦煌學
論文選粹》，中華書局，1993 年版，頁 548。

請先看其一：

1. 六朝說

首倡者爲清儒李慈銘。李慈銘在光緒十五年甲申（公元 1884）所作的日記裏有關於《琱玉集》的考證。由雲龍輯其《越縵堂讀書記》有云：

> 閲《琱玉集》。此書名見《宋史·藝文志》及《通志·藝文志》，究不定其爲誰作；此刻出自日本人舊鈔卷子本。云：原十五卷，今僅存十二、十四兩卷。每卷末有記云：“天平十九歲在丁亥寫。”天平十九年當唐玄宗之天寶六載也。其書分類系事，各題篇名，十二卷分聰慧、壯力、鑒識、感應四篇，十四卷分美人、丑人、肥人、瘦人嗜酒、別味、祥瑞、恠異八篇。其書掇拾奇零，絕無條理。重性貤謬，不勝指摘。蓋是六朝末季底下之書。[1]

李慈銘同時指出《琱玉集》中徵引之古書乃多爲唐前遺珍，如《論語疏》之顏子條下，李慈銘云：“其說甚異。不知出何人《論語疏》，皇疏亦無此文也。”李慈銘斷爲“六朝末季底下之書”的理由還有《琱玉集》中出現的唐前古辭，如杞良條“長者”的夾注，李慈銘云：“案此長者謂富貴家。乃漢魏間古義”；又同條“深宮”下李氏還云：“案深宮通指上下，亦漢以前古義。”

胡道靜《中國古代的類書》第三章《曹魏和南北朝的重要類書》中贊同李慈銘的意見[2]。日人山田孝雄[3]、內山知也[4]、柳瀨喜代志[5]等皆以李慈銘“六朝說”爲是。

2. 唐代說

目前對於“六朝說”持異論代表者爲王三慶。王三慶結合了敦煌本斯坦

---

①　李慈銘著、由雲龍輯《越縵堂讀書記》，上海書店出版社，2000 年版，頁 809。
②　胡道靜《中國古代的類書》，中華書局，2005 年新版，頁 74—75。
③　上揭本《典籍說稿》，頁 314—315。
④　內山知也《隋唐小說研究》，木耳社，1977 年版。
⑤　柳瀨喜代志《日中古典文學論考》，汲古書院，1999 年版，頁 247。

因二零七二號殘卷（S.2072）①，認爲《琱玉集》的出典之一《類林》，即是唐人于立政的同名書籍《類林》，王三慶認爲：“《琱玉集》一書實爲于立政《類林》之後的一部改編本。所以本書著作時代最早不能溯自立政下世（679）之前。最遲不能晚於七十年（747）後，《類林》已經流通，東傳日本的天平年間。”②按照王三慶的説法，《琱玉集》的成書時間在唐高宗調露元年至唐玄宗天寶六年。西夏學學者史金波等人在研究俄羅斯藏西夏文本《類林》時，也持《類林》作者爲于立政説③。然而支持王三慶、史金波等學者“唐代説”主要依據的《類林》，是否就毫無疑問是唐人于立政的《類林》，這很值得商榷。本文雖然後設“《琱玉集》出典考”一章詳細討論《琱玉集》的所有典故來源，然而在此不得不先提前專門談一談《琱玉集》中所有的《類林》出典。

考《新唐書藝文志》“類書類”著録“于立政《類林》十卷”④，今除敦煌伯希和二六三五（P.2635）號殘卷外，餘皆不存。于立政字匡時，京兆高陵人。趙超《新唐書宰相世系表集校》卷二“于氏”引姚崇《兖州都督于知微碑》云：“立政，皇朝史部郎中，國子司業，太子率更令，渠、虢二州刺史，太僕少卿。”⑤此

---

①　目前藏倫敦大英博物館的 S.2072 號殘卷，有學者認爲它是另一種《琱玉集》，代表性説法來自西野貞治和川口久雄。西野貞治《琱玉集と敦煌石室の類書——スタイン蒐集漢文文書中の琱玉集殘卷をめぐって》，文載《人文研究》第 8 卷第 7 號，1957 年刊；川口久雄《敦煌本類林と我が國の文學》，文載《日本中國學會報》第 22 集，1970 年刊。王三慶《敦煌類書》中基本採納日人西野貞治和川口久雄之説，麗文公司，1993 年版。此外，王三慶《敦煌本古類書〈語對〉研究》亦持日人觀點，認爲 S.2072 號殘卷即是《琱玉集》，文史哲出版社，1985 年版。然而向達《倫敦所藏敦煌卷子經眼目錄》認爲 S.2072 號爲《搜神記》殘卷，文載其著《唐代長安與西域文明》，河北教育出版社，2001 年版，頁 214。本文暫不涉及 S.2072 號殘卷的討論。

②　上揭本《敦煌類書》上册“研究篇”，頁 75。

③　1909 年，俄羅斯學者彼得·庫兹米奇·科兹洛夫（Пётр Кузьмич Козлоив）在内蒙古境内發現西夏文本《類林》，現藏俄羅斯科學院東方學研究所彼得堡分所，編號 125—131、2625、6444、6686。中國學者的研究成果爲史金波等著《類林研究》，寧夏人民出版社，1993 年版。

④　《唐書經籍藝文合志》，商務印書館，1956 年版，頁 268。

⑤　趙超編著《新唐書宰相世系表集校》上册卷二，中華書局，1998 年版，頁 422。

外，還可知于立政的父親于志寧曾爲宰相①。于志寧之生卒年（隋高祖開皇八年至唐高宗麟德二年）可見姜亮夫《歷代人物年里碑傳綜表》②。顧炎武《金石文字記》卷三有云：“燕公于志寧碑令狐德棻撰子立政書乾封元年十一月”③。顧氏所指即目前載於《金石萃編》的《于志寧碑》④，從中可知三原于氏一度在初唐政壇上有所作爲。

然而六朝隋唐間著《類林》者並非于立政一人，亦並非始於于立政。《新唐書藝文志》“小說類”還著錄“裴子野《類林》三卷”⑤。“裴子野《類林》”的記載並不見於《隋書經籍志》和《舊唐書經籍志》，此後的官私書志也鮮有著錄。案裴子野的事蹟主要收載在《梁書》卷三十，裴子野字幾原，河東聞喜人。曾祖即是劉宋時代的裴松之，祖父裴駰也是著名的史學家。史傳對於裴子野的評價，除了六朝人常稱許的孝行外，主要是他的博識，所謂“博極群書”、“文史足用”（皆《梁書》本傳語）。據《梁書·裴子野傳》，他的著作情況是：

《集注喪服》二卷；

《續裴氏家傳》二卷；

《抄和後漢事》四十卷；

《宋略》二十卷（删撰）；

《衆僧傳》二十卷；

《百官九品》二卷；

《附益諡法》一卷；

《方國使圖》一卷；

《齊梁春秋》（草創未成）；

文集二十卷。

---

① 　王重民《敦煌古籍敘錄》云：“志寧爲名宰相，預修官撰群書，別有《諫林》三十卷”，中華書局，1979 年，頁 206。然筆者檢《新唐書》于志寧本傳，只云有《諫苑》；《舊唐書》本傳也作“《諫苑》二十卷”。又考《隋書經籍志》云南齊何望之著有“《諫林》五卷”，未審王重民此說典出何處。

② 　姜亮夫纂定、陶秋英校《歷代人物年里碑傳綜表》，文史哲出版社，1985 年版，頁 126。

③ 　顧炎武《金石文字記》卷三，中華書局“叢書集成初編”，1991 年版，頁 163。

④ 　王昶輯《金石萃編》卷五十六之“唐十六”，中國書店，1985 年版。

⑤ 　上揭本《唐書經籍藝文合志》，頁 223。案，《通志》亦著錄作“裴子野《類林》三卷”。

除上述諸書外，嚴可均《全上古三代秦漢三國六朝文》尚輯得《雕蟲論》一文①（案，《通典》作"《選舉論》"）。考裴子野任著作郎期間，常常與劉顯、劉之遴、殷芸等人"討論墳籍"（《梁書》本傳語），《類林》的編撰恐怕就在裴子野任著作郎（掌國史及起居注）至中書侍郎的"禁省十餘年"期間罷。

舊鈔本《琱玉集》中明言"出《類林》"處，予共檢得七條，竊以爲與其說出自唐人于立政的《類林》，不如說出自六朝人裴子野的《類林》更爲妥當。請先逐一將這七條《類林》梳理如下：

A：《琱玉集》卷十二鑒識篇"劉向石人"條

劉向字子政，漢高祖從父兄楚元王劉交之後也。漢宣帝時，開輸屬山。山巖石善下得二人，身披桎梏。將至長安，變為石人。宣帝見之，大驚。廣集群臣，多召方士，問其所由，皆無所知。唯向對曰："此人是黄帝時諾窳國臣，犯於大逆。黄帝不忍誅之，乃枷棫②其身，置輸屬山幽在微谷之下，若值明王聖主，當得外出。"宣帝不信，以向妖言，執向下獄。向子歆，字子駿。自出應募云："須七歲女子以乳乳之，石人當變。"帝如其言，令女子乳之，即變為人，便能言語。帝問其狀，皆如向父子之言。宣帝大悦，拜向為太中大夫，歆為宗正。又王莽即位，歆為國師。歆讀《孔子秘記》，知光武中興，姓劉名秀。遂改名為秀，字穎叔。冀當其運。歆，王莽時病死。及光武中興，名秀字文叔，與歆年幾，正相當也。出《類林》。③

B：又感應篇"苟（應爲"荀"字，下徑改）倫投餞得弟"條

荀倫，晉時海內人也。為東郡太守。倫弟儒北省舅氏，乘涷躡虛，卽即沒命盟津。求屍三日，不得。倫乃脩餞，投與河伯。逕由一宿，弟屍乃抱餞而出也。出《類林》。④

C：同上"鄒衍盛夏霜垂"條

鄒衍，六國時燕人也。盡忠而事惠王，左右嫉妒，數讒於王。王遂信

① 嚴可均《全上古三代秦漢三國六朝文》（第四册），中華書局，1958年版，頁3262。關於這篇文章的研究，請參林田慎之助《中國中世文學批評史・裴子野〈雕蟲論〉考證——その復古文學の論構と造製作年代》，創文社東洋學叢書，1979年版。

② 案"棫"字，《說文解字》云："棫，白桵也。从木或聲。"疑此處當作"械"字，《說文解字》云："械，桎梏也。从木戒聲。"兩字蓋形近而誤也。

③ 上揭本《古逸叢書》中册，頁116。

④ 同上，頁118。

受而欲誅之。鄒衍仰天呼歎,盛夏五月,天為降霜也。出《類林》。①

D:卷十四肥人篇"滿舊("滿舊"應為晉人"滿奮"②)遍體膏流"條

　　滿奮,山陽人也。不知在於何帝。為人甚肥,每至夏日,膏流墮地。有人以器承取,用為燈燭。出《類林》。③

E:又嗜酒篇"陳遵拔轄留賓"條

　　陳遵,字孟公,王莽時京兆人也。為河南太守。會客飲酒將酣,恐客走避,輒令人拔車轄投於井中。客雖欲去而不得也。出《類林》。④

F:又別味篇"易牙飲淄知淡"條

　　易牙,周時齊國大夫也。善能別味,凡食皆知其本末。飲淄澠二水以為淡於餘水。出《類林》。⑤

G:又恠異篇"周幽江山逆流"條

　　周幽、周王也。姓姬,字宮涅。將亡之時,蜀岷山崩,擁江水。江水逆流數百里。李伯陽嘆曰:"昔伊洛竭而商亡,河竭而夏亡。今山崩而水逆流,亡國之徵也。"後幽王果為("為"字《古逸叢書》本無,據古典保存會影印本補入)犬戎所殺。出《類林》。⑥

通觀《琱玉集》所引以上七條《類林》,皆有所本。今試逐一羅列其出處(標以上文所舉《琱玉集》"出《類林》"典故相對應的英文小寫字母),并略附考證於後:

a:《論衡·別通篇》云:"劉子政曉貳負之尸"。黃暉《論衡校釋》云:"孫詒讓曰:劉歆《上山海經奏》云:'孝宣帝時,擊磻石於上郡,陷得石室。其中有反縛盜械人。時臣秀父向為諫議大夫,言此貳負之臣也。詔問何以知之,亦以《山海經》對。其文曰,貳負殺窫窳,帝乃桎之疏屬之山。桎其右足,反縛兩手。上大驚,朝士由是多奇《山海經》者。'郭璞《山海經序》云:'劉子政辨盜

---

　　①　上揭本《古逸叢書》中冊,頁118。

　　②　《太平御覽》卷三七八"人事部·肥"條引《異苑》云:"晉司隸校尉高平滿奮,字武秋。豐肥,膚肉潰裂。每至暑夏輒膏汗流溢。其有愛妾,夜取以燃照,炎灼發於屋表。奮大惡之,悉盛而埋之。暨永嘉之亂,為胡賊所燒,皎若燭光。"李昉等撰,中華書局,1956年版,頁1747。

　　③　上揭本《古逸叢書》中冊,頁128—129。

　　④　同上,頁130。

　　⑤　同上,頁132。

　　⑥　同上,頁134。

械之尸。’即此所云‘曉貳負之尸’也。暉按：劉向引文，見《海內西經》。”①

b:《全宋文》卷五十七荀倫《與河伯牋》，嚴可均有案語云：“案，劉敬叔《異苑》云，河內荀儒，字君林，乘冰省舅氏，陷河而死。兄倫，字君文，求屍積日不得。設祭水側，授牋與河伯。宿岸側冰開，手執牋浮上。倫又牋謝之。”②

c:《文選》卷三十七曹子建《求通親親表》“崩城隕霜”句下，及《文選》卷三十九江文通《詣建平王上書》“飛霜擊於燕地”句下，李善皆注云：“《淮南子》曰：‘鄒衍盡忠於燕惠王，王信譖而繫之。鄒子仰天而哭，正夏而天爲降霜。”考今本《淮南子》中似未見此句。

d:《異苑》此條出典參本文注釋第 35。案《隋書經籍志》云：“《異苑》十卷宋給事劉敬叔撰”。《說郛》有輯本（120 卷本）。

e:《漢書·遊俠傳》：“遵耆（顏師古曰：“耆”讀曰“嗜”）酒。每大飲，賓客滿堂。輒關門，取客車轄投井中。雖有急，終不得去。”③

f:《列子·說符篇》云：“孔子曰，淄澠之水，易牙嘗而知之。”晉人張湛《列子注》云：“復爲善味者所別也。”④

g:《史記·周本紀》及《國語·周語》均有記載，其云：“宣王崩，子幽王宮涅立。幽王二年，西州三川皆震。伯陽甫曰，周將亡矣。夫天地之氣，不失其序。若過其序，民亂之也。陽伏而不能出，陰迫而不能蒸，於是有地震。今三川實震，是陽失其所而填陰也。陽失而在陰，原必塞。原塞，國必亡。夫水土演而民用也。土無所演，民乏財用，不亡何待。昔伊洛竭而夏亡，河竭而商亡。今周德若二代之季矣。其川原又塞，塞必竭。夫國必依山川，山崩川竭，亡國之徵也。川竭必山崩，若國亡不過十年數之紀也。天之所弃，不過其紀。是歲也，三川竭，岐山崩。”案“伯陽甫”此人即舊鈔本《璚玉集》引《類林》所謂“李伯陽”也。裴駰《史記集解》云：“韋昭曰，伯陽甫，周大夫也。唐固曰，伯陽甫，周柱下史老子也。”瀧川資言《史記會注考證》云：“韋說是。

---

①　黃暉《論衡校釋》卷第十三，中華書局，1990 年版，頁 598。

②　上揭本《全上古三代秦漢三國六朝文》（第三册），頁 2747。荀氏譜系參王伊同《五朝門第·高門權門世系婚姻表》第四十，中華書局，2006 年版。

③　王先謙《漢書補注》，書目文獻出版社，1995 年版，頁 1558。

④　楊伯峻《列子集釋》卷第八，中華書局，1979 年版，頁 250。

老聃何得及幽王時?《國語》‘甫’作‘父’。"①

考《琱玉集》所引《類林》之文本七則(英文大寫字母)與其對應的典故出處(英文小寫字母),可知其所涉及的典故皆在南朝劉宋之前。這無疑是"出《類林》"指出自裴子野《類林》的佐據,此其一也。其二,《琱玉集》所引《類林》與原典出處相比,具有較多的裁剪與改動,並非遵照原典。這與裴子野多年與殷芸等南朝博極群書的名輩們"討論墳籍"的風氣有關——在類似學術沙龍的活動中,每人逐一比較隸事、數典的功底,等退回私宅再逐一整理記錄②。森野繁夫《六朝詩の研究》與清水凱夫《六朝文學論文集》中曾經討論過六朝學人之間的文學(主要是詩歌)集團活動③,然而這種風氣同時也存在於經史子領域。

反觀于立政的生平與時代,很難與《琱玉集》中的《類林》寫作性格相符合。請先看清儒勞格、趙鉞《唐尚書省郎官石柱題名考》卷二"吏部郎中"條有關于立政的事項:

> 于立政又吏外。《新表》于氏:太宗、高宗相志寧子立政,字匡時,太僕少卿、虢州刺史。《舊志寧傳》:子立政,太僕少卿。石刻令狐德棻《大唐故柱國燕國公于君之碑》:□□尚書吏部郎中、國子司業、太子率更令、使持節渠虢二州刺史,太僕少卿、上護軍立政。乾封元年,陝西三原。又石刻于辯機《唐明堂令于大猷碑》,又石刻姚崇《兗州都督于大猷碑》,稱父立政,結銜與此俱合,此碑缺字亦據二碑增補,惟《知〔微〕〔猷〕碑》少勳階耳。《廣古今注五行記》:顯慶元年夏,虢州刺史于立政。《太平廣記》三百九十三。④

由於新舊《唐書》皆無于立政的傳記,其詳細的生卒年難以考察。似乎于立政的生平大抵被勞格等人蒐集在此。然而通過其父(于志寧)其子(于知微)的

---

①　瀧川資言《史記會注考證》卷四,北岳文藝出版社,1998年影印版,頁290—291。

②　《梁書》本傳云:"子野與沛國劉顯、南陽劉之遴、陳郡殷芸、陳留阮孝緒、吳郡顧協、京兆韋棱,皆博極羣書,深相賞好,顯尤推重之。時吳平侯蕭勵、范陽張纘,每討論墳籍,咸折中於子野焉。"中華書局,1973年版,頁443。

③　森野繁夫《六朝詩の研究——集團の文學と個人の文學》,第一學習社,1976年版;清水凱夫著、韓基國譯《六朝文學研究》,重慶出版社,1989年版。二氏雖然在解讀《與湘東王書》等文獻時產生較大分歧,但都從各自角度論述了六朝後期文學集團的特質與實態。

④　勞格、趙鉞著《唐尚書省郎官石柱題名考》,中華書局,1992年版,頁101。

相關史料，我們還可以得出一些有關于立政的史實。《全唐文》卷二〇六載
《兗州都督于知微碑》云：

> 于君諱知微，字辨機。其先周封（闕十一字）東海（闕一字）爲（闕二
> 字）其後仕於魏。亦家於代（中略）父立政，皇朝吏部郎中、國子司業、太
> 子率更令、渠虢二州刺史、太僕少卿。公子公孫，多材多藝。
> （中略）年遷授祕書郎兼通事舍人內供奉（闕四字）。峻（闕二字）增
> （闕二字）有詞令之（闕一字）。遂兼敷奏之職。緣親延累，下遷常州司兵
> 參軍、梁州西縣令同州司法岐州岐山縣令（下略）。①

雖然姚崇這篇碑文辭章並無特別可取之處，然而"緣親延累"這一細微記述裏
隱含了唐高宗時代的王皇后廢立事件。順籐摸瓜爬梳兩《唐書》史料，可知作
爲前朝舊族大臣，于立政及其父于志寧都捲入這一事件。因而于氏家族招致
逐漸擡頭的武氏勢力之排擠，大多被貶爲邊官。清儒錢大昕讀到此碑時就疑
惑爲何碑中載于氏歷官頗詳而史書中卻少有記載②，我推測由於于氏等舊臣
受武后排擠，史書爲之隱筆也。總之，鑒於上論，于立政在京城參加如南朝裴
子野那樣的一流知識分子沙龍的機會幾乎微乎其微。因此筆者推測他編撰
《類林》的方式，恐非京城中的"從沙龍到書齋"，而可能是地方上的"從書齋到
書齋"③。這也就可以推測于立政《類林》的文本相對來說與原始典故辭句上
更加貼近，而非目前《琱玉集》所徵引《類林》那樣出入之大。

　　上文從考證《琱玉集》所引七則《類林》的文本出發，初步肯定當爲南朝人
裴子野《類林》而非唐代人于立政《類林》，從而佐證了清儒李慈銘"六朝末季
底下之書"的觀點。下文將在"六朝說"的基礎上，進一步推測《琱玉集》的鈔
錄年限。

　　關於《琱玉集》鈔錄的上下限，其"上限"困於史料，大抵只能推斷爲南朝
梁武帝時代（即裴子野活動時代）；目前可以略加考證之事，惟其鈔錄之下限，

---

① 　姚崇《兗州都督于知微碑》，文載《全唐文》卷二〇六，董誥等編，中華書局，1983 年
版，頁 2086—2089。
② 　錢大昕《潛研堂金石文跋尾》卷五，載《嘉定錢大昕全集》第六冊，江蘇古籍出版社，
1997 年版，頁 142。
③ 　與原典文字差別較大是"從沙龍到書齋"，而文字出入不大的是"從書齋到書
齋"——這一推論筆者將在日後的研究中繼續留心史料以佐證之。

說見下：

　　考舊鈔本《琱玉集》兩卷鈔本末有如下識語：

　　　　卷第十二：用紙一十九張寫天平十九年歲在丁亥秋七月日

　　　　卷第十四：用紙一十六張天平十九年歲在丁亥三月寫①

《琱玉集》傳入日本的時間，小長谷惠吉考證爲奈良朝②。彼邦奈良時代天平十九年即我國唐玄宗天寶六載（公元 747）。這一時期東亞文明圈的大致格局是：新羅在唐朝軍隊的幫助下統一朝鮮半島已經近 70 多年，其文化制度全面沐浴在唐風中；而東瀛日本在白村江決戰中（公元 663）敗於唐朝後，一度中止的遣唐使，於公元 702 年再度恢復③。對於漢籍的輸入，奈良時代的日本人近乎“狂熱”④。《琱玉集》的東傳，有可能就在唐玄宗時代。關於《琱玉集》鈔錄下限，可以定在公元 747 年。然而柳瀨喜代志認爲其下限應在天平時代之後一次遣唐使回國的天平六年（公元 734）⑤，柳瀨喜代志立論之預設是：漢籍東傳全部由遣唐使承擔——這無疑是很難立足的險論，僅僅從日本角度來考察，承擔漢籍傳播的還有留學生與留學僧；從運輸工具來看，除日本自造船外，還有唐商的海船⑥。如斯等等，都促使我們只能把《琱玉集》鈔錄的下限定在《琱玉集》鈔卷末尾識語所云“天平十九年”——公元 747 年。

三　《琱玉集》的出典及其綜合研究

　　舊鈔本《琱玉集》中徵引典故頗豐。其敍述模式大體是：“○○（古人姓

---

①　原本《琱玉集》有缺字（“用”、“紙”等），現據《古逸叢書》本補足。

②　小長谷惠吉《日本國見在書目錄解說稿》，小宮山書店，1956 年版，頁 67。

③　有日本的學者認爲，在白村江戰敗之後，再度頻繁的派出遣唐使，目的除了積極吸收唐文化之外，還有爲了牽制新羅以及獲取國際情報等等多重考慮。說見外山軍治《隋唐世界帝國》，中公文庫，2000 年版，頁 285。

④　Edwin Oldfather Reischauer, *Ennin's Travel in T'ang China*, Ronald Press：New York, 1955. 日譯本題爲《円仁・唐代中国への旅》（田村完誓譯），講談社學術文庫，1999 年版，頁 100。

⑤　上揭本《日中古典文學論考》，頁 246。

⑥　參筆者拙作《公元九世紀前漢籍東傳叢考》，文載北京日本學研究中心編《日本學研究》第十九輯，學苑出版社，2009 年版。

名)＋此人之事蹟＋出〇〇"。其中"出〇〇"即是《琱玉集》的材料出處。爲便於討論,現將其中出典之原書名以及出典次數分列如下(每一類下之書名按出現先後順序羅列):

經部:《論語疏》1、《論語》1、《孔子家語》2、《禮記》1、《尚書中候》3、《春秋》6;

史部:《前漢書》22、《後漢書》19、《蔡琰別傳》1、《晉抄》21、《魏書》1、《太史公記》10、《古傳》1、《春秋後語》3、《魏志》9、《帝王記》1、楊雄《蜀王本記》1、《晉書》5、《後漢抄》3、《同賢記》3、《孝子傳》1、《列士傳》1、《燕太子傳》1、《續齊諧記》1、《搜神記》1、《帝王世記》4、《吳越春秋》1、《史記》3、《梁冀傳》1、《幽明錄》1、《帝王世家》1、王隱《晉書》1、王智深《宋書》1、《吳書》1、《九州記》1、《襄陽記》1、《秦書》1、《夏本記》1、《國語》1、《趙書》1、《晉陽抄》1

子部:《語林》1、《淮南子》3、《博物志》1、《說苑》1、《纇林》7、《世說》2、《尹文子書》1、《新序》1、《秉部抄》1、《笑林》1、桓譚《新論》1、《韓子》1

集部:卷十二及卷十四中未見集部出典。

未詳:5 則

總體來說,經部徵引典籍 6 種 14 則;史部徵引典籍 35 種 126 則;子部徵引典籍 12 種 21 則;未見徵引集部典籍。此外,尚有 5 則典故由於原鈔本磨損等原因未注明典故出處。在考論《琱玉集》出典的整體性格前,請先逐一分述各部之出典如下:

1.《琱玉集》經部出典考

經部出典共 14 則,先請看《琱玉集》卷十二聰慧篇"顔回十悟"條所徵引之經部典籍第一種《論語疏》:

> 顔回,字子淵,周時魯人也。爲孔丘弟子。孔子曰,吾與回言終日,無違如愚。故子貢曰,顔回問一而知十,賜也問一以知二,賜也何敢望回。顔回問一以知十者,問君子教道之法。子曰,道也。顔回即解之,道者道也。父以慈道子,子以孝道父。夫以和道妻,妻以柔道夫。兄以友道弟,弟以恭道兄。君以明道臣,臣以忠道君。友以信道己,己以仁道友。此所謂十也。出《論語疏》。①

清末李慈銘讀到這裏時,就表示出很大的疑惑,李慈銘說:

---

① 　上揭本《古逸叢書》中册,頁 110。

　　《論語疏》引顏子問一以知十，謂（中略）。其說甚異，不知出何人《論
語疏》？《皇疏》亦無此文也。①

根據《隋書經籍志》和《舊唐書經籍志》，六朝後期開始對於《論語》有"（義）疏"
性質的著作及作者有如下數種：

　　　　《論語義疏》十卷褚仲都撰（案：《舊唐書經籍志》作"《論語講疏》"）

　　　　《論語義疏》十卷皇侃撰（案：《舊唐書經籍志》作"《論語疏》"）

　　　　《論語義疏》八卷撰者未詳

　　　　《論語義疏》二卷張沖撰

　　　　《論語疏》十五卷賈公彥撰

　　　　《論語疏》八卷張略等撰

《琱玉集》所引此則《論語疏》具體是上述哪一家，目前難以下定論。考《論語》中
孔子有多處稱讚顏回。武內義雄校勘本《論語義疏·先進篇》"顏淵死，子曰，噫！
天喪予，天喪予。"句下皇侃引劉歆云："顏是亞聖人之偶。"②《論語·公冶長篇》
有云："回也聞一以知十，賜也聞一以知二。"又如《文選》卷四十二應休璉《與侍郎
曹長思書》"不能追參於高妙，復歟翼於故枝"句下李善云："桓子《新論》曰：昔顏
淵有高妙次聖之才，聞一知十。"依此看來，作"聞"字的本子，其時代應當不會太
晚。但是陸德明寫作《經典釋文》時也曾經看到過一個"問"字的本子，陸德明說：
"聞如字，或作問字，非。"③陸德明看到的另一種《論語》本子在學術系統上很可
能與這裏《琱玉集》所徵引的《論語疏》是具有共通性的。作爲《五經正義》統一南
北學術界之前的經學遺籍，這裏的《論語疏》遺文證明了《論語》在唐代之前傳播
着不同的鈔本。此外，清儒陳鱣《論語古訓》最先對通行本"回也聞一以知十"的
"也"字產生懷疑④，而此處《論語疏》亦並無"也"字。

---

①　上揭本《越縵堂讀書記》，頁 810。

②　皇侃《論語義疏》（校本），載《武內義雄全集》第一卷"論語篇"，角川書店，1978 年版，
頁 292。

③　宋元遞修本《經典釋文》，上海古籍出版社，1985 年影印版，頁 1358。

④　陳鱣《論語古訓》卷三"公冶長篇"此句下云："攷異云，回下一本無也字，二下有也字。
《釋文》云，吾與爾，爾本或作女，音汝。鱣按，《論衡·問孔篇》引云，吾與女俱不如也。《後
漢·鄭玄傳》注引玄《別傳》馬融謂盧子幹曰，吾與女皆不如也。又《橋玄傳》云仲尼稱不如顏
淵，李注引《論語》吾與女俱不如也。"此書收載於嚴靈峰《無求備齋論語集成》（第 22 函），臺灣
藝文印書館，1966 年版。

　　經部出典最多的爲《春秋》,共出現六次。然而在春秋學上,東漢之後,由於《左氏傳》的崛起,人們常常把《春秋左氏傳》直接稱呼爲《春秋》。《瑯玉集》亦是如此,凡《瑯玉集》中言"出《春秋》"者,皆出自《春秋左氏傳》。如卷十二聰慧篇"季札智音"條①,即本自《春秋左氏傳》襄公二十九年"吳公子札來聘"條的紀事。

　　《瑯玉集》徵引經部典籍里尚有《尚書中候》三則,在數量上僅僅次於《春秋》,頗爲引人注目。考《隋書經籍志·經·讖緯》云:"《尚書中候》五卷　鄭玄注　梁有八卷　今殘缺。"朱彝尊《經義考》卷二百六十五《尚書中候》條有云:"按,中候專言符命,當是新莽時所出之書。"②徐興無教授《讖緯文獻與漢代文化構建》一書認爲:"在概念分類上,它(《尚書中候》)可與《尚書緯》合,亦可與之分。"③目前可見的輯本有馬國瀚《玉函山房輯佚書》本、王仁俊《玉函山房輯佚書續編》本、黄奭《漢學堂經解》本,以及日本學者中村璋八和安居香山的《重修緯書集成》本(尤以後一種最爲精審)。兹先將《瑯玉集》所徵引《尚書中候》三則羅列如下:

　　　　(1)皇帝,古者三皇,即軒轅黄帝也。時有景星出見,形如半月。麟麒鳳凰,皆遊苑囿。洛龜負書而出,河龍銜圖而至。此乃德感上天,致有斯瑞也。出《帝王世記》及《尚書中候》也(《瑯玉集》卷十四祥瑞篇"皇帝星垂半月"條)。

　　　　(2)穆公,即秦穆公也。公時出遊,有火從上而下,化爲白雀。口銜丹書,集公車上。穆公因即霸語諸侯也。出《尚書中候》(《瑯玉集》卷十四祥瑞篇"穆公雀書感霸"條)。

　　　　(3)吕豎,姓羡,字子牙,殷末東海人也。聞文王有德,而往歸之。遂處磻磎之山,釣得一魚。魚腹中有玉璜,因之爲應,遂爲文王之師也。出《尚書中候》(《瑯玉集》卷十四祥瑞篇"吕豎魚璜應榮"條)。④

上舉三則皆出現在卷十四"祥瑞篇"中,然而在文字上尚有若干問題。現據古

---

　　①　上揭本《古逸叢書》中册,頁111。
　　②　朱彝尊《經義考》,中華書局,1998年版,頁1338。
　　③　徐興無著《讖緯文獻與漢代文化構建》第一章《讖緯文獻的價值》,中華書局,2003年版,頁7。
　　④　三則皆見於上揭本《古逸叢書》中册,頁133—134。

典保存會影印本《琱玉集》等將上述若干誤字梳理如次：(2)中"霸語諸侯"似應爲"霸於諸侯"；(3)中"呂曁，姓羨"似應爲"呂望，姓姜"。此外，《琱玉集》中這三則《尚書中候》的引文可以在中村璋八和安居香山《重修緯書集成》中逐一找到出處：

　　　　(1)帝軒提像，配永循機，天地休通，五行期化。河龍圖出，洛龜書威，赤文像字，以授軒轅。①

　　　　(2)秦穆公出狩，至于咸陽，日稷庚午，天震大雷。有火下，化爲白雀，銜籙丹書，言繆公之霸也，訖胡亥秦家世事。②

　　　　(3)王即田雞水畔，至磻溪之水，呂尚釣于厓。王下拜曰：切望公七年，乃今見光景於斯。尚立變名答曰：望釣得玉璜，刻曰：姬受命，呂佐旌，德合昌，來提撰，爾雒鈴，報在齊(宋均曰：旌，理也)。③

陳槃《讖緯釋名》云："'候'者，天官家恆言。義爲徵候，候望。天官之於災祥。歷運，必候星氣，從而占之。"④考上述三則《尚書中候》即是從種種之徵兆闡釋古人之命運。然而《琱玉集》的編者在收錄《尚書中候》典故時進行了不少裁剪。這種剪裁的方式我們留待史子二部舉證後統一論述。

2.《琱玉集》史部出典考

　　據前文統計，史部徵引典籍在經史子三部中數量最多。在共35種的史部出典中，居前三位者分別爲：《前漢書》(22則)、《晉抄》(21則)、《後漢書》(19則)。趙翼《廿二史劄記》卷二十"唐初三禮、漢書、文選之學"條⑤，說初唐學界繼承六朝學風，其崇尚的學問有"三禮"(經部)、"《漢書》"(史部)和"《文選》"(集部)。故而《琱玉集》中徵引前後《漢書》共達41則，遠遠超出其他典籍，從一個角度印證了六朝後期至隋初唐的學風。

　　緊接兩《漢書》之後的是《晉抄》，其被徵引次數也頗多。李慈銘在《越縵

---

①　安居香山、中村璋八輯《緯書集成》(據日本明德出版社《重修緯書集成》標點)，河北人民出版社，1994年版，頁399。二氏的《緯書の基礎的研究》有專門部分論述《尚書中候》的文本特質，漢魏文化研究會刊行，1966年版，頁349—350。

②　上揭本《緯書集成》，頁418。

③　同上，頁411。

④　陳槃《讖緯釋名》，文載《歷史語言研究所集刊》第11冊，1944年刊行，頁304。

⑤　王樹民《廿二史劄記校證》，中華書局，1984年版，頁440—442。

堂讀書記》中曾很隨意的說了一句："（《珊玉集》）引《晉抄》者十餘條，皆不足據。"①案李慈銘此語有二失，計數嚴重不精準（李慈銘所見《珊玉集》亦卷十二與卷十四本），此其一也；未加任何考證，妄語"皆不足據"云云以貽誤後學，此其二也。今考《隋書經籍志》史部"雜史"內有著錄云："《晉書鈔》三十卷梁豫章內史張緬撰"②。張緬（490—531），字元長，范陽方城人。經豫章內史官至司徒左長史、侍中等職。《梁書》卷三四十《張緬傳》云："緬少勤學，自課讀書，手不輟卷，尤明後漢及晉代眾家。"又云："緬性愛墳籍，聚書至萬餘卷。抄《後漢》《晉書》眾家異同，爲《後漢紀》四十卷，《晉抄》三十卷。"③關於張緬的這部書歷代的著錄如下：

《梁書》：《晉抄》三十卷；

《南史》：《晉書鈔》三十卷；

《隋書經籍志》：《晉書鈔》三十卷；

《舊唐書經籍志》：《晉書鈔》三十卷；

《新唐書藝文志》：《晉書鈔》三十卷；

《通志》：《晉書鈔》三十卷。

《日本國見在書目錄》：《晉書鈔》卅卷司馬綽撰④

這部《晉（書）抄》在中土已經亡佚，目前可見者僅《珊玉集》中所載，清儒王仁俊《玉函山房輯佚書補編》所輯佚名《晉抄》即據《珊玉集》也⑤。《珊玉集》卷十二聰慧篇"他人一覽"條云：

他人，姓羅，名友，字他仁，晉時相陽人也。從桓宣武平蜀。案行蜀城闕觀，內外屋宇，街巷廣狹，園苑殖種，菓竹多少，皆默記之。後宣武溧州與簡文集，友亦與焉。宣武論說蜀中諸事，多有遺忘。友皆條列，無有錯漏。宣武驗以蜀城闕簿，皆如其言，坐者無不歎服。友位至廣州刺史

---

①　上揭本《越縵堂讀書記》，頁 810。

②　緊接着《晉書鈔》後著錄了"《晉書鴻烈》六卷張氏撰"，興膳宏、川合康三《隋書經籍志詳攷》云："張氏莫非指張緬。"參二氏著《隋書經籍志詳攷》，汲古書院，1995 年版，頁 297。

③　上揭本《梁書》，頁 491—492。

④　矢島玄亮《日本國見在書目錄——集證と研究》，汲古書院，1984 年版，頁 93。

⑤　王仁俊《玉函山房輯佚書續編三種》，上海古籍出版社，1989 年版，頁 280—283。案，王仁俊所輯共 19 則，比《珊玉集》所載者少 2 則。

也。出《晉抄》。①

《晉抄》此條典故可以與《世說新語・任誕篇》互證，其有云：

　　襄陽羅友有大韻，少時多謂之癡。嘗伺人祠，欲乞食，往太蚤，門未開。主人迎神出見，問以非時何得在此。答曰：“聞卿祠，欲乞一頓食耳。”遂隱門側，至曉得食便退，了無怍容。爲人有記功，從桓宣武平蜀，按行蜀城闕觀宇，内外道陌廣狹，植種果竹多少，皆默記之。後宣武漂洲與簡文集，友亦預焉。共道蜀中事，亦有所遺忘，友皆名列，曾無錯漏。宣武驗以蜀城闕簿，皆如其言，坐者歎服。謝公云：“羅友詎減魏陽元。”後爲廣州刺史，當之鎮，刺史桓豁語令莫來宿，答曰：“民已有前期，主人貧，或有酒饌之費，見與甚有舊。請別日奉命。”征西密遣人察之，至日乃往荆州門下書佐家，處之怡然，不異勝達。在益州，語兒云：“我有五百人食器。”家中大驚，其由來清，而忽有此物，定是二百五十沓烏樏。②

然而據劉孝標《世說新語注》所引《晉陽秋》可知，《晉抄》與《世說新語》皆非原始出典，在兩者之前的《晉陽秋》方爲較早之出典。前文已述，《晉抄》之作者張緬本精熟“晉代眾家”，亦有以也。考《琱玉集》中所徵引《晉抄》數則皆可與《世說新語》對參，現列如下：

　　　　卷十二聰慧篇引《晉抄》之“晉明日近”條──→《世說新語・夙慧篇》③
　　　　卷十四美人篇引《晉抄》之“叔夜寶山”條──→《世說新語・容止篇》④
　　　　卷十四美人篇引《晉抄》之“松⑤弘點漆”條──→《世說新語・容止篇》⑥
　　　　卷十四醜人篇引《晉抄》之“孟陽頻遭嫗瓦”條──→《世說新語・容止篇》⑦
　　　　卷十四醜人篇引《晉抄》之“左思容貌被唾”條──→《世說新語・容止

①　上揭本《古逸叢書》中册，頁110。
②　徐震堮《世說新語校箋》下册，中華書局，1984年版，頁404—405。
③　上揭徐震堮本《世說新語校箋》，頁323。
④　同上，頁335。
⑤　古典保存會本《琱玉集》此字有塗改，“松弘”應爲“杜弘”也。
⑥　上揭徐震堮本《世說新語校箋》，頁340。
⑦　同上，頁335。此條非《世說新語》本文，乃劉孝標注所引《語林》也。

篇》①

　　卷十四嗜酒篇引《晉抄》之"阮籍乞作步兵"條——→《世說新語·任誕篇》②

　　卷十四嗜酒篇引《晉抄》之"伯倫五斗解醒"條——→《世說新語·任誕篇》③

　　卷十四嗜酒篇引《晉抄》之"孔群美談糟宍"條——→《世說新語·任誕篇》④

　　卷十四嗜酒篇引《晉抄》之"畢卓願拍酒池"條——→《世說新語·任誕篇》⑤

　　卷十四嗜酒篇引《晉抄》之"王忱飲即累旬"條——→《世說新語·任誕篇》⑥

　　卷十四嗜酒篇引《晉抄》之"周顗轍帶連酣"條——→《世說新語·任誕篇》⑦

　　卷十四嗜酒篇引《晉抄》之"張季不慕後名"條——→《世說新語·任誕篇》⑧

　　卷十四嗜酒篇引《晉抄》之"嵇康玉山任倒"條——→《世說新語·容止篇》⑨

《珥玉集》的編者除《晉抄》外,尚徵引了《晉書》5 則;王隱《晉書》1 則;《晉陽秋》1 則。合算起來,晉史類書籍共徵引了 28 則,不可謂不豐也。

　　《珥玉集》所徵引的史部典籍中,還有其他早已亡佚的唐前古籍,如《珥玉集》卷十二聰慧篇"路婦隨機"條云:

　　路婦,不知何處人也。孔子遊行見之,頭戴烏牙櫛,謂弟子曰:"誰能

---

①　　上揭徐震堮本《世說新語校箋》,頁 335。
②　　同上,頁 392。
③　　同上,頁 391。
④　　同上,頁 398。
⑤　　同上,頁 397。
⑥　　同上,頁 410。
⑦　　同上,頁 399。
⑧　　同上,頁 397。
⑨　　同上,頁 335。

得之?"顏淵曰:"回能得之。"即往至婦人前跪而曰:"吾有俳佪之山,百草
生其上,有枝而無葉。万獸集其裏,有飲而無食。故從夫人借羅網而捕
之。"婦人即取櫛与之。顏淵曰:"夫人不問由委,乃取櫛与回何也?"婦人
答曰:"俳佪之山者,是君頭也。百草生其上,有枝而無葉者,是君髮也。
万獸集其裏,是蝨也。借網而捕之者,是吾櫛也。以故取櫛与君,何恠之
有?"顏淵嘿然而退。孔子聞之曰:"婦人之智尚爾,況於學士者乎?"出
《古傳》。①

此處"象"即"象"之古字。《禮記·玉藻篇》云:"日五盥,沐稷而靧粱。櫛用樿
櫛。髮晞,用象櫛。"孔穎達疏云:"晞,幹燥也。沐已,燥則髮澀,故用象牙滑
櫛以通之。"上引《琱玉集》中的"象櫛"乃春秋時代士人之物。這裏的《古傳》
之書名並不見於《漢書藝文志》或《隋書經籍志》。李慈銘《越縵堂讀書記》云:
"案,此不知出何書。馬氏驌《繹史·孔子類記》、孫星衍《孔子集語》皆未之
采②,其辭恉與《韓詩外傳》所載之子貢挑阿谷之女事,同一杼軸,而較《衝波
傳》采桑娘事爲雅馴。"③考李慈銘所云"子貢挑阿谷之女事",見《韓詩外傳》
卷一:

> 孔子南遊適楚,至於阿谷之隧,有處子佩瑱而浣者。孔子曰:"彼婦
> 人其可與言矣乎?"④抽觴以授子貢,曰:"善爲之辭,以觀其語。"子貢曰:
> "吾北鄙之人也,將南之楚。逢天之暑,思心潭潭,願乞一飲,以表我心。"
> 婦人對曰:"阿谷之隧,隱曲之氾,其水載清載濁,流而趨海,欲飲則飲,何
> 問於婢子!"受子貢觴,迎流而抱之,奐然而棄之,從流而抱之,奐然而溢
> 之,坐置之沙上。曰:"禮固不親授。"子貢以告,孔子曰:"丘知之矣。"抽
> 琴去其軫,以授子貢曰:"善爲之辭,以觀其語。"子貢曰:"嚮子之言,穆如
> 清風,不悖我語,和暢我心。於此有琴而無軫,願借子以調其音。"婦人對
> 曰:"吾野鄙之人也,僻陋而無心,五音不知,安能調琴?"子貢以告,孔子
> 曰:"丘知之矣。"抽絺綌五兩以授子貢,曰:"善爲之辭,以觀其語。"子貢

---

① 上揭本《古逸叢書》中册,頁 111。
② 今人郭沂爲孫星衍所校補的《孔子集語校補》業已利用了《琱玉集》此條佚文。齊
魯書社,1998 年版,頁 40。
③ 上揭本《越縵堂讀書記》,頁 811。
④ 王引之《經傳釋詞》卷四云"矣猶'也'也"。岳麓書社,1984 年版,頁 92。

曰：“吾北鄙之人也，將南之楚。於此有絺綌五兩，吾不敢以當子身，敢置之水浦。”婦人對曰：“行客之人，嗟然永久，分其資財，棄之野鄙。吾年甚少，何敢受子？子不早去，今竊有狂夫守之者矣。”《詩》曰：“南有喬木，不可休思①。漢有遊女，不可求思。”此之謂也。②

我們比較《珮玉集》所引《古傳》與上述《韓詩外傳》的敍述模式，可以得出如下幾點：第一、事件的人物模式相似。《珮玉集》爲孔子與顏淵，《韓詩外傳》爲孔子和子貢；第二、登場女子模式相似。《珮玉集》爲頂戴象櫛之女，《韓詩外傳》爲佩璜而浣之女；第三、事件的發生模式相似。弟子受師命與女子進行帶有目的性的對話。唯獨事件之結果相反，《珮玉集》成功獲得象櫛，《韓詩外傳》中的子貢則未達成初衷。歷代的儒者如洪邁《容齋隨筆》卷八“韓嬰詩”等，對於《韓詩外傳》這則記載都有微詞。另，馬驌《繹史》卷八十六《孔子類記》也記載過一則孔子讓弟子訪女子的故事③，合上述《珮玉集》、《韓詩外傳》共有三則，除此之外，其他典籍中似無出例。故而《珮玉集》所徵引《古傳》的文字可以佐證春秋時代孔子師徒的另一種行爲方式，亦當珍視。

　　《珮玉集》的史部出典中尚多罕見典籍，現再舉《春秋後語》爲例：

　　　　鄒忌，六國時齊人也。初得爲相，淳于髡見之曰：“得命者昌，失命者亡。”忌曰：“謹受命矣，請無出鄙辭。”髡曰：“狢膏棘軸，所以爲滑，不能運方穿。”忌曰：“謹受命矣，請謹事左右。”髡曰：“弓膠昔幹，所以爲勢，而不能傳合疏踈乎。”忌曰：“謹受命矣，請謹附於万民。”髡曰：“狐裘雖破，不可補以黃犬之皮。”忌曰：“謹受命矣，請謹擇君子無雜小人。”髡曰：“大車無軨，不能載其常任。琴瑟無軫，不能成其五音。”忌曰：“謹受命矣，請謹修法律而督姦吏。”髡說既畢，趍出至門，謹其僕曰：“是人者，吾語之微言五，答我若響之應聲。是人必封不久矣。”出《春秋後語》（《珮玉集》卷十二聰慧篇“鄒忌響應”條）。

　　　　田文，齊國孟常君也。豪俠當世，養客數千。智策謀謨，名震諸國。

---

　　①　今本《詩經》此處作“休息”，屈守元以爲作“休思”是唐初《韓詩》的原貌，說見屈守元《韓詩外傳箋疏》，巴蜀書社，1996 年版，頁 16—18。
　　②　本則《韓詩外傳》引文之標點據許維遹《韓詩外傳集釋》卷一第三章，中華書局，1980 年版，頁 2—5。
　　③　馬驌著、王利器整理《繹史》卷八十六，中華書局，2002 年版，頁 1921。

後因至趙，趙人先聞其名，競往觀矚。乃見其侳陋皂拙，諸人不覺一時大笑。田文乃怒，令士卒擊之，盡殪。遂即還返。出《春秋後語》（《琱玉集》卷十四醜人篇"田文趙眾俱嗤"條）。

考《春秋後語》一書，中國書志中似未見記載①，惟《日本國見在書目錄》正史家有著錄，其云："《春秋後語》十卷　孔衍記　麃本"②。《史通·六家篇》有云：

　　　至孔衍，又以《戰國策》所書，未爲盡善。乃引太史公所記，參其異同，刪彼二家③，聚爲一錄，號爲《春秋後語》。除二周及宋、衛、中山，其所留者，七國而已。始自秦孝公，終於楚漢之際，比於《春秋》，亦盡二百四十餘年行事始。衍撰《春秋時國語》，復撰《春秋後語》④，勒成二書，各爲十卷。今行於世者，惟《後語》存焉。按其書序云："雖左氏莫能加。"世人皆尤其不量力，不度德。尋衍之此義，自比於丘明者，當謂《國語》，非《春秋傳》也。必方以類聚，豈多嗤乎！⑤

浦起龍《通釋》有云："《孔衍後語》，《唐藝文志》：'孔衍《春秋時國語》十卷'，又'《春秋後國語》十卷'。按《史通》云今行世者，唯《後語》存。是知《新唐志》特因舊史原文，非皆有其書也。"⑥可見孔衍這部《春秋後語》在劉知几時代幾乎已經全部亡佚。清儒對這部書進行了輯佚，如黃奭《漢學堂叢書》輯得一卷⑦。此外，王謨《漢魏遺書鈔》亦輯有一卷，王謨在解題中云："孔衍字舒元，魯人，東晉廣陵相。"⑧晚清民國學術著作中輯得《春秋後語》最多者當數羅振玉之

---

①　如《隋書經籍志》雜史類僅有《春秋後傳》一書的著錄，作者爲"晉著作郎樂資。"書名雖然與《春秋後語》相近，恐怕在撰寫方式等方面是異質的兩種書。

②　上揭本《日本國見在書目錄——集證と研究》，頁 91。

③　趙呂甫校注《史通新校注》云："兩句《集成》本作'乃引太史公所記，參其要，刪彼二家'。"重慶出版社，1990 年版，頁 41。

④　程千帆《史通箋記》云："據《唐書藝文志》，《春秋後語》乃《春秋後國語》之省稱。"中華書局，1980 年版，頁 16。

⑤　劉知幾撰、浦起龍釋，《史通通釋》，上海古籍出版社，1978 年版，頁 15。

⑥　上揭本《史通通釋》，頁 17。

⑦　黃奭《漢學堂叢書·子史鈎沉》之"史部·雜史類"輯有《春秋後語》一卷，清光緒十五年甘泉黃氏刊本，南京大學圖書館古籍部藏本。

⑧　王謨輯《漢魏遺書鈔》，日本京都中文出版社，1981 年第二版，頁 499。

《鳴沙石室佚書》①。上世紀九十年代出版的王恒傑《春秋後語輯考》也同樣利用了《珉玉集》的軼文②。

　　考《珉玉集》中所徵引《春秋後語》二則之紀事，皆可從傳世典籍中尋得互證。如"鄒忌響應"條可互見於《史記·田敬仲完世家第十六》："騶忌子見三月，而受相印。淳于髡見之曰：'善説哉。髡有愚志，願陳諸前。'騶忌子曰：'謹受教。'淳于髡曰：'得全全昌，失全全亡。'騶忌子曰：'謹受令，請謹毋離前。'淳于髡曰：'狶膏棘軸，所以爲滑也。然而不能運方穿。'騶忌子曰：'謹受令，請謹事左右。'淳于髡曰：'弓膠昔幹，所以爲合也。然而不能傳合疏罅。'騶忌子曰：'謹受令，請謹自附于萬民。'淳于髡曰：'狐裘雖弊，不可補以黄狗之皮。'騶忌子曰：'謹受令，請謹擇君子，毋雜小人其間。'淳于髡曰：'大車不較，不能載其常任。琴瑟不較，不能成其五音。'騶忌子曰：'謹受令，請脩法律而督奸吏。'淳于髡説畢，趨出至門，而面其僕曰：'是人者吾語之微言五，其應我若響之應聲。是人必封不久矣。'"③考《史記》與《珉玉集》雖然大體一致，然尚有幾處不同點值得注意，如《珉玉集》所引《春秋後語》稱爲"鄒忌"，而《史記》敬稱爲"騶忌子"。又如《珉玉集》作"謹受命"，而通行本《史記》皆作"謹受令"，對此，瀧川資言《史記會注考證》云："楓本、三條本'令'作'命'，言常在王前無所失也。"④從而可以推測《珉玉集》徵引之《春秋後語》可能與古本《史記》的記述比較接近。

　　《帝王世記》也是《珉玉集》中的稀見典籍之一。考《帝王世記》的作者爲皇甫謐，西晉初年安定朝那人。《晉書》本傳說他除《帝王世記》外尚有《玄晏春秋》等著作。《帝王世記》被《隋書經籍志》、《舊唐書經籍志》、《新唐書藝文志》以及《日本國見在書目錄》列在雜史類。《隋書經籍志》說此書"起三皇、盡漢魏。"⑤此書在六朝中後期非常受學者青睞，如陳太學博士虞綽著有《帝王世紀音》四卷，何茂材撰有《續帝王世紀》十卷（均被著錄於《隋書經籍志》）。王

---

① 　　羅振玉有解題云："孔衍《春秋後語》略出殘卷，巴黎圖書館藏。前端殘闕，而中間每篇出書題及撰人名，計存《趙語》第五、《韓語》第六、《魏語》第七、《楚語》第八，凡四篇。"說見羅振玉編纂《鳴沙石室佚書正續編》，北京圖書館出版社，2004 年版，頁 12。

② 　　王恒傑編校《春秋後語輯考》，齊魯書社，1993 年版。

③ 　　上揭本《史記會注考證》卷四十六，頁 2818—2819。

④ 　　同上，頁 2818。

⑤ 　　上揭本《隋書經籍志詳攷》，頁 301。

應麟《玉海》已經開始輯佚，恐怕《帝王世記》亡於宋代。清儒如王謨之《漢唐地理書鈔》、王仁俊《玉函山房輯佚書續編》等皆有輯佚，近人徐宗元對於《琱玉集》中所見的《帝王世記》加以利用，其著《帝王世紀輯存》是目前最完備的輯本①。

3.《琱玉集》子部出典考

本文的第二部分"成書時間考"中曾經逐一列舉過《琱玉集》中所徵引的《類林》。而《類林》也正是《琱玉集》徵引子部典籍之最多者，共有七則。在裴子野《類林》編成之前，已有"○林"爲書名的子部典籍存在（如《隋書經籍志》所著錄的《會林》、《對林》等等）。《琱玉集》中亦有《語林》與《喫林》出典各一例，請先看《語林》之出典：

> 楊脩，字德祖，魏初弘農華陰人也。爲曹操主簿。曹公至江南，讀曹娥碑文，背上別有八字，其辭云："黄絹幼婦外孫蒜臼"。曹公見之不解，而謂德祖："卿知之不？"德祖曰："知之。"曹公曰："卿且勿言，待我思之。"行卅里，曹公初得，令祖先說。祖曰："黄絹色絲，絕字也。幼婦少女，妙字也。外孫女子，好字也。蒜臼受辛，辤字也。謂絕妙好辤。"曹公笑曰："實如孤意。"俗云：有智無智隔卅里，此之謂也。出《語林》（《琱玉集》卷十二聰慧篇"楊脩八字"條）。②

通常來說，這則典故我們會引用《世說新語·捷悟篇》的記載。惟《世說新語》的記載直接從"魏武過曹娥碑下"開始，並無《語林》前楊脩的一段出身及官職描述。此外，《世說新語》的"齏"字，《語林》作"蒜"。考《語林》一書的作者是東晉河東之裴啟，其書蒐集了漢魏至當時語言應對的逸話。《隋書經籍志》"小說家"類有著錄云："《語林》十卷東晉處士裴啟撰亡"。這本書被推測爲是《世說新語》的先驅，所謂"裴郎作《語林》，始出，大爲遠近所傳。時流年少，無不傳寫，各有一通。"③然而南朝末至隋初唐期間，此書亡佚大半。從清儒馬國瀚開始陸續有輯本。魯迅《古小說鈎沉·語林》亦輯得《琱玉集》此條，并有校

---

① 　徐宗元《帝王世紀輯存》，中華書局，1964 年版。

② 　上揭本《古逸叢書》中冊，頁 109。

③ 　上揭徐震堮本《世說新語校箋》，頁 145。案，劉孝標注引《裴氏家傳》以爲"裴啟"或當爲"裴榮"。楊勇云："孝標注，云檀道鸞引裴松之語，謂榮爲啟之別名，恐亦非是。"說見楊勇《世說新語校箋》中華書局，2006 年版，頁 248。

記云：“《琱玉集》十二，《學林》七。案《學林》云出《魏志》注，今未見之。”①

除《語林》外，《琱玉集》還徵引《笑林》一則，原文如下：

　　　趙伯，姓趙，字伯翁，不知何時人也。爲人大肥。夏日醉臥，有數歲孫兒，緣其腹戲。因以李子八九枚內胅臍中，後李爛汁出，謂言臍濃。告家人曰，我將死矣。遂遺勑分處。須臾李核乃出，始知孫兒所爲。出《喋林》（《琱玉集》卷十四肥人篇“趙伯胅臍藏李”條）。②

考《隋書經籍志》子部小說家有著錄云：“《笑林》　三卷　後漢給事中邯鄲淳撰”。案邯鄲淳生卒年難考。曹道衡、沈玉成二氏有云：“邯鄲淳，漢魏間文人、學者、書法家，一名竺，字子叔。潁川人。生卒年不詳。博學，與董遇、蘇林等並爲當世儒宗。”③嚴可均《全上古三代秦漢三國六朝文》輯得邯鄲淳遺文五篇④，而《笑林》之最完備輯本仍是魯迅《古小說鈎沉》本。據魯迅此則《笑林》之校記，可知《太平御覽》卷三百七十一亦據此收錄⑤。《日本國見在書目錄》“小說家”亦有著錄云：“《咲林》三卷後漢給仕中邯鄲淳撰”⑥。考“咲”爲“笑”之古字。《集韻·笑韻》：“笑，古作咲。”又顏師古《漢書》注有云：“咲，古笑字也。”⑦至今日本漢字依舊用“咲”字。至於說“笑”字，則在敦煌文獻中出現過，如《捉季布傳文》云：“點頭微喋兩眉分”⑧。

　　子部出典中的逸文也不在少數，如卷十四嗜酒篇“馬融一石講議”條有云：

　　　馬融，字季長，後漢扶風茂陵人也。飲酒得至一石，講道論好，未曾差失。官至南郡太守。出桓譚《新論》。⑨

---

① 　魯迅《古小說鈎沉》第二集，載《魯迅輯錄古籍叢編》第一卷，人民文學出版社，1999年版，頁 12。

② 　上揭本《古逸叢書》中册，頁 129。

③ 　曹道衡、沈玉成編撰《中國文學家大辭典·先秦漢魏南北朝卷》，中華書局，1996 年版，頁 171。

④ 　這五篇篇目是：《投壺賦》、《上受命述表》、《受命述》、《漢鴻臚陳紀碑》、《孝女曹娥碑》，見上揭本《全上古三代秦漢三國六朝文》（第二册），頁 1195—1196。

⑤ 　上揭本《魯迅輯錄古籍叢編》第一卷，頁 108。

⑥ 　上揭本《日本國見在書目錄——集證と研究》，頁 143。

⑦ 　上揭本《漢書補注》，頁 1666。

⑧ 　項楚著《敦煌變文選注》（增訂本），中華書局，2006 年版，頁 208。

⑨ 　上揭本《古逸叢書》中册，頁 130。

桓譚（約前 24—56）①，字君山，沛國相人。傳記載《後漢書》卷二八上，其有云：“譚著書言當世行事二十九篇，號爲《新論》。上書獻之，世祖善焉。”《隋書經籍志》著錄爲“《桓子新論》十七卷後漢六安丞桓譚撰”。劍橋大學魯惟一（Michael Loewe）博士的《中國古代典籍導讀》“《新論》”部分有云：“大概自唐代之後，這部書就佚失了，所以在 1091 年的皇室圖書館中已找不到它，宋代皇帝只是從高麗那邊得到一個本子。”②《新論》的輯佚工作從魏徵《群書治要》就已經開始，較爲可觀者爲清儒嚴可均《全上古三代秦漢三國六朝文》，其中輯得四卷③。然而即使在嚴可均的四卷中，也沒有發現上舉《珠玉集》中的這一則“馬融一石講議”，恐怕是《新論》的一則新逸文。考秦漢史籍中可與上舉《珠玉集》相印證者，惟《後漢書》馬融本傳，其有云：“常坐高堂，施絳紗帳。前授生徒，後列女樂。”結合此處與上舉《新論》逸文校讀，東漢大儒的風韻一覽無遺。

　　子部出典數量排在第二爲《淮南子》，共三則。然而《淮南子》的這三則出典中，頗有疑問。請看三則題目：

　　　　《珠玉集》卷十二壯力篇“共工崩山折柱”條
　　　　《珠玉集》卷十二壯力篇“羿彎強弩射日”條
　　　　《珠玉集》卷十二壯力篇“羿乃陸地牽舟”條④

對於前兩則共工和羿的典故，較爲知名，分別見於《淮南子》的《覽冥篇》和《本經篇》。而第三則“羿乃陸地牽舟”的典故，恕筆者陋識，未在《淮南子》中覓得，恐怕也是一則逸文。《珠玉集》這一則“羿乃陸地牽舟”的原文是：

　　　　　　羿乃，夏時多力人也。能於陸地牽大舟而行。手拔大樹，推倒城墉。

---

　　①　劉汝霖《漢晉學術編年》認爲桓譚生於漢成帝陽朔二年（前 23），卒於光武帝中元元年。上海書店“民國叢書第 3 編”，1991 年版；陸侃如《中古文學系年》從之，人民文學出版社，1985 年版。此外，曹道衡《桓譚生卒年》一文有詳細考證，文載曹道衡、沈玉成著《中古文學史料叢考》卷一，中華書局，2003 年版，頁 4—5。

　　②　魯惟一（Michael Loewe）等著、李學勤等譯《中國古代典籍導讀》（*Early Chinese Texts: a Bibliographical Guide*），遼寧教育出版社，1997 年版，頁 168。

　　③　上揭本《全上古三代秦漢三國六朝文》（第一册），頁 537—553。朱謙之《新輯本桓譚新論》亦未參考《珠玉集》，中華書局，2009 年版。

　　④　上揭本《古逸叢書》中册，頁 112—113。

時人無有敵者也。出《淮南子》。①

　　關於"羿"的出典，最早者當爲《論語·憲問篇》，其有云："羿善射，奡盪舟，俱不得其死然。"何晏《集解》引孔安國曰："羿，有窮之君也，篡夏后相之位。其臣寒浞殺之，因其室而生奡。奡多力，能陸地行舟，爲夏后少康所殺也。俱不得其死然。"竹添光鴻《論語會箋》云："羿奡事見《春秋傳》。羿，有窮之君。奡，即澆也。"②考奡字，《說文解字》云："嫚也。從百從夲，夲亦聲。《虞書》曰：'若丹朱奡。'讀若傲。《論語》：'奡盪舟。'"③楊樹達《說文讀若探源》云："今《書益稷》云：'無若丹朱傲。'《釋文》云：'傲字又作奡。'余謂此《壁中古文》作奡，孔安國以今文讀之作傲也。"④對於《論語》"羿善射，奡盪舟"的這一記載，顯然影響了《珠玉集》的編者，因爲在《珠玉集》"奡乃陸地牽舟"的前一則，正是對應的"羿彎強弩射日"條。

　　然而對於"盪舟"之意，是否爲"陸地行舟"，學者有不同意見。顧炎武《日知錄》卷七"奡盪舟"條考證云："古人以左右衝殺爲盪陣，其銳卒謂之跳盪，別帥謂之盪主。《晉書·載紀》隴上健兒歌曰：丈八蛇矛左右盪，十盪十決無當前。《唐書·百官志》：矢石未交，陷堅突衆，敵因而敗者曰跳盪。盪舟蓋兼此義，與蔡姬之乘舟蕩公者不同。"⑤顧炎武的理解接近古人原義，照字面理解成"陸地行舟"，或是如《珠玉集》所云"能於陸地牽大舟而行"，皆非正解。

　　此外，子部出典中尚有未見任何書誌著錄之逸籍，如《珠玉集》卷十四醜人篇"敦洽皂拙得怜"條有云：

　　　　敦洽，魯人也。頭黃面黑，大額少髮。特蒙陳后愛幸，比至餘甚，雖

　　①　上揭本《古逸叢書》中册，頁 113。
　　②　竹添光鴻《論語會箋》卷第十四，崇文館，1934 年版。
　　③　朱希祖記章太炎說云："古只奡（嫚）字，後造傲字。雖敖從放聲可通，然古只作奡字。"章太炎講授，朱希祖、錢玄同、周樹人記錄，《章太炎說文解字授課筆記》，中華書局，2008 年版，頁 424。
　　④　楊樹達《說文讀若探源》，載其著《積微居小學述林》卷四，中華書局，1983 年版，頁 124。
　　⑤　顧炎武著、黃汝成集釋《日知錄集釋》，黃山書社，1994 年版，頁 245。又，其他清儒關於"奡"的考證，可參王利器、王貞珉著《漢書古今人表疏證》，齊魯書社，1988 年版，頁 782—784。

醜何嫌。出《秉部抄》。①

這裏的《秉部抄》一書，未見中日任何書誌記載。目前可以抓住的一則綫索是此中的"敦洽"，考敦洽爲戰國時代之人，《呂氏春秋·孝行覽》之遇合篇有云："陳有惡人焉，曰敦洽讎糜，雄顙廣顔，色如浹赬，垂眼臨鼻，長肘而盭。陳侯見而甚說之，外使治其國，内使制其身。"②關於這位戰國醜女的名字，陳奇猷考證云："敦猶言敦厚。洽，合也。讎，仇也。糜，靡通，無也。'敦洽讎糜'，猶言敦厚和合與人無仇也。"③同時，據《呂氏春秋》的文本，也可推斷《秉部抄》中的"陳后"當爲"陳侯"也。

4.《琱玉集》"未詳"出典考

《琱玉集》中尚有五則未明言出典的條目，現逐一羅列并附考證如下：

第一則"未詳"出典

　　□□，皇帝時人也。家著五曜神珠。而遇無□□有三女，各嫁諸侯爲妻。歐默得病□□語左右曰："可投五曜於南海中，吾死之□吾女若來，可以語之。"及歐死沒，三女奔喪，因問神珠。左右答曰："已投南海也。"三女於是俱往海邊，向海號泣，五曜神珠為之浮出□□得之也。出□□（《琱玉集》卷十二感應篇"歐默三女浮珠"條）④。

根據古典保存會影印本《琱玉集》，上舉"□"符號大多爲自然破損，唯獨"出□□"出字後，似有人工裁剪痕蹟。金朝學者王朋壽《增廣分門類林雜說》十五卷感應篇"歐默"有云：

　　黃帝時人也。家有五曜神珠。於男，有三女各嫁諸侯。默病，臨終謂左右曰："可投神珠於南海中。吾死後，三女若來，可以語之。"及默將死，而三女奔赴問父左右曰："五曜安在？"曰："投南海矣。"女俱往號哭，其珠爲之浮出。女等取之而歸。出《閔像傳》。⑤

王朋壽此書自序云"前賢有區別而爲書，號曰《類林》者，其來尚矣。"胡道靜

---

①　上揭本《古逸叢書》中册，頁 128。

②　呂不韋著、陳奇猷校釋《呂氏春秋校釋》上册，上海古籍出版社，2002 年版，頁 823。

③　上揭本《呂氏春秋校釋》，頁 831。

④　上揭本《古逸叢書》中册，頁 123。

⑤　《重刻增廣分門類林雜說》，後收錄《續修四庫全書·子部》第 1219 册，上海古籍出版社影印劉承幹 1920 年刊刻《嘉業堂叢書》本，頁 331。

《中國古代的類書》云："擴編者并不知其所依以爲本的《類林》是何人所作,故泛指爲前賢。"①這裏的疑點有二:第一、王朋壽所引這則《類林》是裴子野之作還是于立政之作,難以考究。第二、"出□□"後是應該補入"《類林》"二字還是補入佚書"《閔像傳》"三字,亦難以考證。

請繼續看第二則出典不明之條目:

第二則"未詳"出典:

> 孔安,性(筆者案,疑"姓"字)孔,字安國,前漢人也。爲武帝博士,至臨侯太守。爲人瘦弱羸劣,少力不勝重□(《琱玉集》卷十四瘦人篇"孔安不勝重服"條)。②

此處《琱玉集》編者云孔安國爲"前漢人",顯然是把東晉的孔安國和西漢的孔安國混爲一談了。考東晉之孔安國,字安國,會稽山陰人。官至東晉的尚書僕射、會稽內史。據日本學者矢野主兌《魏晉百官世系表》之"孔氏(會稽山陰人)"條的考證,東晉孔安國之父爲孔愉(字敬康),官至尚書僕射;其祖父爲孔恬,官至湘東太守③。考《晉書·孔安國傳》云:"孝武帝時,甚蒙禮遇。仕歷侍中太常。及帝崩,安國形素羸瘦,服衰絰涕泗竟日,見者以爲真孝。"然而這則《琱玉集》的具體出典亦難以考證。

請繼續看第三則出典不明之條目:

第三則"未詳"出典:

> 阮宣,字子常,晉時陳留人也。爲性好酒,不慕榮祿。每步行以百錢着掛杖頭,至酒店上,獨酣暢而與錢盡歸,明日還復然也。出□□(《琱玉集》卷十四嗜酒篇"阮宣杖掛百錢"條)。④

考阮籍之從子爲阮脩,字宣子,陳留尉氏人。官至西晉太子洗馬。《世說新語·任誕篇》有云:"阮宣子常步行,以百錢掛杖頭,至酒店,便獨酣暢,雖當世貴盛,不肯詣也。"劉孝標注:"《名士傳》曰,脩性簡任。"⑤《琱玉集》的編者爲了

---

① 上揭本《中國古代的類書》,頁125。

② 上揭本《古逸叢書》中册,頁129。

③ 矢野主兌編著《魏晉百官世系表》(改訂版),長崎大學史學會(長大史學叢書2),1997年版,頁75。

④ 上揭本《古逸叢書》中册,頁130。

⑤ 上揭徐震堮本《世說新語校箋》,頁396。

標題對仗之原因，將"阮宣子"省略成"阮宣"。然而這一則的出典，恐當爲《世說新語》。

請繼續看第四則出典不明之條目：

第四則"未詳"出典：

> 謝尚，字仁祖，宋時陳郡人也。位至鎮西將軍豫州刺史。尚性好酒，既送兄葬還歸。王濛、劉惔，時正興飲，使人要尚。尚雖未許，然已停車。重要，便即廻駕。諸人出門迎之，把臂便不。才得脫幘着帽，遂即酣讌。酣讌過半，始覺未脫其繚。出□□（《珎玉集》卷十四嗜酒篇"謝尚着繚趍會"條）。①

據《晉書》卷七十九《謝尚傳》，知謝尚乃陳郡陽夏人，爲謝安之從兄弟。官至東晉的尚書僕射、豫州刺史、都督江西淮南諸軍事、鎮西將軍。《珎玉集》編者云"宋時"，恐當爲"晉時"。又《世說新語·任誕篇》有云："王、劉共在杭南，酣宴於桓子野家。謝鎮西往尚書墓還，葬後三日反哭。諸人欲要之，初遣一信，猶未許，然已停車；重要，便回駕。諸人門外迎之，把臂便下。裁得脫幘，着帽酣宴。半坐，乃覺未脫衰。"劉孝標注引宋明帝《文章志》曰："尚性輕率，不拘細行。兄葬後往墓還，王濛、劉惔共遊新亭。濛欲招尚，先以問惔曰：'謝仁祖正當不爲異耳？'惔曰：'仁祖韻中自應來。'乃遣要之。尚初辭，然已無歸意；及再請，即回軒焉。其率如此。"②這一則的出典，恐亦當補爲《世說新語》。

請繼續看第五則出典不明之條目：

第五則"未詳"出典：

> 殷紂，殷王也。姓子，字受，名太乙。荒亂不治國政。將亡之時，伊洛二水竭，天雨血石雨。鬼哭山鳴，地陷徹泉，兩日並出。及紂遊獵，雪深一丈。然紂安然不恐，遂為周武王所滅。出□□（《珎玉集》卷十四恠異篇"殷紂鬼哭山鳴"條）。③

考這一條記述與上文"成書時間考"部分所引"周幽江山逆流"（亦在卷十四恠異篇，緊接"殷紂鬼哭山鳴"條後）條的內容十分相似，有可能同出裴子野之《類林》。此外，徐宗元《帝王世紀輯存·殷商第三》有輯佚云："殷紂六月雨

---

① 上揭本《古逸叢書》中册，頁 132。
② 上揭徐震堮本《世說新語校箋》，頁 401。
③ 上揭本《古逸叢書》中册，頁 134。

雪，或雨赤血，鬼哭山鳴。"①並不排除出典爲《帝王世記》的可能性。

5.《珦玉集》出典的綜合研究

上文已分別從經史子三部以及"未詳"之出典進行了探討。據前文統計，舊鈔本《珦玉集》殘卷的經部出典 6 種 14 則；史部出典 35 種 126 則；子部出典 12 種 21 則；集部無出典；未詳者 5 則。初步可以推測《珦玉集》的編者是精熟史部典籍的六朝後期學者。

除卻上文所分析的經史子三部出典的各自特質外，合而觀之，初步還可以推測，第一、《珦玉集》編者雖然較出色的把自己的聲音"隱埋"在大量的典籍背後，但是也偶爾體現出編者自己的意識；第二、《珦玉集》並非一部已經完全成形的類書，主要體現在《珦玉集》初成後未能得到仔細嚴查，其出典的失考和錯誤不在少數。

先請分析第一點，在上文分析經史子三部的出典中，我們已經提及《珦玉集》的編者通過剪裁體現了自己的意識。請再看一例如下。

卷十二感應篇"曹娥沒水獲公翁"條云：

　　曹娥，後漢會稽女也。其父沒江而死，屍靈不獲。曹娥乃緣江號哭，七日七夜，不絕聲音。娥遂沒江覓父，逕由三日，乃抱父屍，俱出皆死。水畔家人，因收葬焉。時人爲之立碑於江上，碑今見在也。出《後漢書》。②

考《珦玉集》所謂"出《後漢書》"者，當指出《後漢書·列女傳》第七十四：

　　孝女曹娥者，會稽上虞人也。父盱，能絃歌，爲巫祝。漢安二年五月五日，於縣江泝濤迎婆娑神，溺死，不得屍骸。娥年十四，乃沿江號哭，畫夜不絕聲。旬有七日，遂投江而死。至元嘉元年，縣長度尚改葬娥於江南道傍，爲立碑焉。③

對校之下，可知《珦玉集》的編者並非直接鈔錄了《後漢書》的原文，而是經過了有選擇性的剪裁與增減（當然，並不排除此《後漢書》非范曄之作而文字有異的可能性）。這種情況並非發生在每一種徵引的傳世典籍上，但是至少說明了《珦玉集》的編者對於原典的態度與處理方式。

---

① 　上揭本《帝王世紀輯存》，頁 77。
② 　上揭本《古逸叢書》中册，頁 118。
③ 　上揭本《後漢書集解》，頁 976。

　　在現存的《琱玉集》卷十二和卷十四中，有一條的體例是明顯與其他不同的，請見如下：

　　　　石番，周時衛人也。爲人甚壯，無有匹敵。能負沙一千六百斫。出張華《博物志》。余疑，千當爲十，百當是剩。後人寫誤耳（《琱玉集》卷十二壯力篇"石番負沙千斫"條）。①

考此條後"余疑"部分，筆者推測當爲《琱玉集》之編者案語。這裏的疑點有如下幾處。首先看出典《博物志》，考《博物志》一書作於何時，史無明文。唯晉人王嘉《拾遺記》說張華"考驗神怪，及世間閭里所説，撰《博物志》四百卷。"②然而根據今人范寧的《博物志校證》③，其中似乎並無"石番"之記述。關於這位周代力士"石番"的記載，可以從《文選》卷三十五《七命》"於是飛黃舊銳，賈石逞技"句下李善注中輯得：

　　　　《吳越春秋》曰：夫差使王孫聖占夢，聖曰：占之不吉。王怒，使力士石蕃以鐵椎殺聖。張華《博物志》曰：石蕃，衛臣也。背負千二百斗沙。④

考李善這裏所舉的"石蕃"即《琱玉集》中出現的"石番"。案，古籍中"蕃""番"二字雖然有可通之例，然而若相較而言，《琱玉集》所云"石番"者更爲妥帖也。番，《爾雅·釋訓》云："壯勇之貌"⑤，即此謂也。考上引王嘉《拾遺記》所記，張華《博物志》書成之後，晉武帝曾經令其加以刪改，只剩十卷⑥。可能在六朝後期，那些被刪掉的部分依舊流傳在社會上（特別是道教和方士集團中），《琱玉集》中這則《博物志》亦有可能即使晉武帝下詔刪改前的原文之一。

　　其次一個疑點是《琱玉集》編者對於《博物志》引文度量衡的懷疑。《博物志》作"沙一千六百斫"，《琱玉集》的編者疑爲"沙一十六剩斫"。案六朝的度量衡並非一致，特別是到了南朝後期梁陳時代，其度量衡與北朝明顯不同。民國時代吳承洛著《中國度量衡史》云："自後漢訖於隋朝，諸代尺度，長短之

　　①　上揭本《古逸叢書》中册，頁112。
　　②　王嘉撰、蕭綺錄、齊治平校注《拾遺錄》卷九，中華書局，1981年版，頁211。
　　③　張華撰、范寧校證《博物志校證》，中華書局，1980年版。
　　④　蕭統編、李善注《文選》卷三十五，上海古籍出版社，1986年版，頁1603—1604。
　　⑤　郝懿行謂"番者，嶓字之省也。嶓本老人白，以其老而猶健，因爲勇貌，故書番。"說見其著《爾雅義疏》上之三，上海古籍出版社，1983年版，頁538。
　　⑥　上揭本《拾遺記》，頁211。

間至爲複雜。然尺度之增率，尚不過十之三。至於量衡，則複雜尤甚，增率更大。"①考《隋書・律歷志》云："梁陳依古稱，齊以古稱一斤八兩爲一斤。周玉稱四兩當古稱四兩半。開皇以古稱三斤爲一斤，大業中依復古稱。"②顧炎武《日知錄》卷十一"權量"條云：

> 知古之權量比之於今，大抵皆三而當一也。《史記・孔子世家》："孔子居魯，奉粟六萬。"《索隱》曰："當是六萬斗。"《正義》曰："六萬小斗，當今二千石也。"此唐人所言三而當一之驗。蓋自三代以後，取民無制，權量之屬，每代遞增。至魏孝文太和十九年，詔改長尺、大斗，依《周禮》制度，班之天下（原注：《魏書・張普惠傳》神龜中，上疏言："高祖廢大斗，去長尺，改重稱，所以愛萬姓，從薄賦，故海内之人歌舞以供其賦，奔走以役其勤。天子信於上，億兆樂於下。自茲以降，漸漸長潤，百姓嗟怨，聞於朝野。"）。隋煬帝大業三年四月壬辰，改度量權衡並依古式。雖有此制，竟不能復古。至唐時，猶有大斗、小斗，大兩、小兩之名，而後代則不復言矣。③

據顧炎武所論以及日本漢學家狩谷棭齋《度量衡沿革表》④，可知六朝末季至隋唐時代，度量衡制的標準只有前代三分之一。據此，古之 1600 升當爲當時之 500 餘升，而《琱玉集》之編者云"一十六剩"升，只有原數的百分之一。恐怕除了度量衡古今之不同外，還隱含着對《博物志》誇張描述的不信任罷。

以上分析了第一點，即《琱玉集》偶爾較強地表現出自己的主觀意識。請繼續論第二點：《琱玉集》作爲類書，並非定稿。先舉下例：

> 董仲，姓董，字仲舒，前漢廣漢人也。居室讀書，忽有一客來見仲舒。客曰："天將欲雨。"舒答曰："巢居知風，穴處知雨。卿非狐狸，則是其甥舅耳"客聞此語，色動形戰，即化爲老狸而走也。出《前漢書》（《琱玉集》卷十二鑒識篇"董仲老狸"條）。⑤

---

①　吳承洛《中國度量衡史》，上海書店（中國文化史系列），1984 年版，頁 193。

②　吳承洛在《隋書》這段話後云："此不過大概言之，然量衡亦必無定制，所云增損之數，又不過訛替實際之量者也。"見上揭本《中國度量衡史》，頁 200。

③　上揭本《日知錄集釋》卷十一，頁 380—381。

④　狩谷棭齋著、冨谷至校注《本朝度量權衡攷》下册，平凡社東洋文庫，1991 年版，頁 253—258。

⑤　上揭本《古逸叢書》中册，頁 116—117。

考董仲舒之事蹟，大體見於《史記·儒林列傳》以及《漢書·董仲舒傳》，然而這一記事并不載於其中。目前可知的出典是《搜神記》卷十八"狸客"條：

> 董仲舒下帷獨詠，忽有客來詣，語遂移日。分至音氣，殊為不凡。與論《五經》，究其微奧。仲舒素不聞有此人，而疑其非常。客又云："欲雨。"仲舒因此戲之曰："巢居知風，穴居知雨。卿非狐狸，則是鼲鼠。"客聞此語，色動形壞，化爲老狸，蹶然而走。①

《琱玉集》的編者可能僅僅根據印象認爲出自《前漢書》而未及覆查。考日本學者安居香山、中村璋八《緯書集成》從李善《文選》注中輯得《春秋漢含孳》一則，其云："穴藏先知雨，陰曀未集，魚已噞喁，巢居之鳥先知風，樹未搖，鳥已翔。"②又考清儒王先謙《詩三家義集疏》卷十三《東山》"鸛鳴于垤，婦歎在栗薪"句云：《韓詩》曰：'鸛鳴于垤，婦歎于室。'韓說曰：鸛，水鳥。巢居知風，穴居知雨。天將雨而蟻出壅土，鸛見之長鳴而喜也。"③可見這則典故的關鍵詞"巢居知風，穴處知雨"由來已久，然而它進入董仲舒這則故事的時代是六朝還是兩漢，尚難下定論。

作爲一部未成形的類書，《琱玉集》中存在剛剛完成史料蒐集而未經加工處理的條目：

> 孔子，姓孔，名丘，周時魯人也。時楚昭王渡江有物，形如升大，直觸王舟。昭王怪之，使使問於孔子。孔子答曰："此是萍實，割而食之。唯霸者獲之，此吉祥也。"又齊有飛鳥一足來下，止于殿前，舒翅而跳。齊侯怪之，使問孔子。孔子答曰："此鳥名爲商羊，急告万民，速治溝渠。天將大雨也。"俄爾即雨，諸國皆水，齊獨以安，脩備故也。時諸弟子請問孔子，孔子曰："異時，小兒謠曰：楚王渡江，得萍實，大如拳，赤如日，剖而食之，甜如蜜。此楚之應也。又有小兒兩兩相牽，屈一足而跳。天將大雨，商羊起舞。今齊獲之，亦其應也。夫謠之後，未常不有應隨者也。"故聖人非獨守道而已，必覩物而記之，即得其應矣。出《說苑》。又季桓子穿井獲如缶者，其中而有羊焉。使問於孔子曰："吾穿井得狗，何也?"孔子對曰："以丘所聞羊也。丘聞之，木石之怪夔蝄蜽，水之怪龍罔象，土之怪

---

① 　干寶撰、李劍國輯校《新輯搜神記》卷十八，中華書局，2007 年版，頁 308。

② 　上揭本《緯書集成》，頁 814。

③ 　王先謙撰、吳格點校《詩三家義集疏》卷十三，中華書局，1987 年版，頁 535。

墳羊也。”使者曰：“實如夫子之言矣。”又吳伐越，墮會稽，得大骨一節專車。使使來問孔子曰：“何骨爲大？”孔子曰：“丘聞之，昔禹致群神於會稽之山，□（筆者案，似當補入“防風氏”三字）後至，禹煞而戮之。其骨節專車，此爲大矣。”使曰：“善哉！”又孔子適齊，中路哭者之聲。其聲甚哀，孔子謂牒者曰：“此哭哀則哀矣，然非亡哭也。”驅而前進，見有人焉。擁鐮帶索，哭音不衰。孔子下車而問之曰：“子何者也？”曰：“吾丘子也。”曰：“今子非哀之所，何哭之悲也？”對曰：“吾有三失，晚而自覺，悔之而哭。”孔子曰：“願聞之。”吾丘子曰：“吾少好學，周遍天下，後吾親亡，是吾一失。長事齊君，驕奢失士，臣節不遂，是二失。平生友交，自今皆絕，是吾三失。”孔子曰：“樹欲靜，風不止。子欲養親，親不待。往而不來者羊也，不可再見者親也。”吾丘子曰：“請從此辭乎。”遂投水而死也。出《孔子家語》。又孔子適齊，過至太山，聞有婦人哭於野而哀。夫子式而聽之曰：“此一似重有憂者。”使子貢往問之。婦人曰：“昔者吾舅死於虎，吾夫又死於虎，今吾子又死焉。”子貢曰：“何不去乎？”婦人曰：“無荷政。是以不去。”子貢以告孔子，子曰：“小子識之。荷政猛於虎也。”出《禮記》（《琱玉集》卷十二鑒識篇“孔子重憂”條）。①

上述這一則《琱玉集》文字中（着重號爲筆者所加），含有六則故事、三則出典。標題中所謂“孔子重憂”僅僅指最後一則典故的最後一則故事。爲便於說明，先將各則故事梳理如下：

第一則故事“楚昭王渡江”，《琱玉集》云“出《說苑》”。今考當出自《說苑·辨物篇》，向宗魯《說苑校證》云：“此文萍實事見《家語·致思篇》。”②考《琱玉集》中之“苹實”當據《說苑》改正爲“萍實”。萍實者，爲吉祥之果，六朝人詩文中尚多用此典，如左思《嬌女詩》：“萍實驟抵擲。”又如劉孝標《送橘啟》云：“甘逾萍實。”③

第二則故事“齊有飛鳥一足”，《琱玉集》云“出《說苑》”。今考亦當出自《說苑·辨物篇》④。

①　上揭本《古逸叢書》中册，頁114—115。
②　劉向著、向宗魯校證《說苑校證》卷第十八，中華書局，1987年版，頁465。
③　劉峻著、羅國威校注《劉孝標集校注》，學苑出版社，2003年版，頁11。
④　上揭本《說苑校證》，頁465。

　　第三則故事"季桓子穿井獲如缶者"，《琱玉集》云"出《孔子家語》"。今考亦當出自《說苑·辨物篇》。趙善詒《說苑疏證》指出此則典故亦可見《國語·魯語下》、《孔子家語·辨物篇》、《史記·孔子世家》①。

　　第四則故事"吳伐越"，《琱玉集》云"出《孔子家語》"。趙善詒《說苑疏證》亦指出此則典故同時可見於《國語·魯語下》、《史記·孔子世家》②，唯《說苑》等三處在"敢問骨何者爲大"後尚有"敢問誰守爲神"等持續性問題，然而今皆被《琱玉集》編者所刪，僅留"何骨爲大"一問而已。

　　第五則故事"中路哭者之聲"，《琱玉集》云"出《孔子家語》"。除見於《孔子世家·致思篇》外，《說苑·敬慎篇》亦可見出典。唯《琱玉集》所云"吾丘子"，《說苑》作"丘吾子"。向宗魯考證云："盧曰：'丘吾，《御覽》七百六十四作吾丘，注：吾，一作虞。'承周案：《外傳》作皋魚，皋與丘，魚與吾，皆聲近。以《外傳》證之，則本書自當作'丘吾'。"③此外，這位丘吾自殺的方式，諸書記載也有不同，《琱玉集》、《孔子家語》云"投水而死"；《說苑》云"自刎而死"；《韓詩外傳》云："立槁而死"。屈守元《韓詩外傳箋疏》云："立而死者，即當時自盡之意，未必不與《家語》所載同也。"④

　　第六則故事"孔子適齊，過至太山"，《琱玉集》云"出《禮記》"。今考當出自《禮記·檀弓下》⑤，據《禮記》文本，《琱玉集》"荷政"當作"苛政"。此外，通行本關於這則故事中的出場人物，都認爲是孔子與子路，錢大昕曾經說："《唐石經》及相臺岳氏本作子貢。"⑥而《琱玉集》所引《禮記》亦作"子貢"，可佐證錢大昕之考證也。

　　通觀上文所考六則故事，可知這一條冗長的《琱玉集》很可能是作爲未經剪裁的原始材料。在出典上，特別是《說苑》和《孔子家語》的選擇上，《琱玉

①　劉向著、趙善詒疏證《說苑疏證》，華東師範大學出版社，1985 年版，頁 545—546。
②　上揭本《說苑疏證》，頁 542—543。
③　上揭本《說苑校證》，頁 260。
④　上揭本《韓詩外傳箋疏》，頁 762。
⑤　朱彬《禮記訓纂》上冊，中華書局，1996 年版，頁 152。
⑥　上揭本《禮記訓纂》，頁 152。

集》編者左右不定①。此外，《珊玉集》編者所欲表達的"孔子重憂"，也僅僅能指代《禮記》的一則故事。

又如《珊玉集》卷十四美人篇"陰后感夫"條，所舉之陰麗華爲東漢之人物，傳記載《後漢書》，而《珊玉集》卻云："出《前漢書》"②，亦是編者未審之一例也。史部出典中的《漢書》，有時被《珊玉集》的編者寫成"《漢書》"，有時則寫成"《前漢書》"③。合而觀之，這些例證都體現出《珊玉集》是一部未成形之類書。

此外，如果排列一下所有典故中的人物，也會有其他的發現：

上古至戰國：顏回、子貢、師曠（三）④、季札、路婦、鄒忌、共工、殷紂（二）、石番、朱亥、羿彎、羿乃、穎考、顏回、孔子、管輅、趙鞅、夏禹、鄒衍、齊人、信陵、伯夷、燕丹、杞良、歐默、周顰、妹嬉、妲己、褒姒、夏姬、黃公、西施、嫫母、無鹽、賈卿、矱蒌、蔡澤、田文、敦洽、要離、子返、易牙、皇帝、虞舜、堯主、武王、秦獻、穆公、呂豎、夏桀、周幽、靈王、秦武、鄭伯

秦漢：張安、應奉、蔡琰、楊脩、方朔、王充、黃琬、陸續、禰衡、趙峻、項藉、五丁、劉向、董仲、漢武（二）、曹娥、王霸、劉昆、梁輔、耿恭、病已、田真、王況、宋均、孟常、韓稜、李善、蘇武、江閔、陰后、王昭、冀妻、飛鷰、馮貴、李夫、江充、梁冀、周蠻、劉倉、董卓、蔡義、張良、陳遵、馬融、劉表、楊雄、康成、劉季、漢宣、鄭弘、楊震、秦始、昭帝、漢景、梁孝、王莽、霍禹

三國：仲宣、元瑜、典韋、許褚、盧充、太初、何晏、阮女、趙女、陳群、鄭泉、管輅

六朝：他人、晉明、張華（二）、荀倫、士衡、敬伯、潘岳、衛玠、韓壽、叔夜（二）、杜弘、孟陽、左思、孟業、滿舊、庾嵩、陶潛、阮籍、伯倫、阮宣、

---

① 羅根澤《"新序""說苑""列女傳"不始作於劉向考》一文考定《說苑》的寫作時間早於劉向。見其著《諸子考索》，人民出版社，1958 年版，頁 540—542。又可參京都大學池田秀三《劉向の學問と思想》，文載《東方學報》第 50 卷，京都大學人文科學研究所編，1978 年刊行。

② 上揭本《古逸叢書》中册，頁 125。

③ 同上，頁 129。

④ 括號内的數字代表出現次數，下同。

　　山蘭、孔群、畢卓、王忱、謝尚、周顗、張季、符朗、石勒、齊王、任喬、
晉懷、武帝、孔安

　　待考：趙伯

如上所示，"秦漢"人物之出典爲最多，其中東漢人物尤其多（上舉數據在界定
人物屬於東漢還是三國時，主要依據史傳。倘若傳記在《後漢書》，則歸入秦
漢；倘若傳記在《三國志》，則歸入三國）。此外，六朝人物中又以西晉人物爲
最多。合而觀之，即《琱玉集》所載之人物，大致以東漢和西晉爲最，對於身處
六朝末季的《琱玉集》編者來說，東漢和西晉與上古三代相比，無疑是"今典"
而非"古典"。人物出典的下限爲南朝劉宋時代的"陶潛"，這也從另一個角度
印證了《琱玉集》成書於六朝末季說。

四　敦煌古佚類書與《琱玉集》的比較研究

　　鈔本文獻，在東亞文明圈的東（日本）西（西域敦煌）兩端皆有數量不少的
實物。筆者認爲，這東西兩端的學術與文學存在共通性元素。而分析這種共
通性元素最好的途徑就是研究存在於兩地的同一文本。在這一思路的指引
下，現利用敦煌藏古類書與日藏《琱玉集》進行如下若干比較性研究。

　　羅振玉所編《鳴沙石室古籍叢殘續編》影印件中收有《唐寫本古類書三
種》，今載《羅雪堂先生全集》三編第八册中①。羅振玉有跋文初步研究了這三
種古類書。這三種的編號是：P.2524、P.2549、P.2502。對於第一種即 P.
2524，劉師培《敦煌新出唐寫本提要》充分肯定了它在輯佚和徵古等方面的價
值②。而姜亮夫讀到 P.2549 也"不禁狂喜"③。從現存的類書來看，舊鈔本
《琱玉集》和《鳴沙石室古籍叢殘唐寫本古類書三種》無疑保留了早期類書的

---

①　《羅雪堂先生全集》三編第八册，文華出版社，1970 年版，頁 3025—3072。
②　劉師培著《劉申叔遺書》下册，江蘇古籍出版社，1997 年版，頁 2013—2015。
③　姜亮夫著《海外敦煌卷子經眼錄》，文載其著《敦煌學論文集》，上海古籍出版社"成
均樓論文輯第二種"，1987 年版，頁 42。

實態①。通過對比分析兩書之間的典故，有可能幫助我們理解六朝隋唐之文學與學術。下文所依據的敦煌古類書，主要本文即是羅、劉二氏提及的《鳴沙石室古籍叢殘唐寫本古類書三種》。

舊鈔本《琱玉集》卷十二聰慧篇"應奉五行"條有云：

> 應奉，字世叔，後漢汝南南頓人也。讀書五行俱下。奉至汝潁，見袁賀於門中出其半面。後廿餘年，在路見賀而識之。又奉仕郡為決曹吏，錄囚數百人。奉口誦名字，罪之輕重，無有遺脱。太守奇之，舉孝廉。遷會稽太守也。出《後漢書》。②

應奉的事蹟，除了范曄《後漢書》列傳第三八外，尚有謝承《後漢書》的《應奉傳》③。兩種《後漢書》裏均對應奉的聰敏有所記載。今考《鳴沙石室古籍叢殘唐寫本古類書三種》亦有"半面"、"五行"條：

> **半面**：應奉字世叔，汝南人。聰明，讀書五行俱下。曾行汝南袁賀，門見賀出半面。後廿餘年，路逢識之(《鳴沙石室古籍叢殘唐寫本古類書三種》第一種"朋友部")。④

> **五行**：漢時應奉字世叔。聰明，為童兒時讀書五行俱下(《鳴沙石室古籍叢殘唐寫本古類書三種》第一種"勸學部")。⑤

可見《琱玉集》這則故事的關鍵詞"半面"和"五行俱下"分別可在敦煌唐寫本古類書中找到。這樣的例子又如《琱玉集》卷十二聰慧篇"王充寄目"條與《鳴沙石室古籍叢殘唐寫本古類書三種》"一見"條：

> 王充，字仲任，後漢會稽上虞人也。家貧無書。常遊洛陽市，閱所賣書。一見誦憶，並即不忘。遂誦百家之言，著《論衡》廿五篇，皆行於世。充仕至治中也。出《後漢書》。⑥

---

① 魏文帝《皇覽》等雖有清儒輯本，然是否即為原貌已難考察。此外，P.2526 號是否即為《修文殿御覽》，羅振玉、劉師培、曹元忠、洪業等學者皆有不同意見，說見上揭本《敦煌古籍敍錄》，頁 193—202。總之，《琱玉集》與《鳴沙石室古籍叢殘唐寫本古類書三種》並為現存古類書之早期鈔本，當無異議。

② 上揭本《古逸叢書》中冊，頁 109。

③ 周天游輯注《八家後漢書輯注》上冊，上海古籍出版社，1986 年版，頁 71—73。

④ 上揭本《羅雪堂先生全集》三編第八冊，頁 3030。

⑤ 同上，頁 3046。

⑥ 上揭本《古逸叢書》中冊，頁 109。

　　一見：王充，字仲任。家貧無書。常遊洛陽市，閱所賣之書。一覽即
誦得（《鳴沙石室古籍叢殘唐寫本古類書三種》第一種“勸學部”）。①
此處，《琱玉集》與《鳴沙石室古籍叢殘唐寫本古類書三種》的編者們都把聚焦
在“一見”上。作爲原始典故見於《後漢書》的對比條目，尚可舉出《琱玉集》卷
十二感應篇“劉昆叩頭除風”條與《鳴沙石室古籍叢殘唐寫本古類書三種》“虎
渡河”條：

　　　　劉昆，字桓公，後漢陳留東昏人也。爲江陵令，民有火災者，昆輒向
　　火叩頭，火即返風而滅也。出《後漢書》。②
　　虎渡河：劉昆爲江陵令，有火災，昆輒叩頭向火，即返風滅火。後爲
　　弘農太守，時有虎暴，及昆臨郡，虎負子渡河北去（《鳴沙石室古籍叢殘唐
　　寫本古類書三種》第一種“縣令部”）。③
東漢劉昆的事蹟“叩頭除風”與“虎北渡河”作爲一種共通性意識在舊鈔本類
書系統中得到了體現。
　　又如《琱玉集》卷十二聰慧篇“元瑜筆□”條云：

　　　　元瑜，姓阮，名璃，字元瑜，魏時陳留尉氏人也。而事曹操。時韓遂
　　據隴，集眾起謀。曹操時因出行，使瑜馬上作書，欲與韓遂。元瑜馬上具
　　草，頓筆即成，以示曹公。公索筆欲改之，卒無下筆之處也。出《魏志》。④
按“璃”字當爲“瑀”字之訛。阮瑀少從學於蔡邕，阮瑀傳見《三國志·魏書》卷
二十一。《說文解字》：“瑀，石之似玉者。”⑤二字無通用之例，當是誤寫。考上
例中“□”，據文意推測當爲“速”字。《鳴沙石室古籍叢殘唐寫本古類書三種》
“馬上”條云：

　　　　馬上：阮瑀字元伯，事曹操。時韓遂據隴右，曹公因出行，使瑀馬上
　　作書與韓遂。瑀作成呈公，公索筆欲改之，卒無下筆處（《鳴沙石室古籍

---

　　①　上揭本《羅雪堂先生全集》三編第八冊，頁3046。
　　②　上揭本《古逸叢書》中冊，頁118。
　　③　上揭本《羅雪堂先生全集》三編第八冊，頁3029。
　　④　上揭本《古逸叢書》中冊，頁112。
　　⑤　姚文田、嚴可均著《說文校議》卷一下有云：“‘似玉’當作‘次玉’。《女曰鷄鳴》疏引
瑀、玖石次玉也。”《續修四庫全書·經部》第213冊，上海古籍出版社影印清嘉慶二十三年
（1818）治城山館刻本，頁474。

　　叢殘唐寫本古類書三種》第一種"文筆部"）。①

《鳴沙石室古籍叢殘唐寫本古類書三種》作"字元伯"亦恐爲筆誤。今俞紹初輯本《建安七子集》卷五《阮瑀集》收有《爲曹公作書與孫權》及《爲魏武與劉備書》二篇②，據推測它們和與韓遂書應當是同一性質的文章。

　　又如《珊玉集》卷十二鑒識篇"顏回生別"條云：

　　　　顏回，字子淵，魯人也。孔子在衛，昧旦晨興，顏回侍側。聞哭者之聲甚哀。子曰："回知此哭者何爲?"對曰："此哭之聲，非但爲死，又爲生離也。"子曰："何以知之?"對曰："回聞，桓山之鳥生四子焉。羽翼既成，將分四海。其母悲而送之。哀聲有似於此，爲其往而不返，故悲切耳。回以此類知之也。"孔子使人往問，果云，父死家貧，賣子以葬之也。出《孔子家語》。③

作爲和親生子離別的典故"桓山之鳥"，其最早出典當爲《文選》卷二十八陸機《豫章行》"四鳥悲異林"句下李善注所引之《孔子家語》④，唯李善注所引《孔子家語》最後尚有"子曰，回善於識音矣"八字。《鳴沙石室古籍叢殘唐寫本古類書三種》"四鳥"條云：

　　　　四鳥：孔子遊泰山，聞哭者甚哀。謂顏回曰："此生離也。"回問之，果生離也。顏回問曰："夫子何以知之?"孔子曰："昔桓公有鳥而生四子，羽翼既成，將飛四海。悲鳴不絕，有類於此。"（《鳴沙石室古籍叢殘唐寫本古類書三種》第一種"兄弟部"）。⑤

這裏《珊玉集》和《鳴沙石室古籍叢殘唐寫本古類書三種》雖然例舉同一典故，然而卻有兩點不同：第一、《珊玉集》解開生離之哭聲者爲顏回，而《鳴沙石室古籍叢殘唐寫本古類書三種》爲孔子；第二、典故中發出悲鳴之聲者，《珊玉集》爲"其母"，而《鳴沙石室古籍叢殘唐寫本古類書三種》僅僅云"悲鳴不絕"，不知是其母還是四子。考"四鳥"這一典故，原指古代歷正鳳鳥氏之四屬官：

---

　　①　上揭本《羅雪堂先生全集》三編第八冊，頁 3044—3045。

　　②　俞紹初輯校《建安七子集》，中華書局，2005 年版，頁 165—169。

　　③　上揭本《古逸叢書》中冊，頁 114。

　　④　上揭本《文選》卷二十八，頁 1298。

　　⑤　上揭本《羅雪堂先生全集》三編第八冊，頁 3035。

玄鳥氏、伯趙氏、青鳥氏、赤鳥氏，典出《左傳‧昭公十七年》①。不過"四鳥"的主要意象應爲《孔子家語》中的離別之旨，這一意象在中古頗爲流傳，并在六朝隋唐時代詩文中有所傳承。如在侯景之亂後，梁元帝爲奪權，與其弟蕭紀（武陵王）兵戎相見，期間曾遺蕭紀詩云："四鳥嗟長別，三聲悲夜猿"②。梁元帝本心如何難以考查，然用典之淵源即同於《珊玉集》及《鳴沙石室古籍叢殘唐寫本古類書三種》，當無疑也。

《珊玉集》中可與《鳴沙石室古籍叢殘唐寫本古類書三種》者不勝枚舉，現再列若干條目如下：

"士衡雙鵠來吊"條③──►《鳴沙石室古籍叢殘唐寫本古類書三種》"吊鶴"條④

"孟陽頻遇嫗瓦"條⑤──►《鳴沙石室古籍叢殘唐寫本古類書三種》"張孟陽"條⑥

"韓壽驚香"條⑦──►《鳴沙石室古籍叢殘唐寫本古類書三種》"韓壽"條⑧

"鄭泉求埋窯側"條⑨──►《鳴沙石室古籍叢殘唐寫本古類書三種》"鄭泉"條⑩

這寫對應的條目可以說明，那些典故在六朝隋唐時代是有共通性的社會基盤。它們在編寫者和閱讀者之間構建了一座橋樑，藉此將中古時代的文學和學術通過類書的方式傳播出去。

---

① 杜預注曰："四鳥皆歷正之屬官。"孔穎達《正義》曰："分、至、啟、閉，立四官，使主之。鳳皇氏爲之長，故云四鳥皆歷正之屬官也。"見《春秋左傳正義》（十三經注疏整理本），北京大學出版社，2000年繁體字版，頁1569。
② 詩見《南史‧武陵王傳》，中華書局，1975年版，頁1331。
③ 上揭本《古逸叢書》中冊，頁120。
④ 上揭本《羅雪堂先生全集》三編第八冊，頁3037。
⑤ 上揭本《古逸叢書》中冊，頁127。
⑥ 上揭本《羅雪堂先生全集》三編第八冊，頁3049。
⑦ 上揭本《古逸叢書》中冊，頁126。
⑧ 上揭本《羅雪堂先生全集》三編第八冊，頁3053。
⑨ 上揭本《古逸叢書》中冊，頁130。
⑩ 上揭本《羅雪堂先生全集》三編第八冊，頁3049。

五　結語

六朝末季至隋初唐，不僅中國本土，東亞文明圈内的日本等國之漢文學創作也受到了漢籍類書的大量恩惠。《隋書經籍志》雜家著錄類書，自《皇覽》至《書鈔》，凡十一家，二千零十二卷（此依姚振宗《隋書經籍志考證》說，實際似不止於此）。《四庫全書總目·類書類》云：“此體一興，而操觚者易於檢尋，注書者利於剽竊。”張滌華《類書流別·利病第五》云類書之裨於人者有五：便省覽、利尋檢、供采摭、存遺佚、資考證①。對於東亞文明圈内的非漢語母語國來說，前兩者“便省覽”和“利尋檢”無疑爲他們的漢文化習得提供了絕大的幫助。以上文分析的《琱玉集》爲例，由於它成書於六朝後期，一方面它的標題四言、六言工整駢麗，代表了齊梁以來追求駢偶的學術風氣。根據現存文獻對比考察，《琱玉集》有可能是最早整體使用四六駢語的類書。另一方面，它以故事說話模式將典故附在一個個人物之下，敦煌本類書殘卷P.3363 號的序中有云：“先錄其事，後敘其文。”②這種體例極其便於初唐以後的詩人詩文創作時隨時采用。得到嘉惠的不僅是中國人，日本漢詩、漢文作者亦然。

　　最後，再總結一下本文的基本觀點和考證結果：第一、關於《琱玉集》的成書，贊成李慈銘“六朝末季底下之書”說；第二、《琱玉集》的出典以爲史部最多，子部、經部次之，無集部出典。這其中徵引唐前逸籍逸文無數，足資考證；第三、作爲東亞文明圈東端的舊鈔本《琱玉集》，其與東亞文明圈西端發現的《鳴沙石室古籍叢殘唐寫本古類書三種》，作爲現存最早的舊鈔本類書，存在很多共通性因素；第四、六朝以來類書的勃興，可能影響了整個東亞文明圈的漢文學習與創作。總之，在初步完成了文獻學上的若干考論後，這部成書於

---

　　①　張滌華《類書流別·利病第五》，商務印書館，1985 年版，頁 35—41。在“資考證”這一點上，劉文典《三餘札記·類書》條有云：“清代諸師校勘古籍，多好取證類書，高郵王氏尤甚。然類書引文，實不可盡恃。往往有數書所引文句相同，猶未可據以訂正者。蓋最初一書有誤，後代諸書隨之而誤也。”黄山書社，1990 年版，頁 6。劉文典的這一提醒值得重視。

　　②　羅振玉名之爲《唐寫本略出纂金》，見上揭本《羅雪堂先生全集》三編第八册，頁2991。

六朝後期的古類書殘卷背後所具有的學術意義將會成爲今後深入探討的問題點。

（作者單位：南京大學域外漢籍研究所）

【後記】

　　錢基博《版本通義》嘗評類書：“古籍散亡，十不存一；遺文舊事，往往託以得存。”然勾集唐以前之類書，斷非易事。清儒輯佚之學遠超前代，尚只蒐得殘瓴斷簡。故治此學者，寶其涓滴，有同瑾瑜。本文所考《琱玉集》，亦不避榛楛，將其歸納條分。期不負汲古之心，而省後人尋檢之勞。區區微意，方家或有取焉。

　　　　　　　　　　　　己丑年冬童嶺記於金陵寓所

域外漢籍研究集刊　第六輯
2010 年　頁 493—499

唐寫本《世說新語》殘卷校勘《世說》
本文及劉孝標注拾補

趙庶洋

　　日本藏唐寫本《世說新語》殘卷是存世《世說新語》版本中最早的,《世說新語》宋以後所傳諸本均爲晏殊校定本系統,遭到晏殊的刪削和改動,唐寫本《世說新語》殘卷雖然並非完帙,但是對於學者考察晏殊刪改前《世說新語》之原貌具有至關重要的作用。而且其時代較傳世諸本均早,更加近古,許多地方可據以校定《世說新語》一書傳寫中的訛誤。自羅振玉影印《唐寫本世說新書殘卷》之後國人始得見此珍貴版本,此後學者如余嘉錫、徐震堮、楊勇、王叔岷等先生均曾據之校訂傳本之訛誤,程功甚鉅。然校書如掃落葉,諸家校勘中雖已多利用唐寫本,翻檢之中卻發現往往有未盡者,未免有遺珠之憾。今將唐寫本是而前人校勘中未及或未盡者再加討論,以期還《世說新語》及劉注之本真。

　　本文校勘以中華書局影印日本靜嘉堂文庫藏宋本《世說新語》爲底本,其中經前輩學者論定者不再重複,其有未盡或偶誤者則先引其說,次加辨證。

　　1.《輅別傳》曰:“……何尚書神明清徹,殆破秋毫,君當慎之。”(《規箴篇》“何晏、鄧颺令管輅作卦”條劉注)

　　“清徹”,唐寫本作“清微”。楊勇先生云:“唐卷及《魏志·管輅傳》均作‘清微’,誤。”①

　　今按,《三國志》卷二九《魏書·管輅傳》裴注引《輅別傳》此處宋刻本、百衲本及中華書局點校本均作“精微”,無異文,《冊府元龜》卷五五九《學校部·

---

① 楊勇《世說新語校箋》,中華書局 2006 年版,第 498 頁。

講論門》“王弼”條亦作“精微”，其根據當即《三國志》，明其所據本亦作“精微”，楊勇先生引作“清微”，不知所據何本。其字當以《三國志》作“精微”爲是，今本《世說新語》作“清澈”，俱誤。“澈”爲“微”字之形近誤字，唐寫本作“微”仍未誤，“清”則爲“精”之誤。《禮記注疏》卷五〇《經解》云“絜靜精微，《易》教也。……絜靜精微而不賊，則深於《易》者也”，孔穎達疏云“窮理盡性，言入秋毫，是精微”，《管輅別傳》中“精微”正是此意。又，“精微”一詞《世說新語》正文及注文中亦屢見，如《文學篇》“傅嘏善言虛勝”條劉注引《傅子》曰“嘏既達治好正，而有清理識要，如論才性，原本精微，鮮能及之”，《文學篇》“江左殷太常父子並能言理”條劉注引《中興書》云“殷融……著《象不盡意》、《大賢須易論》，理義精微，談者稱焉”，並可與此處參證。因此，宋本《世說》“澈”字當據唐寫本、《三國志》裴注引《輅別傳》改作“微”，“清”字唐寫本與宋本均誤，當據《三國志》裴注改作“精”。

2.《名士傳》曰：“……晏有重名，與魏姻戚，內雖懷憂，而無復退也。著五言詩以言志曰：‘鴻鵠比翼遊，群飛戲太清。常畏大網羅，憂禍一旦並。豈若集五湖，從流唼浮萍。永寧曠中懷，何爲怵惕驚？’”（同上）

“大網羅”，唐寫本作“天網羅”。王叔岷先生《世說新語補正》云：“‘常畏大網羅’，楊《校箋本》從唐寫殘卷大作天，天、大於義並拙，恐是失之壞字。失猶墜也，《廣雅·釋詁二》：‘墜，失也。’……丁福保輯《全三國詩》中之魏詩，載何晏《擬古詩》云：‘雙鶴比翼遊，群飛戲太清。常恐失網羅，憂禍一旦並。豈若集五湖，順流唼浮萍，逍遙放志意，何爲怵惕驚！’與此《注》所載晏詩頗異。”楊勇先生《校箋》修訂本據王說改從“失”。

今按，王叔岷先生改《世說》原文“大”字作“失”，頗爲無據，從其引文而言，蓋即受丁福保輯《全三國詩》之啓發。然據丁氏後出之書而改古書，其作法恐有不妥。考丁福保所輯何晏此詩與《藝文類聚》卷九〇《鳥部上》“玄鵠”下引魏何晏詩詩句基本相同[1]，當即輯自此書，然《藝文類聚》正作“天網羅”，不作“失”。《初學記》卷三〇《鳥部》鶴第二“飲溶溪之水，唼太湖之萍”句引此詩作“雙鶴比翼遊，群飛戲太清。常畏失網羅，憂患一朝並。豈若集太湖，順流唼浮萍”，此句多有與丁氏所輯不同者，然作“失網羅”則同，或爲丁福保又

_____

[1]　汪紹楹點校本《藝文類聚》卷九〇引此詩惟“唼”作“楺”，當爲所據版本不同而產生之異文。

據《初學記》而改"天"作"失"字。景宋本《白氏六帖事類集》卷二九《鶴》"飲溶溪之水，唼太湖之萍"下引何晏詩與《初學記》略同，然正作"天網羅"，不作"失"字。從其前後文字看，《白氏六帖事類集》此處當即是抄自《初學記》，類書之間往往有因襲關係，此無足怪，然據此知白居易所據《初學記》正作"天"字，尚不誤，作"失"者當爲傳抄中產生的誤字。今《世說新語》唐寫本作"天網羅"，恰與《藝文類聚》、《白氏六帖事類集》所引同，是當以作"天"字爲是，《世說》宋本作"大"、《初學記》作"失"均爲"天"之形近誤字。

又，王叔岷先生謂"天"字於義爲拙，恐不可信。何晏好老、莊言，此詩蓋用《老子》"天網恢恢"之語，與其心境正合。

因此，宋本"大"字當據唐寫本、《藝文類聚》卷九〇、《白氏六帖事類集》卷二九改作"天"。楊勇先生《校箋》最初已據唐寫本改正，極是。然修訂本又據王叔岷先生說改作"失"，則未免輕信。

3.《賀循別傳》曰："……循少嬰家禍，流放荒裔。吳平乃還。秉節高舉……"（《規箴篇》"元皇帝時廷尉張闓"條劉注）

楊勇校云："唐卷作'秉節高厲，舉動以'，疑唐卷下當有'正'字，今據唐卷增。"

今按，楊勇先生據唐寫本補"高厲"、"動以"四字，是。然"正"字唐寫本原無，楊先生所補亦未詳所自，當是以意增，實不可據。《三國志》卷六五《吳書·賀邵傳》裴注云："邵子循，字彥先。虞預《晉書》曰：循丁家禍，流放海濱，吳平，還鄉里。節操高厲，童齔不群，言行舉動，必以禮讓。"唐修《晉書》卷六八《賀循傳》略同，其中"節操高厲"、"言行舉動，必以禮讓"即爲唐寫本"秉節高厲，舉動以"之相同內容，據此，唐寫本"以"下脫文當爲"禮"字。楊勇先生補作"正"，非是。

4.《中興書》曰："鑒少好學博覽，雖不及章句，而多所通綜。"（《規箴篇》"郗太尉晚節好談"條劉注）

"及"，唐寫本無。考"不及章句"，中古典籍僅《世說新語》此處一用例，他處似尚未見。《晉書》卷七五《荀崧傳》載其上疏云"臣學不章句，才不弘通"，亦無"及"字，正可與《世說新語》唐寫本此處互相證發，明唐寫本此處不誤，傳世宋本等"及"字疑爲衍文。

5.《玩別傳》曰："是時王導、郗鑒、庾亮相繼薨殂，朝野憂懼。以玩德望，乃拜爲司空。"（《規箴篇》"陸玩拜司空"條劉注）

“以玩”下，唐寫本有“有”字，語氣較勝。下文玩云“以我爲三公，是天下無人矣”，而“時人以爲知言”，知陸玩非以德隆望尊而爲司空，蓋朝野無人，而玩小有德望，故爲司空。

6. 有人詣之，索美酒，得，便自起瀉著梁柱間地，祝曰……（《規箴篇》“陸玩拜司空”條）

“索美酒”，楊勇先生校云：“唐卷作‘索羹杯酒’，《晉書·陸玩傳》作‘索杯酒’。今依宋本及各本。”

今按，唐寫本作“索羹杯酒”，“羹”字不詞，當爲“美”之誤字，蓋二字俗書形近而致誤。是唐寫本所據之底本“美”字、“杯”字均有。考此處文義，其人索酒之意只爲奠柱石，毋庸贅言“美酒”。當以《晉書·陸玩傳》作“索杯酒”爲是。《世說新語》唐寫本尚有“杯”字，然前已衍“美”字，今本作“索美酒”者，蓋後人以“索美杯酒”不辭而誤刪“杯”而存“美”字。今當據《晉書》作“索杯酒”。

6. 按萬未死之前，安猶未仕，高臥東山，又何肯輕入軍旅邪？《世說》此言，迂謬已甚（《規箴篇》“謝中郎在壽春敗”條劉注）。

“迂謬”，唐寫本作“连謬”。余嘉錫、楊勇等先生校其異，然均未言其是非（楊勇先生《校箋》此處從宋本作“迂謬”，是不以唐寫本爲是）。

今按，唐寫本作“连謬”是。《經典釋文》卷一三《禮記·哀公問》“午其”下陸德明曰：“王肅作‘连’，连，違也”，连謬亦即違謬，“迂”當據唐寫本改作“连”。

7. 《續晉陽秋》曰：“珉有儁才，與兄珣並有名，而聲出珣右。故時人爲之語曰：‘法護非不佳，僧彌難爲兄。’”（《規箴篇》“王大語東亭”條劉注）

“僧彌”，唐寫本作“阿彌”，《太平御覽》卷五一六《宗親部·兄弟下》引《續晉陽秋》亦作“阿彌”，與唐寫本同，是此處宋本作“僧彌”非是。然《晉書》卷六五《王導傳》附《王珉傳》云“時人爲之語曰：法護非不佳，僧彌難爲兄。僧彌，珉小字也”，作“僧彌”，《北堂書鈔》卷五七《設官部》、《白氏六帖事類集》卷六“兄弟”等載此事亦均作“僧彌”，與《晉書》同。疑《續晉陽秋》與《晉書》二者所據不同，後人又據《晉書》改《世說新語》此處文字。

8. 《春秋公羊傳》曰：“晉趙鞅取晉陽之甲以逐荀寅、士吉射。寅、吉射者，君側之惡人。”（《規箴篇》“殷覬病困”條劉注）

唐寫本“荀寅士吉射”下各有重文符號，作“荀〻寅〻士〻吉〻射〻”，則其原本當作“荀寅士吉射荀寅士吉射”，上五字屬上讀，下五字則屬下讀。今本無“荀”、“士”二字。考四部叢刊影宋本《春秋公羊傳解詁》卷一一“定公十三年”

云“晉趙鞅取晉陽之甲，以逐荀寅與士吉射。荀寅與士吉射者曷爲者也？君側之惡人也”，即劉孝標所節引之原文，上下均稱“荀寅與士吉射”，與唐寫本上下均作“荀寅士吉射”者類似，唐寫本無“與”則當爲劉孝標引用時所省。據此，當以唐寫本作“荀寅士吉射”爲是。今本下作“寅吉射”疑爲後人誤讀省書符號而致“荀”、“士”二字脫文。

9.《晉安帝紀》曰：“……王恭、殷仲堪爲孝武所待，不爲相王所昵。”（《規箴篇》“王緒王國寶相爲脣齒”條劉注）

“昵”，唐寫本作“昵”，是。“昵”，親近。《三國志》卷二一《魏書·王粲傳》裴注引《魏氏春秋》云“鍾會爲大將軍所昵”，卷五三《吳書·薛綜傳》附《薛瑩傳》裴注引干寶《晉紀》云“武帝從容問瑩曰：‘孫晧之所以亡者何也？’瑩對曰：‘歸命侯臣晧之君吳也，昵近小人……’”，與此處正同。今本作“昵”，當爲“昵”字形誤。

10. 曰：“‘門’中‘活’，‘闊’字，王正嫌門大也。”（《捷悟篇》“楊德祖爲魏武主簿”條）

“正”，唐寫本無。《藝文類聚》卷六三《居處部·門》、《太平御覽》卷一八三《居處部·門下》引《世說》均作“王嫌門大也”，無“正”字，與唐寫本同。

11.《晉陽秋》曰：“大司馬將討慕容暐，表求申勤平北將軍愔及袁真等嚴辦。”（《捷悟篇》“郗司空在北府”條劉注）

“申勤”，唐寫本作“申勒”。王利器先生《校勘記》云“蔣（箟亭）校本作‘勤’，云：‘疑“勒”誤。’案作‘勒’是。”[1]徐震堮先生校云“當是‘勅’字之誤”[2]。

今按，王利器先生校作“勒”，是。徐震堮先生校作“申勅”，于此處固通，然無版本根據，恐不可從。“申勒”，古人亦有用之者。如《宋書》卷一五《禮志》載符儀有云“明詳旨申勒”之語，《梁書》卷一一《張弘策傳》云“弘策申勒部曲，秋毫無犯”，《文館詞林》卷六六二《西晉武帝答杜預征吳節度詔一首》云“申勒群帥以下，使知此命”，卷六九五《梁孝元帝策勳令一首》云“可催條軍簿，以時策勳，便即申勒，稱吾意也”，均是其證。據此，則當以唐寫本作“申勒”爲是，今本作“申勤”誤，當據改。

---

① 《世說新語》附《世說新語校勘記》，文學古籍刊行社 1956 年影印日本靜嘉堂文庫藏宋刻本附，第 46 頁。

② 徐震堮《世說新語校箋》，中華書局 1984 年版，第 321 頁。

12. 鄧粲《晉紀》云：“敦性簡脱，口不言財，其存尚如此。”（《豪爽篇》“王處仲世許高尚之目”條劉注）

“財”下，唐寫本有“位”字。余嘉錫先生于下“王大將軍自目”條引敦煌本《晉紀》殘卷云“敦內體豺狼之性，而外飾詐僞，以眩或當世。自少及長，終不以財位爲言”①，雖與劉注所引文字並不全同，然有“位”字。《晉書》卷九八《王敦傳》一云“口不言財色”，一云“口不言財利”，雖無“財位”，其不單云“財”則同。因疑《世說新語》此處脱“位”字，當據唐寫本及敦煌本《晉紀》文字補。

13. 以如意打唾壺，壺口盡缺。（《豪爽篇》“王處仲每酒後”條）

唐寫本此句作“以如意打唾〻壺〻邊盡缺”，“唾壺”二字下均有重文符號，是其下句當作“唾壺邊盡缺”，徐震堮、楊勇謂唐卷作“壺邊盡缺”，非是。《晉書》卷九八《王敦傳》載此事云“以如意打唾壺爲節，壺邊盡缺”，作“壺邊”不作“壺口”與唐寫本同，據此，宋本後諸本作“壺口”非是。然唐寫本作“唾壺邊”，《晉書》作“壺邊”，似以《晉書》之文字較爲簡潔，疑唐寫本“唾”字下誤加重文符號。

14. 及季堅作相，忌兵畏禍，與稚恭歷同異者久之，乃果行。（《豪爽篇》“庾稚恭既常有中原之志”條）

“歷”，唐寫本作“厝”。

今按，“歷同異”之語除見《世說新語》此處外，其他典籍皆未見，當以唐寫本作“厝同異”爲是。《宋書》卷七四《沈攸之傳》云：“攸之以爲（殷）孝祖既死，賊有乘勝之心，明日若不更攻，則示之以弱。（江）方興名位相亞，必不爲己下，軍政不一，致敗之由。乃率諸軍主詣方興謂之曰：‘……自卜懦薄，幹略不辦及卿，今輒相推爲統。但當相與戮力爾。’方興甚悦。攸之既出，諸軍主並尤之。攸之曰：‘卿忘廉藺、寇賈之事邪？吾本以濟國活家，豈計彼此之升降？且我能下彼，彼必不能下我，共濟艱難，豈可自厝同異？’”又有作“措異同”者，如《宋書》卷四四《謝晦傳》云“高祖深加愛賞，羣僚莫及。從征關、洛，內外要任悉委之。劉穆之遣使陳事，晦往往措異同，穆之怒曰：‘公復有還時不？’”《宋書》兩處史文與《世說新語》此處文意甚爲相似。因此，當以唐寫本作“厝同異”爲是，今本作“歷”者爲形近誤字。

---

① 余嘉錫《世說新語箋疏》，中華書局 2007 年版，第 703 頁。按，余嘉錫先生原意恐即爲解釋此條，今其箋疏屬下條者，當爲整理時偶爾疏忽所致。

15. 皇甫謐《高士傳》曰："……身自織屨，令妻辮纑……"（《豪爽篇》"桓公讀高士傳"條劉注）

"屨"，唐寫本作"履"。段玉裁《說文解字注》引晉蔡謨曰"今時所謂履者，自漢以前皆名屨"①，是"履"爲晉人通用之字，皇甫謐爲晉人，其書用"履"字自屬正常，唐寫本作"履"字疑是。

16. 桓石虔，司空豁之長庶也。小字鎮惡，年十七八，未被舉，而童隸已呼爲鎮惡郎……（《豪爽篇》"桓石虔"條）

"年十七八"，唐寫本作"年十八九"。唐陸龜蒙《小名錄》卷上"桓石虔"條注云"虔年十八九，未被舉，童幹常呼爲鎮惡郎"②，雖不云出處，然其文字與《世說新語》此處文字幾同，是亦有別本作"十八九"者，與傳世諸本不同。

17.《中興書》曰："初，桓玄篡位，國人孔璞奉珍之奔尋陽。"（《豪爽篇》"桓玄西下"條劉注）

唐寫本作"國人死樸奉珍之奔壽陽"，"死"爲"孔"之誤，楊勇據唐寫本改《世說新語》"尋陽"爲"壽陽"，是。又，"璞"，唐寫本作"樸"。《晉書》卷三八《宣五王·梁王肜傳》載"桓玄篡位，國臣孔璞奉珍之奔于壽陽"，作"璞"，然卷六四《元四王傳》載此事"桓玄篡位，國人孔樸奉珍之奔于壽陽"，則作"樸"。考《資治通鑑》卷一一三《晉紀》元興二年載"梁王珍之國臣孔樸奉珍之奔壽陽"，用"國臣"與《晉書》卷三八《宣五王傳》同，其所據當即爲此，而字作"樸"，則司馬光所見《晉書》卷三八尚作"樸"。據此，當以《世說新語》唐寫本、《晉書》卷六四、《資治通鑑》卷一一三作"樸"字爲是，《世說》宋本及《晉書》卷三八之"璞"字當爲"樸"字之誤。

（作者單位：南京大學文學院）

---

① 其說見《太平御覽》卷六九七《服章部》引徐軏《古履儀》。
② "幹"當爲"隸"字之誤。

域外漢籍研究集刊　第六輯
2010 年　頁 501—513

《文選集注》之編撰者及其成書年代考

陳　翀

一

　　有關《文選集注》的發現與其傳承經緯,前輩學者多有敍略,但對其編撰者與成書時間卻一直没有定論①。最早接觸到這些殘卷的澀江全善·森立之在《經籍訪古志》中寫道"但《集注》不知出於何人,或疑皇國紀傳儒流所編著者與。"②其後,羅振玉在影印這些卷軸時雖云:"其寫自海東,抑出唐人手,不能知也。"但看其相關研究,還是比較傾向此爲唐土之舊鈔本③。或許是因爲

---

　　①　《文選集注》,本應按日本古文獻記錄稱之爲《集注文選》。爲了避免引起不必要的混亂,本文仍按學界慣例稱之爲《文選集注》。有關此書傳承之經緯,可參考傅剛先生在2009 年 8 月 27 日至 30 日於揚州所召開的第八屆《文選》國際學術研討會上所提交的《〈文選集注〉研究》一文。本文則爲筆者在同大會所提交論文之修改稿,屬於日本文部科學省《東アジアにおける白居易受容の諸相と日中獨自文化の形成に関する研究》(平成二十一年度至二十三年度科學研究費補助金)研究成果的一部分。另外,在大會發表中,筆者還得到了許逸民、俞紹初、顧農、傅剛、徐興無、吳曉峰、奚彤雲、海村惟一等諸多先生的諸多指正,在此謹表謝意。
　　②　《經籍訪古志》卷六《總類》,光緒十一年序本。另外,新美寬《新獲文選集注斷簡》亦據書體認爲"殆屬平安時期末期之書體",《東方學報》第八冊,1937 年。
　　③　《羅雪堂全集》初編第一冊所收《唐寫本文選集注殘卷序》,臺灣文華出版公司,1968 年。

無論此書爲何人於何處編成，都不會影響到其卷軸本身的文獻價值，因此最先接觸到這些殘卷的諸如羅振玉等老一輩學者，才未對此問題作更進一步詳考。

　　但是此後不久，斯波六郎先生卻通過一系列精密的文字校勘將其推定爲來自中國大陸的唐末鈔本，且認爲後出的宋明李善注諸刊本盡是由此本輯出。這個觀點隨後也成爲了廣島大學"文選學"的一個重要的基礎理論①。森野繁夫先生還撰有專文對斯波先生的論說作了進一步的支持與補强②。只是細讀上舉諸論文，即可知無論是斯波先生還是森野先生，其論述還多以推演爲主，並沒有提示出直接的文獻依據。而且還有必要提到的是，對於斯波先生的提法，岡村繁先生早就提出過不同意見③。針對岡村先生的意見，廣島大學的富永一登先生也還曾撰文進行了再商榷④，只是此後一直沒有結論。

　　由於廣島大學一派在"文選學"研究上成績斐然，因此其"《文選集注》爲唐土文獻說"直接顛覆了此前諸學者之平安末期文獻的看法，影響極爲深遠，直接間接、或多或少地影響到了海内外學者的研究思路。譬如近年，臺灣的邱棨鐊先生認爲其本爲北宋藏書家田偉之藏書⑤。屈守元先生則推測此爲南宋坊刻經書⑥。從大方向來看，諸家均是主張唐土文獻說。但邱先生的田偉藏書說顯然是誤解了卷中藏書印⑦，而從書中避諱來看屈先生的說法又時期太靠後，不符合南宋版本之體例。於此種種學說，周勛初先生在其主編的三

---

　　①　斯波六郎有如下之研究：《文選諸本の研究》，《文選索引》第一冊所收，京都大學人文科學研究所索引編集委員會，1957 年；《舊鈔本文選集注卷八校勘記》，《文選索引附錄》所收，京都大學人文科學研究所，1959 年；《文選集注について》，《支那學》第九卷 1 号，1969年。

　　②　森野繁夫《文選李善注について——集注本李注と板本李注との関系》，《日本中國學會報》第 31 集，1979 年。

　　③　岡村繁《文選の研究》第七章《〈文選集注〉と宋明版行の李善注》，岩波書店，1999年。此文初出於 1979 年 3 月刊行的《加賀博士退官記念中國文史哲學論集》，東京講談社。

　　④　富永一登《書評・岡村繁〈文選の研究〉》，《中國文學報》第六十冊，2000 年。

　　⑤　邱棨鐊《今存日本之文選集注殘卷爲中土唐寫舊藏本》，臺灣《中央日報》1974 年10 月 30 日。

　　⑥　屈守元《文選導讀・導言》，巴蜀出版社，1993 年。

　　⑦　有關《文選集注》印章的研究，可參考周勛初《〈文選集注〉上的印章考》，《〈昭明文選〉與中國傳統文化——第四屆文選學國際學術研討會論文集》，2001 年。

册本《唐鈔文選集注彙存》之《前言》中也予以評隲。周先生認爲已有的論述多屬推測,遠不能形成定論,並在文中強調“《文選集注》的編者和寫本年代問題一時難得出結論,有待大家作進一步的研究。”①敦促學界對這一問題進行更爲深入的調查與研究。

　　考已有諸說,皆因無直接文獻依據而難成定論。筆者最近有幸在平安史料中找到了一些足以證明《文選集注》編撰者及其成書時期的重要史料,茲將其部分敍錄於後,稍加說明,希望能夠爲解決這個困擾學界近百年的難題提供一個新突破口,同時也期待得到海內外專家學者們的批正。

二

　　從筆者目前收集到的資料來看,基本上可以確定現存《文選集注》爲日本平安中期大學寮大江家紀傳道之代表人物大江匡衡(953—1012)爲一條天皇侍講《文選》時受敕命所編撰的《集注文選》的轉抄殘卷②。有關大江匡衡編撰《集注文選》一事,其實在日本一些比較常見的平安基礎史料中都有明確記載。或許是因爲斯波先生唐土寫本之說影響過於深遠,才導致日中學者一直只努力於從其文本校勘以及中國方面史料來鈎沉此問題,對於日本方面的史料反而無暇深入,致使這些並不難見的史料一直被束之高閣,沒有得到海內外學界應有的關注。

　　當然,前輩學者也並不是完全沒有對日本方面的史料進行查證,可惜大多是點到爲止。在前人研究中最常被提到的是平安中期的權貴藤原道長

①　周勛初《唐鈔文選集注彙存》,上海古籍出版社,2000年。
②　大江匡衡出身於平安大學寮大江一家。爲大江維時之孫,右京大夫重光之子。天延三年(974)二十五歲文章得業生,天元二年(979)二十八歲對策及第。永祚元年(989)三十八歲文章博士。前半生極受冷遇。長德三年(997)始被藤原道長破格提拔爲東宮學士兼越前權守,旋又被昇爲式部大卿充帝師,許昇殿講學。大江匡衡是藤原道長文學政治集團中最重要人物之一,亦被稱爲平安儒學中興期之一條天皇時期儒家的代表人物。其妻赤染衛門與其女江侍從均爲平安文學史上有名的才女。現存《江吏部集》一部,此外還有很多文章散見於各種典籍中。其具體生平事跡可參考後藤昭雄著《大江匡衡》,吉川弘文舘,2006年。另外,宋紅《略述日本〈千載佳句〉一書之版本及其對〈全唐詩〉的補遺校勘價值》亦對大江一家的文學活動有所略述,《華學》九、十合輯,上海古籍出版社,2008年。

（966—1027）的日記《御堂關白記》中寬弘元年（宋眞宗景德元年・1004）十月三日條的記載①，其原文如下：

> 十月三日，癸未，此月修緝，權僧（寬修）正初、勘解（有國）由長官五節料送絹少々。院源僧都絹棉少々。圓證又送同。（源）乘方朝臣集注文選並元白集持來，感悦無極，是有聞書等也。

從藤原道長“是有聞書等也”之嘆語來看，至少在寬弘元年以前《集注文選》就已經成書，且與元白詩集一樣，在平安京最上層的貴族社會中獲得了非常高的評價。但是，學界對這則史料仍心存疑問，因爲五臣注《文選》亦被稱爲《集注文選》。單從上舉這則日記來看，還是不能否定存在着藤原道長所記録的《文選集注》是五臣注本的可能性②。或許正因此，大部分學者才沒有對日本方面的史料作進一步的調查。

其實，平安史料中對《集注文選》的記載遠不止藤原道長的這則日記。藤原道長手下的其他權貴的日記中也有相關記載。筆者在藤原行成（972—1028）的日記《權記》中找到了以下兩條有關《文選》之編撰的記載。長保二年（宋咸平三年・1000）九月六日條云③：

> 亦先日，（大江）匡衡朝臣所傳仰注文選，諸（按，“諸”原文上有小字注“不明”二字）所求得四十餘卷。

“諸所求得四十餘卷”一語讀起來有些不順暢，但按日本古漢文訓讀法可以將其解釋爲“一共求得了四十餘卷”。接着，第二天的九月七日條云：

> 奏：昨日左大臣（藤原道長）令申旨意，仰云：“文選雖不具，可進后宫。”

---

① 藤原道長是平安中期最有權勢的公卿，是日本平安攝關政治的奠基人。其生三女均被立爲皇后，又是後一條天皇、後朱雀天皇、後冷泉天皇的外祖父。其日記《御堂關白記》現存親筆本 14 卷，抄寫本 12 卷，均爲日本國寶，現被保存在京都的陽明文庫。本文所引日本平安史料，除注明出處以外的文獻，均以東大史料編纂所編輯的《大日本古記録》所收本爲底本，個別地方加以重新標點。另外，翻字時除個別字以外，均採用標準繁體字。

② 這則史料，《經籍訪古志》就已經有所言及。但斯波六郎認爲：“《御堂關白記》所見之《集注文選》，是否就是今日之《文選集注》，還有待於進一步考論。因爲在中國，《五臣注文選》亦常被稱爲《五臣集注文選》。”《文選諸本の研究》下編《舊鈔本・舊鈔文選集注殘卷》之注⑤，頁 103。

③ 《史料大成》續編 35 所收，東京内外書籍出版，1939 年。

　　考《權記》記事之前後經緯，可知兩文中"仰"字皆指一條天皇，由此可以推測出大江匡衡乃是在奉旨編撰一部注《文選》。九月六日藤原行成將大江匡衡"仰注文選"四十來卷交給了藤原道長，道長立即向一條天皇作了彙報。天皇認爲其卷帙雖未完備，但還是應該立即將其奉入宮中。於是第二天藤原道長向行成轉達了天皇的旨意。之後在下文還要詳述，這部被藤原行成尊稱爲"仰注文選"的書籍，其後正式被命名爲《集注文選》，也就是現在我們見到的《文選集注》殘卷之祖本。也就是說，早在長保二年時，《集注文選》就已斷斷續續地編成四十餘卷，並且被立即上奉給了天皇與皇后。

　　那麼，大江匡衡所編撰的這部"仰注文選"又是一部什麼樣的書呢？ 對於此，大江匡衡在其著名的長詩《述懷古調詩一百韻》中寫道①：

　　　　執卷授明主，從容冕旒褰。尚書十三卷，老子亦五千。文選六十卷，毛詩三百篇。加以孫羅注，加以鄭氏箋。搜史記滯義，追謝司馬遷。叩文集疑關，仰憗白樂天。

　　大江匡衡是藤原道長最爲倚重的文人，於長德四年（宋咸平元年·998）被藤原道長破格提拔爲式部權大輔，許昇殿充一條天皇之侍讀。這一段經歷也被大江匡衡視爲一生中最輝煌的時期，因此他在許多詩文中都對此反覆予以了詠唱。寬弘年間是平安朝漢文學的第二個黃金時代，一條天皇在藤原道長的協助下大力中興儒學，曾對大學寮藏書進行了一系列的大規模擴充整理並予以加注整理②。作爲推廣這一時期儒學中興政策中心人物的大江匡衡，也承擔了一系列的漢經史集注。如單上引百韻詩中明記的就有《尚書》《老子》《文選》《毛詩》《史記》《白氏文集》，這些都是當時大學寮中最爲重要的典籍。

　　但是，大江一家的紀傳道原本是以講讀《白氏文集》爲家學。大江匡衡曾有詩序云③：

────────

　　①　見《江吏部集》卷中，九州大學圖書舘藏松平文庫照片複製本。

　　②　參照《御堂關白記》中相關記載。另外，對於平安中期的學術史，可以參照山崎誠《中世學問史の基礎と展開》，和泉書院，1993 年。其中第四章《式家文選學一斑——文選集注の利用》一文對日本古籍中關於《文選》的文獻資料有比較詳細的梳理，對本文啓發很大。但其文主要是論證式家對文選集注的利用，雖指出其書與大江家具有極其密切的關係，然而對其成書期間與編撰者沒有進行考證，與本文論證之側重點迥然不同。

　　③　見《江吏部集》卷中。其詩全文如下："研朱仰鳳點文集，汗竹割雞居武城。若用父功應賞子，老榮欲拟昔桓榮。"

> 近日蒙綸命點文集七十卷。夫江家之爲江家，白樂天之恩也。故何者，延喜聖代，千古、維時父子共爲文集之侍讀。天曆聖代，維時、齊光父子共爲文集之侍讀。天祿御寓，齊光、定基父子共爲文集之侍讀。爰當今盛興延喜天曆之故事，而匡衡獨爲文集之侍讀，舉周未遇昇，欲罷不能，以詩慰意。

序中回顧了大江家世世代代爲天皇講《白氏文集》的光輝歷史，最後對自己的兒子大江舉周至今尚未被賦予侍讀《白氏文集》之資格深爲憂慮，擔心傳統到此爲止，有負於列祖列宗。

另一方面，侍讀《文選》則一直是菅原家的家學。《續日本後記》卷十二承和九年（842）十月丁丑條所記菅原清公傳中提到其於弘仁十年（唐元和七年•812）“正月加正五位下，兼文章博士，侍讀《文選》”。此後，在菅原道真的詩文集中也屢屢可以看到道真參加宮中《文選》侍讀的記載。菅原家一直是以昭明太子三十卷本爲底本，再在本文後添上收集到的各種版本的李善注，並按李善注本之體例將三十卷本擴爲六十卷本，這也就是當時宮中定本。大江匡衡在上引詩中提到的“文選六十卷”，就應該是指宮中一直所使用的菅原家所編撰而成的六十卷李善注系統本，即後人所稱的“菅家證本”。

擔任天皇侍讀《文選》一職，一直都是平安大學寮中大學博士的殊榮。查檢日本上代史料，可以看到除菅原家以外，對大江匡衡之前曾經對擔任天皇侍讀《文選》的學者有所敍錄的僅有春澄善繩和橘廣相。這兩位不但是當時超一流的學者，重要的是還都一直深受天皇的鍾愛和信賴①。常年外放於僻地的大江匡衡之所以突然能享有此殊榮，一是由於一人之下、萬人之上的藤原道長之大力推薦，二是他將畢生精力都放在研究儒學與漢詩文上，在學術上確實是造詣非凡。只是由於其容貌醜陋，年輕時追捕犯人又失去一指，對平安流行的和歌唱詠又無甚興趣，被時人諷爲五體不全，不曉風流，爲平安女房所嫌棄嘲弄，以致長期被冷遇在外。因此，大江匡衡畢生對提拔自己的藤原道長與一條天皇忠心耿耿，詩文之中甚至卑稱自己爲藤原道長的“家臣”。拜藤原道長之大力推薦，受一條天皇之敕命，大江匡衡必定要傾其所學，全力

---

① 《文德實錄》卷三仁壽三年（851）四月丁卯條：“帝喚散位從四位下春澄宿禰善繩於北殿講《文選》。”又，《三代實錄》卷四十五元慶八年（884）四月甲午條：“是日，天皇始讀《文選》，右大弁從四位上兼行勘解由長官橘朝臣廣相侍讀。”

以赴，以顯示出大江一族學術功底之深厚。

　　據上引其詩中所言，爲了表現自己對《文選》的獨特造詣，大江匡衡不是沿襲照搬天皇下賜的六十卷系統本《文選》，而是重新選編了一套新集注本，此新集注本最大的特點就是導入了"孫羅注"。大江匡衡所指的"孫羅注"，無疑就是現在被保留在《文選集注》殘卷中的《文選鈔》及《文選音訣》。這兩本書爲公孫羅所作，這在《日本國見在書目錄》中已有明確的記載，於此周勛初先生在《唐鈔文選集注彙存·前言》中亦作了肯定，此處就不再贅言。其實，《文選鈔》在很早就被傳入了平安京，但由於過去的菅家證本過分拘泥於講釋李善注的家傳秘學，没有對其予以有效的利用。在重視傳統和尊重故事的平安宫中，大江匡衡敢於將具有對李善注補充糾正性質的公孫羅注介紹講述給天皇①，無疑對《文選鈔》之價值具有極强的自信心。最終的結果也證明了其判斷是正確的。從前引藤原行成日記可以看出，大江匡衡的集注工作才完成了四十餘卷，一條天皇就通過藤原道長命藤原行成立即將此卷帙送入宫中②。由此可知一條天皇和皇后中宫彰子對此書的重視。

　　其實，《御堂關白記》對《集注文選》的記錄並非只前引之一條，在同一年的十一月三日的日記中，藤原道長還寫道：

　　　　集注文選，内大臣（公季）取之，右大臣（顯光）問，内大臣申云：宫（彰子）被奉集注文選云云。

也就是說，在藤原道長收到《集注文選》完本的一個月後，宫中爲《集注文選》的獻書舉行了最高規格的入宫儀式。在此還要注意到的是，根據上述藤原道長的記載，這本書最終是以皇后中宫彰子、也就是"御注"的名義納入圖書寮的。這就是藤原行成爲何在日記中談到此書時稱之爲"仰注文選"的原因。也就是現在雖存的《文選集注》之殘卷爲何没有留下任何編撰者的線索的原因。

-----

　　①　有關《文選鈔》具有對李善注補正的性質，可參考森野繁夫、富永一登《文選集注所引〈鈔〉について》，《日本中國學會報》第29集，1977年。

　　②　通過藤原行成上獻天皇，極有可能是藤原道長命書法大家藤原行成謄寫此卷帙。當時一條天皇所閱讀的卷軸多由藤原行成所謄抄。相關記錄在《權記》中比比皆是，此處不再一一敘錄。另外，現在日本還保留了許多藤原行成所書寫的作品，其中有很大一部分是白居易的詩文。

三

　　因爲是奉旨編書，這部書就也理所當然的成爲了“御注”。也正因爲是“御注”，我們今天所見到的《文選集注》殘卷上才没有留下編撰者的署名與相關紀録。

　　大江匡衡雖然没有得到《集注文選》的正式署名權，但所付出的心血卻並没有白費。他一直擔心不能出人頭地的兒子大江舉周，終於在長元四年（宋天聖九年·1031）也得到了爲後一條天皇侍讀《文選》與《史記》的殊榮①。此後，孫子大江成衡也順利擔任上了大學寮的大學頭。曾孫大江匡房（1041—1111）更是成爲了平安後期屈指可數的大學者與歌人。《集注文選》經過大江一族幾世代的講學積累，終於成了被時人奉爲和“菅家證本”齊名的“江家證本”。之後的平安後期一直到鎌倉時代，這兩部書都成爲了貴族文人們學習《文選》時必須參校的重要底本。並且在某種程度上還可以說，《集注文選》遠遠超越了“菅家證本”。這部書成爲當時文人們注解其他經典佛書的重要典故依據，逐漸演變成了一部具有工具書性質的大型百科辭典。關於這一點，可參考日本學者山崎誠先生《式家文選學一斑——文選集注の利用》中的相關論證②。

　　另外，從大江匡房的講課語録《江談抄》中可以看出，匡房對這部《集注文選》也是極爲重視，他在言語之中經常提到這部由老祖宗嘔心瀝血所編撰而成的巨著。茲舉數例，如《江談抄》卷六《張車子富可見文選思玄賦事》條云③：

　　　　予問云，丹波殿御作詩中，司馬遷才雖漸長，張車子富未平均。張車子事見集注文選。

又同卷《遊子爲黄帝子事》條云：

　　　　遊子有二說，一者黄帝子也。黄帝子有四十人。其最末子好旅行之遊。敢以不留宮中。於旅遊之路死去云云。其欲死之時誓云：“我常好

－－－－－－－－－

　　①　此事見藤原實資《小右記》長元四年七月二十五日條：“藏人右少弁經長傳綸旨（實關白消息），（大江）舉周奉受《文選》《史記》已了，可加一級者（侍讀賞事正四位下）。”

　　②　山崎誠《中世學問史の基礎と展開》第四章所收。

　　③　有關《江談抄》的箋注，可參考川口久雄、奈良正一著《江談證注》，勉誠社，1984年。

旅行之遊,若如我有好旅行之者,必成守護神,擁護其身"卜(按,此爲日
語中語助詞"と")誓。成道祖神,令護旅行之人。此事見集注文選祖席
之所也。餞送之起此之緣也。

現存《文選集注》該處的卷帙已經散佚,但按照現存《文選集注》的體例來看,
大江匡房所引的極有可能就是公孫羅《文選鈔》對"祖餞"一語的注。文中"祖
席之所"可以確認爲指的是六十卷李善注本中的第二十卷"祖餞",李善注原
文如下:

> 崔寔四民月令曰:祖,道神也。黄帝之子好遠游,死道路,故祀以爲
> 道神。以求道路之福。

這顯然與《江談抄》所引注文不同。而且,現存五臣諸本之中均未對此作注。
大江匡房所記錄的這條資料,進一步證實了日本平安文獻中所提到的"集注
文選",不是李善注本,也並非過去學者們所懷疑的五臣集注本。

另外,《文選集注》中現存的卷八卷九的卷末跋語亦爲本文的考證提供了
有力的證據。眾所周知,在這兩卷末留下了一位叫"源有宗"的識語。考源有
宗之子源有元乃大江匡房之養子,源有宗之所以能够抄錄到這本江家之門外
不出的秘典,也正與他和大江匡房有這層特殊的親戚關係有關聯。

如果說上述考證還不足以服人的話,在此再舉一則資料。歷任後冷泉天
皇朝之式部少輔、文章博士、東宮學士、大學頭的藤原明衡(989—1066)在其
編纂的書信範文集《雲州往來》中抄錄了這麽一則信件①:

> 陵頓首二卷　　長杨賦　　同五卷　　古詩十九首　　同十卷　　思玄賦　　同十
> 二卷　　以上文選也。集注百　二十二卷　梁昭明太子撰
> 右江家之說證本得之。仍爲見合菅家之說,先日所借申也。

這則記錄明白地告訴我們,書信之人所借書籍爲百二十二卷本《集注文
選》,還強調此書乃"(大)江家之說證本"。毫無疑問,這本書就是今天我們所
見到的百二十卷本《文選集注》系統本。信中之所以稱其爲百二十二卷,乃因
其正文之前附了《李善上文選注表》以及昭明太子《文選序》一卷和目錄一卷,
正文則恰好就是我們今天所知道的百二十卷。

爲什麽會作如此推測呢? 這是因爲非常幸運,《集注文選》卷首部分並没

---

① 《雲州往來二種》所收寬永十九年版東京大學國語研究室藏本影印本,勉誠社,
1981 年。

有完全散佚，其基本形態被保留在了現藏於京都東山御文庫的九條本《文選》之卷首。九條本所用底本爲三十卷白文本，但其卷頭保留的李善《上文選注表》和昭明太子《文選序》卻是沿承了李善注本的形態。眾所周知，現存其他中國系統的諸版本中的李善《上文選注表》均無箋注，但九條本卻在本文寫入了大量夾注以及紙背單條注。而且，據九條本卷一末所附跋文"本云，弘安八年六月二十五日以菅江兩家證本校合書寫了。散位藤原相房"，可知此卷系藤原相房於弘安八年（元至元二十二年・1285）根據菅家證本與江家證本（《集注文選》）合注而成①。由於《集注文選》的注文全部被寫在了紙背，因此我們還可以判斷出本文行間所加入的注文就是菅家證本注。由此可以看出大江匡衡在編輯《集注文選》卷頭時保留了李善的《上文選注表》，並且還在菅家注的基礎上加上了自己的箋注。這與其在《述懷古調詩一百韻》中談到集注時所用的底本爲六十卷李善注系統本的記載亦是相符合的。

　　根據上述考證，基本上可以斷定《文選集注》就是大江匡衡在侍讀期間所編撰的《集注文選》，而這部《集注》此後又成了江家秘學，只流傳於平安京最高層的皇家貴族之間②。因此不要說是中國方面文獻没有片言隻語的記載，即使是在日本的文學類書籍中也先鮮有記錄。可是幸運的是，見過這本書的

　　①　有關九條本《文選》卷末跋文之研究，可參考佐竹保子《九條本〈文選〉の識語の檢討》，《東北大學中國語文學論集》第 4 号，1999 年。九條本《文選》原本藏於東山御文庫，現在很難見到原本，本文所用之底本爲九州大學文學部中國文學研究室所藏 1963 年照片版八卷本《九條本文選抄》。另外，九條本的相關論著還有斯波六郎《九條本文選解說》，《文選索引附錄》所收；屈守元《跋日本古抄無注三十卷本〈文選〉》，《文選學論文集》，時代文藝出版社，1992 年；以及傅剛《文選版本研究》中篇《二抄本・（三）九條家本》，北京大學出版社，2000 年。

　　②　過去還有一種觀點，就是根據日本所藏《漢書楊雄傳殘卷・甘泉賦》（京都帝國大學文學部影印舊鈔本第二集所收）"伏鈞陳使當兵"之天歷二年（948）藤原良秀（一說爲藤原良佐）欄下注"集注云鄭玄禮記注曰當主也。音决多□（按，蟲蛀）。"與九條本旁注相同而認爲《文選集注》成書不遲於 948 年。管見之中，這個觀點最早見花房英樹《文選卷第九十八〉について》，《小尾博士退休紀念中國文學論及》，第一學習社，1976 年。這顯然是對整卷文獻認識不足的一個誤讀。附於此殘卷影印之後的神田喜一郎先生的跋文中已經明確地指出了所謂卷中的"集"乃顧胤《漢書古今集義》。另外，對於花房英樹的觀點，小助川貞次《文選テキストとしてみた上野本漢書楊雄傳天歷二年點》一文中有過非常詳細的反駁糾正，《訓點語與訓點資料》第 94 集，1994 年。

皇家貴族們都在其日記與書信中留下了記載。更爲幸運的是，這些日記大部分的原卷還保存于世，給我們留下了追尋《文選集注》作者及成書年代的最爲可信的第一手資料。

四

眾所周知，現存《集注文選》除卷八、卷九爲平安後期源有宗抄本系統的轉抄本以外，其餘諸卷基本上都是鐮倉時代舊金澤文庫藏的轉抄本。因此，過去在整理《文選集注》時，學者們主要是將精力放在尋訪從金澤文庫流失的不明卷帙上。然而，這部《集注文選》原本極有可能並没散佚，依舊完好保存在現在的天皇的私人書庫——現在的京都東山御文庫中。

筆者最近在日本古書目《仙洞御文書目錄》（按，即京都東山御文庫）中發現這麼一則記錄（原文小字注爲雙行注）①：

一丁御文車

杉櫃一合	經典籍第三雜々	一合	日本後記
一合	白氏文集	一合	續日本後記　文德實錄
一合	白氏文集	一合	第七通典
一合	玉篇	一合	第八
一合	雜々	一合	第四雜々
一合	第二雜々	一合	書籍
一合	朗詠	一合	漢書傳
一合	第五雜々初學紀六帖	黑染御手箱一合	無銘

同御手箱一合　集注文選上□御念全經史書　　同御手箱一合　蓋破損全絶申文

杉櫃一合　後漢書帝記　　一合　無蓋注文選群書治要入加之

一合　周禮　　一合　群書治要

《仙洞御文書目錄》文分兩部，前篇編於文和三年（元至正十五年·1354），後篇編於文和四年七月十二日。以上所舉目錄屬於前篇，是文和三年新御所竣工之际所編寫的藏於該御文庫（東洞院土御門御所）所藏的和漢佛書記錄的書箱目錄。收藏《集注文選》的"御手箱"在古日語中是指供天皇隨

---

① 長澤規矩也、阿部隆一主編《日本書目大成》第一卷所收，汲古書院，1979年。

身攜帶用的箱子,"御念全經史書"數字,則是特意標明此箱子裏存放的是天皇經常要閱讀的經史書籍。從書箱的記錄來看,《集注文選》極有可能是分藏在兩個箱子之中,這與《文選》原分上中下三帙的習慣是一致的。上帙與其他經常閱讀的經史類卷軸放在一起,中下帙則應該是被收在了"蓋破損全絕申文(箱蓋破損,寫在箱蓋上的書目標簽也已經散落)"的"御手箱"中。這也與日本平安文人對《文選》的閱讀習慣是一致的,因爲當時的奈良平安時代貴族們一般只究讀《文選》的上帙,而很少言及中下二帙①。非常遺憾的是,由於筆者還沒有查詢到東山御文庫的最新書目,所以還不能斷定當今文庫裏是否藏有《仙洞御文書目錄》所記的《集注文選》。但從日本皇家的歷史來看,不是沒有這套保存着編撰伊始原樣的《集注文選》依舊沉睡在御文庫某個角落的可能性。關於這一點,還有待於今後進一步的調查研究。

另外,在此還要引起我們注意的是,書目中注明藏在"杉櫃"中的"注文選"極有可能就是指六十卷本李善注系統本。早在天平寶字年中(唐至德二年至廣德二年·757—764)的古文書就留下了這部《注文選》的記錄②:

> (秦家主啓正倉院文書《續修四十八》)謹啓消息事(前略)一先日宣,注文選,殷勤欲書,申人侍、紙、食料、筆墨等,被欲求請。

這則文字之意如下:"前天所言騰抄《注文選》一事,現在開始殷勤準備,之前所談到的人員、紙、食品、筆墨等東西,希望照單支給。"另外,在藤原師通(1062—1099)的日記《後二條師通記》卷一寬治六年十月二十五日條中也記載了這部《注文選》,而且還引用了其中二則文字:

> 裏書。注文選第十二
> 京(荆)門闕竦而磅礴。圓淵九回以懸騰。
> 淮南子曰,藏志九旋之淵。許慎曰,九旋之淵至深也。

又,寬治六年十一月三日條中記到:

---

① 奈良平安貴族對《文選》的究讀一般着重於上帙的文賦詩歌類。比如《大日本古文書》(編年文書)中所收的正倉院文書中就留下了許多只書寫《文選》上帙的記錄,兹舉一例於此:"寫紙三百九十二(前略)《文選》上帙九卷"(卷24《天平三年八月十日·皇后宮職移圖書寮》條)。又如《文德實錄》卷八齊衡三年四月庚寅條記藤原諸成傳中云:"弘仁中爲文章生,聰悟超倫。暗誦《文選》上帙,學中號爲三傑。"

② 《大日本古文書》(編年文書)卷24(天平寶字年中)四月二十日條。

注文選十三卷,雪賦云,豐年必積雪,見注云云,又見毛詩云云(按,文中□爲原文所附)。

考前一則文字出於郭景純《江賦》,李善注本亦在卷十二,注語亦一致。後一則爲謝惠連《雪賦》,李善注本亦收於卷十三,其引文明顯是"盈尺則瑞豐年"句李善注"毛萇詩傳曰:豐年之冬,必有積雪"之略寫。由此可以推測此《注文選》就是指李善注六十卷系統本。也就是說,御書庫裏一直同時保存着一百二十二卷本《集注文選》與六十卷本李善注系統《文選》。但《集注文選》是被收入了攜帶用的"御手箱",而更古老的李善注系統本卻是放了保存書櫃的"杉箱"裏。可推知歷代天皇更愛利用的是大江家的《集注文選》。

由於篇幅有限,本文將論述的重點聚焦在了考證《文選集注》的作者與成書年代之上,而使許多本來應該詳細論證的問題沒有能够得到充分的展開。比如《文選集注》所收諸注文編輯體例問題;《文選集注》本文所用底本問題;《文選集注》所收李善注乃菅家彙集的二次注問題;唐末五代時期《文選》的立目分類問題;散佚《文選集注》的注文輯錄問題等等。其實在平安的文獻史料中都留下了解決這些問題的重要綫索,有待於今後逐步進行考察。

另外,筆者還認爲,如果能將東亞各國的漢文史料比較互證、融會貫通,從東亞漢文獻史學的角度來重新探討《文選》,乃至東亞古典文化圈中的各種問題,或許會讓我們看出更多的前人沒有察覺到的問題,發現更多前人沒有利用的新資料,無疑會使今後的古典文學與文獻研究的視野變得更爲開濶,並得出更爲圓滿的結論。

(作者單位:日本九州大學人文科學研究院)

域外漢籍研究集刊　第六輯
2010 年　頁 515—531

關於崔致遠《法藏和尚傳》流傳的幾個問題

金程宇

　　新羅崔致遠所撰《法藏和尚傳》，全稱爲“唐大薦福寺故寺主翻經大德法藏和尚傳”，此傳著錄於義天《新編諸宗教藏總錄》，所謂“賢首傳一卷”者，即指崔傳而言。另著錄“賢首碑一卷”，即閻朝隱所撰之《大唐大薦福寺故大德康藏法師之碑》。因知二書當時曾分別刊行，固未合刊也。然後世傳本皆爲碑傳合刊本，以崔傳爲主，遂統稱爲“法藏和尚傳”，碑前傳後，終成定格。本文所討論者，係指此碑傳合刊本而言，幸讀者知之。鑒於學界對《法藏和尚傳》的流傳研究尚屬薄弱①，本文就此略加探討，以求教於大方之家。

一　《法藏和尚傳》的傳本

　　新羅著述之流傳，一如唐人著述，必然經過寫本和刻本兩個階段，《法藏和尚傳》亦不例外。惟該書之傳本，已無古寫本系統，本文爲敍述方便，先刻本、次寫本，請讀者見諒。

---

　　①　文獻學的研究，主要有吉津宜英《〈法藏傳〉的研究》（《駒澤大學佛教學部研究紀要》第 37 號，1979 年）、木村清孝《崔致遠撰〈法藏和尚傳〉考》（《第四回國際佛教學術會議：華嚴思想與禪門形成——與崔致遠的關聯》，1981 年），後者較簡略。關於法藏，最近的著作可參陳金華 Philosopher，Practitioner，Politician：*The Many Lives of Fazang*（643 —712 ）. Series Sinica Leidensia 75. 木村氏論文和陳氏著作信息，分別承東京大學博士生劉萊靜女士和陳金華先生告知，專此致謝。

（一）刻本

1. 高麗刻本

此本已佚，日本高山寺藏南宋覆刻本（詳下）。高山寺本末有“大安八年壬申崴高麗國大興王寺奉宣雕造本寂居士梁璋施本鏤板”刊記，知其底本爲高麗宣宗九年（1092）年刊本。義天（1055—1101）入宋，攜歸大量經典，遂有高麗續藏經之刊行。金富軾《大覺國師碑銘》云其“南遊搜索，所得書無慮四千卷，……請置教藏司於興王寺，召名流刊正謬缺，使上之鉛槧。不幾稔間，文籍大備，學者忻賴”，《高麗史》卷九十宣宗三年（1086）云：“又於興王寺奏置教藏都監，購書於遼宋，多至四千卷，悉皆刊行”，即指此續藏刊行事。義天《新編諸宗教藏總錄序》末署“時後高麗十三葉在宥之八年歲次庚午八月初八日海東傳華嚴大教沙門義天敍”，知其開雕始於宣宗七年（1090）八月，《法藏和尚傳》爲華嚴三祖之傳記，刊成於此序一年後，爲義天續藏經中之最早刊行者①。

2. 高山寺所藏宋本

此本未見，兹據相關材料，加以匯總介紹。此本長 30.9cm，寬 11.2cm，經折裝，有“高山寺”朱印，版心刻“法藏傳”、“藏公傳”，下載葉碼。半葉六行二十字，四周單邊，末有紹興十九年（1149）宋僧義和題記，刊工爲“錢塘王玠”②。此本著錄於《高山寺聖教目錄》第十九甲 15“香象大師傳二卷”，旁有朱筆書“致遠造”。《高山寺典籍文書目錄第一》“高山寺重書類”收入，爲第 28 號。此本玄、樹、弘、貞、驚、敬、讓、擎、恆、澂皆闕筆避諱。此本係傳世諸本祖本，彌足珍貴。

此本何時傳入高山寺，未見記載。然高山寺之得名，乃建永元年（1206）後鳥羽院引《華嚴經》“日出光照高山之寺”而命名，此書有“高山寺”朱印，其傳入恐在得名之後。又，此本著錄於《高山寺聖教目錄》，學者考此目錄編於

---

① 參大屋德城《高麗續藏雕造考》第六章“續藏の雕造”，便利堂 1937 年版，頁 55、56。此書後收入《大屋德城著作選集 7》，國書刊行會六十三年版。
② 此據《國寶·重要文化財大全 7 書跡》，上卷，第 737 頁，每日新聞社 1998 年版。又，據《高山寺善本圖錄》所載書影，此本昭和九年七月十九日曾加以修補。此本末葉左上端有缺損，後人以爲所缺字爲“紹”字，然據元祿本，“紹”字前當有一“崇”字。

建長二年(1250)①。明惠上人(1173—1232)在世時以振興華嚴爲己任,集聚了大量經典,此本之傳入當不晚於明惠上人辭世之時②。

3. 元祿刻本

此本傳世頗多,據《佛書解説大辭典》第 3 卷(215、216 頁)等書,知大正大學、高野山大學、大谷大學、龍谷大學、内閣文庫、東洋文化研究所等處有藏。筆者所見爲内閣文庫藏本。書號爲"310—150"。該本書體長 27.6cm 寬19cm,版框長 21cm 寬 14.9cm,四周單邊,四針眼裝訂。封面左側貼簽"賢首國師碑傳雙鍐"(内封亦同),有"日本政府圖書"篆文朱方印。敍文半葉八行二十字,版心"賢首大師碑傳敍"。有書耳"支那"。碑文正文版心"康藏法師之碑文",十行二十字。傳文版心"康藏法師之別傳",亦十行二十字。末有"元祿十二己卯歲仲秋庚申日井上忠兵衛藏版"③。元祿十二年,即 1699 年。鳳潭(1654—1738)爲江戶時代中期學僧,名潚,号華嶺道人、幻虎道人,別号浪華子,以復興華嚴爲己任,華嚴寺開山,著有《五教章傍註》三卷、《探玄記玄譚》一卷等。

此本錯誤甚多(詳本文第三節),然係宋本五百五十年後的第一個刊本,於《法藏和尚傳》之傳播實多有助益。鳳潭《新刊賢首國師碑傳敍》云:"賴有新羅國學士崔公字致遠,普討羣誌,蒐乎是傳,祖烈再燿,然斯亦久不流行耳。予素有志於古,自寫楮焉。茲歲乃寓洛之日,屬客有請刊行于梓,欣而領之,更首附碑付之剞劂,遂公同好",後世諸本皆出自此本,鳳潭傳播文獻之功,值得肯定。

4. 享保刻本

---

① 奧田勳《高山寺經藏古目錄について》(《宇都宮大學教育學部紀要》第 26 號第 1部,1975 年)、《高山寺經藏とその古目錄について》(《高山寺經藏古目錄》解説,東京大學出版會 1985 年)。

② 磯部彰《大唐三藏取經詩話と栂尾高山寺・明惠上人》(《東北アジア研究》第 1號,1997 年。又載《西遊記資料の研究》(東北大學出版會 2007 年版),對《大唐三藏取經詩話》傳入高山寺的經緯做了推測,可以參考。

③ 京都書林井上忠兵衛熱衷於華嚴經典的刊刻,如元祿六年刊有《新編諸宗教藏總錄》三卷,八年刊有《華嚴八會綱目章》一卷,九年刊有《華嚴五教止觀》一卷、《華嚴一乘十玄門》一卷,十二年刊有《華嚴一乘分齊章義苑疏》十卷,十六年刊有《華嚴經探玄記》二十卷等。

　　據《佛書解説大辭典》第 3 卷（215 頁）“賢首大師碑傳”，知有享保八年（1723）刻本及享保十八年（1733）刻本，京都大學有藏。

　　5. 光緒刻本

　　據《佛書解説大辭典》第 3 卷（215 頁）“賢首國師別傳”，有光緒二十三年（1897）刊本，爲中國國内之最早刻本①。此本係金陵刻經處刊本，題爲“唐大薦福寺故寺主翻經大德法藏和尚傳”，10 行 20 字。小註雙行，白口，左右雙邊。京都大學、中國國家圖書館、北京大學等處均有收藏。此本行款與元禄本相同，當即其刊刻所本。

（二）寫本

　　1. 新羅寫本

　　《法藏和尚傳》云：“于時天復四春，枝幹俱首，於尸羅國迦耶山海印寺華嚴院避寇養痾”，又此文結銜云：“海東新羅國侍講兼翰林學士承務郎前守兵部侍郎權知瑞書監事賜紫金魚袋崔致遠結”，知此傳爲崔氏歸國後新羅天復四年（904）於海印寺所作。此後該傳當長期以寫本形式存在，惜皆已亡佚，迄今未發現有古寫本系者。

　　2. 義天贈宋僧有誠本

　　《大覺國師外集》卷三載宋僧有誠書（其一）云：“《賢首碑文》特辱流惠，焚香披覽，感悟尤多。又承借示《妙理圓成觀》一卷、《康藏傳》一卷、《華嚴旨歸》一卷，此中有本，請留檢閱。”又（其二）云：“今得上人《華嚴傳》五卷，又得《康藏傳》一卷，足爲龜鑑，……皆得所未聞，豈勝慶躍！”知義天元豐八年（1085）入宋時曾將《賢首碑》、《康藏傳》贈給汴京覺嚴寺僧有誠，此爲法藏碑傳回傳中土之最早記録。因二書之傳入尚在高麗續藏經刊刻之前，故義天所贈之法藏碑傳，當皆爲寫本。此本亦已亡佚。

　　3. 金澤文庫本

　　據《稱名寺の新發見資料》②，知金澤文庫藏有此書寫本一部。該寫本半葉七行行十八字。末有跋文“賢首國師兩傳愚眼忝以一見只/迫高命漫加卑

---

　　①　清釋續法所輯編之《五祖統紀》，成書於 1680 年，爲收羅法藏資料最詳者，傳末云“若欲詳覽具如……翰林侍講崔致遠《傳》明”，可確證利用過崔傳。然其所據爲何本，尚不得明證。姑且識之，以待來者。

　　②　神奈川縣立金澤文庫編，1994 年版，第 14 頁。

點伏請達識削/正願以結緣功頓悟無書法門優/游昆盧性海崑建武五年六月初/三日釋曇春敬識”。此寫本抄寫於建武五年（1338），爲現存該書之最早寫本。據常盤大定《宋代における華嚴教學興隆の緣由》第五節，金澤文庫所藏部分佛教寫本，乃從高山寺抄寫。其中《法界觀門智燈疏》，亦爲建武五年在高山寺所抄，則此寫本當亦出自高山寺本。

4. 齊雲寫本

齊雲道棟（1637—1713）豐後府中出身，初道號惟梁，後改稱齊雲，號活埋道人，博學強記，有《活埋道人遺稿》。據無著道忠《新刊賢首碑傳正誤》，“此書元祕藏于高山寺寶庫，宋刻摺本，蓋大藏函内物也。齊雲老師嘗寫得之”，知有齊雲寫本存在。此本未詳所在，然可從道忠所述推知一二。如抄寫時間，道忠云：“齊雲師書於卷尾云：時寬文十年歲次庚戌冬十一月十八日後學道棟寫，十一月二十日以宋刻高山寺藏本校勘了”，知在寬文十年（1670）。此後附宋刻本避諱字、新羅崔致遠事實及義天《諸宗教藏總錄》之著錄。又，此寫本“有自難讀處，則貼小片紙於上方，曰脱字歟，字倒歟”，知對原書有所校勘。關於道忠與齊雲的交往，近有林觀潮《無著道忠と檗僧齊雲道棟との交涉——‘双岡齊雲紀談’を中心に》①，可參看。

5. 三好鹿雄抄本

昭和九年三好鹿雄據高山寺藏宋刊本鈔寫，今藏東京大學東洋文化研究所。

6.《崔文昌侯全集·孤雲續集》本

此本爲當代崔氏佚文輯本，寫本，成均館大學校 1972 年版。半葉十行二十字，小註雙行。此本未註明出處，然其誤字皆與元祿本相同，當出自該本。又，此本註文中有五處缺字，當因所據元祿本有缺文所致。諸本傳末崔氏之識語均爲小字，以與正文相區别，此本則作大字，顯失原貌。

(三)排印本

1.《續藏經》本

此本收入《續藏經》（藏經書院編，明治三十八年至大正元年京都刊）第一輯第二編乙支那撰述史傳部（後商務印書館據以影印）。此本乃據元祿本排印，上下兩欄，每欄十八行，行二十字。此本基本忠實元祿本，然亦略有不同。

① 《花園大學國際禪學研究所論叢》1，頁 1—50，2006 年 3 月。

如傳末元祿本原有的"錢塘王玠刊"字樣即未排印。此本另附道忠《新刊賢首碑傳正誤》,對元祿本多有糾彈,是對碑傳文最早的校勘、註釋文本,十分珍貴。又,《大正藏》本所收文本亦同,惟傳末"于時天復四春"至"唯添七不堪",《續藏經》作小註,《大正藏》本則爲正文。

2.《崔致遠全集:孤雲續集》本

此本爲崔英成譯註,亞細亞文化社 1999 年版。此本之傳文,乃以《續藏經》爲底本而加以譯註。

二 《法藏和尚傳》的文獻價值

1. 法藏的傳記史料

吉津宜英《〈法藏傳〉的研究》①列舉了二十三種傳記資料,列出法藏生平事跡 64 項,極便學者。筆者依之加以統計,愈加確認《法藏和尚傳》之珍貴。

在 64 項中,閻朝隱所撰碑文涉及 12 項。其中除証勝元年翻譯八十華嚴一則外,均爲今知最早史源,即有關俗姓事、顯慶三年煉一指事、顯慶四年於太白山求法事、龍朔二年遇智儼事、咸亨元年於太原寺得度事、神龍二年譯畢寶積經事、爲中宗菩提戒師號國一事、太極元年爲睿宗菩薩戒師事、著作事、先天元年十一月十四日示寂事、十一月二十四日埋葬事。

在 64 項事跡中,崔致遠傳文涉及了 41 項。其中爲最早史源者凡 16 項,即垂拱三年於西明寺立壇事、長壽年間寄書義湘事、延載元年十地品講說時感應事、天冊萬歲時正惢陽事、神功元年祈禱戰勝事、長安二年於内道場立華嚴法會事、長安四年岐州舍利因緣事、神龍元年平定張柬之有功事、勅寫真儀事、景龍二年乞雨有驗事、各地興建華嚴死事、景雲二年於悟真寺乞雪事、太極元年十一月二日爲睿宗祝壽事、有弟子六人事、先天元年碑文傳記事、弟子慧苑背叛師說事。

由以上統計可以見出,《法藏和尚傳》所載碑傳是研究法藏最重要的第一手資料,極爲珍貴。

2. 可補唐宋詩文之闕

閻朝隱所撰碑文,《寶刻叢編》等金石類著作皆未著錄,當久已亡佚,幸賴

---

① 《駒澤大學佛教學部研究紀要》第 37 號,1979 年。

本書保存。清人輯錄《全唐文》及補遺著作皆未收此文，業師陳尚君先生《全唐文補編》卷二六始據《大正藏》收入。闕文存世無多，彌足珍貴。

崔傳末引陸龜蒙及崔氏本人佚句，皆收入《全唐詩補編》。至於傳中所引神龍二年之勅文、先天元年十一月二日之誥文，皆可補《唐大詔令》之不足。

崔傳後有宋僧義和題記，《全宋文》第 198 冊據以收入，擬題爲"題賢首國師碑"。《全宋文》僅收義和文兩篇（另一篇出自高麗文獻《樂邦文類》），此篇記碑傳合刊始末，極爲珍貴。順便說一下，高山寺所藏宋版佛經中，載有義和題記的，尚有《華嚴旨歸》、《華嚴孔目章》等書，亦可據補。

3. 宋僧名史料

本書尚有宋僧 47 人題名，是不可多得的宋僧史料。李國玲女士所編《宋僧錄》，採錄資料近千種，惜未利用本書。其中如義和，據《釋門正統》、《佛祖統紀》、《淨土指歸集》勾勒其事跡，未涉及刊刻碑傳一事，實可據補（《全宋文》所撰義和傳，即據本書補其事跡）。又如師雅，《宋僧錄》據《重建淨相院佛殿記》（見《咸淳臨安志》、《西湖志》）錄其事跡，稱其"爲臨安淨相院主僧，於紹熙元年重建佛殿"，今據此題名知其紹興十九年時爲華嚴寶塔教院首座。

4. 版刻史料

本書有刻工"錢塘王玠"，此人爲南宋初刻工，曾刻過《樂府詩集》、《國語》等書，國內所出版之刻工索引，均未利用本書，此可補其闕。本書爲其一人刊刻，時間爲紹興十九年，可爲研究該刻工之刻字風格提供重要參考。

古籍刊刻亦不乏書法價值，祁小春在《中國古籍の版刻書法》①有系統的論述。古人真跡流傳稀少或未傳者，常可通過古籍刻印得到發現或彌補，惜此項工作未得到展開，至今未見後續之作。本書乃"有士人孫霶見且敬喜而爲書"者，孫霶，不詳，然其書學歐陽詢，結體端莊，楷法精良，可供賞觀。

三　無著道忠的《新刊賢首碑傳正誤》

無著道忠（1653—1745），號葆雨堂、照冰堂，江戶時期禪宗妙心寺派學僧，著述多達 374 種，911 卷②。日本學者較早對之介紹的，可以篠原寿雄《無

---

① 東方出版 1998 年版。
② 《學聖·無著道忠》，飯田利行，禪文化研究所 1986 年版。

著道忠の學問について——葛藤語箋の解題を主として》①、柳田聖山《無著道忠の學問》②爲代表,然相關研究仍不算多。道忠的學術成果,中國學者也曾有所介紹,則主要集中在語言學方面③,近年來也有學者注意到其《冥報記校訛》、《冷齋夜話考》的學術價值④,然亦屬寥寥,僅爲道忠浩瀚著述之冰山一角而已。作爲佛教文獻研究之先驅,研究現狀之冷寞,頗堪嘆息。本文略及於此,亦希借此機緣引起更多學者對道忠其人其學之關註。

　　前已提及,《新刊賢首碑傳正誤》一文,自刊於《續藏經》後,始爲學界所知⑤。此文未署作年,僅可約略推知。本文末署“龍華道忠”,所謂“龍華”,指妙心寺龍華院。道忠 1707 年任妙心寺住持,故本文當作於此前。又,《双岡齊雲紀談》記載了道忠與齊雲之交往,自元祿十一年直至齊雲去世,未嘗間斷⑥,而鳳潭刊刻《碑傳》在元祿十二年,本文之寫作恐即在此年左右。

　　關於此文的寫作緣起,道忠自述甚詳:

　　　　有濬鳳潭者就雲借之。有自難讀處,則貼小片紙於上方,曰“脫字歟?”“字倒歟?”皆不契雲之意,以墨抹滅。後鳳潭不謀於雲師而自梓行。嘗爲脫爲倒者,悉私加字、妄刪文,己之難解者皆改換焉。予及對校於雲師之本,大愕其所爲。從頭依舊文改正,錄上頭而復古矣。又恐不能及遠廣益,別作《正誤》一卷,間下證解。大抵見刊行者加和點,極寡學,而卻不知己之難讀者是己之暗昧之使然。每遇盤根錯節,縱情刪潤,可深以爲笑也。夫爲寡學之難讀而改文加字,則天下無好書。濬欲流通,卻厄於古書,誤於後人,縱免人師之筆誅,必受天龍之譴責矣。

鳳潭在刊刻此書時臆改處極多,令道忠不滿,遂“別作《正誤》一卷”,對元祿本之訛誤做了訂正,同時“間下證解”,對部分之詞語做了註釋。由於高山寺本迄今尚未影印,學者難得一見,故道忠之校勘今日仍不失其價值。而道忠另

---

　　①　《宗學研究》2 號,1960 年 1 月。

　　②　《禪學研究》55 號,1966 年。

　　③　《無著道忠的學術貢獻》(柳田聖山撰,董志翹譯,《俗語言研究》創刊號,1994 年)、《讀〈葛藤語箋〉隨札》(王瑛撰,《俗語言研究》第 2 號,1995 年)

　　④　前者參李銘敬《無著道忠と“冥報記校訛”》,《中國古典研究》44 號,頁 37—45,1999 年 12 月。後者見張伯偉《稀見本宋人詩話四種》(江蘇古籍出版社 2002 年版)附錄。

　　⑤　此書有延享四年(1747)寫本,藏佛教大學。

　　⑥　參林觀潮《無著道忠と檗僧齊雲道棟との交涉——“双岡齊雲紀談”を中心に》。

註釋出典、梳理文義,亦爲閱讀碑傳提供了方便。道忠可說是最早爲《法藏傳》作校註的學者,其先導之功尤不可沒。茲將之分類排比如次,以見其價值。

首先來看校勘

1. 有指出鳳潭臆改者

校勘古籍最忌臆改,鳳潭改字率不註明,故道忠於此批評尤甚。《正誤》共指出十八例(爲方便起見,今加以標點),皆爲鳳潭不明字義、不明句讀而妄改之例。

第一張(左一行)名播招提。名,元本作大(潛妄改,以爲對下譽字,縱大字義不穩,亦但可存古也。)

(三行)堅固心。堅,元本作牢(潛妄改)。

第二張(四行)祖父。祖,元本作王(潛妄改)。按《爾雅·釋親》:"父之考爲王父。"註:"如王者尊之。"(止)潛未讀《爾雅》,自謂今帝王之父則不成義,故改爲祖。

第五張(右一行)建康。康,元本作業(潛妄改)。按《廣輿記·江寧府》曰:吳自京口徙都於此,曰建業,晉曰建康(止)。蓋潛以謂古名建業,後既改建康,則不可更稱建業,故改康也。安知書傳處名往往有從舊名者。

第七張若向二帙(乃止)儼然靡暢或據五編。元本云向若二帙不倚五編,則撫持也儼然靡據;五編不憑二帙,則咀嚼也澹乎無味。此文多少分明,但潛不得讀下,妄爲有倒脫,乃貼雲本云:向若二字倒乎。靡據中間脫二字歟?及開板,終向若作若向,靡下加暢或二字。穢亂古書,罪戾彌天。且如言向二帙,則是何等語話哉?蓋向若已下者反釋也。《華嚴疏》第十三曰:向若有性,不可熏變(止)。鈔曰:向若有性下上來順釋,此下反釋。

第八張(左四行)四聖標題。聖,元本作靈(潛妄改)。潛未讀《禮記》,未知麟鳳龜龍謂之四靈,妄改爲聖。本解龍經麟經之義,而今改爲聖,則大爲無義也。

第九張(二行)心均暢日。暢,元本作愒(潛妄改)。《左傳》昭元年曰:主民翫歲而愒日。林註:翫愒皆貪也。言執政爲民之主而貪翫歲日。愒開去聲(止)。潛未讀《左傳》而妄改爲暢。

第九張(六行)實乃。實,元本作寔(妄改)。《字彙》:寔,音殖,實也。《增韻》註:實寔通用。誤(止)。寔有實也訓,則義亦通。又不與實通用,則不可妄改也。

　　第十張(右六行)苑公成。公,元本作上(潛妄改)。《高僧傳》:僧遠以齊永明二年卒。帝(世祖武帝)致書於沙門法獻曰:承遠上無常。弟子夜中已自知之。遠上此去甚得好處,諸佳非一(止)。又《出三藏記集》僧祐《十誦義記目錄序》云:大律師穎上積道河西,振德江東(止)。蓋上者裁用上人字也。《僧傳》“遠上”、《出三藏》“穎上”,可以爲例證矣。潛未讀如上書,妄改上字。

　　第十張(左八行)授號天授師及後曆曰永隆元年。元本“授”下有後及曆三字。此後及曆作名一字,無永字。元本曰授後及曆號天授,師名曰隆元年(云云)。潛貼雲本云:此一行文有漏處,義不疏通歟。他日請領教示。雲師以墨抹貼紙,然潛及開板未領教示,妄加妄改。又書上方曰:此一行文有漏處歟。抑元本不可讀,而潛妄改者,非爲令易讀耶。今雖改猶似有漏處而不可讀,則妄改何所益? 但存元本不可讀而可也。今如予之所點,則義亦明白也。或曰字作日月之日,則對上天字,此編貪對語故。然言師道名日日隆盛也。元年者,天授元年也。

　　第十張(九行)張柬之叛逆。柬元本作易。按張易之叛逆而張柬之討之。實柬之非反逆者。潛未讀唐史、《通鑑》,妄改字,誣柬之陷叛逆莫大之罪。不識者歸責於崔致遠,豈非枉屈耶?《通鑑綱目》中宗神龍元年曰:春正月張柬之等舉兵討武氏之亂,張易之昌宗伏誅。

　　第十一張(右七行)實寄天倫。實,元本作寔(潛妄改)。

　　第十六張(右六行)青目有本。元本無“有”字(潛妄加)。

　　第十七張(左三行)岫寺。岫,元本作岬(潛妄改)。《字彙》:岬古狎切,音甲。

　　第十八張(左四行)死也衰。衰,元本作哀(潛妄改)。《論語·子張篇》曰:其生也榮,其死也哀(止)。潛以爲當作衰而對上榮。若死也衰微,則何所讚美也。

　　第十九張(四行)象骨。骨,元本作胥。蓋筆誤,當作胥,潛妄改骨,是何義? 象胥見《周禮》三十八。

　　第十九張(七行)顗續。顗,元本作覬(潛妄改)。

　　第二十張(五行)淒淒。元本作棲棲(潛妄改)。

　　第二十一張(右六行)驚喜。驚,元本作敬,義亦通,今妄改。

　　以上諸例,對鳳潭刊刻致誤之由,道忠多能舉出確鑿證據,令人信服。元祿本的錯誤確實十分嚴重,如不經道忠對校,後人必然會以訛沿訛。需要說明的是,當代的一些整理本,在利用《續藏經》或《大正藏》時,多未利用道忠的校記,如《孤雲續集》、《全唐文補編》,一些錯誤仍未改正,頗爲可惜。

2. 有指出句讀訓點之非者

除妄改原文的問題外,道忠對鳳潭的句讀訓點也多有譏諷:

第六張(十行)光統椎輪益仰聖尊大路因蹕。《文選序》曰:若夫椎輪爲大輅之始,大輅寧有椎輪之質。註:向曰:椎輪,古棧車大輅玉輅,言玉輅因椎輪生(止)。余見濳加和點。未讀《文選》也。又句讀上下文大失義。彼貼紙於雲本云"蹕字下脱一字歟",可笑。

第十一張(八行)主者施行。敕書尾語式也。《廣弘明集》周武帝詔尾曰:主者施行(止)。見濳和點,似未知此字。

第十四張(右十行)南齊王、西蜀宏,蓋皆人名(濳點非)。

第十七張(右十行)若東家丘。言義想初未能振華嚴宗於海東,人馴侮之,如所謂東家孔丘也。東家丘出劉向《新序》。觀濳點,似未知此事。

第二十張(十四行)既陰許非非(云云)乃陽增病病。《史記·韓世家》曰:其狀陽言與韓,其實陰善楚(止)。濳不知此字,所點太非。

日本之訓讀,對中國古籍之傳播頗有助益,然訓讀有誤者,則往往誤導讀者,以訛傳訛。道忠所舉鳳潭訓點不當之處,有涉及詞語理解者,有涉及行文格式者,有涉及專有人名者,有涉及詞語出典者,有涉及詞語用法者,足見訓點之不易。日本留存有豐富的漢文訓讀文獻,包含着讀者對原文理解的諸多信息,值得深入探討。目前的研究主要集中在國語學方面,站在漢文立場的訓讀研究尚待開展,在這一意義上,道忠對鳳潭的批評,無疑具有先導之功。

3. 有指出與原本不同者

道忠對鳳潭擅改原文的做法十分反感,爲使讀者了解高山寺本原貌,遂將所有異文一併揭出。確證鳳潭有誤者已如上述,難以確定者,包括了異體字及刻工誤刊者、字形行款有異者,皆逐一列出,這些反映了道忠實事求是、多聞闕疑的校勘原則。

第二張(右八行)辨才。辨,元本作辯。(《字彙》、《正字通》雖辨辯不分,二皆有註,寫者可從元本也。)

(八行)大史公。大,元本作太。

第三張(右八行)薦推。推,元本作雄。

(八行)帝諾。諾,元本作若。

第五張(左二行)地婆訶羅(此云日昭)。元本羅作國,實筆誤也。濬貼雲本云:國當作羅。蓋濬見此一訛以謂全編多訛舛。濬所改但此爲是,餘皆非也。凡讀三經五論者,乃知地婆訶羅,未以此爲奇妙。

日昭之昭,元本作炤。

第六張(右二行)續者。續,元本作讀(筆工誤)。

第六張(六行)今代上之經如發云:上恐土字,謂代州也。

第七張(七行)取試循。循,元本作楯。

第七張(左三行)諸候。候,元本作侯(筆工誤)。

第八張(五行)辨通。辨,元本作辯。

第九張(右一行)班班。元本作斑斑。

第九張(左五行)祇林之寶。寶,元本作定。

第十張(左六行)長吏。吏元本作史。

第十張(七行)辨教。辨,元本作辯。

第十二張(右四行)盥浴。盥,元本作釁。按《國語‧齊語》曰:嚴公使束縛管仲以予齊使,齊使受而以退。比至三釁三浴之。註:以香塗身曰釁。釁或爲熏。《正字通》釁註:許定切,欣去聲(云云)。又通作釁。又塗也,《周禮》:女巫釁浴,謂以香藥沐浴也。

第十五張(左二行)辨彼金言辨元本作辯。

第十九張(右三行)實得面。實,元本作寔。

第十九張(左二行)僧譜爲癈。癈,元本作廢。

第二十張(右二行)梵軀。梵,元本作焚。蓋因上灼艾言欲效古賢捨身也。北齊第三王子於清凉山焚軀供養,見《華嚴玄談》。

第二十張(五行)嬴君歸載。嬴,元本作嬴(筆工誤)。嬴君言秦始皇嬴姓也。見《史記‧秦本紀》。歸載者,言臭氣。《史記‧秦始皇本紀》:始皇崩於沙丘平臺。行,遂從井陘抵九原。會暑,上輼車臭,乃詔從官,令車載一石鮑魚以亂其臭。

第二十張(左二行)傳說。傳,元本作傅。

第二十張(大字十行)梁璋。元本璋字細書。

第二十一張(九行)首座(云云)。元本首座監院等字稍大。

(左一行已下)妙暉(云云)元本次位與此別。元本云妙暉　祖周　道時宗勝　法瓊　行依　如了　法和　法元　祖高　子沖　了惠　了依　法

蓮　懷雅　法瑤　義琚　彥依　宗惠　師遠　義淨　智圓　從擇　從誘
善定　從釋　師正　善賓。

第二十一張(二行)法无。无，元本作元(蓋誤書无，再誤爲無)。

第二十一張(三行)時紹興(云云)。元本到謹題縮爲一行。

另外，道忠在《正誤》中還指出底本的不足之處，如閻朝隱碑文末偈語僅三行，他認爲"(五行)西方淨域(云云)，此偈猶當有數句，蓋遺脫。可惜元本亦同此。"常盤大定在《宋代に於ける華嚴教學興隆の緣由》中亦認爲"此碑文自此時缺末尾"，可見道忠目光之犀利。道忠還指出崔致遠此傳歸入"支那"撰述之不當："每紙摺處有支那二字，元本無之。凡典籍摺處有題支那撰述，以分於天竺日本諸撰，今題支那必亦其意也。然則碑支那撰述可也，傳則海東崔致遠作，實海東撰述也，而題支那何也？"《續藏經》將崔傳收入"支那撰述"之列，然註明"新羅崔致遠"，當已受道忠此說之影響。

以上三點可使我們對道忠的校勘學觀念有所認識。即道忠認爲刊刻古書務求忠於底本(元本)，不擅自改字，句讀亦須審慎，行款、字體力求一致。而鳳潭之誤，則多因不讀書，望文生義，致使古書面貌盡失。這些看法至今仍很有意義。我們知道，道忠在俗語詞的研究方面是一位開創者，實際上，從日本漢籍校勘學的歷史來看，道忠無疑也是一位先驅者，《正誤》是其校勘學理論的具體實踐，值得重視。

其次來看註釋

道忠的註釋有的極簡明，引書多不註卷次，如：

第一張(左一行)盈數，十數也。

(五行)《書》云："措諸枉，思無邪"，"措諸枉"，出《論語》。"思無邪"出《毛詩》。

(六行)經曰：爲淨土是道場(云云)，出《淨名經》。

第二張(右一行)　外所謂因生以賜姓，外謂外典也，事見《左傳》。

(三行)內所謂四海入海，內謂內典也，事見《阿含經》。

第三張(左八行)崇朝，字出《詩》。

這些當是道忠皆諳熟其出處，故隨筆註出者。

有的詳註卷次，當是查閱了一些書籍。如：

第一張(七行)脫屣萬機褰衣四海，脫屣出《孟子》，褰衣出《毛詩》。《事文前集》十九卷汪藻《上太上道君皇帝尊號玉冊文》云："脫屣萬乘，秕糠唐虞"

（云云），又云“廼委神器，褰裳去之”。

第十二張（左六行）天殊。《止觀》二之三卷云：其性天殊。《應法記》云：天乖謂同天地之別（止），今亦天地殊之義也。

第二十張（十二行）七不堪。《文選》四十三嵇叔夜《與山巨源絶交書》。

對於鳳潭未能理解的語句，道忠也作了註釋，如：

第十五張（八行）脱屣褰衣。謂帝者讓位也。前碑文曰：太上皇脱屣萬機，褰衣四海。濟上方書曰：此行脱字，義未穩乎（止）。余觀之此行義皆明白，蓋到筆不宣心者《書誥》之辭也。橋陵已下撰者之語言，睿宗後讓位養德，皆依法藏之勸導也。

第二十張（左二行）信相金鼓。四卷《金光明經》、合部《金光明經》，皆有信相菩薩夢金鼓事。十卷《金光明》爲妙幢菩薩。妙幢，即信相也。我聞濟博學教乘，賣講乎市衢，大抵排古德。然極不學，而至未讀《金光明經》，則和抵排非無疑也。

這些註釋顯然爲讀者理解原文提供了方便。道忠徵引之資料，涉及四部，數量雖不算很多，但其能自如地驅遣內典、外典，足見出其博學之一面。作爲關於《法藏和尚傳》最早的註釋文本，應當引起重視。道忠曾爲廓門貫徹《石門文字禪》作序，稱“後來縱有補苴遺漏者，必以師爲發矇之首倡也”①，移用於其《新刊賢首國師碑傳正誤》之評語亦未爲不可。要之，道忠的先導之功，值得肯定。

四　東亞出版文化史上的《法藏和尚傳》

日本學者較早註意到了《法藏和尚傳》在漢籍交流方面的價值，這方面常盤大定、大屋德城②等學者的著作均有簡略涉及，主要是從宋代覆刊高麗《續藏經》的角度來談的。但如果從東亞出版文化的角度來看，《法藏和尚傳》的

①　《禪學典籍叢刊》第五卷，100頁。

②　見《高麗續藏雕造考》第七章“續藏の傳播”，便利堂昭和十二年版。此書後收入《大屋德城著作選集7》，國書刊行會六十三年版。又，其《朝鮮海印寺經板考》第五章“義天の統藏開彫に関する疑義”也有涉及，見《佛經古板經の研究》，收入《大屋德城著作選集9》，國書刊行會昭和六十三年版。

意義也不容忽視。

　　在崔致遠著作中，《法藏和尚傳》是唯一留有宋版的著作，值得珍視。崔氏爲新羅第一流文人①，其著作與作品早已流傳國外。如《桂苑筆耕集》，宋初即已傳入中國，然僅藏於秘閣，未對讀書界發生影響，以至司馬光編纂《資治通鑑》時亦未利用其中珍貴的晚唐史料，終至亡佚，直至清中葉後始再次傳入中國②。他的《雙女墳》詩，宋朝類書《六朝事跡編類》曾予以節錄，然未見傳入日本之記載。其部分詩作，收入大江維時所編的《千載佳句》，晚清時始隨《全唐詩逸》傳入中國，時間較晚。《法藏和尚傳》則不同。它是崔氏著作中唯一存在宋版形態的著作，今存紹興十九年刊本。根據這部宋版的題記，可使我們了解到該書在南宋初期以寫本形式流傳的情況③。如前所述，《法藏和尚傳》的宋版後來傳入日本，不晚於《高山寺聖教目錄》所成書的建長二年（1250），時當南宋淳祐十年。在崔致遠的著作中，《法藏和尚傳》不僅是現存最早的版本④，而且是現存唯一可以確認早期在中國、日本皆有所流傳的著作，彌足珍貴。

　　不僅對崔致遠研究有意義，從整個東亞三國漢籍交流的角度來看，《法藏和尚傳》也屬於一種特殊典型，值得重視。即某著作在一國家（生產國）創作後，在其中一國（覆刻國）出版，而最終僅流傳並保存在第三國（保存國）。此類特殊的交流例證，從中國文獻來説，可以舉出以下數例。如《玉川先生詩

---

　　①　業師陳尚君先生認爲崔致遠是"來唐外國人中，文學成就最傑出的一位"，參見《漢唐文學與文獻論考》（上海古籍出版社 2008 年版）"崔致遠在中國文學發展中的地位"。

　　②　參見拙作《〈桂苑筆耕集〉流傳中國考》，載拙著《域外漢籍叢考》，中華書局 2007 年版。

　　③　義和題記云："紹興十五年四月，伏奉指揮許與編華嚴宗教文字入藏流通，莫不慶幸。唯侍講崔公所撰吾祖《賢首國師傳》缺如，遍蒐雖得而傳寫訛舛，攷證不行。遂獲高麗善本，復得祕書少監閣公石刻，乃頓釋疑誤。有士人孫霶見且驚喜而爲書之，坐夏門人旋積�嚫施，命工鏤版以廣其傳，冀學者勉旃，上酬法乳"，知《法藏和尚傳》南宋時尚有寫本流傳，恐即義天入宋時贈寫本之輾轉傳抄者。閣朝隱所撰法藏碑則本於石刻，因宋刻有缺文，知所據石刻已有殘缺，而義天所贈有誠之碑文，至南宋時當已亡佚或極爲罕見，故碑文缺文未得校補。

　　④　《桂苑筆耕集》僅存朝鮮時代刻本，參拙作《日本國會圖書館藏〈桂苑筆耕集〉的文獻價值》，載拙著《域外漢籍叢考》，中華書局 2007 年版。

集》，此書中國僅存明清抄本，而高麗時期所複刻之元大德年間刊本，不僅中土早已亡佚，韓國今亦不存，僅有孤本藏於日本杏雨書屋①。又如明代田瀾所刊刻之《駱賓王詩集》，此書中土不存，幸有朝鮮時期複刻本傳世，然亦僅存孤本藏於日本東洋文庫②。在日本的早期文獻之中，尚舉不出類似的例證。而新羅崔致遠所撰《法藏和尚傳》正屬這一特殊類型。即經高麗（生產國）③傳入宋朝（複刻國），得到刊刻，而最終僅保存在日本（保存國）。可以說，《法藏和尚傳》之所以能够流傳至今，三國均有各自的努力和貢獻。從這一角度來看，《法藏和尚傳》在東亞出版文化史上當應佔有一席之地。高山寺所藏宋版《法藏和尚傳》，作爲三國文化交流的實物證據，無疑有儘早影印出版之必要。

餘論：日藏佛教文獻的學術價值

以上我們對《法藏和尚傳》的版本流傳、史料價值等問題進行了粗略的考察，可以推想，類似《法藏和尚傳》這樣的珍貴文獻，日本似應當還有所保存。這引起我們對日藏佛教文獻的學術價值的思考，以下試就此略陳管見。

從整個東亞漢傳佛教文獻的保存來說，日本無疑是世界上保存最爲完整、數量最爲巨大的國家。即以宋版大藏經而言，日本古寺所藏極爲豐富，《崇寧藏》、《資福藏》均遠遠多於其原產地中國④。日本同時還保存着豐富的古寫本一切經，其價值決不啻於敦煌佛教文獻，甚至有以過之。如欲對寫本系、刊本系的佛教文獻獲得深入理解，必須對日藏佛教文獻展開研究。

其實，日藏佛教文獻的珍貴性，從本文所探討的《法藏和尚傳》亦不難看出。首先，它們均是東亞漢籍交流的珍貴文獻，在出版文化研究日益高漲的今天，亟待展開系統研究。其次，它們保存着許多彼土已經失傳了的珍貴文獻。不僅是佛教經典，即便是各種經典所附的序跋、刊記等，皆屬珍貴史料，

---

①　此書刊記爲："大德五年辛丑三月日東京官開板"，解題見《新修恭仁山莊善本書影》，杏雨書屋 1985 版，頁 55。

②　參見藤本幸夫《朝鮮版〈駱賓王詩集〉攷》，《朝鮮學報》第 199、200 卷，2006 年版。

③　如本文第一節所述，《法藏和尚傳》爲崔氏歸國後天復四年（904）所作，新羅時代一直以寫本流傳，其最早刊本，今知爲高麗宣宗九年（1092）刊本。

④　中國國家圖書館所藏《資福藏》亦由楊守敬購自日本。

有待發掘。目前所整理出版的各種文學總集,如《全唐文》、《全宋文》等,無不重視並利用佛教文獻予以輯錄佚文,但更細緻深入的工作遠尚未展開,具有廣闊的學術空間。再次,從純文獻學的角度來看,日藏古寫經、宋元刊經保存着不同時代風格的書法、紙張、行款、刊工等,均有必要從整體上納入文獻學研究的範圍,而不僅僅局限於從有限的外典所歸納出來的文獻學法則。又次,日本佛教學有着悠久的學術傳統,特別是江戶時代的學僧有不少重要的著述,值得引起重視。本文所舉無著道忠所撰《新刊賢首國師碑傳正誤》即爲一例,其他如廓門貫徹《註石門文字禪》①、宗淵《妙法蓮華經考異》等,也值得重視。我們認爲,有必要將日藏佛教文獻納入到整個東亞漢籍研究視野之中,隨着研究的深入,不僅是佛教文獻,整個東亞漢籍的研究亦將進入一個全新的時代。

2008 年 9 月 16 日初稿於早稻田大學國際會議場 416 室

2009 年 9 月 27 日修訂於金陵近江樓

附記:本文係筆者 2008 年 9 月 20 日在東京大學東洋文化研究所《祖堂集》研究會所作報告,感謝花園大學衣川賢次先生、駒澤大學小川隆先生提供了寶貴的交流機會。本文此後根據汪維輝先生的指正,做了部分修改,也借此機會向汪先生表示感謝。

(作者單位:南京大學域外漢籍研究所)

---

① 　參張伯偉《廓門貫徹〈註石門文字禪〉諝論》,《域外漢籍研究集刊》第 4 輯,中華書局 2008 年版。

域外漢籍研究集刊　第六輯
2010 年　頁 533—563

清代越南使節在中國的購書經驗

陳益源

一　前言

　　中越關係淵遠流長，從中國傳入越南的漢籍甚多，明人嚴從簡於萬曆初年(1570 年代)輯撰的《殊域周咨錄》提到彼時安南已有許多中國典籍，內容涵蓋儒書以及"天文、地理、曆法、相書、算命、剋擇、卜筮、算法、篆隸、家醫藥諸書"、"禪林、道錄、金剛、玉樞諸佛經雜傳"等類①。一直到清初，越南仍有大量中國書籍存在，順治三年(1646)投奔越南會安的明朝遺臣朱舜水有一個很真實的見證經驗，那年四月初六日某位官員來向他詢問古文中義理，朱舜水聽通事黎仕魁說該官"極好學，家有多書"，於是兩人之間有過以下的問答：

　　余(指朱舜水)問云："尊府古書多否？"

　　(越南某官)答曰："少少足備觀覽。"

　　余問《通鑑綱目》、《前後漢》、《廿一史》、《史記》、《文獻通考》、《紀事

---

① 儒書部分，嚴從簡曾具體舉例，包括："少微史、《資治通鑑》史、《東萊》史、五經、四書、胡氏、《左傳》、《性理》、《氏族》、《韻府》、《玉篇》、《翰墨》、《類聚》、韓柳集、《詩學大成》、《唐書》、《漢書》、古文四場、四道、《源流》、《鼓吹》、《增韻》、《廣韻》、《洪武正韻》、《三國志》、《武經》、《黃石公》、《素書》、《武侯將苑百傳》、《文選》、《文萃》、《文獻》、二史綱目、《貞觀正要》、《畢用清錢》、《中舟萬選》、《太公家教》、《明心寶鑑》、《剪燈新餘話》等書"，引自《殊域周咨錄》卷六"安南"，北京：中華書局，1993 年 2 月，頁 238—239。

本末》、《潛確類書》、《焚書》、《藏書》及《古文奇賞》、《鴻藻》等書。

答云："俱有。惟《鴻藻》無有。"①

令人感到好奇的是,這麼多的中國書到底是怎麼傳入越南的呢? 關於這個問題,有人說中國的僧侶和道士,官吏和士兵,僑民和商人,越南的僧侶和讀書人,都是重要的媒介者②;我則認爲所謂越南的"讀書人",更準確的講法應該是越南的"使臣",這些勤讀中國書籍的越南使節,在中國書籍流傳越南的過程中,扮演過極其重要的角色。爲了證明這個說法,我曾舉兩位越南著名使臣爲例,一位是黎貴惇(1726—1784),他的《北使通錄》記載清乾隆二十六年(1761)十一月初七日,越南赴清貢使團(正使陳輝㳿、甲副使黎貴惇、乙副使鄭春澍,以及通事、醫院、中書、探兒等一干隨行人員)返經廣西桂林時,被中國官府沒收了一批沿途採購得來的二十幾部中國書籍,書目俱在③;另一位是阮攸(1765—1820),他在清嘉慶十八年(1813)出使中國,沿途賦詩一百三十首,結集成《北行雜錄》一書,書中第一一五首詩,即阮攸膾炙人口的名作《讀〈小青記〉》(《小青記》記明代名妓馮小青故事,青心才人編寫《金雲翹傳》時曾予參考),如今越南雖然未存《小青記》,也沒有青心才人《金雲翹傳》的早期版本,但阮攸在翌年返國時必曾將這兩部小說攜回越南,並且完成了長達

①　　語見［明］朱之瑜《安南供役紀事》,收入《朱舜水集》卷二,臺北:漢京文化事業有限公司,2004 年 3 月,頁 27。

②　　參見陳光輝《中國小說的演變及其傳入越南》,載於台北《中華文化復興月刊》第九卷第六期,1976 年 6 月,頁 81—84。

③　　這批"不宜帶往書籍",因中國方面禮貌性地按價退款而意外留下書目與書價,包括:《智囊》二部(價銀三錢五分)、《千古奇聞》(銀柒分)、《神相金書》(銀五分)、《古今治平畧》(銀壹兩)、《紫微斗數》(銀八分)、《地理雪心》(銀一錢)、《封神演義》(銀八分)、《南遊北遊》(銀六分)、《淵海子平》(銀八分)、《梅花易數》(銀五分)、《三遷志》(銀一錢九分)、《說鈴》(銀八分)、《錦香亭》(銀四分)、《擊壤集》(銀八分)、《山海經》(銀一錢)、《貪歡報》(銀七分)、《玉匣記》(銀二分)、《大清律》(銀七錢)、《廿一種》二部(銀七錢)、《經濟》(銀一錢)、《列仙傳》(銀一錢);至於其他更多未遭沒收的採買書籍,則沒有開列清單,僅知其中有一部是原先被扣後經黎貴惇力爭發還的《淵鑑類函》,他的說詞是:"《淵鑑類函》一書,乃係雍正三年(1725),放下本國使臣范謙益等,賫捧回國,賜本國王,現有舊案,是以輒敢便買……",理由充分,因此中國官員只得放行。

三二五四句《金雲翹傳》敘事長詩的改編再創作[①]。

如今，本人擬將焦點擺在清代越南使節在中國的購書經驗上面，就閱覽所及，再多舉幾個發生在十九世紀越南使節身上的例子，以加強印證使臣是中國書籍傳播越南的重要媒介者的說法。

二　1830年代，汝伯仕在廣東購買官書

越南皇帝酷愛中國典籍，阮聖祖"好觀北書"是出了名的[②]，明命十一年（清道光十年，1830）他曾諭示派遣如清瞻觀賀壽的正使黃文宣、甲副使張好合、乙副使潘輝注：

> 朕最好古詩、古畫及古代奇書，而未能多得。爾等宜加心購買以進。且朕聞燕京仕宦之家，多撰私書實錄。但以事涉清朝，故猶私藏，未敢付梓。爾等如見有此等書籍，雖草本亦不吝厚價購之。[③]

阮聖祖不僅如此慎重地諭示如燕使節，他只要有機會派官到中國，大概都會作此要求。

明命十三年（清道光十二年，1832）冬天，中國廣東省廣州府有一艘水師梁國棟帶領的巡海船被風漂到越南廣南省沱㶞汛（即今峴港），次年（1833）明命皇帝命李文馥（字鄰芝）、黃炯（字健齋）、汝伯仕（字元立）等官員分乘威鳳號、平一號兩大船（威鳳先發，忽遇風擱淺，後以平七號替代），護送清國官兵七十餘人回廣東，他們自二月待命，四月二十八日放洋，海行七日夜抵達廣東，之後就住進羊城公館萬孚行，停留了半年多，直到臘月才啟程回航。

---

①　以上參見陳益源《明清小說在越南的流傳與影響》，收入陳益源《中越漢文小說研究》，香港：東亞文化出版社，2007年1月，頁1—15。

②　潘叔直輯《國史遺編》中集曾經記載：（明命十一年，1830）"置書樓於內閣，上好觀北書，收拾數千卷，使內閣臣撰次書目，置之書樓，日進數卷，每出幸城外，令十八衙皂書以從，得備顧問。"香港：香港中文大學新亞研究所，1965年，頁196。

③　引文見於《大南實錄正編第二紀》卷六十九，日本慶應義塾大學言語文化研究所複印本，1973年8月，頁2390。阮聖祖長子阮憲祖也有類似的囑咐，紹治七年（1847）九月曾敕令戶部："咨會如東派員，凡見天下奇書，雖不在內閣清單，亦聽收買。且朕雅好書籍，嘗喜博覽古今，故凡聞人間奇書，雖千金購求亦不靳也。"引文見於《大南實錄正編第三紀》卷七十二，同上，1977年4月，頁5661。

　　這次廣東公幹,因緣際會,促成了中國文人繆艮、劉文瀾及其公子劉伯陽、伯陽師梁毅庵與“越南行价六人”在珠江泛舟唱和的一場“中外群英會”①;之後李文馥、黃炯各撰有一部同名爲《粤行吟草》的詩集,汝伯仕則撰有《粤行雜草》,都是此行的記錄。今黃炯《粤行吟草》已佚,李文馥《粤行吟草》、汝伯仕《粤行雜草》尚存②。汝伯仕晚年(嗣德十年,1857),其子汝以烜協助他重新整理成《粤行雜草編輯》③,補充了許多原本《粤行雜草》所未見的材料,所以我們以下就根據《粤行雜草編輯》來看他的購書經驗。

　　汝伯仕《粤行雜草編輯》中,有一首《夏日旅懷呈李鄰芝文馥》提到“詩少成吟因有病,書多欲購奈無金”,書中附錄的黃炯《無題二首》則有云“購書喜得黃金百,對鏡驚看白髮三”,乍看之下,我們還不太能够察覺什麽玄機;直到看到汝伯仕《秋懷二首》“公事僅堪開卷閱”句下有註云:“余與健齋專辨(辦)檢買書籍事”,以及他在《聯課》一目說道:“余在公館,主辦購買官書,每出街,遇諸書籍筆紙等庸暫憩……”,這才發現他們此行任務並不單純只是護送廣東失風官兵歸國而已,“檢買書籍”、“購買官書”乃是他們如清的一項重要公務④。

　　那麽,汝伯仕與黃炯此行是如何“檢買書籍”、“購買官書”的呢?且看汝伯仕《粤行雜草編輯》卷下《書目》的詳實記載:

　　　　余在廣東購買官書,每訪書庸,見環城者二十餘,皆堆積書籍,重架疊級不知數,問其名目,則彼各以本庸書目示,皆至一二千餘名。間經數月揀購,惟筠清行爲多,余於還價日得書目一本,今並錄之。⑤

彌足珍貴的是,他所費心抄錄的這份《筠清行書目》,凡1672筆(詳見本文【附

　　① 詳參王偉勇《中越文人“意外”交流之成果——〈中外群英會錄〉述評》,收入王三慶、陳益源主編《2007 東亞漢文學與民俗文化國際學術研討會論文集》,臺北:樂學書局,2007 年 12 月,頁 519—561。

　　② 李文馥《粤行吟草》,越南漢喃研究院圖書館藏有五種抄本;汝伯仕《粤行雜草》,又名《元立粤行雜草詩》、《汝元立粤行雜草詩》,越南漢喃研究院圖書館也藏有抄本三種。

　　③ 今存抄本一種,248 頁,藏於越南漢喃研究院圖書館,編號爲:VHv.1797/1—2。

　　④ 從汝伯仕無意之間洩露出來的另一項明確任務是採買名貴花木,因其《贈毅庵邀同館諸君皆(偕)余舟行訪花田既回再設珠江宴會三十韻》,詩題有註云:“是行,有部咨飭買名花木,乃因毅庵雇舟往訪花田……。”

　　⑤ 引自越南漢喃研究院圖書館藏 VHv.1797/2 號抄本。

錄】），意外地替我們留下了 1833 年廣州一家書店的銷售清單①，這無疑是研究中國書坊史、清代出版史的珍稀史料，竟賴越南使節神來之筆而得到保存，令人有如獲至寶的喜悅。

可惜汝伯仕這次在廣東經過幾個月的選購究竟花了多少錢買了哪些書，由於他的《粵行雜草》、《粵行雜草編輯》都沒有記載，我們不得而知。細檢李文馥《粵行吟草》，亦無所獲②。

三　1860 年代，阮思僩在北京看買書籍

清咸豐七年（1857）、咸豐十一年（1861）、同治四年（1865），因太平天國之亂，陸路交通斷絶，四年一次的如清歲貢展緩，到了同治七年（1868）六月，越南嗣德皇帝特別選派署清化省布政使黎峻（1819—　　）爲正使，鴻臚寺少卿辦理戶部事務阮思僩（1823—　　）爲甲副使，兵部郎中黃竝（1822—　　）爲乙副使，率團進貢，四禮並進。次年（1869）正月二十九日到達燕京，四月十日自燕京回程，十一月十三日返抵南關，前後歷時約一年半。

嗣德二十二年（1869）這次歲貢的經過，甲副使阮思僩撰有《燕軺筆錄》，前有“公文”，後有“日程記”，加以記錄③。我們從他的記錄之中可以看到沿途常有中國官員贈送圖書，例如去程：十月二十八日，湖北布政使王文韶贈《小

---

①　《粵行雜草編輯》的目錄在卷下《書目》下註記：“一千六百七十四”，與本人所言“凡 1672 筆”有二部之差，而這 1672 筆中有二筆重複（第 1035 和第 1428 同爲“阮刻鐘鼎款”），故實際收書 1671 種。又，《越南漢喃文獻目錄提要》（頁 759）説《粵行雜草》“248 頁本卷下附有作者在廣東所購書的書目”，這個説法並不正確。

②　李文馥於明命十五年（清道光十四年，1834）再度管駕平字五號船，護送風飄水師外委陳子龍回廣東，他這次出使又寫了一本《粵行續吟》（收在《粵行詩話》，書藏越南漢喃研究院圖書館，編號爲：A.300），其中有篇《序楊燕石〈越南紀畧新編〉》，提到“吾嘗閲《嶺南志》、《福建志》、《廣東、廣西志》、《臺海使槎》、《説鈴》等集，與夫《二十一史約編》之附考條、《窺豹編》之詞翰之情形對”，經查《筠清行書目》第 80 種爲《説鈴（鈴）》，第 385 種爲《廿一史》，第 969 種爲《郭樂廣東志》，第 1004 種爲《廣西二兵記》，第 1567 種爲《嶺南集》，兩相核對，稍有雷同，不過我們絶不能遽以判定這幾種書 1833 年一定曾被汝伯仕買回越南。

③　今有一部抄本藏於越南漢喃研究院圖書館（編號爲：A.852），乃使節團成員中的行人陳清廉所奉抄，署名“阮思僩撰”。

學》四部、《協辰(時)憲書》一褺，糧道臺丁守存贈《蘭言集》三卷、《築寨圖說》四卷、《小學》二部、《曠視山房制義》二褺，鹽法道何維鍵贈《讀書分年日程》二部；十一月初三日，護貢李道臺送《好樗湖詩鈔》一部八卷；十一月初四日，湖北按察鄭蘭贈每人《國語三君德》一部；十一月初六日，湖北護貢候補府伍繼勛送《十三經集字》一部；十一月初七日，署湖北漢黃德道監督漢陽關鍾謙鈞送《陳思王集》一部、《包孝肅奏議》一部、《歷代帝王世系表》四套。又如回程：五月二十日，知南陽府事劉拱宸贈《孝經》百部、《黃忠端公孝經述》六本、《百孝經圖說》一本、《太上感應註案》二本、《惜字真詮》一百張、《暗室燈》一本、《是人便讀》一本、《謝康樂全集》一部；六月二十九日，督糧道丁守存贈所著《造化究原》新刻本每人四部；七月十七日，湘陰李輔燿贈《文恭公遺集》、《黼堂遺集》；七月二十二日，何子員太史贈《文安公神道碑》；八月初五日，知衡州府事張士寬送所著《知悔齋詩草》、《堅香小隱遺稿》、《補軒詩文》各三部；八月二十日，永州太守黃文珍送《思貽堂詩集》三部，等等。

　　至於越南使節自購圖書的情況呢？阮思僴《燕軺筆錄》僅見以下兩處二月在燕京的記載：

　　　　（十八日）巳刻，同三陪臣往書肆看閱書籍。據各店主云：“江南書板為多，自兵火之後，刻板散亡，未及重刊，書目日闕而書價日高，職此之故。”

　　　　（二十日）富陽縣員蘇完成瑞來館拜會，因恃他看買人參、海狗腎、冰片、空清各項。……並問奇書、秘書諸書目，良久辭去。

　　值得注意的是，越南使節一次如清行程往往有不只一種的記錄，1869年例貢除了阮思僴《燕軺筆錄》之外，尚有黎峻、阮思僴、黃竝三人共同署名的奏本《如清日記》存世①。

　　經查《如清日記》二月十八日、二十日的內容，並沒有阮思僴、黃竝一同去北京的書店看閱書籍、和店主聊天，以及向人打聽奇書、秘書書目的記載；不過它在三月有三天，倒是記載了《燕軺筆錄》所沒有交代的購書活動：

　　　　（拾叁日）……午刻，接尚膳司楊永福、宜連奎等，遞將羊肉各項餅就館，傳稱奉大皇帝頒賜，臣等具朝服于館中拜領訖，仍給發差人銀兩土物錢文；又給發車夫錢文，買書籍載回，並買藥材服用。

────────────

　　①　現有一抄本藏於漢喃研究院圖書館，編號為：A.102。

　　（拾五日）委行人通事遞將土儀銀兩送好委員王復吉登盡，給發車夫
錢文；又買書籍載回公館，給發車夫錢文。

　　（拾玖日）飭行人往諸舖戶看買書籍，載回公館，給發車夫錢文，並換
兌銀兩取錢需用。

至於他們在北京究竟買了多少書？什麼書？還是沒有明確交代。不過，我們
可以確定他們在京期間所費不貲，因此需要不斷兌換銀兩支應。他們所購買
的書籍數量絕對不在少數，最明確的證據出現在《護送越南貢使日記》。

　　《護送越南貢使日記》的作者馬先登，是當年協助護送越南貢使的中國官
員之一，他所寫下的這部日記，有序云：

　　　　……迺其陪臣等，亦復文雅好學，買京師書籍滿二十簏以歸。[①]

這滿滿二十箱的京師書籍，乃越南使節在北京書肆自由選購而得，看樣子是
連同沿途獲贈的眾多圖書一起都被運回越南去了。

四　1870 年代，陳文準歸梓版行《五類遺規》

　　被使節買回越南去的中國書籍，私人購買者當然會自己留着，若用公帑
購置的官書當置於內閣書樓供皇帝閱覽，此外，使節們還會將它們拿來作怎
樣的利用嗎？會的，他們有的會予以重刻，以廣流傳，嗣德二十三年（1870）集
賢院編修陳文準“奉使如燕，得陳氏《五類遺規》，歸梓版行”[②]，就是一個典型
的個案。

　　在介紹陳文準重刻《五類遺規》之前，我們有必要先說明一下爲什麼中國
書需要在越南重刻？理由是：書少、價高。

　　越南使節在中國購書的目的不在於營利，每種書的數量頂多買個一二部
而已，真有大宗需求的話，只能仰賴書商進口。要是書商供貨不足，付梓重刻
不失爲滿足需求的一項解決之道，譬如嘉隆八年（1809）六月北城總鎮阮文誠

---

　　① 引自同治七年（1868）敦倫堂刻本，收在《歷代日記叢鈔》第 79 冊，北京：學苑出版
社，2006 年版。

　　② 語見《大南正編列傳二集》卷三十八，《大南實錄》第二十冊，日本慶應義塾大學言
語文化研究所複印本，1981 年 9 月，頁 8041。

便曾進《大學衍義》書表，肯定這部中國書的價值，但鑒於"卷帙繁多，清商帶來者少，從來學者罕得而見"的現象，於是"仰體德意，輒以其書付梓，工竣，印成一本，欽遞進覽，伏願頒許印行"①。

有時不是臣子建議頒行，而是皇帝採取主動，像是嗣德五年（1852）："帝將御批（清乾隆）《通鑑輯覽》、《淵鑑類函》二部書原本付梓"，這是因爲"二部書可資學者講究，惟係清書，卷數多、價高，學者難於購買"，所以"準送交山西、海陽，雇工剞劂，俾廣布，以惠士林"②。

明白了這樣的背景以後，我們再來看 1870 年代陳文準歸梓版行《五類遺規》的個案，就很容易可以理解他爲什麼要這麼做了。按所謂《五類遺規》，中國原書本名《五種遺規》，越南因避"種"字乃改之爲"類"③。《五種遺規》係清朝重臣陳宏謀（即陳弘謀，1696—1771）所編，是《養正遺規》、《訓俗遺規》、《從政遺規》、《教女遺規》、《在官法戒錄》等五種書的合集，收入《四部備要》子部儒家類。嗣德二十三年（1870），集賢院編修陳文準擔任乙副使，與正使阮有立、甲副使范熙亮"奉使如燕，得陳氏《五類遺規》"。他重刻《五類遺規》的時間是在嗣德三十一年（1878），刊刻的地點是在興安省關聖廟。現據越南漢喃研究院所藏《五類遺規》以觀，陳文準重刻時還做了摘錄和改編的工作（增入《訓俗遺規補編》，刪去《在官法戒錄》）。

陳文準歸梓版行《五類遺規》的影響是比較大的，我們發現越南另一位曾與潘清簡、魏克憻一同出使富浪沙（即法蘭西）、衣坡儒（即西班牙）的使節范富庶，他也在 1870 年代捐刻過《五類遺規》中的《從政遺規》④。甚至直到成泰六年（1894），尚有輔政府群臣倡言《陳氏五規》"嘉言善行，洵堪考鏡"，其中的

---

①　詳見《大南實錄正編第一紀》卷三十八，日本慶應義塾大學言語文化研究所複印本，1968 年 6 月，頁 792。

②　詳見《大南實錄正編第四紀》卷八，日本慶應義塾大學言語文化研究所複印本，1979 年 4 月，頁 5858。

③　阮世祖嘉隆皇帝（阮福映）乳名種，故避諱之。關於越南"諱字"情況，可參劉玉珺《越南漢喃古籍的文獻學研究》第二章"越南古籍的刊刻與抄寫"，北京：中華書局，2007 年 7 月，頁 135—137。

④　《大南正編列傳二集》（頁 7988）記載使臣范富庶："督海安日，捐刻《萬國公法》、《博物新編》、《航海金針》、《開煤要法》、《從政遺規》、《本草》諸書，自爲序文弁諸簡端，蓋欲有志者廣見聞，以裨實用也。"

《從政遺規》"尤爲當官切要"，但礙於"卷帙繁多，難於遍讀"，於是找人又加以"摘要約鈔"，詳加訂正之後，奏請皇帝用石印《從政遺規》一卷，頒給國子監與清化以南並北圻諸省，"飭各府縣並諸學堂傳鈔"①。

　　一部書被越南使節帶回去之後，竟在中國域外一再翻刻，受到如此高度的重視，這種現象在陳宏謀編輯《五種遺規》時是怎麼也預料不到的吧！

五　1880 年代，阮述在中國各地書局買書

　　關於清代越南使節在中國的購書經驗，最後的一個例子理當落在阮述（號荷亭）身上，因爲他是最後一位奉使到北京朝貢的越南正使（甲乙副使爲陳慶洊、阮懽），時間始自嗣德三十三年（清光緒六年，1880）六月，同時他也是越南在被法國全面佔領之前最後一次被派遣到天津求援的使節團副使（正使爲范愼遹），時間始自嗣德三十五年（清光緒八年，1882）十二月。

　　阮述第一次出使中國的路綫，一仍舊往，循陸路由諒山入廣西，經湖南、湖北、河南抵河北，此行著有《每懷吟草》三卷②。在他的《每懷吟草》裏，我們可以看到他往返途中都曾獲贈圖書③，而購書記錄則只有一筆，見於卷上的《梧州十首》，這組詩寫到他在廣西梧州的生活見聞，包括當地水程近通廣東，市面洋貨頗多，有商店懸掛"不二價"招牌的社會情況，其第十首作：

　　　　玻璃窗裏燦珠璣，悅目雖多愜意稀；
　　　　獨喜街頭書價賤，再來應購滿船歸。④

看來阮述乃嗜書之士，玻璃櫥窗裏的明亮珠寶他不中意，最吸引他的還是廣西梧州街上那些便宜販售的中國書籍；而他當時正在赴京的路上，攜帶不便，無法多買，若是回程再經此地，應當會大肆採購，購得滿船而歸才對。

　　阮述第二次出使中國的目的（李鴻章欲查詢越南實情，越南期待中國出

---

①　書名作《從政遺規約鈔》，從原有的二十三篇摘抄出十六篇，該石印本藏於漢喃研究院圖書館，編號爲：VHv. 1530。

②　漢喃研究院圖書館藏有四種抄本，編號爲：A. 554、VHv. 253、VHv. 851、VHv. 852。

③　例如前宣化縣令張秉銓贈其所著《于役詩集》與《擬立宣化常平稟冊》，衡州幕賓黎耀南贈《定湘王醒迷文》三十本。

④　引自越南漢喃研究院圖書館藏 VHv. 852 號抄本。

兵抗法），以及行進的路綫（採水路，由蜆港入香港，經上海抵天津），和此行所
撰《往津日記》的內容與意義等，由於法國漢學家戴密微（P. Demieville）1966
年將《往津日記》的一份舊抄本送給饒宗頤教授，饒教授撰有《阮荷亭〈往津日
記〉鈔本跋》，並由陳荆和教授整理、註釋，冠以精闢的解說，早於 1980 年在香
港正式出版，因此知之者眾，繼續深入研究的學者亦多①，本文僅就書中涉及
購書經驗的部分加以討論。

　　陳荆和編註阮述《往津日記》之《解說》早已注意到他愛到書局買書的書
生本色②，現在我們再把他在各地書局買書的情況交代得更完整一點：

　　　　（十二月廿九日，香港）至文裕堂買書。

　　　　（一月初七日，廣州）是晚至五雲樓買書，樓已失火，移居他店，書籍
亦多殘缺。

　　　　（三月初六日，天津）至見得齋書店，見有揭賣名人字蹟。余乃買李
中堂、李文田所書楹聯二對攜歸。

　　　　（四月初二日，天津）晚與黎碧峯散步至書畫舫。（書畫舫係鋪號，爲
裝裱書畫之所。主人姓李名壽彭，字紫卿。）

　　　　（九月初九日，天津）在館悶甚，乃與杜富肅步至書畫舫。又至官書
局，買書數本而回。該局於去春開設，李中堂以北地書少，乃委派員人準
領公銀，販運江、浙以南諸省（江南、江西、浙江、湖南、北、廣東）書籍至天
津，依原價出售（由招商局輪船搭載至津，不取船脚，並免關稅），俾寒士
易於購買，或請就局領書稽考者亦有，惟不准攜歸，誠惠士林之善舉也。
局內董辦爲補知府謬宜，並司事數人，薪水之費，則另由官給。

　　　　（十一月初九日，上海）至掃葉書房買書。

需要說明的是，范慎遹、阮述一行出使天津的日程記錄，今存《往津日記》、《往
使天津日記》、《建福元年如清日程》三種本子，後二種的內容大同小異，但作

---

　　①　例如許文堂主編《越南、中國與臺灣關係的轉變》（臺北：中研院東南亞區域研究計
畫，2001 年 12 月），收錄鄭永常《嗣德帝的最後掙扎：1880—1883 年的中越秘密接觸》、陳三
井《中法戰爭前夕越南使節研究：以阮述爲例之討論》二文，同時都是跟《往津日記》有關的
深入探討。

　　②　詳見陳荆和編註《阮述〈往津日記〉》，香港：中文大學出版社，1980 年，頁 14。

者歸屬（究竟是范慎遹、阮述合撰？或范慎遹獨力完成？）尚有爭議①，不過從上述六段引文都不見於《往使天津日記》、《建福元年如清日程》的現象看來，我們可以更加確定《往津日記》係屬阮述私人日記性質，而他到各地書店買書也是他的個人活動而非執行公務，這跟在他之前的使節多是爲了採購官書是很不相同的。

透過阮述在各地書店買書經驗的記錄，我們多少可以知道在 1880 年代香港、廣州、天津、上海有哪些著名的書店在營業，特別可貴的是他對天津"官書局"原價售書和開放現場借書的描述，這對於我們了解晚清名臣李鴻章創辦"官書局"的情形提供了很大的參考價值②。

六　結語

根據統計，整個清代越南遣使中國的次數大大小小約有八十幾次，時間是從十七世紀中葉到十九世紀末；若就阮朝成立的嘉隆元年（清嘉慶七年，

① 許文堂《范慎遹〈如清日程〉題解》一文主張《建福元年如清日程》、《往使天津日記》"文字內容一致"，作者爲范慎遹一人，文載《亞太研究通訊》第 18 期，2002 年 12 月，頁 24—27；劉玉珺《越南漢喃古籍的文獻學研究》第五章"越南北使文獻與詩賦外交"則認爲："范、阮二人所記日記編爲《往使天津日記》一書，而阮述單獨所記部分則集爲《往津日記》。反映二人出使的還有燕行記《建福元年如清日程》，由范慎遹編撰於建福元年（1884）"，北京：中華書局，2007 年 7 月，頁 312。關於這三個版本的內容與作者問題，且容日後另撰專文討論。

② ［清］張燾《津門雜記》卷中"官書局"一條實爲光緒八年（1882）二月開售前的一張告示："總理海防支應總局，奉爵閣督憲札飭籌備成本，購運南省官書來直，原價發售，以惠士林，現擇間津書院設局發賣。已將各省官書局書籍，一律運齊安放，並於局內懸掛總書目、售書章程，又留存刊就總書目一本。所有價值，照南省十足製錢，劃一不二。定於二月初九日開售。士子欲買購，到本局查閱書目，照章付錢取書無誤。其各府州縣尚未由地方官運書發售者，各士子亦可能托親友赴津照買。"（天津：天津古籍出版社，1986 年，頁 52—53）阮述《往津日記》所載則爲天津官書局開張七個月後的現場觀察，兩相比較可以發揮相互補證的作用。

1802)起算,十九世紀約佔四十次①。本文重點在於勾稽清代越南使節在中國的購書經驗,主要舉以爲例的是分別在 1830 年代、1860 年代、1870 年代、1880年代出使中國的汝伯仕、阮思僩、陳文準和阮述等越南的"讀書人"(身兼官員、詩人等多重身分),他們在使華之路上經常可以結交中國文官或朝鮮使節,獲得這些朋友饋贈詩文集與各式圖書,此外,還有機會在中國親自選購典籍,博覽群書,成爲北書南傳的重要媒介者。

　　這些中國書籍傳播越南的重要媒介者——越南使節,選購書籍的地點跟他們如清的路綫與目的地有關,一般是以朝貢所在的北京爲主,兩廣和上海、天津等地次之。他們採購書籍的活動,絕大多數都是在執行公務,像愛書的阮述那樣在各地書店爲自己而買是比較特殊的狀況。十八世紀的越南使節(如黎貴惇)在中國買了書還不一定能夠帶得回去,這種困擾到了十九世紀幾已不復存在,阮思僩一行所採買的那滿滿二十大箱京師書籍,想必是順利運回越南去了。這些經由使節運回越南的官書,不是商品,同一種書的數量必定有限,但爲求擴大影響,使節(如陳文準、范富庶)會自行捐刻或奏請皇帝頒行,而好觀北書的皇帝(如明命、紹治父子)也樂於用這種方式來解決國內進口中國書量少、價高的問題,並藉以訓練官員、教化百姓。

　　中國書在越南被重抄重印者不在少數,我們若從 2002 年劉春銀、王小盾、陳義主編的《越南漢喃文獻目錄提要》來看,現存大約有 500 部②;若從二十世紀初越南陳文理整理抄錄的《北書南印板書目》來算,則有 679 種③(實際數量當然遠超過此一數字),其中還包括本文一開頭引到的嚴從簡《殊域周咨錄》在內,明萬曆初年就提到安南已有許多中國典籍的這本《殊域周咨錄》,後來連它自己也流傳至越南並且被加以重印,這實在是件有趣的事,可是我們卻不知道它是在什麼時候經由何種管道傳去的?

　　我們無從知道的事情很多,例如我們可以找到一些越南使節在中國購書

---

①　參見許文堂《十九世紀清越外交關係之演變》一文之"附表 2、越南遣使大清一覽",載於許文堂主編《越南、中國與臺灣關係的轉變》,臺北:中研院東南亞區域研究計畫,2001年 12 月,頁 120—127。

②　參見"越南漢喃文獻目錄提要收錄資料統計表",載於劉春銀、王小盾、陳義主編《越南漢喃文獻目錄提要》,臺北:中研院中國文哲研究所,2002 年 12 月。

③　詳參陳益源、凌欣欣《中國漢籍在越南的傳播與接受——據〈北書南印板書目〉以考》,韓國中國學會"第 29 次中國學國際學術大會"論文,首爾大學,2009 年 8 月 20—21 日。

的綫索，但卻沒辦法確定他們到底帶了什麼書回去。雖然如此，我們仍應繼續考察清代越南使節在中國的購書活動，留意他們於十九世紀穿梭於各地書局的經驗，因爲這麼做絕對有助於我們認識當年中越文化交流的真相，同時提供了我們建構中國書坊史、清代出版史的珍稀史料。我們不妨設想，倘若沒有汝伯仕、阮述這兩位越南使節對於 1833 年廣州《筠清行書目》和 1883 年天津"官書局"的書寫，那該是多麼遺憾的事啊！

【後記】

　　關於越南使節在廣東的購書經驗，承蒙廣州中山大學程美寶教授與華南師範大學呂子遠文友賜知，清咸豐七年(1857)越南陪臣鄧廷誠亦曾奉其國王之命前來粵東採買書籍，此事張維屏《松心詩集·草堂集》、梁恭辰《巧對續錄》均曾述及，可惜十分簡略，詳情待考；又，《筠清行書目》越南抄本筆誤甚多，幸得南京大學張伯偉教授協助勘正，特此致謝。

（作者單位：臺灣成功大學中文系）

【附錄】：《筠清行書目》

1. 皇朝文典	15. 藝林伐山	29. 古學萬花谷
2. 瀛奎律髓	16. 本事詩	30. 像象管見
3. 王石(右)丞集	17. 萬事玉衡	31. 芳潤賦
4. 許文穆集	18. 二臣逆臣傳	32. 古文關鍵
5. 金批唐詩	19. 居易錄	33. 通鑑總類
6. 刪定列國志	20. 劉誠意集	34. 直齋書錄
7. 潛確類書	21. 紀効新書	35. 通鑑商註
8. 古詩源	22. 春秋繁露	36. 堪輿淺註
9. 孔廟祀典圖	23. 中經纂	37. 槑花賦
10. 從先維俗議	24. 章子留書	38. 郭氏元經
11. 橘山四六註	25. 普陀志	39. 詩經比義
12. 池北偶談	26. 陸象山集	40. 蜀水經
13. 羅浮志	27. 元豐類草（稿）	41. 搜神記
14. 讀左贅言	28. 三易集	42. 尚書考異

43. 杜樊川詩註
44. 倘湖樵書
45. 易傳附義
46. 武英殿秘書
47. 左傳經世鈔
48. 雍州名勝畧
49. 尚書說
50. 鶴林玉露
51. 魚(漁)隱叢話
52. 賜硯堂叢書
53. 粵東金石畧
54. 武備心畧
55. 頻羅庵集
56. 三國志
57. 宅京記
58. 瀛州筆談
59. 湖海詩傳
60. 札樸
61. 水經提綱
62. 七子詩選
63. 韓柳年譜
64. 古文苑
65. 敬業堂集
66. 詞林海錯
67. 地理正尊(宗)
68. 李氏焚書
69. 浙江采遺目
70. 六經流別
71. 粵西詩載
72. 庾(庚)子山集
73. 高厚蒙求

74. 區大相集
75. 國朝六家詩
76. 南宋雜事詩
77. 格言要論
78. 金石契
79. 才調集補註
80. 說鈴(鈴)
81. 本事方釋義
82. 江左三家
83. 皆大歡喜
84. 蘇采志林
85. 香乘
86. 李綱集
87. 柯氏鉛書
88. 元和姓纂
89. 毛西和(河)全集
90. 國朝別栽(裁)
91. 寓賞編
92. 弧角四類(種)
93. 秦瀛草
94. 文心雕龍
95. 繡象(像)還魂記
96. 廣百將傳
97. 能改齋漫錄
98. 朱子或問
99. 晉唐指掌
100. 歐陽史鈔
101. 晚笑堂畫傳
102. 神像傳
103. 經典釋文
104. 張曲江集

105. 庚子銷夏記
106. 刪定荀管
107. 閨範
108. 繪林伐材
109. 律賦鳳樓
110. 六書通
111. 八編類纂
112. 萬里海防
113. 批本文選
114. 經史辨體
115. 地理琅嬛
116. 綉像南柯夢
117. 子史精華
118. 菩(苦?)荅集
119. 硃批文選
120. 方房肆考
121. 湖海樓叢書
122. 求古金石錄
123. 廣韻藻
124. 焦氏易林
125. 龍龕手鑑
126. 詞苑叢談
127. 景德窯錄
128. 帶經堂詩話
129. 晚村講義
130. 匠門書房集
131. 焦氏類林
132. 花史
133. 包公奏議
134. 仙佛奇蹤
135. 晚村語類

136. 夷堅志
137. 日下舊聞
138. 朱子年譜
139. 徐文長集
140. 箋註杜詩
141. 四書提耳
142. 湖山便覽
143. 阮列女傳
144. 天都載
145. 白玉蟾集
146. 經訓堂叢書
147. 湖南講義
148. 古香齋五經
149. 岳廟志畧
150. 易貫
151. 書影
152. 洪亮吉集
153. 柳亭詩話
154. 初學記
155. 翁註閑紀聞
156. 讀史方輿
157. 今蜀藝文志
158. 玉機微義
159. 學古適用編
160. 吳郡名賢圖
161. 雲臺山志
162. 歷代統紀
163. 丹鉛總錄
164. 治河方畧
165. 內簡尺牘
166. 古聖賢圖

167. 虞翻易註
168. 粵東懷古
169. 安南國志
170. 陳子龍史記
171. 三才彙編
172. 東觀漢記
173. 涇川叢書
174. 隸辨
175. 丹鉛餘錄
176. 詞致錄
177. 四書指南
178. 焦氏藏書
179. 嚴齋學記
180. 杜詩詳記
181. 印典
182. 鮑板柳(聊)齋
183. 翠微數學
184. 黃淳文集
185. 續貢舉考畧
186. 劉批杜詩
187. 葉文莊奏議
188. 寄園寄所寄
189. 紺雪齋印譜
190. 墨池編
191. 甬上耆舊詩
192. 明紀全載
193. 米氏志林
194. 唐音戊載
195. 全唐詩話
196. 丙子消夏錄
197. 屈翁山詩集

198. 大觀堂奏議
199. 歷代詩餘
200. 四朝寶繪錄
201. 駁馬留良
202. 江聲尚書
203. 壯悔堂舊集
204. 瘋癲解圍
205. 孔子家語
206. 精華錄訓纂
207. 虎鈐經
208. 秘笈新書
209. 冒氏同人集
210. 中庸輯畧
211. 四六法海
212. 玉臺新詠
213. 香墅漫鈔
214. 詞苑萃編
215. 升庵遺集
216. 尊(宗)澤集
217. 湖海樓詩
218. 千家註杜詩
219. 七家尺牘
220. 長安圖志
221. 東越證學錄
222. 原板紅樓夢
223. 子陵釣臺集
224. 讀易管見
225. 四六爭奇
226. 王充論衡
227. 淳化帖考證
228. 南詔野史

229. 觀象玩占
230. 西陂類草（稿）
231. 說儲
232. 堯峰文鈔
233. 二林居集
234. 續文獻通考
235. 戒庵漫筆
236. 四書質言
237. 易經兒說
238. 金蓋（盞）心燈
239. 攝生聚妙方
240. 正續說乳（郛）
241. 金匱翼
242. 靈隱志
243. 綱目標題
244. 殿板郭氏易
245. 左傳節文
246. 郝中山詩
247. 東坡易傳
248. 九數通考
249. 茹古賦
250. 如世說
251. 雲煙過眼錄
252. 文致
253. 陳鵬年集
254. 攝山志
255. 清白士集
256. 請儲瀝疏
257. 周易孔義
258. 孟東野集
259. 詩韻通轉譜

260. 仕學大乘
261. 蜀碧
262. 金元詩選
263. 左傳條敘
264. 楚騷
265. 謀野集
266. 俞仲尉集
267. 四書註正體
268. 宋之問集
269. 洄瀾紀要
270. 騷（駱）賓王集
271. 蔣心餘集
272. 四書日考錄
273. 紅樹樓詩
274. 易見本義
275. 易翼述信
276. 解莊
277. 康對小集
278. 范石湖詩
279. 隆平集
280. 文獻考紀要
281. 忠武志
282. 昌谷集
283. 耳談
284. 孫燭湖集
285. 玉堂叢話
286. 蜀國春秋
287. 杜詩論文
288. 明詩三十家
289. 詩材對類
290. 昌黎詩註

291. 西湖志纂
292. 六朝文錦
293. 王註蘇詩
294. 清文四書
295. 讀史日記
296. 後樂堂綱鑑
297. 吳氏唐詩解
298. 元豐九域志
299. 施註蘇詩
300. 蓺菊志
301. 杭世駿全集
302. 尊德堂詩
303. 松陵詩徵
304. 三輔黃圖
305. 天人共寶
306. 兵鏡
307. 內臺方議
308. 岱尊（宗）小草（稿）
309. 孫刻說文
310. 辛棄疾集
311. 唐宋詩醇
312. 八甎吟館
313. 飲食辨
314. 金石文字辨
315. 孟亭居士集
316. 畫繼
317. 唐宋文醇
318. 泰山圖志
319. 粤西金石畧
320. 李詩王註
321. 唐詩別裁（裁）

322. 月峰書畫跋
323. 詩詞雜俎
324. 地理辨正解
325. 五雅
326. 沈氏詩錄
327. 陳善四六
328. 陳鑑集
329. 詞綜
330. 宋四六選
331. 張氏地理
332. 李溫陵集
333. 唐四家詩
334. 數學尋源
335. 宋六家詩
336. 山曉閣八家
337. 書經講義
338. 大學衍義全
339. 廿一家易註
340. 綠滿書窗
341. 毛西河詩
342. 潛邸(邱)劄記
343. 倪雲林詩
344. 振雅雲箋
345. 香樹齋詩
346. 綱目集覽
347. 古今文致
348. 浙江名勝圖
349. 本草洞詮
350. 呂祖全書
351. 雙谿物產疏
352. 綱目發明

353. 清嘉錄
354. 朱梅崖集
355. 宋東京考
356. 野客叢書
357. 埤雅
358. 莊老精解
359. 子平集腋
360. 陸稼書講義
361. 本事方
362. 外科秘旨
363. 古詩賞析
364. 讀史商語
365. 十家宮詞
366. 唐風采
367. 王註楚詞
368. 四庫簡明目
369. 謝氏詠史註
370. 織雲樓集
371. 大金國志
372. 鮑刻列女傳
373. 增補記事珠
374. 竹嘯軒詩
375. 通鑑箋註
376. 周易辨畫
377. 地理衍義
378. 摭古遺文
379. 爾雅圖
380. 近光集
381. 穀玉類編
382. 氏族箋釋
383. 九谷子集

384. 狀元圖
385. 廿一史
386. 讀書紀數畧
387. 稀(晞)髮集
388. 孫士毅集
389. 琉球八(入)學記
390. 周禮漢讀考
391. 明史
392. 東西洋考
393. 歷代史表
394. 昏禮通考
395. 國策
396. 陳凝齋集
397. 廿二史言行畧
398. 嚴我斯詩
399. 茶薰
400. 春秋集義
401. 名文前選
402. 明代詞選
403. 金源劄記
404. 唐詩正聲
405. 文章鼻祖
406. 玉荷隱語
407. 漁洋精華錄
408. 江左十子詩
409. 李杜直解
410. 一瓢齋詩話
411. 讀畫齋圖詠
412. 邵子湘集
413. 綱鑑玉衡
414. 嬰兒撮要

415. 水經注
416. 玉堂名翰
417. 聯疊字畧
418. 名醫彙碎
419. 木鳶詩集
420. 西沚詩集
421. 詩料集腋
422. 羣書辨疑
423. 巢林筆記
424. 五位詳明
425. 藝林合璧
426. 畫家姓氏錄
427. 賦彙錄要
428. 茅山志
429. 唐詩品彙
430. 闕里文獻考
431. 通鑑綱目
432. 梅苑(宛)陵集
433. 湘煙錄
434. 梅亭四六註
435. 博雅備考
436. 契丹國志
437. 蘇黃題跋
438. 佩玉書畫譜
439. 嘯堂集古錄
440. 詠歸亭詩
441. 卓氏藻林
442. 韓筆酌蠡
443. 畫莊類草(稿)
444. 禹貢圖說
445. 七緯

446. 姑蘇雜詠
447. 論語古訓
448. 宋元金詩選
449. 漢魏叢書鈔
450. 武經彙解
451. 半樹齋詩
452. 綱目條記
453. 齋名紀數
454. 宋元金詩詠
455. 左傳快評
456. 中山志
457. 讀易瑣記
458. 周易唾餘
459. 李杜詩通
460. 陶集
461. 韓琦集
462. 具次印譜
463. 外國傳
464. 元遺山集
465. 春秋聚
466. 唐才子傳
467. 全唐詩
468. 沈氏尊生
469. 袞露軒四草(稿)
470. 後著
471. 園(圍)爐詩話
472. 唐藩鎮指掌
473. 事文類奇
474. 鬼谷子
475. 蘭鯨錄
476. 射義圖說

477. 淵鑑函(類)類(函)
478. 廣文選
479. 粵閩巡視畧
480. 明代典則
481. 士(七)修類草(稿)
482. 子史標題
483. 白孔六帖
484. 明館閣標奇
485. 馬世奇制義
486. 十國春秋
487. 餘咎雜鈔
488. 姜禮
489. 國雅
490. 黃永年集
491. 唐八家詩
492. 十六國春秋
493. 平閩紀
494. 音學五書
495. 謝榛集
496. 修詞指南
497. 三通警策
498. 套板韓文
499. 詩賦指月
500. 隨書
501. 梅簃隨筆
502. 帝京警(景)物略
503. 疹痘心法
504. 歷朝賦鈔
505. 高註素問
506. 張山東四類(種)
507. 蜀輶日記

508. 閱（閩）板三子
509. 日知錄
510. 芝庵雜記
511. 批本高啟詩
512. 右編補
513. 皇明詩選
514. 古學彙選
515. 唐詩觀瀾
516. 鄭板橋集
517. 賦腋
518. 貝子功績錄
519. 唐雅
520. 子史彙選
521. 同文備考
522. 芸葉四書註
523. 李氏蒙求
524. 補瓢存草（稿）
525. 王百穀集
526. 雪杖山人詩
527. 廿一類（種）秘書
528. 西征紀畧
529. 東萊書說
530. 今文偶見
531. 劉辰翁杜詩
532. 古唐詩歸
533. 船山詩草
534. 諸葛書
535. 少玩齋十類（種）
536. 郭金臺詩
537. 易周洗心
538. 廣治平畧

539. 穀山華麈
540. 卜法詳考
541. 韓非子
542. 筮策洞虛
543. 魏□士文集
544. 陵堂易學
545. 十二家詩
546. 華夷風土誌
547. 春秋闕疑
548. 王龍谿集
549. 左鑒
550. 弇州四部草（稿）
551. 四書古本
552. 甿記
553. 趙半江集
554. 禮記義纂
555. 唐人試帖
556. 書敘指南
557. 元板羣玉
558. 德慧錄
559. 朱年譜綱目
560. 停雲集
561. 文選音義
562. 道腴堂詩編
563. 異物彙苑
564. 四書今古訓
565. 古今考
566. 春秋傳彙
567. 吳氏經句說
568. 古文崇正
569. 觀妙齋楚詞

570. 周易尊（宗）義
571. 明季實錄
572. 宋子湘集
573. 鄭虎文集
574. 劍南詩鈔
575. 增訂集錄
576. 家語憲
577. 扒沙經
578. 同館賦鈔
579. 蕉窗偶筆
580. 毛際可集
581. 堪輿經
582. 考古編類
583. 東璧圖書府
584. 滄洲近詩
585. 稽（嵇）中散集
586. 薩天錫集
587. 西夏書事
588. 唐詩古（鼓）吹
589. 幸魯盛典
590. 儀真志
591. 居濟一得
592. 古史談苑
593. 宣和畫譜
594. 針度編
595. 唐鑑
596. 閣帖釋文
597. 詩藪
598. 海甸野史
599. 山滿樓詩箋
600. 太平經國書

601. 爾雅	632. 延綏鎮志	663. 善卷四六
602. 潘安禮集	633. 臨症指南	664. 夏桂洲集
603. 識字畧	634. 江右八家詩	665. 韻府羣玉
604. 金批杜詩	635. 晚唐詩鈔	666. 玉堂綱鑑
605. 脈望	636. 律例示掌	667. 切韻指南
606. 榮姓堂集	637. 明鑑	668. 東坡尺牘
607. 天雨花	638. 吳壽昌集	669. 廿一史彈詞
608. 堪輿正論	639. 呂氏春秋	670. 異姓諸侯傳
609. 兩浙海堂志	640. 三家志林	671. 初譚集
610. 江村消夏錄	641. 唐詩掞藻	672. 鳳池集
611. 明經世兵書	642. 篇海類編	673. 度曲須知
612. 韻譜本義	643. 孕產全書	674. 拂花箋
613. 明人詩鈔	644. 慎獨齋通鑑	675. 醫方擇要
614. 說文新附考	645. 切問齋文鈔	676. 楊升庵集
615. 漢書纂	646. 翰詹源流	677. 呂氏韻鑰
616. 茅鹿門制義	647. 香草齋詩註	678. 聽彝堂偶存
617. 寵簡二錄	648. 春秋直解	679. 五經審鵠
618. 王遵巖集	649. 字彙補	680. 蔣選試帖
619. 黃石齋九類（種）	650. 四書要達	681. 東漢文
620. 左傳彙輯	651. 琉球國志	682. 吳門畫舫
621. 禹貢滙疏	652. 吳詩箋註	683. 蘇氏韻集
622. 王鏊集	653. 雲笈七籤	684. 班馬字類
623. 水龍經	654. 潘奕雋集	685. 古奏議
624. 歸愚詩鈔	655. 莊子因	686. 陳祖范集
625. 學林	656. 唐律同音	687. 吳門補乘
626. 說文字原	657. 八家四六	688. 尺牘清裁（裁）
627. 竹書圖表	658. 花雨集	689. 春秋世紀譜
628. 說文繫傳	659. 文章辨體	690. 喻林
629. 毛詩明辨錄	660. 坡仙集	691. 藝贊
630. 中原文獻	661. 青囊粹編	692. 文苑彙雋
631. 宋元鑑	662. 曹秀先集	693. 李空同集

694. 春秋列國志	725. 震澤編	756. 浣松軒集
695. 孟塗初集	726. 方氏墨譜	757. 兩浙鹽法志
696. 漢魏志墓例	727. 陳迦陵集	758. 容春堂集
697. 性理精義	728. 佩文韻府	759. 四六金柈
698. 鄧敬齋集	729. 雲間二韓詩	760. 宋詩善鳴集
699. 國朝四家詩	730. 錢擇石集	761. 朱註本經
700. 良朋彙集	731. 彙刻書目	762. 唐律牟箋
701. 西崑吟草（稿）	732. 周行之集	763. 陳註禮記
702. 禮記省度	733. 吳會英才集	764. 學庸思辨錄
703. 國史經籍志	734. 春秋戰國表	765. 叟甫五岳集
704. 玩劍樓詩□	735. 浙江十二家	766. 雪心賦
705. 杜詩提要	736. 諸子品節	767. 陳子龍集
706. 李穆堂別集	737. 詠古詩鈔	768. 批本四書講
707. 鳴春集	738. 楊鐵崖集	769. 弇州續草（稿）
708. 海堂新志	739. 古文廣註	770. 經玩
709. 今言	740. 天文大成	771. 聽雨軒五類（種）
710. 宋集	741. 新刻三百千	772. 嚴虞惇集
711. 陳檢討集	742. 篆正	773. 廣輿詩註
712. 周易補註	743. 雁岩（宕）山志	774. 直齋書目
713. 天台山志	744. 葉廷梓集	775. 蔡襄雙甕集
714. 嘯餘譜	745. 竹書統箋	776. 浣花軒詩話
715. 永寧通書	746. 肜管遺編	777. 六合璨言圖
716. 古文晨書	747. 三魏集	778. 朱同覆瓿集
717. 河防一覽	748. 鐵網珊瑚	779. 詩法火傳
718. 長春競辰	749. 詩人玉屑	780. 繡像西湘（廂）
719. 寵藝錄	750. 葉巳畦集	781. 袖珍羣玉
720. 緯署	751. 清文秘書	782. 杜詩集註
721. 傷寒溯源集	752. 江心志	783. 六經正誤
722. 張寵威集	753. 四書九鼎	784. 佟世思集
723. 一幅集	754. 虞初新志	785. 道書全集
724. 南江文札記	755. 五經欽定	786. 千字文體篆

787. 彭啟豐集
788. 臨民寶鏡
789. 七充
790. 夢溪筆談
791. 皇明書
792. 皇（黃）仲則詩
793. 檀弓問
794. 高江村集
795. 七經蠡側（測）
796. 回文類聚
797. 漢書旁訓
798. 大德編
799. 李杜鈔述註
800. 吳淵穎集
801. 國朝八家詩
802. 左傳釋人
803. 何氏語林
804. 芥舟文海
805. 殷士儋集
806. 朱丹溪附餘
807. 明九家詩
808. 荀子
809. 東都事畧
810. 文文山集
811. 高氏戰國策
812. 李詩補註
813. 周易九鼎
814. 屠隆白榆集
815. 吳氏醫方考
816. 讀（續）升庵集
817. 成方切用

818. 罨畫樓詩話
819. 佩文拾遺
820. 明詩別裁
821. 錢氏恒言錄
822. 小學紺珠
823. 李見羅集
824. 屈詞精義
825. 文道十書
826. 管撰唐詩
827. 杜詩偶評
828. 小知錄
829. 司馬稽古錄
830. 女科論經
831. 唐詩金粉
832. 訂訛雜錄
833. 四書思辨錄
834. 廣陵通典
835. 袖珍袁尺牘
836. 四書圖史
837. 叩彈集
838. 韓子粹言
839. 孫百川集
840. 張六湖集
841. 本朝館閣詩
842. 文編
843. 古文品外錄
844. 唐堂集補
845. 劉刻消夏錄
846. 蔣恭裴集
847. 本朝館閣賦
848. 食物本草

849. 南疆繹史
850. 閔（閩）板毛詩
851. 考工記圖解
852. 吳風
853. 秦漢文鈔
854. 輔孝兩書
855. 古今治統
856. 薛氏素問
857. 香祖筆記
858. 四書繹義
859. 聖濟總錄纂
860. 周易索詁
861. 詞林紀事
862. 問奇典註
863. 史貫
864. 麻姑洞志
865. 眉公明詩選
866. 論語義府
867. 周易折衷
868. 金源紀事詩
869. 魏唐詩陳
870. 張尊（宗）道地理
871. □墨亭尺牘
872. 綱鑑會纂
873. 百子金丹
874. 西湖窗志
875. 義山文註
876. 欽言唐詩
877. 左傳類賦
878. 宋板四家
879. 沈六圃選擇

880. 弇州後史料
881. 沈果堂集
882. 古文髓
883. 湧幢小品
884. 西蜀名勝志
885. 溫飛卿詩
886. 倦圃尺牘
887. 賦畧外編
888. 諸子褒
889. 韻玉定本
890. 珠璣藪
891. 唐詩三音
892. 然後知齋答
893. 鐵立文起
894. 六臣疏解
895. 滇南詩話
896. 江左三家文
897. 毛詩名物圖
898. 閔(閩)板左傳
899. 觚賸
900. 王景明集
901. 鐘選同館賦
902. 增刪堅瓤(瓠)
903. 呂石素集
904. 本草詩箋
905. 傷寒分經
906. 試體分韻註
907. 明文在
908. 隨課隨解
909. 三通敘目
910. 卜筮正尊(宗)

911. 宋氏家乘
912. 李滄溟集
913. 劉長卿集
914. 瘍科選粹
915. 通鑑直解
916. 王四書翼註
917. 鐘(鍾)百敬集
918. 名醫彙案
919. 劍谿詩話
920. 廣諧史
921. 會稽掇英集
922. 王註內經
923. 文選旁訓
924. 傷寒補天石
925. 高楊張徐集
926. 天祿閣外史
927. 撫登疏□(稿)
928. 曾文定公集
929. 洪武正韻
930. 孫刻抱朴子
931. 歷朝賦楷
932. 袖珍四家詩
933. 羣書備攷
934. 學庸說文
935. 三蘇體要
936. 韻學元聲
937. 筆舌珠璣
938. 黃佐批徐集
939. 四書說統
940. 毛詩類考
941. 周易義傳

942. 有懷堂集
943. 鉅文
944. 嚴鎮直集
945. 毛詩日箋
946. 宋荔堂集
947. 安陽王集
948. 地理元文
949. 醫書十二類(種)
950. 山海義
951. 杭州府志
952. 繆國維集
953. 輟耕錄
954. 史漢方駕
955. 袖珍文選詩
956. 古今韻畧
957. 王孫沐續鑑
958. 疣贅錄
959. 袖珍精華錄
960. 杜詩闡
961. 鳳州(洲)綱鑑
962. 將將畧紀
963. 醫統正脉
964. 事文玉屑
965. 袖珍醫案
966. 左粹類纂
967. 缶鳴集
968. 湯顯
969. 郭樂廣東志
970. 佩文脉(詠)物詩
971. 袖珍四書註
972. 彭梅菴傳奇

973. 陶説	1004. 廣西二兵記	1035. 阮刻鐘鼎款
974. 元戴九靈集	1005. 太伯梅里志	1036. 蔡新集
975. 鮑氏叢書	1006. 海防備覽	1037. 臥龍岡志
976. 子由古史	1007. 宣和遺事	1038. 三里折衷
977. 六合縣志	1008. 四書溫故錄	1039. 詩賦約編
978. 南朝齋文	1009. 霞客遊記	1040. 硯雲甲乙編
979. 衛藏志	1010. 叔和脈經	1041. 天元歷理
980. 海遊記	1011. 尺牘爭奇	1042. 四書考異
981. 唐詩鯨碧	1012. 張氏類經	1043. 天台方外志
982. 南史	1013. 大串珠	1044. 隱居通議
983. 停雲集	1014. 陽宅要覽	1045. 唐文歸
984. 四書籤義	1015. 經史管窺	1046. 西青散記
985. 綠羅山莊	1016. 姚板左傳註	1047. 南屏淨寺志
986. 絕妙好詞	1017. 彭芝庭集	1048. 錢塘志
987. 而菴說唐	1018. 東林列傳	1049. 潛圓集錄
988. 朱子大全	1019. 三台通書	1050. 十七史蒙求
989. 批本文選集	1020. 璇璣扶微	1051. 中吳紀聞
990. 竹窗雜詠	1021. 潛書	1052. 傷寒調辨
991. 國朝詩彭選	1022. 婦人良方	1053. 詩林韶濩
992. 香山詩鈔	1023. 四書自課錄	1054. 孝經大全
993. 四書揭要	1024. 唐伯虎集	1055. 皇明憲章錄
994. 王元美集	1025. 縹緗對類	1056. 十類(種)唐詩
995. 正續藏書	1026. 白眉故事	1057. 錦繡萬花谷
996. 山東運河考	1027. 吳郡甫里志	1058. 古文釋義
997. 淮南子	1028. 錢維城集	1059. 大桃花扇
998. 蔡氏月令	1029. 江都志	1060. 韻會
999. 爾雅新義	1030. 太平廣記	1061. 赤水元球
1000. 使琉球記	1031. 通鑑續編	1062. 四書說補統
1001. 名花傾國	1032. 古學指南	1063. 明史管窺
1002. 六書正訛	1033. 胡文恭集	1064. 匯古精華
1003. 繆昌期集	1034. 永嘉志	1065. 松源經說

1066. 古文眉詮	1097. 東觀漢記	1128. 靜致齋詩話
1067. 唐詩合解	1098. 四書反身錄	1129. 松江府志
1068. 史通通釋	1099. 左傳測義	1130. 榕城詩話
1069. 愧郯錄	1100. 傷寒大白	1131. 中州愍烈記
1070. 劉文安策畧	1101. 唐律絕箋	1132. 稽古日鈔
1071. 唐詩選句	1102. 汪氏大函集	1133. 脉訣彙辨
1072. 長生殿	1103. 黃左樂典	1134. 明季實錄
1073. 唐氏蒙求	1104. 黃你餘話	1135. 紅樓夢散圖
1074. 介石唐詩	1105. 諸葛草廬志	1136. 葉向高集
1075. 經史提綱	1106. 袖珍莊子	1137. 少林寺志
1076. 枕中十書	1107. 班馬異同	1138. 黃眉故事
1077. 才媛集	1108. 毛詩貫	1139. 浦城叢書
1078. 唐人選唐	1109. 吳匠彙講	1140. 六壬尋源
1079. 試律智海	1110. 靈芝館詩話	1141. 測圓海鏡
1080. 信心齋奏草(稿)	1111. 天章彙錄	1142. 賜硯堂新編
1081. 趙松雪集	1112. 袖珍古四家	1143. 原板諧鐸
1082. 四書集註補	1113. 湯斌遺集	1144. 十醋記
1083. 綱鑑易知錄	1114. 大學衍義	1145. 蔣九植(種)曲
1084. 花鏡	1115. 船政新書	1146. 兩朝詞綜
1085. 遊山名記	1116. 三代詩話	1147. 學約古文
1086. 漁洋說部	1117. 金陵志	1148. 何氏類鎔
1087. 揚州府志	1118. 蔡中郎集	1149. 駢體文鈔
1088. 諸花香志	1119. 西魏書	1150. 朱子四書
1089. 朔方志	1120. 大學衍義續	1151. 往深齋集
1090. 本草原始	1121. 史記平林	1152. 牧甌紀畧
1091. 中西星要	1122. 歷朝詩話	1153. 古今類傳
1092. 普濟堂志	1123. 敬齋古今註(駐)	1154. 唐文粹刪
1093. 十二史提要	1124. 庚子默定	1155. 苑詩秀句
1094. 檀默齋集	1125. 尚書通考	1156. 格致鏡原
1095. 四書淵源	1126. 韻典浙(析)疑	1157. 韻府一隅
1096. 汪槐塘集	1127. 孝順事實	1158. 汲古堂集

1159. 徐學模(謨)奏□(稿)
1160. 顧氏響全集
1161. 詁經精舍集
1162. 懷舊集
1163. 詩苑天聲
1164. 唐詩廣選
1165. 四史勘說
1166. 牧津
1167. 南詔備考
1168. 卭須集
1169. 南邦黎獻集
1170. 批本日知錄
1171. 嘉興府志
1172. 古今釋疑
1173. 圖繪寶鑑
1174. 王述庵詩
1175. 原板路史
1176. 四書叩心錄
1177. 趙氏春秋
1178. 日涉編
1179. 病機
1180. 會心偶筆
1181. 鄒維璉集
1182. 毛詩牘
1183. 王梅溪集
1184. 東坡全集
1185. 峨眉山志
1186. 六經圖
1187. 讀書鏡
1188. 林屋吟謝
1189. 全錯鱠鮮

1190. 武夷山志
1191. 闕里志
1192. 甲秀圓集
1193. 續消夏錄
1194. 御製詩文集
1195. 地理續總括
1196. 書隱叢說
1197. 封氏聞見記
1198. 古今事物考
1199. 聖歎內書
1200. 味餘書室集
1201. 地理秘旨
1202. 視履類編
1203. 于野集
1204. 地學答問
1205. 史罜
1206. 雍正上諭
1207. 堪輿秘傳
1208. 梁□明廟志
1209. 參讀禮志疑
1210. 繡像二夢記
1211. 古詩賞析
1212. 欽定錢錄
1213. 元女青囊經
1214. 程志
1215. 王常□集
1216. 清波雜志
1217. 明板初學記
1218. 陳板字典
1219. 搜地靈
1220. 六書分類

1221. 岳武穆集
1222. 西軒詩印
1223. 賦學蕃錦
1224. 聖諭廣訓圖
1225. 陽宅消夏錄
1226. 黃帝丁甲法
1227. 交山平寇署
1228. 禹貢錐指
1229. 繡像金瓶梅
1230. 宋板四大家
1231. 蘇舜欽集
1232. 黃帝甲乙經
1233. 蔬香亭清課
1234. 戰國策去毒
1235. 繡像三國志
1236. 藤陰雜記
1237. 三經統術衍
1238. 孫刻尚書疏
1239. 瞥記
1240. 震川尺牘
1241. 古板羅浮志
1242. 江南名勝圖
1243. 鄴錄
1244. 澄鑑堂琴譜
1245. 周易通論
1246. 練川十二家
1247. 讀書敏求記
1248. 九章細草圖
1249. 方勺湖集
1250. 怡心齋琴譜
1251. 武功縣志

1252. 遠鏡說	1283. 命度盤說	1314. 山河兩戒考
1253. 厲鄂詩集	1284. 武庫益智錄	1315. 兵法長短經
1254. 天文度數表	1285. 幾何術	1316. 杜詩評律
1255. 鐘鼎字源	1286. 歸田類草(稿)	1317. 琅環秘書
1256. 峯抱樓琴譜	1287. 翁補蘇詩註	1318. 飛白錄
1257. 范式碑	1288. 女科切要	1319. 二馮才調集
1258. 射覆鬼撮却(脚?)	1289. 文章練要	1320. 名山圖記
1259. 漢詩說	1290. 職方地圖	1321. 九流偶述
1260. 長安客話	1291. 離騷草木史	1322. 閔(閩)板晏子
1261. 緝古箕經	1292. 吳越備史	1323. 粲花三□(種)曲
1262. 臥雲樓琴譜	1293. 鶴山史鈔	1324. 木鷄草存
1263. 韻岐	1294. 元次山集	1325. 鄧尉山志
1264. 通元鬼靈經	1295. 妄妄鬼錄	1326. 平山堂圖志
1265. 袖珍繁露	1296. 初印爾雅圖	1327. 通鑑要選
1266. 二南圖解	1297. 離騷草木疏	1328. 楚故錄
1267. 周髀算經	1298. 初印芥畫譜	1329. 自怡軒詞譜
1268. 繡像廣寒香	1299. 一山史□	1330. 仙書玉詮
1269. 修潔齋聞筆	1300. 唐世說新語	1331. 西河文選
1270. 談資	1301. 佩文韻箋	1332. 端溪硯志
1271. 直指原真	1302. 靖海記	1333. 續世說新語
1272. 皇朝禮器圖	1303. 花間集	1334. 濯纓亭筆記
1273. 唐詩畫譜	1304. 司馬書儀	1335. 邵子擊壤集
1274. 繡像邯鄲夢	1305. 柳南隨筆	1336. 張氏錢錄
1275. 盛京賦註	1306. 西遊日記	1337. 王夢樓集
1276. 蘭桂仙	1307. 項水經註	1338. 秦漢印譜
1277. 太和山志	1308. 養心圖解	1339. 藏書志
1278. 神武火攻圖	1309. 吳騷合編	1340. 安楚錄
1279. 瑣綴錄	1310. 墨子	1341. 測海集
1280. 繡像宵光記	1311. 繡像石榴記	1342. 琵琶亭錄
1281. 杜律虞詩	1312. 慎子	1343. 成均課講
1282. 金陵圖詠	1313. 義山姚註	1344. 洪遵泉志

1345. 續萬花谷

1346. 胡子知言

1347. 百美圖詠

1348. 涇渠志

1349. 本草類方

1350. 神機白猿經

1351. 千鎮壓法

1352. 累瓦編

1353. 神樞經

1354. 獨異志

1355. 經史存論

1356. 初網唐詩

1357. 荆川文定

1358. 貢南湖集

1359. 百花洲集

1360. 倪雲林集

1361. 少林寺棍法

1362. 蓼懷堂琴譜

1363. 地圖總要

1364. 薛文清要言

1365. 漢官儀

1366. 諸儒講義

1367. 刀鎗手臂錄

1368. 楊西峯琴譜

1369. 顔真卿集

1370. 虎薈

1371. 萬氏錢錄

1372. 四書答問

1373. 串雅奇方

1374. 松絃館琴譜

1375. 江南地圖

1376. 耶蘇歷（曆）書

1377. 鐵崖詠史

1378. 綱目志疑

1379. 蓮鬚閣集

1380. 聽月樓琴譜

1381. 十家宮詞

1382. 栖真志

1383. 春渚紀聞

1384. 墨香居畫識

1385. 清承堂印譜

1386. 孫子十家註

1387. 盛京通志

1388. 研露樓琴譜

1389. 芝庵雜記

1390. 皇明說部

1391. 稽古印譜

1392. 年羹堯兵書

1393. 惠棟筆記

1394. 春草堂琴譜

1395. 古文彈求

1396. 仲氏易

1397. 顧氏印腋

1398. 東坡海外集

1399. 桑志

1400. 自遠堂琴譜

1401. 峽山寺留題

1402. 寄閒齋雜志

1403. 棉花圖冊

1404. 道藏瓊館集

1405. 金薤琳琅

1406. 學古緒言

1407. 元和紀用經

1408. 濟陰綱目

1409. 名山圖

1410. 畏壘筆記

1411. 癖談

1412. 秋水齋詩

1413. 伊浴淵漁

1414. 黎里志

1415. 皇明從信錄

1416. 詩歌韻通

1417. 考槃餘事

1418. 畫徵錄

1419. 雁門三關志

1420. 五知齋琴譜

1421. 五變中黃經

1422. 祝子罪知錄

1423. 逆臣傳

1424. 一得偶錄

1425. 羅明諫集

1426. 大還□？琴譜

1427. 地理真傳

1428. 阮刻鐘鼎款

1429. 谷永談林

1430. 北齊劉畫集

1431. 咸賓錄

1432. 曹廷棟琴學

1433. 佩文韻府

1434. 四夷考

1435. 朱子禮纂

1436. 牟陵陽集

1437. 方畧摘要

1438. 洗心齋文	1469. 南巡盛典圖	1500. 子昂漢策
1439. 山堂肆考	1470. 厓門山志	1501. 宋文歸選
1440. 勦賊圖記	1471. 續文選	1502. 大明集禮
1441. 江醴陵集	1472. 周易本義	1503. 天水文萃
1442. 續文章正宗	1473. 瓊璧文海	1504. 莊大中
1443. 耕織大小圖	1474. 星亭草(稿)	1505. 宋遼金元史
1444. 蔡芳三草(稿)	1475. 尚史	1506. 法苑珠林
1445. 大學衍義補	1476. 槐廳載筆	1507. 明文裔
1446. 彈詞註	1477. 范文正集	1508. 歙縣志
1447. 黃勉齋集	1478. 易尊(宗)集註	1509. 順積三世文
1448. 史畧韻語	1479. 大觀文海	1510. 蘆花館
1449. 程(桯)史	1480. 尤藹谷	1511. 南史
1450. 李子仙文	1481. 蘇州府志	1512. 大明律
1451. 函史上下編	1482. 清秘述聞	1513. 文苑英華
1452. 精選聊齋	1483. 史鈔	1514. 三國全文
1453. 朱子文集	1484. 程孟陽集	1515. 吳靜堂文
1454. 三禮圖	1485. 思睿齋文	1516. 安事齋文
1455. 璇璣碎錦	1486. 徐拾花文	1517. 宋衍行錄
1456. 周忠芥文	1487. 明詩綜	1518. 揚州工段圖
1457. 劍南全集	1488. 甲子印譜	1519. 浣花集
1458. 蕉窗摭錄	1489. 唐文粹賦	1520. 初唐詩紀
1459. 歸震川集	1490. 高文毅集	1521. 蓬萊山房草(稿)
1460. 宋詩永	1491. 李淡人文	1522. 聲遠堂
1461. 元會文海	1492. 徐海峯	1523. 兩淮鹽法志
1462. 同軒遺文	1493. 晉魏說文	1524. 李氏易傳
1463. 萬壽威典圖	1494. 祭輓彙錄	1525. 張子全書
1464. 古詩紀	1495. 宋文鑑刪	1526. 灼艾集
1465. 梅花筆談	1496. 四言史箴	1527. 東腋山房
1466. 容齋五筆	1497. 周來峯草(稿)	1528. 方牧原文
1467. 觀瀾文海	1498. 靜永齋文	1529. 淮南調劑志
1468. 石湄課□	1499. 晉書	1530. 全陀祠事錄

1531. 司馬温公集

1532. 楊文靖集

1533. 玉蘭山房

1534. 甄齋制義

1535. 淮醎備要

1536. 五岳游圖

1537. 性理大全

1538. 古詩解

1539. 杏花樓

1540. 朱秋圃

1541. 浙江通志

1542. 蘊光樓印譜

1543. 黃文獻公集

1544. 揚州休園志

1545. 當湖院課

1546. 葉燾菴

1547. 樗散軒叢談

1548. 欽定明鑑

1549. 困學紀聞

1550. 二程集

1551. 譚培齋

1552. 龐筠莊文

1553. 湯賓尹集

1554. 南岳志

1555. 王文成文選

1556. 蔡中郎集

1557. 沈松筠文

1558. 東川課

1559. 禮樂合編

1560. 岳麓志

1561. 丁鶴年集

1562. 三梅溪集

1563. 節貽堂

1564. 東村晚堂

1565. 傷寒三註

1566. 披芸漫筆

1567. 嶺南集

1568. 通志畧

1569. 崔蘭生草(稿)

1570. 趙希璜草(稿)

1571. 傷寒活人書

1572. 三才圖書

1573. 諸子談藪

1574. 棉津山文集

1575. 吳雨堂

1576. 佇鶴巢文

1577. 叔和脉訣

1578. 尺牘新鈔

1579. 楊士奇集

1580. 秦漢文鈔

1581. 彭素村話(稿)

1582. 蕭山汪氏文

1583. 唐律酌雅

1584. 李衞公集

1585. 帶經堂集

1586. 黃山志

1587. 紺雪齋

1588. 瀛秦草(稿)

1589. 居士傳

1590. 紀文類編

1591. 斯馨堂集

1592. 思元集

1593. 二俞合編(稿)

1594. 窗草(稿)篋金

1595. 草字彙

1596. 通鑑糾繆

1597. 文文山別集

1598. 閑閑老人集

1599. 東圃禪院文

1600. 小題洪鈞

1601. 天祿閣識餘

1602. 唐書糾繆

1603. 歷代詩岑

1604. 陸象山集

1605. 選格選法

1606. 建溪課藝

1607. 綿竹志

1608. 樂府廣序

1609. 楊椒山集

1610. 茅山志

1611. 試藝鴛鍼

1612. 周振采文

1613. 淵雅堂集

1614. 玉堂韻海

1615. 華國編賦

1616. 魏書

1617. 王汾原文

1618. 江左六家

1619. 古文法眼

1620. 泮宮疏

1621. 文甫田集

1622. 古今說海

1623. 胡斗東文

1624. 二友齋
1625. 文選雙字
1626. 性理彙纂
1627. 商輅集
1628. 大明一統志
1629. 青箱課藝
1630. 喻世欽編（稿）
1631. 陳素村四類（種）
1632. 衡齋算學
1633. 張燕公集
1634. 明板尚書傳
1635. 受采堂
1636. 盍簪集
1637. 五要奇書
1638. 周易口義
1639. 歐陽文忠集
1640. 西事珥筆

1641. 談默菴文
1642. 續鰲峯課
1643. 毛詩
1644. 廣金石韻府
1645. 王小畜集
1646. 餘冬序錄
1647. 必香樓
1648. 崇素堂墨選
1649. 太平御覽
1650. 徐節孝集
1651. 周櫟園集
1652. 海日堂集
1653. 碎金集
1654. 賦琴樓墨裁
1655. 四餘堂印譜
1656. 元微之集

1657. 貝清江集
1658. 宙合編
1659. 直省課藝
1660. 國初正訛
1661. 經解鉤沉
1662. 酉陽雜俎
1663. 偶菴集
1664. 蓬窗錄
1665. 存雅堂
1666. 陳日溪草（稿）
1667. 相業軍功考
1668. 竹舍文類
1669. 汲古閣六經
1670. 六碎齋筆記
1671. 鑑影堂
1672. 儲氏六子

域外漢籍研究集刊　第六輯
2010 年　頁 565—575

《漂流人歸帆送別之詩》考論

蔡　毅

日本列島四面環海,海難發生爲常有之事。其間從日本漂流至海外,或反之從海外漂流來日本的事件,當然也層出不窮。在江戶鎖國時代,這些並非本意、只因遇難而不得不違反禁令的日本"漂流民",便成爲當時唯一具有異國體驗的特殊群體。在經歷了九死一生、有幸回到故土後,他們還要經受幕府的嚴格審訊查問,並留有相應的記録。這樣一來,他們的所見所聞,又成爲當時極其珍貴的異域譚。這些記録,被統稱爲"漂流記",荒川秀俊編《日本漂流漂着史料》(地人書館,1962 年版)、石井研堂編、山下恆夫再編《江戶漂流記總集》(日本評論社,1992 年版)爲其資料之集大成者,可據以窺其概貌。

然而,也許是因爲漂流民幾乎皆爲底層民衆,教養有限,在衆多的漂流記以及有關筆録中,涉及漢詩酬唱者甚少。其中文政九年(清道光六年,1826)從日本越前漂流至中國川沙的寶力丸船員所留存的《漂流人歸帆送別之詩》,因其在十九世紀前期中日關係史上具有特殊的認識意義,故本文取以爲證,就其由來、文本以及内涵分别加以考述。

一　寶力丸川沙漂流始末

關於該事始末,日本關西大學松浦章教授已有詳細的介紹①。爲了叙述

---

①　松浦章《越前寶力丸の上海、川沙漂流について》,原載《若越鄉土研究》第 41 卷第 5 號,福井縣鄉土誌懇談會,1999 年。又《越前梅浦岡田家所藏の〈贈倭國難民詩〉について》,原載《或問》第 3 號,1996 年版。兩文後均收入同作者《江戶時代唐船による日中文化交流》,思文閣出版,2007 年版。

的方便，現先據松浦文將其大致經過撮述如下：

　　文政九年三月十五日，日本越前國丹生郡下海浦蓬萊屋莊右衞門所擁有的
貨船寶力丸，出發前往松前，在那裏購買了五百石昆布，八月二十八日駛往大
阪。途中九月八日遇狂風暴雨，乃隨波漂流，九月二十八日大船破損，改乘小
舟，十月一日在長江口幸遇清朝江南省松江府上海縣的漁船而得救。一行被移
送至松江府川沙廳，在那裏居留四十餘日，其後被遣返歸國，十一月十三日抵浙
江省嘉興府平湖縣乍浦，搭乘官商王宇安船踏上歸途，文政十年（清道光七年，
1827）正月三日抵長崎港。該船乘員除一名永助者於海難中喪生，生還者共九
人：船頭：善右衞門；水手：莊平、市平、孫左衞門、長三郎、利兵衞、藤藏、市左衞
門、吉右衞門。（關於具體日期、人名，各種記載略有差異，此爲筆者擇善而從。）

　　寶力丸船員在川沙期間，受到以"撫民同知"、即地方長官顧文光爲首的
當地人士的禮遇。《漂流人報告》不僅生動記述了他們在異國的愉快體驗、新
奇見聞，還多處詳細記載了他們所享用的美食，如早餐就有"餅之中に鳥の身
を入れ"（雞肉餡餅），休息時還有"菓子砂糖"（點心之類），臨別時又獲贈禮
物，"唐人笛を吹鐵砲を放ち町端迄見送御座候"（中國人吹笛放砲送至鎮
外）①。中方資料亦有類似記載，松浦文引用的江蘇巡撫陶澍道光六年（1826）
十一月十八日奏摺《奏報日本夷人回國摺子》云："臣當即飭令長洲、元和、吳
縣妥爲撫恤，加給冬衣，旋即派員將該夷人等護送至浙江省城，咨明浙江巡撫
轉送乍浦地方，交辦銅商船附搭回國。並飭行沿途地方官，一體照料，以仰副
聖王懷柔遠人至意。"②凡此種種，實難備述。但其間最值得注意的，還是關於
這次漂流的中日雙方的漢詩贈答。

　　因當時清日並無正式邦交，送還漂流民時，清朝一方不得使用官方文書；
日方覆函，也僅以"唐通事"、即翻譯者的名義。這樣一來，傳統的漢詩形式，
因其看似無涉政治，唯關風雅，反而可以借機一顯身手。在寶力丸船員即將
返日時，顧文光先賦七律一首，其後部屬李檮、胡志堅、姜佑昌、顧心興等四人
各次其韻，以爲送行。這五首詩被攜歸日本，統稱《贈倭國難民詩》。越前國
藩士平山連、水間敬見之，又分別唱和，七首詩合稱《漂流人歸帆送別之詩》，
現藏遼寧省圖書館。這個特殊情境下的漢詩贈答，於是構成了清代中日關係

---

　　①　《漂流人報告》，《續片聾記》卷四，頁 791、793。關於該書，詳見本文第二節。
　　②　陶澍《陶雲汀先生奏疏》卷十七，撫蘇稿，頁 16 表—頁 17 裏。

史上的一道罕見的景觀，奇文疑義，頗值玩味。

二　贈答詩文本考訂析義

目前已知記錄中方《贈倭國難民詩》的文獻，計有六種，現分述如下：

1.《唐山漂流記》，手抄本，與《八丈島筆記》合訂一冊，福井縣小浜市立圖書館酒井家文庫所藏。按酒井家文庫係小浜藩主酒井氏子孫所贈，其中多爲大名家傳承之物，《唐山漂流記》當爲其中之一。該書在抄錄中方贈詩之後有附記：“右記錄文政十年丁亥冬從福井呂華來示，戊子春正月偶爾謄寫。敦賀吉田宗龍封事之，西涯匩記。”（筆者判讀）由此可知，文政十年（清道光七年，1827，丁亥）冬，即寶力丸船員九人已平安返回福井（屬越前國）後，有一來自福井名“呂華”者攜有抄本，敦賀（屬福井縣）人吉田宗龍“封事之”（意或爲將抄件封存保管），又由一名“西涯”（“匩”字意不明）者於次年（1828，戊子）正月謄寫。但《唐山漂流記》的抄錄者定勝對此加有按語：“此記錄傳寫誤多，難解所往往有之，原本之儘寫錄之。右借北川氏藏書翻寫之。”意謂這份記錄似乎多有舛誤，自己只能“原本之儘寫錄之”（照原樣摹寫）。今檢核原文，不少地方確屬“依葫蘆畫瓢”，如把“爾”抄成“不用”，把“覓”抄成“不見”，既不具備起碼的漢字讀解能力，也不理解七字一句的漢詩基本規則。由此推測，很可能原件已在長崎被勘問時收繳幕府，此乃寶力丸船員中“稍知書寫”的“名市平者”的抄本，乃至以訛傳訛。《唐山漂流記》末署：“嘉永貳己酉年霜月下旬寫之。河合氏拜借。定勝。”可知此爲嘉永二年（清道光二十九年，1849，己酉）七月下旬抄成，底本借自河合氏，抄錄者爲定勝。（以下簡稱“小浜本”）

2.《鄰交徵書》，伊藤松（威山）編，天保十一年（清道光二十年，1840）成書。該書係伊藤從中國史書以及各種文集、雜著、乃至私人收藏手稿中收羅而成的有關中日關係的資料彙編，在當時堪稱集大成之作。《贈倭國難民詩》收於該書三篇卷之二，詩末伊藤標明錄自“漂民記”。據岩波書店《國書總目錄》，“漂民記”即《漂民御覽之記》，又名“漂民記”、“漂民臺覽之記”、“漂民御覽記”、“漂民上覽記”，桂川甫周（國瑞）著，寬政五年（1793）成書，時間顯然與寶力丸漂流之事不合。查京都大學圖書館富士川文庫所藏《漂流御覽記》，《贈倭國難民詩》也未見收錄，伊藤所云“漂民記”究竟何指，姑且存疑。《鄰交徵書》有東京國書刊行會 1975 年影印本。（以下簡稱“鄰交本”）

　　3. 福井縣丹生郡越前町梅浦岡田家所藏屏風。前引松浦文已詳述其實地調查始末。按梅浦至江戶時期末年亦稱“海浦”，與寶力丸爲同一地。岡田家爲朝倉氏之遺臣，係當地望族①。該屏風共兩雙，一雙六曲，一曲四行，在抄錄《贈倭國難民詩》之後有附記：“天保辛丑孟秋三日，書爲岡田賢兄。時日已黃昏，不識筆，亦步岸從作崖。紫山道人庸德。”可知屏風抄於天保十二年（清道光二十一年，1841，辛丑）七月三日，抄錄者爲中村庸德（姓據印款）。（以下簡稱“岡田本”）

　　4.《續片聾記》，山崎七郎右衛門（英常）著。山崎爲幕末福井藩士，《續片聾記》爲伊藤作右衛門著《片聾記》之續編，係編年體之福井藩史，《贈倭國難民詩》見於卷四“漂流人報告”。該書完成於弘化二年（清道光二十五年，1845），後收入《福井縣鄉土叢書》第二集，1955 年由福井縣立圖書館刊印發行。（以下簡稱“片聾本”）

　　5.《清國漂流記》，原爲藤井勇氏所藏手抄本，齋藤巖雄解讀，收入南越文化財研究協議會叢書第三集《海浦船員清國漂流記（附、俄羅斯漂流記）》，1958 年由福井縣南越文化財研究協議會刊印發行。（以下簡稱“南越本”）

　　6.《漂流人歸帆送別之詩》，遼寧省圖書館藏。此爲浙江工商大學王寶平教授於調查國內圖書館館藏日本漢籍時所發現②。筆者承遼寧師範大學張永芳教授協助，得獲該本照片。此係手抄本，共 11 頁，漢字旁有日語假名訓點，顯然出自日人之手。從有“大清國”字樣處皆換行頂格書寫，而言及“日本”處則並不一定如此來看，其底本或爲中方最初的贈詩，或爲其摹寫本，抄成時間則不明。遼寧省圖書館曾接收大量日據時期舊滿鐵資料，此或爲其中之一部。（以下簡稱“遼圖本”）

　　上述文獻中，同時錄有日方答詩的，只有遼圖本《漂流人歸帆送別之詩》。筆者以遼圖本爲底本，參照其他諸本加以校訂。與遼圖本有異而顯然遼圖本正確者，一般不再出校，如小浜本舛誤甚多，大多無足取資。唯其他諸本可取或異文略有參考價值者，則作爲校記附於其後。現將筆者視爲定本之原作及校記照錄如下：

　　①　《福井縣史》“資料編”5，福井縣編，1985 年版，頁 592。
　　②　王寶平《中日漂流民贈答詩勾沉》，載徐靜波、胡令遠主編《東亞文明的共振與環流》，上海社會科學院出版社，1996 年版，頁 214—217。

《漂流人歸帆送別之詩》

贈倭國難民詩

此本名詩，爲你們被難到川沙所作，你們拿回日本送國王看，有賞你們。[1]日本國航海商民，遭風漂失，到我大清國江南[2]松江府川沙撫民廳境內，得漁船相救至城中。與之通話[3]，彼此不解，幸番夷中有名市平者稍知書寫，始悉伊等於大清道光六年九月九日，裝載昆布貨，由日本國出海，至大阪地方銷售。在船共十人，皆住越前島。適遇大風，船被漂流幾晝夜，至二十八日，大船[4]破裂，一人名永助者已溺海中，此外九人乘小舟隨風逐浪，至三十日，遇救得生。余職任[5]地方，勉加撫恤，安頓棲宿，賦詩紀事。

川沙撫民府
顧文光

番舶乘風碧海頭，淩波豈計怒潛虯。
三秋爽籟來中土，萬里鄉心憶故酋。
逐利幾忘身是我，重生應以喜消憂。
何如揮手三山去，渺渺憑虛不繫舟。

川沙典吏　金山縣人
李　檮

倭人涉[6]海爲蠅頭，小舶漂沉[7]遇怒虯。
三百年前犯我土，數千里外救夷酋。
故鄉自有傷心慟，異地應無枵腹憂。
記取聖朝恩莫大，懷柔替爾覓歸舟。

徽州府績溪縣人
胡志堅

裸衣赤足更蓬頭，悲述番檣付海虯。
小島飄零餘斷梗，長官撫恤慰殘酋。
江南木落秋同感，天際心懸我共憂。
（自注曰：予僑居海上二[8]十八年，屈指十八寒暑未歸故里。）

萬八千程登彼岸，慈雲呵護送歸舟。

松江府南匯縣庠生
姜佑昌

萬千里外唱刀頭，回首茫茫驚碧虯。
漂泊轉攸[9]來上國，別離難望見鄉酋。
略知文字能通語，一樣肝腸應結憂。
撫恤幸逢賢宰執，爲籌衣食覓歸舟。

松江府南匯縣庠生
顧心輿

送爾言旋天際頭，布帆無恙臥蛟虯。
仙山縹緲由今路，蓬島棲遲憶舊酋。
晁監旌旄曾有詔，喬公保障靖無憂。
（自注曰：喬公名木，前明嘉靖時名臣，築川沙城，禦倭有功。）
此來小住恩寬大，帝德東覃載滿舟。

次漂民餞送詩之韻
大東越前福井府士官
平山連

波濤萬里海西頭，求利小民因怒虯。
仁國固雖多厚惠，神朝何必比胡酋。
長官殊閔漂流苦，商旅遂忘饑渴憂。
賴有騷人韻士在，數篇錦字附歸舟。

次韻漂民餞送詩

大日本越前藩府士
水間敬

相送西方天盡頭，歸帆豈復起潛虯。
我邦自古真皇帝，彼土于今實狄酋。

只賴寬容些子惠，遂忘齮龍[10]若干憂。

不須海外累傳譯，願把文風送載舟。

校記：[1]"你們"之前一段，小浜本、鄰交本、岡田本無。[2]"江南"二字遼圖本無，據諸本改。[3]"語"，遼圖本作"話"，據其他諸本改。[4]"被漂流幾晝夜，至二十八日，大船"一段小浜本無。[5]"任"，岡田本、遼圖本作"住"，據其他諸本改。[6]"涉"，遼圖本作"沙"，據其他諸本改。[7]"沉"，遼圖本作"流"，岡田本、南越本作"波"，據小浜本、鄰交本、片聾本改。[8]"二"，鄰交本作"已"，其他諸本均作"二"。[9]"攸"，其他諸本均作"欣"，顯然以遼圖本爲後出轉精。[10]"齮龍"二字意不明，且不合平仄，姑存疑。

兩首日方的和詩，不見於日本任何史料，端賴遼圖本得以留存，吉光片羽，彌足珍貴。儘管這兩首詩當時很可能並未送抵中土，只不過是日人隔海遙嘆，聊以自慰，但從這貌似恭敬的"禮尚往來"之中，我們卻分明可以嗅到當時中日之間觀念衝突的烽火硝煙——"華夷之辨"在新時代的嬗變位移。

三 華夷觀隔海交鋒考原

縱觀中方贈詩，若一言以蔽之，或可稱之曰天朝大國的優越感。如小序開宗明義的"你們拿回日本，送國王看，有賞你們"，鋒芒直指對方"國王"，並儼然以清朝代言人自居，毫不顧忌自己實際身份的低微。也許是因爲這種措辭過於失禮，小浜本、鄰交本、岡田本才把這一句刪除了。五人詩作，宣揚的都是"聖朝"、"上國"的"帝德"，以及"賢宰執"即顧文光的"恩寬大"，譏諷的則是"倭人"爲"逐利"而不顧身家性命的"漂泊轉攸"，其中"裸衣赤足更蓬頭"等描寫，更是把對"番舶"、"夷酋"的鄙視，表現得淋漓盡致。

與此同時，這些詩作也追溯了中日之間的歷史恩怨。如指斥其"三百年前犯我土"，贊頌明代將領喬木築城"禦倭有功"①，以此表示不記前仇舊恨，對

---

① "喬木"史無明載，按諸抗倭史實，或爲喬鏜之誤。喬鏜（1508—1557），字子聲，號春山，上海人。嘉靖三十二年（1553）倭寇犯東海，鏜以徵授團練，集當地民眾千餘人擊退之，得巡撫御史上奏議授官。"而後守黎遵訓檄公城川沙，諸任版築多中下豪，公抉其失職者"，因之受謗，憤懣而卒。（以上據[明]王世貞《贈奉政大夫春山喬公暨配封太宜人儲氏墓誌銘》，《弇州續稿》卷一〇四）按喬鏜抗倭，川沙築城，事在1553—1557年間，距實力丸漂流川沙恰約"三百年"，故顧心興詩注云"喬公名木"，恐係傳寫有誤，實爲喬鏜。

昔日敵國之民，依然施手相救。反之，對"晁監旌旆"，即當年遣唐使晁衡的追懷，又顯示了友好交流的源遠流長。而借機抒發個人感傷，像胡志堅自嘆"屈指十八寒暑未歸故里"的插曲，也平添了一絲人性的溫馨。

如果說中方諸作只不過是"懷柔遠人"傳統心態的表露，那麼日方的兩首和詩，就頗爲意味深長了。

兩相比較，平山之作略顯謙恭：既承認己方爲"求利小民"，也稱頌對方"仁國"的"厚惠"。唯有"神朝何必比胡酋"一句，委婉表示了對貶斥本國的不滿。而水間之作，則奮起反擊，針鋒相對："我邦自古真皇帝，彼土于今實狄酋。"東瀛此地，才是淵源有自的真命天子；而西土彼岸因滿清本爲異族，實際上已淪爲夷狄之邦。由此追溯到 1200 年前，遣隋使小野妹子上國書，劈頭一句"日出處天子致書日沒處天子"，使得隋煬帝大爲不悅。其後裴世清回訪，歸國時小野妹子同行，所攜國書又以"東天皇敬白西皇帝"開篇，依然桀驁不馴，以致今日大多學者認爲，爲了避免爭端，這份國書很可能並未遞交隋朝。僅從中日外交史的這個開端，就可以知道日本爲了爭得對等地位，曾經如何煞費苦心。時過境遷，歷史走到了清朝，日本北海岸的兩個無名之輩，竟然不僅"僭越犯上"，還公然向歷來以宗主國自居的天朝大國下了顛倒乾坤的戰書，他們的這份勇氣，究竟從何而來？值得作一番深究。

與明清易代幾乎同時，日本也結束了常年戰亂，確立了德川幕府的統治。面對異民族支配的滿清王朝，江戶時代日本的中國認識發生了重大的變化，其主要內容之一，即華夷觀念的相互易位。

華夷觀念肇始於夏、商，定型於春秋時代，即以華夏族爲正統，而視周邊的異民族爲夷狄。中國史書關於日本最早的詳細記載，就見於《三國志》魏書的"東夷傳"。而區別華夷的標準，並非地域人種，而是禮樂文化："諸侯用夷禮則夷之，進於中國則中國之。"①因此日本長期以來雖然有意識地獨立於以中國爲宗主國的朝貢體系之外，但在文化上，還是尊奉中華文明爲正宗，並努力獲取其對自己的認同。元朝入主中原，進而試圖征服日本，面對這個"夷狄"政權，日本優越論開始擡頭。北畠親房（1293—1354）的《神皇正統記》（1339 年著）開篇即云："大日本者，神國也。"其後復云："一如異國稱我國爲東

---

① ［唐］韓愈《原道》，屈守元、常思春主編《韓愈全集校注》（五），四川大學出版社，1996 年版，頁 2664。諸本"進於中國"之上或有"夷而"二字。

夷，我國亦可稱彼國爲西蕃。"①明代沿海倭寇爲患，再加之豐臣秀吉侵朝。日本直接挑戰中華權威，兩國交惡，使得日本的對等意識更加上昇。"惟中華而有主，豈夷狄而無君？"②明初這份日本國王上表答，似乎已預示了有明一代日本分庭抗禮的決心。

　　滿清王朝的建立，對日本以及朝鮮等各國日漸紛雜的華夷觀念，幾乎是一個毀滅性的打擊。由來已久的"小中華"之說，即承認自己對於中華文明的從屬地位，在這時又被賦予了新的内涵——中華本土淪爲夷狄之域、文明中心實已東移的思想，在東亞漢字文化圈浸浸然而趨主流。對此朝鮮早已當仁不讓，高麗王朝時即向宋廷自稱"小華"。經歷了元朝"夷狄"的壓迫後，李朝時期慕華崇明思想日甚，並自認與明王朝同爲世界中心。滿清入關後，李朝乃以中華文明唯一的正統繼承者自居。而日本在東亞華夷體系中，向來不以朝鮮爲然，此時更是捨我其誰，亟欲取中國而代之，如山崎闇齋（1618—1682）即云："中國之名，各國自言，則我是中，而四外夷也。"③其弟子淺見絅齋（1652—1711）更進而作《中國辨》，稱中國夷狄不過是一種相對的地域概念，從中國角度看，自然視本身爲中而周邊爲外，反之亦然，"不知此而讀儒書，以外國爲夷狄，由此進而視世間萬國皆爲夷狄，而不知吾國與天地共生，不待他國之固有國體，其誤甚矣。"④也就是說，儘管他們依然尊奉"華夷之辨"，但隨著政權的更替，文明的嬗變，其文化主體可以置換轉移。自山鹿素行（1622—1685）在《中朝事實》（1669 年著）中首稱日本爲"中國"以來，這種華夷觀念的易位，在日本已隱然生根。林春勝、林信篤父子編撰的《華夷變態》，彙集了清順治至雍正八十年間（1644—1724）的"唐船風說書"，就顯示了他們對明清鼎

---

　　①　北畠親房《神皇正統記》（上），覆刻日本古典全集（四），現代思潮社，1983 年版，頁 1，頁 33。原文日文："異國ニハ此國ヲバ東夷トス，此國ヨリハ又彼國ヲモ西蕃ト云ルガゴトシ。"

　　②　［明］嚴從簡著，余思黎點校《殊域周咨錄》卷一，中華書局，1993 年版，頁 56。

　　③　山崎闇齋《垂加草》卷十七《文會筆錄》八之二，《山崎闇齋全集》上卷，日本古典學會，1936 年版，頁 373。

　　④　淺見絅齋《中國辨》，日本思想大系（31）《山崎闇齋學派》所收，岩波書店，1980 年版，頁 416。原文日文："ソレヲ不知シテ，儒書ヲ見，外國ヲ夷狄ト云サマ，アルトアラユル萬國ヲ皆夷狄ト思ヒ，カッテ吾國ノ固ヨリ天地ト共ニ生ジテ他國ヲ待コトナキ體ヲ不知。甚アヤマリ也。"

革之際中國社會變動的強烈關心，而該書的命名，也使其編撰旨歸昭然若揭。至江戶中期本居宣長（1730—1801）力倡國學，鼓吹"神國"，對傳統的華夷之說做了根本否定，更把東亞世界中唯日本獨尊的思想推向極致："以皇國觀之，蒙古抑或明朝，無非戎狄而已，豈有他哉？"①雄踞中原的明朝尚不過如此，遑論僻居東北一隅的滿清？

　　因此，儘管華夏的"大一統"，實際上是到清朝才真正實現了對廣闊疆域的掌握控制；清室的迅速"漢化"，也使他們儼然擁有傳承中華文明的正統地位；但"夷狄"的先天出身，使清王朝在東亞漢字文化圈發聲時，始終顯得底氣不足。也正緣於此，我們對彼岸兩位文士的"據理力爭"，也就不足爲怪了。他們所據的"理"，其實就是一種日本版的新生華夷觀。

　　此處須加注意的，是這種逆轉性華夷觀對日本社會底層的滲透。本居宣長直至臨終連續九年執筆的《玉勝間》中，記錄了越前國府中（今武生市）藥商伊藤多羅爲了追求日本的"產業之學"，曾特地攜帶自己的著作前往伊勢松阪，直接向宣長請教，並得到宣長的鼓勵②，可見當時宣長的學說和名聲，已遠播本州北部海隅。再看日方兩位作者的自稱，一是"越前福井藩士官"，一是"越前藩府士"，這種身份，日本通稱"藩士"，即"大名"（諸侯）的家臣，屬地方一般衙吏。對此二人，號稱收羅詳備的《三百藩家臣人名事典》（新人物往來社，1988 年）"越前國"部不見記載，最新版的《福井縣史》皇皇 26 冊（福井縣編，1985—1998 年）亦未覓得蹤影，可知絕非達官顯宦。據松平慶永爲福井藩主期間（1838—1858）的《嘉永五子年給帳》，當時福井藩中以"士"的身份領取俸祿者，竟達 828 人③，足見其地位之不足道。小小藩士，也敢於挑戰"仁國"的權威；"草根"之間，也有如此關乎"國體"之爭——十八世紀中葉以來日本民族意識的愈發高漲，文化自信的日益增強，於此亦可見一斑④。

---

　　①　本居宣長《馭戎慨言》下之卷上，《本居宣長全集》第八卷，筑摩書房，1972 年版，頁 77。原文日文："御國より見れば、蒙古も明も、ただ同じ戎狄にこそあれ、何のけちめかはあらん。"

　　②　本居宣長《玉勝間》卷十，"もろもろの物のことをよくしるしたる書あらまほしき事"條，《本居宣長全集》第一卷，筑摩書房，1968 年版，頁 299—301。

　　③　《福井縣史》"通史編"3，福井縣編，1994 年版，頁 70。

　　④　關於這個問題，張伯偉《漢文學史上的 1764 年》（《文學遺產》2008 年第 1 期）有精彩論述，可參看。

　　清末日本漂流民參與的這場漢詩往還，如上所述，折射了那個時代的多重投影。但在歷史風雲已消逝遠去的今天，我們從中最能鮮明感受到的，仍是東亞漢字文化圈中"漢詩"這一特殊紐帶的強大生命力。中方姜佑昌之詩，慶幸漂流民中有人"略知文字能通語"，使得雙方能夠跨越"與之通話，彼此不解"的障礙，通過筆談順利交流；日方兩首和詩的尾聯："賴有騷人韻士在，數篇錦字附歸舟。""不須海外麋傳譯，願把文風迭載舟。"也都不約而同地把中日交流的基點，歸結爲雙方的"文字緣"。正是有賴於"騷人韻士"們"不須傳譯"的溝通能力，我們才得以觀賞到這齣唇槍舌劍的歷史活劇，品味到這段色彩斑斕的時代畫卷。

2009 年 10 月於名古屋

　　（本文 2009 年 9 月於臺灣中研院中國文哲研究所主辦的"四海斯文自一家：東亞使節文化書寫"國際學術研討會上發表時，承畏友劉序楓多所指正，乃得據以改訂，高情厚誼，謹誌紙端。又，本文寫作獲南山大學 2009 年度 PACHE 研究獎勵費Ⅰ—A—2 資助，亦記以致謝。）

（作者單位：日本南山大學）

域外漢籍研究集刊　第六輯
2010 年　頁 577—594

晚清廣東李長榮與日本詩人之交誼考

程中山

李長榮(1813—1877)是晚清廣東著名詩人。目前學界對其人其詩研究極少。然而李長榮的著述在清代詩話史、廣東詩壇上並不平凡,值得注意。就前者而言,李長榮曾於十八歲時撰寫《茅洲詩話》四卷,可能是清代最年輕的詩話作者;就後者而言,李長榮是繼黃培芳、張維屏之後的廣東詩壇領袖,生前所編《柳堂師友詩錄》選錄二百多位師友詩集,文獻價值頗大。除此之外,李長榮晚年更遠交日本詩人,編有《海東詩話》、《海東唱酬集》,見證中日詩歌交流的歷史,猶有價值。本文將集中討論李長榮與日本詩人的交誼,闡述《海東詩話》、《海東唱酬集》二書的存佚及特色,並詳細指出八戶順叔與李長榮的交遊,揭示這一段中日詩歌交流史的始末。

1. 李長榮生平略述

李長榮,字子黼,一作子虎,少字文炳,齋號柳堂、深柳書堂。廣東南海人。世居廣州。少師事番禺蘇鴻(翔海),後師事張維屏。廩貢生。道光十一年(1832)鄉試不第。咸豐六年(1856)官儒學訓導,加光祿寺典簿,同治四年(1865)廣州教諭。光緒三年(1877)卒,終年六十五歲。編撰有《柳堂師友詩錄》、《壽蘇集》、《茅洲詩話》、《柳堂詩話》、《海東詩話》等。

李長榮年少好詩,十八歲撰《茅洲詩話》,自道光十六年(1836)師事張維屏後,詩學大進,張維屏《藝談錄》評云:"子黼弱冠即有詩名,後乃轉益多師,進而益上。諸體皆有佳作,而七律尤長。大約于古則出入香山、誠齋、放翁之

間，于今則濡染于初白、隨園、仲則諸集，故能使筆如舌，出手如環。"①李長榮
一生善於交際應酬，廣與海內外詩家交遊，其寓齋"柳堂"更是晚清廣東詩壇
雅集的重地。潘飛聲（1858—1934）《在山泉詩話》云：

> 　　道咸間，張南山、黃香石兩先生以詩文壇坫盛嶺南，門下多才，時同
> 載酒。南山七十生辰，陳蘭甫京卿爲撰壽序，以隨園相比。張、黃歸道山
> 後，則騷壇文宴，咸推柳堂。堂在城南太平煙滸，主人李子虎學博（長
> 榮），南山入室弟子也。所編《柳堂師友詩錄》二百餘家，已刊行海內。惟
> 詩文稿散佚無存，吾家多藏其詩札，則廣文與先太父文學公唱和最
> 夥也。②

由是可知，李長榮的"柳堂"是凝聚廣東風雅的重要壇坫，然而潘氏提及李氏
"詩文稿散佚無存"，故其詩集不傳，對研究造成困難。不過，李氏曾編《柳堂
師友詩錄》，收錄二百多位友人的詩作，雖有自我標榜之嫌，但其對保存晚清
詩歌文獻貢獻頗大，邱煒萲《五百石洞天揮麈》云："南海李子黼廣文以刻《師
友錄》廣交得名，其詩頗尚嚴整，無空滑之習。在當時同人中，亦一佼佼者。"③
因此研究李長榮，就不能忽略這部大型的選本。《柳堂師友詩錄》所收第一家
爲其師張維屏，張氏詩名垂播海內外，高麗、美利堅等國人亦爭購其詩集④，而
李長榮也頗有其師風範，爲日本詩人所推重，如廣東李文泰（1840—1913）推
許云："詩傳徐市國，名動趙佗城。"⑤孫橒《餘墨偶談》亦云：

---

① 　張維屏《藝談錄》，收入楊揚整理《三百年來詩壇人物評點小傳彙編》（鄭州：中州古
籍出版社，1986年版），頁438。
② 　潘飛聲《在山泉詩話》（古今文藝叢書本）（揚州：江蘇廣陵古籍刻印社影印本，1995
年版），卷1，頁26a。
③ 　邱煒萲《五百石洞天揮麈》（《續修四庫全書》影印光緒二十五年（1899）邱氏粵垣刻
本）（上海：上海古籍出版社，1995年版），卷7，頁5b，總頁173。
④ 　李長榮道光三十年（1850）《松心詩略序》云："吾師南山先生以詩名垂四十年。海
內海外之人至廣州城者，每向書肆購先生詩集。而全集刪改未定，剞劂未完，書肆無以應。
因商諸先生門人，請於全集中摘十之二三，別梓以行，名曰《松心詩略》。二十年前，高麗國
人在都中覓先生詩集。近年，如美利堅爲海外極遠之國，其國人亦聞先生之名，誦先生之
詩。此與唐時雞林國人誦白香山詩同爲藝林佳話，故因編《松心詩略》而附及之。"見張維屏
《張南山全集》（廣州：廣東教育出版社，1993年版），第1冊，頁1。
⑤ 　李文泰《庚午七月既望過訪柳堂呈家子虎光祿》，李文泰《李小嚴文泰先生遺著》
（香港：大同印務有限公司影印民國版，1987年版），頁89—90。

　　日本詩教甚盛。近有詞人江戶百戶藤順叔（宏光），不遠數萬里，航
海至柳堂從李子虎光祿問詩，自稱海外詩弟子。其別子虎有句云："他日
倘尋江戶宅，白蓮秋水夕陽邊。"亦殊有美思也。①

孫橒提及百戶藤順叔，就是八戶宏光，原名喜三郎，字順叔，以字行，他曾在廣
東拜李長榮爲師。李長榮不但收八戶順叔爲弟子，晚年更神交許多日本詩
人，唱酬無虛，又選編〈海東唱酬集〉以誌盛事。

　　2. 李長榮與八戶順叔

　　目前，有旅日學者陳捷教授、蔡毅教授先後肯定研究李長榮與日本詩壇
關係的價值。陳捷《明治前期日中學術交流の研究》（2003）及蔡毅《李長榮
〈海東唱酬集〉考》（2008）分別考述李長榮所編《海東唱酬集》②。2009 年，陳
捷《幕末における日中民間交流の一例——知られざる日本人八戶弘光につ
いて》③，專談八戶順叔其人其事，分析其在中國的言論、交遊等事跡，其中涉
及與廣東文人的關係，惜未有具體探討。然而，其文附有早稻田大學圖書館
所藏"李長榮筆談資料"，乃八戶順叔保存當年與李長榮、何一山等廣東文人
往來的信札殘箋，有進一步研究的空間。筆者近年注意李長榮的詩話，對李
氏與日本詩人交誼也頗感興趣，欲考述這段以李長榮爲中心的中日詩歌交流
史，探究其始末與回響。李長榮與日本有關的著述主要有《海東唱酬集》、《柳
堂師友詩錄・順叔吟草》、《海東詩話》，後者《海東詩話》已佚。

　　若要探討李長榮與日本詩壇的關係，必須先認識八戶順叔這個關鍵人
物。由於李長榮詩集不傳，所以需要參考其所編的《順叔吟草》，以及八戶順

　　①　孫橒《餘墨偶談》（臺北：大立出版社影印本，1982 年版），卷 5，頁 12a。

　　②　陳捷《明治前期日中學術交流の研究》（東京：汲古書院，2003 年版）。蔡毅《李長榮
〈海東唱酬集〉考》，初載臺灣成功大學文學院、中文系及臺灣文學系《異時空下的同文詩寫
——臺灣古典詩與東亞各國的交錯國際學術研討會會議論文集（二）》（2008 年 11 月 29 日
至 30 日），後收入《臺灣古典文學研究集刊》（創刊號）（臺北：里仁書局，2009 年版），頁
393—408。

　　③　陳捷《幕末における日中民間交流の一例——知られざる日本人八戶弘光につい
て》曾在 2000 年 10 月於東京大學日本中國學會第五十二回大會上宣讀，後載《中國哲學研
究》（東京：東京大學中國哲學研究會，2009 年 11 月），第 24 號，頁 179—211。中山按：拙文
曾在 2009 年 8 月於吉林省延邊大學國際東方詩話學會第六次學術大會上宣讀，其後定稿。
2010 年 1 月，陳捷賜示大文，獲益良多，乃略作修訂，並蒙黃耀堃師之指教，謹此一併致謝！

叔所保存的"李長榮筆談資料"。《順叔吟草》編入《柳堂師友詩錄》的最後一卷,也是"海外卷"的唯一作者,書前有李長榮所撰小傳云:

　　　　藤宏光,字□□,號順叔。日本國江戶人。余少年好作山水,日本米菴嘗刻《小山林堂書畫錄》,特采柳堂舊作便面。君爲米菴弟子,見畫慕余。去歲君航海來粵,在何一山案上見余詩,又因詩慕余。一日,一山攜君過柳堂,彼此把臂,怳如夙契,相對筆談,品詩論畫外,無他及,時倪雲癯、馮柳橋同在坐,即席聯句,語默興豪。越日袖詩執贄曰:"再來難定,倘稿中零篇斷句得附《柳堂師友詩錄》中,則弟子數萬里慕道而來,不虛所願。"詩少古歌行,近體頗清。摘句圖所取,多雋妙。別後,君來書有云:"僕遠遊異方,眼界雖未甚廣闊。要之,人情風境,僕當以東粵爲巨擘焉。僕到貴境,得親雅士,不少叨光,而首爲僕爲之尊崇仰望者,又以先生爲巨擘焉。"此門弟子私見,然其意殊足感也。有《順叔吟草》。①

小傳可以歸納三個要點:一、李長榮少日所作便面曾被日本米菴輯入《小山林堂書畫錄》中②,故爲米菴弟子八戶順叔所喜。按:米菴,即市河米菴(1779—1858),名三亥,字孔陽,號米菴,江戶後期著名書畫家。二、八戶順叔通過粵人何一山(桂林,1825—1895)介紹而謁見李長榮、倪雲癯、馮柳橋等。三、八戶順叔仰慕李長榮詩畫才華,故於謁見次日便攜詩執贄,而李長榮亦頗欣賞其詩。

　　李長榮應八戶順叔之請,將《順叔吟草》編入《柳堂師友詩錄》,凡選詩作10題11首,主要是八戶順叔與李長榮等粵人交遊的作品,另附摘句圖凡五言18聯、七言21聯。通過《順叔吟草》,可以確定八戶順叔前來廣州的年份。詩集的第一首作品是《初到粵東(同治壬戌)》,詩云:

　　　　此身豈合占瓊樓(寓河南"瓊記樓"上)。偶借仙槎海外遊。蜑雨暗迷青雀舫,客星明近古鰲洲(河南枕古鰲魚洲)。才聞鯨海風波急,且任鴻泥雪爪留。多少衣冠人物在,誰如金鑑照千秋(謂曲江張文獻)。③

---

① 八戶順叔著,李長榮選編《順叔吟草》,收入《柳堂師友詩錄二編》(同治十二年〔1873〕羊城內西湖街富文齋刊本),第16冊,頁2a—b。
② 按:筆者檢市河米菴《小山林堂書畫文房圖錄》(1848年刊本),未見李長榮便面,待考。
③ 八戶順叔著,李長榮選編《順叔吟草》,頁2b。

詩題所注可見八戶順叔初到廣東年份爲“同治壬戌”，即同治元年（1862），詩中沒有具體交代其來廣州的原因。四年後，八戶順叔再來廣東。王韜《甕牖餘談·日本宏光》有詳細記載：

> 日本人宏光，字順叔，行三，素居日本京都江戶，爲將軍貴冑，世襲華職。年僅二十六歲，瑰奇英偉，超卓不羣，固其國中之俊傑也。同治丙寅五月來遊香港，曾往英京倫敦，覽其山川風物，詳觀各機器水火二力之妙用，而悉會通其旨，於英國之語言文字皆能洞曉，英人無不羨其聰穎而嘖嘖歎美、敬禮有加焉。又嘗遊歷金山，所至輒詢以有用之學，於奇技淫巧，視之蔑如也。既至香港，往來羊城，文人才士皆樂與之交。順叔亦皆一一延接，務極賓主歡。於是投贈詩章，盈於行篋；求書者，戶外屨常滿。順叔於書，各體無不工，而尤擅鐘鼎篆隸，因此書名大噪於粵東。比將返，辭於諸故人，祖道東門，自梅觀察以及士大夫悉贈詩以壯其行色，即下至閨媛亦以詩歌贈答，順叔之震耀於時如此。①

上述所引，可以確定八戶順叔於同治丙寅（1866）五月來到香港，時年二十六歲，其生年當爲 1840 年。換言之，他第一次到廣東時才二十二歲。據王韜介紹，八戶順叔是將軍貴冑之後，擅書法，曾遠遊英國、美國，考察實學。“既至香港，往來羊城，文人才士皆樂與之交”句，可見八戶順叔曾往來廣州，與文人交遊，這些記載對了解八戶順叔的生平及行蹤十分重要。八戶順叔與王韜一見如故，引爲知己，王韜《遁窟讕言·天南遁叟》亦云：“八戶宏光（順叔），東瀛之名儒也。渡海至粵，耳遁叟名，造廬請謁。既見，歡若平生，訂世外交甚密。”②二人論世十分投契。其後，八戶順叔前往上海，將游金陵之時，曾致函索序，王韜遂作《送日本八戶宏光游金陵序》云：

> 日本八戶宏光，余海外文字交也。宏光姓八戶，字順叔，爲日本國都江戶人。祖若父皆有位於朝，固東瀛貴冑也。順叔少讀儒者書，顧不樂仕進，喜留心當世經濟，慨然思爲汗漫之遊。曾遍歷歐洲諸國，習其文字語言，攬其土風俗尚，辨其輿圖形勝，皆一一羅列胸中，非所謂當今有志

---

① 按：此文甚長，後部分王韜紀錄八戶順叔介紹日本改革及準備吞併朝鮮之企圖，疑王韜將此文刊之報上，引起風波。王韜《甕牖餘談》（《續修四庫全書》本）（上海：上海古籍出版社，1995 年版），卷 2，7a—8b，總頁 441。

② 王韜《遁窟讕言》（石家莊：河北人民出版社，1991 年版），卷 1，頁 2。

之士哉。乘槎東還，始識余於香海。順叔方以書法震耀一時，索字求書者戶外屨滿，無不以得其片楮尺幅爲榮。及游羊城，公卿大夫皆折節與交，敬禮優隆，情文渥摯，一如在港時，順叔之爲人傾倒也如此。今春別余之春申浦上，當道名流爭相延致。月杪，郵書告余，將偕其國東諸侯數陪臣往游江甯，特索一言以壯其行。①

上文與《甕牖餘談》所載大致相近，"乘槎東還，始識余於香海"句，可確定八戶順叔乃從海外直接來到香港（香海）。據王韜諸記載，一再可知八戶順叔有經世之才，工詩書，所到之處均與士人交遊過從。值得一提的是，八戶順叔於 1866 年第二次遊歷中國期間，曾於廣東、上海等地向友人散佈日本準備吞併朝鮮的消息，消息爲人刊之報上，一度引起中日朝三國關係緊張②，所以八戶順叔歸國後，遂潛隱橫濱避禍，1879 年王韜到日本後所作《扶桑遊記》云："偶詢及八戶宏光近況，則諸文士無知之者，蓋其人多居橫濱，不與諸文士交接，邇來碌碌不得志。"③因此探討八戶順叔在中國的活動情況，尤其是王韜所記載，都對研究晚清中日外交、文化交流當有一定的價值。

綜合上述記載，可以確定八戶順叔分別於同治元年（1862）及同治五年（1866）來到廣州。八戶順叔來廣州，與其在洋行工作有關，其《初到粵東》詩首句自注"寓河南瓊記樓上"，"瓊記"即晚清美國瓊記洋行（Augustine Heard & Co.），總行原設在廣州，後遷至香港，並在上海、福州、漢口等地設分行，亦於 1861 年在日本橫濱設分行④。陳捷教授曾考述八戶順叔在瓊記洋行工作的緣由，八戶順叔因工作需要而出入上海、香港、廣州等地，⑤所以因便結交中國各地文人，據"李長榮筆談資料"所存廣東文人致八戶順叔的書函，均通過廣州瓊記洋行收發。至於八戶順叔認識李長榮的時間，應在同治五年（1866）第二次來廣州之時，蓋"李長榮筆談資料"所附李長榮《日本國藤順叔（宏光）

①　王韜《弢園文錄外編》（上海：上海書店出版社，2002 年版），卷 8，頁 179。

②　參考郭廷以，李毓澍主編《清季中日韓關係史料》（臺北：中研院近代史研究所，1972 年版），第 2 卷，頁 53。

③　王韜《漫游隨錄·扶桑遊記》（長沙：湖南人民出版社，1982 年版），頁 199。

④　［美］郝延平著，李榮昌、沈祖煒、杜恂誠譯《十九世紀的中國買辦——東西間橋樑》（上海：上海社會科學院出版社，1988 年版），頁 67。

⑤　陳捷《幕末における日中民間交流の一例——知られざる日本人八戶弘光について》，頁 192。

遠訪柳堂,攜詩作贄,賦贈二律,章末句見風騷之道,同源忠孝,亦古詩人相勖之義也》落款自署“丙寅九月南海李長榮初稿”,顯示二人初識於丙寅年(1866),此詩後收入《順叔吟草》爲題詞時,刪去落款自署。

王韜提及八戶順叔“以書法震耀一時”、“書名大噪於粵東”,的確如此,從《順叔吟草》第二首作品《到粵未經旬,此邦士夫以聯扇求書者,日不暇給,自嘲一律》可知一二:

> 百年何苦墨磨人。自笑勞勞客裏身。早悟煙雲原過眼,須知香火亦前因。鐵門限恐重重破,玉版箋開幅幅新。卻怪板橋輕賣竹,紙高十丈索酬銀(見鄭板橋寫竹單)。①

八戶順叔初至廣州,因其爲日本書畫家市河米菴弟子,故求書者絡繹不絕,八戶順叔有感而作此詩。李長榮曾交代八戶順叔“見畫慕余”“因詩慕余”,可知八戶順叔謁柳堂的原因。詩集第三首作品就是初謁李長榮之作,《介何一山同到柳堂謁李子黼先生,座上因晤倪雲癯、馮柳橋,即席聯句》云:

> 自有此堂無此客(子黼),論交中外結奇緣(柳橋)。酒龍詩虎成高會(順叔),豈有風騷隔一天(雲癯)。②

八戶順叔在何一山引介下拜見李長榮,同時結交李氏友人倪雲癯(鴻,1829—?)、馮柳橋(晴華)二人,諸人既作筆談,又即席聯句,可知當時賓主雅興之深、相得之樂。而八戶順叔所得“酒龍詩虎成高會”之句,居然與李長榮之師張維屏(齋號聽松廬)詩闇合,李氏遂出示“柳堂禊卷”印證,八戶順叔故有《子黼先生出示柳堂禊卷,內張南山先生癸丑修禊詩有句云“酒龍詩虎成嘉會”,不意余七字與之闇合,此亦萬里寓公一重墨緣,感賦》一詩紀事云:

> 袁蔣趙編曾舊讀,張黃譚集喜新開。聲名遠島千秋慕,先後中原一代才。幸識松廬詩弟子(謂子黼先生),快登煙滸好樓臺(柳堂在太平煙滸)。如何七字偏相合,轉惜身遲十載來(聞南翁歸道山十載)。③

從詩中可知八戶順叔仰慕袁枚、蔣士銓、趙翼(江右三大家)及廣東張維屏、黃培芳、譚敬昭(粵東三子)之詩,頗有詩識。詩末“轉惜身遲十載來”句,抒發無緣謁見張維屏(南山)的慨嘆,按:張維屏實於1859年去世,距其來粵才七年

---

① 八戶順叔著,李長榮選編《順叔吟草》,頁2b—3a。
② 同上,頁3a。
③ 同上,頁3a。

而已。

　　另外,八戶順叔在李長榮座上認識倪雲癯(鴻)、馮柳橋二人,這不是偶然的,可能是李長榮特地找友人作陪的。倪雲癯是李長榮摯友,有詩名,與李氏同出張維屏門下,著有《桐陰清話》;而馮柳橋則有日本背景。據《柳堂師友詩錄》著錄:“馮晴華,號柳橋,番禺人,處士。……既審四聲,兼精六法。……平生風節,固自介然,棲老蓬蒿,性同薑桂。……令子荊玉司馬能詩。存有《絮吟館詩鈔》。”①可知馮氏通詩書,有詩集。而其子馮城寶(荊玉)早年東渡日本,與其弟馮晳華以詩稱名日本。李長榮介紹馮城寶云:

　　　　年僅十五,遠遊絕島。曩在日本,與令叔鏡如司馬及家次雲孝廉抗手稱詩,島夷悚慕。……弱冠歸取,逾月遠行。……有《玉儀軒吟草》。②

所以馮柳橋其子、其弟客居日本,對李長榮後來詩名傳播日本不無關係。李長榮所作馮晳華小傳云:

　　　　馮晳華,字□□,號鏡如。番禺人。……客日本最久,賦詩云“閱歷風霜十九年”,又與日本士夫唱酬最盛,賦詩云“虛名難避在他鄉”。戀彼胡婦,宛似蘇卿;播我雞林,忝推白傅。曩介令兄柳翁遠託神交,海外奇書,叢叢寄贈。江天萬里,把臂何從。不意瓊島寓公,昨日竟歸訪柳堂居士。著有《雪鴻草》。③

李長榮通過馮柳橋神交馮晳華,馮晳華則時寄贈日本書籍,又向日人推介李長榮之詩,故李長榮自謂“播我雞林,忝推白傅”。李長榮、馮晳華二人詩歌和答不絕。如馮晳華有《李子黼先生自嶺南書來日本,並枉贈瑤篇,次韻奉答》七律二首,又摘句圖《日本士夫問及子黼境況,以詩答之》有句云:

　　　　詩境綠圍楊柳屋,酒人香醉素馨船。④

可知日人曾向馮晳華詢問李長榮的近況,二句即描述柳堂雍容自在的生活情景。至於馮城寶(荊玉)與李長榮交往亦多,如《奉答李子黼先生》云:

　　　　柳堂名早米菴知。畫冊傳來事亦奇(先生少喜山水,傳至日本,彼國米菴輯入《小山林堂書畫錄》)。自笑天涯重到客,代收日本萬家詩。看雲僧隔如相識

---

① 馮晴華著,李長榮選編《絮吟館詩鈔》,收入《柳堂師友詩錄二編》,第6冊,頁2a。
② 馮城寶著,李長榮選編《玉儀軒吟草》,收入《柳堂師友詩錄二編》,第6冊,頁1a。
③ 馮晳華著,李長榮選編《雪鴻草》,收入《柳堂師友詩錄二編》,第6冊,頁2a。
④ 馮晳華著,李長榮選編《雪鴻草》,頁5b。

（日本詩僧統慕先生大名寄贈山水），立雪人來尚未遲（日本藤順叔呈先生詩有"立雪門墻知
善誘"之句）。今日選樓爭下拜，瓣香豈獨海東夷。①

馮城寶自注所引八戶順叔詩句，未載《順叔吟草》，可知《順叔吟草》選編時曾
有去取，如摘句圖中"詩歸陳起江湖集，像拜東坡笠屐圖"②，即注明摘自《呈李
柳堂先生》，而全詩未載。馮城寶此詩當寫在李長榮與八戶順叔認識之後是
毫無疑問的。又馮城寶詩屢及李長榮詩名遠播日本的情況，亦可於八戶順叔
謁見李長榮次日攜詩執贄所呈作品可見一斑，《翌日執贄柳堂，奉呈子黼夫
子》云：

一篇奇作火輪船（先生《火輪船賦》早傳本國）。卅載才名海外傳。白傅價原
高日本，孝威望早重朝鮮。定知他夕停雲想，何幸今生立雪緣。歸去東
溟膽北斗，詩星光豈隔遙天。③

八戶順叔所提及《火輪船賦》爲李長榮少日縣試之作，早在廣東傳誦一時④，後
又流傳日本三十年，進一步印證李長榮除了畫作便面外，詩文確曾傳播日本
多時。

八戶順叔其後與李長榮、倪鴻過從頻密，如倪鴻《退遂齋詩鈔》1866 年收
有《八月十九日日本藤順叔賓使宏光枉過草堂賦此奉報》七律一首云："山林
臺閣總難期。敢望才名海外知。萬里人來徐福島，一篇我續右丞詩（唐王維有送
日本秘書晁監詩）。氣成龍虎投壺日，笑卻熊羆看劍時。贏得鄒平逢貢使，兒童爭
欲六牆窺。"⑤又據"李長榮筆談資料"，李長榮曾於十二月十一日邀請時人至
柳堂爲壽蘇雅集，八戶順叔因事未到會⑥，蓋八戶順叔即將歸國。同月二十八
日，何一山向李長榮轉來八戶順叔辭別之信，李長榮讀後覆函云："惟書中巨

---

① 　馮城寶著，李長榮選編《玉儀軒吟草》，頁 1b。
② 　八戶順叔著，李長榮選編《順叔吟草》，頁 6b。
③ 　同上，頁 3a—3b。
④ 　李長榮爲陳智淵撰傳云："君（陳智淵）與余同受知高螺舟學使人鑑，同考一等，余
以《火輪船賦》爲學使激賞。"陳智淵著，李長榮選編《瀟碧亭吟稿》，收入《柳堂師友詩錄二
編》，第 8 冊，頁 1a。
⑤ 　倪鴻著，王先岳校注《退遂齋詩鈔校注》（2004 年廣西大學碩士論文），頁 92。
⑥ 　陳捷《幕末における日中民間交流の一例——知られざる日本人八戶弘光につい
て》，頁 205。

擘二字,詩中立雪二字,均不敢當"①。此即與李長榮在《順叔吟草》所撰小傳"又以先生爲巨擘焉"句呼應,又傳中"去歲"、"別後"諸語,更可以確定八戶順叔約在 1866 年 12 月離開廣州,次年 1867 年李長榮編《順叔吟草》入《柳堂師友詩錄》。

八戶順叔離開廣州前,曾作《留題野水閒鷗館(雲癯所居)》云:"客裏閒難得,閒尋野水鷗。詩人原跌宕,仙吏更風流。此即坐吟舫,誰同開選樓(君與子黼師同操選政)。我來真不負,兩地託千秋(兼謂柳堂)。"②《留題柳堂》云:"楊柳夾梧桐。深深路不通。帆遲萬里外,詩滿百花中(四壁皆詩)。樸處洗金碧,涼時兼雨風。綠簑青笠像,長俸唱霞翁(堂中長供南翁"珠海唱霞圖")。"③以上二首五律乃八戶順叔留題之作,見其居粵之樂。其後又作《將歸本國,留呈子黼並贈倪雲癯、何一山》云:

> 柳堂詩錄桐陰話(《柳堂師友詩錄》吾師著,《桐陰清話》雲癯翁著),海外新添兩本書。更有梅花何水部,天涯知己意何如。④

可知八戶順叔曾獲李、倪二人所贈《柳堂師友詩錄》、《桐陰清話》。按:李長榮《柳堂師友詩錄初編總目》注明"隨輯隨刊,編次未定"⑤,歷年續有增輯,現存版本甚多,因此推測李長榮所贈應是早期的刊本。

另外,何一山更約定他日與李長榮、倪鴻赴日拜訪八戶順叔,八戶順叔遂作《一山詢異日同李師、倪君航海到訪,書二十八字以爲左券》云:

> 分襟斗憶題襟句,豈有風騷隔一天(雲癯翁句)。他日儻尋江戶宅,白蓮秋水夕陽邊。⑥

此詩情感真摯,意境悠美。而置於《順叔吟草》卷前的題詩,有李長榮所作《日本國藤順叔(宏光)遠訪柳堂,攜詩作贄,賦贈二律,章末句見風騷之道,同源忠孝,亦古詩人相勗之義也》七律二首,詩云:

> 海東人竟問詩來。蓬戶重緣島客開(十年前越南鄧廷誠到求詩)。萬里雲

---

① 陳捷《幕末における日中民間交流の一例——知られざる日本人八戶弘光について》,頁 198。
② 八戶順叔著,李長榮選編《順叔吟草》,頁 4a。
③ 同上,頁 3b。
④ 同上,頁 3b。
⑤ 李長榮選編《柳堂師友詩錄二編》,第 1 冊,頁 2b。
⑥ 八戶順叔著,李長榮選編《順叔吟草》,頁 3b。

煙晃監序，一船書畫越王臺。筆談各譜無聲樂（主客默對，以筆代談），籌運應推有用才（君留心經濟之學）。早識孝經敦本意（古文《孝經》在日本），詞林根柢定深栽。

通儒豈獨重風騷。餘事從容彩筆操。秋水夕陽詞卻妙（君留別句云"他日倘尋江戶宅，白蓮秋水夕陽邊"），酒龍詩虎氣真豪（君集柳堂聯句有云"酒龍詩虎成高會"）。書兼隸草精神動，妻借梅花品格高（君自稱終身不娶）。今日鰲魚洲上別，題襟還惜未題糕（君先赴香港，未赴越秀山登高之約）。①

二詩實乃李長榮對八戶順叔的整體印象，所謂"留心經濟之學"、"書兼隸草"，與後來王韜評論一致。二人交流雖是"主客默對，以筆代談"，但李氏對八戶順叔的才學、品格甚爲欣賞，尤其"白蓮秋水夕陽邊"、"酒龍詩虎成高會"句亦頗愛之。第二首尾聯自注云："君先赴香港，未赴越秀山登高之約。"可知八戶順叔將前往香港而推辭越秀山登高之約。其後八戶順叔北上江南，時有《金陵道上寄懷柳堂夫子，並奉贈日本名僧禪統所作山水及國中詩詞人詩集》二詩云：

名僧畫與名流集，珍重緘封寄柳堂。爲報金陵今夜客，一船秋色月如霜。

珠江回首最相思。再侍論文未何知。落葉打門秋夢醒，料應雁到送書時。②

可知八戶順叔別後仍寄贈日本詩人的詩畫集。此詩是《順叔吟草》的最後一首作品。自李長榮選錄《順叔吟草》入《柳堂師友詩錄》後，八戶順叔詩遂流傳廣東，李氏友人所作詩話筆記亦曾評論之。李文泰《海山詩屋詩話》推許八戶順叔云：

余嘗稱日本藤順叔宏光句云"秋聲涼雁地，雨氣黑龍天"，比之摩詰"鰲身映天黑，魚眼射波紅"，幾與抗手。近閱彼國詩人號子羽者，句云"煙波鵬際諸天闊，風雨鯨邊一氣陰"，亦可接武右丞。③

李文泰不但稱許八戶順叔及"子羽"之詩可接武王維，更許八戶順叔爲"海外奇才"云：

---

①　八戶順叔著，李長榮選編《順叔吟草》，頁1a。

②　同上，頁4a。

③　李文泰《海山詩屋詩話》（光緒四年〔1878〕羊城森寶閣活字板），卷5，頁6a。

　　　　順叔摘句工鍊者，五言如"樓深容月隱，帆健挾風飛"、"鐘流隔江寺，樹抱枕山城"、"帆破江雲補，橋傾澗樹扶"、"寺荒苔上殿，村小竹爲城"、"一肩馱曉色，百感鍊秋心"，七言如"水村有柳橋宜曲，山徑無松寺不深"、"塔穿山色千重翠，帆剪江光兩岸秋"，皆君詩，所謂"全神鍛鍊詩中字"者也。余每讀之，嘆爲海外奇才。①

李文泰兩則詩話所引詩句均採自《順叔吟草》的摘句圖。李長榮另一位友人孫檉所撰《餘墨偶談》也引"他日倘尋江戶宅，白蓮秋水夕陽邊"句，②可見八戶順叔之詩流傳漸廣。

　　十年後，李長榮編《海東唱酬集》，從其作品的自注中仍可以看到八戶順叔居廣州時，曾與李長榮登越王臺賞木棉花，又赴杏林莊拜訪詩人鄧大林（1813—1872）等，所以鄧大林曾於 1867 年三月經瓊記洋行致書八戶順叔以抒別懷③。據"李長榮筆談資料"所見，在八戶順叔返日本後，李長榮曾多次致函示意，如寄近詩囑和，或索日本詩人的詩集、名人畫作，或轉寄友人和詩，甚至女弟子陳惠芳、其女李良玉之詩亦見附寄，交往密切。李長榮編張振烈詩入《柳堂師友詩錄》云："江湖十載，相思比日本詞人（謂藤順叔）；衣鉢再傳，一脈亦松廬弟子。"④又其致八戶順叔書云："萬里外詩人，難得愛我如此之深，念我如此之篤也。"⑤後來，與鈴木魯唱和詩如《日本鈴木魯先生遠寄瑤篇，次韻奉酬，兼簡順叔諸君》詩亦寄懷八戶順叔⑥，可見二人長期保持聯繫，交誼十分篤誠。

　　3.《海東詩話》與《海東唱酬集》

　　李長榮生前除了詩名遠播外，其所編〈柳堂師友詩錄〉亦傳日本。文星瑞題《柳堂師友詩錄》詩有句"購到雞林價倍加"自注："是刻流傳日廣，海外諸國

---

①　李文泰《海山詩屋詩話》，卷 5，頁 6b。

②　孫檉《餘墨偶談》，卷 5，頁 12a。

③　陳捷《幕末における日中民間交流の一例——知られざる日本人八戶弘光について》，頁 200。

④　張振烈著，李長榮選編《綠綺樓詩鈔》，《柳堂師友詩錄二編》，第 11 冊，頁 1a。

⑤　陳捷《幕末における日中民間交流の一例——知られざる日本人八戶弘光について》，頁 201。

⑥　李長榮原編，森春濤參訂《海東唱酬集》，收入王寶平主編《晚清東遊日記彙編（中日詩文交流集）》（上海：上海古籍出版社，2004 年版），頁 1b，總頁 115。

以重價購之。"①韓鳳翔《李子黼學博長榮撰〈柳堂師友詩錄〉，望重一時，聞日本人來求全部，揚名海外……》詩亦及之②。自八戶順叔拜李長榮爲師後，日本人關義臣（湘雲，1839—1918）也在粵人吳貫之轉介下神交李長榮，其後，關義臣又介紹友人鈴木魯（蓼處，1831—1878）以詩訂交李長榮，於是開始形成中日詩人神交唱和的盛事。其中李長榮與鈴木魯唱和尤契，其他日本文人也陸續加入唱和行列，於是李長榮編纂《海束唱酬集》以誌盛事，撰寫《海束詩話》以選評日人的詩歌。

《海束詩話》今已散佚，其具體編纂過程及内容難以考究，然李長榮光緒三年（1877）上元後六日撰寫《茅洲詩話》重刊本自序所云"近日所輯《海束詩話》又稍變面目。"③據"近日"二字，可判斷詩話應編於光緒二年（1876），而李長榮於撰序後數月病卒，詩話自當未成。蔣寅《清詩話考》據此序著錄書目④。另外，李長榮友人李文泰所撰《海山詩屋詩話》卷六曾轉引此詩話云：

> 《海束詩話》錄日本諸家七絕，不列姓名題目。余愛其數首云："餘酣怯把玉杯深。珠唱紅絃已歇音。一片輕雲籠素月，湘簾無影夜沉沉。""午日晴烘熨細漪。綠陰路盡有殘碑。惜將困眼看山水，先借僧床睡半時。""前山後嶺雨紛紛。釀得秋寒一味新。苦竹幽蘭誰不瘦，就中尤瘦是詩人。""荏上分攜卅載前。鏡中形影自相憐。不知雙鬢誰先白，夢裏相逢仍少年。""柔櫓遙遙喚不回。垂楊渡口暫徘徊。夕陽低在西林杪，塔影如山過水來。"殊似宋人絕句。⑤

李文泰只徵引一則詩話，可見李長榮曾選評日人七絕五首，惜未交代《海束詩

---

① 李長榮選編《柳堂師友詩錄二編》，第1冊，頁3a。

② 韓鳳翔著，李長榮選編《夢花草堂詩錄》，收入《柳堂師友詩錄二編》，頁14b。

③ 李長榮《茅洲詩話》（光緒三年〔1877〕重刊本）（日本大阪大學懷德堂文庫藏），卷首。

④ 按：蔣寅《清詩話考》"清詩話待訪書目"著錄："《海束詩話》卷數不詳，李長榮撰，見《茅洲詩話》自序。李長榮有《茅洲詩話》，嘉道卷已著錄。據光緒三年（1877）所作《茅洲詩話》自序，《海束詩話》爲近日所輯，約撰於光緒初年也。"蔣寅《清詩話考》（北京：中華書局，2005年版），頁213。

⑤ 李文泰《海山詩屋詩話》，卷3，頁4a。

話》刊行與否。按:《海山詩屋詩話》十卷始編於光緒二年(1876)冬①,刊於光緒四年孟冬(1878)年。而《海東詩話》始撰於 1876 年,以李文泰能徵引之故,說明李文泰肯定看過詩話,又李文泰曾提及 1878 年重至廣州感弔故人②,想必他曾於此時觀覽《海東詩話》而徵引之。無論如何,詩話賴此得存吉光片羽,亦彌足珍貴了。

　　除了李文泰外,李長榮所編《海東唱酬集》亦談及《海東詩話》。但在討論前,我們必須了解《海東唱酬集》的編纂背景。《海東唱酬集》原爲李長榮手編及自序,友人南海柯爲椽題耑,主要收錄其與日本友人鈴木魯等唱和之詩凡七律四十一首。

　　《海東唱酬集》的唱酬經過,主要是先由鈴木魯《寄呈南海李子虎先生》七律一首爲原唱,詩云:“幾回詞葩落日東。神交十載夢空通。屋梁一夜留殘月,尺素三秋付去鴻。筆法森嚴北海亞,詩情豪逸青蓮風。何當把臂華堂上,剪盡深宵燭炬紅。”李長榮讀後,遂疊韻十首和之。其後,鈴木魯又作《南海李君次余所寄詩韻見酬,乃疊韻重呈》四首和之。然後,鈴木魯向友人出示唱和詩作,友人小野長愿和四首、鷲津宣光和十首、松岡時敏和十首。李長榮收到諸人的和詩後,又作《答日本諸公》和作一首,鈴木魯亦作《南海李君有詩見寄次答》一首。最後,李長榮收集上述詩作編成《海東唱酬集》,親撰序文,寄至日本。

　　《海東唱酬集》寄至日本後,日人關義臣遂作《蓼處鈴木君見示〈海東唱酬集〉,回次其韻以贈清國柳堂李君,兼似卓少瓊》、森魯直(春濤,1819—1889)作《叠韻十首讀〈海東唱酬集〉寄懷李君子黼,末一首係訃至後作》,在日人賡和之際,李長榮遽卒,不久鈴木魯亦卒。現存《海東唱酬集》乃由森春濤於 1879 年參訂,全書分爲兩部分:第一部分爲李長榮原編之稿,凡七律四十一首;第二部分爲日人鈴木魯、關義臣、森魯直、神波桓(即山)、青木咸一(碧處)後來賡和及哀弔李長榮、鈴木魯的作品,亦附李長榮臨殁前所寄《近日柳堂閉

---

① 　李文泰《海山詩屋詩話》:“丙子冬,余輯詩話。”李文泰《海山詩屋詩話》,卷 7,頁 3b。

② 　李文泰《海山詩屋詩話》:“柳堂臨水與太平煙滸相去咫尺,即大巷口也。李子虎《漫興》六首甚佳……戊寅(1878)重客羊城,柳堂主人已歸道山,經此,不勝腹痛。”李文泰《海山詩屋詩話》,卷 6,頁 13b—14a。

門習靜少出,日本諸公雅意遠投,奉報二詩,寄請吟政》二首,凡七律二十九首。另外,書前另附鷲津宣光序,及青木咸一請中井兼之(敬仰)摹鐫李長榮的圖章五方,書後附青木咸一識語、關義臣跋語。

　　至於促成李長榮與鈴木魯唱和而成《海東唱酬集》的關鍵人物,是關義臣。關義臣曾於《海東唱酬集·跋》交代事由始末云:

　　　　距今十餘年前,余航海清國廣東,與卓少瓊、吳貫之結交,二字〔子〕稱道李子虎詩,嘖嘖不釋口,余開颿有日,無暇叩其門,以為憾。既而貫之來我橫濱,再得相見,遂託貫之通書子虎。自時厥後,魚雁往復,殆無虛月。友人鈴木蓼,所巧於吟詠者也,亦介余納交子虎,唱酬之篇,袞然成卷。丁丑之春,子虎將遊吾邦,寄詩於余與蓼所曰:"飄然萬里此吟身。海外才人欲盡親。我有凌滄詩一卷,畫名應敵沈南蘋。"未數月而子虎訃聞至。於是蓼所將校刊唱酬諸作,以表絕絃之意,亦中道以沒。今青木咸一能續緒成其志,徵余一言。嗚呼!良緣難完,人生不可恃,每一思之,五內為裂,雖然當時鈴、李之交,實肇自余。則不得不忍書其顛末,於是乎跋。己卯重陽後一日湘雲外史關義臣撰。①

據關義臣詩作自注其曾於"丁卯年之秋游廣東"②,即同治六年(1867),距己卯年(光緒五年,1879)撰此跋文已有十三年之久。當時,關義臣在廣東認識卓少瓊、吳貫之諸人,並得聞李長榮詩名,因"開颿有日,無暇叩其門",無緣謁見。後來吳貫之來日本,爲之轉介,遂得以神交。關義臣然後引介鈴木魯神交李長榮,於是鈴木魯與李長榮展開十年詩歌神交,故鈴木魯詩有"神交十載夢空通"之歎。由於李長榮與日本諸公神交十載,相思既久,遂擬於丁丑之春(光緒三年,1877)東渡日本會晤諸公,期間推卻越南國王之聘,李長榮自云"將之日本,適粵南國王專使以書下見招,固辭不受,仍擬作海東之行"③,可見其決意東渡日本,可惜未有成行而卒。雖然李長榮最終無法東渡日本,但其《海東唱酬集》已見證中日詩歌交流的歷史,蔡毅先生推此書爲"一千多年來中日

---

　　① 李長榮原編,森春濤參訂《海東唱酬集》,跋頁1a—b,總頁124。
　　② 關義臣《蓼處鈴木君見示〈海東唱酬集〉,回次其韻以贈清國柳堂李君,兼似卓少瓊》,載李長榮原編,森春濤參訂《海東唱酬集》,跋頁11b,總頁120。
　　③ 轉引自鈴木魯《柳堂李君訃至,詩以哭之》二首之二自注,李長榮原編,森春濤參訂《海東唱酬集》,頁15a,總頁122。

漢詩往還中的第一部唱和集"①。

　　《海東唱酬集》中提到日本詩人除了八戶順叔外,其餘都與李長榮神交有年。雖然《海東詩話》不傳,但可以推測詩話所選評詩人大約也是上述諸人。蔡毅先生更引《新文詩》所載關義臣《寄清國李柳堂(長榮),柳堂錄"天涯知己盡詩人"之句見贈,乃以七字爲韻,賦此卻寄》其一云:"一面未曾名已傳。締交海外也奇緣。恐君詩網收魚目,貽笑明珠浦上天。"末句自注云:"予曩寄詩,采入《海東詩話》中云,故及。"②藉此可知《海東詩話》曾採入關義臣之詩。

　　另外,《海東唱酬集》所載李長榮《近日柳堂閉門習靜少出,日本諸公雅意遠投,奉報二詩,寄請吟政》二詩之二"東溟詩好新編話"句自注云:"余新輯《海東詩話》。"關義臣哭李長榮詩"新編挦著風流話"句自注云:"先生將著《海東新話》二卷,未脫稿而逝。"③《海東新話》即《海東詩話》,關義臣此處拈出卷帙"二卷",可知詩話計劃編輯兩卷,只是"未脫稿而逝"。

　　《海東唱酬集》所載日人作品,情感真摯,意境悠遠,流露對李長榮之敬重。八戶順叔、關義臣更時從日本寄贈禮物,鈴木魯亦索求《柳堂師友詩錄》,諸人一直交流頻繁。如李長榮《近日柳堂閉門習靜少出,日本諸公雅意遠投,奉報二詩,寄請吟政》二首其一云:

　　　　日東芳信柳堂馳。遠望攄懷快展眉。海外風騷全盛會,山中姓字獨藏時。何來酒具兼茶具(藤順叔、關義臣兩先生各贈金漆茶杯、白磁酒杯,仿古甚雅),況借師資及文資(鈴夢處先生求《師友錄》)。豈獨青琅玕有贈,美人都寄畫書詩。④

此詩是李長榮酬謝日本諸公的贈詩及禮物,亦是李長榮寄贈日本友人的最後一首作品。與此同時,在東渡日本之前,李長榮曾重刊十八歲時所作的《茅洲詩話》,寄贈日本詩友,其補記云:

　　　　此余十八歲所輯。其時學問未博,見識未廣,故言多未當,所謂箸者忌太早也。……此書經久板人間,只有一本,以日本諸公與我有萬里文字緣,故特寄贈,非良工示人以樸,以見子虎十八歲時已好詩如此也。光

---

①　蔡毅《李長榮〈海東唱酬集〉考》,頁1。
②　同上,頁6。
③　李長榮原編,森春濤參訂《海東唱酬集》,頁15b,總頁122。
④　同上。

緒三年子虎又記。①

李長榮頗有悔其少作之意,故另改書名題簽爲《茅洲詩話待刪草》以明其志。詩話正月重刊後,李長榮便於是年夏與世長辭。此詩話罕見,惟日本大阪大學懷德堂文庫仍特藏一套,偶有圈點,此應是李長榮當日寄贈之書,可謂是歷盡滄桑,見證了這一段中日詩歌交流史。

除了李長榮外,《海東唱酬集》的和作均爲日本人。其實,日本人唱和之作也在中國廣東流傳,李文泰《海山詩屋詩話》曾評及鈴木魯原唱云:

> 唐雞林國相只識白傅之詩,未聞與香山倡和。日本詩人鈴木魯贈李子虎詩云:"幾回詞葩落日東。神交十載夢空通。屋梁一夜留殘月,尺素三秋付去鴻。筆法森嚴北海亞,詩情豪逸謫仙風。何當把臂華堂上,剪盡深宵燭炬紅。"此詩格意全仿老杜《春日懷李白》。②

李文泰所引鈴木魯之詩可能從李長榮處得知,亦可能採自《海東詩話》。鈴木魯此詩爲《海東唱酬集》原唱之作,"謫仙風",《海東唱酬集》則作"青蓮風",似爲森春濤參訂之處。李文泰既評鈴木魯之詩,亦作《和日本鈴木魯寄李子虎廣文原韻》云:

> 聖朝聲調日升東。一統車書萬里通。快覩文明南越雉,關心消息北來鴻(時傳烟台夷警)。誰知島外魚龍窟,猶有海濱鄒魯風。千古賞音晁監句,談酣擊碎唾壺紅。③

從李文泰的和詩可知這場中日詩人唱和盛事也在廣東持續下去,李文泰《海山詩屋詩話》也評及其他人的和作云:

> 菱纖女史亦能詩,《和日本鈴木魯寄柳堂韻押鴻字》云:"誰命從師宗李白,自誇嫁婿得林鴻。"頗見出色。④

再次可見唱和的盛事,連一般廣東女子亦曾賡和。只是當時文獻佚散,故無法了解更多粵人的和唱作品。

---

① 李長榮《茅洲詩話》(光緒三年〔1877〕重刊本)(日本大阪大學懷德堂文庫藏),卷首。
② 李文泰《海山詩屋詩話》,卷6,頁3a。
③ 李文泰《李小巖文泰先生遺著》,頁105—106。
④ 李文泰《海山詩屋詩話》,卷8,頁4a。

4. 結語

　　綜合上文所述，可知從八戶順叔至廣州拜李長榮爲師，再到李長榮神交鈴木魯、關義臣等日本詩人，詩歌酬和，促成《順叔吟草》、《海東唱酬集》、《海東詩話》等的編纂，在廣東、日本詩壇引起矚目與回響，反映出以李長榮爲中心的中日詩人交誼，是晚清中日詩歌交流史的一件重要盛事。李長榮《海東唱酬集》自序曾云：“昔雞林國相，但知白傅真詩；輞川詩人，曾送晁卿歸序。一誇精鑒，一寫離衷。從未聞瓊瑤遠投，琅玕疊報。”①可知這種跨國唱和的形式，並刊成詩集，在中日詩歌交流史上有開創性的意義，尤須重視。

（作者工作單位：香港中文大學中文系）

---

　　①　李長榮原編，森春濤參訂《海東唱酬集》，卷首，頁 3a，總頁 115。

書評

域外漢籍研究集刊　第六輯
2010 年　頁 597—602

《桂苑筆耕集校注》地理注釋商榷

孔祥軍

　　崔致遠在中韓文化交流史上有着極其重要的地位，其文集《桂苑筆耕集》保存至今，殊爲不易。党銀平先生專攻于此，積數年之功，成《桂苑筆耕集校注》一書，2007 年由中華書局出版，洵爲崔氏之功臣。党先生在《校注凡例》中提到："注釋，側重于注明原集之用語、引文及重要典故之出處。"則地理一事，實非党先生所措意，然其中似頗有可商榷之處。最要之一端，党先生鮮列地理釋文所據文獻引文及出處，即使列有引文也往往有問題。如頁 203，党注："金谷也稱金穀澗，在河南洛陽西北。晉太康中石崇築園于此，世稱金穀園。見北魏酈道元《水經注》卷一六穀水。"今檢《水經注校釋》（杭州大學出版社，1999 年版）卷十六《穀水》、大典本《水經注》（廣陵古籍刻印社，1998 年影印本）卷一萬一千一百三十三並無任何文字涉及"晉太康中石崇築金穀園"，不知党先生所據《水經注》爲何本。茲檢《校注》地理注釋中較有代表性的疑問，商榷于党先生。

　　1. 序頁 8。溧水　　縣名。漢溧陽縣地，隋改置溧水縣，唐沿置。

　　按：今檢《元和郡縣志》（中華書局，1983 年點校本，下簡稱《元和志》）卷二十八江南道宣州溧水縣條："本漢溧陽縣地，隋開皇十一年宇文述割溧陽之西、丹陽之東置。"則隋時割原溧陽縣西部及丹陽縣東部置溧水縣，而原溧陽縣未廢仍在。又《隋書·地理志》（中華書局，1973 年點校《隋書》本，下簡稱《隋志》）："溧水，舊曰溧陽……十八年改焉。"楊守敬《隋書地理志考證》（中華書局，1995 年影印開明書店年《二十五史補編》本）據此以爲："（開皇）十一年分溧陽置溧水縣（此處誤，詳上引《元和志》——筆者按），至十八年又廢溧陽入溧水。”是則開皇十八年（598）後，溧水縣轄境包括原溧陽縣及丹陽縣東部。党注所謂“隋改（溧陽縣）置溧水縣。”不確。又《輿地廣記》（四川大學出版社，2003年點校本）卷二十四江南東路次府江寧府次畿溧陽縣條：“唐武德三年析溧水縣置。”則至唐武德三年（620）又分溧水縣置溧陽縣。党注所謂“唐沿置”，亦誤。

　　2. 頁7。交州　　　漢武帝元封五年置，治廣信。三國吳遷交趾，晉又遷龍編。

　　按：党注此條舛亂殊甚。今檢《漢書·地理志》（中華書局，1996年點校《漢書》本，下簡稱《漢志》）：“至武帝攘卻胡、越，開地斥境，南置交阯，北置朔方之州。”顔師古注引胡廣記云：“漢既定南越之地，置交阯刺史，別于諸州，令持節治蒼梧。”又《晉書·地理志》（中華書局，1974年點校《晉書》本，下簡稱《晉志》）：“武帝元鼎六年，討平呂嘉，以其地爲南海、蒼梧、鬱林、合浦、日南、九真、交阯七郡，蓋秦時三郡之地。元封中，又置儋耳、珠崖二郡，置交阯刺史以督之。”則元封時所置乃交阯刺史，非交州，此與諸州皆別，今人譚其驤、顧頡剛于交阯刺史問題有反覆討論，詳譚其驤《討論兩漢州制致顧頡剛先生書》（《長水集》上，人民出版社1987年版）。其時諸州及交阯刺史部均爲監察區非行政區，無確定治所，故刺史常駐蒼梧郡，對于兩漢諸州的監察制度，可參今人辛德勇所撰《兩漢州制新考》（《文史》，2007年第1期）。據《後漢書》（中華書局，1965年點校本）卷七十五《劉焉傳》：“時靈帝政化衰缺，四方兵寇，（劉）焉以爲刺史威輕，既不能禁，且用非其人，輒增暴亂，乃建議改置牧伯，鎮安方夏，清選重臣，以居其任……出（劉）焉爲監軍使者，領益州牧，太僕黃琬爲豫州牧，宗正劉虞爲幽州牧，皆以本秩居職。州任之重，自此而始”，此後州制逐漸趨于穩定，原爲監察區的州及刺史部轉變爲一級行政區。又據《宋書·州郡志》（中華書局，1974年點校《宋書》本，下簡稱《宋志》）：“交州刺史……漢獻帝建安八年，改（交阯刺史）曰交州，治蒼梧廣信縣，十六年，徙治南海番禺縣，及分爲廣州，（廣州）治番禺，交州還治龍編。”又《晉志》交州條：“建安八年，張津爲刺史，士燮爲交阯太守，共表立爲州，乃拜（張）津爲交州牧。”又《晉志》廣州條：“至吳黃武五年，分交州之南海、蒼梧、鬱林、高梁四郡立爲廣州，俄復舊。”則直至建安八年（203）始改交阯刺史爲交州，且爲一級行政區。初治廣信，建安十六年（211）移治番禺，吳黃武五年（226）分交州置廣州，交州移治龍編。兩晉交州治所乏考。党注云“三國吳遷交阯”，交阯其時爲郡名，不知党注究是何意？又云“晉又遷龍編”，吳時交州治所已爲龍編，其時“又遷龍編”，似指此前已移治，但究屬何地？文獻根據爲何？党注此條使人大段不甚了了。

　　3. 頁 27。三輔　　漢武帝太初元年改右内史爲京兆尹，治長安以東；左内史爲左馮翊，治長陵以北；都尉爲右扶風，治渭城以西。

　　按：今檢《漢書・百官公卿表》：“主爵中尉，秦官，掌列侯。景帝中六年更名都尉，武帝太初元年更名右扶風。”又《漢志》：“右扶風，故秦内史，高帝元年屬雍國，二年更爲中地郡，九年罷，復爲内史。武帝建元六年分爲右内史，太初元年更名主爵都尉爲右扶風。”則太初元年（前 104）乃改“主爵都尉”爲“右扶風”，党注所謂“都尉”乃職官通稱，不知所指，當補正。又《漢書・百官公卿表》、《漢書・地理志》所載三輔形成過程和確立時間大相徑庭，歷來學者意見紛紜、各執一段，實際上其中存在“官地二重性”的問題，政區意義上的三輔形成過程當據《漢志》，其確立時間當在武帝太初元年，詳拙作《漢初三輔稱謂沿革考》（《歷史地理》第 21 輯）。又党注所謂“治長安以東”不知何意，按照歷史地理學的慣例，稱“治”則爲治所之意，而據《漢書・百官公卿表》顔師古注引服虔《漢書音訓》及《三輔黃圖》三輔治所同在長安城内，非在長安以東。揣度党注之意，“治”似指管轄，但長安以東幅員遼闊，東至何處爲止，不得而知，使人茫然。據譚其驤研究，其時京兆尹轄長安及迤東秦嶺以北、渭水以南諸縣，左馮翊轄長安以東、渭水北岸諸縣，右扶風轄長安以西、渭水南北諸縣，三輔轄境大抵爲今陝西省中部整個關中平原，詳《漢書地理志選釋》（《中國古代地理名著選讀・第一輯》，學苑出版社，2005 年版）。

　　4. 頁 76。屛水之珍　　《華陽國志》卷二：“（蜀時）屛水出屛山，其源有金銀，礦洗取火，融合之爲金銀。”後以喻名貴之物。

　　按：此處引文標點有誤。當作“其源有金銀礦，洗取，火融合之爲金銀。”任乃强《華陽國志校補圖注》（上海古籍出版社，1987 年版）、劉琳《華陽國志校注》（巴蜀書社，1984 年版）皆如是，党注應改正。

　　5. 頁 78。山陽　　晉義熙九年置。

　　按：今檢《宋志》：“山陽令，射陽縣境，地名山陽，與郡俱立。”則山陽縣與山陽郡同時置。又據《晉志》：“義熙七年，……又分廣陵界置海陵、山陽二郡。”則山陽郡義熙七年（411）置，山陽縣亦當于義熙七年置。党注以爲山陽縣義熙九年（413）置，顯誤。

　　6. 頁 80。曹瞞　　曹操小名阿瞞。建安元年迎獻帝都于許昌，以獻帝之名發號施令,威權日重。

按:今檢《續漢書·郡國志》(1965 年點校《後漢書》本,下簡稱《續漢志》)潁川郡有許縣,又據《三國志·魏志》卷二《文帝紀》(中華書局,1982 年點校本):"黄初二年……改許縣爲許昌。"則黄初二年(221)方改許爲許昌,是昭肇興昌盛之意。故建安元年(196)曹操引天子至許,而非許昌,党注誤。

7. 頁 88。和州　　唐武德三年改隋歷陽郡置,治歷陽。領歷陽、烏江、含山三縣。

按:今檢《舊唐書·地理志》(中華書局,1975 年點校《舊唐書》本,下簡稱《舊唐志》):"含山,武德六年置。"又《新唐書·地理志》(中華書局,1975 年點校《新唐書》本,下簡稱《新唐志》):"含山,武德六年析歷陽之故龍亢縣地置。"則直至武德六年(623),方割歷陽縣地置含山縣,武德三年改歷陽郡爲和州時,並無含山縣。又據《舊唐志》:"和州,隋歷陽郡。武德三年,杜伏威歸國,改爲和州。天寶元年,改爲歷陽郡。乾元元年復爲和州。舊領縣二……天寶領縣三。"則天寶時歷陽郡(即和州)方領縣三,党注顯誤。

8. 頁 97。彭州　　唐垂拱二年分益州四縣置,治九隴。領九隴、導江、蒙陽、唐昌四縣。

按:今檢《舊唐志》:"濛陽,儀鳳二年分九隴、雒、什邡三縣置,屬益州。垂拱三年,來屬。"則垂拱二年(686)初置彭州時,濛陽縣仍屬益州,翌年方移屬彭州,党注顯誤。又據《元和志》卷三十一劍南道彭州濛陽縣條:"在濛江之水北,因曰濛陽。"則党注所列"蒙陽"當作"濛陽"。

9. 頁 98。九隴　　北周以東晉壽縣改。

按:党注用下劃綫將東晉和壽縣予以分别,揣度其意,似指北周改東晉之壽縣爲九隴。今檢《隋志》:"九隴,舊曰晉壽,梁置東益州。後周州廢,置九隴郡,並改縣曰九隴。"則北周乃改晉壽縣爲九隴縣,党注顯誤。

10. 頁 98。鄠縣　　縣名。今屬陝西。漢初置縣,屬右扶風,歷代因之。

按:党注所謂"歷代因之",不知何指。今檢《晉志》鄠縣屬始平郡,《宋志》鄠縣屬西京兆太守,是爲僑地,《隋志》鄠縣屬京兆郡,《舊唐志》、《新唐志》鄠縣均屬京兆府,與右扶風均無關係。

11. 頁 102。鄂州　　唐武德四年改隋江夏郡置,治江夏,領江夏、永興、武昌、蒲圻、唐年五縣。

按:今檢《舊唐志》:"唐年,天寶二年,開山洞置。"又《新唐志》:"唐年,天寶二年開山洞置。”則直至天寶二年（743），方置唐年縣。又據《舊唐志》：“鄂州，隋江夏郡。武德四年，平蕭銑，改爲鄂州。天寶元年，改爲江夏郡。乾元元年，復爲鄂州。……舊領縣四……天寶領縣五。”則天寶時江夏郡（即鄂州）方領縣五，党注顯誤。

12. 頁 110。廬州　　武德三年改隋廬江郡置，治合肥縣，領合肥、慎、巢、廬江、舒城五縣。

按：今檢《舊唐志》：“廬州上，隋廬江郡。武德三年，改爲廬州。領合肥、廬江、慎三縣。七年，廢巢州爲巢縣，來屬……舊領縣四……天寶領縣五。”又《舊唐志》：“舒城，開元二十三年，分合肥、廬江二縣置。”又《新唐志》：“舒城，開元二十三年析合肥、廬江置。”則武德三年改廬江郡爲廬州時，唯領合肥、廬江、慎三縣，武德七年（624）巢縣來屬，領縣四，開元二十三年（735）置舒城縣，領縣五，党注顯誤。

13. 頁 113。蘄、黃　　蘄州乃武德四年置，治蘄春，領蘄春、黃梅、廣濟、蘄水四縣。黃州治黃岡。

按：今檢《舊唐志》：“蘄州中，隋蘄春郡。武德四年，平朱粲，改爲蘄州，領蘄春、蘄水、羅田、黃梅、浠水五縣。其年，省蘄水入蘄春，又分蘄春立永寧，省羅田入浠水。又改浠水爲蘭溪，又于黃梅縣置南晉州。八年，州廢，以黃梅來屬。天寶元年，改爲蘄春郡。乾元元年，復爲蘄州。”則武德四年（621）改蘄春郡爲蘄州時領縣五：蘄春、蘄水、羅田、黃梅、浠水。其中蘄水縣旋入蘄春縣，又分蘄春縣置永寧縣，又省羅田入浠水，改浠水爲蘭溪，黃梅縣割屬南晉州，則蘄州領縣三：蘄春、永寧、蘭溪。武德八年（625）黃梅復屬蘄州，領縣四。又據《舊唐志》：“廣濟，漢蘄春縣地。武德四年，置永寧縣，天寶元年，改爲廣濟縣。”又《新唐志》：“廣濟，中，本永寧，武德四年析蘄春置，天寶元年更名。”則直至天寶元年（742）方改永寧縣爲廣濟縣。党注顯誤。又党注本釋“蘄黃”二州，然于黃州僅記其治所，而不載領縣，與蘄州釋文迥異，前後失照，體例不一。

14. 頁 113。楚州　　隋開皇十一年置，治山陽。唐武德八年又改東楚州爲楚州，領山陽、鹽城、盱眙、寶應、淮陰五縣。

按：今檢《舊唐志》：“楚州中，隋江都郡之山陽縣。武德四年，臧君相歸附，立爲東楚州，領山陽、安宜、鹽城三縣。八年，廢西楚州，以盱眙來屬，仍去‘東’字。天寶元年，改爲淮陰郡。乾元元年，復爲楚州。舊領縣四。”則武德八年改東楚州爲楚州時，領縣四：山陽、安宜、鹽城、盱眙。又《舊唐志》：“肅宗上元三年建巳月，於此縣得定國寶十三枚，因改元寶應，仍改安宜爲寶應。”則蕭宗寶應元年（762）方改安宜爲寶應。又《舊唐志》：“淮陰，乾封二年，分山陽縣置於隋舊廢縣。”則乾封二年（667）淮陰縣方復置。党注顯誤。

15. 頁317。石頭：指石頭城。戰國楚威王滅越置金陵邑，漢建安十六年，孫權徙治秣陵，改名石頭。

按：今檢《三國志·吳志》卷二《孫權傳》：“（建安）十六年（孫）權徙治秣陵。明年，城石頭，改秣陵爲建業。”又《太平寰宇記》（清光緒八年金陵書局刻本）卷九十江南東道升州上元縣條：“楚威王滅越置金陵邑，即此也，後漢建安十七年吳大帝乃加修理，改名石頭城，用貯軍糧器械。”則建安十七年（212）孫權修築石頭城，党注作“建安十六年”，誤。

16. 頁390。義興　　郡縣名。晉永嘉四年分丹陽之永世置義興郡，南朝梁廢，隋復置義興縣，唐沿稱。

按：今檢《宋志》：“義興太守，晉惠帝永興元年，分吳興之陽羨、丹陽之永世立。永世尋還丹陽。”又《晉志》：“永興元年……以周玘創義討石冰，割吳興之陽羨並長城縣之北鄉置義鄉、國山、臨津並陽羨四縣，又分丹陽之永世置平陵及永世，凡六縣，立義興郡。”則晉惠帝永興元年（304）時已置義興郡，党注謂“永嘉四年”（310）不知何據，誤。又據《元和志》卷二十五江南道常州義興縣條：“晉惠帝時，妖賊石冰寇亂揚土，縣人周玘創義討冰，割吳興之陽羨並長城縣之北鄉爲義興郡，以表玘功，隋開皇九年平陳，廢郡爲義興縣。”又《隋志》：“義興舊曰陽羨，置義興郡。平陳，郡廢，改縣名焉。”則隋開皇九年（589）平陳後，廢義興郡置義興縣，党注所謂“南朝梁廢，隋復置義興縣”不知何據，誤。

17. 頁558。生獠　　《新唐書地理志》：“安南經交趾、太平，百餘里至峰州。又經南田，百三十里南至恩妻縣，乃水行四十里至忠城州。”

按：據《舊唐志》、《新唐志》太平均屬安南都護府即交趾郡，太平是交趾郡之屬縣，二者非對等之政區，故所謂“安南經交趾、太平”當作“安南經交趾太平”，是經過交趾郡之太平縣之意，中華書局標點本《新唐書》、吳松弟《兩唐書地理志彙釋》（安徽教育出版社，2002年版）皆如是點讀，党注顯誤。又党注引文所謂“百三十里南至恩妻縣”，百衲本二十四史所收宋本《新唐書》、中華本《新唐書》、《兩唐書地理志彙釋》均作“百三十里至恩樓縣”，党注不知援引何本，似誤。

（作者單位：揚州大學社會發展學院）

稿約

一、本集刊爲年刊,由中華書局出版。每年九月底截稿,次年五月出刊。

二、本集刊是學術研究性集刊,凡有關域外漢籍的學術論文及書評,包括語言、文學、歷史、哲學、宗教等各個方面,均所歡迎。有關域外漢籍研究的信息與動態,亦酌量刊登。

三、本集刊以刊登中文原稿爲主,并適當刊登外國學者論文的漢語譯文。

四、本集刊採擇論文唯質量是取,不拘長短,且同一輯可刊發同一作者的多篇論文。

五、來稿請以 A4 型紙打印,并附電子文本。字體使用規范繁體字,橫排書寫。

六、來稿請遵從本刊的規范格式:

(一)來稿由標題名、作者名、正文、作者工作單位組成。

(二)章節層次清楚,序號一致,其規格舉例如下:

  第一檔:一、二、三

  第二檔:(一)、(二)、(三)

  第三檔:1、2、3

  第四檔:(1)、(2)、(3)

(三)注釋碼用阿拉伯數字①②③④⑤表示,採取當頁腳注。當頁再次徵引,用"同上,頁××",或"同注①,頁××"。注釋碼在文中的位置(字或標點的右上角):××××①,××××①。××說,"××××"①,××說:"×××"①

(四)引用文獻務必詳列出處,並請核對準确。要求:引用古籍,一律標明著者、版本、卷數、頁碼;引用專書,應標明著者、書名、章卷、出版者、出版年月、頁碼;引用期刊論文,應標明刊名、年份、卷次、頁碼;引用西文論著,依西文慣例。兹舉例如下:

①[清]王琦注《李太白全集》卷二《古風五十九首》,中華書局,××年版,頁××。

①周勛初《論黃侃〈文心雕龍札記〉的學術淵源》,載《文學遺産》,1987 年第 1 期,頁× ×。

①Hans H. Frankel, *The Flowering Plum and the Palace lsdy*, New Haven and London, Yale University Press, 1976, p. × ×. (請注意外文斜體的運用)

(五)第一次提及帝王年號,須加公元紀年,如:开元三年(715);第一次提及的外國人名,若用漢譯,须附原名;年號、古籍的卷數用中文數字,如开元三年、《舊唐書》卷三五等;其他公历、雜志的期、號、頁等均用阿拉伯數字。

(六)插圖:文中如需插圖,請提供清晰的照片,或繪制精確的圖、表等,並在稿中相應位置留出空白(或用文字注明)。圓、表編號以全文爲序。

七、來稿請注明真實姓名、工作單位、職稱、詳細通訊地址和郵政編碼(若有變更請及時通知)、電子信箱、電話或傳真號碼,以便聯絡。

八、作者賜稿之時,即被視爲自動確認未曾一稿兩投或多投。來稿一經刊出,即按規定寄付樣書和稿酬。

九、來稿請寄:210093 中國南京大學中文系域外漢籍研究所《域外漢籍研究集刊》編輯委員會,或電郵至 zhangbowei2002@hotmail.com,以及傳真至 8625—83309703。